국어한무릎공부

머리말

여러분께 국어를 한번 제대로 공부해 보라는 뜻으로 '국어한무릎공부'라는 이름을 붙였다. 원래 '한무릎공부'란 무릎을 꿇고 정신을 집중하여 한동안 열심히 하는 공부를 뜻하는 말이다. 아마 사법시험 준비를 하는 젊은이가 시험 두세 달 전부터 정신을 집중하여 공부하는 상태가 한무릎공부에 해당할 것이다. 나는 여러분이 국어를 그런 자세로 공부해 보기를 권하고 싶다.

국어를 쉽게 생각하고 공부를 시작하는 사람은 대개 일주일쯤 되면 국어 공부에 진저리를 치고 도망가게 된다. 왜냐하면 국어 공부가 생각보다 어렵고 까다롭기 때문이다. 모국어 공부가 왜 우리에게 재미없고 힘든 공부가 될까? 너무 갑자기, 이제까지 익히지 않았던 것을 한꺼번에 익혀야 하는 부담 때문일 것이다.

아마 이 책을 들고 공부하겠다고 작심을 한 사람들도 100쪽을 넘기지 못하고 머리를 가로젓게 될지 모르겠다. 나는 그런 사람들을 위해서 조금씩 읽어 나가도 국어를 배울 수 있도록 각 장을 독립적으로 구성했다. 그러니 아무 곳이나 읽고 싶은 곳을 조금 읽다가 다른 데를 읽어도 상관없다. 어디든지 그저 조금이라도 읽기만 한다면 국어의 기본을 익힐 수 있게 된다. 그러다가 어느 순간에 국어 공부가 좋아지거든 그때부터 '한무릎공부' 방식으로 시작해 보기 바란다.

국어기본법, 국어 상담과 상담사, 문장 교열과 문장사, 국어 능력 검정, 외국인을 위한 한국어 교사 등에 기대어 한국어가 여러분을 기다린다. 국어를 제대로 배워 우리말 발전과 한국 문화 발전에 이바지할 인재들이 많이 나타나기를 기대하며 이 책을 낸다.

국어를 사랑하는 마음으로 이 책을 기꺼이 발간해 주신 성안당 이종춘 회장님께 깊이 감사드리며, 찬찬히 교열해 준 국어문화운동본부의 문장사 두 분, 조경숙 님과 이상희 님에게도 고마움을 표한다. 무엇보다도 이 책을 열심히 읽어 줄 독자 여러분께 감사한다.

2005. 7
남영신
(nopl@barunmal.com)

차례

03 낱말

04 접사

06 낱말의 형태 표기

07 표준어

08 문법

09 문장 구성

10 표현

11 교열과 윤문

뒷글

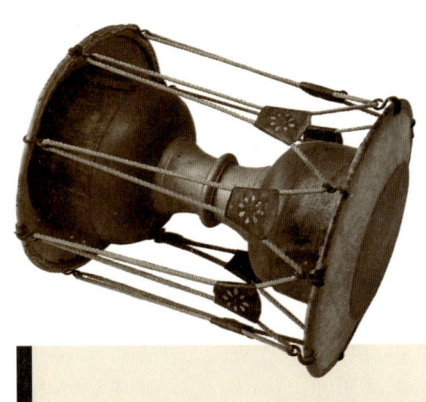

언어란 무엇인가? 언어는 사람과 함께 나타났을까?
아니면 사람이 나타나고 나서 많은 세월이 흐른 뒤에 나타났을까?
사람이 처음 사용한 언어는 어떠했을까?
어떻게 해서 세계에 그리 많은 언어가 생겼을까?
수많은 언어 사이에는 어떤 연관이 있을까?
우리는 언제부터 지금과 같은 언어를 사용하게 되었을까?
언어에 대해서 생각하게 되면 이런 여러 가지·의문이 봇물처럼 쏟아진다.

01 국어란 무엇인가?

1. 우리에게 말이 있다

언어란 무엇인가? 언어는 사람과 함께 나타났을까? 아니면 사람이 나타나고 나서 많은 세월이 흐른 뒤에 나타났을까? 사람이 처음 사용한 언어는 어떠했을까? 어떻게 해서 세계에 그리 많은 언어가 생겼을까? 수많은 언어 사이에는 어떤 연관이 있을까? 우리는 언제부터 지금과 같은 언어를 사용하게 되었을까?

언어에 대하여 생각하면 이런 여러 가지 의문이 봇물처럼 쏟아진다. 그러나 아무리 생각해도 이런 의문은 말끔하게 해소될 수 없다. 추정한다면 언어는 호모 에렉투스(Homo erectus)라고 불리는 '인류의 원시 조상'이 불을 사용하던 시기에서 발전하여 연장을 사용할 줄 알게 된 호모 사피엔스(Homo sapiens) 곧 '인류의 조상'이 모여 살기 시작하면서 자연스럽게 말이 발전했으리라는 것이 학자들의 생각이다. 이 시기를 학자들은 대략 50만 년 전쯤으로 본다. 어떻든 모든 연구 결과 '사람이 모인 곳에 말이 있었다.'라는 가설을 세울 수 있을 만큼 사람과 말은 밀접한 관계가 있음이 분명하다.

한국어의 조상이라고 할 만한 말은 언제 어디서 만들어졌을까? 이것도 사실 밝혀내기 매우 어려운 문제이다. 비록 우리가 한반도에서 우리말을 사용하면서 오래 전부터 살았다고 하지만, 정확하게 언제부터 이곳에서 살게 되었고, 그 때 우리가 사용하던 언어는 어떤 형태였는지, 그리고 우리 조상이 이곳에 정착해서 우리말을 지금의 언어로 발전시켰는지, 어디에서 이미 만들어 사용하고 있다가 이곳으로 가지고 왔는지, 먼저 형성된 말을 사용하던 집단에 뒤이어 이곳으로 온 사람들의 언어가 뒤섞였는지 아무것도 시원하게 밝혀진 것이 없다.

핀란드의 람스테트(1873~1950)라는 언어학자는 한국어의 계통을 연구하였는데, 그가 한국어를 우랄-알타이(Ural-Altaic) 어 족보에 올려놓음으로써 많은 학자들은 그의 가설을 뒷받침하려고 노력해 왔다. 그런 노력의 결과로 우리는 대체로 우리말이 알타이 계통의 언어라고 생각하게 되었다. 알타이 계통의 언어에서 발견되는 모음조화(母音調和) 현상과 문법적 교착성(膠着性)이 우리말에 있기 때문이다. 그러나 이 정도로는 좀 미흡하여 여러 가설이 제시되었다. 학자에 따라서는 우리말과 알타이 계통의 언어의 유사성보다는 우리말과 인도-아리안(Indo-Aryan) 계통의 언어 사이의 유사성이 더 크다고 주장하기도 한다. 우리말의 내력에 대해서도 아직 밝혀야 할 것이 밝힌 것보다 훨씬 더 많음을 알 수 있다.

우리가 확인할 수 있는 것은 삼국시대 우리 조상이 사용하던 언어(고구려어, 백제어, 신라어, 가야어)가 지금의 한국어의 모태가 되었고, 고려의 출현으로 고대 국어가 완성되어 오늘에 이르렀다는 것이다. 우리말의 과거에 관한 해소하기 어려운 궁금증 논의는 이것으로 마치고, 지금 우리가 쓰고 있는 우리말의 특성에 대하여 알아보기로 하자.

2. 우리말·한국어·국어

나는 우리말을 국어라고 했는데, 이 말에 대해서 부정적으로 생각하는 사람들이 있다. 국어라는 말은 나랏말을 뜻하는 말인데, 그것이 어찌 우리말의 이름이 될 수 있느냐는 것이다. 이는 우리말을 가리키는 고유명사가 있어야 한다는 것으로 타당한 주장이라고 생각한다.

역사적으로 우리가 우리말에 이름을 붙인 적이 없다. 글자를 만든 사람들이 그 글자에 이름을 붙이지 않은 것이나, 근대 이전의 보통 사람에게는 변변한 이름을 붙여 주지 않은 우리 문화를 생각하면 우리가 우리말에 이름을 붙여서 부르지 않은 것은 별로 이상할 것이 없다.

다만, 근대에 오면서 우리말을 가리키는 낱말이 필요해지자 주시경 선생(1876~1914)이 '국어'라는 말을 쓰기 시작했는데, 공교롭게도 일본인도 그들의 말을 국어라고 표기하고, 또 그 국어가 일제 강점기에는 일본어를 가리키는 말로 인식되었기 때문에 우리에게 거부감을 주기에 충분한 이름이 되고 말았다. 중국어에는 없는 국어(國語)라는 한자어가 한국과 일본에만 있다는 사실만으로도 일본의 한국 지배를 떠올릴 여지가 있기 때문이다.

우리말을 무엇이라고 할 것인지는 '국어기본법'을 제정할 당시에도 전문가들 사이에서 논란이 벌어졌다. 우리말 이름으로 '국어'를 쓰는 대신 '한국어'라고 하자는 의견이 제기되었고, '우리말' 또는 '한말'이라고 하자는 주장도 있었다. 결국 현실을 인정하여 우리말을 가리킬 때에는 '국어', 외국어와 상대되는 개념으로 사용할 때에는 '한국어'라고 하는 것으로 결론이 났지만, 이것도 대한민국 안에서의 이야기일 뿐이다. 북한에서는 '조선말'이라고 하기 때문에 남북 언어학자들이 만나서 우리말에 대한 논의를 할 때면 '한국어'도 아니고 '조선말'도 아닌 '코리안'이라는 제3의 용어를 사용하는 묘한 장면이 연출되기도 한다.

내가 이 책에서 우리말을 국어라고 한 것은 이 말이 현실적으로 우리 학생들이 사용하는 용어이며, 이미 관습적으로 우리가 사용해 온 말이기 때문이기도 하지만, 우리말을 가리키는 보통명사로서 사용하는 데에 문제가 될 것이 없다는 판단에 따른 것이다. '국어'는 '우리말'과 같은 수준의 낱말로 볼 수 있다. 고유명사는 아니되 고유명사를 대체할 수 있을 정도로 특정적인 낱말이기 때문이다. 나는 이 책에서 국어와 우리말을 자유자재로 섞어 쓸 것이다. 국어라는 말이 있는데, 구태여 한국어라고 하는 것은 적어도 우리끼리 국어 이야기를 하는 동안에는 좀 새삼스럽다. 그래서 국어와 우리말을 번갈아 쓰려는 것이다. 어떤 경우라도 두 낱말은 같은 의미를 가지고 있다는 점을 알아 주기 바란다.

3. 한국어는 어떤 말인가?

세상에는 수천 개의 언어가 있다고 한다. 그리고 이 언어는 점점 줄어들고 있다고 한다. 오늘날 지구는 하루 생활권에서 인터넷을 통한 동시 생활권으로 바뀌었다. 그래서 각 언어 사용자 사이의 교류가 매우 빈번해져서 의사 소통을 위한 언어의 정리 작업이 진행되고 있다. 이런 작업은 대개 힘이 있는 언어를 중심으로 개편되기 때문에 영어를 중심으로 개편되고 있는 것 같다. 그래서 어떤 이는 세계 언어가 앞으로 유력한 일곱 개 언어 정도로 정리될 것이라고 섣부르게 주장을 하고, 이에 귀가 얇은 사람들은 이왕 한국어가 사라질 것이라면 하루라도 빨리 영어를 모국어로 삼아서 경제적으로 번영을 누리자는 주장도 한다. 그러나 이런 걱정을 중국 사람들이 기우(杞憂)라는 말로 표현하지 않았던가! 하늘이 무너지는 걱정을 할지언정, 한국어가 지구상에서 사라지는 걱정을 해서 공연히 세상을 시끄럽게 하지 말 일이다.

한국어는 크게 두 가지 특징을 가진 언어이다. 국어 공부와 관련해서 명심할 것이 한국어의 이 두 가지 특성인데, 하나는 한국어는 교착어(膠着語, 또는 첨가어)라는 점이고, 또 하나는 한국어는 다음절어(多音節語)라는 점이다. 이 두 특징을 명확하게 이해하지 않고는 성공적으로 국어 공부를 할 수 없다.

(1) 교착어

교착어란 마치 레고 블록을 쌓아서 다양한 형태를 만들어 나가듯이 문법 요소를 의미 요소에 붙여서(이를 교착시킨다고 함) 문장을 만들어 가는 언어라는 뜻이다. 예를 들면, 국어에서 문장을 구성하고 시제나 서법 또는 피동을 나타내는 경우를 생각해 보자.

> ㉮ 나는 밥을 먹었습니다.
> ㉯ 정말 이렇게 좋은 옷을 버리시렵니까?
> ㉰ 그들이 자동차에 부딪혔단다.

예문 ㉮를 보면 의미 요소인 '나, 밥, 먹-'에 문법 요소인 '는, 을, -었습니다'가 붙어서 말이 되었다. 문법 요소도 여러 요소가 의미 요소에 차례로 붙는 것을 볼 수 있다. '-었습니다'는 과거를 나타내는 '-었-'과 서법을 나타내는 '-습니다'가 차례로 붙어 있다. 영어에는 각 낱말의 과거형이 별도로 있는 것이 많지만, 국어에는 언제나 과거를 나타내는 문법 요소 '-었-'이나 '-았-'을 붙여서 표현한다.

예문 ㉯를 보면 의미 요소 '정말, 이렇-, 좋-, 옷, 버리-'에 문법 요소 '-게, -은, -시렵니까'가 붙어 있다. '게, 은'이 형용사를 부사나 관형사처럼 쓰이도록 만들어 주었고, '-시렵니까'에는 높임을 나타내는 요소 '-시-'와 의도를 나타내는 문법 요소 '-려-', 그리고 의문을 나타내는 문법 요소 '-ㅂ니까'가 차례로 붙어서 말하는 사람의 의도를 드러내 주고 있다.

예문 ㉰에는 문법 요소 '-들이, 에, -혔단다'가 각 의미 요소 뒤에 붙어 있는데, '-들이'는 복수를 나타내는 문법 요소 '-들'과 주격을 나타내는 문법 요소 '이'가 결합된 것이고, '-혔단다'는 피동을 나타내는 문법 요소 '-히-'

와 과거를 나타내는 문법 요소 '-었-', 그리고 전달의 의도를 나타내는 문법 요소 '-단다'가 결합된 것이다.

이처럼 우리말은 의미 요소에 문법 요소가 다양하게 붙어서 문법적 기능을 해야 말이 된다. 이에 비해서 교착어가 아닌 다른 언어에서는 문법 요소를 이처럼 다양하게 사용하지 않는다.

고립어(孤立語)는 오로지 낱말의 위치에 따라서 문법적 기능이 결정되는 '위치의 언어'이다. 낱말에 단수형이나 복수형이 없고, 시제에 따라서 동사의 형태가 바뀌지도 않는다. 심지어 명사, 동사, 부사, 관형사가 같은 형태로 쓰인다. '장강(長江)'은 '긴 강'이지만 '강장(江長)'은 '강이 길다'는 뜻이, '장생(長生)'은 '길이 살다'의 뜻이, '생장(生長)'은 '나서 자람'의 뜻이다. '장(長)'이 위치에 따라서 관형사, 형용사, 부사, 동사, 명사로 쓰인다는 것을 알 수 있다. 이런 언어가 고립어이다. 이런 언어를 쓰는 사람들은 조사와 어미의 복잡한 변화를 익힐 필요가 없어서 좋을 것이다. 그 반면에 낱말의 위치에 따라서 의미와 기능이 달라지기 때문에 한 낱말의 의미가 매우 다양할 테니, 이를 모두 익히려면 진땀이 나지 않을 수 없으리라.

굴절어(屈折語)에는 고립어적인 성격과 교착어적인 성격이 공존한다. 낱말의 위치에 따라서 문장에서 그 낱말의 기능이 결정되는 것은 고립어와 같지만 어미를 붙여서 동사를 명사나 부사로 만들거나 명사를 동사나 형용사 또는 부사로 만들고, 복수형에 '-s/-es'를 붙이고, 과거형에 '-d/-ed'를 붙이는 것은 교착어적인 성격을 드러낸 것이다. 그러나 낱말의 복수형이 따로 있는 낱말이 많고 동사의 과거형이나 과거분사형이 따로 있는 낱말이 매우 많다. 즉 'man'의 복수형이 'men'이고, 'drink'의 과거형은 'drank', 과거분사형은 'drunk'이며, 'is'의 과거형은 'was', 기본형은 'be'이다. 이처럼 의미나 기능을 새롭게 하기 위해서 다른 형태소를 붙이는 것이 아니라, 아예 새로운 형태소를 만드는 특성이 있기 때문에 고립어나 교착어와 성격이 다르다.

앞에서도 밝힌 바 있지만 교착어로서 우리말의 특성은 비교적 뚜렷하다. 낱말의 성별 구분이나 복수형, 동사의 과거형이 별도로 없는 대신에 그런 기능을 가진 문법 요소를 붙여서 문법적 기능을 하게 한다. '곰'의 여성은 '암곰'이고,

남성은 '수곰'이다. '곰'에 접두사 '암−'이나 '수−'를 붙이면 된다. '사람'의 복수형은 '사람들', '고양이'의 복수형은 '고양이들'이다. 명사에 '−들'이라는 접미사를 붙여 주면 된다. 또 '마시다'의 과거형은 '마시었다'이다. '마시−'에 과거를 나타내는 문법 요소 '었'을 붙이는 것이다. '쉬다'의 과거형도 '쉬었다'처럼 '었'을 첨가하면 된다. 교착어는 어순에 집착하지 않는다. 교착어는 의미 요소에 어떤 조사나 어미가 쓰였느냐에 따라서 그 의미 요소의 문법적 기능이 좌우된다. 고립어나 굴절어가 '위치의 언어'라면 교착어는 '쓰임의 언어'라고 할 만하다.

국어가 교착어에 속한다는 말은 국어에 다양한 문법 요소가 있고, 그 문법 요소가 의미 요소에 붙어서 문법적 기능을 수행하기 때문에 국어를 배운다는 것은 바로 문법 요소를 배운다는 말과 같다. 고립어나 굴절어를 배운다는 것은 낱말을 배우고 낱말을 일정한 순서에 따라서 배열하는 방법을 배우는 것으로 바꿔 말할 수 있다. 국어에서는 명사나 대명사라 해도 반드시 조사를 데리고 있어야 문장에서 문법적으로 기능을 할 수 있고, 동사와 형용사는 완성된 형태라고 할 수 있는 것이 없이 어미가 붙어야 의미가 확정되면서 문장에서의 기능도 수행할 수 있게 되어 있다. 어찌 보면 낱말의 위치로 문법적 기능을 수행하게 하는 고립어나 굴절어에 비해서 복잡하고 비생산적인 방법으로 문장을 만드는 것 같지만, 달리 생각하면 여기에 교착어를 사용하는 사람들의 문화와 가치관이 담겨 있다고 보아야 한다.

(2) 다음절어

국어의 두 번째 특징은 다음절어(多音節語)라는 것이다. 다음절어란 하나하나의 음절에 절대적인 의미를 두지 않고 몇 개의 음절을 잇달아 소리 내어 하나의 의미를 완성하는 언어이다. 물론 한 음절로 의미를 나타내기도 하지만, 거기에 집착하지 않고 필요하면 음절의 수를 늘려서 새로운 낱말을 만든다. 우리말에 있는 단음절 낱말과 다음절 낱말을 예시하면 아래와 같다.

단음절 낱말 : **김, 꽃, 숲, 집, 빛, 빗, 닻, 돛, 삵, 줄, 새, 살, 술**
다음절 낱말 : **나무, 자루, 조차, 차라리, 파릇파릇, 애오라지**

위에서 다음절어로 분류된 것 가운데 원래는 단음절로 된 낱말이었는데, 다음절 낱말로 바뀐 것이 있다. '낡'이 '나무'가 되고, '좇-'이 '조차'가 된 것이 그 예인데, 우리말이 다음절어이기 때문에 이런 낱말의 분화가 가능해진 것이다. 앞으로 새로 만들어질 낱말은 당연히 이미 있는 낱말의 형태를 바꾸어서 형성하거나 새로운 음절을 추가하여 만들 것이다.

뒤의 조어법에서 자세히 공부하겠지만, 우리는 이미 형성된 의미 요소를 다양한 방법으로 변형하여 새로운 낱말을 만들었는데, 이 때 나타난 가장 큰 변화는 음절의 수가 늘어나는 것이다. 우리는 음절의 수를 늘려서 새로운 낱말을 쉽게 만들 수 있다. 우리말의 비밀이 여기에 있는 셈이다.

$$살 - (솔 -) + 암 = 사람 + 답다 = 사람답다$$
$$+ 앙 = 사랑 + 스럽다 = 사랑스럽다$$
$$+ 하다 = 사랑하다$$
$$+ 음 = 사름$$
$$+ ㅁ = 삶$$
$$+ 이 = 살이$$
$$+ 리 = 살리 - + ㅁ = 살림 + 살이 = 살림살이$$

우리가 지금 이런 조어법을 익혀서 다양한 낱말을 만들어 낼 수 있을까? 음절을 추가하여 새로운 낱말을 만드는 것이 우리말의 조어 방법 가운데에서 가장 쉽고 자연스러운 것이었음이 분명하다.

4. 디지털 문자인 한글

(1) 말과 글자

글자는 형태가 없는 말을 눈으로 보게 해 주는 요술지팡이이다. 사람은 정말 대단한 요술지팡이를 발명한 동물이다. 사람은 무엇 때문에 말을 기록하려 했을까? 처음부터 말을 기록하려 하지는 않았을 것이다. 처음에는 자기 생각을 그림으로 나타내기 시작했을 것이다. 그것은 생각의 표현이지 말의 표현은 아니었다. 양이 다섯 마리이면 새끼로 다섯 매듭을 지어 놓으면 된다. 사슴을 사냥했으면 사슴 그림과 함께 활을 쏘는 그림을 그려 놓으면 된다.

이처럼 생각을 표시하던 그림이 점점 일정한 개념을 나타내는 그림으로 추상화되고, 급기야 특정한 의미를 나타내는 상징으로 쓰이면서 원시 글자로 발전했다. 그러나 그림이 글자로 발전하는 데는 엄청난 시간이 필요했다. 잉카 제국의 찬란한 문화 속에 글자가 없었다는 사실을 알고 매우 놀라지만, 사실 인류에게 글자가 주어진 것은 일종의 행운이라고 보아야 한다. 왜냐하면 인류가 생활하는 데는 글자가 필수적이지 않기 때문이다.

원시 글자는 대부분 의미를 나타내는 상징에서 출발하였기 때문에 뜻을 대변하였다. 끝까지 뜻을 대변하여 글자로 발전시킨 것은 중국인이다. 그들은 글자를 다듬고 변형하여 수많은 의미를 글자로 표현하는 재주를 한껏 발휘하여 고급 문화를 누릴 수 있게 되었다.

한편 메소포타미아와 나일 강 유역에서 살던 사람들은 의미를 나타내는 상징 가운데에서 조금만 변형하면 어떤 소리를 나타내는 상징으로도 사용할 수 있다는 사실을 발견했다. 그래서 그들은 소리를 대변할 수 있는 모양을 다듬어 내기 시작했다. 이런 노력이 열매를 맺어 소리를 나타내는 글자가 이 지역과 그리스 등 지중해 지방의 여러 민족에게 파급되었다. 오늘날 알파벳이라고 불리는 글자는 이렇게 해서 만들어진 것이다.

글자를 뜻을 대변하는 연장으로 사용한 사람들은 글자 하나에 의미 하나를 설정해야 했기 때문에 도리 없이 단음절어를 발전시켰지만, 글자를 소리를 대변하는 연장으로 사용한 사람들은 자연스럽게 다음절어를 발전시킬 수 있었다. 말과 글자가 서로 영향을 주고받는 관계라는 것을 알 수 있다.

(2) 한국인, 소리글자를 만들다

한글은 우리말을 적기 위해서 창안된 글자이다. 세종께서 이 글자를 만들 때 '나랏말이 중국말과 달라서' 라는 표현을 쓴 것에 주목하여야 한다. 이는 한자는 중국말을 적는 데는 유용하지만, 우리말을 적는 데는 적절하지 않다는 선언이었다. 중국의 영향력이 압도적이던 시대에 세종은 어째서 이렇게 불경스럽기까지 한 주장을 했을까? 한자로 우리말을 적는 것이 불가능해서 우리말을 적을 수 있는 우리 글자가 꼭 있어야 한다는 것을 뼈저리게 느꼈기 때문이 아닐까? 어떻든 한글은 우리말을 적기 위해 의도적으로 만든 글자라는 점에 착안하는 것이 매우 중요하다. 그래야 한글의 특징과 한글의 형태를 깊이 이해할 수 있기 때문이다.

앞에서 우리말은 교착어이면서 다음절어라고 했다. 이런 언어는 어떻게 생긴 글자로 적는 것이 좋을까? 고립어인 한자는 뜻을 나타내는 글자이므로 단음절어에 적합하다고 말한 바 있는데, 그렇다면 우리말처럼 다음절어에는 어떤 글자가 적합할까? 말할 것도 없이 소리글자가 적합하다. 그래서 세종이 소리글자를 만든 것이다.

세종이 한글을 만들기 전에 많은 선각자들이 한자를 이용하여 소리를 표기하는 방법을 고안해 냈다. 그래서 '향찰'이라는 좀 복잡하지만 우리말 표기가 가능한 한자식 표기법도 만들어 낸 것이다. 그러나 어렵게 뜻을 담도록 만들어 놓은 글자에서 뜻을 없애고 소리로만 쓴다는 것이 벌써 비경제적이고 불합리하다. 그리고 단순한 소리를 나타내는 데 그렇게 복잡하고 거창한 글자를 사용해야 할 이유가 없다. 그래서 한자의 획수를 단순하게 만들어 원래의 한자 모습을 거의 없앤 형태로 소리글자를 만들어 쓰기도 했다. 흔히 '구결문자'라고 하는 글자는 이렇게 탄생했고, 이 문자가 일본으로 건너가 '가나'로 발전해서 현재까지 쓰이고 있다.

그러나 우리는 이런 미봉책을 받아들이지 않고 과감하게 새로운 글자를 고안하여 만들어 냈다. 처음부터 우리말에 맞는 글자 체계를 생각하고, 그에 맞추어 그야말로 맞춤 글자를 만든 것이다. 이것이 바로 한글이다. 한글의 가장 큰 특징은 말을 자음과 모음으로 분해한 뒤 만들어진 글자라는 점이다. 이는 세계 역사상 일찍이 없었던 일이다. 알파벳을 발전시킨 사람들은 자음을 적는 글자를 생각했을 뿐이다. 이들이 자음 글자만으로는 음을 정확하게 적기 어렵다는 점을 깨달은 것은 아주 후대의 일이었다.

이에 비해서 우리는 처음부터 음을 자음과 모음으로 구분하여 자음에 속하는 글자와 모음에 속하는 글자를 만들었다. 언어에 대한 2분법적 분석은 우리가 사물을 2분법으로 나누는 데 자질이 있음을 보여 주는 증거일 수 있다. 그리고 모든 음을 음절 단위로 나누어 표기하는 음절 표기 방식을 채택했다. 이런 일련의 행태는 우리가 언어를 얼마나 규격화하여 보았는지 보여 주는 증거라고 할 수 있다. 이런 우리의 사고 방식은 전통적인 아날로그 방식에서 벗어나 디지털 방식으로 나아가는 강렬한 욕망의 표시였다.

한글은 세계 문자 가운데에서 유례를 찾을 수 없을 정도로 디지털 원리에 꼭 맞게 만들어진 글자이다. 오늘날 말을 기호화하는 데 한글보다 더 명확하고 정확한 글자가 없음은 이미 밝혀졌다. 음을 자모로 구분하고, 말을 음절로 나누어 각 음절을 자음과 모음의 조합으로 표기하는 한글의 구성 원리는 다른 소리글자가 따라올 수 없을 만큼 우수한 글자라는 것을 다시 한번 증명하는 것이다.

(3) 한글의 음소

한글은 말의 소리를 자음과 모음으로 구분하여 각 자음과 모음에 상응하는 글자를 하나씩 만들어 놓은 소리글자이며 음소문자이다. 한글이 처음부터 음소(音素)를 적는 음소문자로 출발했다는 것은 참으로 다행스럽고 감사할 일이다. 훈민정음 해례본에 따르면 한글은 창제 당시 28개의 음소문자로 되어 있었다. 이로 미루어 당시 우리말에 28개의 음소가 있다고 보았음을 짐작할 수 있다. 그러나 실제로는 존재하지만 글자로 표기할 수 없는 자음과 모음이 많이 있었던 것 같다. 그래서 기존의 28글자를 병서법(竝書法)이나 연서법(連書法) 또는 모음 합성법을 이용해서 아울러 씀으로써 더 많은 음소를 표기할 수 있었다. 따라서 우리말의 음소와 한글이 준비한 28개의 음소문자 사이에는 괴리가 있었고, 그것을 메우기 위해서 노력했음을 알 수 있다.

그러면 훈민정음 창제 당시 한글로 표기하려 했던 음소에는 어떤 것이 있었을까?

훈민정음 창제 당시 기본 음소글자(28자)

자음(17자) : ㄱ, ㅋ, ㆁ(이상 엄소리), ㄷ, ㅌ, ㄴ(이상 혓소리), ㅂ, ㅍ, ㅁ(이상 입술소리), ㅈ, ㅊ, ㅅ(이상 잇소리), ㆆ, ㅎ, ㅇ(이상 목구멍소리), ㄹ(반혓소리), ㅿ(반잇소리)

모음(11자) : ㆍ, ㅡ, ㅗ, ㅛ, ㅜ, ㅠ, ㅣ, ㅏ, ㅑ, ㅓ, ㅕ

병서법과 연서법에 따라서 새로 만든 자음 글자

ㄲ, ㄸ, ㅃ, ㅆ, ㅉ, ㆅ(이상 각자 병서), ㅺ, ㅼ, ㄲ, ㅴ, ㅵ, ㅳ, ㅶ 등(이상 합용 병서), ㅱ, ㅸ, ㆄ(이상 연서)

합성법에 따라서 새로 만든 모음 글자

ㅐ, ㅔ, ㅘ, ㅝ, ㅚ, ㅟ, ㅢ, ㅒ, ㅖ, ㅙ, ㅞ, ㆀ, ㆇ, ㆉ, ㆈ, ㆊ 등

훈민정음 글자를 완벽하게 하기 위하여 이처럼 수많은 글자로 모든 음소를 표기하려 했지만, 여러 과정을 거쳐서 이들 가운데에서 오늘날 우리가 쓰고 있는 한글 음소문자는 40자로 정리되었다. 한글 맞춤법에 따라서 우리가 쓸 수 있는 한글 음소문자를 보이면 아래와 같다(맞4)[*].

기본 글자(24자)

자음(14자) : ㄱ, ㄴ, ㄷ, ㄹ, ㅁ, ㅂ, ㅅ, ㅇ, ㅈ, ㅊ, ㅋ, ㅌ, ㅍ, ㅎ

모음(10자) : ㅏ, ㅑ, ㅓ, ㅕ, ㅗ, ㅛ, ㅜ, ㅠ, ㅡ, ㅣ

어울러서 적는 글자(16자)

자음(5자) : ㄲ, ㄸ, ㅃ, ㅆ, ㅉ

모음(11자) : ㅐ, ㅒ, ㅔ, ㅖ, ㅘ, ㅙ, ㅚ, ㅝ, ㅞ, ㅟ, ㅢ

그러나 엄밀하게 말하면 어울러서 적는 글자에 받침으로 쓰이는 자음 글자를 넣어야 했다. 현재 받침으로 쓰이는 자음 글자는 위의 자음 글자를 제외하고 ㄳ, ㄵ, ㄶ, ㄺ, ㄻ, ㄼ, ㄽ, ㄾ, ㄿ, ㅀ, ㅄ 11자이다.

한글 맞춤법은 위의 각 글자 이름을 제시했고, 사전에 올릴 자모 순서도 정해 놓았다(맞4 붙임2). 원래 훈민정음 창제 당시에는 자음의 이름이 정해지지 않았고, 자모의 순서도 지금과 달랐다. 오늘날과 같은 자음의 이름과 자모의 순서가 완성되는 데 기초를 세운 사람은 최세진(1473~1542)인데, 그가 『훈몽자회 (訓蒙字會)』라는 한자 읽기 사전을 펴면서 제시한 것이 시초이다. 그리고 조선 어학회가 최세진이 제시한 바를 보완하여 한글 맞춤법 통일안에 이름과 순서를 정해 놓음으로써 확정되었다(1933년).

---

[*] (맞4) : 한글 맞춤법 제4항

(4) 한글, 디지털 문자임을 선언하다

한글이 우리말의 특성에 잘 어울리도록 음소문자로 창안된 것은 참으로 반가운 일이다. 그런데 잘 만든 음소문자를 세종께서는 음절을 표기하는 문자로 바꾸었다. 훈민정음 해례본에는 아래와 같은 선언이 실려 있다.

모든 글자는 초성과 중성과 종성이 합하여 이루어진다.

다시 말하면 한글은 우리말의 각 낱말을 표기하는 데 주력한 것이 아니라, 우리말의 음절을 표기하는 데 주력한 것이다. 이 점이 알파벳 문자의 기능과 사뭇 다른 점이다.

세종은 왜 좋은 음소문자를 만들어 놓고도 이를 낱말 단위의 표기에 사용하지 않고 의미도 없는 음절을 표기하기 위해서 복잡한 부서법(附書法, 모아쓰기)을 채용했을까? 이를 두고 한 편에서는 한자의 영향에서 벗어나지 못했기 때문이라고도 하고, 다른 편에서는 우리의 언어 인식이 음절 단위로 되어 있음을 증명하는 것이라고 하기도 한다.

생각해 보면 음소문자를 모아서 음절문자로 쓰는 것은 그것 자체가 부담스럽기도 하거니와, 모으는 과정에서 수많은 문제가 발생하기 때문에 비효율적인 면이 있다. 오늘날 우리가 어려움을 겪고 있는 맞춤법의 상당 부분이 음소문자를 음절문자로 바꾸는 과정에서 일어나는 것을 생각하면 아쉬움을 느끼지 않을 수 없다.

다른 각도로 눈을 돌려 생각해 보면 우리의 음소문자는 지금처럼 모아쓰기에 적절한 글자라는 생각이 든다. 음소문자의 형태가 다른 음소문자에 기대어 써야 꼴이 안정되는 점이나, 모아쓰기 방식을 취하지 않고는 수많은 문법 요소를 표기할 방법도 마땅치 않다. 어찌 보면 한글의 모아쓰기 방식은 어쩔 수 없는 선택이라는 생각이 든다.

음절 표기 방식은 말을 분석하는 우리 능력의 산물이다. 우리는 말을 음절의 연속으로 보았다. 다시 말하면 말이 음절로 나뉜다는 점을 알았을 뿐 아니라, 이것을 중요하게 여겼다. 그래서 말이 음절로 나뉘어 각 음절이 각 음소로 나뉘는 것을 정확하게 표기하는 것이 한글을 만든 사람들의 목표였다. 말을 그림

처럼 묘사할 수 있는 글자, 그것이 바로 한글인 셈이다. 말은 마치 아날로그 신호처럼 이루어져 있지만, 그것을 디지털 형식으로 바꾸어 표현해 낸 최초의 글자가 한글이다. 서양 글자는 한 낱말 안에서는 음절을 구분하기가 모호하다. 즉 아날로그 방식 표기를 채택했다고 볼 수 있다.

그러나 한글은 한 낱말 안에서도 각 음절이 뚜렷하게 구분되어 있고, 각 음절 안에는 자음과 모음이 조합되어 있다는 것을 뚜렷하게 알 수 있다. 이것이 바로 한글의 디지털 방식 표기이다. 이렇게 음소문자를 음절문자로 씀으로써 한글은 세계 문자 가운데에서 가장 완벽한 디지털 방식의 문자가 되었다.

음절문자는 의미없고 오로지 소리만 있기 때문에 그 수가 많으면 많을수록 글자와 소리를 대응시키기 어려워진다. 일본어의 음절은 100개도 되지 않기 때문에 일본인은 글자를 배워 사용하는 데 어려움을 겪지 않는다. 그 반면에 적은 수의 음절로 표현할 수 있는 낱말이 너무 제한되어 있어서 동음이의어가 많이 나타날 수밖에 없다. 이에 비하면 우리의 음절 종류는 일본어보다 압도적으로 많기 때문에 동음이의어가 일본어에 비해서 적은 반면에, 그 많은 음절을 하나하나 읽고 쓰는 데 어려움을 겪을 수밖에 없다.

현대 국어에서 실제로 쓰이고 있는 음절 종류만 해도 줄잡아 1,600개에 이른다. 이 정도의 양이라면 웬만한 사람은 한글을 쓰고 읽기가 쉽지 않을 것이다. 중고등학교에서 배워야 할 교육용 한자가 1,800자인 점을 생각하면 한글 1,600자가 만만한 양이 아님을 알 수 있을 것이다. 더욱이 한글 음절 종류는 점점 늘어나는 추세이다. 다양한 외래어가 들어오고 새로운 낱말이 만들어지는 과정에서 필수적으로 새로운 음절이 생긴다. 이론적으로 본다면 한글 음절 종류는 10,000개를 넘을 수도 있다. 왜냐하면 초성, 중성, 종성의 결합 원리에 따라서 각 음소를 조합해서 음절을 만들어 낼 수 있기 때문이다.

한글로 적을 수 있는 음절의 종류를 이론적으로 한 번 계산해 보자. 초성으로 쓰일 자음은 'ㄱ, ㄲ, ㄴ, ㄷ, ㄸ, ㄹ, ㅁ, ㅂ, ㅃ, ㅅ, ㅆ, ㅇ, ㅈ, ㅉ, ㅊ, ㅋ, ㅌ, ㅍ, ㅎ' 등 19글자이고, 중성으로 쓰일 모음은 'ㅏ, ㅑ, ㅓ, ㅕ, ㅐ, ㅒ, ㅔ, ㅖ, ㅣ, ㅗ, ㅛ, ㅜ, ㅠ, ㅡ, ㅘ, ㅙ, ㅚ, ㅝ, ㅞ, ㅟ, ㅢ' 등 21글자가 있다. 그리고 종성으로 쓰일 자음은 앞의 19글자 가운데에서 종성으로는 쓰이지 않는 'ㄸ, ㅃ, ㅉ'을 뺀

16글자에, 합용병서(合用竝書) 방식으로 합성하여 종성으로 쓰는 겹받침 글자 'ᆪ, ᆬ, ᆭ, ᆰ, ᆱ, ᆲ, ᆳ, ᆴ, ᆵ, ᆶ' 10글자를 보태어 26글자가 있다. 이들을 조합하여 이론적으로 만들 수 있는 음절의 수는 아래와 같다.

초·중·종성　합성　초·중성　합성　총계
(19 × 21 × 26)　+　(19 × 21)　=　10,773자

그러나 앞에서 말한 바와 같이 실제로는 1,600개쯤이 쓰인다. 그렇다면 우리는 이 많은 음절을 어떻게 다 습득하고 언어생활에서 불편을 느끼지 않으며 생활하고 있을까? 그것도 세계에서 문맹률이 가장 낮은 나라라는 평가를 받으면서 말이다. 여기서 우리는 한글의 고마움을 생각하지 않을 수 없다. 비록 1,600여 개의 음절문자를 사용하지만, 각 글자가 자음과 모음의 규칙적인 조합으로 이루어지기 때문에 간단한 원리만 알면 소리만 들어도 그것을 적을 수 있는 능력이 생기는 것이 한글이다. 이것을 쉽게 인식하게 해 주는 것이 반절표이다.

(5) 자모가 결합해야 소리가 난다

우리말의 모든 음절(또는 음절문자)은 자음과 모음이 결합하여 이루어진다. 이를 다른 말로 표현하면, 우리말은 반드시 자음과 모음이 결합하여야 비로소 말소리가 이루어진다. 따라서 자음이 연속적으로 나오면 그 가운데에서 하나만 소리나고, 다른 하나는 소리가 나지 않는다. 이는 같은 소리글자를 쓰는 알파벳 언어권에서 소리내는 법과 사뭇 다르다. 아래 영어 낱말을 살펴보자.

㉮ first / strike
㉯ alphabet / through

예 ㉮에서 연속적으로 적힌 자음 'rst'와 'str'이 모두 제 소리를 낸다. 그런데 예 ㉯에서 연속적으로 적힌 자음 'ph', 'th', 'gh'는 제 소리를 내지 못하고 어울려서 다른 소리를 만들거나 둘 다 소리나지 않는다. 한글도 이처럼 몇 개의 자음을 잇달아 적기도 하지만, 영어 낱말처럼 소리나지 않는다. 우리는 자음 하나에 모음 하나가 결합하는 것을 음절 구성의 원칙으로 삼고 있기 때문이다. 그래서 '값, 넋, 넓' 같은 형태의 소리는 '갑, 넉, 넙'으로밖에 나지 않고,

뒤에 모음으로 시작하는 소리가 오면 '갑시, 넉슬, 널븐' 처럼 두 자음이 모두 제 소리를 내게 된다. 우리말에서 음절 단위로 소리를 내면서 종성 소리에 제약이 있다는 사실은 맞춤법을 익히는 데 많은 어려움을 준다. 우리는 '넙적하다' 라는 소리를 듣고 '넓적하다' 라고 적어야 하기 때문이다.

(6) 한자어 영향과 음절의 기능 변화

우리말은 다음절어이기 때문에 음절과 음절이 자연스럽게 연결되게 되어 있다. 다음절로 된 낱말을 들어 보면 음절의 연결에 어려움을 느끼게 하는 요소는 거의 없다.

부스러기, 사로잡그다, 시나브로, 어리숭하다, 바람만바람만, 아리따워

이런 발음의 유연성은 다음절어에서는 당연한 현상이다. 그러나 우리말에 중국어가 대량으로 들어오면서 이런 발음의 유연성이 우리말에서 상당한 제약을 받게 되었다. 우리 음운 현상을 전혀 고려하지 않은 낱말이 유입되어 우리의 음운 현상이 어지러워진 것이다. 이것은 한자어가 우리에게 새로운 낱말을 제공해 준 좋은 면 뒤에 가려진 어두운 면이라고 할 수 있다. 아래 낱말을 읽을 때 일어나는 광범위한 음운 변화는 한글의 소리 표기 기능을 치명적으로 약화시키는 원인이 되었다.

국론/궁논(國論), 난로/날로(煖爐), 생산량/생산냥(生産量), 담력/담녁(膽力)

이처럼 한자어로 된 음절이 대량으로 유입되면서 국어는 소리대로 적으면 거기에 뜻이 나타나는 글자에서 소리대로 적더라도 의미가 잘 드러나지 않는 글자로 그 기능이 몹시 떨어졌고, 소리를 감안하지 않는 한자어의 특성 때문에 한자어로 된 음절 사이에 소리의 단절 현상이 일어나서 글자와 소리의 괴리 현상이 급증하였다. 이는 결과적으로 한글의 고유어 표기 기능까지 떨어뜨려서 전체적으로 한글의 뜻 표시 능력을 현저하게 떨어뜨렸다. 한자어가 한글에 상당한 부담을 주었다는 말이다.

이제 우리는 거의 모든 글자에서 그것이 소리로 의미를 찾아내는 고유어 음절인지, 음절 단위로 의미를 가지는 한자어 음절인지 확인하는 불편을 감수하지 않으면 안 되게 되었다. 그래서 맞춤법 규정에도 고유어인지 한자어인지 구별하여 서로 다르게 다루어야 하는 경우를 제시할 정도가 되었다.

(7) 한글 음절의 종류

예로부터 한글을 예찬하는 말 가운데에서 한글은 자연의 모든 소리까지도 다 적을 수 있는 글자라는 덕담이 있는데, 이는 한글의 우수성을 쓸데없는 예까지 들어 주장하는 것으로 극단적인 말이다. 왜냐하면 글자는 자연의 소리를 적기 위해서 필요한 것이 아니라 사람의 말을 정확하게 적어서 말의 소리와 의미를 그대로 전달하는 데 필요한 것이기 때문이다. 따라서 말이 아닌 것을 표기하기 위하여 많은 음절을 사용하는 것은 한글의 기능을 떨어뜨리는 부담으로 작용할 수 있다. 한글에서는 음절이 많아지는 것을 조심해야 한다. 그리고 한글 음절의 형태가 복잡해지는 것도 조심해야 한다. 한글은 자음과 모음이 일대일로 단순하게 결합된 형태를 최고의 가치로 여기고 발전해 온 글자이며, 외연을 확장하기 위하여 종성을 쓰는 음절까지 수용했고 부득이한 경우에 종성에 겹자음을 허용하였을 뿐이다.

현대 국어에서 사용하는 낱말의 음절을 분석해 보면 앞의 원리가 얼마나 잘 구현되고 있는지 확인할 수 있다. 나는 졸저 『우리말 분류 대사전』에 올림말로 쓴 낱말을 음절별로 분석해 본 결과 아래와 같은 사실을 알 수 있었다.

* 총 낱말 수 : 고유어 51,668개
* 음절 종류 : 1,593개
* 낱말에 사용된 음절 총수 : 174,108개
* 낱말당 평균 음절수 : 3.37개
* 음절당 평균 사용 빈도수 : 110회

여기서 가장 자주 사용된 음절을 10개 뽑아 보면 아래와 같다(괄호 속의 숫자는 음절의 사용 빈도임).

하(6254회), 리(5924회), 이(5020회), 지(2803회), 거(2715회), 기(2547회), 나(1867회), 가(1785회), 무(1533회), 물(1437회), 치(1396회), 어(1388회), 아(1229회), 히(1213회), 바(1165회), 고(1156회), 그(1151회), 대(1151회), 다(1146회), 자(1106회)

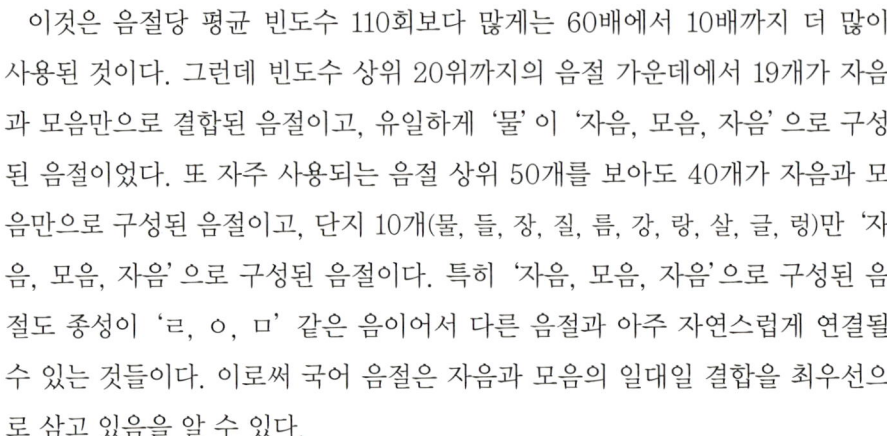

이것은 음절당 평균 빈도수 110회보다 많게는 60배에서 10배까지 더 많이 사용된 것이다. 그런데 빈도수 상위 20위까지의 음절 가운데에서 19개가 자음과 모음만으로 결합된 음절이고, 유일하게 '물' 이 '자음, 모음, 자음'으로 구성된 음절이었다. 또 자주 사용되는 음절 상위 50개를 보아도 40개가 자음과 모음만으로 구성된 음절이고, 단지 10개(물, 들, 장, 질, 름, 강, 랑, 살, 글, 렁)만 '자음, 모음, 자음'으로 구성된 음절이다. 특히 '자음, 모음, 자음'으로 구성된 음절도 종성이 'ㄹ, ㅇ, ㅁ' 같은 음이어서 다른 음절과 아주 자연스럽게 연결될 수 있는 것들이다. 이로써 국어 음절은 자음과 모음의 일대일 결합을 최우선으로 삼고 있음을 알 수 있다.

음절은 소리를 나타내는 단위이지, 의미를 나타내는 단위가 아니다. 일부 의미를 나타내는 음절도 있지만 그것은 특수한 경우에 지나지 않는다. 의미와 관계없이 소리를 나타내는 기능만을 하는 것이라면 음절이 단순하고 발음하기 좋게 구성되는 것은 매우 바람직한 일이다. 이런 음절이 서로 선택적으로 결합하여 하나의 의미를 형성하는 것이 바람직한 국어의 모습일 것이다.

한편, 음절 자신이 하나의 의미를 완벽하게 갖추는 경우라면 종성을 사용하여 음절의 형태를 특수하게 구성할 필요가 있다. 그래야 음절에서 의미를 쉽게 인식할 수 있기 때문이다. 아래 음절은 의미를 드러내기 위한 구성임을 알 수 있다.

빛, 빗, 빚, 낱, 낫, 낮, 불, 솜, 밥, 땅, 꽃, 솥, 앞, 뜻, 흙, 겉, 볶(다), 맑(다), 훑(다), 많(다), 없(다), 쌓(다)

이처럼 음절에 곧바로 뜻을 싣기 위해서는 도리 없이 음절의 구성이 조금 까다롭고 복잡해지지 않을 수 없다. 이런 특별한 목적을 달성하기 위한 음절이 아니라면 구태여 구조가 복잡한 음절은 만들어 내지 않는 것이 국어를 위해 바람직하다. 얼마 전 인터넷에서 '아햏햏'이라는 글자가 유행했다. '햏'은 특정한 소리를 대변하는 음절일 것 같지만 발음하기 쉽지 않을 뿐 아니라, 어떤 뜻도 없는 글자이다. 뜻을 가질 수 없는 글자가 이처럼 복잡하게 구성되는 것은 무의미하다. 국어가 다음절어가 된 이유는 이런 복잡한 음절을 만들어 사용하지 않고 단순한 음절을 두셋 사용하여 의미를 구현하겠다는 인식이 우리에게 있었기 때문이다.

5. 소리 표기 규정

한글이 소리를 마치 눈에 보이는 것처럼 표기하는 글자라고 칭찬한 적이 있다. 그렇다고 해서 한글이 소리를 표기하는 데 아무 문제가 없다는 말은 아니다. 실제 소리를 표기하려면 아무리 한글 자모가 완벽하다고 해도 헷갈리는 표기가 많이 생긴다. 그래서 자연스럽게 한글로 소리를 표기하는 규칙이 필요하게 되었다. 대체로 소리대로 표기하면 되지만 그렇지 않을 경우가 있기 때문에 이와 관련해서 규칙을 정한 것이다. 우리는 이 규칙을 '한글 맞춤법'에 정해 놓았다.

(1) 원칙

한글 맞춤법은 한글 표기 원칙을 '표준어를 소리대로 적는다.'라는 말로 선언했다(맞1). 한글이 소리글자이니 이는 당연한 규정이다. 다만 먼저 표준어를 확정하고 그것을 소리대로 적자는 것이니 표준어만 확정되면 한글 표기는 그만큼 손쉬워질 것이다. 그런데 정말로 표준어만 확정되면 소리대로 적는 데 문제가 없을까? 한글의 자모와 말소리가 비교적 정확하게 대응하기 때문에 특별한 어려움은 없을 것 같은데 실제로 표기하려면 여러 가지로 표기할 수 있는 때가 있다. 그래서 어떤 말은 어떻게 표기하자고 우리끼리 약속해야 하는 것이다.

또 소리는 분명하게 표기할 수 있지만 소리대로 표기하는 것이 불합리할 때도 있다. 이런 때에는 부득이 소리와 다른 표기를 채택하지 않을 수 없다. 이에 대해서 한글 맞춤법은 '표준어를 소리대로 적되, 어법에 맞도록 함을 원칙으로 한다.'라고 규정해 두었다. 한글 맞춤법은 표준어를 소리대로 적는 경우와 어법에 맞게 적어야 하는 경우가 있음을 명시한 셈이다. 이와 관련된 표기 원칙을 하나하나 검토해 보자.

(2) 된소리 표기

가장 먼저 우리가 합의해야 할 것이 된소리 표기와 관련된 것이다. 된소리로 나는 것을 된소리 글자로 적으면 되겠지만 그럴 수 없는 경우가 있다. 그래서 어떤 때에 된소리 글자로 적고 어떤 때에는 달리 적을 것인지 결정해야 한다. 아래의 예를 보자.

오빠/옵바, 으뜸/읏듬/읏듬, 가끔/갂금, 소쩍새/솓적새/솟적새/솥적새

위의 예를 보면 말과 말 사이에서 나는 된소리는 두 가지 이상의 방법으로 적을 수 있다는 것을 알 수 있다. 이런 경우에는 우리가 그 가운데에서 하나를 선택할 수밖에 없다. 된소리가 우연히 나는지 그럴 만한 이유가 있는지 검토하여 우연히 난다면 된소리 글자로 그대로 적으면 되고, 그럴 만한 이유가 있다면 비록 된소리로 나더라도 그럴 만한 이유를 알 수 있도록 구별해서 적는 것이 옳다. 그래서 한글 맞춤법에서는 '뚜렷한 까닭 없이 나는 된소리'는 된소리 글자로 적는다는 규정을 두게 된 것이다(맞5). 그래서 '옵바'로 표기하지 않고 '오빠'로 표기하기로 했다. 이 원칙을 다른 말로 표현한다면 특별히 '옵바'라고 '옵'과 '바'를 구별해야 할 필요가 있다면(이는 '옵'과 '바'에 특별한 의미가 들어 있음을 의미함) 모르되, 그렇지 않다면 소리대로 적는다는 말이다. '소쩍새'를 '소쩍쌔'로 적지 않는 것은 '새'에 특별한 의미가 들어 있기 때문이다.

그러나 이런 원칙을 무조건 지키다 보면 부담스러워질 때도 있다. 그래서 예외를 두어 'ㄱ'과 'ㅂ' 받침 뒤에서 나는 된소리는 된소리 글자로 적지 않고 예사소리 글자로 적기로 했다. 그래서 '국수'를 '국쑤'로 적지 않고, '갑자기'를 '갑짜기'로 적지 않는다.

(3) 구개음화('ㅈ, ㅊ' 소리 표기)

마찬가지로 'ㅈ'이나 'ㅊ'으로 소리나면 그 글자로 적으면 되지만, 어떤 이유가 있어서 불가피하게 그렇게 소리났다면 그 불가피성을 존중하여 그 원인을 알 수 있도록 원래의 글자대로 적기로 했다. 즉 두 소리가 어울려서 음운 변화가 생긴 결과 'ㅈ, ㅊ' 소리가 났다면(이런 현상을 구개음화라 한다.) 변화된 소리로 적지 않고 원래의 소리에 해당하는 글자로 표기하자고 약속한 것이다(맞6). 그래서 '해돋이'를 '해도지'로 적지 않고, '닫히다'를 '다치다'로 적지 않는다. 물론 그런 특별한 이유가 없이 나는 'ㅈ, ㅊ' 소리는 해당 글자로 적기 때문에 '비지땀'을 '빚이땀'으로 적지 않고, '미치다'를 '믿히다'로 적지 않는다.

(4) 'ㄷ' 소리 받침 표기

한글 표기 약속 가운데에서 가장 특이한 것이 바로 'ㄷ' 소리 받침을 표기하는 약속일 것이다. 한글 맞춤법에는 'ㄷ' 소리가 나는 받침을 'ㅅ'으로 표기하기로 했다. 그 이유는 'ㄷ' 소리 받침이 나는 경우가 두 가지가 있어서 이를 해결하기 위한 방편이 필요했기 때문이다. 'ㄷ' 소리 받침이 나는 두 가지는 아무 이유가 없는 경우와 그럴 만한 이유가 있는 경우이다. 아무 이유가 없이 나는 'ㄷ' 소리 받침은 'ㅅ'으로 적고, 그럴 만한 이유가 있으면 그 이유에 따라서 'ㄷ' 또는 'ㅌ'으로 적는다(맞7). 아래 예를 보자.

섣달(←설달), 숟가락(←술가락), 며칟날(←며칠 + 날), 밭사돈(←바깥사돈)

위의 낱말에서 나는 'ㄷ' 소리 받침은 원래 괄호 안에 들어 있는 'ㄹ'이 변하여 생긴 소리이다. 그렇다고 변하기 전처럼 적으면 변한 소리를 낼 수 없다. 그래서 이런 경우에는 변한 소리를 인정하여 적되, 'ㄹ'이 'ㄷ'으로 변했으면 'ㄷ'으로 적기로 했다. 'ㅌ'은 '끝'의 'ㅌ'이 변해서 'ㄷ' 소리가 났으므로 'ㅌ'을 그대로 적는다. 이 원칙에 따라서 아무 이유 없이 'ㄷ' 소리가 나는 '돗자리, 엇셈, 핫옷, 못, 첫' 따위는 '돋자리, 얻셈, 한옷, 몯, 첟'으로 적지 않는다. 이처럼 'ㄷ'이나 'ㅌ'으로 적을 이유가 있는 것이 또 있다.

걷잡다, 곧장, 곧추, 낟가리, 돋보이다, 사흗날, 이튿날, 밭벽, 밭쪽

한편 'ㅅ'으로 적어야 하는 것에는 아래와 같은 것들이 있다.

굿거리, 덧셈, 돗자리, 자칫, 젓가락, 첫소리, 풋곡식, 햇과일, 헛소리

(5) 모음 'ㅖ'의 표기

토박이말 가운데에서 모음이 'ㅔ'로 소리나더라도 'ㅖ'로 적기로 한 것이 있다. 아래 세 낱말이 그렇다.

계집, 계시다, 핑계

그 이유는 이들은 원래 'ㅖ'로 발음하고 'ㅖ'로 적던 것인데, 음운 변화에 따라서 'ㅔ'로 나는 것이므로 원래 적던 대로 적는 것이다. 한자어도 원래 음이 'ㅖ'이면 'ㅔ'로 소리 나더라도 'ㅖ'로 적기로 했다(맞8).

(6) 모음 'ㅣ'의 표기

토박이말 가운데에 'ㅢ'로 소리 나야 하는 것이 'ㅣ'로 소리 나는 것이 있다. 우리가 정확하게 'ㅢ' 소리를 낼 수 없기 때문이다. 그런 경우에는 비록 'ㅣ'로 소리를 내더라도 'ㅢ'로 적는다. 한자어도 원래의 음가가 'ㅢ'인 것은 'ㅣ'로

소리를 내더라도 '늬'로 적는다(한글 맞춤법 제9항). 아래의 예에서 왼쪽 표기를 따르게 된 이유가 여기에 있다.

무늬/무니, 하늬바람/하니바람, 늴리리/닐리리, 띄어쓰기/띠어쓰기

(7) 두음 법칙

한자 가운데에는 글자가 낱말의 첫머리에 오면 제 소리대로 소리나지 않는 경우가 많이 있다. 우리는 이런 현상을 그대로 인정하여 소리 내기로 했다(이를 '두음 법칙'이라고 한다). 그러면 그 한자의 소리를 어떻게 표기할 것인지가 문제이다. 이제까지의 원칙을 고수한다면 소리가 달리 나더라도 제 소리대로 적어야 한다. 그러나 이런 예가 너무 많아서 원래 글자의 소리대로 적는다면 글자 생활이 너무 불편해진다. 그래서 한자 가운데에서 몇 글자는 원래 글자대로 적지 않고 두음 법칙에 따라서 나는 소리대로 적기로 했다(맞10~12). 이와 관련해서 한글 맞춤법에는 아래와 같이 정해 놓았다.

⑦ 원래 한자가 '녀, 뇨, 뉴, 니'로 소리 나야 하는 것이 낱말의 첫소리에서 '여, 요, 유, 이'로 소리가 바뀌면 바뀐 대로 적는다. 그래서 '녀자, 뉴대, 닉명'을 '여자, 유대, 익명'으로 적는 것이다.

⑭ 원래 한자가 '랴, 려, 례, 료, 류, 리'로 소리 나야 하는 것이 낱말의 첫소리에서 '야, 여, 예, 요, 유, 이'로 소리 나면 바뀐 대로 적는다. 그래서 '량심, 력사, 례의, 룡궁, 류행, 리발'로 적지 않고, '양심, 역사, 예의, 용궁, 유행, 이발'로 적는다.

⑭ 원래 한자가 '라, 래, 로, 뢰, 루, 르'로 소리 나야 하는 것이 낱말의 첫소리에서 '나, 내, 노, 뇌, 누, 느'로 소리 나면 바뀐 대로 적는다. 그래서 '락원, 래일, 로인, 뢰성, 루각, 릉묘'로 적지 않고 '낙원, 내일, 노인, 뇌성, 누각, 능묘'로 적는다.

위의 원칙은 한글 맞춤법에 따른 약속이므로 이 맞춤법을 적용하지 않는 북한에서는 두음 법칙을 인정하지 않으므로 원래 글자대로 적는다. 그리고 이 원칙은 한자를 적을 때에 적용되는 것이므로 외래어를 적을 때에는 적용되지 않는다. 토박이말은 낱말별로 이미 두음 법칙에 따라서 발음하고 표기하고 있기 때문에(**예** '니' 를 '이' 로 표기하고, '닢' 을 '잎' 으로 표기하는 것 등) 여기에 별도로 규정하지 않았다. 이 원칙에도 예외가 있고, 또 위의 세 가지 경우에 해당하지 않는데도 두음법칙을 원용하여 바뀐 소리대로 표기하기도 한다. 이런 것을 하나하나 소개한다.

㉮ 의존명사로 쓰이는 '냥(兩), 년(年), 리(理, 里)' 는 본음대로 적는다. 즉 '돈 다섯 냥이 있다.', '1년 만에 만났다.', '그럴 리(理)가 없지.', '여기서 거기까지 몇 리(里)나 되니.' 처럼 쓴다(한글 맞춤법 제10항 '다만', 제11항 '다만' 참조). 이 한자가 의존명사로 쓰이지 않는 경우에는 물론 두음 법칙이 적용된다('년수[年數]'가 아니라 '연수', '리유[理由]'가 아니라 '이유', '리수[里數]'가 아니라 '이수'로 쓴다).

㉯ 모음이나 'ㄴ' 받침 뒤에 오는 한자 '렬, 률' 은 소리대로 '열, 율' 로 적는다. 첫소리는 아니지만 두음 법칙을 원용하여 소리대로 적는 것이다. 그래서 '라렬(羅列), 비렬(卑劣), 규률(規律), 진렬(陳列), 선률(旋律)' 등은 '나열, 비열, 규율, 진열, 선율' 로 적는 것이다(한글 맞춤법 제11항 붙임1의 '다만' 참조).

㉰ 외자로 된 이름을 성에 붙여 쓸 경우에도 본음대로 적을 수 있다. 예를 들면 '최린(崔麟)' 은 '린(麟)' 이 이름이므로 마땅히 두음법칙에 따라서 '최인' 으로 적어야 한다. 그렇지만 이런 경우에 예외적으로 본음을 따라서 '최린' 으로 적을 수 있게 허용한 것이다. 그래서 '신립(申砬), 채륜(蔡倫), 하륜(河崙)' 으로 적을 수도 있고, '신입, 채윤, 하윤' 으로 적을 수도 있게 되었다(한글 맞춤법 제11항 붙임2 참조).

㉱ 원래 두음 법칙에 따라서 적던 낱말이 다른 한자 뒤에 붙어 나오게 되면 낱말의 첫소리가 아니더라도 원래 두음 법칙을 적용하여 적던 대로 적는다. 따라서 아래의 왼쪽 표기를 인정하고 오른쪽 표기를 인정하지 않는 것이다(한글 맞춤법 제10항 붙임2와 붙임3, 한글 맞춤법 제11항 붙임4와 붙임5, 한글 맞춤법 제12항 붙임2 참조).

신여성/신녀성(新女性), 공염불/공념불(空念佛), 남존여비/남존녀비(男尊女卑), 역이용/역리용(逆利用), 연이율/년리률(年利律), 해외여행/해외려행(海外旅行), 내내월/래래월(來來月), 상노인/상로인(上老人), 비논리적/비론리

적(非論理的)

이미 두음 법칙에 따라서 적고 있는 낱말이라도 그것이 줄어들어 다른 한자와 함께 쓰이면 원래의 한자대로 적는다(맞11항 붙임3).

국제연합(國際聯合)→국련(國聯), 교육연합회(敎育聯合會)→교련(敎聯),
환경운동연합(環境運動聯合)→환경련(環境聯)

한자 외자로 된 낱말로서 두음 법칙에 따라 표기하는 것이라도 이것이 다른 한자 뒤에 붙어서 쓰이는 경우에는 본래 한자대로 적는다. 아래의 예가 그것이다.

능(陵)→태릉(泰陵), 낙(樂)→쾌락(快樂), 용(龍)→쌍룡(雙龍),
난(欄, 亂, 蘭)→경제란(經濟欄), 임진란(壬辰亂), 춘란(春蘭)

(8) 겹쳐 나는 소리

앞에서 된소리 표기를 할 때 'ㄱ, ㅂ' 받침 뒤에서 나는 된소리는 한글 맞춤법 제5항 '다만' 규정에 따라서 예사소리로 적는다고 설명했다. 그러나 같은 소리가 겹쳐 나는 경우에는 된소리로 적는다. 그리고 'ㄱ, ㅂ' 받침이 아니더라도 겹쳐 난다고 인정되는 모든 소리는 같은 글자로 적는다(한글 맞춤법 제13항). 여기서 주의할 것은 이 원칙은 한 낱말(단일어) 안에서 일어나는 현상에 대한 원칙이므로 다른 말과 결합한 때(복합어)에는 해당되지 않는다. 이 규정은 토박이말과 한자어를 나누어 생각할 필요가 있다.

㉮ 토박이말에서 같은 음절이나 비슷한 음절이 겹쳐 나는 경우에는 무조건 같은 글자로 적는다. 그래서 '딱딱, 딱따구리, 쓱싹쓱싹, 놀놀하다, 밋밋하다, 씁쓸하다, 짭짤하다' 처럼 적는다.

㉯ 한자어는 이 규정에 제시된 세 가지 낱말(연연불망[戀戀不忘], 유유상종[類類相從], 누누[屢屢]이)에 국한하되, 이와 성격이 매우 비슷한 낱말까지 원용할 수 있다(요요[寥寥]하다, 노노법사[老老法師] 등). 그러나 일반적으로 모든 한자어에 적용되지 않는다. 아래와 같은 한자는 같은 소리가 겹쳐 난다고 생각되더라도 원음대로 적는다.

낭랑(朗朗)하다, 냉랭(冷冷)하다, 녹록(碌碌)하다, 늠름(凜凜)하다, 연년(年年)이, 염념불망(念念不忘), 역력(歷歷)하다, 적나라(赤裸裸)하다

01 아래 표기는 한글 맞춤법에 예시되지 않았지만 맞는 표기이다. 밑줄 친 부분을 보면서 왜 이 표기가 맞는지 그 이유를 설명하라.

⑴ 등용문(登龍門), 화룡점정(畵龍點睛), 사육신(四六臣), 사륙판(四六版), 낙화유수(落花流水), 파렴치(破廉恥), 몰염치(沒廉恥), 수류탄(手榴彈), 총유탄(銃榴彈), 고랭지(高冷地), 살육(殺戮), 도륙(屠戮), 위염(胃炎), 폐렴(肺炎)

⑵ 구름양(-量), 생산량(生産量), 수용(-龍), 청룡(靑龍), 가십난(gossip欄), 정치란(政治欄)

⑶ 곳집, 곧장, 돗자리, 돋보기, 것지르다, 걷잡다, 사뭇, 파묻다, 풋솜씨, 푿소, 맛살, 맏손자

⑷ 무치다, 묻히다, 부딪치다, 부딪히다, 빗질, 빗쟁이, 빚접다

⑸ 싹둑, 무뚝뚝하다, 깍두기, 깎기

02 한자어 가운데에서 낱말의 처음에 오는 한자의 음이 변하여 소리 나는 현상을 두음 법칙이라고 한다. 두음 법칙으로 변한 소리는 변한 대로 적는 것이 맞춤법 규정이다. 두음 법칙에 해당하는 한자가 낱말의 첫소리에 왔지만 두음 법칙을 적용하지 않고 원래의 한자음대로 적는 경우를 모두 말하라.

03 훈민정음 창제 당시 기본 글자 28글자로 표기할 수 없는 음소를 표기하기 위해서 여러 가지 표기 방법을 고안해 냈고, 이 자모를 이용해서 다양한 음절을 표기했다. 이와 관련하여 훈민정음은 둘 이상의 자음을 모아서 하나의 자음을 만드는 원리로 '병서, 연서'라는 용어를 사용했고, 병서를 각자 병서와 합용 병서로 나누어 설명했다. 그리고 둘 이상의 모음을 모아서 하나의 모음을 만드는 원리로 '합성(合而成)' 원리를 제시했으며, 자음과 모음을 합성하는 원리로 '부서'라는 용어를 제시했다.
여기에 사용한 이 용어들, 곧 '병서, 연서, 각자 병서, 합용 병서, 합성, 부서'를 설명하라.

연습 문제

04 다음 낱말의 표기 가운데에서 **틀린** 것을 찾으라.

(1) ① 어린이난　　② 스포츠난　　③ 골프란　　④ 정치란

(2) ① 폐염　　　　② 위염　　　　③ 비염　　　④ 편도선염

(3) ① 실낙원　　　② 복낙원　　　③ 희노애락　　④ 경로사상

(4) ① 신냉장고　　② 고냉지　　　③ 염념불망(念念不忘)　　④ 연년생(年年生)

(5) ① 적나라하다　② 녹록하다　　③ 늠름하다　　④ 연련불망(戀戀不忘)

(6) ① 태릉(泰陵)　② 선능(宣陵)　③ 정릉(貞陵)　④ 능침(陵寢)

(7) ① 딱따구리　　② 땍대굴땍대굴　③ 때굴때굴　④ 똑딱똑딱

(8) ① 파렴치　　　② 몰염치　　　③ 살육(殺戮)　④ 수용(龍)

(9) ① 미립자(微粒子)　② 신열(身熱)　③ 과린산(過燐酸)　④ 선이자(先利子)

(10) ① 섣두르다　　② 섣부르다　　③ 잗다랗다　　④ 잗주름

(11) ① 반짇고리　　② 사흗날　　　③ 며칠날　　④ 숟가락

(12) ① 나열(羅列)　② 선율(旋律)　③ 생산양(生產量)　④ 전열(前列)

(13) ① 추진력(推進力)　② 관람료(觀覽料)　③ 백분률(百分率)　④ 쌍룡(雙龍)

(14) ① 등용문(登龍門)　② 대한교련(大韓教聯)　③ 육백륙십륙　④ 한류(韓流)

(15) ① 반라(半裸)　② 반론(反論)　③ 대노(大怒)　④ 논란(論難)

(16) ① 오륙도(五六島)　② 오륙일(五六日)　③ 육육봉(六六峰)　④ 육십육

(17) ① 수류탄　　　② 공염불(空念佛)　③ 신연도(新年度)　④ 회계 연도(年度)

(18) ① 늴니리　　　② 할는지　　　③ 하늬바람　　④ 보늬

(19) ① 휴게실　　　② 게시판　　　③ 게송　　　④ 핑게

(20) ① 으레　　　　② 케케묵다　　③ 강팍하다　　④ 괴팍하다

01 한글 자모의 수와 이름 그리고 차례가 지금처럼 확정된 과정을 순차적으로 설명하고, 훈민정음 창제 당시에 자모의 이름을 제시하지 않은 이유를 토론해 보라.

02 한글이 거의 모든 소리를 표기할 수 있는 매우 과학적인 글이라는 것은 의심할 여지가 없다. 그러나 외국어를 표기할 때에나 우리말 가운데에서도 어떤 특정한 소리를 표기할 때에는 한글에도 좀 부족한 점이 있다고 주장하기도 한다. 아래의 경우를 보자.

> ① 영어의 violet, file 등에서 밑줄 친 부분의 발음을 한글로 정확하게 적기 어렵다.
> ② '쉬었다', '바뀌었다', '야위었다'의 밑줄 친 부분을 줄여서 적을 수 있는 글자가 없다.

그래서 ①의 경우를 위해서 훈민정음 당시에 있었던 'ᄫ, ᅗ'를 쓰자는 주장이 제기된 일이 있고, ②는 젊은이들 사이에서 '셨다, 바꼈다, 야옜다'처럼 말하고 쓰는 경우가 나타나고 있다. 이 주장이나 현상에 대해서 각자의 의견을 말하라.

03 국어사전에 따라서 올림말 표기가 다른 것이 눈에 띈다. 한글 맞춤법에 사전 편찬자의 의도가 개입할 여지가 있기 때문일 것이다. 아래의 경우 왜 올림말 표기가 달라질 수 있는지 생각해 보고, 어떤 표기가 맞춤법 정신에 더 가까운지 토론하라.

(1) 땍대구루루
(2) 땍때구루루

04 한글 맞춤법은 '표준어를 소리대로 적되 어법에 맞게 함을 원칙으로 한다.'라고 하여 소리 표기 원칙과 함께 이것을 제약할 수 있는 길을 열어 놓고 있다. 제약을 받지 않고 소리대로 적을 수 있는 조건을 말해 보라.

▶ 01. 국어란 무엇인가? ▲

형태소는 우리 국어를 떠받치는 기둥이고, 머릿돌이다.
우리는 할 수 있으면 다양한 형태소를 많이 확보해야 한다.
그리고 형태소가 수많은 어휘를 생산해 낼 수 있는 고도의
생산성을 갖도록 발전시켜야 한다.

02 형태소

1. 형태소를 알면 국어가 보인다

　언어에서 의미가 태동하는 것은 생명이 태동하는 것에 견줄 수 있다. 정자와 난자가 결합하여 수정란이 되고 배아가 배반포로 자랐을 때에 비로소 사람의 몸을 형성할 수 있듯이 언어에서도 자음과 모음이 결합하였다고 해서 곧바로 의미가 생성되는 것이 아니라 배반포의 단계에 이르러야 최소한의 의미가 생성되고, 이 의미는 여건이 성숙되면 비로소 독립적 의미체인 낱말로 바뀐다.

　자음과 모음이 결합하면 수많은 음절이 만들어진다. '가, 갸, … 흐, 히' 등 수많은 수정란이 만들어지지만 그것이 곧 의미를 갖지는 않는다. 예를 들면 '기'에는 아무 의미가 없다. 그래서 말이라고 할 수 없다. 그러나 여기에 'ㄹ'을 첨가하여 '길'이 되면 의미가 생긴다. 그러면 '길'은 처음으로 의미가 있는 형태가 된다. '기'에 다시 '침'을 붙이면 '기침'이 되어 또 다른 의미가 생긴다. '기침'도 의미가 있는 첫 형태이다. 그러나 '기'에 '저'를 붙이면 아무 의미가 생기지 않다가 거기에 다시 '귀'를 더 붙이면 '기저귀'가 되어 의미가 생긴다. 이 경우에 '기', '기저'에는 아무 뜻이 없기 때문에 말이라고 할 수 없지만 '기저귀'에는 의미가 들어 있기 때문에 비로소 말이라고 할 수 있게 된다. 이처럼 처음으로 의미를 가지게 되는 형태(앞의 예에서 '길, 기침, 기저귀' 등)를 형태소라고 한다.

　그렇다면 어떻게 해서 형태소에 그런 의미가 생길까? 우리가 한 형태소에서 어떤 의미를 인식하는 것은 매우 불규칙하고 자의적이다. 왜 그 말에서 그런 의미를 인식하는지 설명해 줄 사람이 없다. 우리가 '손'이라고 하는 의미를 미국인은 왜 '핸드(hand)'라고 하고, 일본인은 왜 '테(て)'라고 하는지 설명해 줄 사람이 없다. 우리의 언어 유전자 활동이 선택과 배제에 따라서 그것이 '손'이라고 규정하는 데 공감했을 것이라고 추측할 따름이다. 나는 우리 조상의 조상에게 생명을 준 신이 자극을 통해서 우리에게 그런 언어를 선택하도록 도왔을 것이라고 믿는다.

　어떻든 음성에 처음으로 의미가 들어 있다고 인식할 때 우리는 그것을 '소리'라 하지 않고 '말'이라고 하는데, 언어학에서는 이를 '형태소'라고 한다. 위에 예시한 '길, 기침, 기우뚱, 손' 등은 형태소이면서 실제로 문장 안에서 독립적으로 쓰이므로 낱말이기도 하다. 그러나 형태소 가운데에는 낱말로 쓰이지 못하는 것도 많이 있다. '짓밟았다'에서 '짓', '밟', '았', '다'는 모두 형태소이지만 낱말이 아니다. 이것들은 홀로 쓰이는 때는 없고 다른 형태소와 결합해야 비로소 낱말이 된다. 낱말은 하나의 형태소로 이루어지기도 하지만, 둘 이상의 형태소가 결합해서 형성되기도 한다. 국어에 형태소라는 원소가 있어서 낱말의 기본을 형성한다는 것을 알게 되면 국어가 조금씩 보일 것이다.

(1) 형태소의 발견

형태소는 낱말을 구성하는 가장 작은 의미 단위이기 때문에 이것을 다시 분해하면 의미가 없어진다. 예컨대 '바늘귀'를 분석하면 '바늘 + 귀'로 나뉜다. 여기까지는 각 요소에서 의미가 사라지지 않은 상태이다. 여기서 '바늘'을 다시 분해하면 '바 + 늘'이 되는데, 이렇게 되면 이제까지 유지되던 의미가 완전히 사라지고 만다. 따라서 '바늘'은 더 분해할 수 없는 최소의 의미 단위인 셈이다. 이처럼 더 나눌 수 없는 가장 작은 의미 단위가 형태소이다. 이 관계를 표로 나타내면 아래와 같다.

낱말	형태소	음절	음소
벼슬아치	벼슬, 아치	벼, 슬, 아, 치	ㅂ, ㅕ, ㅅ, ㅡ, ㄹ, ㅇ, ㅏ, ㅊ, ㅣ

위에서 보듯이 음소나 음절에는 아무 뜻도 없다. 그것은 모두 단순한 소리일 뿐이다. 그런데 아무 의미가 없는 '벼'와 '슬'이 함께 쓰여 '벼슬'이라고 하면 그 속에 뜻이 생긴다. '아'와 '치'가 모이면 '아치'라는 형태소가 된다. 형태소 가운데에서 '아치'는 독립적인 낱말로 쓰이지 못하고 다른 형태소인 '벼슬'에 붙어야 하지만, '벼슬'은 '아치'가 없더라도 독립적인 낱말로 쓰인다. 이처럼 형태소에는 자신이 독립적으로 낱말이 되는 것과 다른 형태소에 붙어서 낱말의 일부를 이루는 것이 있다. 앞의 것을 자립 형태소라고 하고, 뒤의 것을 의존 형태소라고 한다.

형태소의 개념을 세계 최초로 발견한 사람은 놀랍게도 우리나라 사람인 주시경 선생(1876~1914)이다. 그는 언어학을 체계적으로 공부하지 않았지만, 국어를 유심히 관찰하고 분석함으로써 형태소라는 개념에 이르게 되었다. 근대 언어학에서 형태소의 개념을 분석 도구로 처음 사용한 사람은 미국인 언어학자

블룸필드(Leonard Bloomfield, 1887~1949)였고, 이후 언어 분석에서 형태소는 빼놓을 수 없는 개념이 되었다. 주시경 선생은 블룸필드보다 약 30년 앞서서 우리말을 분석하여 형태소에 해당하는 개념을 정립하고, 이것에 '늣씨'라는 이름을 붙였다.

늣씨란 '늣'과 '씨'의 합성어인데, '늣'은 사물이나 사건의 생성을 의미하는 '늦'의 옛 표기이고, '씨'는 오늘날 품사라는 말로 대체된 어휘로서 주시경 선생이 만든 용어이다. 따라서 '늣씨'는 최초의 의미 단위(이는 동시에 '최소의 의미 단위'가 된다)를 나타낸다고 말할 수 있다. 늣씨의 개념은 오늘날의 형태소와 정확하게 일치할 뿐 아니라 주시경 선생이 그의 저서 『말의 소리(1914)』에서 실제로 국어를 분석하여 선보인 늣씨도 오늘날 우리가 형태소로 추출해 낸 것과 일치한다. 주시경 선생이 국어를 분석해서 추출한 늣씨를 소개하면 아래와 같다.

몬·의。 움즉ᵕ이ᵕ ㅁ·이ᵕ니라。

위 예문은 『말의 소리』에 있는 수많은 문장 가운데에서 맨 처음에 나오는 것인데, '소리의 남[發音]'의 의미를 설명하기 위하여 적은 문장이다. 주시경 선생은 '。'으로 어절과 어절을 구분했고, 'ᵕ'으로 낱말과 낱말을 구분했으며, '·'으로 늣씨와 늣씨를 구분하였다. 이 얼마나 정교한 분석인가! 오늘날의 '움직임'과 '이니라'로 쓰이는 말의 형태소를 '움직+이+ㅁ'과 '이+니라'로 분석한 이 예리함에 누군들 놀라지 않을 수 있을까? 그것도 언어학계에서 이런 분석 방법을 아직 전혀 알지 못하던 시기에 서양 언어학을 배우지 않은 사람이 이렇게 정교하게 언어를 분석한 것은 놀라운 일이 아닐 수 없다. 주시경 선생은 이 책의 모든 문장을 이처럼 어절, 낱말, 늣씨로 구분해 놓았다.

여기서 '움직'은 의미를 가지는 실질 형태소이고, '이'는 그 의미를 활성화하여 동사의 어간이 되게 하는 형식 형태소이다. '번뜩이다, 달랑이다, 뒤척이다, 끔적이다, 굵적이다, 끄덕이다, 번쩍이다' 등에 쓰인 '이'와 같은 기능을 한다. 또 'ㅁ'을 형태소로 정확하게 분석해 내었는데, 이것은 동사와 형용사를 명사로 바꾸거나 명사로서 기능하게 만드는 대단히 중요한 형태소이다. '기쁨, 꿈, 잠, 짐' 등의 낱말도 'ㅁ'이라는 형태소가 있기에 만들 수 있었던 것이다. 다음에 '이니라'를 '이'와 '니라'로 분석한 것도 그의 늣씨, 즉 형태소 개념이 얼마나 정확한지 웅변해 주는 것이다.

(2) 자립 형태소와 의존 형태소

① 자립 형태소 : 형태소가 문장 안에서 독립하여 낱말로 쓰일 수 있는 것을 자립 형태소라고 한다. 예를 들면 '해, 코, 귀, 입, 달, 물, 별, 땅, 빛, 숯' 같은 명사나 '시나브로, 아무리, 무척, 이제, 벌써' 같은 부사, 그리고 '무슨, 모든, 첫, 몇' 같은 관형사가 이에 해당한다.

자립 형태소에는 명사, 대명사, 수사, 부사, 관형사, 감탄사로 쓰이는 모든 낱말이 포함된다. 그리고 한자도 독립적으로 품사로 쓰이면 자립성이 있다고 보아 자립 형태소로 본다. 다음은 자립성이 인정되는 한자이다.

객(客), 법(法), 색(色), 욕(辱), 적(敵), 점(占, 點), 총(銃), 편(便), 핵(核)

이 외에도 자립성이 인정되는 한자가 많이 있지만, 이것은 어디까지나 특별한 경우에 자립성이 인정될 뿐, 일반적으로는 의존 형태소로서 사용된다.

② 의존 형태소 : 형태소 가운데에는 위와 같이 처음부터 명확한 의미와 자립성을 가지고 태어나는 것도 있지만, 어떤 것은 의미는 있지만 자립성이 없어서 다른 형태소와 연합하여야 낱말이 되는 것이 있고, 자신은 의미가 없어서 의미가 있는 형태소에 붙어서 그 형태소를 위하여 시중드는 일만 하게 되어 있는 것도 있다. 의미는 있으나 자립성이 없는 것으로는 동사와 형용사의 어간을 형성하는 형태소가 있고, 의미가 없고 자립성도 없어서 다른 형태소에 붙어야 능력을 발휘하는 형태소로는 어간 뒤에 붙는 어미와 명사나 대명사 뒤에 붙는 조사가 있다.

아래 제시한 낱말을 보면 밑줄 친 두 형태소가 서로 결합하여야 독립한 낱말이 되지, 어느 하나라도 없으면 낱말로 설 수 없다. 이렇게 혼자는 낱말이 될 수 없는 형태소를 의존 형태소라고 한다.

⑦ 갚-으니, 낳-았으나, 높-아서, 얻-어 주-었다, 길-게, 만들-어라

위 낱말의 밑줄 친 것 가운데에서 앞 부분에 의미가 들어 있고 뒤 부분에 기능이 들어 있는데, 앞 부분을 어간(語幹)이라 하고 뒤 부분을 어미(語尾)라한다. 모든 동사와 형용사는 의미를 나타내는 어간과 기능을 나타내는 어미로 구성되어 있고 이 두 부분이 결합해야 낱말이 된다. 이런 점에서 어간과 어미는 모두 의존 형태소인 것이다.

위의 동사와 형용사 어간에는 형태소가 하나밖에 없지만 일부 동사와 형용사의 어간에는 형태소가 둘 이상 결합된 것이 있다. 아래 예를 보자.

ᄚ **친(親)-하-면, 멋-지-니, 반짝-거리-는, 탐(貪)-스럽-게, 입-히-려고**

조금 눈여겨보면 어간에 있는 두 형태소 가운데에서 앞 형태소에 의미가 있고 뒤 형태소에는 의미가 없는데, 이 두 형태소를 결합하지 않으면 어간이 형성되지 못한다는 것을 알 수 있다. 어간 가운데에서 의미가 있는 부분을 어근(語根)이라고 하고, 의미가 없는 부분을 접사(接辭)라고 한다. 그렇다면 동사와 형용사 가운데에는 어근, 접사, 어미 세 의존 형태소가 합해져서 이루어진 것이 있다는 것을 알 수 있다.

명사나 부사도 두 형태소로 이루어진 것이 있다. 아래 명사와 부사를 자세히 보면 성질이 다른 두 형태소가 있음을 알 수 있다.

ᄚ **날고기, 맨손, 빗금, 나무꾼, 선생님, 눈매, 먼지투성이, 마음껏, 여름내**

밑줄 친 부분과 남은 부분의 성질은 서로 다르다. 밑줄 친 부분을 뺀 '고기, 손, 금, 나무, 선생, 눈, 먼지, 마음, 여름' 등은 자립성이 있는 낱말로서 언제나 건재한다. 그러나 '날-, 맨-, 빗-, -꾼, -님, -매, -투성이, -껏, -내' 등에는 고유한 의미도 없고 자립 능력도 없다. 즉 위 낱말에는 의미와 자립성을 갖춘 부분과 의미도 없고 자립성도 없는 부분이 있는데, 의미도 있고 자립성도 있는 부분이 의미도 없고 자립성도 없는 부분의 영향을 받아 의미가 달라지거나 품사가 달라지는 것을 볼 수 있다. 이런 낱말에서 자기의 의미를 갖춘 부분을 어근이라 하고, 이 어근에 붙어서 어근의 의미나 품사를 변화시키는 일을 하는 부분을 접사라고 한다. 예 ⊕와 예 ⊕에서 우리는 일부 동사와 형용사의 어간이 어근과 접사로 되어 있고, 또 일부 명사나 부사가 어근과 접사로 이루어져 있다는 것을 알았다. 그런데 접사 가운데에는 예 ⊕에서 본 바와 같이 어근의 앞에 붙는 것과 뒤에 붙는 것이 있다. 어근 앞에 붙는 접사를 접두사(接頭辭)라고 하고, 어근 뒤에 붙는 접사를 접미사(接尾辭)라 한다.

(3) 실질 형태소와 형식 형태소

실질 형태소는 고유한 의미가 있는 형태소이고, 형식 형태소는 고유한 의미 없이 실질 형태소의 영향을 받아 일정한 의미가 생기게 되거나 결코 의미가 생기지 않는 형태소이다.

① 실질 형태소의 종류 : 형태소에 고유한 의미가 내포되어 있는 것을 실질형태소라고 한다. 자립 형태소는 모두 실질 형태소이다. 의존 형태소 가운데에서는 동사와 형용사의 어간이 실질 형태소에 속한다. 품사별로 실질 형태소를 예시하면 다음과 같다.

* **명사** : **꽃, 사람, 짐승, 몸, 자랑, 삶, 목표(目標), 방향(方向)** 등
* **대명사** : **나, 너, 우리, 너희, 저희, 귀관(貴官), 당신(當身)** 등
* **수사** : **하나, 둘, 셋, 열, 스물넷, 아흔아홉, 백(百), 천(千)** 등
* **관형사** : **모든, 몇, 저, 그, 이** 등
* **부사** : **일부러, 차라리, 시나브로, 무척, 직접(直接), 계속(繼續)** 등
* **감탄사** : **아이고, 아이코, 아아, 아뿔싸, 얼씨구, 허허** 등
* **동사와 형용사의 어간** : **없다, 먹다, 던지다, 기쁘다, 거두다** 등
* **어근** : **깜깜(하다), 고요(하다), 역(逆)겹다, 외(롭다)** 등

② 형식 형태소의 종류 : 고유한 의미가 없는 형태소가 형식 형태소이다. 형식 형태소에는 어근에 붙어서 어근의 의미를 바꾸거나 품사를 바꾸는 일을 하는 접사가 있고, 문장 안에서 문법적 기능을 수행하는 조사와 어미가 있다. 한자 가운데에도 접두사나 접미사로 쓰여 문법적으로 형식 형태소로 분류되는 것이 있다. 형식 형태소에 속하는 것들을 예시하면 다음과 같다.

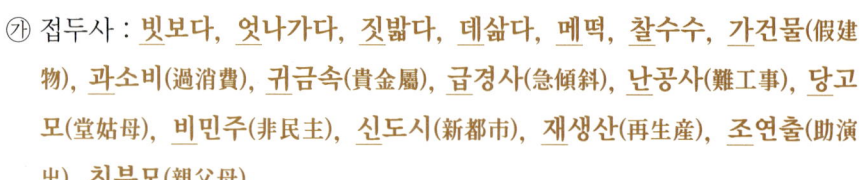

㉮ 접두사 : <u>빗</u>보다, <u>엇</u>나가다, <u>짓</u>밟다, <u>데</u>삶다, <u>메</u>떡, <u>찰</u>수수, <u>가</u>건물(假建物), <u>과</u>소비(過消費), <u>귀</u>금속(貴金屬), <u>급</u>경사(急傾斜), <u>난</u>공사(難工事), <u>당</u>고모(堂姑母), <u>비</u>민주(非民主), <u>신</u>도시(新都市), <u>재</u>생산(再生産), <u>조</u>연출(助演出), <u>친</u>부모(親父母)

㉯ 접미사 : 마음<u>껏</u>, 성<u>깔</u>, 선생<u>님</u>, 나무<u>꾼</u>, 하나<u>꼴</u>, 핏<u>발</u>, 손<u>질</u>, 덜렁<u>거리다</u>, 슬기<u>롭다</u>, 복<u>스럽다</u>, 넉넉<u>하다</u>, 번쩍<u>이다</u>, 앉<u>히</u>다, 밀<u>치</u>다, 솟<u>구</u>다, 걸<u>리</u>다, 돋<u>우</u>다, 맡<u>기</u>다, 맞<u>추</u>다, 죽<u>음</u>, 쓰<u>개</u>, 집<u>게</u>, 먹<u>이</u>, 경제<u>난</u>(難), 관람<u>료</u>(觀覽料), 실험<u>실</u>(實驗室), 야구<u>광</u>(野球狂), 예술<u>인</u>(藝術人), 정치<u>학</u>(政治學), 제작<u>법</u>(製作法), 특별<u>석</u>(特別席), 학생<u>용</u>(學生用)

㉰ 조사 : <u>가</u>, <u>이</u>, <u>는</u>, <u>은</u>, <u>과</u>, <u>와</u>, <u>에</u>, <u>에게</u>, <u>로</u>, <u>으로</u>, <u>를</u>, <u>을</u>, <u>더러</u>, <u>한테</u>, <u>서껀</u>

㉱ 어미 : <u>-고</u>, <u>-니</u>, <u>-면</u>, <u>-므로</u>, <u>-지</u>, <u>-게</u>, <u>-기</u>, <u>-ㄴ다</u>, <u>-습니다</u>, <u>-오</u>, <u>-자</u>

이 밖에 명사 가운데에도 자신의 고유한 의미가 없어서 앞에 관형어가 와야 비로소 확실한 의미를 가지게 되는 것이 있는데, 이를 의존명사라고 한다. 이 의존명사도 형식 형태소에 속한다. 아래 예문에서 밑줄 친 부분이 의존명사인데, 이 명사는 그 앞의 관형어에 따라서 의미가 달라진다.

㉮ 지금 물러설 <u>수</u>는 없다.
㉯ 내가 알 <u>바</u>가 아니다.
㉰ 그가 이곳을 뜬 <u>지</u> 3년이 되었다.

한자는 고립어로서 형태를 바꾸지 않고 비교적 자유롭게 다른 품사로 사용되기 때문에 자립 형태소로 사용되기도 하고, 의존 형태소로도 사용되기도 하며, 때로는 접두사와 접미사로 사용되거나 어근으로도 사용된다. 아래 두 글자가 어떻게 여러 요소로 사용되는지 검토해 보자.

법(法) : 법(法)을 지킵시다. 그런 법(法)이 어디 있습니까? **(자립 형태소)**
　　　법인(法人), 법률(法律), 세법(稅法), 법치(法治) **(의존 형태소)**
　　　작동법(作動法), 작성법(作成法), 재배법(栽培法) **(접미사)**
　　　법적(法的) **(어근)**

난(難) : **난처(難處)**한 일이 생겼다. **환난(患難)**이 닥쳤다. **(의존 형태소)**
난공사(難工事), **난**문제(難問題) **(접두사)**
경제**난**(經濟難), 취직**난**(就職難), 전력**난**(電力難) **(접미사)**

　'법(法)'은 원래 실질 형태소이며 의존 형태소인데 자립 형태소로 쓰이기도 하고, 문법적으로 형식 형태소인 접미사로 쓰이기도 했다. '난(難)'은 원래 실질 형태소로서 의존 형태소인데 형식 형태소가 되어 접두사와 접미사로 쓰이기도 했다. 이처럼 국어에서 한자는 매우 다양한 요소로 사용되는데 (조사와 어미로는 사용될 수 없다), 이것은 한자가 뜻글자이면서 고립어라는 특성에 기인하는 것이다.

(4) 어휘 형태소와 문법 형태소

　어휘 형태소란 낱말이 되거나 낱말을 만드는 데 참여하는 형태소를 가리킨다. 모든 실질 형태소와 접두사, 접미사, 어미 등이 망라된다.

　문법 형태소란 문장에서 문법적 관계를 나타내는 데 사용되는 형태소를 말한다. 조사와 어미가 이에 속한다. 어미는 동사나 형용사 형성에 참여하면서 그것의 문법적 관계까지 나타내는 기능이 있다. 따라서 어휘 형태소이면서 문법 형태소에 속한다.

```
          ┌ 실질 형태소 ┌ 명사, 대명사, 수사, 부사, 관형사, 감탄사 ┐ 어휘
형태소 ┤            └ 동사 어간, 형용사 어간, 어근          ┘ 형태소
          └ 형식 형태소 ┌ 접두사, 접미사
                       └ 조사, 어미 ······················· 문법 형태소
```

(5) 불완전 형태소

　국어에는 형태소로 발전하지 못하고 오로지 다른 형태소에 붙어서 새로운 형태소를 만드는 데만 이바지하는 불완전한 형태소가 있다. 불완전 형태소를 보면 한국어의 구조와 발전 역사를 자세히 알 수 있게 된다. '벋다'는 '사물이 바깥쪽으로 내밀어 있음'을 의미하는 말이다. '벋-'이 의미가 있는 부분인데, 이 부분이 '버드렁'으로 바뀌어 '버드렁니'라는 낱말을 만들어 낸다. 여기서

'버드렁'은 '벋-'에 '-으렁'이 첨가되어 '벋은'의 의미가 있는 새로운 형태소가 된 것인데, '벋-'에 첨가된 '-으렁'이 특별한 의미나 기능은 없지만, 적어도 '벋-'을 '니'와 연결하는 데 일정한 기능을 수행하는 것만은 분명하다. 이런 '-으렁'을 불완전 형태소라고 한다. 이와 같은 형태는 국어에서 매우 광범위하게 나타난다. 한글 맞춤법 제3절(접미사가 붙어서 된 말)의 규정에 따라서 어근에 섞여 자신의 존재를 드러내지 못하는 접미사는 모두 불완전 형태소이다. 이를 예시하면 다음과 같다.

지붕(집+웅), 무덤(묻-+엄), 사람(살-+암), 바로(바르-+오), 나머지(남-+어지), 바가지(박+아지), 꼬락서니(꼴+악서니), 미끄럽다(미끌+업)

위의 예시에서 밑줄 친 '웅, 엄, 암, 오, 어지, 아지, 악서니, 업' 따위가 불완전 형태소이다. 지금은 이런 것을 독립적인 형태소로 인식하지 않고 '지붕, 무덤, 사람, 바로, 나머지, 바가지, 꼬락서니, 미끄럽다' 처럼 표기하기 때문에 무시하기 쉬운데, 비록 독립적으로 형태소 대접을 할 수는 없다 해도 이런 형태소들이 새로운 낱말을 형성하는 데 아주 결정적인 구실을 한다는 것을 인식해야 한다. 그래야 이런 불완전 형태소를 활용하여 우리에게 필요한 낱말을 만들어 내는 데 도움을 받을 수 있다. 국어 정신은 우리가 불완전 형태소를 활용할 수 있는 능력을 회복하기를 강력하게 바라고 있다.

아래의 낱말에도 불완전 형태소로 볼 만한 것이 있다. 의미가 드러나지 않은 것은 말할 것도 없고, 비록 의미가 드러나더라도 그 의미와 형태가 고정되어 있다고 보기 어렵다.

가-짜(假-), 갑-석(-石), 강-대(江-), 개-수(-水), 개-장(-醬), 건-물(-物), 곡-식(穀-), 골-병(-病), 난-장(-場), 대-포(大-), 동-네(洞-), 동-침(-鍼), 된-장(-醬), 명-토(名-), 물-계(物-), 베-목(-木), 변-죽(邊-), 병-통(病-), 상-마(-馬), 생-목(生-), 생-짜(生-), 심-지(心-), 암-죽(-粥), 양-달(陽-), 영-검(靈-), 예-반(-盤), 왜-태(-太), 의-초(誼-), 장-문(-門), 진-짜(眞-), 짜-증(-症), 천-불(天-), 체-수(體-), 초-롱(-籠), 초-승(初-), 태-깔(態-), 피-마(-馬), 활-주(-柱)

(6) 한자 형태소

국어에는 한자어 낱말이 많기 때문에 한자의 성격에 대해서 알아 둘 필요가 있다. 원래 한자는 중국어 낱말이다. 중국어에서는 한자 하나하나가 모두 낱말로서 독립적으로 의미가 있을 뿐 아니라 문법적 기능도 한다. 그러나 국어에서는 한자 한 글자가 독립적으로 쓰이는 경우는 그리 많지 않고, 대개 다른 한자와 결합하여 낱말을 이룬다. 그러므로 모든 한자는 의존 형태소에 가깝다. 우리가 매우 자주 사용하는 한자 가운데 다음 몇 글자를 보자.

수(水), 수(手), 국(國), 화(火), 화(花), 관(觀), 직(直)

위의 한자는 우리 눈에 매우 익숙하고 자주 사용하지만, 실제 이런 말을 독립적으로 사용한 적은 없을 것이다. 이 한자에 조사를 붙여 사용할 수 있는지 검토하면 금방 이들의 독립성을 알 수 있다. 그러나 이것은 다른 한자어와 어울려서 매우 폭넓은 낱말을 만들어 내고 있고, 그 낱말을 우리는 매우 자주 사용하고 있다. 그런 의미에서 위의 한자는 모두 국어에서는 의미가 있는 의존 형태소의 범주에 든다.

한자 가운데에서 국어의 낱말처럼 독립적으로 쓰이는 것도 있다. 다음에 쓰인 것은 모두 훌륭한 낱말들이다.

㉮ 그렇게 우기는 법(法)이 어디 있소?
㉯ 자칫 화(禍)가 우리에게까지 미치겠다.
㉰ 네 요구는 도(度)가 지나치다.
㉱ 지금은 회의 중(中)이니 잠깐 기다리시오.
㉲ 법 위반 시(時)에는 엄벌하겠소.
㉳ 서울의 각(各) 구청 간(間)에 축구 경기가 벌어졌다.

이 밖에도 독립적으로 낱말의 지위를 획득한 한자어가 제법 많이 있다. 이를 제시하면 아래와 같다.

가(可), 각(角), 각(各), 각(刻), 간(間), 간(肝), 감(感), 갑(甲), 강(江), 개(個), 객(客), 건(件), 검(劍), 겁(怯), 겁(劫), 격(格), 겸(兼), 경(卿), 계(契), 계(計), 곡(曲), 곡(哭), 공(公), 공(空), 공(功), 과(科), 과(課), 과(過), 관(官), 광(狂), 구

(九), 구(句), 군(軍), 군(君), 군(郡), 궁(宮), 권(卷), 균(菌), 귤(橘), 근(斤), 근(近), 금(金), 기(旗), 난(亂), 난(蘭), 난(欄), 남(南), 내(內), 냥(兩), 년(年), 노(怒), 녹(祿), 농(弄), 뇌(腦), 누(壘), 능(陵), 담(膽), 답(答), 당(堂), 당(唐), 대(代), 대(對), 대(臺), 댁(宅), 덕(德), 도(度), 도(道), 독(毒), 동(東), 동(洞), 두(頭), 두(斗), 득(得), 등(等), 리(理), 리(里), 막(幕), 만(萬), 말(末), 망(網), 매(每), 면(面), 면(綿), 명(命), 명(名), 모(某), 모(母), 묘(墓), 묘(廟), 무(武), 문(文), 문(門), 미(美), 민(民), 박(朴), 박(拍), 반(半), 반(班), 방(房), 방(榜), 배(培), 백(百), 번(番), 벌(罰), 법(法), 벽(壁), 변(變), 병(病), 병(兵), 보(步), 복(福), 본(本), 부(否), 부(父), 북(北), 비(妃), 비(比), 빈(嬪), 사(四), 사(私), 산(山), 산(酸), 삼(三), 상(上), 상(賞), 상(喪), 상(床), 색(色), 서(西), 선(善), 선(線), 선(先), 성(性), 성(城), 성(聖), 성(姓), 세(稅), 세(勢), 세(貫), 속(俗), 손(孫), 수(數), 순(筍), 승(勝), 승(僧), 시(時), 시(市), 식(式), 신(神), 신(臣), 실(失), 실(實), 십(十), 쌍(雙), 씨(氏), 악(惡), 안(案), 암(癌), 액(厄), 액(液), 야(野), 약(約), 약(藥), 양(陽), 양(羊), 억(億), 업(業), 역(驛), 연(蓮), 연(聯), 열(列), 열(熱), 영(營), 영(令), 영(嶺), 예(禮), 예(例), 오(五), 옥(玉), 옥(獄), 옹(翁), 왈(曰), 왕(王), 외(外), 왜(倭), 욕(辱), 용(龍), 우(右), 운(運), 운(韻), 원(願), 위(位), 위(胃), 육(六), 윤(潤), 은(銀), 음(音), 음(陰), 읍(邑), 의(義), 이(二), 인(仁), 인(印), 인(燐), 일(一), 자(子), 자(者), 자(字), 잔(盞), 장(醬), 장(將), 장(張), 장(章), 장(腸), 적(敵), 전(全), 전(前), 전(殿), 절(節), 점(占), 점(點), 정(正), 정(情), 정(丁), 조(兆), 졸(卒), 좌(左), 주(主), 주(州), 중(中), 즉(卽), 즙(汁), 직(職), 진(陣), 진(眞), 차(車), 창(槍), 창(窓), 책(册), 처(妻), 척(尺), 척(隻), 천(千), 철(鐵), 첩(妾), 청(請), 초(初), 초(秒), 촌(村), 총(總), 총(銃), 총(聰), 추(錐), 축(祝), 충(忠), 측(側), 층(層), 칠(七), 칠(漆), 침(針), 탑(塔), 판(板), 판(版), 팔(八), 패(敗), 패(覇), 편(便), 편(篇), 평(評), 평(坪), 폐(弊), 포(包), 포(砲), 포(布), 포(脯), 폭(幅), 표(票), 표(標), 표(表), 필(匹), 하(下), 학(鶴), 한(恨), 합(合), 항(項), 해(害), 해(解), 핵(核), 행(幸), 향(向), 향(香), 혈(穴), 형(兄), 황(黃), 회(回), 획(劃), 효(孝), 후(後), 후(后), 훈(訓), 흉(凶), 흥(興)

여러분이 자주 사용하는 한자가 빠져 있어서 의아하게 생각할 수도 있다. 그러나 앞에서 말한 바와 같이 자주 사용한다고 해서 그것이 국어에서 낱말이 되는 것은 아니다. 일반적으로 한자는 의존 형태소로서 다른 한자와 결합하여 낱말을 이룰 뿐이므로 한자 형태소와 한자 낱말을 구별하기 바란다. 위에 적힌 한자 외에도 낱말로서 사용되는 것들이 더 있다. 또 위의 한자가 모두 언제나 낱말로 사용되는 것은 아니다. 어떤 특수한 경우에만 낱말로 사용될 뿐 오히려 의존 형태소로 다른 한자와 결합하여 낱말을 이루는 경우가 더 많은 것도 있다. 예컨대 '장(章), 편(篇), 항(項)' 등은 단위로 쓰일 때에만 낱말로 인정되고 대체로 '훈장(勳章), 장편(長篇), 항목(項目)'에서처럼 의존 형태소로서 다른 한자 형태소와 결합하여 낱말이 된다.

(7) 형태소의 길이

형태소를 길이로 나누어 보면 음소 형태소, 단음절 형태소, 다음절 형태소로 나눌 수도 있다. 이는 매우 단순한 분류 방법이지만 국어의 형태소를 눈으로 확인할 수 있는 기회가 제공된다는 면에서 의미가 있다고 보여 여기에 소개한다.

① 음소 형태소 : 원래 음소란 독립된 음성을 이루지 못하기 때문에 형태소가 될 수 없을 것 같지만 국어에는 이런 상식을 뛰어넘어 비록 음성을 이루지는 못할지라도 다른 음절에 덧붙어 새로운 기능을 부여하는 형태소가 있다. 이런 것을 제시하면 다음과 같다.

㉮ ㅁ : '잠, 춤, 삶, 기쁨' 등에 쓰인 'ㅁ'이 형태소이다. '자다, 추다, 살다, 기쁘다' 등을 명사로 만드는 기능을 수행하였다. '웃음, 맑음, 높음' 등에 쓰인 '음'은 'ㅁ'에 매개모음 '으'가 덧붙은 형태이다. 따라서 'ㅁ'과 동일한 형태소로 본다.

㉯ ㄹ : '볼 책, 갈 곳, 잘 집, 할 일' 등에 쓰인 'ㄹ'이 형태소이다. '보다, 가다, 자다, 하다' 등을 뒤에 있는 명사를 꾸밀 수 있도록 만들어 주는 기능(이런 기능을 하는 어미를 관형사형 어미라고 한다.)을 수행하고 있다. '먹을 밥, 잡을 손, 묶을 끈, 씻을 물' 등에 쓰인 '을'은 'ㄹ'에 매개모음 '으'가 덧붙은 형태이다. 따라서 'ㄹ'과 동일한 형태소로 본다.

이 밖에도 과거 시제를 나타내는 어미인 'ㄴ'(본 책, 간 곳, 잔 집, 한 일 등에 쓰인 'ㄴ'), 형용사를 부사로 만드는 기능을 하는 'ㅣ'(슬피, 헤피, 바삐, 가삐, 어여삐 등에 쓰인 'ㅣ') 등이 있다.

② **단음절 형태소** : 두세 음소로 된 한 음절 형태소가 국어 형태소의 태반을 차지한다. 여기에는 의미가 있는 실질 형태소가 많고 완전한 의미는 없지만 기능만을 맡은 형식 형태소도 상당히 많이 있다. 각각의 형태소를 예시하면 아래와 같다.

㉮ 실질 형태소 : **밤, 손, 낮, 낫, 낯, 낟, 길, 숯, 숲, 집, 짚, 개, 메**(이상 명사), **너, 나**(이상 대명사), **둘, 셋, 넷**(이상 수사), **그, 이, 저, 뭇, 몇**(이상 관형사), **더, 좀, 곧, 잘**(이상 부사), **놀-, 자-, 죽-, 걷-**(이상 동사 어간), **희-, 좋-, 높-, 크-, 깊-**(이상 형용사 어간), **아, 오, 자**(이상 감탄사), **착-, 환-, 용-, 쑥-**(이상 어근)

㉯ 형식 형태소 : **-아, -는, -지, -게, -았-, -시-, -겠-**(이상 어미), **가, 는, 를, 만, 도**(이상 조사), **빗-, 엇-, 메-**(이상 접두사), **-질, -감, -껏, -하-, -지-**(이상 접미사), **것, 바, 뿐, 수**(이상 의존명사)

③ **다음절 형태소** : 두 음절 이상으로 된 형태소에도 실질 형태소가 있고 형식 형태소가 있다. 각각에 해당하는 형태소를 예시하면 아래와 같다.

㉮ 실질 형태소 : **하늘, 구름, 바다, 익더귀, 까투리, 가리사니**(이상 명사), **우리, 너희, 거시기**(이상 대명사), **하나, 다섯, 여섯**(이상 수사), **어느, 여러, 모든**(이상 관형사), **조금, 무척, 차라리, 반드시, 하물며, 시나브로, 우두커니, 시난고난**(이상 부사), **자라-, 거닐-, 버티-, 쑤시-**(이상 동사 어간), **빠르-, 느리-, 부드럽-**(이상 형용사 어간), **아따, 아이고, 상푸등, 얼씨구, 잘코사니**(이상 감탄사), **조용-, 시원-, 엉큼-, 고요-, 투박-, 고약-, 넉넉-, 반듯-, 새삼-, 을씨년-, 씨부렁-, 가무죽죽-, 에멜무지-**(이상 어근)

㉯ 형식 형태소 : **-ㄴ다, -지만, -더라도, -나이다, -다오, -ㄹ소냐, -ㄹ작시면**(이상 어미), **것다, 부터, 까지, 께서, 에게, 처럼**(이상 조사), **가막-, 들이-, 옹달-, 모다기-**(이상 접두사), **-거리, -아치, -어치, -**

짜리, −지거리, −투성이, −다랗−, −뜨리−, −트리−, −스럽−, −거리−(이상 접미사), **나름, 따름, 대로, 망정**(이상 의존명사)

음절의 수는 한정될 수밖에 없기 때문에 단음절 형태소의 수는 제한적이고, 표현할 수 있는 의미나 기능에 한계가 있다. 따라서 당연히 다음절 형태소를 만들어 내지 않으면 안 된다. 그런데 다음절 형태소를 만들기 위해서는 단음절 형태소를 만들 때보다 더 많이 노력해야 한다. 노력이 많이 필요한 일을 성공적으로 수행하려면 우리말에 대한 사랑이 각별하지 않으면 안 된다. 사랑의 결과로 아이가 태어나듯이 우리말에 대한 각별한 사랑의 결과로 값지고 유용한 형태소가 나타나게 되는데, 여러 음절이 조합된 형태소가 나타나려면 우리말에 대해 얼마나 각별하고 지속적으로 사랑해야 하는지 짐작할 수 있을 것이다.

국어에는 언어생활에 필요한 다양한 다음절 형태소가 부족한 것이 현실이다. 다음절 형태소의 부족은 결국 심오한 정신적 산물이나 복잡한 사회적 개념을 표현해 낼 수 있는 낱말의 부족으로 이어질 수밖에 없다. 이는 곧바로 우리의 정신 능력의 부족으로 나타나기 때문에 이를 극복하기 위해서 필연적으로 외래어에 의존하지 않을 수 없게 된다. 이런 현실을 직시하여 우리에게 필요한 외래어는 열심히 차용하되 우리말의 형태소와 낱말을 폭넓게 사용하고, 다양하게 표현하는 노력도 게을리 해서는 안 될 것이다. 우리에게 내재된 국어 정신을 폭넓게 활용할 때 국어도 살고 우리 정신도 살고 우리 능력도 증대될 것이다.

2. 한글 맞춤법상의 형태소 표기

형태소는 일정한 뜻이 담겨 있는 고정된 형태를 가리키는 말이다. 그러나 처음에는 일정한 의미가 있는 형태로 사용되더라도 시간이 흐름에 따라서 의미가 거의 제거되면 그 형태를 유지할 필요성도 줄어들게 된다. 한글 맞춤법은 이런 점을 고려하여 형태소 표기에 대해 여러 조항을 두었다. 그 내용에 대해서 검토해 보자.

[1] 형태를 유지하는 형태소

한글 맞춤법에서는 형태를 유지하는 형태소의 경우에 '본뜻이 유지되고 있는 것은 그 '원형을 밝히어' 적는다는 표현을 쓰고 있다. 본뜻이 유지되고 있다는 것은 형태소에 있는 원래의 뜻을 잃지 않았다는 말이다. 일반적으로 형태소는 원래의 뜻과 기능을 유지하고 있을 것이므로 원형대로 적는다.

(1) 어간에 접미사가 붙어서 된 말

어간에 접미사가 붙어서 된 말 가운데에서 접미사 '-이', '-음/-ㅁ'이 붙어서 명사가 된 것과 '-이', '-히'가 붙어서 부사가 된 것은 그 어간의 형태를 밝혀 적는다(맞19 본문).

① '-이', '-음/-ㅁ'이 붙어서 명사가 된 예 : **귀걸-이, 길-이, 넓-이, 다듬-이, 달맞-이, 먹-이, 미닫-이, 쇠붙-이, 그을-음, 모질-음, 믿-음, 앙갚-음, 울-음, 웃-음, 죽-음, 탈놀-음, 삶, 앎, 만듦**

② '-이', '-히'가 붙어서 부사가 된 경우의 예 : **같-이, 굳-이, 높-이, 덧없-이, 많-이, 실없-이, 적-이, 좋-이, 짓궂-이, 밝-히, 익-히, 작-히**

이런 접미사가 붙을 때 어간의 원형을 밝혀 적는 이유는 이 접미사가 어간에 광범위하게 붙어서 명사와 부사를 만드는 기능을 확실히 하기 때문이다.

불규칙 활용을 하는 일부 용언에는 '-이'나 '-음'이 붙더라도 어간의 형태가 유지되지 않고 불규칙 활용한 대로 적을 뿐 아니라 경우에 따라서는 '-음'의 형태도 변한다. 그 예에 해당하는 낱말은 아래와 같다.

걸음(걷다 + -음), 깨달음(깨닫다 + 음), 이음(잇다 + 음), 설움(섧다 + 음), 괴로움(괴롭다 + 음), 구이(굽다 + 이), 지음(짓다 + 음)

그리고 '설거지'의 경우에는 '설겆다'가 사어로 처리되었기 때문에(표20) 여기에 접미사 '-이'가 붙어서 되었다고 하더라도 '설겆이'로 적지 않고 '설거지'로 적는다.

(2) 명사에 접미사가 붙어서 된 말

명사에 접미사 '-이'가 붙어서 다시 명사가 되거나 부사가 된 말은 원래 명사의 원형을 밝혀 적는다(맞20 본문). 이에 해당하는 낱말은 다음과 같다.

① 명사가 된 것 : **곰배팔-이, 딸깍발-이, 바둑-이, 삼발-이, 우걱뿔-이, 애꾸눈-이, 왕눈-이, 외톨-이, 육손-이, 절름발-이**

② 부사가 된 것 : **겹겹-이, 곳곳-이, 길길-이, 낱낱-이, 샅샅-이, 앞앞-이, 줄줄-이, 집집-이, 철철-이, 칸칸-이, 틈틈-이**

(3) 자음으로 시작하는 접미사가 붙은 경우

명사나 어간에 자음으로 시작하는 접미사가 붙으면 원래의 명사나 어간의 원형을 밝혀 적는다(맞21 본문).

① 명사 뒤에 자음 접미사가 붙은 예 : **값-지다, 꽃-답다, 끝-내, 넋-두리, 밑-지다, 부엌-데기, 빚-쟁이, 빛-깔, 옆-구리, 잎-사귀, 홑-지다, 흙-질**

② 어간 뒤에 자음 접미사가 붙은 예 : **낚-시, 넓-죽하다, 늙-바탕, 늙-수그레하다, 늙-정이, 덮-개, 뜯-게질, 갉-작거리다, 뜯-적거리다, 굵-다랗다, 굵-직하다, 깊-숙하다, 넓-적하다, 높-다랗다, 늙-수그레하다, 묽-수그레하다, 엎-지르다, 읊-조리다**

위의 낱말에서 어간에 겹받침이 있는 경우를 보면 모두 뒤에 있는 받침이 소리가 남을 알 수 있다. 이처럼 겹받침의 뒤에 있는 받침만 소리가 나는 경우에는 겹받침을 모두 밝혀 적는다. 그러나 겹받침 가운데에서 앞의 받침이 소리가 나고 뒤의 것이 탈락하는 것은 어간의 원형을 밝혀 적지 않는다(61쪽 참조). 이에 관해서는 형태소를 유지하지 않는 경우에서 다룬다.

(4) 사동 접사, 피동 접사 등의 결합

'-기-, -리-, -이-, -히-, -구-, -우-, -추-, -으키-, -이키-, -애-'는 용언의 어간에 붙어 능동사를 사동사나 피동사로 바꾸거나 형용사를 사동사로 바꾸는 등 확실한 기능을 하고, '-치-, -뜨리-, -트리-'

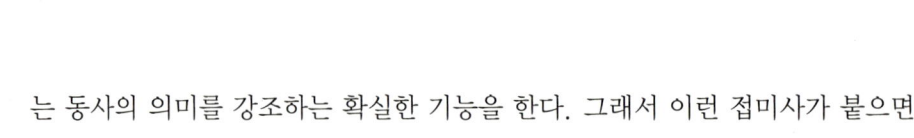

는 동사의 의미를 강조하는 확실한 기능을 한다. 그래서 이런 접미사가 붙으면 어간의 원형을 밝혀 적음으로써 접미사의 형태도 드러낸다(맞22).

① 사동사 또는 피동사가 되는 것 : 맡기다, 믿기다, 옮기다, 웃기다, 쫓기다, 걸리다, 살리다, 떨리다, 뚫리다, 울리다, 가리이다, 먹이다, 박이다, 삭이다, 썩이다, 죽이다, 핥이다, 굳히다, 굽히다, 넓히다, 먹히다, 박히다, 삭히다, 썩히다, 얽히다, 돋구다, 떨구다, 솟구다, 끼우다, 돋우다, 비우다, 새우다, 지우다, 갖추다, 곧추다, 낮추다, 늦추다, 들추다, 맞추다, 일으키다, 돌이키다, 들이키다, 없애다

② 어간을 강조하는 것 : 놓치다, 덮치다, 밀치다, 받치다, 부딪치다, 부딪뜨리다, 쏟뜨리다, 젖뜨리다, 찢뜨리다, 흩뜨리다

　　표준어 규정에 따라서 '−뜨리다'와 '−트리다'는 둘 다 표준어로 인정되었기 때문에 '−뜨리다'가 붙은 모든 낱말의 어간에 '−트리다'를 붙일 수 있다.

(5) '−하다, −거리다'가 붙을 수 있는 어근

　　'−하다, −거리다'가 붙을 수 있는 어근에 접미사 '−이'가 붙어 명사가 된 것은 어근의 원형을 밝혀 적는다(맞23).

　　　깔쭉 − 이(깔쭉거리다), 더펄 − 이(더펄거리다), 쌕쌕 − 이(쌕쌕거리다), 배불뚝 − 이(배불뚝하다), 오뚝 − 이(오뚝하다), 홀쭉 − 이(홀쭉하다)

　　위의 낱말은 어근의 의미가 그대로 유지되는 것인데 만일 어근의 의미가 인식되지 않는다면 어근의 원형을 밝혀 적을 필요도 없고, 접미사 '−이'의 형태를 유지할 필요도 없다. 그래서 비행기의 한 종류를 가리키는 '쌕쌕이'나, 개의 한 종인 '발바리', '깍둑거리다'의 어근에서 멀어진 '깍두기', '부스럭거리다'의 어근과 상관없는 '부스러기' 따위는 어근을 밝혀 적지 않는다. 어근을 밝혀 적지 않는 경우는 형태를 유지하지 않는 형태소에서 다시 다룬다.

(6) '−거리다'가 붙을 수 있는 시늉말

　　'−거리다'가 붙을 수 있는 시늉말에 '−이다'가 붙어서 된 용언은 그 어근을 밝혀 적는다(맞24). 이렇게 표기하는 용언에는 다음과 같은 것이 있다.

깜박 – 이다, 끄덕 – 이다, 뒤적 – 이다, 들썩 – 이다, 망설 – 이다, 번쩍 – 이
다, 속삭 – 이다, 울먹 – 이다, 지껄 – 이다, 펄럭 – 이다, 허덕 – 이다, 헐
떡 – 이다, 홀쩍 – 이다

(7) 어근에 '-이'나 '-히'가 붙는 것

'-하다'가 붙는 어근에 '-이'나 '-히'가 붙어서 부사가 된 것은 어근의 원
형을 밝혀 적는다. 또 부사에 '-이'가 붙어서 다시 부사가 된 것도 원래의 부
사 형태를 밝혀 적는다(맞25 본문).

① 어근에 '-히'나 '-이'가 붙어서 부사가 된 것 : **급 – 히(급하다), 꾸준 – 히
(꾸준하다), 넉넉 – 히(넉넉하다), 도저 – 히(도저하다), 딱 – 히(딱하다), 무던 –
히(무던하다), 깨끗 – 이(깨끗하다), 반듯 – 이(반듯하다), 버젓 – 이(버젓하다),
속 – 히(속하다), 어렴풋 – 이(어렴풋하다)**

이 경우에 접미사 '-히'가 붙을 것인지 '-이'가 붙을 것인지 명확하지
않은 낱말이 있다. 일반적으로 'ㅅ' 받침이 있는 어근 뒤에는 '-이'를 붙
이는데 'ㄱ' 받침이 있는 어근 뒤에는 '-이'와 '-히'가 낱말에 따라서 선
택적으로 붙는다. 이와 관련한 규정은 한글 맞춤법 제51항에 있지만 그것으
로는 모호함을 해결하기 어렵다. 아래에 '-이'를 붙이는 것과 '-히'를 붙
이는 것을 나누어 적어 둔다.

㉮ '-이'를 붙이는 것 : **거늑 – 이, 깊숙 – 이, 끔찍 – 이, 널찍 – 이, 더부
룩 – 이, 듬직 – 이, 말쑥 – 이, 무뚝뚝 – 이, 미욱 – 이, 벌룩 – 이, 빼곡 –
이, 뾰족 – 이, 삐죽 – 이, 소복 – 이, 수두룩 – 이, 오목 – 이, 자옥 – 이, 진
득 – 이, 축축 – 이, 큼직 – 이, 합죽 – 이**

㉯ '-히'를 붙이는 것 : **가득 – 히, 갸륵 – 히, 거룩 – 히, 거북 – 히, 결곡 –
히, 낙낙 – 히, 넉넉 – 히, 눅눅 – 히, 똑똑 – 히, 뜨악 – 히, 서먹 – 히, 아
늑 – 히, 영악 – 히, 유착 – 히, 이슥 – 히, 탐탁 – 히, 톡톡 – 히**

한자어는 '간곡히, 고독히, 소박히, 신속히, 적막히' 등처럼 언제나 '-
히'를 붙인다.

② 부사에 '-이'가 붙어 부사가 된 것 : **곰곰 – 이, 더욱 – 이, 생긋 – 이, 오
뚝 – 이, 일찍 – 이, 해죽 – 이**

(8) 어근에 '-하다'나 '-없다'가 붙은 것

어근의 의미가 드러나지 않더라도 접미사에 확실한 형태가 있으면 그 접미사의 형태를 밝혀 적는다(맞26). 그 결과로 어근이 형태가 결정된다.

① '-하다'가 붙어서 용언이 된 것 : **답답-하다, 딱-하다, 똑똑-하다, 술-하다, 욱-하다, 착-하다, 찹찹-하다, 축축-하다, 텁텁-하다, 푹-하다**

② '-없다'가 붙어서 용언이 된 것 : **가뭇-없다, 끄떡-없다, 난데-없다, 드리-없다, 스스럼-없다, 부질-없다, 상-없다, 속절-없다, 시름-없다, 열-없다, 자발-없다, 진배-없다, 터무니-없다, 푸접-없다, 하릴-없다, 하염-없다**

이상으로 우리는 형태소를 밝혀 적는 경우를 맞춤법에 규정된 내용을 중심으로 철저하게 점검했다. 대체로 어원을 밝혀 적는 것은 어근의 형태와 의미가 확실하게 드러나는 경우와, 접미사의 기능이 확실하여 그 형태를 유지할 필요가 있을 경우 두 가지로 대별됨을 알 수 있다. 어근이든 접미사든 어느 하나의 형태소를 밝혀 적게 되면 남은 것은 자연히 형태가 완성되므로 어근의 의미가 유지되고 있는지 아니면 접미사가 이미 잘 알려진 것인지만 확인하면 표기하기가 매우 쉬워질 것이다.

[2] 형태를 유지하지 않는 형태소

형태소를 유지하지 않고 소리대로 적는 경우는 크게 두 가지이다. 하나는 어근이나 어간의 의미가 본뜻과 상관없거나 멀어진 경우이고, 다른 하나는 접미사의 기능이 인정될 만큼 확실하지 않은 경우이다. 이에 따라서 형태소를 밝혀 적지 않는 경우를 검토해 보자.

(1) 두 용언이 합해진 듯이 보이지만 앞말이 본뜻에서 멀어진 것(맞15 붙임1의 (2) 참조)

나타나다, 드러나다, 바라보다, 배라먹다, 부러지다, 부서지다, 불거지다, 사라지다, 쓰러지다, 자라나다, 자빠지다, 토라지다

위의 예는 예컨대 '낱아나다, 들어나다, 발아보다'처럼 적을 이유가 없는 것이다. 왜냐하면 '나타나다, 드러나다, 바라보다'가 '낱다, 들다, 발다'와 아무 관련이 없기 때문이다.

(2) 어간에 '-이', '-음/-ㅁ'이 붙은 것 가운데에서 어간의 본뜻과 멀어진 것(맞19 다만)

> **거름**([肥]←걸다 + -음), **고름**([膿]←곯다 + -음), **굽도리**(←굽돌다 + -이), **너비**([幅]←넓다 + -이), **노름**([賭博]←놀다 + -음), **다리**([脚]←달다 + -이), **두루마리**(←두루말다 + -이), **목거리**([목病]←목걸다 + -이), **무녀리**(←문열다 + -이), **빈털터리**(←빈털털다 + -이), **어름**([境界]←얼다 + -음), **턱거리**([病]←턱걸다 + -이), **코끼리**(←코길다 + -이)

(3) 어간에 '-이' 이외의 모음으로 시작하는 접미사가 붙는 경우는 어근의 형태를 밝혀 적지 않는다(맞20 붙임).

이 경우는 접미사의 기능이 지극히 제한적이어서 접미사로 형태를 드러낼 가치가 없기 때문이다.

> **고랑**(←골 + -앙), **구렁**(←굴 + -엉), **꼬락서니**(←꼴 + -악서니), **끄트러기**(←끝 + -으러기), **끄트머리**(←끝 + -으머리), **모가지**(←목 + -아지), **모가치**(←목 + -아치), **바가지**(←박 + -아지), **바깥**(←밖 + -앝), **사타구니**(←샅 + -아구니), **소가지**(←속 + -아지), **소댕**(←솥 + -앵), **싸가지**(←싹 + -아지), **싸라기**(←쌀 + -아기), **오라기**(←올 + -아기), **이파리**(←잎 + -아리), **지붕**(←집 + -웅), **지푸라기**(←짚 + -우라기), **짜개**(←짝 + -애), **터럭**(**털 + -억**)

그러나 몇 가지 낱말에서는 모음으로 시작하는 접미사가 붙더라도 접미사의 형태를 드러내어 적는다. 예컨대 '벼슬아치, 반빗아치, 값어치('가버치'로 읽음)' 등의 경우에 모음 접미사 형태를 유지함으로써 어근의 형태도 유지한다.

(4) 어간에 '-이'나 '-음/-ㅁ' 이외의 접미사가 붙어서 다른 품사로 바뀐 것은 어간의 원형을 밝히지 않는다(맞19 붙임).

이는 접미사의 기능이 약해서 구태여 그 형태를 밝힐 필요가 없기 때문에 자연히 어간의 형태도 유지할 필요가 없어진 것이다.

① 명사로 바뀐 것 : **귀머거리**(←귀먹다 + -어리), **까마귀**(←깜다 + -아귀), 꾸

중(←꾸짖다 + 웅), 나머지(←남다 + -어지), 너머(←넘다 + -어), 누룽지(←눋다 + -웅지), 늘그막(←늙다 + -으막), 도랑(돋다 + -앙), 도르래(←돌다 + -으래), 동그라미(←동글다 + -아미), 뜨더귀(←뜯다 + -어귀), 마감(←막다 + -암), 마개(←막다 + -애), 마중(←맞다 + -웅), 무덤(←묻다 + -엄), 불겅이(←붉다 + -엉이), 비렁뱅이(←빌다 + -엉뱅이), 뻐드렁니(←뻗다 + -으렁니), 쓰레기(←쓸다 + -에기), 올가미(←옭다 + -아미), 주검(←죽다 + -엄), 지팡이(짚다 + -앙이), 코뚜레(코뚫다 + -에)

위에 나온 접미사도 어간과 분리하여 적어야 할 이유가 없는 것으로 본다. 실제 접미사로 분리해 놓은 것을 보면 다른 낱말을 만들 때에도 어느 정도 쓰일 수 있는 것이 없다. 따라서 이들 접미사는 형태소를 유지할 아무 실익이 없다. 그러므로 소리대로 적는다.

② 부사로 바뀐 것 : 거뭇거뭇(← 검다 + -웃), 너머(← 넘다 + -어), 너무(← 넘다 + -우), 느루(←늘다 + -우), 도두(←돋다 + -우), 도로(←돌다 + -오), 뜨덤뜨덤(← 뜯다 + -엄), 마주(← 맞다 + -우), 바로(← 바르다 + -오), 바투(← 밭다 + -우), 발맘발맘(← 밟다 + -암), 발밤발밤(← 밟다 + -암), 불긋불긋(← 붉다 + -웃), 비뚜로(← 비뚤다 + -오), 비로소(← 비롯다 + -오), 오긋오긋(← 옥다 + -웃), 자밤자밤(← 잡다 + -암), 자주(←잦다 + -우), 주섬주섬(← 줏다 + -엄), 차마(←참다 + -아)

③ 조사로 된 것 : 나마(←남다 + -아), 마저(←맞다 + -아), 부터(←붙다 + -어), 조차(←좇다 + -아)

(5) 겹받침의 끝소리가 드러나지 않고 앞 소리만 나는 경우에는 어간의 원형을 밝히지 않는다(맞21 다만(1) 참조).

널따랗다(←넓다 + -다랗다), 널찍하다(←넓다 + -직하다), 말끔하다(←맑다 + -금하다?), 말쑥하다(←맑다 + -숙하다), 말짱하다(←맑다 + -장하다?), 실컷(←싫다 + -껏), 실큼하다(←싫다 + -금하다), 얄따랗다(←얇다 + -다랗다), 얄팍하다(← 얇다 + -박하다), 짤따랗다(← 짧다 + -다랗다), 짤막하다(← 짧다 + -막하다)

(6) 겹받침인 용언의 어간과 관계가 별로 없거나 불확실한 경우에는 어간의 원형을 밝히지 않는다(맞21 다만(2) 참조).

> 넙치(←넓다+-치), 올무(←옭다+-무), 골막하다(←곪다+-악하다), 납작하다(←넓다+-적하다)

(7) 용언의 어간에 '-이, -우, -히'가 붙어서 이루어진 것으로 보이지만 어근의 본뜻에서 멀어진 것은 소리대로 적는다(맞22 다만).

> 도리다(←돌다+-이), 드리다(←들다+-이), 고치다(←곧다+-히), 바치다(←받다+-히), 부치다(←붙다+-이), 거두다(←걷다+-우), 미루다(←밀다+-우), 이루다(←일다+-우)

(8) '-업', '-읍-', '-브-'가 붙어서 된 말은 소리대로 적는다(맞22 붙임).

> 고프다(←곯다+-브다), 기쁘다(깃다+-브다), 나쁘다(낮다+-브다), 미덥다(←믿다+-업), 바쁘다(←밫다+-브), 슬프다(←슳다+-브), 우습다(←웃다+-읍), 미쁘다(믿다+-브다)

(9) '-하다'나 '-거리다'가 붙을 수 없는 어근에 모음으로 시작하는 접미사가 붙어서 명사가 된 것은 어근의 원형을 밝히지 않는다(맞23 다만).

> 개구리(←개굴+-이), 귀뚜라미(←귀뚤+-아미), 기러기(←기럭+-이), 깍두기(←깍둑+-이), 꽹과리(←꽹괄+-이), 날라리(←날날+-이), 누더기(←누덕+-이), 동그라미(←동글+-아미), 두드러기(←둗+으러기), 딱따구리(←딱따굴+-이), 매미(←맴+-이), 부스러기(←부스럭+이), 뻐꾸기(←뻐꾹+이), 얼루기(←얼룩+이), 칼싹두기(←칼싹둑+-이)

(10) '-하다'가 붙지 않은 낱말은 소리대로 적는다(맞25 제1호 붙임).

> 갑자기(←갑작+-이), 반드시(←반듯+-이), 슬며시(←슬몃+-이)

(11) 어원은 분명하지만 소리가 특이하게 변한 것은 변한 대로 적는다 (맞27 붙임1).

> 할아버지(←한+아버지), 할아범(←한+아범)

(12) 어원이 불분명한 형태소는 원형을 밝혀 적지 않는다 (맞27 붙임2).

> 골병(←곯다+병), 골탕(←곯다+탕), 끌탕(←끓다+탕), 며칠(←몇+일), 부리나케(←불이+낳게), 아재비(←앗+아비), 오라비(←오랍+이), 업신여기다(←없이+녀기다), 이태(←읻+해), 이틀(←읻+흘)

이상으로 형태소 표기에 관한 맞춤법 규정을 일별했는데, 이것을 정리하면 다음 세 가지로 나누어 설명할 수 있다.

첫째, 어근의 형태소가 본뜻을 잃지 않은 경우에는 어근의 형태소를 밝혀 적는다. 이 때 자연스럽게 접미사의 형태도 드러난다.

둘째, 어근의 본뜻이 불확실하더라도 접미사의 기능이 뚜렷하면 접미사의 형태를 드러내어 표기한다. 그 결과로 어근의 형태도 드러난다.

셋째, 어근이 본뜻에서 멀어졌거나 접미사의 형태와 기능이 확실하지 않으면 형태소를 드러내어 표기하지 않는다.

3. 형태소의 결합

국어는 형태소를 쌓아 올린 탑이다. 그것은 마치 평지에서 하늘을 향해 솟아오른 탑처럼 무명 속에 찬란한 의미의 빛을 발한다. 형태소는 국어의 정신에 따라서 하나가 다른 하나와 결합하면서 하나하나 '의미의 탑'을 쌓게 된다. 이 의미의 탑이 얼마나 높아지느냐는 우리가 국어 정신을 얼마나 강렬하게 표출하느냐에 달려 있다. 의미의 탑을 쌓아 가는 데 형태소 사이의 우열이나 귀천은 존재하지 않는다. 오로지 낱말을 형성하고 문장을 구성하기 위하여 필요한 만큼 돕고 의지하면서 자신의 가치를 발휘하여 단단하고 높은 탑을 쌓는 데 크고 작은 이바지를 할 뿐이다.

형태소 가운데에는 다른 것과 결합하기 어려운 것이 있고 쉽게 결합하는 것이 있다. 형태소는 각자의 특성에 맞게 다른 형태소와 결합하여 새로운 낱말을 만들어

낸다. 여기서는 둘 이상의 형태소가 결합하여 하나의 낱말을 이루게 되는 원리를 살펴보자. 낱말은 아래 세 요소가 결합하여 이루어진다.

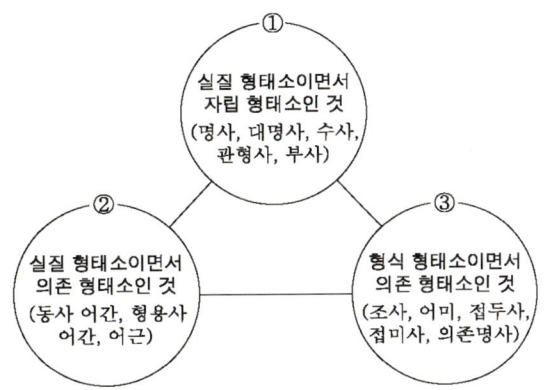

위의 세 요소가 한두 개씩 섞여서 낱말을 이룬다(물론 하나의 형태소만으로도 낱말이 되는 것이 많이 있지만 여기서는 둘 이상의 형태소로 된 낱말만을 상정한 것임). 어떤 낱말은 ①에 속하는 낱말이 둘 이상 합쳐져서 이루어지고, 어떤 낱말은 ①과 ②의 요소가 합쳐져서 만들어지기도 하며, 어떤 낱말은 ①, ②, ③의 세 요소가 고루 섞여 만들어지기도 한다. 여기에 해당하는 낱말을 예시해 보겠다.

①의 요소로 이루어진 낱말 : **논밭, 털옷, 밤낮, 길거리**(이상 명사와 명사의 결합), 새사람, 온달, 두말, 한번(이상 관형사와 명사의 결합), **맞장구, 맞절, 맞바둑, 휘파람**(이상 부사와 명사의 결합), **곧바로, 또다시, 빨리빨리, 잘못**(이상 부사와 부사의 결합)

①, ②의 요소로 이루어진 낱말 : **앞서다, 빛나다, 귀먹다, 눈멀다, 맛있다**(이상 명사와 동사의 결합), **속없다, 배부르다, 벼락같다, 사이좋다, 겉늙다, 뼈아프다, 힘세다, 낯간지럽다**(이상 명사와 형용사 어간의 결합), **넓적노린재, 알락풍뎅이, 팔랑나비**(이상 어근과 명사의 결합)

②의 요소로 이루어진 낱말 : **감돌다, 섞사귀다, 쓰다듬다, 듣보다**(이상 동사와 동사의 결합), **늦되다, 낮잡다, 얕보다, 얕잡다**(이상 형용사와 동사의 결합), **길둥글다, 세차다, 깊푸르다, 희맑다, 노라발갛다, 하야말갛다, 검붉다**(이상 형용사와 형용사의 결합), **잘되다, 못되다, 잘살다, 못살다, 잘나다, 못나다**(이상 부사와 동사의 결합)

①, ③의 요소로 이루어진 낱말 : **개살구, 군소리, 덧신, 돌계집, 맨손, 민머리**(이상

접두사와 명사의 결합), **우리끼리, 마음껏, 종일토록, 조금씩, 그까짓, 며느릿감, 여름내, 시골뜨기, 벼슬아치, 고집쟁이, 먼지투성이**(이상 명사와 접미사의 결합), **사랑스럽다, 기운차다, 사내답다, 흥미롭다, 기름지다**(이상 명사와 활용하는 접미사의 결합), **집집이, 낱낱이, 샅샅이, 골골이**(이상 명사 둘과 접미사의 결합)

②, ③의 요소로 이루어진 낱말 : **빗나가다, 내갈기다, 데삶다, 엇갈리다, 치받다, 휘두르다**(이상 접두사와 동사의 결합), **먹이, 깨뜨리다, 놓치다, 젖히다, 부딪치다, 세우다**(이상 동사 어간과 접미사의 결합), **지킴이, 지짐이, 달음질**(이상 동사 어간과 접미사 둘의 결합), **감돌이, 밟다듬이, 나들이, 죽살이**(이상 동사 어간 둘과 접미사의 결합), **넘어뜨리다, 떨어지다**(이상 동사 어간과 어미와 접미사의 결합), **드높다, 새파랗다, 회동그랗다**(이상 접두사와 형용사의 결합), **넓이, 높이, 좁히다, 넓히다, 낮추다, 높다랗다**(이상 형용사 어간과 접미사의 결합), **기뻐하다, 좋아하다**(이상 형용사 어간과 어미와 접미사의 결합)

①, ②, ③의 요소가 모두 섞인 낱말 : **들놀음, 땅띔, 떡볶이, 해돋이, 입씻이, 엉터리없이, 보리누름, 돌잡히다, 손꼽히다, 돌아가다, 집어넣다, 올려놓다, 되새기다, 헛소리하다**

이렇게 보면 국어의 형태소는 그것이 실질 형태소이든 형식 형태소이든 자립 형태소이든 의존 형태소이든 모두 형태소의 능력에 따라서 다른 형태소와 다양하게 결합하여 낱말을 만드는 것을 알 수 있다. 이런 점에서 모든 형태소는 국어에 없어서는 안 될 소중한 자산이라고 생각하지 않을 수 없다. 흔히 사람들은 실질 형태소만 소중하게 생각하고 형식 형태소는 하찮게 여기는 경향이 있다. 그 이유는 실질 형태소에 의미가 있기 때문에 자기 생각을 표현하는 데 실질 형태소는 요긴하게 사용할 수 있지만 형식 형태소는 그렇지 못하다고 생각하기 때문이다. 그러나 국어를 전체적으로 보면 형식 형태소의 소중함을 쉽게 알 수 있다. 형식 형태소가 없으면 낱말의 수가 급격하게 줄어들 것이고, 실질 형태소만으로는 문장을 만들 수도 없게 된다. 따라서 우리는 그것이 실질 형태소이든 형식 형태소이든, 자립 형태소이든 의존 형태소이든 그 의미와 기능을 정확하게 습득하여 폭넓게 써야 한다. 그리고 가능하면 형태소의 종류도 더 다양하게 늘려야 한다.

4. 형태소의 사회적 의미

형태소는 우리 국어를 떠받치는 기둥이고 머릿돌이다. 우리는 할 수 있으면 다양한 형태소를 많이 확보해야 한다. 그리고 형태소가 수많은 어휘를 생산해 낼 수 있는 고도의 생산성을 갖도록 발전시켜야 한다.

낱말로 사용되지 않는 형태소에 '짓-'이 있다. 이것으로 우리는 '짓이기다, 짓밟다, 짓씹다, 짓찧다' 등의 낱말을 만들었다. 또 '-껏'이라는 형태소가 있다. 이것으로 우리는 '마음껏, 힘껏, 목청껏, 여태껏' 같은 낱말을 만들었다. 형태소 '높-'으로는 '드높다, 높다랗다, 높드리, 높새바람, 높이, 높지거니' 같은 낱말을 만들었다.

처음부터 낱말로 사용되는 형태소로 '불'이 있다. 이 형태소를 활용하여 '불가마, 불고기, 불기둥, 불길, 불꽃, 불땀, 불바다, 불벼락, 불씨, 불어리, 불집, 불춤, 불티, 반딧불, 횃불, 맞불, 번갯불, 군불, 모닥불' 등 수많은 낱말을 만들었다.

우리는 형태소가 다양한 낱말을 생산해 내는 능력을 갖추도록 힘써야 한다. 이런 노력을 하지 않고 우리말에는 생산력이 없으니 생산력이 좋은 한자를 활용하여야 한다고 주장하는 것은 옳지 않다. 이 말은 한자의 생산력을 부정하거나 그것을 활용하는 것을 나무라기 위한 것이 아니라 그런 생각을 하는 순간 우리 자신이 우리말의 생산력을 높이는 노력을 포기할 수 있기 때문에 그것을 우려하여 하는 말이다. 국어 정신에 투철한 사람은 감히 그런 생각을 하지 않을 것이다.

국어의 생산력은 우리의 지극한 노력으로 높일 수 있다. 겨우 형성해 놓은 형태소를 다양하게 활용하지 않는다면 그 형태소는 쓰이지 못하여 결국 도태되고 만다. 따라서 국어 정신을 바탕으로 우리가 형태소를 정성스럽게 활용하여야 국어의 생산력이 높아진다. 다른 어떤 민족도 국어의 생산성을 높여 주지 않는다. 노동의 생산성이 낮아지면 수익의 감소를 감수해야 하듯이 국어의 생산성이 낮아지면 우리의 지적 수준의 저하를 감수하지 않을 수 없다. 지난 몇천 년 동안 다른 우수한 민족은 자신의 언어의 생산력을 높여 왔지만 우리는 안타깝게도 국어의 생산력을 높이기 위해서 그들처럼 노력하지 않았다. 몇천 년이 되도록 우리말로 된 변변한 책 한 권 만들어 놓지 못한 것이 그것을 증명한다.

이제 우리는 과거의 잘못을 뉘우치고 국어를 정성스럽게 받드는 일에 나서야 한

다. 국어를 받드는 일은 곧 우리 자신을 받드는 일이고, 국어를 섬기는 일은 곧 우리 자신을 섬기는 일이다. 다행히 국어 안에는 아직 생산력을 잃지 않은 형태소가 많이 있다. 우리는 이것을 소중히 여기고 그 생산성을 극대화하기 위해 노력해야 한다. 그리고 점점 힘을 잃어 가는 형태소를 소생시키는 노력도 기울여야 한다. 한 번 사라진 형태소는 다시 소생시키기 어렵다. 어느 지역, 어느 집단, 어느 계층에서 사용하는 형태소이든 그것이 우리가 처음 접하는 말이라면 감사하는 마음으로 그 말을 맞이해서 그것의 생산성을 높일 수 있도록 적극적으로 활용해야 한다. 지방에서만 쓰는 말이므로 전국적으로 사용할 필요가 없다고 단정하지 말자. 각 지방에서 사용하는 다양한 형태소도 국어의 자산이라는 것을 잊지 말자. 그리고 국어의 형태소를 이런저런 이유로 무시하고 한자나 외국어로 대체하려 하는 사람들은 차라리 우리와 같은 국민이기를 포기하는 편이 우리에게 도움이 될 것이다. 외국어나 외래어는 국어를 보완하는 것으로 그 사명을 다 하는 것이지 결코 국어를 대체할 수는 없다.

국어에 다양한 형태소가 있다면 우리 언어생활이 얼마나 더 풍요로워질지 상상하기 어렵지 않다. 예컨대 '빗-'이란 형태소는 '비뚜로, 잘못, 기울어진'의 의미를 보태 준다. '빗맞다, 빗나가다, 빗디디다, 빗금, 빗면' 등에 쓰이면서 다양한 낱말을 만들어 준다. 그런데 '빗-'의 반대로 쓰일 수 있는 형태소, 곧 '바로, 옳게, 똑바른'의 뜻을 보태 줄 수 있는 형태소가 우리말에 없다. 그래서 위에 예시한 낱말과 상대되는 낱말을 만들 수 없다. '바로 맞다, 바로 나가다, 바로 디디다, 바른 금, 바른 면'처럼 쓰지 않고 이런 의미를 갖춘 낱말을 만들 수 있어야 하는데 그럴 수 없다. '빗-'에 상응하는 형태소가 없기 때문이다.

그런데 이런 형태소는 만들고 싶다고 해서 만들어지는 것이 아니다. 형태소에는 반드시 의미나 기능이 들어 있어야 하는데, 우리 가운데 누구도 새로운 음성에 의미나 기능을 부여해 줄 능력이 없기 때문이다. 그래서 우리가 지금 할 수 있는 것은 기존의 형태소를 변형하여 새로운 형태소를 만들거나 기존의 형태소가 가지고 있는 의미를 확대하여 새로운 의미를 내포하게 만드는 방법뿐이다. 이런 일을 할 수 있으려면 기존의 형태소를 완전히 이해하고 그것을 자유자재로 사용할 수 있는 능력을 갖추어야 한다.

01 다음 낱말의 형태소를 분석하고 형태소의 종류를 말하라.

(1) 넓적스름하다
(2) 느낌표
(3) 번갯불
(4) 수풀떠들썩팔랑나비
(5) 재결합시키다

02 다음 낱말의 표기는 다 옳다. 밑줄 친 부분을 보면서 왜 그렇게 표기했는지 설명하라.

> 넓적다리, 널따랗다, 맑스그레하다, 말쑥하다, 무뚝뚝이, 똑똑히, 털털이,
> 빈털터리, 어엿이, 슬며시

03 다음 문장은 독립신문 창간호(1896. 4. 7.)의 광고란에 실린 광고문이다. 이 문장을 현대문으로 적으라.

> 외국 샹등 물건을 파ᄂᆞᆫ데 물건이 다 죠코 갑도 외누리 업더라

04 다음 글은 신소설 『혈의 누(이인직 지음)』에서 뽑은 것이다. 어법에 맞게 고쳐 적으라.

> 에구 깡감하여라. 저리 가도 길이 업스니 어디로 가면 길을 차질가. 나는
> 산아희라. 다리심도 죳코 겁도 업는 사람이언마는 이러한 산빗탈에서 이 밤
> 을 새고 사람을 차저다니려 하면 이 고생 이럿케 대단하거든 겁도 만코 단
> 여 보지 못하던 녜편네가 이 밤에 날을 차저다니느라고 오작 고생이 될가

연습 문제

05 다음에서 <u>틀린</u> 표기를 찾으라.

(1) ① 달맞웅　　② 배앓이　　③ 산굽이　　④ 물받이

(2) ① 더듬이　　② 도움이　　③ 지킴이　　④ 박아지

(3) ① 탈놀음　　② 두루막이　　③ 수줍음　　④ 용솟음

(4) ① 귀여움　　② 설움　　③ 죽엄　　④ 모질음

(5) ① 살림살이　　② 벼훑치　　③ 알음알이　　④ 쇠붙이

(6) ① 졸음　　② 삶　　③ 알음　　④ 울음

(7) ① 좋이　　② 익히　　③ 저으기　　④ 느루

(8) ① 너무　　② 바투　　③ 느추　　④ 차마

(9) ① 거뭇거뭇　　② 비뚜로　　③ 뜯엄뜯엄　　④ 주섬주섬

(10) ① 돋우　　② 주렁주렁　　③ 발밤발밤　　④ 자밤자밤

(11) ① 귀머거리　　② 굽돌이　　③ 두루마리　　④ 호미씻이

(12) ① 올가미　　② 묻엄　　③ 떡볶이　　④ 마감

(13) ① 빈털터리　　② 귀거리　　③ 나머지　　④ 노름

(14) ① 곰배팔이　　② 절름발이　　③ 절뚝발이　　④ 삼바리

(15) ① 넉두리　　② 빛깔　　③ 늙정이　　④ 뜬게질

(16) ① 낚시　　② 굵다랗다　　③ 널쩍하다　　④ 널따랗다

(17) ① 잎사귀　　② 빗쟁이　　③ 덮개　　④ 값지다

(18) ① 짧다랗다　　② 높다랗다　　③ 굵직하다　　④ 값작거리다

(19) ① 얽음뱅이　② 얽죽얽죽　③ 얽둑빼기　④ 얼기설기

(20) ① 얄팍하다　② 얇다랗다　③ 짧막하다　④ 싫컷

(21) ① 널찍하다　② 납작하다　③ 넙치　④ 넓데데하다

(22) ① 늙마　② 늙다리　③ 늙바탕　④ 늙으막

(23) ① 꿀꿀이　② 삐죽이　③ 홀쭉이　④ 얼룩이

(24) ① 뻐꾹이　② 오뚝이　③ 쌕쌕이　④ 더펄이

(25) ① 딱따기　② 개구리　③ 동그라미　④ 깍둑이

(26) ① 곰곰히　② 착실히　③ 꾸준히　④ 눅눅히

(27) ① 더욱이　② 일찍이　③ 생긋이　④ 갑작이

(28) ① 없신여기다　② 하염없다　③ 부질없다　④ 시름없다

(29) ① 곯병　② 몇일　③ 불이나케　④ 끌탕

(30) ① 익살꾼　② 나뭇군　③ 귀때기　④ 겸연쩍다

(31) ① 지게꾼　② 빛깔　③ 성깔　④ 땟깔

(32) ① 뒷굼치　② 팔꿈치　③ 객쩍다　④ 판자때기

(33) ① 이마빼기　② 코빼기　③ 재빼기　④ 언덕빼기

(34) ① 나이배기　② 주정배기　③ 대짜배기　④ 얽둑배기

(35) ① 밥배기　② 곱빼기　③ 과녁빼기　④ 그루빼기

(36) ① 괘다리적다　② 열퉁적다　③ 딴기적다　④ 맥적다

(37) ① 맛적다　② 별미적다　③ 행망쩍다　④ 열퉁적다

(38) ① 머잖다　② 부나방　③ 싸전　④ 멀잖다

연습 문제

(39) ① 우짖다　　② 길길이　　③ 나날이　　④ 줄줄이

(40) ① 따님　　② 아드님　　③ 별님　　④ 햇님

(41) 밑줄 친 부분의 표기가 <u>틀린</u> 것은?
　① 편지를 <u>부치다</u>.
　② 용돈을 <u>드리다</u>.
　③ 세금을 <u>받치다</u>.
　④ 성금을 <u>거두다</u>.

(42) 밑줄 친 부분의 표기가 <u>틀린</u> 것은?
　① 허리를 <u>굽히다</u>.
　② 가게를 <u>들이다</u>.
　③ 고개를 <u>떨구다</u>.
　④ 구멍이 <u>뚫리다</u>.

(43) 밑줄 친 부분의 표기가 <u>틀린</u> 것은?
　① 머리를 세게 <u>부딪혔다</u>.
　② 물을 <u>쏟뜨렸다</u>.
　③ 연기를 멀리 <u>흩트렸다</u>.
　④ 옷을 갈기갈기 <u>찢뜨렸다</u>.

(44) 밑줄 친 부분의 표기가 <u>틀린</u> 것은?
　① <u>미쁜</u> 아이
　② <u>믿어운</u> 사람
　③ 참 <u>우습다</u>
　④ 팔을 <u>뻗쳤다</u>.

(45) 본딧말과 준말이 <u>잘못</u> 짝지어진 것은?

    ① 말소 → 마소

    ② 물논 → 무논

    ③ 찰조 → 차조

    ④ 줄낚시 → 주낚

(46) 본딧말과 준말이 <u>잘못</u> 짝지어진 것은?

    ① 밀닫이 → 미닫이

    ② 찰지다 → 차지다

    ③ 물자위 → 무자위

    ④ 열닫이 → 여닫이

(47) 밑줄 친 부분의 표기가 <u>틀린</u> 것은?

    ① 너<u>조차</u> 나를 배신하겠다는 말이냐?

    ② 너는 나를 <u>좇아</u> 행동해라.

    ③ 산을 <u>넘어</u> 왔다.

    ④ 우리 마을은 저 산 <u>넘어</u>에 있다.

(48) 밑줄 친 부분의 표기가 <u>틀린</u> 것은?

    ① 너를 보니 <u>참아</u> 너를 나무랄 수 없구나.

    ② 나에게 <u>붙어</u> 행동해라.

    ③ 나에게<u>부터</u> 알려야 한다.

    ④ 우리는 고통을 애써 <u>참아</u> 왔다.

(49) 밑줄 친 부분의 표기가 <u>틀린</u> 것은?

    ① 새우를 <u>삭혀야</u> 젓이 된다.

    ② 목욕물을 좀 <u>덥혀</u> 놓아라.

    ③ 기둥을 땅에 <u>눕혀</u> 놓았다.

    ④ 얼굴에까지 파편이 <u>박혀</u> 있다.

(50) 밑줄 친 부분의 표기가 <u>틀린</u> 것은?

① 팔다리를 쭉 <u>뻐치고</u> 운동을 한다.

② 죽든 살든 네가 스스로 해결해라.

③ 그가 그렇게 <u>말하던데</u>.

④ 침대에 반듯이 누워 있<u>더군</u>.

06 명사와 그 파생어가 <u>잘못</u> 짝지어진 것은?

(1) ① 골/고랑　　② 목/모가지　　③ 속/속아지　　④ 솥/소댕

(2) ① 꼴/꼬락서니　② 끝/끄트머리　③ 소/송아지　　④ 밖/밖앝

(3) ① 쌀/쌀아기　　② 잎/이파리　　③ 집/지붕　　　④ 짚/지푸라기

(4) ① 몫/모가치　　② 값/값어치　　③ 벼슬/벼슬아치　④ 장사/장사아치

(5) ① 샅/사타구니　② 털/터럭　　　③ 잎/앞아귀　　④ 숲/수풀

01 한글 맞춤법 제1항은 "한글 맞춤법은 표준어를 소리대로 적되, 어법에 맞도록 함을 원칙으로 한다."라고 규정하고 있는데, '소리대로 적기'와 '어법에 맞게 적기' 사이에 모순 관계가 있는지 검토하라.

02 우리는 형태소를 쌓아서 낱말을 만들고, 문장을 만든다. 즉 형태소 쌓기의 달인이라고 할 수 있다. 건축 현장에서 벽돌을 쌓아 틈을 메우는 일을 하는 사람을 미장이라고 하는데, 우리야말로 '말의 미장이'라고 할 수 있다. 그런데 우리와 비슷한 방식으로 형태소를 잘 쌓는 사람들이 있다. 바로 일본인들이다. 일본인들은 자국어 형태소만 사용해서 쌓는 것이 아니라 한자와 외래어까지 능수능란하게 잘 쌓아서 새로운 낱말을 만들어 낸다. '재테크(財 – technology)', '와프로(word – processor)', '멜로물(melodrama物)', '돈가스(豚 – cutlet)' 등은 일본인의 형태소 쌓기 능력이 어느 정도인지 보여 주는 증거들이다. 그런데 우리는 이런 말을 만들어내지 못하고 오직 원칙에만 매달리고 있다. 그래서 일본에서 들어온 '테레비'를 '텔레비전'으로, '프로'를 '프로그램'으로 바꾸어서 순화하고 있다. 우리의 형태소 쌓기 능력이 이미 소멸되지 않았는지 걱정된다. 만일 우리의 형태소 쌓기 능력이 소멸되었다면 소멸된 이유와 그 대책에 대해 토론하라.

국어는 낱말이 모여서 이룩한 사회이다.
낱말은 국어의 시민이다.
건강한 낱말이 건강한 국어를 만든다.
다양한 낱말이 풍성한 국어를 만든다.
고급한 낱말이 국어의 수준을 높인다.
낱말이 병들고 죽어간다면 국어도 병들고 죽어가게 된다.
낱말을 살리고 건강하게 만들면 국어도 살고 건강해진다.

03 낱말

1. 개요

(1) 낱말의 개념과 형태

문장 안에서 일정한 뜻과 기능이 있는 말의 최소 단위를 낱말이라고 한다. 낱말은 문장을 구성하는 요소로서 문장의 성분을 이룬다. 고립어나 굴절어에서는 모든 낱말이 독립적인 형태로 사용되기 때문에 낱말의 형태가 명확하고 이를 기본으로 하여 언어를 배우게 된다. 그러나 교착어에서는 낱말이라 해도 다른 기능 요소의 도움을 받아야 할 때가 많기 때문에 문장 안에서는 낱말의 형태가 모호한 때가 많이 있다.

　　㉮ 我愛你. (워 아이 니.)

　　㉯ I love you. (아이 러브 유.)

　　㉰ わたくしわあなたおあいする.(와타쿠시와아나타오아이수루.)

　　㉱ 나는 너를 사랑한다.

예문 ㉮는 고립어인 중국어로, 세 낱말로 된 문장임을 쉽게 알 수 있다. 예문 ㉯는 굴절어인 영어로, 역시 세 낱말로 이루어진 문장임을 알 수 있다. 그러나 교착어인 예문 ㉰의 일본어와 예문 ㉱의 한국어는 어디서 어디까지가 낱말인지 분간할 수 없다. 특히 예문 ㉰의 일본어는 음절을 모두 붙여 쓰기 때문에 더욱 난감하다. 교착어는 체언에 조사가 붙기 때문에 낱말의 형태가 모호해진다. 아래의 경우에는 낱말의 형태가 더욱 모호해진다.

　　㉲ 난 널 사랑한다.

　　㉳ 걔가 쟬 데려왔어.

예문 ㉲의 '난'과 '널'은 체언과 조사가 결합하여 한 음절이 되어 있기 때문에 이것에서 낱말을 구별하는 것은 쉽지 않다. 더욱이 예문 ㉳의 '걔'와 '쟤'은 각각 '그 아이'와 '저 아이를'이 줄어들어 된 음절이므로 어디서 어디까지 낱말이라고 해야 할지 막막하다. 이런 상황에서 낱말을 이해하고 문장의 의미를 정확하게 파악하려면 교착어의 특성을 이해하는 능력을 길러야 한다. 물론 교착어를 모국어로 사용하는 사람들은 자연스럽게 익히게 되겠지만, 교착어를 외국어로 사용하는 사람들은 이런 경우에 당황하여 고개를 갸우뚱하게 될 것이다.

한국어는 일본어와 달리 띄어쓰기를 하기 때문에 낱말의 형태가 일본어보다는 조금 더 뚜렷한 것은 사실이다. 우리말은 띄어쓰기로 어절을 구분하고, 어절 안에서 체언과 조사를 구분하는 표기 체계이다. 예문 ㉺~㉻에서 띄어쓰기로 구분되어 있는 부분('나는, 너를, 사랑한다, 난, 널, 걔, 쟬, 데려왔어' 등)이 어절이고, 이 가운데에서 체언과 조사를 구분하면 낱말이 나타난다. 여기에 쓰인 낱말은 아래와 같다.

체언 : 나, 너(이상 대명사), **아이**(명사)
관형사 : 그, 저
동사 : 사랑한다, 데려왔어
조사 : 는, 를, 가

위에 추출된 낱말의 형태를 보면 음절이 하나인 것에서 둘이나 넷인 것까지 있다. 한국어를 다음절어라고 하는 이유는 낱말이 여러 음절로 이루어질 수 있기 때문이다. 이에 비해 중국어는 하나의 음절이 하나의 의미를 독립적으로 가지게 되므로 단음절어라고 한다.

낱말은 말에서 일정한 의미가 있는 부분, 전후 분리가 가능한 부분 그리고 문법 기능을 갖춘 부분 등의 기준에 따라서 추출하는 것인데, 위에 추출된 낱말은 이 기준에 맞는 것이다. 그러나 이런 기준을 적용하더라도 낱말의 형태를 확정하기 매우 어려운 경우가 있다. 특히 우리말은 낱말 단위로 띄어 써야 하기 때문에 낱말의 형태를 확실히 아는 것이 글자 생활에서 매우 중요하다.

㉼ 버스가 산모퉁이를 막 돌아갔다.
㉽ 집 안에는 집안사람들이 자고 있었다.

예문 ㉼의 표기에 따르면 '버스, 가, 산모퉁이, 를, 막, 돌아갔다'가 낱말로 간주된다. 그러나 '산모퉁이'가 '산 모퉁이'로 쓰일 수도 있고, '돌아갔다'가 '돌아 갔다'로 쓰일 수도 있다. 즉 띄어쓰기에 따라서는 '산모퉁이'와 '돌아갔다'가 두 개의 낱말이 될 수도 있다는 말이다. 예문 ㉽를 보면 '집 안'은 두 낱말로 보고 분리했는데 '집안사람들'은 한 낱말로 보고 붙여 썼다. 이를 보면 모국어 사용자라 해도 어디까지가 한 낱말인지 분간하기 쉽지 않음을 알 수 있다. 따라서 낱말의 형태를 확정짓는 것은 우리에게 매우 까다로운 일이 아닐 수 없다.

(2) 낱말의 형성과 변화

앞에서 음성에 의미가 결합한 최초의 형태를 형태소라고 했다. 그런데 이 형태소 가운데에는 자립성이 강하여 홀로 완전한 의미와 기능을 갖춘 낱말로 쓰이는 것이 있다. 이런 낱말은 형태소로 완성되는 순간 낱말로서도 완성된다. '해, 달, 별, 바람, 바다, 사랑, 파리' 등이 형태소이면서 낱말인 것의 예이다. 이런 낱말은 형태소의 태동처럼 작위적인 노력을 거치지 않고 자의적으로 이루어진 것이다. 이런 낱말을 1차적인 낱말이라고 하는데, 1차적인 낱말은 아마 우리에게 생명을 주신 분이 선물로 내린 것일 것이다. 이것을 학자들은 의미와 형태의 무연성(無緣性)이라고 한다.

반면에 어떤 낱말은 수고를 해야만 만들어지기도 한다. 자신의 지적 능력을 동원하여 필요한 낱말을 기존의 낱말이나 형태소를 이용해서 만들기도 하는 것이다. 이렇게 해서 만들어진 2차적인 낱말을 복합어라고 한다.

하나의 형태소로 된 낱말은 대체로 형태와 의미 사이에 필연성이 없지만, 2차적으로 만든 낱말은 그 낱말 형성에 참여한 형태소와 낱말의 의미에 필연적인 관계가 있다. 즉 사람들이 그런 형태소와 낱말을 이용해서 새로운 의미를 표현하기 위해서 낱말을 만든 것이므로 소리와 의미 사이에 뚜렷한 관련이 있다. 2차적 낱말을 만드는 것은 1차적 낱말만으로 만족할 수 없는 절박함이 있었기 때문이다.

한편 1차적인 낱말을 이용해서 자신이 생각하는 바를 나타내는 과정에서도 자연스럽게 낱말의 의미가 확대되거나 축소되고, 때로는 다른 용도로 전용되기도 하며, 특별한 경우에는 전혀 다른 의미로 바뀌기도 한다. 이런 변화는 사람이 환경에 따라서 생각과 표현 방식이 달라지는 가변적인 동물이기 때문에 그들의 말도 함께 바뀐 결과일 것이다.

어떤 낱말은 만들어진 뒤 얼마 되지 않아서 소멸하기도 한다. 사람들이 사용하지 않거나 그 낱말을 사용하던 사람들이 사라지면 그 낱말은 생명력을 잃게된다. 어떤 사물을 가리키는 낱말은 그 사물이 쓰이지 않게 되면 그 사물과 함께 사라진다. 사물이 사라지지 않았는데도 외래어를 즐겨 쓰다 보니 우리가 사용해 오던 낱말을 우리가 지레 죽인 경우도 수없이 많았다.

우리가 지금 쓰고 있는 낱말은 이런 여러 과정을 거쳐 지금까지 살아 있지만, 이것도 앞으로 위의 과정을 거쳐 변하거나 사라질 수 있다. 이것이 낱말의 운명이요, 유기체로서 말의 운명이기도 하다.

2. 낱말의 종류

(1) 실질어와 형식어

낱말을 내재된 의미와 관련하여 분류하면 고유한 의미가 있는 것과 그렇지 않은 것이 있는데, 전자를 실질어(實質語), 후자를 형식어(形式語)라고 한다. 형식어는 다른 낱말과 결합하면 구체적인 의미가 드러나는 의존명사와 처음부터 의미는 없고 기능만 있는 조사가 있다.

> ㉮ **국어는 겨레 정신의 언어적 구현이다.**
> ㉯ **우리는 결코 물러설 수 없다.**

예문 ㉮에서 '국어, 겨레, 정신, 언어적, 구현' 등은 모두 자신의 의미를 완벽하게 갖추고 있으면서 문장 안에서 독립적으로 쓰일 수 있는 자립어들이다. 그러나 '는, 의, 이다' 등은 앞에 다른 낱말이 와 있어야 자신의 의미를 구현할 수 있는 의존어들이다. 예문 ㉯에서 '우리, 결코, 물러설, 없다'는 모두 실질어이다. 반면에 '수'는 앞에 '물러설'이 없으면 아무런 의미가 없는 형식어이다. 실질어에는 의존명사를 제외한 명사와 대명사, 수사, 관형사, 부사, 감탄사, 동사, 형용사 등이 포함되며, 형식어에는 의존명사와 조사가 포함된다.

(2) 단일어와 복합어

단일어(單一語)는 한 형태소로 이루어진 낱말을 가리키며, 복합어(複合語)는 둘 이상의 형태소가 결합하여 이루어진 낱말을 가리킨다. 복합어는 둘 이상의 형태소가 결합하여 낱말이 된 것으로서, 실질 형태소와 형식 형태소가 결합하여 생성된 낱말을 파생어(派生語)라 하고, 실질 형태소만으로 결합된 낱말을 합성어(合成語)라고 한다. 단일어처럼 보이는 것도 분석해 보면 복합어인 것이 많이 있다. 예컨대 '춤'이나 '무덤'이 단일어처럼 보이지만, 각각 '추-+ㅁ',

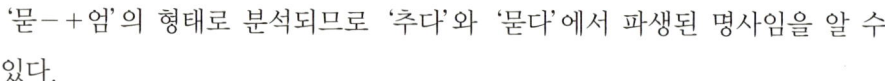

‘묻-+엄’의 형태로 분석되므로 ‘추다’와 ‘묻다’에서 파생된 명사임을 알 수 있다.

> * 단일어 : 단일 형태소로 된 낱말 (**나라, 별, 꽃, 얼굴, 피, 하늘, 힘 따위**)
> * 복합어 : 다른 말에서 파생되거나 다른 두 말이 합성된 낱말 (**지붕, 주검, 꿈, 잠, 꼬락서니, 바가지, 손길, 눈치, 질그릇, 피눈물, 땀방울, 빗물, 배부르다 따위**)

(3) 고유어, 한자어, 외래어

고유어(固有語)는 우리가 만들어 사용한 낱말을 가리키는데, 토박이말이라고도 한다. 현재 우리말에는 6만~7만 개의 토박이말이 있다. 한자어(漢字語)는 고대부터 중국 문화를 수용하는 과정에서 우리말에 수용된 낱말로서 국어 낱말의 60% 정도를 차지한다. 외래어(外來語)는 몽골, 거란, 일본 등과 교섭하면서 우리말에 수입된 몽골어, 거란어, 일본어 그리고 서양 문물을 수용하는 과정에서 들어온 각종 서양 언어 계통의 낱말들로 요즘은 특히 서양 문물의 대량 유입으로 그 수가 기하급수적으로 늘어나는 추세이다.

> * 고유어 : **나라, 얼굴, 빛, 사랑, 바가지, 배부르다** 따위
> * 한자어 : **애국가**(愛國歌), **자연**(自然), **민족**(民族), **해**(害) 따위
> * 외래어 : **스포츠, 컴퓨터, 디지털, 뉴스, 인터넷** 따위

우리는 흔히 고유어와 한자어 또는 고유어와 외래어 사이에 긴장 관계를 인식하는 경향이 있다. 어떤 이는 한자어나 외래어를 단호히 배격하려 하거나, 어떤 이는 한자어 또는 외래어를 사용하기에 여념이 없다. 그러나 이 두 태도는 모두 바람직하지 않다. 한자어와 외래어가 우리말을 풍부하게 해 주고 있다는 사실을 부인하면 안 되고, 우리가 우리 고유어를 버리거나 천대해서 얻을 것이 없다는 점을 잊어서도 안 된다. 한자어나 외래어는 고유어의 모자라는 부분을 보완해 주는 고마운 낱말일 뿐 고유어를 대신하여 우리말의 중심이 되게 해야 할 말은 아니다. 한자어나 외래어를 열린 자세로 수용하여 우리말의 능력을 높이되, 그 때문에 고유어가 위축되지 않게 고유어의 조어법과 낱말의 활용 범위를 함께 넓혀 나가야 한다.

3. 낱말의 의미 관계

낱말의 형성 과정이 다양하기 때문에 우연히 의미가 같은 낱말이 생길 수도 있고, 처음에는 서로 달랐지만 사용하면서 차츰 비슷한 의미로 변하기도 하고, 어떤 특정한 경우에는 대체해서 사용할 수 있을 정도로 같아지는 수도 있다. 어떤 낱말은 상황이 반대되는 경우에 사용되기도 하고, 어떤 낱말은 다른 많은 낱말을 포괄하기도 한다. 낱말과 낱말 사이의 이런 여러 관계를 밝혀 보기 위해서 낱말의 의미 관계를 검토해 보자.

(1) 동의어

낱말의 형태는 다르지만 뜻이 같은 낱말을 동의어(同義語)라고 한다. 동의어인 낱말은 내포(內包)가 서로 같다. 같은 뜻으로 쓰이는 말이 다른 경로로 형성되는 경우에 동의어가 생긴다. 한자어와 토박이말, 외래어와 토박이말 사이에 동의어가 많은 것은 이 때문이다.

① 토박이말 사이에 있는 동의어 : **아버지 – 아빠 – 아비, 어머니 – 엄마 – 어미, 죽다 – 돌아가다, 묻다 – 여쭈다, 밥 – 진지 – 메, 벌레 – 버러지, 있다 – 계시다, 신 – 신발, 모롱이 – 모쟁이**

② 한자어 사이에 있는 동의어 : **부친(父親) – 엄친(嚴親), 도착(到着) – 당도(當到), 축하(祝賀) – 경하(慶賀), 결혼식(結婚式) – 혼례식(婚禮式), 추천(推薦) – 천거(薦擧), 책방(册房) – 서점(書店)**

③ 토박이말과 한자어 사이에 있는 동의어 : **아버지 – 부친(父親), 허파 – 폐(肺), 콩팥 – 신장(腎臟), 죽음 – 사망(死亡), 목숨 – 생명(生命), 곡두 – 환영(幻影), 꼭두각시 – 괴뢰(傀儡), 임금 – 왕(王), 나들이 – 출입(出入), 노름 – 도박(賭博), 춤 – 무용(舞踊), 해 – 태양(太陽), 허물 – 과실(過失), 부엌 – 주방(廚房), 속옷 – 내의(內衣), 우거지다 – 무성(茂盛)하다, 참다 – 인내(忍耐)하다, 듣보다 – 시청(視聽)하다, 이어달리기 – 계주(繼走), 돼지고기 – 돈육(豚肉), 반자 – 천장(天障)**

④ 토박이말과 외래어 사이에 있는 동의어 : **공 – 볼(ball), 열쇠 – 키(key), 별 –**

스타(star), 말썽 – 트러블(trouble), 짝 – 커플(couple), 크기 – 사이즈(size), 아내 – 와이프(wife), 심부름꾼 – 메신저(messinger), 손님 – 게스트(guest), 나들목 – 인터체인지(interchange), 춤 – 댄스(dance)

⑤ 한자어와 외래어 사이에 있는 동의어 : 기회(機會) – 찬스(chance), 잔(盞) – 컵(cup), 속도(速度) – 스피드(speed), 임무(任務) – 미션(mission), 점수(點數) – 스코어(score), 진행자(進行者) – 엠시(MC), 왕(王) – 킹(king), 무용(舞踊) – 댄스(dance), 결혼(結婚) – 웨딩(wedding), 화장(化粧) – 메이크업(make – up), 노동절(勞動節) – 메이데이(May Day)

(2) 반의어

한 낱말의 의미와 상대되는 의미가 있는 낱말을 반의어(反義語) 또는 반대말이라고 한다. 여기에는 중간 개념이 없이 서로 모순 관계에 있는 말(남자와 여자, 아버지와 어머니의 관계)과 중간 개념이 있지만 대립 관계에 있는 말(검정과 하양, 낮과 밤, 어른과 아이의 관계)을 포함한다. 반의어는 주로 토박이말과 토박이말, 한자어와 한자어, 외래어와 외래어 사이에 형성된다.

① 토박이말과 토박이말 사이의 반의어 : 사다 – 팔다, 얻다 – 잃다, 옳다 – 그르다, 좋다 – 나쁘다, 쉽다 – 어렵다, 성기다 – 배다, 들르다 – 지나치다, 때리다 – 맞다, 사랑하다 – 미워하다, 치우다 – 어지르다, 줄어들다 – 늘어나다, 단단하다 – 무르다, 세다 – 여리다, 밝다 – 어둡다, 맑다 – 흐리다, 모자라다 – 넉넉하다, 푼푼하다 – 다랍다, 빨리빨리 – 느릿느릿, 사내 – 계집, 열쇠 – 자물쇠, 참 – 거짓

② 한자어와 한자어 사이의 반의어 : 도착(到着) – 출발(出發), 확실성(確實性) – 모호성(模糊性), 찬성(贊成) – 반대(反對), 건설(建設) – 파괴(破壞), 성공(成功) – 실패(失敗), 천재(天才) – 천치(天痴), 전(前) – 후(後), 생(生) – 사(死)

(3) 유의어

뜻이 비슷한 말을 유의어(類義語) 또는 비슷한 말이라고 한다. 낱말 사이에 내포(內包)의 겹침이 있는 경우에 유의어 관계가 성립한다.

① 토박이말 유의어 : 꾸다 – 빌리다, 닥치다 – 부닥치다, 죽다 – 숨지다, 쓰다 – 적다, 묶다 – 매다, 속이다 – 기이다, 깃다 – 우거지다, 거두다 – 보살피다, 굶다 – 주리다, 머쓱하다 – 열없다, 빈둥거리다 – 빈들거리다, 스미다 – 배다, 닳다 – 지치다, 덧나다 – 도지다 – 더치다, 아무쪼록 – 부디, 모개로 – 모짝, 반드시 – 꼭, 머뭇머뭇 – 망설망설, 궁싯궁싯 – 고상고상, 무척 – 매우, 겨우 – 가까스로, 가끔 – 이따금, 굳이 – 구태여, 노상 – 언제나, 모조리 – 죄다, 지며리 – 꾸준히, 똑 – 꼭, 옆 – 곁

② 한자어 유의어 : 경멸(輕蔑) – 멸시(蔑視) – 경시(輕視) – 무시(無視) – 천시(賤視), 공감(共感) – 동감(同感), 동의(同意) – 동조(同調) – 찬동(贊同) – 찬성(贊成), 교수(敎授) – 교습(敎習) – 교시(敎示), 나태(懶怠) – 태만(怠慢), 만연(蔓延)하다 – 창궐(猖獗)하다, 방해(妨害) – 훼방(毁謗), 변별(辨別) – 분별(分別) – 판별(判別) – 식별(識別) – 분간(分揀), 심중(心中) – 의중(意中) – 흉중(胸中), 송달(送達)하다 – 전달(傳達)하다, 송구(悚懼)하다 – 죄송(罪悚)하다, 요망(要望)하다 – 소망(所望)하다 – 희망(希望)하다 – 염원(念願)하다, 운명(殞命) – 작고(作故) – 타계(他界) – 서거(逝去) – 별세(別世) – 사망(死亡), 유실(遺失) – 분실(紛失), 저지(沮止)하다 – 제지(制止)하다 – 금지(禁止)하다, 절감(節減) – 감축(減縮), 진수(眞髓) – 요체(要諦) – 정수(精髓), 체재(滯在) – 체류(滯留), 측량(測量) – 측정(測定), 중지(中止) – 중단(中斷), 질책(叱責) – 책망(責望) – 힐책(詰責), 증정(贈呈) – 증여(贈與), 지급(支給) – 지불(支拂), 구분(區分) – 구별(區別), 분석(分析) – 분해(分解), 구현(具現) – 시현(示現), 배출(排出) – 배설(排泄), 보유(保有) – 소유(所有) – 소지(所持), 선출(選出) – 선발(選拔), 설치(設置) – 시설(施設), 유족(裕足)하다 – 풍족(豊足)하다, 임용(任用) – 채용(採用) – 등용(登用), 관찰(觀察) – 고찰(考察) – 통찰(洞察), 감찰(監察) – 규찰(糾察) – 사찰(査察), 창립(創立) – 수립(樹立) – 건립(建立), 잔(盞) – 배(盃), 수용(收容) – 용납(容納), 유사(類似)하다 – 흡사(恰似)하다, 적당(適當) – 적합(適合) – 적절(適切), 합당(合當) – 타당(妥當), 측은(惻隱)하다 – 가련(可憐)하다

(4) 동음이의어

말의 소리는 같으나 뜻이 다른 낱말을 동음이의어(同音異議語)라고 한다. '발

[足]'과 '발[簾]'은 글자의 형태는 같으나 소리는 같지 않다. 후자가 전자에 비해서 긴 모음으로 소리 나기 때문이다. 그러나 소리에서 이런 정도의 차이가 있다 해도 같은 글자로 표기된다면 동음이의어로 본다. 뜻이 다른 낱말이 소리가 같다는 것은 매우 우연한 결과일 뿐 특별한 이유가 없다. 동음이의어는 주로 토박이말과 토박이말, 토박이말과 한자어 사이에서 나타난다.

① 토박이말에서 나타나는 동음이의어

- **갈다** : 바꾸는 뜻과 밭을 파서 뒤집는 행위, 날을 세우기 위해서 문지르는 행위를 가리키는 낱말로 쓰인다.
- **걷다** : 사람이 나아가는 행위, 구름이나 안개가 흩어지는 움직임을 가리키는 낱말로 쓰인다. '거두다'의 준말로도 쓰인다.
- **걸다** : 말을 건네는 행위, 땅이 기름진 상태를 가리키는 낱말로 쓰인다.
- **굽다** : 불로 익히는 행위, 고부라진 상태 등을 가리키는 낱말로 쓰인다.
- **길** : 동물이 다니도록 길게 뻗은 땅, 물건을 자주 사용해서 부리기 좋게 생긴 상태, 품질의 등급, 저고리의 섶과 무 사이에 있는 폭의 이름, 길이의 단위 등을 가리키는 낱말로 쓰인다.
- **놀** : 벼의 뿌리를 파먹는 벌레, 바다에 이는 사나운 물결, 낫자루에 박는 쇠못을 가리키는 낱말로 쓰인다. 노을의 준말로도 쓰인다.
- **놀다** : 재미있게 지내는 행위와 사물이 귀하고 드묾을 뜻하는 낱말로 쓰인다.
- **배** : 먹는 배, 타는 배, 사람의 배 등으로 쓰인다.
- **배다** : 물기가 스미는 경우, 뱃속에 아이를 가지는 경우, 사물이 빽빽하게 들어선 경우를 가리키는 낱말로 쓰인다.
- **싸다** : 물건을 보자기에 넣는 행위, 오줌을 참지 못하고 누는 행위, 값이 낮은 상태, 속도가 빠른 상태를 가리키는 낱말로 쓰인다.
- **절** : 고개를 숙여 예를 갖추는 행위와 불교도들이 수행하는 집을 가리키는 낱말로 쓰인다.
- **줄** : 끈 따위로 길게 만든 사물, 연필이나 붓 따위로 그린 선을 가리키는 낱말로 쓰인다.
- **차다** : 온도가 낮은 상태와 발로 사물을 치는 행위, 몸에 물체를 다는 행위를 가리키는 낱말로 쓰인다.

- **채우다** : 그릇에 사물을 가득 넣는 행위와 자물쇠로 잠그는 행위를 가리킨다.
- **치다** : 동물을 기르는 행위, 사람을 때리는 행위, 논밭을 새로 만드는 행위, 나뭇가지 따위를 꺾는 행위, 소리를 지르는 행위 등을 가리키는 낱말로 쓰인다.

이 밖에도 다음의 낱말이 동음이의어에 속한다. 국어사전을 찾아서 뜻이 어떻게 달리 쓰이는지 검토해 보라.

가락, 가래, 가리, 가마, 가시, 가위, 가지, 갈이, 감, 갓, 개, 개자리, 거리, 거웃, 건지, 검다, 결, 고, 고개, 고기, 고대, 고달, 고동, 고들개, 고래, 고름, 고리, 고물, 고비, 고지, 고패, 골, 곯다, 곰, 곱, 괴다, 구르다, 그네, 그루, 그릇, 그리다, 근근하다, 금, 김, 깃, 까지다, 깍지, 깨다, 꼬박, 꼬이다, 꼴, 꽝, 꾀다, 꾸다, 뀌다, 끼다, 끼치다, 나리, 나비, 날, 날로, 날밤, 날짜, 날치, 낮다, 내, 너, 널다, 널리다, 네, 노, 노가리, 노다지, 놀다, 누르다, 누리, 누이다, 눈, 눌리다, 눕다, 뉘, 다대, 다래, 다리, 닥, 닫다, 달, 달다, 달리다, 달품, 담, 담불, 대, 대다, 대접, 대추, 덕, 덕대, 덮다, 덜미, 도르다, 동, 되, 되다, 두레, 두루미, 둑, 뒤다, 뒤대다, 뒤지다, 뒤채, 드리다, 듣다, 들, 들놓다, 들다, 들리다, 들이긋다, 들이다, 따다, 딱지, 땀, 때, 때다, 떡, 떨다, 떨치다, 떼, 떼다, 뛰다, 뜨다, 뜸, 띄우다, 띠, 마, 마당, 마루, 마르다, 마름, 마치, 말, 말리다, 맛, 맞다, 매, 매기, 매다, 머리, 먹다, 먹이다, 멀다, 메, 멱, 면, 모, 모롱이, 모쟁이, 목, 못, 무, 무르다, 무리, 무수리, 묻다, 물, 물레, 물리다, 물매, 뭇, 뭉치, 미사리, 미역, 미치다, 바, 바라지, 바람, 바래다, 바르다, 바리, 바심, 바치다, 바퀴, 바탕, 박, 받다, 발, 발리다, 발림, 밤, 밥, 방망이, 밭다, 배기다, 뱃집, 벋다, 벌, 벌다, 벌리다, 벗, 베다, 벼루, 벼르다, 벼리, 볏, 보, 보라, 보람, 보쌈, 복, 복자, 볼, 봉, 뵈다, 부르다, 부리, 부리다, 부시다, 부치다, 북, 불, 불리다, 불림, 붓다, 비, 비기다, 비지, 빗, 빨다, 빼다, 뻗다, 삐다, 사래, 사리, 사마귀, 사위, 살, 살기, 살다, 살판, 살피다, 삼, 삼다, 새, 새기다, 새벽, 새우, 새우다, 샘, 서리, 서리다, 설다, 설치다, 섬, 성에, 섶, 세다, 소, 손,

솔, 솔다, 쇠다, 술, 쉬다, 슬다, 시위, 시치미, 쌈, 쐐기, 쑤시다, 쑥, 쓰다, 씨, 안, 안달, 안치다, 암내, 암만, 앗다, 애, 야, 어름, 어리, 어리다, 얼, 엉기다, 여물다, 열, 오리, 옴, 외다, 외대다, 우리, 울, 움, 이기다, 이르다, 이리, 익다, 일깨우다, 일다, 잇, 잎, 자국, 자귀, 자라다, 자리, 잘, 잠그다, 잠기다, 잡다, 잡히다, 잣눈, 잦다, 재, 재다, 적다, 적심, 전, 젓갈, 젓다, 제기다, 제비, 조기, 졸다, 졸이다, 좀, 종, 죽, 쥐, 지다, 지레, 지리다, 지우다, 지치다, 질, 질리다, 징, 짙다, 짜다, 짬, 째다, 쪽, 찌, 찌다, 참, 채, 채다, 철, 체, 추다, 춤, 치이다, 칼, 켜다, 코, 콩팥, 크다, 키, 타다, 태, 태우다, 터, 턱, 토, 토리, 통, 퉁, 튀김, 트다, 트이다, 틀, 틀리다, 티, 파묻다, 패다, 펴이다, 풀, 품, 품다, 피, 하리다, 허리, 헐다, 헤다, 환, 홰, 휘

② 토박이말과 한자어 사이의 동음이의어

간－간(肝), 거리－거리(距離, 巨利), 고수－고수(高手, 鼓手, 固守), 고장－고장(故障), 고지－고지(高地, 告知, 故地), 공－공(功, 公), 도로－도로(道路, 徒勞), 도리－도리(道理, 桃李), 독－독(毒), 동－동(洞, 東), 등－등(等), 마병－마병(馬兵), 마수－마수(魔手), 마전－마전(麻田), 마주－마주(馬主), 막－막(幕, 膜), 만만하다－만만(滿滿)하다, 말미－말미(末尾), 매－매(每), 매매－매매(賣買), 모－모(母, 某), 모두－모두(冒頭), 모시－모시(毛詩, 某時), 무리－무리(無理), 미수－미수(未收, 未遂), 미장－미장(美粧), 박－박(拍), 방－방(房, 榜), 배－배(胚, 培), 번－번(番), 벌－벌(罰), 복－복(福), 봉사－봉사(奉仕), 부채－부채(負債), 북－북(北), 북두－북두(北斗), 사망－사망(死亡), 사위－사위(四圍), 삼－삼(蔘, 三), 색－색(色), 서리－서리(署理), 선불－선불(先拂), 선비－선비(船費), 소금－소금(小琴), 소리－소리(小利), 손－손(孫, 損), 수리－수리(數理, 修理, 受理), 수수－수수(收受), 시위－시위(示威, 侍衛), 시장－시장(市長, 市場), 신－신(神), 신물－신물(新物), 실－실(實), 아마－아마(亞麻), 엄살－엄살(掩殺), 안－안(案), 암수－암수(暗數), 억지－억지(抑止), 언제－언제(堰堤), 열－열(熱, 列), 영－영(令, 靈, 營, 零), 영문－영문(營門, 英文), 오금－오금(烏金), 오리－오리(汚吏, 五里), 외상－외상(外傷, 外相), 우물－우물(愚物), 우수－우수(憂愁, 優秀), 우죽－우죽(牛粥), 위－위(位, 胃), 인－인(印, 燐), 일－일(日, 一), 임자－임자(壬子), 자

국 - 자국(自國), 자리 - 자리(自利), 자주 - 자주(自主, 紫朱), 자치 - 자치(自治), 장 - 장(場, 章, 腸, 張, 欌), 장부 - 장부(丈夫, 帳簿), 장사 - 장사(壯士), 장수 - 장수(長壽, 將帥, 張數), 재 - 재(齋), 전 - 전(前, 田), 전지 - 전지(全紙, 電池, 全知), 절 - 절(節), 접 - 접(接), 정 - 정(情), 조금 - 조금(彫金, 造金), 종 - 종(鐘), 중 - 중(中), 주당 - 주당(酒黨, 周堂), 질 - 질(秩), 착착 - 착착(着着), 참 - 참(站), 창 - 창(窓, 槍), 철 - 철(鐵), 체 - 체(滯, 體), 총 - 총(總, 銃), 침 - 침(針), 탈 - 탈(奪, 脫), 태 - 태(胎), 토 - 토(土), 파 - 파(派), 판 - 판(板, 版), 팔 - 팔(八), 팽팽하다 - 팽팽(膨膨)하다, 팽하다 - 팽(烹)하다, 포기 - 포기(抛棄), 한 - 한(恨, 限, 韓, 漢), 함지 - 함지(咸池, 陷地), 해 - 해(害), 호박 - 호박(琥珀), 환 - 환(換, 丸), 황 - 황(黃)

③ 한자어 사이의 동음이의어

가정(家庭, 假定), 감상(感想, 感傷, 鑑賞), 강화(强化, 講和, 講話), 경위(涇渭, 警衛, 經緯), 고수(高手, 鼓手, 固守), 고지(高地, 告知, 故地), 공리(功利, 空理, 公理, 公利), 구속(拘束, 救贖, 球速), 구원(久遠, 救援, 舊怨), 내연(內緣, 內燃), 도로(道路, 徒勞), 도리(道理, 桃李), 도착(到着, 倒錯), 매도(賣渡, 罵倒), 명문(名文, 名門, 明文), 무기(武器, 無機, 無期), 미수(未收, 未遂), 선수(先手, 選手), 수리(數理, 修理, 受理), 수사(修辭, 搜査, 數詞), 시위(示威, 侍衛), 시장(市長, 市場), 역설(力說, 逆說), 영문(營門, 英文), 오리(汚吏, 五里), 원형(原型, 原形), 이해(利害, 理解), 자기(自己, 瓷器, 磁氣), 자주(自主, 紫朱), 장부(丈夫, 帳簿), 장수(長壽, 將帥, 張數), 전도(全圖, 前途, 傳道, 傳導, 顚倒), 전지(全紙, 電池, 全知), 정도(程度, 正道, 定都), 정밀(精密, 靜謐), 정부(政府, 情婦, 情夫), 정의(正義, 定義, 情誼), 조리(條理, 調理), 조작(造作, 操作), 지각(知覺, 遲刻, 地殼), 지도(地圖, 指導), 진정(眞情, 鎭靜, 陳情), 최고(最高, 最古, 催告), 통상(通常, 通商), 투사(投射, 透寫, 鬪士), 패자(敗者, 覇者), 편집(偏執, 編輯), 해독(害毒, 解毒, 解讀), 해석(解釋, 解析), 행세(行世, 行勢), 화공(化工, 畵工, 火攻)

(5) 다의어

낱말에는 뜻이 오직 하나만 있는 것이 있는가 하면 여러 뜻이 포함되어 있는 것도 있다. 전자의 낱말을 단의어(單義語)라고 하고, 후자를 다의어(多義語)라고

한다. 다의어에는 그 낱말의 일차적이고 기본적인 의미인 중심 의미가 있고, 그 의미에 부가되어 쓰이는 주변 의미가 있다.

① 단의어 : **사람, 원숭이, 책, 볼펜, 햇빛, 바닷물, 꼬리, 시나브로, 시난고난, 궁색하다, 냉대하다, 척척하다, 모든, 몇, 첫** 등등

② 다의어 : **길, 눈, 맛, 손, 발, 빛, 줄, 가다, 낳다, 돕다, 맞다, 묻다, 보다, 빚다, 사리다, 심다, 잃다, 자다, 지내다, 추스르다, 치르다, 털다, 트다, 파다, 풀다, 피다, 하다, 훑다** 등등

다의어에서 중심 의미와 주변 의미를 예시하면 아래와 같다.

> **'길'의 중심 의미와 주변 의미**
>
> - **중심 의미** : 사람이 다닐 수 있도록 만들어놓은 곳
> - **주변 의미** : ① 특정한 사람이 당연히 해야 하는 도리(군인의 길, 자식의 길)
>   ② 여정(미국 방문 길에 만난 사람)
>   ③ 방법이나 수단(그 길밖에 없다)
>   ④ 도중(퇴근하는 길에 들러라)
>   ⑤ 시간이나 공간을 거치는 과정(우리 겨레가 걸어온 길)
>   ⑥ 목표나 지향(경제 회생의 길로 나섰다)

(6) 낱말의 중의성

많은 낱말은 상황에 따라서 두 가지 이상으로 해석될 여지가 있다. 이를 낱말의 중의성(重義性)이라고 한다. 중의성은 그 낱말의 뜻이 여럿이기 때문에 생기지만, 문장 구조상으로 비유인지 아닌지 불분명하여 중의적 표현이 되는 경우도 있다. 이를 각각 어휘적 중의성, 구조적 중의성, 비유적 중의성이라고 말한다.

① 어휘적 중의성 : 낱말이 여러 의미로 사용되기 때문에 나타나는 현상인데 그 낱말의 의미가 여럿인 경우와 동음이의어이기 때문에 중의적이 되는 경우가 있다.

    ㉮ **뒤를 돌아보다** : **1** 뒤쪽을 보다. **2** 지난날을 회상하다.

    ㉯ **손을 보다** : **1** 손이 어떻게 생겼는지 보다. **2** 필요한 조치를 취하다.

    ㉰ **속이 깊다** : **1** 겉에서 바닥까지가 멀다. **2** 마음이 듬쑥하다.

⒵ **짐이 무겁다** : ① 옮기려고 싸 놓은 물건이 무겁다.

② 책임이나 부담이 크다.

② **구조적 중의성** : 본래는 명료하던 낱말이 문장 구성에서 중의적인 뜻이 생기는 경우가 있다. 특별한 수식 관계, 낱말의 위치 등으로 중의성을 띠게 된다.

⒨ **잃었던 내 자전거 튜브의 바람꼭지를 길에서 찾았다.** : 잃은 것이 자전거인지 튜브인지 바람꼭지인지 모호하다.

⒩ **바둑에 일가견이 있는 아버님의 친구께서 저에게 바둑을 가르쳐 주셨다.** : 아버지와 친구 중 누가 바둑에 일가견이 있는지.

⒪ **어머니가 나를 부르며 뛰어오는 동생을 보고 손사래를 쳤다.** : 어머니가 나를 불렀는지 동생이 나를 불렀는지 모호하다.

⒫ **죽은 언니의 아들** : 언니가 죽었는지, 언니의 아들이 죽었는지 모호하다.

⒬ **아버지는 형과 나를 찾아 나섰다.** : 아버지가 혼자 형과 나를 찾았는지, 아버지와 형이 함께 나를 찾았는지 모호하다.

⒭ **회원이 다 오지 않았다.** : 회원 전원이 안 왔는지, 일부만 왔는지 모호하다.

⒮ **그는 나보다 영희를 더 좋아한다.** : 나와 영희가 비교 대상인지 그와 내가 비교 대상인지 모호하다.

⒯ **그의 사고** : 그가 일으킨 사고인지 그가 당한 사고인지 모호하다.

③ **비유적 중의성** : 어떤 경우에는 낱말의 본래 의미로 쓰였는지 비유적으로 쓰였는지, 비유적으로 쓰였으면 어떤 비유로 쓰였는지 모호하여 중의성을 띠게 되기도 한다. 특히 낱말을 상징적으로 사용했을 때에 중의성이 두드러진다.

⒨ **국민에게 빵을 먹일 수 없는 국가** : 밀가루로 구운 음식, 음식 전체

⒩ **빛을 잃은 사람들** : 볼 수 없게 된 사람들, 희망을 잃은 사람들

⒪ **우리의 태양** : 하늘에 떠 있는 해, 지도자나 희망을 주는 자

(7) 사전적 의미와 문맥적 의미

낱말의 의미는 사전에 적혀 있는 의미를 가리키지만 실제 문장에서는 그것으로 해결되지 않는 예가 많이 있다. 예컨대 '이름 없는 작가의 그림'이라고 하면 그 작품을 그린 작가의 이름이 없다는 말이 아니라 사람들에게 이름이 알려지지 않은 작가라는 뜻이다. 그러나 사전의 이름풀이에 그런 뜻이 있을 리 없다. 이처럼 '이름 없는 작가'에서 우리가 이해하는 '이름'의 뜻을 우리는 문맥적(文脈的) 의미라고 한다. 실제 언어생활에서는 이 문맥적 의미를 이해하는 것이 매우 중요하다. 이런 문맥적 의미는 대체로 사전적(辭典的) 의미와 같거나 관용적(慣用的) 표현으로 정착되는 경우가 많은데, 그렇지 않고 그때그때 문장 상황에 따라서 의미가 달리 결정되기도 한다.

㉮ 부모의 가슴에 <u>못</u>을 박는 아들
㉯ 사람은 각자의 <u>눈</u>으로 세상을 본다.
㉰ 그가 나의 <u>손발</u>이 되어 주었다.
㉱ 너희는 다시 <u>태어나야</u> 한다.
㉲ 경찰은 민중의 <u>지팡</u>이다.
㉳ <u>가난한</u> 사람이 복이 있다.

예문 ㉮의 '못'은 사전적 의미에서 벗어나 있다. 그러나 사전에 '못을 박다'가 관형어로 올라 있기 때문에 사전을 보면 뜻을 알 수 있다. 그러나 예문 ㉯ 이하의 밑줄 친 낱말들은 사전을 찾아보아도 그 의미를 파악하기 쉽지 않다. 또, 예문 ㉯에서 예문 ㉲까지 낱말의 문맥적 의미를 이해하는 사람도 예문 ㉳의 '가난한'의 문맥적 의미를 이해하지 못할 수도 있다. 문맥적 의미는 그만큼 상황에 따라서, 또는 읽는 사람의 이해력에 따라 달라질 수 있는 것이다. 문맥적 의미를 정확히 아는 데는 사전적 의미를 이해하는 능력과 관용어와 속담(俗談)을 폭넓게 아는 능력 그리고 문장을 이해하는 능력이 필요하다.

㉴ 내 컴퓨터에 <u>눈독을 들이는</u> 사람이 많다.
㉵ 지금 <u>죽음을 부르는</u> 권투 경기가 벌어지고 있다.
㉶ <u>피는 물보다 진하다</u>는데 어찌 제 동생보다 나를 좋아하겠는가?

예문 ㉴는 '눈독을 들이다.'를 하나의 관용어로 이해하면 의미를 파악할 수 있지만 이 말을 사전적 의미로 파악하려 하면 좀처럼 이해하기 어려워진다. 예문 ㉑의 '권투 경기가 죽음을 부른다.'고 하는 말은 쉽게 이해할 수 없다. 무당이 아니라면 죽음을 부를 수 없기 때문이다. 그러나 우리는 이 말을 이해한다. 그것은 권투 경기의 속성으로 문맥적 의미를 파악할 수 있기 때문이다. 예문 ㉒는 '피는 물보다 진하다.'라는 속담의 의미를 알지 못하면 사전적 의미를 아무리 잘 알더라도 이 말의 의미를 이해하기 어렵다. 문장에서 낱말이나 구절의 문맥적 의미를 파악하려면 다양한 지식이 필요함을 알 수 있다.

(8) 낱말의 어감에서 의미까지

이번에는 좀 특이한 의미 관계를 검토해 보려 한다. 우리말은 모음에 따라서 어감의 차이가 큰 언어 가운데 하나이다. 예를 들면 '사늘하다'와 '서늘하다'의 어감이 다른데 그것은 '사'의 모음과 '서'의 모음 차이 때문이다. 모음에 따른 어감 차이는 부사에서 특히 심하지만 형용사, 동사 그리고 명사에까지 그 영향이 미친다. 대체로 '아'와 '오' 모음(이것을 '밝은 모음' 또는 '양성 모음'이라고 함)으로 된 낱말에서는 밝고 경쾌한 느낌을 받고 비교적 움직임이 작은 느낌을 받는데 '어'와 '우' 모음(이를 '어두운 모음' 또는 '음성 모음'이라고 함)으로 된 낱말에서는 어둡고 무거운 느낌과 움직임이 큰 느낌을 받는다. '애' 모음에 대한 '에' 모음이나 '야' 모음에 대한 '이' 모음에서도 위와 같은 어감의 차이를 느낄 수 있다. 아래 예를 보자.

> **바르작바르작/버르적버르적, 노릇노릇/누릇누릇, 갸웃갸웃/기웃기웃**
> **말갛다/멀겋다, 개으르다/게으르다, 땀지근하다/뜸지근하다**
> **도르다/두르다, 자르랑하다/저르렁하다, 갸울이다/기울이다**
> **가짓말/거짓말, 동그라미/둥그러미, 얌치/염치(廉恥), 갸기/교기(嬌氣)**

이처럼 모음의 변화가 뜻의 변화를 동반하지는 않지만 어감의 변화를 가져올 수 있는 것이 우리말의 특징이다. 그리고 이런 변화가 어느 정도 확실해지면 쓰임새가 확연히 달라지기도 한다. 아래 낱말은 비록 의미의 차이는 심하지 않지만 쓰임새에서는 상당히 차이가 난다.

> **앙상하다/엉성하다, 얇다/엷다, 촉촉하다/축축하다, 졸이다/줄이다**

㉮ 잎이 다 떨어진 나무의 앙상한(엉성한×) 모습

㉯ 날씨가 더워 얇은(엷은×) 옷을 입었다.

㉰ 봄비가 대지를 촉촉하게(축축하게×) 적셔 주었다.

㉱ 국물을 바특하게 졸여야(줄여야×) 맛이 좋아진다.

즉 '앙상하다, 얇다, 촉촉하다, 졸이다'를 쓸 자리에 '엉성하다, 엷다, 축축하다, 줄이다'를 쓰면 몹시 어색해진다. 이는 어감의 변화가 의미의 변화를 일으키는 데까지 나아갈 수 있음을 보여주는 것이다.

이와는 달리 자음의 변화로 어감이 달라지는 경우도 많이 있다. 음의 강도가 세지면 뜻도 그만큼 세지는 것이다.

감감하다/깜깜하다/캄캄하다, 덜거덩/덜꺼덩/덜커덩, 자랑자랑/짜랑짜랑/차랑차랑

위의 예는 음절의 첫소리가 예사소리와 된소리와 거센소리로 바뀌는 것을 보여 준 것인데, 그렇게 바뀔수록 점점 어감이 강해지거나 격해지는 것을 느낄 수 있다. 첫소리를 따라 모음도 밝은 모음에서 어두운 모음으로 바뀌면 의미는 더욱 어둡고 강해진다. 어떤 자음과 모음을 선택해서 사용하느냐에 따라서 우리의 심리 상태가 어떤지 짐작할 수 있게 된다. 밝은 모음과 예사소리를 선호한다면 우리의 심리 상태가 안정적이고 긍정적인 편일 것이고, 어두운 모음과 된소리, 또는 거센소리를 선호한다면 우리의 상황이 거칠고 불만스럽고 도전적임을 읽을 수 있다. 요즘의 언어는 대체로 어두운 모음과 된소리 또는 거센소리를 선호하는 경향이 뚜렷해지고 있다. 이는 우리에게 여유가 없고 주위 상황에 불만이 많다는 것을 나타내는 것이라고 보아 틀림이 없다. 이럴 때에 의도적으로 밝은 모음과 예사소리를 사용하려고 노력한다면 우리의 언어 환경도 좋아지고 마음도 한층 밝아질 것이다.

그런데 모음조화나 된소리, 거센소리 관계에서 느끼는 어감의 차이보다 더 근본적으로 소리와 의미 사이에 특별한 관계가 있다는 사실에 주목해야 한다. 특정한 소리가 주는 어감이 느낌의 범주를 넘어서 의미의 범주까지 이르러 낱말 형성에 큰 영향을 미치고 있는 것이다. 예컨대 'ㄱ'이 주는 어감과 'ㅁ'이 주는 어감에 차이가 있는데, 이 어감의 차이로 특정한 이미지가 있는 낱말이 주로 'ㄱ'이나 'ㅁ'에 집중적으로 분포할 수 있는 것이다. 예를 들면서 과연 우리말에서 첫소리와 낱말 사이에 어떤 관계가 형성되는지 검토해 보자.

① 'ㄱ'을 첫소리로 하는 낱말 : 'ㄱ'으로 시작하는 낱말에는 감정이나 느낌보다는 확실한 인식을 바탕으로 판단하여 갖추게 되는 이미지의 낱말이 집중되어 있다.

> 가다, 가꾸다, 가누다, 가늠, 가다듬다, 가래다, 가르다, 가르치다, 가리다, 가리사니, 가리키다, 가맣다, 가지다, 간, 갈다, 갈피, 감다, 감감하다, 감추다, 같다, 개다, 거닐다, 거룩하다, 걷다, 검[神], 검다, 겨누다, 겨루다, 귀, 그리다, 글, 긋다, 기리다, 길, 깊다, 깐, 깜냥, 꼽다, 꿈, 낌

② 'ㄴ'을 첫소리로 하는 낱말 : 'ㄴ'으로 시작하는 낱말은 생김, 출현의 이미지가 있고, 부드럽고 여린 느낌을 준다.

> 나다, 나오다, 나가다, 나쁘다, 나이, 나타나다, 낡다, 날, 날다, 남다, 낮, 낳다, 내, 내다, 냅뜨다, 넌지시, 넓다, 넘다, 넣다, 노랗다, 놀다, 높다, 놓다, 눈다, 느끼다, 늘다, 늦

③ 'ㄷ'을 첫소리로 하는 낱말 : 'ㄷ'으로 시작하는 낱말은 'ㄴ'으로 시작하는 낱말보다 느낌이 더 강하다. 그래서 생활에서 실제로 일어나는 여러 크고 작은 상황을 담아낼 수 있다.

> 다, 다그다, 다니다, 다다르다, 다리, 다붙다, 다음, 닥치다, 달다, 당기다, 닻, 닿다, 대다, 더, 덜다, 데다, 덮다, 돕다, 동, 동그랗다, 동무, 두껍다, 두레, 두루, 들다, 등, 디디다, 땅, 떼다, 또, 뜨다, 뜰, 뜸, 뜻, 띠

④ 'ㅁ'을 첫소리로 하는 낱말 : 'ㅁ'으로 시작하는 낱말은 전체적으로 사람의 근원적인 것과 관련이 있는데 이는 입을 열 때 가장 쉽게 만들어지는 소리라는 점과 관계가 있을 것이다. '마음, 몸, 물, 말, 맛, 맨, 멋, 머리, 밑' 등이

'ㅁ'으로 시작한다. 그래서 그런지 'ㅁ'으로 시작하는 낱말은 과격하지 않고 사람의 정신적 지향점과 관련이 있는 낱말이 상당히 있다.

마[南], 마늘, 마음, 마중, 마당, 마루, 마리, 만들다, 말, 맛, 망울, 맞다, 매암, 맨, 맺다, 머리, 먹다, 멀다, 멎다, 멋, 모르다, 묵다, 물, 미리, 밀다, 믿다

⑤ 'ㅂ'을 첫소리로 하는 낱말 : 'ㅂ'으로 시작하는 말은 'ㅁ'으로 시작하는 말이 내향적인데 비해 외향적이라고 할 수 있다. 즉 외부에 있는 것에 기준을 두고 객관적으로 보려는 시각과 관련된 낱말이 많이 있다.

바꾸다, 바다, 바라보다, 바깥, 바람, 바루다, 바르다, 바위, 반들반들, 반짝, 받다, 발, 발갛다, 발끈, 발쪽, 밝다, 밟다, 밤, 방글, 방싯, 방울, 밭, 배, 벌판, 볏, 볕, 볼, 부리, 불, 비치다, 빛

⑥ 'ㅅ'을 첫소리로 하는 낱말 : 생명과 신선함의 이미지가 있다. 'ㅅ'에는 깨어나는 이미지가 있다. 깨어남은 곧 시작을 의미하고, 새로운 상황에 접하게 됨을 의미한다. 그래서 'ㅅ'으로 시작하는 단어에서는 새롭고 산뜻한 느낌이 있다.

사다, 사근사근하다, 사글사글하다, 사나이, 사납다, 사늘하다, 사뜻하다, 사람, 사랑, 사름, 사리다, 사물사물, 사뿐사뿐, 사슬, 산들바람, 산뜻하다, 살뜰하다, 살다, 살림, 살며시, 살살, 살지다, 살피다, 상글상글, 상긋상긋, 상냥하다, 상큼하다, 새, 새근거리다, 새다, 새로, 새벽, 새우, 색시, 샘, 샛말갛다, 생기다, 서다, 서릇다, 설다, 소리, 솟다, 시리다, 시원하다, 시큰하다, 싱싱하다, 쓸다, 쓸쓸하다, 씻다

⑦ 'ㅈ'을 첫소리로 하는 낱말 : 'ㅈ'으로 시작하는 낱말에는 신선함보다는 음습하고 부정적인 이미지가 있는 것이 많다. '젖다, 지다, 죽다, 작다, 잘다, 졸다, 적다, 줄다' 등이 모두 여기에 있다. 다만, 'ㅅ'에서 건너온 이미지가 여기에 조금 남아 있기도 하다.

자다, 자리, 작다, 잘다, 잠, 잠그다, 잠기다, 잡다, 잦아들다, 재, 재강, 저리다, 젖다, 졸다, 좁다, 주리다, 죽다, 줄다, 지다, 지겹다, 지저분하다, 지질하다, 지치다, 질다, 짜개다, 짧다, 찍다, 찡그리다, 찢다

⑧ 'ㅍ'을 첫소리로 하는 낱말 : 'ㅂ'의 이미지를 강화하여 가장 외향적이면서 정신을 새롭게 하는 낱말이 많이 있다.

파다, 파랗다, 팔다, 패다, 패암, 푸다, 푸르다, 풀, 풀다, 피, 피다

⑨ 'ㅎ'을 첫소리로 하는 낱말 : 'ㅎ'으로 시작하는 낱말은 'ㅅ'으로 시작하는 낱말과 비슷하되 좀더 추상적이고 근원적이다. 그래서 주로 근원적인 행동, 통합의 이미지가 있다.

하다, 하나, 하늘, 하루, 하얗다, 함께, 함박, 해, 해맑다, 환하다, 활개, 활짝, 희다

> 빛깔을 나타내는 낱말을 보아도 우리말의 이런 이미지와 밀접하게 관련이 있음을 알 수 있다.
>
> - 하양 : 해의 색으로 근원 색→가장 밝음
> - 노랑 : 사물이 처음 나타날 때의 색→온화함
> - 빨강 : 가장 강렬한 색→가장 따뜻함
> - 파랑 : 가장 강렬한 색→가장 차가움
> - 검정 : 눈을 감은 상태의 색 또는 마지막의 색→가장 어두움

소리와 낱말의 생성이 절대적이지는 않지만, 그렇다고 무시할 정도로 무의미하지는 않음을 알 수 있다. 따라서 우리가 새롭게 이름을 짓는다면 이런 점에 착안해서 사람들에게 주려는 이미지를 은연중에 주면서 쉽게 받아들여질 수 있는 좋은 이름을 만들 수도 있을 것이다.

4. 낱말의 사회적 의미

국어는 낱말이 모여서 이룩한 사회이다. 낱말은 국어의 시민이다. 건강한 낱말이 건강한 국어를 만든다. 다양한 낱말이 풍성한 국어를 만든다. 고급한 낱말이 국어의 수준을 높인다. 낱말이 병들고 죽어간다면 국어도 병들고 죽어가게 된다. 낱말을 살리고 건강하게 만들면 국어도 살고 건강해진다.

우리 사회의 구성원은 시민이다. 시민이 건강하면 사회도 건강해지고, 시민이 고급스러우면 사회도 고급스러워진다. 시민이 유능하면 사회도 유능해지고 시민이 다양하면 사회도 다양해진다. 시민이 불의와 거짓으로 찌들고 무능과 게으름으로 타락하면 사회도 불의와 거짓이 난무하고 무기력으로 활력을 잃게 된다. 우리 사회가 건강하지 않다면 그것은 시민이 건강하지 않다는 증거이고, 우리 사회가 무질서하고 폐쇄적이고 적대적이고 증오심이 넘친다면 시민 개개인이 이미 그런 질병에 감염되어 있다는 증거이다.

국어 낱말이 제대로 대접받고 있다면 시민도 제대로 대접을 받을 것이고, 국어 낱말이 제 기능을 마음껏 발휘하면서 활동하고 있다면 시민도 제 능력을 마음껏 발휘하면서 활동할 수 있을 것이다. 국어 낱말이 외부의 상대로 인해서 위축되어 있다면 시민들도 외국인 때문에 위축될 것이고, 국어 낱말이 외부 상태에게 자리를 내어 주고 물러난다면 시민들도 외국인에게 자리를 내어 주고 물러나게 될 것이다. 낱말의 운명은 시민의 운명이다.

우리 사회는 시민의 능력을 높여 줄 수 있는 프로그램을 개발하여 시민들에게 제공해야 한다. 사회는 시민의 개성을 발양시키고, 시민의 몸을 강건하게 하고, 시민의 정신을 건전하게 유지시켜 주고, 시민의 취미를 고급화하는 데 노력해야 한다. 그래서 유능하고 고급스러운 시민, 건전하고 강건한 시민, 참되고 정서적으로 안정된 시민이 되도록 해야 한다.

국어에 긍정적이고 적극적이고 고급스러운 낱말들이 많이 있다. 이런 낱말을 자주 사용해야 한다. 교육을 통해서, 대화를 통해서, 독서를 통해서 우리는 끊임없이 좋은 낱말이 자주 사용될 수 있는 환경을 제공해야 한다. 마찬가지로 우리 사회에 참되고 건전한 시민들이 많이 있으므로 이들이 사회에 적극적으로 활동할 수 있는 공간을 만들어 주어야 한다. 반대로 거짓되고 사악하고 무능한 사람들의 활동 공간은 지금보다 훨씬 축소하거나 강력하게 억제하여야 한다.

증오와 적개심을 심어 주는 낱말, 부정적이고 파괴적인 선동을 부추기는 낱말, 시기와 질투를 북돋우는 낱말은 사용을 억제하고, 사랑과 평화와 더불어 사는 마음을 일깨우는 낱말, 긍정적이고 건설적인 노력을 북돋우는 낱말, 칭찬과 격려와 도움을 주는 낱말의 사용을 장려함으로써 시민들의 언행과 마음과 정신을 건전하고 긍정적으로 바꾸고 우리 사회를 사람이 살 만한 사회로 만들어야 한다.

우리는 지금 곧 국어사전을 뒤져서 남을 존중하는 낱말, 격려하는 낱말, 칭찬하는 낱말, 건설적인 낱말, 긍정적인 낱말, 진취적인 낱말, 적극적인 낱말을 찾아서 외우고 익혀야 할 것이다. 우리가 그런 사람이 되기 위해서, 그리고 우리 사회를 그런 사회로 만들기 위해서 말이다. 지금 시작하자.

알아 놓으면 좋을 토박이말 어휘(국어사전을 이용해서 의미와 사용법을 익히기 바란다.)

① 추상상 명사

- 가리사니 : 사물을 판단할 만한 지각
- 가리새 : 일의 갈피와 조리
- 각단 : 사물의 갈피와 실마리
- 간각 : 사물을 깨닫는 힘
- 간사위 : 면밀하고 변통성이 있는 수단
- 갈피 : 일의 내력이나 사정. 갈래가 구별되는 어름
- 고갱이 : 사물의 중심 또는 핵심이 되는 부분
- 구실 : 마땅히 해야 할 책임이나 역할
- 깜냥 : 일을 가늠하여 해내는 능력
- 꿍꿍이 : 아주 모를 수작이나 속
- 내평 : 일의 내용이 어찌 된 까닭
- 늘품 : 앞으로 발전할 싹수
- 늦 : 장래 어떻게 될 가망

- 동 : 논리의 한 부분
- 동티 : 공연히 건드려 화나 해를 입는 일
- 맹문 : 사물의 경위
- 멋 : 세련된 상태나 그런 아름다움
- 미립 : 경험을 통해서 얻은 슬기나 지식
- 밑절미 : 사물의 기초가 되는, 본디부터 있던 바탕
- 바탕 : 타고난 성질
- 버렁 : 물건이 차지하는 범위
- 벼리 : 일이나 글의 중심 되는 줄거리
- 보람 : 일이나 말로 나타나는 좋은 결과
- 비각 : 두 물건이 상극을 이루어 용납되지 않는 일
- 빌미 : 불행이나 탈이 생기는 원인
- 빗 : 사무를 나누어 맡는 부서
- 사부주 : 규격에 맞는 조건
- 사북 : 일이나 물건의 가장 긴요한 부분
- 성금 : 말이나 일로 인하여 나타나는 좋은 결과
- 셈평 : 어떻게 하여야 한다는 타산적인 내용
- 속내평 : 일의 내막
- 손방 : 서투른 솜씨
- 실마리 : 일이나 사건이 첫머리
- 싹수 : 앞으로 잘 트일 만한 낌새
- 알음알이 : 꾀바른 수단
- 언턱거리 : 말썽을 만들 거리
- 얼개 : 일이나 사물의 짜임새
- 얼거리 : 작품의 내용을 전개하고 발전시키는 형식
- 영문 : 까닭이나 형편
- 옳 : 손실이나 못한 것에 대한 갚음이나 보충이 되는 것

- 은사죽음 : 마땅히 드러나야 될 일이 드러나지 않고 마는 것
- 은짬 : 은밀한 대목
- 줄거리 : 사물이나 언행의 중요한 부분
- 줄목 : 어떤 일에 관계되어 나가는 요긴한 길목
- 줌밖 : 남이 지배하는 세력의 범위 밖
- 줌안 : 남이 지배하는 세력의 범위 안
- 진티 : 일이 잘못되게 된 빌미. 불행한 사건의 원인
- 짝짜꿍이 : 남모르게 세우는 계획
- 짬짜미 : 자기들끼리만 짜고 하는 약속
- 천사슬 : 속임수를 쓰지 않고 자연대로 내맡기는 일
- 통속 : 비밀한 약조. 비밀 단체
- 푸접 : 남에게 보이는 인정이나 붙임성
- 핑계 : 다른 일로 변명함
- 허물 : 실수나 잘못
- 허정 : 겉으로는 알뜰하게 보이나 실상은 충실하지 못한 것
- 화수분 : 재물을 아무리 써도 줄어들지 않음

② 장사, 경제 활동과 관련된 동사
- 갈아주다 : 특별히 누구에게 물건을 사다.
- 거스르다 : 셈한 돈을 빼고 나머지를 주고받다.
- 곱다 : 이끗을 취하려다가 도리어 손해를 보다.
- 곱들다 : 비용이나 재료 따위가 배로 들다.
- 금하다 : 흥정하여 값을 정하다.
- 긋다 : 장부에 외상값을 적어 놓다.
- 까다 : 셈에서 빼다. 재물을 축내다.
- 까지다 : 재물이 축나다.
- 끄다 : 본전을 조금씩 갚아서 빚을 줄이다.
- 끊다 : 피륙이나 표 따위를 사다.

- 누이다 : 원금을 그냥 빚으로 두다.
- 도르다 : 변통하다. 융통하다.
- 동나다 : 상품이 다 팔리다.
- 되넘기다 : 물건을 사서 그대로 팔아넘기다.
- 되풀이하다 : 되로 곡식을 헤아리다.
- 드리다 : 가게 문을 닫다.
- 떨이하다 : 남은 것을 몽땅 싸게 팔다.
- 떼이다 : 빌려준 것을 받지 못하게 되다.
- 뜨다 : 옷감을 끊어서 사다.
- 마수걸이하다 : 맨 처음으로 팔거나 소득을 올리다.
- 무르다 : 샀던 것을 돌려주고 돈으로 받다.
- 밑지다 : 손해보다.
- 받다 : 물건을 도매로 사다.
- 빚지다 : 다른 사람에게서 빚을 내어 쓰다.
- 뽕빠지다 : 밑천이 다 없어지다. 이익은 없이 비용만 늘어나다.
- 사재다 : 물건을 사서 쟁이다.
- 세나다 : 찾는 사람이 많아 물건이 잘 팔려 나가다.
- 솟보다 : 물건의 실속을 살피지 않아 비싼 값으로 사다.
- 얼러치다 : 둘 이상의 상품 값을 한꺼번에 셈하다.
- 에끼다 : 줄 것과 받을 것을 비겨 없애다. 상계하다.
- 에누리하다 : 팔 사람이 값을 부풀려 부르다. 살 사람이 값을 깎다.
- 옥다 : 밑지다.
- 올풀이하다 : 장사치가 낱개로 팔다.
- 우주다 : 물건을 살 때에 장사치에게 이익을 남겨 주다.
- 조아팔다 : 큰 덩어리를 조금씩 헐어서 팔다.
- 천세나다 : 물건이 사용되는 데가 많아서 퍽 귀해지다.
- 치이다 : 비용이나 값이 얼마씩 먹히다.
- 흥정하다 : 매매가 이루어지도록 주선하다. 사고팔다.

③ 심리 상태를 나타내는 형용사

- 갑갑하다 : 지루하고 견디기 어렵다.
- 거리끼다 : 사물이나 일에 방해가 되다. 꺼림칙하게 생각되다.
- 거북하다 : 자연스럽지 못하다.
- 귀찮다 : 괴로울 만큼 싫다.
- 꺼리다 : 싫어서 피하려 하다.
- 꺼림칙하다 : 꺼리는 마음이 있다.
- 께름하다 : 마음에 걸리어 유쾌하지 않다.
- 께적지근하다 : 마음에 맞지 않아 유쾌하지 못하다.
- 떠름하다 : 달갑지 않다.
- 떨떠름하다 : 마음이 내키지 않다.
- 뜨악하다 : 선뜻 내키지 않다.
- 머쓱하다 : 열없고 어색하다.
- 멋쩍다 : 쑥스럽고 어색하다.
- 부끄럽다 : 수줍은 느낌이 있다.
- 사위스럽다 : 불길한 듯하고 꺼림칙하다.
- 사위하다 : 재앙이 올까 두려워서 꺼리다.
- 서머하다 : 미안하여 볼 낯이 없다.
- 서먹하다 : 낯이 설거나 스스러워 몸가짐이 활발하지 못하다.
- 성가시다 : 괴롭고 귀찮다.
- 수수꾸다 : 실없이 장난말을 하여 부끄럽게 만들다.
- 수줍다 : 어려워하거나 부끄러워하는 태도이다.
- 스스럽다 : 수줍고 부끄럽다. 조심스럽다.
- 쑥스럽다 : 어색하고 부끄럽다.
- 안쓰럽다 : 형편이 딱하여 가엾다.
- 열없다 : 조금 부끄럽고 계면쩍다.
- 외대다 : 꺼리며 멀리하다.

- 용천하다 : 꺼림칙한 느낌이 있다.
- 일쩝다 : 거추장스러워 귀찮거나 불편하다.
- 재장바르다 : 무슨 일을 하려는 데 좋지 못한 일이 생기어 꺼림칙하다.
- 점직하다 : 미안하고 부끄럽다.
- 주체스럽다 : 처리하기 어려워 짐스럽고 귀찮다.
- 찜찜하다 : 마음에 조금 꺼림하다.
- 켕기다 : 속으로 슬그머니 겁이 나거나 거리끼다.

④ 인간관계, 사교와 관련된 동사와 형용사
- 겉돌다 : 사귀어 어울리지 않고 베돌다.
- 구순하다 : 말썽 없이 의좋게 잘 지내다.
- 너나들이하다 : 서로 흉허물 없이 지내다.
- 두텁다 : 관계가 굳고 튼튼하다.
- 등지다 : 누구와 사이가 틀어지다.
- 따돌리다 : 무슨 일에 관계하지 못하게 멀리 떼어내다.
- 머슬머슬하다 : 탐탁스럽게 사귀지 않아 어색하다.
- 버름하다 : 마음이 서로 맞지 않다.
- 버성기다 : 사귐이 친하지 못하고 버름하다.
- 버스름하다 : 소원(疏遠)하다.
- 벗하다 : 허물없이 사귀다.
- 베돌다 : 함께 어울리지 않고 따로 떨어져 행동하다.
- 비쌔다 : 수더분한 맛이 없어서 함께 어울리기를 싫어하다.
- 사귀다 : 서로 사이좋게 지내다.
- 서름하다 : 가깝지 못하고 서먹하다.
- 서먹하다 : 낯이 설거나 스스러워 몸가짐이 활발하지 못하다.
- 섞사귀다 : 지위, 계층, 신분이 다른 사람끼리 잘 어울려 사귀다.
- 설면하다 : 사귐이 그리 정답지 아니하다.
- 섬서하다 : 친하게 어울리지 않다.

- 스스럽다 : 깊이 사귀지 않아 조심스럽다.
- 쓰렁하다 : 사귀던 정이 버성기다.
- 어그러지다 : 지내는 사이가 좋지 못하게 되다.
- 어근버근하다 : 뜻이 맞지 않아 사이가 벌어지다.
- 어우러지다 : 한 동아리가 되다.
- 울근불근하다 : 토라져 으르대며 맞서 지내다.
- 의초롭다 : 화목하여 우애가 좋다.
- 짝하다 : 짝이 되어 지내다.
- 척지다 : 원한을 품고 반목하다.
- 트다 : 스스럼없는 관계를 맺다.
- 티격나다 : 뜻이 맞지 않아 사이가 벌어지거나 말썽이 생기다.

⑤ **성격, 마음씨를 나타내는 형용사**

- 감사납다 : 억세고 사납다.
- 강퍅지다 : 너그럽지 못하고 고집이 세며 까다롭다.
- 곰살갑다 : 상냥하고 살갑다. 굼슬겁다.
- 곰살궂다 : 부드럽고 친절하며 다정하다.
- 곰상곰상하다 : 싹싹하고 부드럽다.
- 괄괄하다 : 누굿하지 못하고 팔팔하다. 왈왈하다.
- 괘다리적다 : 무뚝뚝하고 퉁명스럽다.
- 그악하다 : 사납고 모질다.
- 까다롭다 : 성미가 너그럽지 않아 다루기 어렵다.
- 깐깐하다 : 까다로워 사근사근한 맛이 없다.
- 깐질기다 : 깐깐하고 질기다.
- 꺽지다 : 억세고 꿋꿋하며 과단성이 있다.
- 꼬장꼬장하다 : 성미가 곧고 꼿꼿하다.
- 꼭하다 : 변통성이 없이 고지식하고 정직하다.
- 꼰질꼰질하다 : 지나치게 꼼꼼하여 갑갑하다.

- 꼼바르다 : 도량이 좁고 야멸치다.
- 꼼꼼하다 : 꽤 잘고 인색하다.
- 끈덕지다 : 끈기가 있어 꾸준하고 줄기차다.
- 끈질기다 : 끈덕지고 질기다.
- 끌끌하다 : 맑고 바르고 깨끗하다.
- 나긋나긋하다 : 매우 친절하고 부드럽다.
- 너그럽다 : 마음이 넓고 크다.
- 너글너글하다 : 마음이 너그럽고 시원스럽다.
- 능갈맞다 : 얄밉도록 능청스럽다.
- 다라지다 : 깐질기고 야무지다.
- 다부지다 : 어려움에 굴하지 않고 굳세고 꿋꿋하다.
- 당차다 : 야물고 오달지다.
- 데설궂다 : 성질이 꼼꼼하지 않고 털털하다.
- 돈바르다 : 성격이 너그럽지 못하고 몹시 까다롭다.
- 되통스럽다 : 찬찬하지 못하여 일을 잘 그르치는 성격이 있다.
- 뒤둥그러지다 : 성격이 올곧지 못하고 비뚤어지다.
- 뚝별나다 : 불뚝거리는 성질이 있다.
- 뚱하다 : 말수가 적고 붙임성이 없다.
- 매몰하다 : 인정이 없이 아주 쌀쌀하고 독하다. 매몰차다.
- 매정하다 : 인정이 없다.
- 맵짜다 : 성격이 매섭고 빈틈이 없다.
- 몬존하다 : 성질이 차분하다.
- 몰강스럽다 : 모지락스럽고 악착하다.
- 몽총하다 : 푸접 없이 새침하고 냉정하다.
- 무뚝뚝하다 : 인정스러운 데가 없이 아기자기한 맛이 없다.
- 무양무양하다 : 너무 고지식하여 융통성이 없다.
- 무작하다 : 무지하고 우악하다.

- 바냐위다 : 매우 인색하다.
- 바자위다 : 너무 깐깐하여 너그러운 맛이 없다.
- 부프다 : 성질이 거칠고 급하다.
- 뻔뻔하다 : 잘못을 저지르고도 부끄러운 줄 모르는 데가 있다.
- 사근사근하다 : 붙임성이 있고 친절하며 상냥하다.
- 살갑다 : 부드럽고 다정하다. 슬겁다.
- 살살하다 : 간사하고 교활하다.
- 살차다 : 성격이 차고 매섭다.
- 살천스럽다 : 매섭고 쌀쌀하다.
- 상냥하다 : 성질이 사근사근하고 부드럽다.
- 새침하다 : 쌀쌀맞은 태도가 있다.
- 서그럽다 : 너그럽고 서글서글하다.
- 서글서글하다 : 상냥하고 부드럽다.
- 서분서분하다 : 부드럽고 친절하다.
- 선선하다 : 성미가 쾌활하고 시원스럽다.
- 소사스럽다 : 좀스럽고 간사하다.
- 수더분하다 : 순하고 소박하다.
- 수련하다 : 마음이 곱고 수수하다.
- 숙부드럽다 : 마음씨가 얌전하고 부드럽다.
- 숫되다 : 어수룩하고 순진하다. 숫하다.
- 숫스럽다 : 어수룩하고 순진한 데가 있다.
- 습습하다 : 활달하고 너그럽다.
- 싹싹하다 : 상냥하고 눈치가 빠르며 순종을 잘 하다.
- 씨억씨억하다 : 성질이 굳세고 활발하다.
- 아귀차다 : 뜻이 굳세어 야무지다.
- 안차다 : 마음에 무서움이 없고 야무지다.
- 암띠다 : 비밀을 좋아하는 성질이 있다.

- 암상하다 : 시기심이 많고 샘바르다.
- 암차다 : 암팡스럽고 힘차다.
- 암팡지다 : 당차고 담이 크다.
- 앙칼지다 : 악을 쓰고 덤비는 성질이 있다.
- 앙큼하다 : 엉뚱한 욕심으로 분에 넘치는 짓을 하다.
- 야나치다 : 전혀 인정이 없이 매몰하다.
- 야당스럽다 : 매몰하고 악하다.
- 야멸치다 : 몹시 이기적이고 성격이 차갑다.
- 야살스럽다 : 되바라지고 얄망궂다.
- 얄망궂다 : 성질이 바르지 못하고 괴상하다.
- 어글어글하다 : 성격이 시원스럽다.
- 어기차다 : 성질이 매우 굳세다.
- 어리눅다 : 어리석은 듯 눅다.
- 어련무던하다 : 흠잡을 데 없이 무던하다.
- 어수룩하다 : 숫되고 너그럽다.
- 어숭그러하다 : 유난스러운 데가 없이 수수하다.
- 어쑷하다 : 의협심이 있고 통이 크며 거리낌이 없다.
- 억세다 : 성질이 굳고 세차다.
- 억척스럽다 : 모질고 끈질긴 태도가 있다.
- 여낙낙하다 : 성미가 곱고 상냥하다.
- 여리다 : 부드럽고 약하다.
- 연삭삭하다 : 붙임성이 있고 나긋나긋하다.
- 연삽하다 : 부드럽고 사근사근하다.
- 열없다 : 성질이 다부지지 못하고 묽다.
- 오달지다 : 야무지고 실속이 있다.
- 오사바사하다 : 사근사근하고 부드럽고 여리다.
- 왈왈하다 : 성질이 매우 급하다. 괄괄하다.

- 웅숭깊다 : 도량이 넓다.
- 유들유들하다 : 뻔뻔한 데가 있다.
- 음충하다 : 엉큼하고 불량하다.
- 의뭉하다 : 겉으로 어리석은 체하면서 속으로 엉큼하다.
- 이악하다 : 자기 이곳에만 발밭다.
- 자분자분하다 : 성질이 순하고 찬찬하다.
- 잔질다 : 하는 짓이 잘고 다랍다.
- 지더리다 : 몹시 야비하고 더럽다.
- 지멸있다 : 꾸준하고 성실하다.
- 진득하다 : 의젓하고 참을성이 있다.
- 짯짯하다 : 성미가 깔깔하고 딱딱하다.
- 쩨쩨하다 : 잘고 인색하다.
- 착살하다 : 언행이 작고 다랍다. 칙살하다.
- 찬찬하다 : 성질이 자세하고 침착하다.
- 츱츱하다 : 다랍고 염치가 없다.
- 타끈하다 : 아니꼽게 인색하다.
- 털털하다 : 까다롭지 않고 소탈하다.
- 틀수하다 : 성질이 너그럽고 깊다.
- 팽패롭다 : 딱딱하고 괴팍하다.
- 푸접스럽다 : 붙임성이 없이 쌀쌀한 데가 있다.
- 푼푼하다 : 옹졸하지 않고 활달하다.
- 헙헙하다 : 대범하고 활발하다.

⑥ 관형사
- 갖은 : 고루 다 갖춘, 가지가지의
- 고얀 : 고약한
- 대모한 : 대체의 줄거리가 되는 중요한
- 맨 : 제일의, 오직 그것 한 가지뿐인

- 몇 : 확실하지 않은 수를 나타내는 말
- 모든 : 여러 가지의, 전부의
- 몹쓸 : 못되고 고약한
- 뭇 : 수적으로 여럿임을 나타내는 말
- 바로 : 어김없는
- 새 : 이제 막 나온, 새로운
- 애먼 : 엉뚱한, 애매한
- 여느 : 예사로운
- 여러 : 많은 수의
- 옛 : 지나간 때의, 옛날의
- 오랜 : 오래 된
- 온 : 모두의, 전부의
- 온갖 : 여러 가지의
- 웬 : 어찌 된

⑦ 불이 타는 모양을 나타내는 부사
- 꼬다케 : 불길이 세지도 않고 꺼지지도 않은 채로 붙어 있는 모양
- 뭉근히 : 불이 느긋이 타거나 불기운이 세지 않게
- 야울야울 : 불이 살살 순하게 타는 모양, 여울여울
- 우럭우럭 : 불기운이 세차게 일어나는 모양
- 웅신히 : 불이 세지 않게
- 이글이글 : 불꽃이 벌겋게 타오르는 모양
- 호르르 : 종이 같은 것이 가볍게 타오르는 모양
- 홀홀 : 불이 조금씩 타오르는 모양
- 확 : 불길이 갑자기 일어나는 모양
- 활활 : 불길이 세차게 타오르는 모양

⑧ 생각, 기억에 관련된 부사
- 고상고상 : 잠이 오지 않아 누워서 갖은 생각을 하며 애태우는 모양

- 골똘히 : 한 생각에 파묻혀 다른 생각이 없이
- 곰곰이 : 여러 모로 깊이 생각하는 모양. 곰곰
- 맥맥히 : 생각이 떠오르지 않아 답답하게
- 멀거니 : 정신이 나간 사람처럼 멍청하게
- 문득 : 생각이 갑자기 떠오르는 모양. 문뜩
- 불현 듯이 : 갑자기 생각이 치밀어 걷잡을 수 없게
- 상막히 : 기억이 분명하지 않고 아리송히
- 아련히 : 생각이나 기억이 희미하게
- 아리송히 : 분간하기 어렵게
- 알쏭달쏭 : 생각이 뒤섞여 분간이 안 되는 모양. 알쏭알쏭
- 어렴풋이 : 기억에 잘 떠오르지 않아 희미하게
- 어령칙이 : 기억이 또렷하지 않게
- 어슴푸레 : 기억이 또렷하지 않아 몹시 흐리마리하게
- 오락가락 : 생각이 날 듯 말 듯한 모양
- 오련히 : 기억이 또렷하지 아니하게
- 옹송망송히 : 정신이 흐릿하여 무슨 생각이 나다말다 하게. 옹송옹송히
- 피뜩 : 어떤 생각이 떠오르거나 떠올랐다가 곧 사라지는 모양
- 흐리마리 : 생각이나 기억이 분명하지 않은 모양
- 흐리멍덩히 : 기억이 뚜렷하지 아니하게

⑨ 일하는 태도를 나타내는 부사
- 건들건들 : 빈둥거리는 모양
- 곰바지런히 : 꼼꼼하고 바지런하게
- 공변되이 : 치우침이 없이 공평하게
- 깔끔히 : 매끈하고 깨끗하게
- 꾸준히 : 한결같이 끈기 있게
- 끌끔히 : 깨끗하고 미끈하게
- 모짝모짝 : 한쪽에서부터 차례로 모조리 뽑는 모양

- 바지런히 : 부지런히
- 베슥베슥 : 탐탁하게 여기지 않고 베도는 모양
- 베슬베슬 : ＝베슥베슥
- 부지런히 : 열성을 가지고 꾸준히
- 불쩍불쩍 : 빨래 따위를 시원스럽게 비벼 빠는 모양
- 빈둥빈둥 : 하는 일 없이 게으름만 피우는 모양
- 빈들빈들 : 뻔뻔스럽고 얄밉게 게으름만 피우는 모양
- 쓰렁쓰렁 : 일을 정성껏 하지 않는 모양
- 어름어름 : 일을 건성으로 하며 눈을 속이는 모양
- 어설피 : 짜임새가 없고 허술하게
- 엉성히 : 꼭 째지 않아 어울리는 맛이 없게
- 지망지망 : 조심성이 없고 가볍게 나부대는 모양
- 트릿이 : 맺고 끊는 데가 없이 희미하게
- 파니 : 하는 일 없이 뱐둥거리며 노는 모양
- 핀둥핀둥 : '빈둥빈둥' 보다 더 보기에 얄밉고 게으름만 피우는 모양
- 핀들핀들 : 보기에 얄밉도록 뻔뻔하게 게으름만 피우는 모양
- 허술히 : 엉성하고 빈틈이 있게
- 허적허적 : 일을 하기 싫어서 자꾸 헤치기만 하는 모양
- 헤실바실 : 시원찮게 일하는 모양
- 휘뚜루마뚜루 : 닥치는 대로 마구 해치우는 모양
- 흐지부지 : 일을 분명히 맺지 않고 어름어름 넘기는 모양
- 흑죽학죽 : ＝흐지부지

⑩ 기타 부사

- 고대 : 지금 막, 바로
- 느루 : 1 대번에 몰아치지 않고 오래 2 느슨하게
- 다직해야 : 기껏해야, 겨우, 고작
- 단김에 : 단결에, 열기가 아직 식지 않았을 때에

- 더러 : **1** 얼마만큼, 얼마간 **2** 이따금
- 도파니 : 죄다, 몰아서 통틀어
- 되게 : 호되게, 되우, 된통
- 되우 : 아주 심하게, 몹시, 되게, 된통
- 된통 : 되우, 되게
- 마저 : 모조리, 죄다
- 말끔 : 조금도 남김없이, 죄다
- 말짱 : **1** 터무니없이 **2** 조금도 남김없이 죄다, 말끔
- 모개로 : 한데 몰아서 있는 대로 모두, 모짝
- 모조리 : 하나도 빠짐없이 죄다
- 모짝 : 있는 대로 한꺼번에 몰아서, 모개로
- 무장 : 갈수록 더
- 무트로 : 한목에 많이
- 사뭇 : **1** 사무칠 정도로 매우 **2** 아주 딴판으로 **3** 계속하여 줄곧
- 시나브로 : 모르는 사이에 조금씩
- 시난고난 : 병이 오래 끌면서 악화되는 모양
- 쏠쏠히 : **1** 쓸 만하고 어지간하게 **2** (이문이) 꽤 어지간히
- 애면글면 : 힘든 일을 하느라고 몹시 애를 쓰는 모양
- 애오라지 : **1** 오로지, 한갓 **2** 좀 부족하나마, 겨우
- 여북 : 오죽, 얼마나, 작히나
- 자못 : 생각보다 훨씬, 꽤, 퍽
- 작히나 : 여북이나, 오죽이나
- 지지리 : 매우 심하게
- 짐짓 : 속마음은 그렇지 않으면서 일부러
- 하물며 : 더군다나
- 한갓 : 그것만으로, 다만

연습 문제

정답은 www.barunmal.com 의 "글세상"에 있습니다.

01 펌프로 물을 퍼 올릴 때에, 물을 끌어올리기 위해서 먼저 펌프에 붓는 물을 무슨 물이라고 할까?

02 다음 예문은 반야월이 작사하고 방태원이 부른 가요 '인생은 나그네'의 노랫말이다. 여기에 잘못 쓰인 낱말이 하나 있는데 그것을 찾아내어 바로잡으라.

> 웃고 오는 인생이냐 울고 가는 나그네냐
> 대장군 마루턱에 고향집이 그립구나
> 짓궂은 운명 속에 떠다니는 나그네 몸
> 돌뿌리 사나운데 눈물 속에 길은 멀다

03 다음은 동요 작가인 윤극영 님의 동요 '설날'의 노랫말이다. 여기에 잘못 쓰인 낱말이 하나 있는데 이를 찾아 바로잡으라.

> 까치 까치 설날은 어저께고요
> 우리 우리 설날은 오늘이래요
> 곱고 고운 댕기도 내가 들이고
> 새로 사온 신발도 내가 신어요

04 다음 예문은 우리나라의 대표적인 민요 가운데 하나인 강원도 '정선 아리랑'의 멋진 노랫말이다. 밑줄 친 부분의 뜻을 정확하게 말하라.

> 강원도 금강산 일만 이천 봉 팔만 구 암자
> 유점사 법당 뒤 칠성단 도두 묻고
> 팔자에 없는 아들딸 낳아 달라고
> 백일 정성 석 달 열흘 기도 노구메 정성을 말고
> 타관 객리 외로운 사람 괄시를 마라

05 괄호 안에 들어갈 수 있는 말로서 맞지 <u>않은</u> 것은?

(1) 이 서류 결재를 (맡아, 받아, 맞아, 보아) 오너라.

(2) 우리 편이 그들에게 (이겼다, 승리했다, 졌다).

(3) 그들은 우리와 여러 면에서 (같아, 틀려, 달라, 닮았어).

(4) 들어오면서 문을 (사로잠가라, 지쳐 두어라, 닫혀라).

(5) 너는 사람들에게 (잊어진, 잊혀진, 잊힌) 지 오래다.

06 다음 짝으로 제시한 낱말은 대응하는 뜻이나 쓰임새가 있는 낱말이다. 어떤 경우에 쓰이는지 설명하라. 구체적인 쓰임새가 괄호 속에 제시되어 있으므로 이를 참고하여 설명하라.

(1) 여울/돌 (살<u>여울</u>, 울<u>돌</u>목)

(2) 여/섬 (잠길<u>여</u>, 돌<u>섬</u>)

(3) 등/톱 (풀<u>등</u>, 모래<u>톱</u>)

(4) 짐/임 (등<u>짐</u>장수, <u>임</u>장수)

(5) 옷/고의 (핫<u>옷</u>, <u>고의</u>적삼)

(6) 갑절/곱절 (<u>갑절</u>의 이익, 세 <u>곱절</u>)

(7) 꼬리/꽁지 (긴 <u>꼬리</u>, <u>꽁지</u>깃)

(8) 엉덩이/궁둥이 (탄탄한 <u>엉덩이</u>, 처진 <u>궁둥이</u>)

(9) 입/부리/주둥이 (맨<u>입</u>/잉꼬 <u>부리</u>/돼지<u>주둥이</u>)

(10) 떨다/털다 (재<u>떨이</u>/빈집<u>털이</u>)

연습 문제

07 다음 문장의 괄호 안에 있는 낱말 가운데 맞는 것을 고르라.

(1) 여자 친구에게 옷을 (마추어, 맞추어) 주었더니 나에게 입을 (마추었다, 맞추었다).

(2) 이제 그들의 마수가 우리 마을까지 (뻐치었으니, 뻗치었으니) 다리를 (뻐치고, 뻗치고) 자기는 틀렸다.

(3) 지난여름엔 무척 (덥더니, 덥드니) 겨울이 매우 춥구나.

(4) 네 말에 내가 얼마나 (놀랐든지, 놀랐던지) 몰라.

(5) 그 사람 참 (잘생겼던데, 잘생겼든데).

(6) 글쎄, 배(든, 던) 사과(든, 던) 아무 거나 가져(갈게, 갈께).

(7) 그가 그렇게 말하(더구나, 드구나).

(8) 그 집이 크(던지, 든지) 작(던지, 든지) 생각이 잘 안 난다.

(9) 아무리 추울(지라도, 찌라도) 춥다고 떨지 마라.

(10) 내가 이런 일로 물러설(소냐, 쏘냐)?

(11) 지금쯤 그가 도착했(을걸, 을껄).

(12) 연하장으로 세배를 (가름, 갈음)했다.

(13) 밭에 (거름을, 걸음을) 냈다.

(14) 벌써 몇 사람이 (거쳐, 걷혀) 갔는지 외상값이 거의 (거치지, 걷히지) 않았다.

(15) 사태가 (걷잡을, 겉잡을) 수 없이 확대되었다.

(16) 우리는 열심히 공부(함으로, 하므로) 은혜에 보답하겠다.

(17) 설날에는 민속 (노름, 놀음)이 많이 펼쳐진다.

(18) 고무줄을 길게 (늘여, 늘려, 느려) 양쪽을 매었다.

(19) 옷을 (다리다, 달이다) 말고 약을 (다리러, 달이러) 간다.

(20) 살짝 문을 (닫혔는데, 닫쳤는데, 다쳤는데) 그만 쾅 (닫히고, 닫치고, 다치고) 말았다.

(21) 오는 길에 시장에 (들러서, 들려서) 국수를 사 오너라.

(22) 정답을 (마친, 맞힌, 맞춘) 사람에게 선물을 주겠다.

(23) 자기에게 (알맞는, 알맞은) 운동을 해야 좋다.

(24) 아이가 갑자기 (목거리, 목걸이)를 하여 병원에 갔다.

(25) 소에게 우산을 (바쳐, 받혀, 받쳐) 주려다가 소에게 (바쳤다, 받혔다, 받쳤다).

(26) 고개를 (반드시, 반듯이) 들고 똑똑히 나를 봐라.

(27) 주정꾼이 길을 가다가 전봇대에 (부딪쳤다, 부딪혔다).

(28) 남의 땅을 (부쳐서, 붙여서) 농사를 짓는다.

(29) 이 안건을 회의에 (부치기로, 붙이기로) 했다.

(30) 싸움은 말리고 흥정은 (부치랬다, 붙이랬다).

(31) 잠시 아저씨 댁에 몸을 (부치고, 붙이고) 있다.

(32) 잠시 밥을 (안치고, 앉히고) 나서 이야기하자.

(33) 조금 (있다가, 이따가) 오너라.

(34) 배추를 (저리느라고, 절이느라고) 다리가 (저린, 절인) 줄도 몰랐다.

(35) 생선을 (조리느라고, 졸이느라고) 마음을 (조렸다, 졸였다).

(36) 공부를 (하노라고, 하느라고) 하였는데 결과가 신통치 않다.

(37) 공부를 (하러, 하려) 미국에 갔다.

(38) 어찌 (친구로서, 친구로써) 그런 생각을 할 수 있니?

(39) 그는 (믿으므로, 믿음으로) 산 보람을 느낀다.

(40) 물건을 죽 (벌여, 벌려) 놓고 가랑이를 (벌이고, 벌리고) 앉아 있다.

연습 문제

08 다음 묻는 말에 대답하시오.

(1) 아래 낱말 가운데에서 저고리에 붙는 것의 이름이 <u>아닌</u> 것은?
　　① 고름　　　　　② 고대　　　　　③ 동정　　　　　④ 말기

(2) 음식을 본격적으로 먹기 전에 입맛을 내려고 음식을 조금 먹는 것을 가리키는 낱말이 <u>아닌</u> 것은?
　　① 입가심　　　　② 초다짐　　　　③ 입씻이　　　　④ 볼가심

(3) 식사를 제공하고 날삯으로 일을 해 주는 일꾼을 가리키는 낱말은?
　　① 드난　　　　　② 놉　　　　　　③ 머슴　　　　　④ 짐방

(4) 이런저런 자질구레한 일에 드는 소소한 비용을 나타내는 낱말은?
　　① 손씻이　　　　② 비발　　　　　③ 옴니암니　　　④ 왁댓값

(5) 주인의 세력을 믿고 오만하고 고약하게 구는 하인을 가리키는 낱말은?
　　① 볼모　　　　　② 들때밑　　　　③ 항것　　　　　④ 테우리

(6) 죽은 딸의 뒤를 이어 사위에게 시집와서 딸이 된 여자를 가리키는 낱말은?
　　① 움딸　　　　　② 데림딸　　　　③ 푸네기　　　　④ 데림추

(7) 강도가 집에 들어왔을 때에 느낄 수 있는 감정이 <u>아닌</u> 것은?
　　① 바잡다　　　　② 무섭다　　　　③ 두렵다　　　　④ 끌탕하다

(8) 사귈 만한 사람의 성품이라고 할 수 <u>없는</u> 것은?
　　① 어질다　　② 푸접스럽다　　③ 슬겁다　　④ 틀수하다　　⑤ 결곡하다

(9) 상대를 칭찬함을 가리키는 낱말은?
　　① 홀닦다　　② 할경하다　　③ 정가하다　　④ 추다　　　⑤ 쓸까스르다

(10) 물고기의 새끼 이름이 <u>아닌</u> 것은?
　　① 꽝다리　　② 노가리　　③ 고도리　　④ 간자미　　⑤ 피라미

(11) 다음 음식을 만드는 주재료가 <u>아닌</u> 것은?

    ① 국거리　　　　② 곤자소니　　　　③ 도가지　　　　④ 고명

(12) 액체를 넣을 수 있는 그릇에 속하지 <u>않는</u> 것은?

    ① 두루미　　　　② 항아리　　　　③ 방구리　　　　④ 둥구미

(13) 옷의 주름살을 펴는 데 쓰는 연장의 이름이 <u>아닌</u> 것은?

    ① 다듬이　　　　② 인두　　　　③ 다리미　　　　④ 홍두깨

(14) 여자들의 핸드백에서 나올 수 <u>없는</u> 물건은?

    ① 손거울　　　　② 족집게　　　　③ 손톱깎이　　　　④ 똬리

(15) 양복의 해진 곳을 같은 올로 수선하는 일은?

    ① 박음질　　　　② 시침질　　　　③ 짜깁기　　　　④ 누비질

(16) 혼수를 신랑과 신부가 똑같이 부담하는 경우의 혼인은?

    ① 맞혼인　　　　② 구메혼인　　　　③ 덤불혼인　　　　④ 누비혼인

(17) 정상적인 이성 관계로 볼 수 <u>없는</u> 행위는?

    ① 보쟁이다　　　　② 어우러지다　　　　③ 부여안다　　　　④ 감탕질하다

(18) 계약 시에 작성하여 양쪽이 하나씩 갖는 문서는?

    ① 발기　　　　② 다짐장　　　　③ 통문　　　　④ 맞발기

(19) 곧이곧대로 듣지 않고 분별하여 듣는 행위는?

    ① 새기다　　　　② 풀다　　　　③ 받다　　　　④ 옮기다

(20) 자손에게서 받는 도움이나 덕(德)을 가리키는 말은?

    ① 뉘　　　　② 돈　　　　③ 성금　　　　④ 보람

(21) 물과 불처럼 서로 상극임을 나타내는 말은?

    ① 모르쇠　　　　② 비각　　　　③ 빌미　　　　④ 언턱거리

연습 문제

(22) 남몰래 자기들끼리만 짜고 하는 약속을 가리키는 말은?
　　① 한통속　　　② 짬짜미　　　③ 켯속　　　④ 통속

(23) 마음에 차지 않음을 나타내는 말이 <u>아닌</u> 것은?
　　① 맞갖잖다　　② 못마땅하다　　③ 시쁘다　　④ 쏠쏠하다

(24) 정도가 넘거나 처져서 어느 쪽에도 맞지 <u>않음</u>을 나타내는 말은?
　　① 오죽잖다　　② 지질하다　　③ 어지빠르다　　④ 하찮다

(25) 무엇을 할 만한 능력이 충분함을 나타내는 말은?
　　① 뛰어나다　　② 능준하다　　③ 대견하다　　④ 도뜨다

(26) 어울리거나 적절함을 나타내는 말이 <u>아닌</u> 것은?
　　① 걸맞다　　　② 마뜩하다　　③ 알맞다　　④ 얼맞다

(27) 생김새나 마음씨가 빈틈이 없이 야무짐을 나타내는 말은?
　　① 모질다　　　② 씩씩하다　　③ 결곡하다　　④ 대단하다

(28) 정당한 이유 없이 분하게 당했을 때에 쓸 수 있는 말은?
　　① 애매하다　　② 속절없다　　③ 터무니없다　　④ 얼토당토않다

(29) 대수롭지 않음을 나타내는 말은?
　　① 함부로　　　② 억지로　　　③ 무턱대고　　④ 허투루

(30) 폭이 좁음을 나타내는 말은?
　　① 솔다　　　　② 얇다　　　　③ 잘다　　　④ 얕다

(31) 평면에서 기운 정도를 나타내는 말이 <u>아닌</u> 것은?
　　① 물매　　　　② 경사도　　　③ 기울기　　④ 비탈

(32) 생선 큰 것과 작은 것을 아울러서 세는 단위 이름은?
　　① 쾌　　　　　② 뭇　　　　　③ 접　　　　④ 손

(33) 베의 날을 세는 단위는?

① 새   ② 두름   ③ 말   ④ 다발

(34) 양념이나 나물을 손가락으로 집을 정도의 양을 가리키는 말은?

① 죽   ② 채   ③ 술   ④ 자밤

(35) 오이가 덩굴을 뻗을 수 있도록 꽂아 두는 막대기를 가리키는 말은?

① 섶   ② 대   ③ 줄   ④ 끈

(36) 있는 것을 모두 몰아서 말할 때 쓰는 말이 아닌 것은?

① 죄다   ② 모짝   ③ 무트로   ④ 드뿍

(37) '활개를 펴고 걷는다.' 에서 활개에 해당하지 않는 부분은?

① 팔   ② 다리   ③ 가슴   ④ 무릎

(38) 얼굴에서 볼 수 있는 것은?

① 신관   ② 자개미   ③ 티눈   ④ 자라눈

(39) '복장이 터진다.' 는 어디가 터진다는 말인가?

① 가슴   ② 배   ③ 옆구리   ④ 창자

(40) 임신이나 질병 따위로 얼굴에 끼는 검은 흠은?

① 주근깨   ② 검버섯   ③ 기미   ④ 버짐

(41) 근육이 뭉친 덩어리를 가리키는 말은?

① 자가품   ② 여드름   ③ 응어리   ④ 멍울

(42) 마른 살갗이 몹시 가려운 병은?

① 옻   ② 용천   ③ 다래끼   ④ 옴

(43) 몸이 아프거나 약한 상태를 나타내는 말이 아닌 것은?

① 시난고난   ② 우럭우럭   ③ 소말소말   ④ 시름시름

(44) 두 땅의 경계를 나타내는 표는?

    ① 살피   ② 발치   ③ 언저리   ④ 터전

(45) 땅바닥의 상태를 나타내는 말이 <u>아닌</u> 것은?

    ① 언틀먼틀   ② 울퉁불퉁   ③ 질커덕질커덕   ④ 논틀밭틀

(46) 판소리에서 사용되는 낱말이 <u>아닌</u> 것은?

    ① 추임새   ② 발림   ③ 더늠   ④ 굿거리

(47) 매사냥에 쓰이지 <u>않는</u> 매는?

    ① 보라매   ② 육지니   ③ 산지니   ④ 수지니

(48) 낮은 곳에서 물을 퍼 올리는 데 쓰이는 농기구는?

    ① 가래   ② 두레   ③ 써레   ④ 쟁기

(49) 밤이 새도록 술을 파는 집은?

    ① 선술집   ② 대폿집   ③ 주막   ④ 날밤집

(50) '남의 염장을 지른다.'에서 '염장'은 어디를 가리키나?

    ① 심장   ② 콩팥   ③ 위장   ④ 부아

01 본문(83~87쪽)에 동음이의어로 제시된 낱말 가운데에서 10개씩 선택하여 그 뜻과 쓰임새를 조사하고 설명하라.

02 토박이말 가운데에서 많은 낱말들이 현재 언어생활에서 거의 쓰이지 않고 있다(도랑, 고샅, 거레, 옹천, 모도리 등). 이 현상이 어떤 의미가 있는지 그리고 이 현상이 일어난 이유와 대책을 토론하라.

낱말이 사회에서 시민과 같은 존재라면 접사는 사회의 시민을 돕고 이끄는 심부름꾼
이다. 그런데 심부름꾼이기는 심부름꾼이지만 낱말의 운명을 좌우하는 막강한 힘을
가진 심부름꾼이다.
왜냐하면 접사로 인해서 낱말의 속성이 완전히 달라지기도 하고, 품사가 변하기도 하
며, 의미가 달라지기도 하기 때문이다.

04 접사

1. 접사 형태소

형태소 가운데에서 낱말의 의미 형성에만 참여할 뿐 자신의 의미나 기능이 없는 형태소가 있다. 즉 실질 형태소에 붙어서 그 형태소의 의미를 제한하거나 변화시키거나 보충해 주는 기능을 하는 형태소가 있는데, 이를 접사(接辭)라고 한다. 접사가 붙게 되는 실질 형태소를 우리는 어근(語根)이라고 하는데, 이 어근에 붙는 말이라고 해서 접사라는 이름을 붙였다. 접사에는 어근 앞에 붙는 접두사가 있고, 뒤에 붙는 접미사가 있다. 이 두 가지를 간단히 설명하면 아래와 같다.

(1) 접두사

어근(접두사는 보통 낱말 앞에 붙지만 때로는 낱말이 아닌 실질 형태소 앞에 붙기도 한다. 접사가 붙는 낱말과 실질 형태소를 아울러 어근이라고 부른다.) 앞에 붙어서 어근에 있는 본래의 의미를 제한하는 기능을 하는 형태소를 접두사(接頭辭)라고 한다. 접두사는 언제나 어근에 있는 의미를 어느 특정한 부분으로 제한하게 된다. 그래서 접두사가 붙은 단어와 붙지 않은 단어 사이에는 의미의 범위가 상당히 차이가 있게 된다.

생각 : 헤아리거나 바라거나 느낌을 통해서 인식하는 정신 작용
데－생각 : 깊이가 없이 어설프게 하는 생각

위의 예에서 보듯이 '생각'이라고 하면 우리의 의식 작용으로 일어나는 각종 헤아림, 바람, 인식 등을 가리키지만, 그 낱말 앞에 접두사 '데－'가 붙으니 그런 많은 건설적이고 희망적인 생각보다 가장 신통치 않은 생각을 가리키게 되었다. 접두사는 마치 낱말에 관(冠)을 씌우는 것처럼 보이므로 어쩌면 그 낱말에게 영광을 주는 것이 될 터인데, 오히려 이렇게 그 낱말의 가장 못난 점이 드러나게 만들고 말았다.

과일 : 나무에 맺히는, 사람이 먹을 수 있는 열매
햇－과일 : 그 해에 처음 난 과일

위의 예는 접두사가 붙어서 '과일'을 더 먹음직하고 귀하게 보이도록 한 경우이다. 과일은 그 철에 먹어야 싱싱하여 사람에게 유익한데, 이 점에서 묵은 과일은 맛이나 싱싱함이 햇과일과 비교할 수 없다. 그래서 사람들은 누구나 햇과일을 좋아한다. 그러니 '과일' 앞에 붙은 접두사 '햇-'은 과일에게 영광을 가져다주는 면류관 노릇을 하고 있다.

아비 : 혼인하여 아이가 있는 남자
핫-아비 : 아내와 함께 살고 있는 남자
홀-아비 : 아내와 사별했거나 이혼하여 혼자 사는 남자

'아비'는 고어로, '아버지'를 뜻하는 말인데 요즘은 '아버지'의 낮춤말로 사용되고 있다. 어쨌든 '아비'는 혼인하여 아이가 생긴 남자를 가리키는 말이다. 그런데 이 낱말 앞에 접두사 '핫-'이나 '홀-'이 붙게 되면 이 남자의 지금 상태를 알 수 있게 된다. 아내가 죽었는지 살아서 함께 살고 있는지를 알 수 있게 되는 것이다. 아내와 함께 살고 있으면 '핫아비'이고, 아내와 사별했거나 이혼해서 혼자 살고 있으면 '홀아비'가 된다. 이렇게 보면 어떤 낱말에 붙는 접두사는 그 낱말의 속성을 확실하게 밝혀 주는 기능을 하는 것을 알 수 있다.

고양이 : 털빛과 눈빛, 몸놀림 등이 호랑이와 비슷하나 몸집이 호랑이에 비해서 매우 작은 동물
암-고양이 : 새끼를 낳을 수 있는 고양이. 고양이의 암컷
수-고양이 : 암고양이와 짝짓기를 하여 새끼를 낳게 해 주는 고양이. 고양이의 수컷

고양이라는 동물 가운데에서 새끼를 낳을 수 있는 것과 그럴 수 없는 것, 곧 암수를 결정짓는 것이 접두사임을 알 수 있다. 이 접두사는 뒤에 오는 어근의 성질을 완전히 뒤바꿔 놓을 수 있는 강력하고 광범위한 능력이 있는 것도 있음을 알 수 있다.

이처럼 모든 접두사는 어근 앞에서 그 어근의 뜻을 제한하는 기능을 하는데, 제한하되 그 어근의 좋지 않은 점만 드러나게 하는 접두사가 있는가 하면 그 어근의 좋은 점만 드러나게 하는 접두사가 있고, 어떤 접두사는 그 어근의 속성을 드러내서 사람들로 하여금 쉽게 그 어근의 의미를 변별할 수 있도록 해 주기도 하고, 어떤 접두사는 뒤에 오는 어근의 성격을 완전히 뒤바꿔 놓는 탁월한 능력을 발휘하기도 한다.

(2) 접두사와 관형사

흔히 사람들은 어근 앞에 오는 접두사와 명사 앞에 오는 관형사를 혼동하여 어려움을 겪는다. 그러한 어려움은 일반인에게만 한정된 것이 아니고 국어를 전문으로 연구하는 사람들에게도 일어나며, 나처럼 국어를 가르치는 사람도 그런 혼동 때문에 순간적으로 곤혹스러울 때가 있다. 이를 극복하기 위해서 접사와 혼동할 우려가 있는 몇몇 용어에 대해서 검토해 보자.

이 둘은 어근(또는 낱말)의 앞에 온다는 공통점이 있지만, 서로 같을 수 없는 두 가지 근본적인 차이가 있다. 첫째는 접두사는 의존 형태소이면서 형식 형태소이고, 관형사는 자립 형태소이면서 실질 형태소이다. 둘째는 접두사는 한정된 낱말 앞에 오지만 관형사는 그런 제한이 없다.

① 접두사와 관형사의 성격 비교 : 접두사는 의존 형태소이고 동시에 형식 형태소이다. 이에 비해 관형사는 자립 형태소이고, 실질 형태소이다. 아래 두 개념을 비교해 보자.

> ㉮ 새 – 빨갛다, 새 – 까맣다, 새 – 하얗다, 샛 – 노랗다
> ㉯ 새 사람, 새 노래, 새 직책, 새 마을, 새 힘, 새 책

예 ㉮에 쓰인 접두사 '새 –'나 '샛 –'은 뒤에 '빨갛다, 까맣다, 하얗다, 노랗다'와 분리하여서는 사용될 수 없고(비자립성), 분리하는 순간 아무런 뜻도 없어진다(무의미성). 다시 말하면 '새 –'나 '샛 –'은 홀로 쓰일 수 없을 뿐만 아니라 그 속에 고유한 의미가 들어 있지 않다. 이에 비해서 예 ㉯에 쓰인 '새'는 뒤에 어떤 명사가 오더라도 자신이 가지고 있는 의미로 그 명사를 꾸미거나 제한하는 구실을 한다. 어떤 사물이 막 만들어졌거나 막 나타났다면 그것을 '새'라는 관형사로 꾸밀 수 있는 것이다. 따라서 ㉯의 '새'는 의미를 가지고 독립적으로 쓰이는 낱말인 것이다.

이처럼 접두사는 자립성이 없고 고유의 의미가 없는 형태소로서 특정한 어근과 결합할 때에만 특별한 기능을 하게 되는 형태소이고, 관형사는 언제나 자신의 고유한 의미를 가지고 자립적으로 낱말을 꾸미는 기능을 하는 형태소라는 점이 다르다.

아래 문장에서 어느 것이 접두사이고 어느 것이 관형사인지 검토해 보자. 문제를 만들기 위해서 일부러 해당 부분(밑줄 친 곳)을 띄어 쓰지 않았으므로 접두사인 곳과 관형사인 곳을 구별하여 필요하면 띄어쓰기를 하여야 한다.

> <u>새부임지</u>인 <u>이학교</u>는 <u>큰운동장</u>이 있었고, 학생들도 <u>새신랑</u> 같은 <u>새선 생</u>이 왔다고 반가워했지만 <u>그가운데</u>에는 <u>어쩐일</u>인지 <u>짓궂게</u> <u>쓴웃음</u>을 짓는 <u>빗나간</u> 아이들도 있었다. 그러나 학부모 가운데 <u>알부자</u>가 많아서 그런지 <u>전학교</u>보다 대체로 여유가 있어 보였다. 그래서인지 여기는 나 에게 <u>딴세상</u>처럼 느껴졌다.

위의 문장에서 관형사는 '새부임지, 이학교, 큰운동장, 새신랑, 새선생, 그가운데, 어쩐일, 쓴웃음, 전학교, 딴세상'에 사용된 '새, 이, 큰, 그, 어쩐, 쓴, 전, 딴' 등이다(이 가운데에서 '큰, 쓴'은 형용사 '크다, 쓰다'가 관형사처럼 쓰인 것으로서 형용사의 관형사형이지만 여기서는 편의상 관형사로 다룬다). 따라서 이들은 당연히 '새 부임지, 이 학교, 큰 운동장, 새 선생, 그 가운데, 어쩐 일, 쓴 웃음, 전 학교, 딴 세상'처럼 띄어 써야 한다. 다만, '새신랑'의 경우는 합성어로 인정하므로 한 낱말로 보고 붙여 쓴다. 그 밖에 '짓궂게, 빗나간, 알부자'에 사용된 '짓, 빗, 알'은 모두 접두사이다. 따라서 띄어 쓰면 안 된다. 위 문장을 정확하게 다시 옮겨 쓰면 아래와 같이 된다.

> <u>새 부임지</u>인 <u>이 학교</u>는 <u>큰 운동장</u>이 있었고, 학생들도 <u>새신랑</u> 같은 <u>새 선 생</u>이 왔다고 반가워했지만 <u>그 가운데</u>에는 <u>어쩐 일</u>인지 <u>짓궂게</u> <u>쓴 웃음</u>을 짓는 <u>빗나간</u> 아이들도 있었다. 그러나 학부모 가운데 <u>알부자</u>가 많아서 그런지 <u>전 학교</u>보다 대체로 여유가 있어 보였다. 그래서인지 여기는 나 에게 <u>딴 세상</u>처럼 느껴졌다.

② **영향력을 미치는 낱말의 범위 비교** : 이미 말한 바와 같이 접두사는 특정한 어근에만 영향을 미치지만, 관형사는 명사나 대명사에 두루 영향을 미친다. 앞의 예문에 나타난 접두사 '짓-, 빗-, 알-'의 예를 들면, '짓-'은 '개 다, 궂다, 누르다, 두들기다, 마다, 먹다, 무찌르다, 밟다, 씹다, 이기다, 찧 다, 쳐들어오다, 치다' 같은 일부 동사에만 영향력을 미칠 뿐 다른 동사에는 붙을 수 없다.

'빗-'은 '가다, 나가다, 들다, 디디다, 뚫다, 뜨다, 맞다, 먹다, 물다, 보다, 빠지다, 서다' 같은 일부 동사에만 영향력을 미칠 뿐 다른 동사에는 붙을 수 없다.

'알-'은 '개미, 거지, 건달, 궁둥이, 깍쟁이, 나리, 돈, 몸, 바가지, 바늘, 밤, 방구리, 부자, 종아리' 같은 몇몇 명사 앞에서만 영향력을 행사할 뿐 다른 명사에는 붙지 못한다. 그러나 관형사는 그의 본래 사명인 체언(명사, 대명사, 수사를 아울러 이렇게 부른다.)을 수식하기 위하여 어떤 낱말 앞에서도 영향력을 발휘할 수 있다.

'새'는 '옷, 길, 장소, 마음, 느낌, 건물' 등 거의 모든 명사 앞에서 '처음'의 뜻을 가지고 영향력을 발휘할 수 있다.

'이'와 '그'도 '옷, 길, 장소, 마음, 느낌, 건물' 등 거의 모든 명사 앞에서 '가까운 데에 있거나 이미 알고 있는 것임'의 뜻으로 영향력을 발휘할 수 있다.

'전(前)'은 '대통령, 학교, 행사, 담임, 지위, 사건'처럼 시간적으로 이미 있었고 지금은 없는 것을 나타낼 수 있는 모든 낱말에 붙어서 영향력을 발휘한다.

③ 접두사와 관형사(또는 명사)의 형태가 같은 것 : 접두사와 관형사(또는 명사)의 형태가 같으면 띄어쓰기에서 혼란을 겪을 우려가 많다. 왜냐하면 접두사는 뒤의 어근에 붙여 써야 하지만 관형사(또는 명사)는 뒤의 낱말과 띄어 써야 하기 때문이다. 대표적인 형태가 '한'과 '참'이다.

㉮ '한' : '한'은 수를 나타내는 관형사로 쓰일 수 있고, '큰, 정확한, 한창인, 같은, 시험 삼아, 언젠가의 시기나 기간'의 뜻을 나타내는 접두사로 쓰일 수 있다. '사과 한 개'의 '한'은 수를 나타내는 관형사이고, '한동안'의 '한'은 '어느 정도의 기간'을 나타내기 위해 쓰인 접두사이다. 따라서 전자는 띄어 쓰고 후자는 붙여 쓴다. '한'이 접두사로 쓰인 경우를 아래에 예시하여 놓는다.

한가득, 한가락, 한가운데, 한가을, 한가지(=매한가지), 한걱정, 한겨울, 한고비, 한곳, 한공중, 한구석, 한군데, 한근심, 한나절, 한날, 한날한시, 한

낮, 한눈, 한달음, 한대중, 한더위, 한데, 한돌림, 한동갑, 한동기, 한동네, 한동아리, 한동안, 한때, 한뜻, 한마디, 한마을, 한마음, 한목소리, 한목숨, 한밑천, 한바탕, 한발, 한밤, 한밤중, 한배, 한번, 한복판, 한봄, 한사람, 한세상, 한소리, 한속, 한순간, 한술, 한숨, 한시, 한시름, 한여름, 한옆, 한입, 한자리, 한잔, 한잠, 한주먹, 한줄기, 한중간, 한집, 한집안, 한쪽, 한차례, 한참, 한철, 한추위, 한층, 한칼, 한통속, 한턱, 한판, 한패, 한패거리, 한편, 한평생

ⓓ '참' : '참'이 사실 또는 진실을 추구하는 것임을 나타낼 때에는 명사로 본다(참 군인, 참 스승, 참 지도자). 그러나 '진짜' 또는 '진실하고 올바른', '품질이 우수한'의 뜻으로 쓰일 때에는 접두사로 본다. 참을 붙여서 파생어를 이룬 낱말을 보면 아래와 같다(동식물 이름은 생략한다).

참기름, 참깨, 참나무, 참뜻, 참마음, 참말, 참먹, 참바, 참배, 참빗, 참사랑, 참살, 참새, 참숯, 참열매, 참외

이상으로 우리는 접두사와 관형사가 어떤 차이가 있는지 살펴보았다. 접두사는 한정된 낱말이나 어근 앞에 붙어서 그것의 본질을 제약하거나 바꾸는 능력을 발휘하는 데 비해서 관형사는 대체로 모든 명사와 대명사 앞에서 그것의 본질을 훼손하지 않고 낱말의 외연을 제한하는 정도의 한정된 영향력을 발휘한다.

(3) 접미사

어근 뒤에 붙어서 어근의 뜻을 보충하거나 어근의 품사를 바꾸는 기능을 하는 형태소를 접미사(接尾辭)라 한다. 접미사가 자신의 존재를 드러내려면 최소한 어근에 있는 뜻을 어느 정도 바꿔 주는 일을 해야 한다. 그런데 어떤 접미사는 더 나아가 어근의 품사를 바꾸기도 한다. 접미사가 어근의 품사를 바꾼다는 것은 마치 종이 주인의 성을 바꾸는 것과 같이 놀라운 일이다. 국어의 접미사는 이런 대단한 기능을 수행한다. 물론 접미사의 이런 기능은 국어 낱말에서만 일어나는 것이 아니고 다른 언어에서도 일상적으로 일어나는 일이기는 하다. 그러나 어근에 붙는 형식 형태소인 접미사가 어근의 품사를 바꾸는 기능을 하는 것은 우리가 눈여겨보아야 할 대목이라 아니할 수 없다.

① 어근을 명사로 바꾸는 접미사 : **- ㅁ, - 음**

기쁘다/기쁨, 웃다/웃음

② 어근을 동사나 형용사로 바꾸는 접미사 : **- 하다**

사랑/사랑하다, 용감/용감하다

③ 어근을 형용사로 바꾸는 접미사 : **- 답다**

사내/사내답다, 참/참답다

④ 명사를 부사로 바꾸는 접미사 : **- 껏**

마음/마음껏, 힘/힘껏

⑤ 명사의 뜻을 보태는 접미사 : **- 치**

날림/날림치, 그믐/그믐치

⑥ 어근을 동사로 만드는 접미사 : **- 거리다, - 대다**

거들먹/거들먹거리다, 거들먹/거들먹대다

이렇게 보면 접미사는 본래 어근에 있는 의미를 손상하지 않고 그것을 다른 방향에서 보충하는 능력이 있음을 알 수 있다. 따라서 접미사와 접두사의 영향력의 크기에는 커다란 차이가 있다. 접두사는 어근을 다스리듯이 그 의미나 속성 자체를 바꾸지만 접미사는 어근의 의미는 그대로 두고 그것을 다른 방향으로 발전시키거나 보충해 준다. 즉 접두사는 어근의 의미를 바꾸고 뒤집어엎는 기능을 한다면, 접미사는 어근의 의미를 일정한 방향에서 구체화하는 기능을 하는 것이다.

이처럼 접사는 어근을 변화시키고 발전시키며 새로운 영역으로 확장해 나가도록 촉발하는 작용을 한다. 이런 의미에서 어근은 접사를 통해서 자기 영역을 확대해 나간다고 볼 수 있다. 그런데 이런 접사는 어떤 특정한 어근에만 사용한다는 특징이 있다.

접미사의 경우, 어떤 접미사(앞의 ①, ②에 해당하는 접미사)는 성질이 같은 대부분의 어근에 붙을 수도 있지만 어떤 접미사(앞의 ③, ④, ⑤, ⑥에 속하는 접미사)는 자기 입맛에 맞는 어근에만 붙기도 한다. 접미사에 비해서 접두사는 더욱 성질이 까다로워서 자신이 변화시킬 어근을 많아야 몇십 개 정도 가지고 있을 뿐이다. 이는 접사로 자신의 영역을 확대해 갈 수 있는 어근이 제한되어 있음을 의미한다. 따라서 우리는 접두사나 접미사를 더 많이 만들어 내고, 접사를 활용하여 영역을 넓힐 수 있는 어근이 더 많아지도록 해야 한다. 그러려면 먼저 국어에 어떤 접사가 있고, 이들과 어떤 어근이 관계를 맺고 있는지 알아야 한다.

(4) 접미사와 명사

어떤 낱말 뒤에 오는 명사가 명사인지 접미사인지 헷갈리는 때가 있다. 그래서 띄어쓰기할 때 종종 혼란을 겪는다. 이런 혼란은 접두사와 관형사에서 본 혼란과 비슷한 양상을 띤다. 아래 예를 살펴보자.

> ㉮ **그가 나에게 다년간 도움을 주었다.**
> ㉯ **그들이 우리에게 이웃 간의 정을 알게 해 주었다.**

위에서 '다년간(多年間)'의 '간'은 접미사이고, '이웃 간'의 '간'은 명사(의존 명사)이다. 같은 '간'이 왜 하나는 접미사이고, 하나는 명사인지, 그래서 하나는 붙여 쓰고 하나는 띄어 써야 하는지 궁금할 것이다. 원래 '간'은 '사이'를 나타내는 말로 독립적으로 쓰이는 명사이다. 어제와 오늘 사이, 아버지와 아들 사이 등을 나타내는 낱말로 '간'이 쓰여 '어제 오늘 간에 일어난 일', '아버지와 아들 간의 사랑'처럼 쓰인다. 그런데 '간'이 기간을 나타내는 일부 명사 뒤에 오면 '동안'이나 '그 정도'를 나타내게 된다. 즉, '이틀간, 열흘간, 다년간, 얼마간'처럼 특정한 명사 뒤에서 '그 기간 동안'을 나타내는 의미를 추가해 준다. 이처럼 제한적으로 특정한 명사 뒤에서 약간의 의미를 추가해 주는 기능을 하는 것은 접미사이고, 자기의 본래 의미를 가지고 있고 어느 명사 뒤에서도 쓰일 수 있는 것은 명사이다.

> ㉰ **질 : 매질, 뜨개질, 바느질, 강도질, 선생질, 곁눈질, 손가락질**
> ㉱ **짓 : 고갯짓, 궁둥잇짓, 우스갯짓, 손짓, 몸짓, 발짓, 턱짓**

위의 예에 쓰인 '질'은 접미사이고 '짓'은 명사이다. '질'에는 아무 뜻이 없으나 몇몇 명사 뒤에 붙어서 행위를 나타내는 의미를 추가하게 된다. 그래서 '질'은 접미사이다. 이에 비해서 '짓'은 그 자체로 행위를 나타내는 의미가 들어 있으면서 독립적으로 쓰인다. 그래서 이것은 명사에 속한다. 그러면 왜 위에서는

접미사처럼 앞의 명사에 붙여 썼는지 궁금할 것이다. 그 이유는 '짓'이 다른 명사와 합하여 새로운 낱말(합성어)을 이루었기 때문이다.

접미사는 당연히 어근 뒤에 붙어서 낱말의 일부가 되는 것이므로 위의 '질'처럼 어근과 접미사 사이에 아무런 매개체가 없어도 된다. 그러나 명사는 다른 명사와 붙어서 사용하려면 두 명사 사이에 그 둘을 하나의 명사처럼 만들어 주는 매개체가 필요하다. 그 매개체가 바로 '사잇소리'이고 사잇소리임을 표시하는 것이 '사이시옷'이다. 위의 예에서 '짓' 앞에 오는 명사와 '짓' 사이에 덧붙은 'ㅅ'이 바로 사이시옷이고, 이 사이시옷이 붙어 있는 것은 두 명사가 합해서 하나의 새로운 명사(합성어)가 되었음을 의미한다. 다만 사이시옷은 앞의 명사에 받침이 있으면 붙지 않기 때문에 '손짓, 발짓, 턱짓'에는 사이시옷이 붙지 않는다.

(5) 접미사와 조사

접미사와 조사 사이에는 크게 두 가지 차이가 있다. 첫째로 접미사는 특정한 어근에 붙는 데 비해서 조사는 어떤 체언에도 붙을 수 있다는 점이고, 둘째로 접미사는 앞의 어근에 특별한 의미를 부여하거나 의미를 바꾸는 기능을 하지만 조사는 결코 체언의 의미를 손상하거나 의미에 관여하지 않고 자기 임무만 충실히 수행한다는 점이다. 이 두 차이점을 더 부연하여 설명하겠다.

-꾼 : 나무꾼, 일꾼, 이야기꾼, 잔소리꾼, 낚시꾼, 지게꾼, 장난꾼, 싸움꾼, 춤꾼, 살림꾼, 씨름꾼, 사냥꾼, 짐꾼, 구경꾼……

접미사 '-꾼'이 붙을 수 있는 명사에는 위에 든 14개 외에도 이삼십 개 더 있다. 그러나 그 이상의 명사에는 붙을 수 없다. 그리고 '-꾼'은 앞의 명사에 그런 일을 잘하는 사람, 또는 그런 일을 주로 하는 사람의 뜻을 보태어 준다. 따라서 접미사는 한정된 명사 뒤에 붙으면서 그 명사에 새로운 뜻을 보태어 주는 기능을 한다. 이에 반해서 아래에서 보듯이 조사는 그 앞에 둘 수 있는 명사에 제한이 없을 뿐 아니라 명사의 의미도 전혀 바꾸지 않고 제 할 일만 할 뿐이다.

나무만, 일만, 이야기만, 잔소리만, 낚시만, 지게만, 장난만, 싸움만, 춤

만, 살림만, 씨름만, 사냥만, 짐만, 구경만, ……, 우리만, 너만, 하나만, 셋만……

조사 '만' 앞에 모든 명사가 올 수 있으며 대명사나 수사도 올 수 있다. 즉 조사는 어떤 체언도 가리지 않고 그 앞에 오는 것을 허용한다. 그리고 어떤 체언이 오더라도 그것의 의미를 훼손하거나 바꾸거나 그 의미에 어떤 의미를 더하지 않고 그대로 유지하면서 그 낱말이 문장에서 어떤 성분으로 사용되게 할 것인지만 결정해 준다. 다음의 문장을 검토해 보면 조사의 기능이 매우 솔직하고 순수함을 알 수 있을 것이다.

㉮ 이제는 너만 들어와라.
㉯ 우리만 가기로 했다.
㉰ 오직 생각만 하고 있을 뿐이야.
㉱ 이번에 시험만 잘 보면 좋겠다.
㉲ 만날 잔소리만 늘어놓는다.
㉳ 하나만 알고 둘은 모른다.
㉴ 열심히만 해 다오.

이처럼 조사는 절대로 그 앞에 오는 명사, 대명사, 수사 심지어 부사까지도 그 의미를 손상하거나 바꾸지 않고 그대로 고스란히 유지하면서 자신의 임무를 담당하는 '청지기' 이다.

2. 접두사의 종류

그러면 국어에 어떤 접두사가 있으며 그것은 각각 어떤 가치가 있는지 검토해 보자.

(1) **고유한 의미가 있는 것**　낱말에 뿌리를 두어 고유의 의미가 있다.
겉- : 겉짐작, 겉멋, 겉치레, 겉돌다
늦- : 늦여름, 늦더위, 늦보리

단 - : 단팥죽, 단무지, 단술

덧 - : 덧니, 덧신, 덧붙이다

되 - : 되씹다, 되생각하다, 되새기다

들 - : 들개, 들국화, 들장미, 들짐승, 들쥐, 들비둘기

들이 - : 들이닥치다, 들이부수다, 들이밀다, 들이찌르다

막 - : 막벌이, 막일, 막되다, 막살이, 막되다, 막말, 막술

맏 - : 맏사위, 맏아들, 맏며느리

맞 - : 맞상대, 맞고소, 맞벌이, 맞먹다

밭 - : 밭다리, 밭사돈, 밭주인

수 - : 수놈, 수고양이, 수캐

숫 - : 숫양, 숫염소, 숫쥐

실 - : 실핏줄, 실비, 실고추

암 - : 암놈, 암곰, 암캐

올 - : 올콩, 올벼

외 - : 외아들, 외길, 외나무다리, 외상, 외바퀴, 외마디

웃 - : 웃돈, 웃어른, 웃국

짝 - : 짝사랑, 짝신, 짝눈, 짝버선, 짝꿍, 짝힘, 짝패

쪽 - : 쪽김치, 쪽문, 쪽걸상

참 - : 참말, 참뜻, 참기름, 참숯

풋 - : 풋사랑, 풋내기, 풋바심, 풋젓, 풋웃, 풋벼, 풋머슴

한 - : 한마음, 한가운데, 한사리

해 - : 해콩, 햇과일, 햇나물

헛 - : 헛수고, 헛걸음, 헛기운, 헛노릇, 헛소리, 헛기침

홀 - : 홀어미, 홀아비

홑 - : 홑이불, 홑치마

(2) **고유한 의미가 없는 것**　　독립적으로는 의미를 가지지 않으나, 특정 어근 앞에
오게 되면 그 어근에 일정한 의미를 보태준다.

강 - : 강추위, 강주정, 강샘, 강보리밥

개 - : **개떡, 개죽음, 개꿈**

군 - : **군음식, 군소리, 군식구**

날 - : **날고기, 날장작, 날감자, 날음식**

데 - : **데익다, 데알다, 데삶다**

돌 - : **돌미나리, 돌배, 돌능금, 돌상어, 돌고래, 돌감**

둘 - : **둘암소, 둘암탉, 둘암캐, 둘암퇘지, 둘소**

뒤 - : **뒤흔들다, 뒤섞다, 뒤엎다, 뒤덮다, 뒤틀다, 뒤얽다**

드 - : **드날리다, 드세다, 드높다, 드다르다**

들 - : **들쑤시다, 들볶다, 들끓다, 들떠들다, 들부수다**

맨 - : **맨손, 맨입, 맨주먹, 맨바닥, 맨다리, 맨땅, 맨밥**

메 - : **메조, 메떡, 메기장**

몰 - : **몰박다, 몰밀다, 몰표, 몰매**

민 - : **민비녀, 민저고리, 민며느리, 민머리, 민달팽이, 민물**

빗 - : **빗나가다, 빗보다, 빗맞다, 빗서다, 빗금, 빗변**

쇠 - : **쇠기러기, 쇠고래, 쇠돌피**

숫 - : **숫눈길, 숫처녀, 숫음식**

시 - : **시뻘겋다, 시커멓다, 시퍼렇다, 싯누렇다**

알 - : **알밤, 알몸, 알궁둥이, 알거지, 알부자**

엇 - : **엇나가다, 엇매다, 엇눕다, 엇매끼다, 엇비슷하다**

엿 - : **엿보다, 엿듣다, 엿살피다**

짓 - : **짓밟다, 짓이기다, 짓누르다, 짓무찌르다, 짓무르다**

찰 - : **찰밥, 찰가난, 찰깍쟁이, 차조**

처 - : **처먹다, 처박다, 처쟁이다, 처지르다, 처싣다, 처넣다**

치 - : **치사랑, 치받다, 치닫다**

핫 - : **핫아비, 핫어미, 핫바지**

휘 - : **휘두르다, 휘감다, 휘젓다**

위의 접두사를 사용한 낱말을 보면 접두사가 생각보다 효율적인 형태소라는
생각을 할 수 있을 것이다. 즉 낱말의 의미를 어떤 방향으로 변화시키려 할 때에

관형사나 관형어를 사용하여 구구하게 설명하지 않고 접두사 하나를 써서 간단하게 해결할 수 있다는 점을 높이 평가하지 않을 수 없다. 밤새 내린 눈으로 하얗게 덮인 길을 맨 처음 걷는 것은 참으로 즐거운 일이다. 그런데 이런 길을 무엇이라고 하면 좋겠는가? '밤새 내린 눈으로 하얗게 변했으나 아직 누구도 밟지 않은 눈길'이라고 해야 할까? 이때 접두사 '숫-'을 써서 '숫눈길'이라고 하면 바로 해결된다. 이런 경우에 접두사 '숫-'이 얼마나 효율적인지 쉽게 알 수 있다.

3. 접미사의 종류

접미사는 어근의 의미를 더 구체적으로 실현하는 노릇을 하는데 그 방법으로 어떤 것은 어근의 품사를 바꾸기도 하고 어떤 것은 어근에 의미를 추가하기도 한다. 국어에 어떤 접미사가 있는지 알아보자.

(1) 품사 전성 접미사
어근의 품사를 바꾸는 기능을 하는 접미사이다.

① 명사로 바꾸는 것

－ㅁ(－음) : **잠, 꿈, 얼음, 죽음, 깊음**

－기 : **크기, 읽기, 짜깁기, 모내기, 박치기**

－이 : **칸막이, 높이, 팔밀이, 더듬이, 고기잡이, 달맞이**

－개 : **쓰개, 베개, 찌개, 뜨개, 날개, 실감개**

② 동사로 바꾸는 것

－나다 : **성나다, 야단나다, 병나다, 생각나다, 탐나다**

－당하다 : **체포당하다, 무시당하다, 거부당하다, 멸망당하다**

－대다(－거리다) : **출렁대다, 넘실대다, 덜컥대다, 팔랑대다, 우쭐대다**

－되다 : **걱정되다, 버릇되다, 욕되다, 생략되다, 참되다**

－뜨리다(－트리다) : **깨뜨리다, 젖뜨리다, 빠뜨리다, 부딪뜨리다**

－받다 : **의심받다, 버림받다, 다짐받다, 본받다, 사랑받다**

　　　-시키다 : **결혼시키다, 구경시키다, 입학시키다, 졸업시키다**

　　　-이다 : **출렁이다, 움직이다, 반짝이다, 끄덕이다, 속삭이다**

　　　-하다 : **공부하다, 사랑하다, 말하다, 자랑하다, 푸념하다**

③ 형용사로 바꾸는 것

　　　-겹다 : **눈물겹다, 흥겹다, 정겹다, 힘겹다, 역겹다**

　　　-다랗다 : **높다랗다, 굵다랗다, 가느다랗다, 곱다랗다**

　　　-답다 : **사내답다, 사람답다, 아들답다, 참답다, 정답다**

　　　-롭다 : **보배롭다, 슬기롭다, 가소롭다, 외롭다, 번거롭다**

　　　-맞다 : **청승맞다, 궁상맞다, 방정맞다, 앙증맞다, 쌀쌀맞다**

　　　-ㅂ다 : **놀랍다, 그립다, 냅다**

　　　-스럽다 : **복스럽다, 사랑스럽다, 자랑스럽다, 대견스럽다**

　　　-스레하다(/-스름하다) : **푸르스레하다, 불그스레하다, 둥그스레하다**

　　　-지다 : **가장귀지다, 살지다, 멋지다, 후미지다, 얼룩지다**

　　　-쩍다 : **수상쩍다, 미심쩍다, 겸연쩍다, 객쩍다**

　　　-차다 : **힘차다, 보람차다, 희망차다, 기운차다**

④ 관형사로 바꾸는 것

　　　-까짓 : **네까짓, 그까짓, 요까짓**

⑤ 부사로 바꾸는 것

　　　-껏 : **마음껏, 힘껏, 정성껏, 소신껏, 목청껏, 일껏**

　　　-께 : **보름께, 오전께, 아침께**

　　　-끼리 : **우리끼리, 동무끼리, 남자끼리, 회원끼리**

　　　-내 : **여름내, 겨우내, 저녁내, 아침내**

　　　-대로 : **그대로, 이대로, 저대로**

　　　-리 : **빨리, 게을리, 섣불리, 널리, 달리**

　　　-이 : **높이, 길이, 많이, 나날이, 샅샅이, 깨끗이, 쓸쓸히, 조용히**

　　　-째 : **통째, 첫째, 나흘째, 두 번째**

(2) 사동, 피동, 강조 접미사

주동사를 사동사로, 능동사를 피동사로 만들거나 동사의 의미를 강화시키는 기능을 한다.

－이 : **먹이다, 보이다, 쓰이다, 죽이다, 깎이다, 높이다, 건네다**

－히 : **잡히다, 먹히다, 썩히다, 묵히다, 닫히다, 넓히다**

－리 : **눌리다, 날리다, 잘리다, 갈리다, 살리다**

－구 : **달구다, 솟구다, 돋구다, 떨구다**

－기 : **남기다, 감기다, 맡기다, 씻기다, 앗기다**

－우 : **피우다, 치우다, 지우다, 깨우다, 돋우다, 비우다**

－치 : **부딪치다, 닫치다, 밀치다, 놓치다, 넘치다**

－추 : **맞추다, 늦추다, 갖추다, 낮추다, 곧추다**

－이우 : **세우다, 재우다, 채우다, 씌우다, 띄우다**

(3) 의미 보조 접미사

일정한 의미를 가지고 어근에 그 의미를 보태는 접미사이다.

① 사람을 가리키는 의미를 더하는 것

－꾸러기 : **장난꾸러기, 잠꾸러기, 말썽꾸러기, 욕심꾸러기, 심술꾸러기**

－꾼 : **농사꾼, 일꾼, 이야기꾼, 구경꾼, 장사꾼, 노름꾼**

－내기 : **예사내기, 시골내기, 풋내기, 여간내기**

－네 : **친구네, 우리네, 부인네, 김 서방네**

－둥이 : **검둥이, 바람둥이, 해방둥이, 귀염둥이**

－뜨기 : **시골뜨기, 사팔뜨기, 얼뜨기**

－바지 : **각성바지, 타성바지, 성바지**

－바치 : **갖바치, 성냥바치, 동산바치, 독바치**

－배기 : **나이배기, 세 살배기**(귀퉁배기, 대짜배기)

－뱅이 : **주정뱅이, 앉은뱅이, 게으름뱅이, 가난뱅이**

－보 : **느림보, 먹보, 밥보, 떡보, 울보**

－붙이 : **피붙이, 겨레붙이, 일가붙이**(쇠붙이, 금붙이)

－쇠 : **마당쇠, 돌쇠, 먹쇠, 장쇠**

    －아치 : **벼슬아치, 구실아치, 동냥아치**

    －이 : **육손이, 절름발이, 왕눈이, 성냥팔이, 신문팔이**

    －장이 : **옹기장이, 미장이, 대장장이**

    －쟁이 : **욕쟁이, 사주쟁이, 수다쟁이, 허풍쟁이**

    －지기 : **문지기, 등대지기, 산지기**

    －집 : **진주집, 서울집, 해남집, 김집, 이집**

    －짜리 : **도포짜리, 삿갓짜리, 중치막짜리**(만 원짜리, 스무 평짜리)

    －치 : **나루치, 장사치**

② 사물을 가리키는 의미를 보태는 것

    －걸이 : **옷걸이, 모자걸이**

    －기 : **두루치기, 전내기, 되내기**

    －낳이 : **샛골낳이, 돌실낳이, 봄낳이, 여름낳이**

    －들이 : **두 섬들이, 한 말들이, 1리터들이**

    －지 : **짠지, 싱건지, 오이지**

    －짝 : **낯짝, 볼기짝, 궁둥짝**

    －치 : **날림치, 중간치, 날치, 불치, 복치, 슬치, 탑골치, 하루치**

    －치레 : **설치레, 옷치레**

③ 수량, 정도, 기간의 의미를 보태는 것

    －내 : **여름내, 겨우내, 저녁내, 아침내**

    －포 : **날포, 달포, 해포**

    －지기 : **마지기, 섬지기**(천둥지기)

    －쭝 : **돈쭝**

④ 모양의 의미를 보태는 것

    －매 : **몸매, 눈매, 입매, 옷매**

    －보라 : **눈보라, 물보라, 꽃보라, 비보라**

    －새 : **모양새, 생김새, 꾸밈새, 쓰임새, 가리새**

    －투성이 : **먼지투성이, 실수투성이, 주름살투성이**

이 밖에도 여러 의미를 보태는 접미사가 많이 있는데, 접미사의 기능을 보면 새로운 낱말을 얼마나 쉽게 만들 수 있는지 감탄하게 한다. 특히 국어의 접미사에는 낱말의 문법적 기능을 바꾸는 것이 있다는 점을 간과해서는 안 될 것 같다. 앞의 사동과 피동 기능을 하는 접미사가 그것인데, 이 접미사가 붙어서 만들어진 사동사와 피동사로 능동문을 사동문, 피동문으로 만들게 되는데, 대부분의 언어가 구문상(構文上)으로 이를 해결하는 것과 비교하면 이는 국어의 한 특징이라고 할 만하다. 어찌 보면 국어의 구문을 매우 간단하게 만들어 주는 구실을 이 접미사들이 한다는 것을 알 수 있다.

> ㉮ 내가 밥을 <u>먹는다</u>. **(능동문)**
> ㉯ 나에게 밥이 잘 <u>먹힌다</u>. **(피동문)**
> ㉰ 나에게 밥을 <u>먹인다</u>. **(사동문)**

이처럼 손쉽게 능동문을 피동문과 사동문으로 만들 수 있는 것은 접미사의 대단한 활약 덕분이라고 하지 않을 수 없다. 그러므로 우리는 접미사를 잘 대접해야 한다.

의미를 보충하는 접미사에서 예시한 것들을 보면 우리가 접미사를 활용하여 어떻게 새로운 의미가 있는 낱말을 만들어 낼 수 있는지 어렴풋하게나마 인식하게 될 것이다. 여기에 모든 접미사를 다 예시하지 못했기 때문에 이 정도가 국어 접미사의 전부라고 속단하지 말기 바란다. 우리가 접미사를 더 많이 알고 더 폭넓게 활용할 수 있다면 쉽게 새로운 낱말을 만들 수 있을 것이다.

4. 한자어 접두사, 접미사

한자어 가운데에서 관형사로 쓰이는 것과 접두사로 쓰이는 것이 구별되지 않고, 명사로 쓰이는 것과 접미사로 쓰이는 것이 구별되지 않아 띄어쓰기를 할 때에 띄어 써야 하는지 붙여 써야 하는지 헷갈리는 경우가 많다. 원래 한자어가 우리말이 아니기 때문에 정확하게 구별하여 사용하기는 어렵지만 어느 정도 구별되는 한에서 예시하면 다음과 같다.

(1) 접두사로 쓰이는 한자어

가-(假), 갈-(褐), 강-(强), 건-(乾), 경-(輕), 고-(古, 高), 공-(空), 과-(過), 구-(舊), 귀-(貴), 급-(急), 난-(難), 단-(短), 담-(淡), 당-(堂), 대-(大, 對), 도-(都), 독-(獨), 명-(名), 몰-(沒), 무-(無), 미-(未), 반-(反), 백-(白), 본-(本), 부-(不, 副), 불-(不), 비-(非), 생-(生), 선-(先), 성-(聖), 소-(小), 속-(續), 수-(數), 시-(媤), 신-(新), 양-(洋, 養), 여-(女), 역-(逆), 왕-(王), 외-(外), 원-(原, 元), 유-(有), 의-(義), 잡-(雜), 장-(長), 재-(再, 在), 저-(低), 정-(正), 제-(第), 조-(助), 주-(駐), 중-(重), 진-(眞), 초-(超), 총-(總), 최-(最), 친-(親), 토-(土), 피-(被), 함-(含), 항-(抗), 호-(好)

(2) 접미사로 쓰이는 한자어

-가(家, 街, 歌, 價, 哥), -각(閣), -간(間), -감(感), -객(客), -경(頃), -계(系, 界, 計, 屆), -곡(曲), -공(工, 公), -과(課), -관(官, 館, 觀), -광(狂), -구(口, 具), -국(局, 國), -권(權, 券, 圈), -금(金), -기(氣, 記, 期, 器, 機), -난(難), -년(年), -단(團), -담(談), -당(當), -대(帶, 臺), -댁(宅), -도(度, 島, 徒, 圖), -력(力), -령(令, 領, 嶺), -례(例), -로(路), -료(料), -루(樓), -률(律, 率), -모(帽), -문(文), -물(物), -배(輩), -법(法), -별(別), -보(補), -복(服), -부(附, 部), -분(分), -비(費), -사(士, 史, 寺, 社, 事, 師, 詞, 辭), -상(上, 狀, 商), -생(生), -석(席), -선(船, 線, 選), -설(說), -성(性), -소(所), -수(手, 囚), -순(順), -식(式), -실(室), -심(心), -씨(氏), -암(岩), -액(額), -양(洋, 孃), -여(餘), -옥(屋), -옹(翁), -왕(王), -용(用), -원(員, 院), -율(律, 率), -인(人), -일(日), -자(子, 者), -장(狀, 長, 帳, 場, 葬, 丈), -재(材), -적(的), -전(戰, 展, 殿), -점(店), -정(亭, 整), -제(制, 祭, 製, 劑), -조(朝), -족(族), -종(種), -주(主, 酒), -증(症, 證), -지(地, 紙, 誌), -집(集), -차(次), -창(廠), -책(責, 策), -처(處), -천(川), -청(廳), -체(體), -치(値), -통(通), -파(波), -판(板, 版), -품(品), -풍(風), -필(畢), -학(學), -항(港), -해(海), -허(許), -형(型), -호(號), -화(化, 畵), -회(會)

(3) 접두사와 구별해야 할 한자어　　아래의 한자어는 관형사로 쓰인다.

각(各), 고(故), 귀(貴), 근(近), 당(當), 만(滿), 매(每), 모(某), 별(別), 성(聖), 순(純), 약(約), 전(全, 前), 총(總), 타(他), 현(現)

(4) 접미사와 구별해야 할 한자어　　아래의 한자어는 명사로 쓰인다.

각(角), 간(間), 감(感), 객(客), 격(格), 겸(兼), 과(科, 課, 過), 군(郡), 궁(宮), 급(級), 내(內), 누(壘), 대(對, 臺, 代), 도(道), 동(洞), 등(等), 말(末), 면(面), 반(半), 번(番), 상(上), 선(先), 설(說), 시(時, 市), 쌍(雙), 씨(氏), 양(兩), 예(例), 전(前), 중(中), 초(初), 측(側), 파(派), 편(便, 篇), 평(評), 표(表, 標, 票), 하(下), 한(限), 형(形), 호(號), 후(後)

이렇게 구분을 해 놓더라도 실제 사용할 때에는 헷갈리기 쉽다. 같은 한자가 접두사로 쓰이기도 하고 관형사로 쓰이기도 하는가 하면 접미사로 쓰이기도 하고 명사로 쓰이기도 하기 때문이다. 실제 글을 쓸 때는 접두사와 접미사는 반드시 어근에 붙여 써야 하고 관형사와 명사는 반드시 띄어 써야 하기 때문에 이런 혼란이 우리를 무척 곤혹스럽게 한다. 더욱 곤란한 것은 관형사나 명사이지만 합성어가 된 경우에는 하나의 낱말이 되었으니 붙여 써야 하므로 이 경우와 접두사와 접미사로서 붙여 쓴 경우를 분간해 내기는 여간 어렵지 않다. 그것은 일반인에게만 어려운 것이 아니라 전문가에게도 어렵다. 그래서 한자어에 꼭 접두사와 관형사, 접미사와 명사를 구별해야 하느냐고 볼멘소리를 하게 된다. 조그만 불편을 덜기 위해서 원칙을 훼손하면 이제까지 쌓아올린 모든 원칙이 흔들리게 될 것이다. 그러니 힘이 들더라도 가능하면 구별하여 쓰는 노력을 해야 할 것이다. 다음에 몇 형태소의 경우에 쓸 수 있는 구별 기준을 예시하겠다. 나머지는 국어사전을 찾아보면 구별의 기준을 터득할 수 있을 것이다.

- **간(間) :** 둘 이상의 사이를 나타낼 때에는 명사(동네 간, 국가 간), 시간이나 정도를 나타낼 때에는 접미사(얼마간, 이틀간), 어떤 집을 나타낼 때에도 접미사(마구간, 대장간)
- **말(末) :** 어떤 시기의 끝 부분을 가리킬 때에는 명사(학기 말, 고려 말), 몇몇 낱말과 어울리면 합성명사를 이루기도 함(세기말적 사건)

- **상(上)** : 무엇의 위를 가리킬 때에는 명사(출발선 상에), 무엇을 기준이나 근거로 삼아 말하는 경우에는 접미사(계획상, 이론상)
- **성(聖)** : 사람의 이름에 성인임을 나타내는 경우는 관형사(성 베드로), 어떤 낱말에 성스러움을 보탤 때에는 접두사(성삼위께 영광)
- **시(時)** : 어떤 동작을 하는 경우나 때를 가리킬 때에는 명사(도착 시까지, 합격 시에는), 일반적인 시간을 가리킬 때에는 몇몇 명사와 함께 합성명사를 이룸(표준시, 지방시)
- **전(前)** : 이전을 가리킬 때에는 관형사(전 국무총리, 전 대통령), 앞을 가리킬 때에는 몇몇 낱말과 함께 합성명사를 이룸(전근대적, 전남편, 전반생, 전세기, 전어머니, 전의식, 전해)
- **전(全)** : '모든'의 뜻으로 쓰일 때에는 관형사(전 세계, 전 인류), 몇몇 낱말과 어울려 결합할 때에는 합성명사를 이룸(전내기, 전무식, 전미련하다, 전반사, 전속력, 전인구, 전천후)
- **중(中)** : 어떤 동작을 하는 동안을 나타낼 때에는 명사(회의 중, 이야기 중), 몇몇 낱말과 결합하여 합성명사를 이룸(무의식중, 은연중, 부재중, 부지중)
- **총(總)** : '모두 합하여'의 뜻인 경우에 관형사(총 25명), '온통, 전체적으로'의 뜻을 가질 때에는 접두사(총공격, 총생산량, 총영사관)
- **하(下)** : 언제나 명사(이런 조건 하에서, 그런 미명 하에서)

5. 접사의 사회적 의미

낱말이 사회에서 시민과 같은 존재라면 접사는 사회의 시민을 돕고 이끄는 심부름꾼이다. 그런데 심부름꾼이기는 심부름꾼이지만 낱말의 운명을 좌우하는 막강한 힘을 가진 심부름꾼이다. 왜냐하면 접사로 인해서 낱말의 속성이 완전히 달라지기도 하고, 품사가 변하기도 하며, 의미가 달라지기도 하기 때문이다. 우리 사회에서 시민들의 심부름꾼이면서도 시민의 운명을 좌우하는 집단이 있다면 그것은 바로 공무원(정치인을 포함한)일 것이다.

접사는 낱말의 의미를 좋게도 하고 나쁘게도 한다. 국어의 접사 가운데에서 낱말의 의미를 긍정적이고 적극적으로 바꿔 주는 것들이 몇 있음을 이미 밝혔다. 그에 비해서 낱말의 의미를 부정적이고 파괴적으로 바꿔 주는 것들이 많이 있음도 이미 밝힌 대로이다. 어쩌면 우리 사회의 정치인과 공무원 중에서 국민이 더 편하고 더 행복하게 살 수 있도록 보이지 않는 곳에서 시키지 않아도 알아서 스스로 열심히 일하는 공무원보다 자신의 이념이나 생각, 이익, 기분 등이 내키는 대로 행동하여 국민을 불행하게 만드는 자들이 더 많은 것과 비슷한 것 같아 쓴웃음을 짓게 된다.

제대로 된 언어라면, 제대로 발전해 온 사회에서 제대로 대접 받고 성장한 언어라면 '엇-', '헛-', '빗-' 같은 부정적인 접두사가 있으면 이에 상응하는 긍정적인 접두사가 있어야 할 것이다. '-꾸러기', '-뜨기', '-뱅이', '-짜리' 같은 비하하는 접미사가 있으면 그에 상응하여 존중하는 접미사가 있어야 한다. 그런데 우리에게는 그렇지 못하다. 왜 부정하고 비하하는 접사는 만들어졌는데 긍정하고 존중하는 접사는 만들어지지 않았을까?

접사는 낱말의 운명을 좌우하는 막강한 권능을 가진 형태소이다. 이런 접사를 다양하게 확보한다면 우리는 새로운 낱말을 만들어 내는 데 상당히 유리한 조건을 갖추는 것이 된다. 설령 부정하고 비하하는 접사라고 하더라도 없는 것보다는 있는 것이 더 낫다. 그러나 긍정하고 존중하는 접사가 더 많이 있다면 얼마나 좋겠는가?

그래서 우리는 접사를 만드는 노력을 해야 하고, 이미 만들어진 접사를 더 적극적으로 활용하여 새로운 낱말을 만들어 내도록 노력해야 한다. 물론 이미 있는 낱말을 다양하게 사용하는 노력도 함께 해야 할 것이다. 토박이말을 자주 그리고 다양하게 사용하다 보면 새로운 접사를 만들 수 있는 능력이 우리에게 생기게 될 것이다. 이는 훌륭한 정치인, 훌륭한 공무원이 나타나기를 바라는 마음과 별로 다르지 않다. 훌륭한 공무원 한 사람이 수많은 국민의 행복을 보장해 주는 것처럼 하나의 새로운 접사가 수십 개의 새로운 낱말을 만들어 줄 것이다. 그래서 우리에게 접사 만드는 능력이 회복되기를 기대해 본다.

정답은 www.barunmal.com 의 "글세상"에 있습니다.

01 다음 접두사와 결합하여 파생어를 생성할 수 <u>없는</u> 낱말을 괄호 안에서 고르라.

(1) 빗−(보다, 디디다, 서다, 듣다, 뚫다, 먹다, 나오다, 금, 천장)

(2) 짓−(두들기다, 쳐들어오다, 씹다, 누르다, 굿기다, 꾸짖다)

(3) 샛−(노랗다, 말갛다, 하얗다, 빨갛다, 까맣다)

(4) 돌−(감, 곰기다, 계집, 팥, 암소, 능금, 미나리)

(5) 첫−(얼음, 겨울, 추위, 발자국, 사랑, 소리, 만남, 울음, 인상)

(6) 헛−(고생, 나이, 다리, 손, 부엌, 생각, 돌다, 맞다, 짚다)

(7) 설−(굽다, 듣다, 삶다, 익다, 미지근하다, 늙은이, 젊은이)

(8) 덧−(거름, 바지, 버선, 양말, 신발, 바르다, 거칠다, 들다)

(9) 데−(알다, 생기다, 삶다, 되다, 식다, 일다, 생각, 소리)

(10) 전(前)−(남편, 서방, 세기, 달, 날, 장관, 의식, 반생)

02 다음 접미사와 결합하여 파생어를 생성할 수 <u>없는</u> 낱말을 괄호 안에서 고르라.

(1) −껏(욕심, 생각, 힘, 정성, 소신, 목청, 오늘, 이제, 아직, 밤새)

(2) −겹다(눈물, 힘, 흥, 정, 시름, 사랑, 철)

(3) −답다(남자, 여자, 젊은이, 어린이, 겨울, 여름, 추위, 질문, 돈)

(4) −스럽다(여성, 능청, 구경, 내숭, 남우세, 몽짜, 사람, 사랑, 자랑)

(5) −꾸러기(장난, 말, 빚, 몽니, 겁, 심술, 잠, 욕심, 익살, 떼, 매)

(6) −맞다(바람, 마침, 시름, 청승, 퉁바리, 볼, 익살, 도둑, 때, 벼락)

(7) −밥(대패, 흙, 끌, 가래, 쟁기, 나무, 배, 톱, 바느질, 실, 도마, 옷)

(8) −새(후림, 생김, 마음, 휨, 추렴, 꾸밈, 짜임, 후림, 모양, 거침)

(9) −쟁이(옹기, 솟대, 흉내, 수다, 입내, 상투, 소리, 춤, 욕, 환, 주정)

(10) −투성이(실수, 거짓말, 참말, 흙, 땀, 돌, 피, 사기꾼, 가짜)

03 다음 낱말에 공통으로 붙일 수 있는 토박이말 접미사를 말하라.

(1) 서울, 시골, 여간, 보통

(2) 농(弄), 반말, 욕

(3) 동냥, 벼슬, 구실, 동자

(4) 하루, 이틀, 해, 날, 달
(5) 쇠, 금, 피, 겨레, 일가

04 다음 낱말을 어근과 접사로 구분하라.

(1) 미덥다   (2) 빨강
(3) 하염없다   (4) 미쁘다
(5) 기둥

05 다음 접두사를 붙여서 만들어진 낱말을 3개 이상 적으라

(1) 가-(假)   (2) 강-(强)   (3) 경-(輕)   (4) 고-(古)
(5) 구-(舊)   (6) 급-(急)   (7) 무-(無)   (8) 미-(未)
(9) 반-(反)   (10) 본-(本)   (11) 부-(不)   (12) 불-(不)
(13) 비-(非)   (14) 신-(新)   (15) 역-(逆)   (16) 재-(再)
(17) 진-(眞)   (18) 초-(超)   (19) 피-(被)   (20) 호-(好)

06 다음 접미사를 붙여서 만들어진 낱말을 3개 이상 적으라.

(1) -가(價)   (2) -간(間)   (3) -감(感)   (4) -관(觀)
(5) -광(狂)   (6) -구(口)   (7) -권(圈)   (8) -담(談)
(9) -대(帶)   (10) -도(圖)   (11) -력(力)   (12) -령(令)
(13) -료(料)   (14) -률(率)   (15) -배(輩)   (16) -복(服)
(17) -사(辭)   (18) -상(狀)   (19) -석(席)   (20) -설(說)
(21) -성(性)   (22) -순(順)   (23) -심(心)   (24) -용(用)
(25) -율(律)   (26) -자(者)   (27) -장(狀)   (28) -재(材)
(29) -적(的)   (30) -점(店)   (31) -제(制)   (32) -족(族)
(33) -증(症)   (34) -지(誌)   (35) -책(策)   (36) -체(體)
(37) -풍(風)   (38) -형(型)   (39) -화(化)   (40) -회(會)

토론 주제

01 우리말의 접사에 해당하는 것이 영어, 일본어, 중국어에도 있는지 알아보라.

02 접미사 가운데에서 명사나 관형사로 전용될 만 한 것이 있는지 검토하고 이에 대해서 토론하라.

> 예 −님, −빗, −투성이, −뱅이, −바치, −꾼, −꾸러기, −장이, −쟁이 등

우리에게는 언어를 창조할 수 있는 능력이 있고 그것을 뒷받침할 수 있는 글자가 있다. 그 창조 능력을 기르면 우리는 창조자의 기쁨을 누릴 것이고, 그것을 포기하면 피창조자의 설움을 맛볼 것이다. 우리 안에 언어적 편견과 전제성을 없애고 우리 자신이 창조한 언어에 대하여 감사하는 마음을 가져야 할 것이다.

05 조어법

1. 개요

이제까지 배운 음절, 형태소, 낱말을 이용해서 새로운 낱말을 만들 수 있다. 조어법(造語法)을 알면 누구나 새로운 낱말을 만들 수 있을 것이다. 새로 만든 낱말을 상당 기간 여러 사람이 사용한다면 이 낱말은 생명력을 얻게 되었다고 할 수 있다. 혹시 여러분이 만든 낱말이 국어사전에 오르는 행운을 얻게 될지도 모르니 조어법을 잘 익힌 다음 열심히 만들어 볼 것을 권한다(앞으로는 낱말을 맨 먼저 만들어 사용한 사람의 이름도 국어사전에 오르게 될 것이다).

조어법이란 국어 낱말의 생성 규칙을 가리키는 말이다. 기존의 낱말이나 형태소가 결합해서 새로운 단어가 될 때에 적용되었음직한 규칙을 귀납적으로 정리하여 놓은 것이 조어법이다.

국어에서는 크게 두 가지 방법을 이용하여 새로운 낱말을 생성했다. 첫째는 실질 형태소와 실질 형태소가 결합하는 방법이고, 둘째는 실질 형태소와 형식 형태소가 결합하는 방법이다. 전자의 결합으로 만들어진 낱말을 합성어라고 하고, 후자의 방법으로 만들어진 낱말을 파생어라고 하는데, 이 둘을 아울러 복합어라고 한다.

그런데 드물기는 하지만 국어에 형태소의 첨가나 생략 등 형태의 변화 없이 낱말이 새로운 낱말로 변하는 경우가 있다. 예컨대 '품다'라는 동사의 의미 부분인 어간 '품-'과 명사 '품'의 형태가 정확하게 일치한다. 의미적 연관성도 매우 높다. 그러나 '품다'와 '품'은 명백히 서로 다른 낱말이다. '품다'는 동사이고, '품'은 명사라는 사실만으로도 이 두 낱말은 전혀 다른 뜻과 특성이 있는 단어라고 해야 한다. 그렇다면 동사의 어간 '품-'에 아무런 형태소가 첨가되지 않았는데 어떻게 의미와 용도가 다른 명사로 쓰이게 되었을까? 이것은 용언의 어간이 독립성을 갖출 정도로 발전할 수 있음을 보여 주는 사례라고 할 수 있다. 즉, 용언의 어간은 언제나 의존 형태소로 고정되는 것이 아니고 상황에 따라서는 자립 형태소로 발전할 수 있다는 말이다. 이런 현상은 고립어인 중국어에서는 당연한 것이고 굴절어인 영어에서도 매우 자주 나타나지만 교착어인 한국어나 일본어에서는 무척 예외적인 일이며, 그런 방식으로 형성된 명사도 역시 별로 많지 않다.

그러나 이런 방식은 국어 발전의 한 방향을 암시한다고 볼 수도 있다. 즉 의미적 연관이 깊은 경우라면 조어법에 따른 형태소 추가나 변경 없이도 새로운 낱말을 만들어 씀으로써 기존 형태소를 폭넓게 활용할 가능성이 있는 셈이다. 예컨대 '번지다'의 '번지', '여리다'의 '여리', '부수다'의 '부수', '고요하다'의 '고요', '비슷하다'의 '비슷', '거느리다'의 '거느리' 같은 것은 우리의 노력에 따라서는 자립 형태소, 곧 명사로 발전할 수도 있지 않을까? 만일 이런 조어법을 무리 없이 소화해 낸다면 복잡한 조어법을 거치지 않더라도 새로운 낱말을 쉽게 만들어 낼 수 있을 것이다. 이런 인식을 갖도록 하는 의미로 명사와 동사의 어간이 같은 형태에 의미 연관성이 깊은 낱말을 짝을 지어 제시한다. 빗금의 앞의 것이 명사이고, 뒤의 것이 동사이다.

가물/가물다, 갈퀴/갈퀴다, 갈래/갈래다, 거루/거루다, 건너/건너다, 길/길다, 날/날다, 누비/누비다, 돌/돌다, 띠/띠다, 마디/마디다, 매/매다, 뭇/뭇다, 뭉치/뭉치다, 배/배다, 버무리/버무리다, 번지/번지다, 보풀/보풀다, 빗/빗다, 뺨/뺨다, 사리/사리다, 삼/삼다, 서리/서리다, 설/설다, 설레/설레다, 솔/솔다, 신/신다, 질/질다, 참/참다, 품/품다, 후리/후리다

다음은 부사와 동사의 형태가 같은 것이다. 빗금의 앞의 것이 부사이고, 뒤의 것이 동사이다.

끝내/끝내다, 곧추/곧추다, 늦추/늦추다, 더디/더디다, 덜/덜다, 막/막다, 모두/모두다, 삼가/삼가다, 앞서/앞서다, 얕추/얕추다, 잦추/잦추다

한편, '빛'과 '비치다', '빅'과 '비기다', '및'과 '미치다'처럼 동사의 어간이 줄어들어 명사 또는 부사가 된 경우도 있다. 그런데 명사와 부사 사이에는 이런 관계가 훨씬 더 다양하게 나타난다. '오늘', '지금', '어제', '혼자', '조금' 등은 모두 명사와 부사로 쓰이는 낱말이고, '언제'는 대명사와 부사로 쓰이는 낱말이다.

2. 복합어

복합어는 단일어(單一語)에 대립되는 개념으로서, 둘 이상의 형태소가 결합하여 이루어진 말이다. 복합어는 결합하는 형태소의 종류에 따라서 합성어와 파생어로 나눈다고 앞에서 말했다.

합성어는 마치 남녀가 동등한 권리와 의무를 가지고 부부로 결합하는 것과 같다. 남자와 여자가 그냥 옆에 있는 것이 아니라 부부가 된 것이다. 결합한 두 낱말이 각기 그대로 뜻을 유지하고 있으면 그 합성어는 아직 동거 수준의 부부와 같다. 이런 합성어를 병렬 합성어라고 한다. '마소, 앞뒤, 암수' 등이 이에 속한다. 두 낱말이 각자의 의미를 버리고 함께 새로운 의미를 만들어 내면 그 합성어는 몸과 마음이 하나가 되는 부부가 된다. 이런 합성어를 융합 합성어라고 한다. '밤낮, 손아래, 바지저고리' 등이 이에 속한다. '밤낮'은 '늘'의 의미를 가지고, '손아래'는 '자기보다 아래'의 의미가 있으며, '바지저고리'는 '제구실을 못하는 못난 사람'을 가리킨다. 두 낱말이 서로 주종의 관계를 이루어 결합하는 경우도 있다. '콧물, 냇가, 가래떡' 등이 이에 속한다.

이에 비해 파생어는 실질 형태소와 형식 형태소가 보완 관계로 맺어진다. 형식 형태소는 실질 형태소의 짝이 될 만한 능력이 없기 때문에(의미가 없으므로) 도리 없이 실질 형태소를 위하여 희생하고 봉사하는 것으로 만족한다. 즉 실질 형태소의 의미를 완전하게 해 주거나 의미를 주거나 품사를 바꾸는 일을 하여 실질 형태소를 파생어가 되게 할 뿐이다. 어떤 형식 형태소는 실질 형태소를 완전하게 해 주기 위해서 자신을 버린다. 그러나 파생어를 이루는 실질 형태소는 형식 형태소 때문에 형태가 변하는 법이 없다.

실질 형태소가 결합하는 방식은 두 낱말의 관계에 따라서 다르다. '불'과 '놀이'가 결합하면 '불놀이'가 되지만, '불'과 '나방'이 결합하면 '부나방'이 된다. '설'과 '날'이 결합하면 '설날'이 되지만, '설'과 '달'이 결합하면 '섣달'이 된다. 이런 차이는 음운론적으로는 설명할 수 있지만, 의미론적으로는 설명하기 어렵다. 마찬가지로 실질 형태소와 형식 형태소가 결합하는 방식도 일정하지 않다. '묻다'가 '무덤'으로도 파생되고 '묻음'으로도 파생되며, '놀다'가 '노름'과 '놀이'와 '놀음'으로 파생되는 것을 보면 파생은 생성하려는 낱말에 따라서 다른 형식 형태소를 붙이는 것 같다. 이런 점을 감안하여 현재 파생된 다양한 낱말의 결합 관계를 눈여겨본다면 낱말의 결합 방식 곧 조어법을 어느 정도 알 수 있게 될 것이다.

조어법은 우리가 합성어와 파생어를 만들어 낼 수 있는 능력을 길러 주기 위해서 제시하는 것이다. 따라서 조어법을 이해한 뒤에는 각자에게 새로운 낱말을 만들 수 있는 능력이 생겨야 한다. 그러려면 각 단어나 형태소별로 특성을 세심하게 이해하고 그에 맞추어 낱말을 만드는 법을 익히는 것이 중요하다. 이때 꼭 유념할 것은 각 낱말이나 형태소는 각기 독특한 취향이 있어서 구체적인 경우에 이르면 원래의 결합 원칙이 조금씩 바뀔 수 있다는 점이다. 따라서 대체적인 조어법을 보편화하여 "반드시 그렇게 결합해야 해!"라거나 "그렇게 결합하면 절대로 안 돼!" 하는 교조적인 시각으로 조어법을 이해하지 말아 달라는 것이다. 그러면 지금부터 유연하고 열린 마음으로 국어의 조어법을 하나씩 터득해 보자.

3. 합성어의 조어법

합성어는 실질 형태소와 실질 형태소가 결합하여 만들어지는 낱말을 이르는 말이다. '집, 낮, 몸, 물, 비, 하늘, 말, 거울, 독, 바람' 같은 것이 실질 형태소이다. 이것이 서로 어울려 '집안, 낮말, 몸거울, 물독, 비바람'처럼 새로운 낱말을 생성하게 되는데, 이렇게 만들어진 낱말이 합성어이다.

합성어는 합성된 형태소의 의미가 합성어의 새로운 의미에 얼마나 영향을 미치는지와 관련하여 병렬 합성어, 주종 합성어, 융합 합성어로 나눈다. 병렬 합성어는 두 형태소의 의미가 전혀 손상되지 않고 독립적으로 결합한 것을 가리키는데, '마소, 앞뒤, 위아래' 같은 합성어가 이에 속한다. 이런 합성어의 뜻풀이는 '말과 소, 앞과 뒤, 위와 아래'처럼 두 요소를 벌이어 놓는 방식으로 이루어진다.

주종 합성어는 두 형태소 가운데에서 하나가 주가 되고 다른 하나는 종이 되어 의미를 형성하는 것을 가리킨다. '돌다리, 국그릇, 눈사람' 같은 합성어가 이에 속한다. 이런 합성어의 뜻풀이는 '돌로 된 다리, 국을 담는 그릇, 눈으로 만든 사람 형상'처럼 한 요소가 다른 요소를 구성하는 데 쓰임을 받았음을 의미하도록 한다.

융합 합성어는 두 형태소의 의미가 모두 새로운 의미를 위하여 녹아 스며들어 버리는 결합 형태를 가리킨다. '밤낮, 손아래, 바지저고리' 같은 합성어가 이에 속한다. 이런 합성어의 뜻풀이는 포함된 두 형태소의 의미를 빌어서 새롭게 만들어 놓은 내용으로 하게 된다. 그래서 '밤낮'은 '늘, 언제나'의 의미로, '손아래'는 '자기

보다 항렬이 낮음'의 의미로, '바지저고리'는 '주견이 없이 자리만 지키는 사람'으로 풀이된다.

　여기서는 의미를 기준으로 하여 합성어를 설명하지 않고 합성어의 결합 형태를 기준으로 하여 여러 합성어를 분석해 보고자 한다.

(1) 명사와 명사의 결합

　가장 대표적인 합성어가 명사와 명사가 결합한 합성어이다. 이 두 형태소는 자연스럽게 나란히 붙여 씀으로써 합성어가 된다. 앞에서 예시한 '집안, 낮말, 몸거울, 물독, 비바람'처럼 명사를 한데 붙이면 된다. 이렇게 만들어진 합성어를 몇 제시하면 다음과 같다.

> 가슴-통, 가을-빛, 개-구멍, 겹-것, 귀틀-집, 눈-짓, 단골-손님, 떼-도망, 마당-쇠, 모개-흥정, 모기-장(帳), 몸-집, 밑-동, 밑-바탕, 바늘-구멍, 발-길, 발-짓, 밥-상, 베-틀, 불-꽃, 비녀-못, 빨래-품, 속-내평, 속-마음, 손-길, 손-버릇, 손-짓, 쇠-똥, 시골-집, 안경-집, 알-젓, 어깨-총, 오두막-집, 오지-그릇, 위턱-구름, 이불-잇, 자개-그릇, 잠-투정, 종-노릇, 차렵-것, 치룽-장수, 치마-양반, 퉁-노구, 표고-버섯, 호박-엿

　그런데 두 명사가 언제나 이렇게 아무 변화 없이 나란히 쓰이는 것이 아니라 두 명사 사이에 사잇소리가 끼어들거나 변하거나 사라지는 경우가 있다. 즉 두 형태소가 결합하면서 어느 한 쪽의 형태소에 변화가 일어나는 경우가 있는데, 그 예를 들면 다음과 같다.

① **사잇소리 덧남** : 없던 소리가 두 명사 사이에서 덧나는 경우인데, '내+가'의 결합은 '내까'가 되어 이를 표기할 때에는 '냇가'로 적고, '비+물'의 결합은 '빈물'이 되어 이를 표기할 때에는 '빗물'이 된다. '나무+잎'의 결합도 '나문닢'이 된 것을 표기하면 '나뭇잎'이 된다. 이처럼 두 명사 사이에서 새롭게 덧나는 소리를 사잇소리라 하고, 그 사잇소리를 표기하기 위해서 사용되는 'ㅅ'을 사이시옷이라고 한다. 사이시옷이 덧난 합성어를 예시하면 아래와 같다. 사잇소리가 덧나더라도 사이시옷을 붙이지 않는 경우도 있는

데, 이와 관련해서는 '사잇소리' 항목에서 자세히 다룬다.

갓-길, 깃-발, 나룻-배, 나뭇-잎, 냇-물, 노랫-말, 댓-잎, 머릿-기름, 머릿-니, 못-자리, 뒷-짐, 머릿-돌, 머릿-속, 바닷-고기, 밧-줄, 뱃-길, 보릿-고개, 사잇-소리, 샛-별, 서릿-발, 소릿-값, 쇳-가루, 싸릿-대, 어깻-숨, 어깻-죽지, 욧-잇, 엉덩잇-바람, 잇-몸, 자릿-세, 자릿-수, 잿-더미, 잿-빛, 좀쳇-것, 찻-길, 찻-간, 찻-집, 쳇-바퀴, 킷-값, 터줏-대감, 텃-밭, 핏-종, 팻-감, 폿-집, 하룻-밤, 햇-무리, 햇-볕, 후릿-그물

② 'ㅂ'소리 덧남 : '대+싸리'의 결합이 '댑싸리'가 되고, '메+쌀'의 결합이 '멥쌀'이 되고, '벼+씨'의 결합이 '볍씨'가 되는 것처럼, 두 명사 사이에서 'ㅂ'이 덧나는 경우가 있다(맞31 제1호). '좁쌀, 햅쌀, 찹쌀, 웁쌀, 입쌀' 등도 모두 이런 조어법에 따라서 만들어진 합성어이다. 이 경우는 원래 '쌀'의 고어가 '발'로 첫소리가 'ㅄ'이었던 것이 'ㅆ'소리로 쓰이다가 일부 받침이 없는 명사 뒤에서 과거에 있던 'ㅂ'음이 살아난 것이다. 마찬가지로 '씨', '때', '싸리'도 고어로는 'ㅄ', 'ㅳ', 'ㅄ리'였기 때문에 '볍씨, 입때, 접때, 댑싸리'로 합성되는 것이다. 파생어를 만들 때에도 이처럼 'ㅂ'이 덧나는 경우가 있다. 예컨대 '치-+뜨다'의 결합으로 '칩뜨다'라는 파생어가 생성되는 것이 그 예이다. 파생어 '몹쓸'은 '못'의 'ㅅ'이 탈락하고 'ㅂ'이 덧나서 생성된 낱말이며, '씁쓸하다, 짭짤하다'에 붙은 'ㅂ'도 이와 같은 원리로 덧나게 된 소리이다. 이 밖에도 '냅뜨다, 부릅뜨다, 칩떠보다, 휩싸다, 휩쓸다' 등도 이와 같은 원리로 'ㅂ'이 덧난 것들이다.

③ 'ㅎ' 소리 덧남 : '머리+가락'이 결합하면 '머리카락'이 되고, '살+고기'의 결합은 '살코기'가 되며, '안+밖'의 결합은 '안팎'이 되는 것처럼 두 명사 사이에서 'ㅎ'이 덧나는 경우가 있다(맞31 제2호). 이 경우도 결합하는 명사에 따라서 다르기 때문에 규칙성을 부여할 수는 없다. 전문적으로 말한다면 '머리, 살, 안' 같은 명사는 원래 조사가 붙는 경우에 'ㅎ'이 덧나는 특성이 있던 낱말이었다가 지금은 그런 성질이 없어졌는데 특별하게 몇몇 단어와 결합할 때에는 새삼스럽게 'ㅎ'이 덧나서 뒤에 'ㄱ, ㄷ, ㅂ' 같은 초성을

거센소리로 바꾼다. 현재 그런 현상이 일어나서 합성어가 된 것은 '머리카락, 살코기, 안팎, 날파람, 마파람' 정도이고, '살쾡이'는 좀 다른 과정을 거쳐 거센소리로 정착한 낱말이다. 접두사 '암-'과 '수-'가 붙는 파생어 결합에서도 이렇게 거센소리 현상이 나타나는 경우가 있는데, 이는 파생어 조어법에서 설명하겠다.

④ 'ㄹ' 소리 탈락 또는 변화 : 종성이 'ㄹ'인 명사 가운데에는 결합하는 과정에서 'ㄹ'이 탈락하기도 하고, 'ㄹ'이 'ㄷ'으로 바뀌기도 한다.

㉮ 앞 명사의 종성 'ㄹ'이 탈락하면서 결합하는 합성어(맞28)

마-되, 마-소, 마-속, 무-색, 무-자리, 무-자위, 무-좀, 부-나비, 부-삽, 부-집게, 소-나무, 싸-전, 주-낙, 차-돌, 차-조, 푸-나무, 화-살

㉯ 종성 'ㄹ'이 'ㄷ'으로 바뀐 합성어(맞29)

며칟날(며칠＋날), 반짇고리(바느질＋고리), 사흗날(사흘＋날), 섣달(설＋달), 숟가락(술＋가락), 삼짇날(삼질＋날), 이튿날(이틀＋날), 잗주름(잘다＋주름), 푿소(풀＋소)

이 밖에 섣부르다(설다＋부르다), 잗갈다(잘다＋갈다), 잗다듬다(잘다＋다듬다), 잗다랗다(잘다＋다랗다) 등도 이와 같은 원리로 생성된 낱말이다.

⑤ 문법 형태소가 덧붙음 : 두 명사 사이에 예외적으로 문법 형태소가 끼어들어 합성어를 이루는 경우도 있다. **'닭의-장, 앞에-총, 눈엣-가시, 몸엣-것, 소금엣-밥, 옷엣-니, 웃음엣-소리'** 등이 그것인데, 특이하게도 조사 '에'에 사이시옷까지 덧붙는 것이 있다.

⑥ 음운 생략 : 수사와 수사의 결합은 기존 음운을 과감하게 생략하는 방법으로 합성어를 만든다. **'한-둘(←하나둘), 두-셋(←둘셋), 서-넛(←셋넷), 너-덧(넷다섯), 대-여섯(다섯여섯), 두-서-넛(둘셋넷), 예-닐곱(여섯일곱), 일고-여덟(일곱여덟)'** 등이 그 예이다.

이처럼 합성어의 결합 방식은 낱말에 따라서 매우 다양함을 알 수 있다. 그리고 이런 결합 방식은 유사한 낱말에 어느 정도 규칙적으로 적용되지만, 그 규칙성이 절대적이 아니라는 점도 확인할 수 있었다.

(2) 명사/명사형과 용언의 결합

명사나 명사형에 용언이 붙는 방식은 매우 단순하다. 용언의 형태를 그냥 뒤에 붙이기만 하면 된다.

① '하다'와 결합 : 간수 – 하다, 갈무리 – 하다, 거레 – 하다, 나무 – 하다, 떠세 – 하다, 말 – 하다, 멀미 – 하다, 시늉 – 하다, 알은체 – 하다, 에누리 – 하다, 일 – 하다, 잔소리 – 하다, 잡도리 – 하다 ('한자어 명사＋하다' 형태의 동사는 모두 포함된다.)

② '있다/없다'와 결합 : 관계 – 있다/없다, 맛 – 있다/없다, 멋 – 있다/없다, 상관 – 있다/없다, 재미 – 있다/없다, 가 – 없다, 거침 – 없다, 끝 – 없다, 다름 – 없다, 맥(脈) – 없다, 물색 – 없다, 물샐틈 – 없다, 바이 – 없다, 버릇 – 없다, 보잘것 – 없다, 본데 – 없다, 볼품 – 없다, 빈틈 – 없다, 빛 – 없다, 속 – 없다, 속절 – 없다, 수(數) – 없다, 실 – 없다, 시름 – 없다, 쓸데 – 없다, 쓸모 – 없다, 아낌 – 없다, 어김 – 없다, 어림 – 없다, 어처구니 – 없다, 얼 – 없다, 엉터리 – 없다, 염치(廉恥) – 없다, 온데간데 – 없다, 옴나위 – 없다, 위 – 없다, 일 – 없다, 자발머리 – 없다, 자발 – 없다, 종 – 없다, 종작 – 없다, 주책 – 없다, 틀림 – 없다, 하염 – 없다, 하잘것 – 없다, 허물 – 없다, 힘 – 없다

③ '나다/내다'와 결합 : 고장 – 나다/내다, 골 – 나다/내다, 넌더리 – 나다, 넌덜머리 – 나다, 동강 – 나다, 맛 – 나다, 모 – 나다, 몸서리 – 나다, 바닥 – 나다, 바람 – 나다, 병 – 나다, 빛 – 나다/내다, 욕심 – 나다, 이름 – 나다, 재미 – 나다, 조각 – 나다, 쥐 – 나다, 진저리 – 나다, 진절머리 – 나다, 짜증 – 나다, 패 – 나다, 피 – 나다, 혼 – 나다/내다, 화 – 나다/내다

④ '같다'와 결합 : 감쪽 – 같다, 굴왕신 – 같다, 꿈 – 같다, 벼락 – 같다, 불꽃 – 같다, 실낱 – 같다, 쏜살 – 같다, 억척 – 같다, 쥐뿔 – 같다, 찰떡 – 같다, 하나 – 같다, 한결 – 같다

⑤ '먹다'와 결합 : 귀 – 먹다, 마음 – 먹다, 면 – 먹다, 물 – 먹다, 욕 – 먹다, 좀 – 먹다

⑥ '맞다'와 결합 : 도둑 – 맞다, 바람 – 맞다, 볼 – 맞다, 소박 – 맞다, 퇴박 – 맞

다, 퉁바리 - 맞다

⑦ 기타 : 값 - 싸다, 거울 - 삼다, 겉 - 늙다, 깃 - 들다, 꽃 - 피다, 꿈 - 꾸다,
낯 - 간지럽다, 낯 - 설다, 낯 - 익다, 녹 - 슬다, 눈 - 감다, 눈 - 부시다, 눈 -
멀다, 닭 - 잦추다, 뒤 - 대다, 발 - 맞추다, 발 - 붙이다, 배 - 부르다, 벌 - 쐬
다, 벌 - 주다, 뼈 - 아프다, 사이 - 좋다, 살 - 찌다, 손 - 부끄럽다, 알 - 배다,
앞 - 서다, 올 - 바르다, 움 - 트다, 일 - 삼다, 입 - 바르다, 잠 - 들다, 줄 - 달
다, 집 - 가시다, 춤 - 추다, 풀 - 꺾다, 해 - 묵다, 황 - 잡다, 흠 - 뜯다, 힘 -
세다, 힘 - 입다, 활 - 비비, 씨 - 도리

(3) 명사형과 명사의 결합

용언을 명사에 붙이려면 조금 복잡한 조건을 알아야 한다. 어떤 것은 용언을
명사형으로 바꿔서 그 뒤에 명사를 결합시키고, 어떤 것은 용언을 관형사형으
로 바꿔서 그 뒤에 명사를 결합시킨다. 또 어떤 것은 용언의 어간 뒤에 곧바로
명사를 결합시키기도 한다. 그 각각의 경우를 예시하겠다. 먼저 동사나 형용사
의 어간에 명사형 어미 'ㅁ/ - 음'을 붙여 명사형으로 만든 뒤에 명사를 결합한
낱말을 소개한다. 동사나 형용사가 불규칙 활용을 하는 것이면 명사형 어미를
붙이는 경우에도 불규칙 활용 형태를 쓴다

가림 - 담, 가뭄 - 더위, 걸림 - 돌, 걸음 - 짐작, 구움 - 판, 귀염 - 성, 내
림 - 굿, 누름 - 단추, 다림 - 줄, 데림 - 추, 도움 - 줄기, 두름 - 손, 디딤 -
돌, 맺음 - 말, 모음 - 곡, 비빔 - 국수, 새김 - 칼, 싸움 - 판, 울음 - 소리, 웃
음 - 소리, 자람 - 점, 지름 - 길, 흐름 - 소리

(4) 관형사형과 명사의 결합

다음으로 동사나 형용사를 관형사처럼 만들기 위해서 관형사형 어미 ' - ㄴ
/ - 는/ - 은' 등을 붙이거나 ' - ㄹ/ - 을'을 매개로 하여 명사와 결합한 낱말이
있다. 먼저 ' - ㄴ/ - 는/ - 은'을 매개로 하여 명사와 결합한 낱말을 예시한다.
이 경우에도 동사나 형용사가 불규칙 활용을 하는 것이면 관형사형 어미를 붙
일 때에도 불규칙 활용 형태를 쓴다.

건넌-방, 구운-밤, 구린-내, 노는-계집, 노란-색, 놀란-흙, 눈뜬-장님, 도린-곁, 든-손, 뜬-눈, 마른-하늘, 먼-빛, 바른-길, 받은-기침, 부린-활, 빈-손, 붉은-팥, 붙은-돈, 선-돌, 신-물, 싱건-김치, 쓴-맛, 앉은-굿, 어린-이, 얻은-잠방이, 이른-바, 잔-소리, 죽는-시늉, 지난-밤, 짙은-천량, 짠-물, 찬-바람, 큰-물, 파란-빛, 흐린-소리

이번에는 관형사형 어미 '-ㄹ/-을'을 매개로 하여 명사와 결합한 낱말을 예시한다. 이 경우에도 불규칙 활용을 하는 것은 불규칙 활용 형태로 바뀐다.

감칠-맛, 견딜-성, 날-짐승, 내릴-톱, 던질-낚시, 데릴-사위, 돋을-볕, 들-것, 들-보, 들-손, 디딜-방아, 뜰-채, 먹을-알, 무를-문서, 밀-낫, 뺄-셈, 설-자리, 썰-물, 앉을-자리, 어질-병, 잡을-손, 죽을-힘, 지날-결, 참을-성, 풀-대님

(5) 어간과 명사의 결합

동사나 형용사 어간에 명사가 곧바로 붙어서 합성어가 되는 예도 있다. 이는 동사나 형용사가 어미 없이 어간만으로도 의미가 드러난다고 볼 수 있는 것에서 보이는 현상인데 그 예를 들어 보면 다음과 같다.

가물-철, 검-독수리, 검-버섯, 곧-날-대패, 곱-자, 굳-기름, 깎-낫, 꺾-쇠, 꺾-자, 낚-거루, 넓-살-문, 노느-몫, 누비-옷, 늙-바탕, 늦-부지런, 늦-잠, 더듬-수, 덮-그물, 덮-밥, 둥글-부채, 들-것, 먹-성, 묵-밭, 묵-솜, 묵-장, 물-것, 밉-상, 밉-성, 밟-다듬이, 붉-나무, 붉-돔, 비비-송곳, 비-손, 솟-대, 썩-벼럭, 씻-골, 엎-집, 울-대, 울-상, 익-반죽, 잡-좆, 접-낫, 접-바둑, 죽-상, 째-못, 튀-밥, 후리-채

이상으로 동사와 형용사가 명사와 결합할 때에는 동사와 형용사를 명사형 또는 관형사형으로 바꾸는 것이 원칙인데, 어떤 경우에는 이런 원칙을 따르지 않고 어미 없이 어간이 직접 명사와 결합하는 예도 있음을 보았다. 이렇게 보면 동사나 형용사 뒤에 명사가 결합할 때에는 반드시 어미가 매개해야 한다는 원

칙에는 예외가 있고, 이런 예외는 앞으로도 형태소에 따라서 더 많이 생길 수
있으며, 그런 낱말의 생성을 조어법으로 막을 필요도 없다는 것을 알 수 있다.
이는 낱말이 조어법에 따라서 생기는 것이 아니라 낱말이 생기면 조어법이 그
것을 따라가야 한다는 것을 말해 준다.

(6) 용언과 용언의 결합

동사나 형용사가 다른 동사나 형용사와 결합할 때에는 어미 '-어/-아'가
쓰인다. 동사, 형용사가 서로 결합하여 이루어진 낱말을 합성동사, 합성형용사
라고 하는데, 어미 '-어/-아'를 매개로 하여 결합한 합성어를 예시하면 다음
과 같다.

① 동사와 동사가 결합한 합성어

㉮ 두 동사의 형태 그대로 결합한 경우(맞15 붙임1의 1호)

가려잡다, 갈아엎다, 걷어차다, 굽어보다, 깎아내리다, 깔아뭉개다,
꺼안다, 끊어지다, 끌어넣다, 날아들다, 놀아나다, 놓아먹이다, 늘어
나다, 넘어지다, 다녀가다, 닦아세우다, 달려가다, 담아내다, 도려내
다, 돌아가다, 덮어놓다, 데려가다, 돌려받다, 돌아다니다, 두어두
다, 뛰어쓰다, 뒤져내다, 뒤집어쓰다, 들어가다, 떨어지다, 떼어먹
다, 뜯어보다, 말려들다, 말아먹다, 멀어지다, 메어붙이다, 모여들
다, 몰려들다, 몰아오다, 물려받다, 밀어내다, 받아넘기다, 배어들
다, 버려두다, 벌어지다, 벗어나다, 별러주다, 보아주다, 불러일으키
다, 불어오다, 비껴쓰다, 비뚤어지다, 비켜나다, 빌어먹다, 살아나
다, 쏘아붙이다, 쏟아지다, 쓸어안다, 씹어뱉다, 안아맡다, 앉아버티
다, 알아맞히다, 약아빠지다, 얻어듣다, 얻어맞다, 얼어붙다, 엎어지
다, 여겨보다, 열어젖히다, 옭아매다, 옮아가다, 외어서다, 웃어넘기
다, 이루어지다, 일어나다, 잡아가다, 잡아먹다, 접어들다, 접어주
다, 죽어지내다, 줄어들다, 쥐여살다, 지어내다, 지어붓다, 짊어지
다, 집어던지다, 집어삼키다, 째어지다, 쫓아가다, 찾아내다, 찾아오
다, 쳐내다, 쳐주다, 털어먹다, 뛰어나오다, 틀어막다, 틀어지다, 팔

아넘기다, 팔아먹다, 풀어먹이다, 피어나다, 허물어지다, 헤어나다, 후려치다, 흘겨보다, 흘려보내다, 흩어지다

㉯ 앞 동사의 어미(－어/－아)가 줄어든 경우

개올리다, 건너가다, 건너지피다, 건네주다, 깨물다, 깨부수다, 꿰차다, 매달다, 바라보다, 베돌다, 빼물다, 사들이다, 싸잡다, 싸쥐다, 자라나다, 지나가다, 지내보다, 짜내다, 켜내다, 타오르다, 파묻다, 펴내다

㉰ 앞 동사가 불규칙 활용한 경우

갈라서다(가르－＋서다), 눌어붙다(눋－＋붙다), 눌러앉다(누르－＋앉다), 다가앉다(다그－＋앉다), 돌라놓다(도르－＋놓다), 따라가다(따르－＋가다), 달라지다(다르－＋지다), 달아나다(닫－＋나다), 발라맞추다(바르－＋맞추다), 잘라먹다(자르－＋먹다), 구워삶다(굽－＋삶다), 걸어가다(걷－＋가다), 둘러막다(두르－＋막다), 떠돌다(뜨－＋돌다), 몰라보다(모르－＋보다), 물러가다(무르－＋가다), 부어오르다(붓－＋오르다), 우러러보다(우러르－＋보다), 일러두다(이르－＋두다), 이어받다(잇－＋받다), 잘라먹다(자르－＋먹다), 커지다(크－＋지다), 터놓다(트－＋놓다), 퍼붓다(푸－＋붓다), 흘러내리다(흐르－＋내리다)

㉱ 기타

들락날락, 엎치락뒤치락, 오락가락, 오르락내리락, 쥐락펴락

㉮에 있는 합성동사는 모두 어미 '－어/－아'를 매개로 하여 결합한 것들로 어미 '－어/－아'가 드러나 있는 것이다. ㉯에 있는 합성 동사는 모두 어미 '－어/－아'를 매개로 하고 있으면서도 '－어/－아'가 생략된 것이다. 앞의 어간 중성이 'ㅏ, ㅐ, ㅓ, ㅔ'이면 매개 어미 '－어/－아'가 생략된다. ㉰에 있는 것은 통사적으로 불규칙 활용을 하는 단어들이 어미 '－어/－아' 앞에서 불규칙 활용 형태로 바뀌어 합성된 것이다. 어떻든 동사와 동사는 일반적으로 어미 '－어/－아'를 매개로 하여 합성된다는 것을 알 수 있다. ㉱는 상대되는 두 동사가 어미 '－락'을 매개로 하여 합성부사가 된 경우이다.

② 형용사와 동사가 결합한 합성어 : 형용사 어간에 보조적 연결 어미 '―어'
를 사용하여 보조 동사 '하다'나 '지다'를 결합한다.

㉮ '―아/―어 하다' 형식의 결합

> 기뻐하다(기쁘― +하다), 놀라워하다(놀랍― +하다), 더워하다(덥― +
> 하다), 미워하다(밉― +하다), 부러워하다(부럽― +하다), 사랑스러워
> 하다(사랑스럽― +하다), 서러워하다(서럽― +하다), 슬퍼하다(슬프― +
> 하다), 싫어하다(싫― +하다), 자랑스러워하다(자랑스럽― +하다), 좋아
> 하다(좋― +하다), 즐거워하다(즐겁― +하다), 추워하다(춥― +하다)

㉯ '―아/―어 지다' 형식의 결합

> 굵어지다(굵― +지다), 까매지다(까맣― +지다), 꺼메지다(꺼멓― +지
> 다), 납작해지다(납작하― +지다), 노래지다(노랗― +지다), 누레지다
> (누렇― +지다), 더러워지다(더럽― +지다), 동그래지다(동그랗― +지
> 다), 말개지다(말갛― +지다), 멀게지다(멀겋― +지다), 보얘지다(보
> 얗― +지다), 부예지다(부옇― +지다), 비뚤어지다(비뚤― +지다), 뿌예
> 지다(뿌옇― +지다), 서늘해지다(서늘하― +지다), 파래지다(파랗― +지
> 다), 퍼레―다(퍼렇― +지다), 하얘지다(하얗― +지다), 허예지다(허
> 옇― +지다), 흐려지다(흐리― +지다)

③ 형용사와 형용사가 결합한 합성어

㉮ 기나길다, 머나멀다

㉯ 길디길다, 깊디깊다, 낮디낮다, 넓디넓다, 다디달다, 덥디덥다, 두렵
디두렵다, 무섭디무섭다, 높디높다, 되디되다, 맑디맑다, 맵디맵다,
묽디묽다, 비싸디비싸다, 시디시다, 싸디싸다, 쓰디쓰다, 얇디얇다,
좁디좁다, 짜디짜다, 차디차다, 춥디춥다, 크나크다, 크디크다, 푸르
디푸르다, 희디희다

㉰ 푸르락누르락, 푸르락붉으락

㉮는 어미 '―나'를 매개로 하여 같은 형용사를 겹쳐 만든 합성 형용사이
고(이 낱말은 '머나먼, 기나긴'으로만 쓰이는 제약이 있음), ㉯는 어미 '―디'를

매개로 하여 같은 형용사를 겹쳐 만든 합성 형용사이며, ㉰는 어미 '-락'을 매개로 하여 다른 색의 형용사를 결합하여 만든 합성부사이다. 두 형용사를 겹쳐서 강조의 의미를 나타내는 방법에는 어미 '-고'를 쓰는 수도 있는데, 이 때는 합성어가 되지 않고 통사적인 표현으로 간주한다('높고 높은/ 넓고 넓은/ 크고 작은/ 푸르고 푸른' 등).

④ **어간이 동사나 형용사와 결합하는 경우** : 동사나 형용사의 어간이 직접 명사와 결합하여 합성어를 만드는 것처럼 어간에 곧바로 동사나 형용사가 결합시키기도 한다. 결합하는 과정에서 일부 낱말은 어간의 종성 'ㄹ'이나 'ㅎ'이 탈락하기도 하고, 두 형태소 사이에서 'ㅂ'이 덧나기도 한다. 이는 동사와 형용사가 명사와 결합할 때에 예외적으로 일어났던 것과 같은 현상이다. 어간에 낱말이 직접 붙어 된 합성어의 예를 들면 다음과 같다.

> 가마아득하다(가맣-+아득하다), 감돌다, 감싸다, 감사납다, 걷잡다, 검붉다, 굳세다, 굶주리다, 길둥글다, 깔보다, 낮잡다, 넓둥글다, 노라발갛다(노랗-+발갛다), 높푸르다, 늦되다, 덮두들기다, 덮씌우다, 둥글넓적하다, 듣보다, 맵짜다, 무르녹다, 무르익다, 부르짖다, 붙박다, 비비꼬다, 시들마르다, 섞사귀다, 세차다, 쓰다듬다(쓸-+다듬다), 약빠르다, 얕보다, 얕잡다, 어녹다(얼-+녹다), 얼마르다, 오르내리다, 우짖다(울-+짖다), 잡죄다, 잽싸다(재-+싸다), 지르신다, 지르잡다, 푸돌다(풀-+돌다), 희맑다, 하야말갛다(하얗-+말갛다)

(7) 그 밖의 낱말의 결합

부사도 다른 품사와 결합하고 관형사도 명사나 특별한 관형사와 결합하여 합성어를 만든다. 그리고 명사나 대명사가 조사와 결합하여 부사를 만들기도 한다. 이렇게 해서 생성된 합성어에는 다음과 같은 것이 있다.

① 부사와 명사가 결합한 합성어

> 깜박불, 깩소리, 끽소리, 똑딱단추, 반짝경기, 통통배

② 부사와 동사나 형용사가 결합한 합성어

곧든다, 곧바르다, 곧추세우다, 따로나다, 똑같다, 똑떨어지다, 똑바르다, 마주나다, 못나다, 못되다, 못살다, 못생기다, 바로잡다, 박차다, 잘나다, 잘되다, 잘살다, 참되다

③ 부사와 부사가 결합한 합성어

곧바로, 더욱더, 더더구나, 더한층, 또다시, 똑바로, 빨리빨리, 잘잘못

④ 관형사와 명사가 결합한 합성어

새사람, 온달, 입때, 접때, 첫걸음, 첫사랑, 한곳, 한가락, 한끝, 한나절, 한날, 한뉘, 한데, 두말, 한결, 한낱, 한동기, 한동네, 한동안, 한둘, 한마을, 한마음, 한맛, 한목숨, 한몫, 한밑천, 한바탕, 한발, 한배, 한번, 한사람, 한순간, 한술, 한입, 한잔, 한잠, 한줄기, 한쪽, 한철, 한턱, 한풀, 고것(고거), 고년, 고놈, 고사이(고새), 고쪽, 그간(間), 그것(그거), 그곳, 그글피, 그끄저께(그끄제), 그날, 그녀, 그년, 그놈, 그달, 그동안, 그따위, 그때, 그만큼, 그분, 그사이(그새), 그이, 그자, 그전, 그중, 그쪽, 그해, 어느덧, 어느새, 여러분, 요것(요거), 요다음(요담), 요만큼, 요번, 요사이(요새), 요전, 요즈음(요즘), 요쪽, 이것(이거), 이곳, 이날, 이년, 이놈, 이다음(이담), 이달, 이따위, 이때, 이만큼, 이번, 이분, 이사이(이새), 이이, 이자, 이적, 이쪽, 이즈음(이즘), 이해, 저것(저거), 저년, 저놈, 저따위, 저만큼, 저번, 저분, 저이, 저자, 저쪽

⑤ 관형사와 관형사가 결합한 합성어

두서너, 두세, 몇몇, 서너, 이내, 한두

⑥ 실질 형태소의 어원이 불분명한 합성어 : 합성어는 당연히 실질 형태소의 결합으로 만들어지는데, 어떤 실질 형태소는 형태와 의미가 모호해서 원형을 밝혀 적기가 어려운 것이 있다. 그런 낱말에는 다음과 같은 것이 있다(맞 27 붙임2).

골병, 골탕, 끌탕, 며칠, 부리나케, 업신여기다, 이틀

⑦ 결합하는 형태소가 다른 소리로 나는 경우 : 이[齒, 蝨]가 다른 낱말의 뒤에 붙어서 '니'로 소리나는 경우에는 '니'로 표기한다(맞27 붙임3).

가랑니, 간니, 덧니, 머릿니, 사랑니, 송곳니, 앞니, 어금니, 윗니, 젖
니, 톱니, 틀니

⑧ 같은 형태소의 겹치기 합성 : 첩어를 만들거나 소리가 비슷한 음절을 겹쳐
새로운 단어를 만드는 방법이 있다. 드물지만 같은 뜻을 가진 형태소를 겹쳐
서 낱말을 만드는 경우도 있다. 이 방법으로 토박이말과 한자어를 결합시키
기도 한다.

  ㉮ 첩어 : 도란도란, 알록달록, 어슬렁어슬렁, 주렁주렁, 그럭저럭, 시난고
    난, 알뜰살뜰히, 얼기설기, 우물쭈물

  ㉯ 뜻이 같은 한자어와 토박이말의 결합 : 기틀(機), 온전(全)하다, 담장(墻),
    뒷배(背), 고(苦)되다, 족(足)발

(8) 사잇소리 표기

명사와 명사가 합성하는 과정에서 사잇소리가 나는 경우와 나지 않는 경우가
있다. 예를 들면 불로 구워서 먹는 고기를 '불고기'라고 하는데, '불'과 '고기'
사이에는 아무런 소리가 끼어들지 않는다. 그러나 물에서 사는 고기를 가리키
는 합성명사 '물고기'에는 '물'과 '고기' 사이에 사잇소리가 끼어들어서 '물꼬
기'처럼 소리가 난다. 같은 현상이 '인사＋말'과 '노래＋말' 사이에서도 일어난
다. 인사로 하는 말은 그냥 '인사말'이지만 노래를 부르도록 곡을 붙인 말은
'노랜말'처럼 소리가 난다. '노랜말'로 소리가 나는 이유는 '노래'와 '말' 사이
에 사잇소리가 개입했기 때문이다. 한글 맞춤법은 이 사잇소리를 'ㅅ'으로 표
기하도록 했다. 그러면 사잇소리가 끼어든 합성어를 표기하는 방법을 한글 맞
춤법이 정한 바에 따라서 검토해 보자.

① 사이시옷을 받쳐 적는 경우 (맞30) : 일반적으로 사잇소리라고 하면 사이시
옷을 붙일 수 있는 소리에 쓰인다. 사이시옷을 받쳐 적는 경우는 두 가지가
있다. '순 우리말끼리 또는 순 우리말과 한자어로 된 합성어로서 앞말이 모
음으로 끝난 경우'와 '여섯 개의 한자어의 경우'가 그것이다. 따라서 여섯
개의 한자어 외에는 한자어로만 된 합성어에는 사잇소리가 덧나더라도 사
이시옷을 받쳐 적지 않는다.

㉮ 순 우리말끼리 또는 순 우리말과 한자어로 된 합성어의 경우(맞30 제1호, 제2호) : 받침이 없는 명사에 다른 명사가 붙어서 사잇소리가 나는 경우에는 사이시옷을 앞말의 받침으로 적는다는 말이다. 앞말이 모음으로 끝난다고 해서 무조건 사이시옷을 받쳐 적는 것이 아니고 사잇소리가 분명하게 나는 경우에 한한다. 한글 맞춤법은 사잇소리가 분명하게 나는 경우를 '합성명사의 뒷말 첫소리가 된소리로 날 때', '합성명사 뒷말의 첫소리 ㄴ, ㅁ 앞에서 ㄴ 소리가 덧날 때', '합성명사 뒷말의 첫소리 모음 앞에서 ㄴㄴ 소리가 덧날 때'의 세 경우를 제시했다. 각 경우를 예시하면 아래와 같다.

첫째, 합성명사의 뒷말 첫소리가 된소리로 날 때

- **귓밥, 나뭇가지, 나잇값, 뒷갈망, 머릿속, 모깃불, 밧줄, 볏가리, 부싯돌, 선짓국, 아랫집, 잇자국, 잿더미, 조갯살, 찻집, 쳇바퀴, 킷값, 핏대, 햇볕, 혓바늘, 횃대**(이상 순 우리말끼리 된 합성어)
- **귓병, 깃대, 머릿방, 머릿수건, 뱃병, 사잣밥, 샛강, 셋돈, 자릿세, 잔칫상, 전셋집, 촛국, 탯줄, 텃세, 핏기, 햇수, 홧김, 횟가루, 횟배**(이상 순 우리말과 한자어로 된 합성어)

둘째, 합성명사 뒷말의 첫소리 ㄴ, ㅁ 앞에서 ㄴ 소리가 덧날 때

- **대팻날, 두렛논, 머릿내, 멧나물, 못논, 옛날, 윗니, 이렛날, 콧날, 깻묵, 갈깃머리, 냇물, 뒷마루, 뒷맛, 뒷머리, 무릿매, 아랫마을, 윗몸, 첫마디, 텃마당, 혼잣말**(이상 순 우리말끼리 된 합성어)
- **곗날, 제삿날, 훗날, 뒷면, 뒷문, 봇물, 양칫물, 툇마루, 팻말**(이상 순 우리말과 한자어로 된 합성어)

셋째, 합성명사 뒷말의 첫소리 모음 앞에서 ㄴㄴ 소리가 덧날 때

- **깻잎, 나뭇잎, 댓잎, 도리깻열, 두렛일, 뒷일, 베갯잇, 옛일, 욧잇, 허드렛일**(이상 순 우리말끼리 된 합성어)
- **가욋일, 농삿일, 무싯날, 봇일, 사삿일, 예삿일, 훗일**(이상 순 우리말과 한자어로 된 합성어)

㉯ 사이시옷을 붙이는 한자어 6개 : 한자어에는 사이시옷을 붙이지 않는 것이

원칙이지만, 아래 여섯 낱말에는 사이시옷을 붙이기로 했다(맞30 제3호).

곳간, 셋방, 숫자, 찻간, 툇간, 횟수

② **사잇소리가 나지 않는 경우** : 앞 명사에 받침이 없다고 해서 언제나 사잇소리가 나는 것은 아니다. '머리+말'의 결합이 '머리말'이고, '바퀴+살'의 결합이 '바퀴살'이 되며, '동아+줄'의 결합이 '동아줄'이 되는 것처럼 사잇소리가 나는 경우와 안 나는 경우가 있기 때문에 사이시옷을 붙이는 것은 규칙성을 부여받을 수 없다. 두 낱말 사이에 사잇소리가 나지 않는 합성어를 예시하면 다음과 같다.

갈퀴-눈, 개-구멍, 게-살, 겨레-말, 고리-눈, 구유-배, 나무-다리, 나무-장수, 나비-물, 다리-재간, 대-그릇, 동아-줄, 돼지-고기, 뒤-차, 머리-글자, 머리-기사, 머리-소리, 바다-낚시, 바퀴살, 배-다리, 보리-밥, 보리-밭, 사이-시옷, 새-집, 서리-꽃, 설거지-물, 소리-마디, 쇠-사슬, 쇠-줄, 싸리-문, 아기-집, 어깨-동무, 예사-소리, 자라-목, 자리-옷, 터주-항아리, 하루-아침, 해-소수

③ **한자어의 사잇소리 표기** : 위에서 밝힌 여섯 개의 한자어 외에 모든 한자어(합성어와 파생어도 포함)에는 사이시옷을 붙이지 않기 때문에 한자어 합성어에서 사잇소리가 나더라도 앞말에 사이시옷을 받쳐 적지 않는다. 따라서 합성어에 우리말이 들어 있는지 한자어로만 되어 있는지 구별할 수 있어야 한다.

다음 합성어(파생어 포함)들은 비록 사잇소리가 나지만 한자어로만 되어 있기 때문에 사이시옷을 받쳐 적지 않는다.

감사장(感謝狀), 개수(個數), 국제법(國際法), 난치병(難治病), 내적(內的), 대가(代價, 對價), 수도권(首都圈), 시가(市價), 시구(詩句), 실어증(失語症), 우수성(優秀性), 울화증(鬱火症), 외적(外的), 이과(理科), 인사과(人事課), 장미과(薔薇科), 전세방(傳貰房), 제상(祭床), 차례상(茶禮床), 초점(焦點), 치과(齒科), 청구권(請求權), 호수(戶數), 화병(火病), 화증(火症), 회수권(回數券)

이상으로 우리는 다양한 합성어의 형태를 보면서 이들이 어떤 방식으로 만들어 졌는지 보았다. 합성어는 앞으로도 수없이 많이 만들어져서 우리의 언어생활을 비옥하게 해 줄 것이다. 관용어 가운데에서도 일부는 경우에 따라서 합성어로 변할 가능성이 있다. 우리가 새로운 낱말을 가장 쉽게 만들 수 있는 방법이 실질 형태소를 결합하는 합성법이기 때문에 너도나도 합성법을 이용해서 합성어 만들기에 나설 것을 기대한다.

합성어 조어 기법

새로운 의미를 갖는 합성어를 만들기 위해서 사용되는 조어법 7가지를 제시한다. 실제 새로운 낱말이나 이름을 만들 때에 여기서 영감을 얻을 수 있을 것이다.

① **기능 표현 기법** : 어떤 기능이 있는지, 무엇에 활용하는지를 드러내는 방법

누룩곰팡이, 메주콩, 따발총, 돋보기안경, 쥘손, 액막이연, 타작마당, 밥그릇, 술집, 동자옷, 나들이옷, 둥글개첩, 모래막이숲, 문안침, 내림굿, 불깃, 살림망, 활벌이줄, 귀밝이술, 쇠죽가마, 구름판, 빨랫방망이

② **상징 표현 기법** : 사물의 특성을 활용하는 기법

칼날, 대쪽, 찰떡궁합, 웃음꽃, 어깨보증, 따끔나리, 몽둥이세례, 벙어리장갑, 벼락같이, 감쪽같다, 생파리같다, 부엉이살림, 멍텅구리배, 쏜살같다, 물밀듯이, 우렁잇속, 개똥번역, 구메농사, 빚두루마기

③ **행위 본뜨기 기법** : 동작을 활용하는 방법

들창, 미닫이문, 씻김굿, 비비송곳, 볶음밥, 꿈틀운동, 비틀걸음, 주먹다짐, 무릎맞춤, 돌단춤, 떠돌이별, 소박이김치, 듣보기장사, 목매기송아지, 배흘림기둥, 물만밥

④ **모양 본뜨기 기법** : 생김새나 색깔을 활용하는 방법

바늘잎, 붓꽃, 대접젖, 장작윷, 뾰족지붕, 흰나비, 눈깔사탕, 들창코, 굴

도리, 솟을대문, 팔각정, 개구리헤엄, 말뚝잠, 앉은뱅이저울, 말굽자석, 쇠코잠방이

⑤ 성질 본뜨기 기법 : 사물의 내적 성질이나 특징에 착안하여 그에 맞는 이름을 붙이는 방법

굳은일, 참사람, 거짓말, 허튼계집, 고양이소, 말고기, 산들바람, 건들바람, 단비, 피비린내, 건땅

⑥ 의미 결합 기법 : 두 의미를 결합하는 방법

앞뒤, 아래위, 집안, 안마당, 마음속, 텃밭, 나뭇잎, 달빛, 햇무리, 아침노을, 배추김치, 명란젓, 두릅나물, 오지그릇, 안마당, 쇳물

⑦ 변화 결합 기법 : 한 의미를 강화하거나 약화하는 방법

시커멓다, 해말갛다, 대낮, 대들보, 한가운데, 들부수다, 맨땅, 민며느리

위의 일곱 가지를 하나씩 이용하거나 두셋을 아울러 이용해서 낱말을 만들어 보면 좋은 결과를 얻을 수 있을 것이다.

4. 파생어의 조어법

파생어는 실질 형태소의 앞이나 뒤에 형식 형태소가 붙어서 만들어지는 낱말이다. 파생어를 만드는 형식 형태소에는 접사가 쓰인다. 실질 형태소 앞에 붙는 접사를 접두사, 뒤에 붙은 접사를 접미사라고 한다는 것은 앞에서 설명했다. '한-, 알-, 군-, 웃-'같은 접두사가 실질형태소 앞에 붙어 '한집안, 한낮, 알몸, 군물, 웃비'같은 낱말을 생성하게 되는데, 이런 낱말을 파생어라고 한다. 또 '-질, -껏, -내기, -뻘'같은 접미사가 실질 형태소 뒤에 붙어 '물질, 마음껏, 시골내기, 아저씨뻘'같은 파생어를 생성한다.

파생어도 기존의 낱말로는 표현할 수 없는 새로운 의미를 나타내게 하기 위하여 기존의 낱말에 접두사나 접미사를 붙여서 만들게 된다. 합성어가 두 낱말이 동등한

자격으로 결합하고, 두 낱말이 새 의미 형성에 동등하게 참여하는 데 비해서, 파생어는 한 낱말(이를 어근이라고 함)이 주가 되고 형식 형태소가 보완적으로 붙어서 새로운 낱말이 만들어진다. 따라서 파생어는 어근의 의미가 그대로 살아 있고 거기에 새로운 의미가 덧붙을 뿐이다.

예컨대 '낮'에 접두사 '한-'이 붙어서 '한낮'이 되는 경우에, '한낮'에도 '낮'의 의미는 전혀 손상되지 않고 있되, 접두사 '한-'으로 인해서 '낮'의 가장 가운데 곧 정오(正午)를 가리키는 낱말이 된다. 또 '물'에 접미사 '-질'이 붙어서 '물질'이 되어도 '물'의 의미는 그대로 유지되면서 접미사 '-질' 때문에 '물을 헤는 짓'의 의미를 나타내게 된다. 파생어 가운데에는 의미만을 바꾸기 위해서 만드는 것이 있는가 하면 문법적 기능을 바꾸기 위해서 만드는 것도 있다. 명사인 '마음'에 접미사 '-껏'이 붙으면 '마음껏'이 되는데 '마음껏'은 부사이다. 또 동사 '먹다'에 접미사 '-이'가 붙으면 '먹이다'가 되는데 문법적으로 말하면 '먹다'는 능동사이고, '먹이다'는 사동사이다. 어떻든 파생어는 어근의 의미 변화없이 형식 형태소인 접두사나 접미사를 붙여 어근의 의미를 보충하거나 문법적 기능을 바꿔 주기 위해서 만들어지는 낱말이다.

(1) 접두사를 이용한 파생어

어근에 접두사가 결합하여 파생어가 만들어질 때에 어근이나 접두사의 형태는 변하지 않는다. 접두사 뒤에 어근을 붙이면 곧 파생어가 된다. 이렇게 해서 생성된 파생어를 소개하면 아래와 같다.

강-바람, 강-술, 개-소리, 경(輕)-승용차, 곱-씹다, 군-소리, 난(難)-공사, 날-고기, 날-감자, 단-팥죽, 덧-신, 덧-붙이다, 데-생각, 데-알다, 독(獨)-무대, 돌-계집, 돌-배, 되-씹다, 둘-암소, 뒤-엎다, 뒤-흔들다, 드-날리다, 드-세다, 들-볶다, 들-쑤시다, 들-개, 들-국화, 들이-붓다, 들이-마시다, 막-노동, 막-다르다, 막-대패, 막-되다, 막-살다, 막-일, 막-지르다, 막-차, 막-판, 맏-아들, 맏-손자, 말-개미, 말-매미, 맞-배, 맞-닥치다, 맞-먹다, 맞-불, 맞-서다, 맞-선, 맞-절, 맨-손, 메-떡, 메-조, 몰-박다, 미(未)-완성,

민-머리, 민-비녀, 민-며느리, 반(反)-체제, 밭-사돈, 빗-금, 빗-나가다, 새-파랗다, 새-하얗다, 샛-노랗다, 소(小)-규모, 수-고양이, 숫-음식, 숫-처녀, 숫-되다, 숫-양, 숫-염소, 숫-쥐, 시-뻘겋다, 실-고추, 실-버들, 싯-누렇다, 알-몸, 알-거지, 암-곰, 엇-각, 엇-매다, 엇-비슷하다, 엿-듣다, 엿-살피다, 오-조, 오-사리, 옥-니, 옥-장사, 옥-쥐다, 올-벼, 올-콩, 옹달-샘, 옹달-시루, 외-아들, 외-나무다리, 외(外)-할머니, 웃-국, 웃-돈, 일-심다, 일-되다, 정(正)-교사, 짓-밟다, 짓-부수다, 짝-사랑, 짝-버선, 쪽-대문, 쪽-지게, 차-조, 찰-가난, 찰-흙, 참-기름, 참-깨, 처-먹다, 처-박다, 최(最)-우선, 치-받다, 치-밀다, 풋-감, 풋-사랑, 피(被)-선거권, 한-가운데, 한-낮, 핫-어미, 핫-바지, 햇-담배, 햇-과일, 헛-수고, 헛-일, 헛-웃음, 호(好)-조건, 홀-몸, 홀-어미, 홑-이불, 홑-치마, 휘-젓다, 휘-날리다

다만 표준어 규정이 인정한 예외가 있다. 아래 예시한 낱말은 표준어 규정에서 접두사 '암-'과 '수-'가 결합하여 파생어를 만들 때에 'ㅎ'이 덧나서 어근의 초성이 거센소리가 되는 것을 인정한 파생어이다(표7, 다만1).

암/수캉아지, 암/수캐, 암/수컷, 암/수키와, 암/수탉, 암/수탕나귀, 암/수톨쩌귀, 암/수퇘지, 암/수평아리

접두사 '암-'과 '수-'가 붙은 파생어로서 위의 아홉개 낱말 외에는 ㅎ소리가 덧나지 않는다.

수고래, 수고양이, 수곰, 수글, 수동무, 수범, 수비둘기, 수제비 등은 거센 소리가 나지 않는다. '새카맣다, 시커멓다, 휘파람, 이토록, 저토록, 그토록, 종일토록'은 ㅎ 소리가 덧나 형태 변화가 일어난 파생어이다.

아래 것들은 접두사처럼 쓰이는 것을 붙여서 만든 파생어이다.

가랑-잎, 간-선(看-), 간-수(-水), 고수-머리, 구정-물, 납작-감, 너털-웃음, 녹-쌀, 담북-장(-醬), 도가-머리, 도깨-그릇, 돌-쩌귀, 동동-주, 두루-주머니, 또랑-광대, 띄-창(-窓), 살-얼음, 설피-창

이, 쑥덕 – 공론(–公論), 어릿 – 광대, 얼룩 – 말, 용 – 가마, 족 – 편(足 –),
줄 – 무지, 파 – 쇠(破 –)

(2) 접미사를 이용한 파생어

접미사를 이용해 파생어를 만들 때에도 어근에 접미사를 곧바로 붙이는데 그
과정에서 어근이나 접미사의 형태 변화는 없다. 다만 접미사의 종류가 여러 가
지이므로 그에 따라 차이가 생긴다. 접미사의 종류에 따라서 생성된 파생어를
예시하면서 결합의 특이점에 대해서 설명하겠다.

① 명사, 대명사에 접미사가 붙어서 명사가 된 것

가난 – 뱅이, 강도 – 질, 걸레 – 질, 게으름 – 뱅이, 겨우 – 내, 계약 – 상
(上), 고집 – 쟁이, 곱 – 빼기, 과녁 – 빼기, 구경 – 꾼, 귀염 – 둥이, 그
름 – 치, 기대 – 치(値), 깃 – 발(旗 –), 나이 – 배기, 날림 – 치, 낯 – 짝, 노
름 – 꾼, 농구 – 광(狂), 눈 – 매, 눈 – 치, 느림 – 보, 달 – 거리, 달 – 포, 대
장 – 장이, 대푼 – 짜리, 도랑 – 창, 동냥 – 아치, 동 – 녘, 뒷 – 간(間), 등
대 – 지기, 딸 – 년, 말 – 발, 몸 – 매, 모양 – 새, 문 – 지기, 미련 – 쟁이,
바느 – 질, 발길 – 질, 밥 – 보, 방앗 – 간(間), 벼슬 – 아치, 보름 – 째, 보
름 – 치, 볼기 – 짝, 부인 – 네, 빛 – 깔, 사장 – 님, 삼촌 – 뻘, 삽 – 질, 새
벽 – 녘, 설계 – 도(圖), 성 – 깔, 성적 – 순(順), 시골 – 내기, 시궁 – 창, 심
술 – 꾸러기, 아드 – 님, 아들 – 놈, 아저씨 – 뻘, 아침 – 께, 안식 – 년(年),
약 – 발(藥 –), 어디 – 께, 언덕 – 배기, 얼룩 – 빼기, 얼마 – 어치, 얼마 –
쯤, 여름 – 내, 여자 – 끼리, 예사 – 내기, 예술 – 가(家), 옹기 – 장이, 요
리 – 법(法), 요 – 즈막, 요 – 쯤, 욕 – 보, 욕심 – 꾸러기, 욕 – 쟁이, 우
리 – 끼리, 우리 – 네, 운동 – 복(服), 원 – 어치, 육손 – 이, 이마 – 빼기,
이 – 즈막, 이 – 쯤, 잠 – 꾸러기, 장 – 내기, 재 – 빼기, 저녁 – 쯤, 절름
발 – 이, 주정 – 뱅이, 중간 – 치, 중치막 – 짜리, 청 – 지기, 코 – 치, 키 –
다리, 통 – 째, 판매 – 액(額), 평균 – 치(値), 해 – 포, 허릿 – 매, 허풍 – 쟁
이, 화장 – 발(化粧 –)

* '깃발, 뒷간, 방앗간, 허릿매'에는 사이시옷이 붙어 있다. 어근과 접미사
사이에 사이시옷이 붙은 것이 특이하다.

② 명사, 대명사에 접미사가 붙어서 부사가 된 것

고-다지, 고-만치, 그-냥, 그-다지, 그-만치, 나날-이, 낱낱-이, 마음-껏, 며칠-씩, 목청-껏, 얼마-씩, 요-냥, 요-다지, 요-만치, 이-다지, 이-만치, 저-냥, 저-다지, 저-만치, 정성-껏, 조금-씩, 힘-껏

③ 명사, 대명사, 부사에 조사나 어미가 붙어서 부사가 된 것

고-까지로, 고-대로, 고-만, 고의-로, 곰곰-이, 공-으로, 국-으로, 그길-로, 그-까지로, 그-나마, 그-대로, 그-만, 그-만큼, 그-빨로, 그-야, 그제-야, 그-토록, 기왕-에, 꾀꾀-로, 날탕-으로, 너무-나, 단결-에, 단김-에, 단번-에, 당초-에, 대번-에, 더욱-이, 딴-은, 때-로, 마음-대로, 멋-대로, 모-로, 백주-에, 새-로, 세상-에, 실-로, 애초-에, 억지-로, 얼결-에, 얼마-나, 요-나마, 요-대로, 요-만, 요-만큼, 이-나마, 이-대로, 이-만, 이-만큼, 이왕-에, 이제-야, 이-토록, 저-까지로, 저-나마, 저-대로, 저-마다, 저-만, 저-만큼, 저-토록, 정말-로, 제바람-에, 제풀-로, 제풀-에, 조-까지로, 좀-처럼, 종일-토록, 진실-로, 참-으로, 통-으로, 한목-에, 한번-에, 해-마다, 홉-으로 ('열심으로'는 '열심히'의 잘못임)

④ 대명사에 접미사가 붙어서 관형사가 된 것

그-까짓, 네-까짓, 이-까짓, 요-까짓, 저-까짓, 제-까짓, 조-까짓

⑤ 명사에 전성명사가 붙어서 명사가 된 것

가슴-앓이, 겉-절이, 겨우-살이, 관디-벗김, 귀-솟음, 귀-울음, 닭-볶음, 댕기-풀이, 뒤-풀이, 때-밀이, 떡-볶이, 마당-밟이, 먼지-떨음, 며칠-돌이, 못-뽑이, 발-걸음, 벼슬-살이, 봄-낳이, 살-붙이, 성냥-팔이, 셋방-살이, 소금-절이, 소-몰이, 속-앓이, 쇠-붙이, 쇠-잡이, 신문-팔이, 실수-투성이, 여름-낳이, 옷-걸이, 입-막음, 오자-투성이, 전세-살이, 집-들이, 초-죽음, 턱-걸이, 하루-살이

⑥ 명사에 접미사가 붙어서 동사나 형용사가 된 것

  ⑦ '-스럽다' 계열 : 근심-스럽다, 맛깔-스럽다, 복-스럽다, 사랑-스럽다, 여성-스럽다, 의견-스럽다, 익살-스럽다, 죄-스럽다, 청승-스럽다

  ⑭ '-답다' 계열 : 꽃-답다, 남자-답다, 아들-답다, 사내-답다, 여성-답다, 여행-답다, 옷-답다, 정-답다, 참-답다

  ⑭ '-겹다' 계열 : 눈물-겹다, 시름-겹다, 역-겹다, 정-겹다, 철-겹다, 흥-겹다, 힘-겹다

  ⑭ '-롭다' 계열 : 보배-롭다, 새-롭다, 슬기-롭다, 의초-롭다, 이-롭다, 해-롭다, 활기-롭다

  ⑭ '-지다' 계열 : 구석-지다, 굽이-지다, 그늘-지다, 기름-지다, 너울-지다, 눈물-지다, 덩굴-지다, 덩이-지다, 뒤-지다, 마디-지다, 맛깔-지다, 밀물-지다, 밤볼-지다, 방울-지다, 너울-지다, 비탈-지다, 썰물-지다, 언덕-지다, 옹이-지다, 외-지다, 우물-지다, 위아랫물-지다, 응달-지다, 주름살-지다, 턱-지다, 후미-지다

  ⑭ '-쩍다/적다' 계열 : 맥-쩍다, 멋-쩍다, 별미-쩍다

  ⑭ '-차다' 계열 : 기운-차다, 기장-차다, 보람-차다, 살-차다, 알-차다, 앞-차다, 자랑-차다, 줄기-차다, 활기-차다, 힘-차다

  ⑭ '-하다' 계열 : 듯-하다, 만-하다, 법-하다, 뻔-하다, 척-하다, 체-하다

  ⑭ 기타 : 거부-당하다, 결혼-시키다, 무시-당하다, 법석-이다, 성-싶다, 입학-시키다, 힘-닿다

 '-답다'와 '-스럽다'의 구별

사람이 마땅히 발휘할 자신의 특성을 발휘할 경우에 '-답다'를 붙이고('사내는 사내답고, 아줌마는 아줌마다워야 한다'), 다른 특성을 발휘할 경우에는 '-스럽다'를 쓴다(남자가 여성스럽게 말하고, 어린이가 어른스럽게 행동한다).

⑦ 부사가 동사로 전성된 것

곧 – 추다, 깡충 – 거리다, 꾸벅 – 이다, 달랑 – 거리다, 반짝 – 거리다, 반짝 – 이다, 번뜩 – 이다, 번쩍 – 이다, 출렁 – 거리다, 출렁 – 이다

⑧ 용언에 접미사가 붙어 품사가 바뀐 파생어

㉮ 용언이 명사로 전성된 것

꿈(꾸 – + ㅁ), 뜸(뜨 – + ㅁ), 맞춤(맞추 – + ㅁ), 받침(받치 – + ㅁ), 삶(살 – + ㅁ), 잠(자 – + ㅁ), 짐(지 – + ㅁ), 춤(추 – + ㅁ), 묶 – 음, 웃 – 음, 울 – 음, 물 – 음, 모질 – 음, 얼 – 음, 보풀 – 음, 닮 – 음, 맺 – 음, 맑 – 음, 믿 – 음, 이음(잇 – + – 음), 겪 – 이, 넓 – 이, 높 – 이, 길 – 이, 볶 – 이, 간거리(간거르 – + – 이), 부피(부프 – + – 이), 무게(무겁 – + – 이), 키(크 – + – 이), 더위(덥 – + – 이), 추위(춥 – + – 이), 쐐기(쐐 – + – 기), 보기(보 – + – 기), 꿰미(꿰 – + – 미), 지름(지르 – + – ㅁ), 이름(이르 – + – ㅁ), 주름(줄 – + – 음), 거름(걸 – + – 음), 부채(부치 – + – 애), 베개(베 – + – 개), 쓰개(쓰 – + – 개), 부침 – 개(부치 – + – ㅁ), 지짐 – 이(지지 – + – ㅁ), 지킴 – 이(지키 – + – ㅁ)

㉯ 형용사가 동사로 전성된 것

굽 – 히다, 기뻐 – 하다, 높 – 이다, 넓 – 히다, 늦 – 추다, 슬퍼 – 하다, 좁 – 히다, 좋아 – 하다, 키우다(크 – + – 이우)

㉰ 형용사가 부사로 전성된 것

높 – 이, 많 – 이, 멍하 – 니(멍하 – + – 니), 바삐(바쁘 – + 이), 슬피(슬프 – + 이), 어여삐(어여쁘 – + 이), 의젓잖 – 이, 적잖 – 이, 점잖 – 이, 굳 – 이, 자연 – 히, 가만 – 히, 조용 – 히, 고요 – 히, 멀 – 리(멀 – + – 리), 가까이(가깝 – + – 이), 괴로이(괴롭 – + – 이), 즐거이(즐겁 – + – 이), 되 – 게(되 – + – 게)

㉱ 용언이 조사로 전성된 것

같 – 이, 나마(남 – + 아), 부터(붙 – + – 어), 조차(좇 – + – 아)

⑨ 어근에 접미사가 붙어 만들어진 파생어

㉮ '-거리다/대다' 계열 : 굽적-거리다/대다, 궁싯-거리다/대다, 기우
뚱-거리다/대다, 기웃-거리다/대다, 끙끙-거리다/대다, 덤벙-거리
다/대다, 두근-거리다/대다, 두털-거리다/대다, 두리번-거리다/대
다, 만지작-거리다/대다, 몽그작-거리다/대다, 바스락-거리다/대다,
버둥-거리다/대다, 비아냥-거리다/대다, 빈둥-거리다/대다, 서성-
거리다/대다, 소곤-거리다/대다, 스멀-거리다/대다, 알랑-거리다/대
다, 어슬렁-거리다/대다, 울렁-거리다/대다, 웅성-거리다/대다, 찰
랑-거리다/대다, 터벅-거리다/대다, 푸드덕-거리다/대다, 휘청-거
리다/대다

㉯ '-그리다' 계열 : 가든-그리다, 간동-그리다, 간종-그리다, 뭉뚱-그
리다, 옹송-그리다, 응등-그리다, 찡-그리다

㉰ '-다랗다/따랗다' 계열 : 가느-다랗다, 곱-다랗다, 굵-다랗다, 기-
다랗다, 깊-다랗다, 널-따랗다, 높-다랗다, 되-다랗다, 두껍-다랗
다, 얄-따랗다, 작-다랗다, 잔-다랗다, 좁-다랗다, 짤-따랗다, 참-
따랗다, 커-다랗다

㉱ '-답다/땁다' 계열 : 실-답다, 아름-답다, 아리-땁다

㉲ '-뜨리다/트리다' 계열 : 깨-뜨리다/트리다, 끊어-뜨리다/트리다, 떨
어-뜨리다/트리다, 망가-뜨리다/트리다, 맞닥-뜨리다/트리다, 무
너-뜨리다/트리다, 미끄러-뜨리다/트리다, 부서-뜨리다/트리다,
빠-뜨리다/트리다, 우그러-뜨리다/트리다, 찌부러-뜨리다/트리다,
헝클어-뜨리다/트리다

㉳ '-롭다' 계열 : 가소-롭다, 괴-롭다, 까다-롭다, 날카-롭다, 대수-
롭다, 따사-롭다, 번거-롭다, 신기-롭다, 애처-롭다, 외-롭다, 주
저-롭다

㉴ '-맞다' 계열 : 능글-맞다, 능청-맞다, 데퉁-맞다, 밉살-맞다, 방
정-맞다, 쌀쌀-맞다, 앙증-맞다, 어긋-맞다, 지질-맞다, 징글-맞다

㉵ '-스럽다' 계열 : 가살-스럽다, 갑작-스럽다, 거추장-스럽다, 매몰-
스럽다, 매정-스럽다, 먹음직-스럽다, 사위-스럽다, 상냥-스럽다,

새삼-스럽다, 수다-스럽다, 쑥-스럽다, 엉큼-스럽다, 영절-스럽다, 우악살-스럽다, 을씨년-스럽다, 조잡-스럽다, 퉁명-스럽다, 호들갑-스럽다

㉧ '-스름하다/-스레하다' 계열 : 가느-스름하다/-스레하다, 가무-스름하다/-스레하다, 납작-스름하다/-스레하다, 누르-스름하다/-스레하다, 둥그-스름하다/-스레하다, 불그-스름하다/-스레하다, 푸르-스름하다/-스레하다, 희읍-스름하다/-스레하다

㉨ '-이다' 계열 : 끄덕-이다, 끈적-이다, 끔적-이다, 뒤적-이다, 뒤척-이다, 움직-이다, 해적-이다, 훌쩍-이다

㉩ '-쩍다/적다' 계열 : 객-쩍다, 괘다리-적다, 괘달머리-적다, 귀살-쩍다, 귀살머리-쩍다, 딴기-적다, 수상-쩍다, 짓-쩍다, 퉁어리-적다, 해망-쩍다

㉪ '-하다' 계열 : 갸륵-하다, 거나-하다, 거룩-하다, 거-하다, 구수-하다, 넉넉-하다, 듬직-하다, 딱-하다, 말끔-하다, 삐딱-하다, 수두룩-하다, 시시-하다, 싸-하다, 씩씩-하다, 아늑-하다, 어둑-하다, 용-하다, 우세-하다, 의건모-하다, 쩨쩨-하다, 착-하다, 초라-하다, 촉촉-하다, 탐탁-하다, 훌륭-하다

㉫ 기타 : 게으름-뱅이, 걸-낭(囊), 내리-막, 느리-광이, 늘-보, 늙-다리, 두르-풍(風), 막-장, 먹-새, 먹-보, 미치-광이, 보름-치, 앉은-뱅이, 오르-막, 울-보, 째-보

⑩ 피동사, 사동사, 힘줌말 파생어

걸-리다, 걸리다(걷-+리), 깨-뜨리다, 깨-트리다, 날-리다, 넘어-뜨리다, 넘-치다, 녹-이다, 떨-리다, 떨어-뜨리다, 떨-치다, 막-히다, 먹-이다, 밀-치다, 벌-리다, 보-이다, 부딪-치다, 부딪-히다, 불리다(부르-+-리), 뻗-치다, 삭-이다, 삭-히다, 살-리다, 새-우다, 세우다(서-+이우), 실리다(싣-+-리), 썩-이다, 썩-히다, 안-기다, 일-구다, 읽-히다, 잘리다(자르-+-리), 재우다(자-+이우), 죽-이다, 줄-이다, 쫓-기다, 태우다(타-+이우), 파-이다, 피-우다

⑪ 파생어 생성 과정에서 음운 변화가 있는 것

　아래 파생어들은 파생어가 생성되는 과정에서 어근의 종성에서 'ㄹ'이 탈락한 것이다(맞28).

　　나날이(날＋날＋－이), 다달이(달＋달＋－이), 따님(딸＋－님), 마지기 (말＋－지기), 미닫이(밀－＋닫－＋－이), 바느질(바늘＋－질), 부넘기 (불＋－넘＋－기), 아드님(아들＋－님), 여닫이(열－＋닫＋－이), 주줄이 (줄＋줄＋－이), 차지다(찰＋－지다), 하느님(하늘＋－님)

⑫ 불완전 형태소를 이용한 파생어

　이제까지 설명한 조어법은 완전한 형태소와 형태소의 결합이었다. 그런데 국어에는 그다지 완전하지 못한 형태소가 있다. 다른 형태소에 붙을 때 자신의 고유한 형태를 드러내지 못할 뿐 아니라 의미나 기능도 불완전하여 다른 형태소에 포함되고 마는 형태소가 있는데, 이런 것을 불완전 형태소라고 한다. '마감'은 '막＋암'으로 분석되는 명사이다. '막－'은 '막다'의 어간으로서 실질 형태소이고, '암'은 그것을 명사로 만들어 주는 접미사 형태소인데 이것은 극히 일부의 동사를 명사로 만들어 주는 데 쓰일 뿐, 일반적으로 동사를 명사로 바꾸는 형태소에는 '－음/－ㅁ'이라는 확실한 형태소가 쓰인다. 따라서 '암'을 별개의 형태소로 구별하여 표기할 필요가 없다고 판단하여 '막암'으로 적지 않고 '마감'으로 적는다. 이처럼 그 기능과 형태가 독립적으로 드러나지 않는 형태소를 불완전 형태소라고 한다. 비록 눈에 잘 띄지 않지만 불완전 형태소도 낱말의 생성에는 아무 거리낌 없이 참여하여 다양한 낱말을 만들어 내고 있다.

　또 '검둥개'는 '검＋둥＋개'로 분석되는 명사인데 '검'은 '검다'의 어간으로서 실질 형태소이고, '개'도 동물 이름으로서 실질 형태소이지만 '둥'의 의미는 명확하게 드러나지 않는다. 그러나 '검－'과 '개'를 연결하여 파생어를 만들어 주는 기능을 담당한다. '검둥오리'의 '둥'도 마찬가지이다. 이렇게 의미가 불확실하지만 낱말 생성에 참여하는 형태소도 불완전 형태소의 하나이다.

다음 낱말은 불완전 형태소를 이용해서 새롭게 태어난 파생어이다. 밑줄 친 부분에 불완전 형태소가 들어 있다.

㉮ 명사 파생어

> 개굴 – 개구리, 검다 – 검둥개/검둥오리/검정, 곱다 – 고부탕이, 굽돌
> 다 – 굽도리, 귀뚤 – 귀뚜라미, 귀먹다 – 귀머거리, 기럭 – 기러기, 까
> 막 – 까마귀, 깍둑 – 깍두기, 껄끄럽다 – 껄끄렁벼, 꼬불 – 꼬부랑글
> 자, 꼴 – 꼬락서니, 끝 – 끄트머리, 날날 – 날라리, 너르다 – 너럭바위,
> 넘다 – 너머, 누덕 – 누더기, 늙다 – 늙마, 동글 – 동그라미, 두들 – 두
> 드러기, 들다 – 들마, 뜯다 – 뜨더귀, 막다 – 마감/마개, 맞다 – 마중,
> 맴 – 매미, 못 – 모가치, 묻다 – 무덤, 밉다 – 밉둥, 박 – 바가지, 밖 –
> 바깥, 벋다 – 버드렁니, 부수다 – 부스러기, 붉다 – 불겅이, 빌다 – 비
> 렁뱅이, 뻐꾹 – 뻐꾸기, 삭다 – 사그랑이, 살다 – 사람/사랑/사름,
> 삵 – 사타구니, 쌀 – 싸라기, 쓸다 – 쓰레기, 얼룩 – 얼루기, 옭다 – 올
> 가미, 잎 – 이파리, 잘 – 자랑, 좀 – 조무래기, 죽다 – 주검, 집 – 지붕,
> 징그다 – 징검다리, 짚 – 지푸라기, 짝 – 짜개, 쭈글 – 쭈그렁밤

㉯ 동사와 형용사 파생어

- 곱다 – 고부라지다, 고부랑 – 하다, 고부리다, 고부슴하다, 고부장하다, 고분고분, 고붓하다, 고불탕하다
- 굽다 – 구부러지다, 구부렁하다, 구부리다, 구부스름하다, 구부정하다, 구붓하다, 구불텅하다, 구붓하다
- 검다 – 거무끄름하다, 거무레하다, 거무데데하다, 거무뎅뎅하다, 거무숙숙하다, 거무스름하다, 거무접접하다, 거무칙칙하다, 거무튀튀하다, 거뭇하다, 거멓다, 검측하다, 검측측하다
- 거치다 – 거치적거리다, 거칫거리다
- 긁다 – 긁적거리다
- 길다 – 길쭉하다, 길찍하다, 길쯔막하다
- 넓다 – 넓죽하다, 넓적하다
- 노르다 – 노르무레하다, 노릇하다

- 눅다-<u>누그</u>러지다, <u>누그름</u>하다, <u>누글누글</u>하다, <u>누긋</u>하다, <u>눅눅</u>하다, 눅신하다, 눅실하다, 눅진하다
- 느리다-<u>느릿</u>하다
- 늦다-<u>느지</u>감치, <u>느지</u>거니, <u>느직</u>하다
- 더듬다-더듬<u>적</u>거리다
- 둥글다-둥<u>그스름</u>하다, 둥<u>그렇</u>다, 둥<u>긋</u>하다
- 맑다-<u>말그스름</u>하다, <u>말긋말긋</u>, <u>말갛</u>다, <u>맑스그레</u>하다
- 머물다-머<u>무적</u>거리다, 머<u>못</u>거리다
- 무르다-무르<u>와</u>내다
- 미루다-미루<u>적</u>거리다
- 믿다-미<u>쁘</u>다
- 밉다-<u>밉살</u>스럽다, 밉살머리스럽다, 미<u>덥</u>다
- 밝다-발<u>그대대</u>하다, 발<u>그레</u>하다, 발<u>그무레</u>하다, 발<u>그속속</u>하다, 발그<u>족족</u>하다, 발<u>긋발긋</u>하다, 발<u>갛</u>다
- 벋다-<u>버드러</u>지다, <u>버드름</u>하다, 버<u>듬</u>하다, 벋<u>장</u>대다
- 붉다-<u>불그레</u>하다, <u>불그데데</u>하다, <u>불그숙숙</u>하다, <u>불그죽죽</u>하다, <u>불긋불긋</u>하다
- 삭다-<u>사그라</u>지다, <u>사그라뜨</u>리다
- 숙다-<u>수그러</u>지다, <u>수그리</u>다, <u>수긋</u>하다
- 웃다-<u>우습</u>다
- 으르다-<u>으르렁</u>거리다
- 이러다-<u>이러루</u>하다, <u>이러쿵저러쿵</u>하다
- 잦다-<u>잦바듬</u>하다
- 푸르다-푸르<u>데데</u>하다, 푸르<u>무레</u>하다, 푸르<u>죽죽</u>하다, 푸르<u>통통</u>하다, 푸<u>릇푸릇</u>하다
- 흐리다-<u>흐리마리</u>하다, <u>흐리멍덩</u>하다, <u>흐리터분</u>하다, <u>흐릿</u>하다

㉰ 부사 파생어

검다/거뭇거뭇/검숭검숭/검실검실, 곱다/고불고불, 굽다/구불구불, 굵다/굵죽굵죽, 넘다/너무, 느리다/느릿느릿, 돋다/도두, 돌다/도

로, 되다/되우, 뜯다/뜯텀뜯텀, 맵다/매우, 밟다/발밤발밤, 밭다/바투, 붉다/불긋불긋, 비롯/비로소, 이러다/이럭저럭/이렁저렁/이렁성저렁성, 잦다/자주, 참다/차마

파생법은 접사 형태소를 자유자재로 부릴 수 있어야 하기 때문에 국어의 깊이를 이해하지 못하면 사용하기 어려운 조어법이다. 이 가운데에서 특히 불완전 형태소를 활용한 조어법이 가장 근본적이고 어렵다. 그러나 이를 적극적으로 활용할 의지를 가지고 노력한다면 놀라운 신조어를 만들 수도 있을 것이다.

㉭ 대표적인 불완전 형태소 : 여러 낱말의 조어에 개입하는 것으로 보이는 대표적인 불완전 형태소를 몇 개 소개한다.

ⓐ −암/−엄 : 주로 어간에 붙어서 명사로 만들거나 새로운 어근을 만드는 기능이 있다. 괄호 안의 것은 어간이나 어근이다.

- 명사로 변화 : **사람(살다), 마감(막다), 패암(패다), 주검(죽다), 무덤(묻다)**
- 어근 형성 : **보암보암(보다), 하염없다(하다), 주섬주섬(줏다), 발맘발맘(밟다), 발밤발밤(밟다), 쥐엄쥐엄(쥐다), 징검징검(징그다)**

ⓑ −앙/−엉 : 주로 어간이나 어근에 붙어서 명사나 새로운 어근을 만드는 기능이 있다.

- 명사로 변화 : **구멍(굵), 고랑(골), 구렁(굴), 도랑(돌), 마당(맏), 바탕(밭), 파랑(파랗다), 노랑(노랗다), 빨강(빨갛다), 하양(하얗다)**
- 어근 형성 : **가랑이(가르다), 굴렁쇠(구르다), 물렁하다(무르다), 비렁뱅이(빌다)**

ⓒ −웅 : 명사나 어간에 붙어서 새로운 명사를 만든다.

기둥(긷), 지붕(집), 마중(맞다), 꾸중(꾸짖다)

ⓓ −적−/−작− : 어간에 붙어서 어간의 동작을 되풀이함을 나타내는 의미를 덧붙여 새로운 어근을 만드는 기능을 한다.

미루적거리다(미루다), 긁적긁적하다(긁다), 더듬적더듬적(더듬다), 구기적구기적하다(구기다), 만지작만지작하다(만지다), 넓적하다(넓다)

5. 한자어 조어법

　이제까지 우리가 직접 만들고 가꿔 온 토박이말의 조어법에 관해서 알아보았다. 말하자면 우리가 주인 행세를 하면서 조어법을 검토해 보았다. 그런데 한자어는 우리의 노력이나 생각이 개입하지 않은 상태에서 만들어져 우리에게 주어진 것이므로 구태여 조어법을 익힐 것 없이 형성되어 있는 대로 사용하는 것으로 만족해도 된다. 다만, 오랜 세월 사용해 온 것이므로 우리의 체취가 조금은 묻어 있고, 때로는 우리가 직접 한자어 낱말을 만들어 사용해 보기도 했으며, 앞으로 우리끼리 만들어 사용하는 한자어가 더 생길 수 있다는 점에서 한자어 조어법을 알아 두는 것이 유익하리라고 본다.

　잘 아는 바와 같이 한자어는 중국어의 조어법에 따라서 만들어졌다. 그래서 우리말의 조어법과는 사뭇 다르다. 우리말에서는 실질 형태소가 다른 실질 형태소에 결합할 때 다양한 매개체가 필요했는데, 한자어에서는 그런 매개체가 전혀 필요 없고 그냥 있는 대로 결합하면 된다. 조어 과정에서 형태의 변화가 따르지 않기 때문에 이제까지 우리말 조어법에서 설명한 여러 경우가 중국어에서는 애초에 필요 없다. 그냥 필요한 낱말을 결합하면 새로운 낱말이 생성되는 것이 중국어이다. 형태 변화에 신경을 쓰지 않고 의미만을 생각하면서 말을 만들어 낼 수 있다는 점이 중국어 조어법의 강점이다.

　그러면 중국어(또는 한자어)가 어떻게 의미를 결합하여 새로운 낱말을 만드는지 몇 가지 소개해 보겠다.

(1) 대응되는 의미의 대등적 합성

　　뜻이 서로 대치되는 두 한자어를 대응하도록 결합하여 그 두 한자가 가리키는 의미의 외연을 아우르거나 선택적으로 취하는 낱말을 만들어 냈다.

　　　경중(輕重), 공과(功過), 공방(攻防), 대소(大小), 매매(賣買), 빈부(貧富), 사제(師弟), 수수(授受), 애증(愛憎), 영육(靈肉), 왕래(往來), 주야(晝夜), 출입(出入), 장단(長短), 주객(主客), 피차(彼此), 호오(好惡), 흑백(黑白)

　　아래 한자어는 상대되는 두 한자어를 썼지만, 오히려 어느 한 한자어를 강조하는 의미로 바뀐 것들이다.

> 국가(國家, 나라를 강조함), 다소(多少, 조금 적음 또는 많음을 강조함), 인물(人物, 사람을 강조함)

(2) 비슷한 의미의 대등적 합성

뜻이 비슷한 한자어를 결합하여 의미를 명확하게 하거나 강조하는 의미가 있는 낱말을 만들었다.

> 공격(攻擊), 구원(久遠), 균등(均等), 근본(根本), 기아(饑餓), 달성(達成), 발사(發射), 병졸(兵卒), 비루(鄙陋), 사병(士兵), 수목(樹木), 암흑(暗黑), 완전(完全), 원조(援助), 자아(自我), 조화(調和), 조정(調整), 질병(疾病), 초목(草木), 침묵(沈默), 판별(判別)

다음은 뜻이 비슷한 한자어를 써서 '이것과 저것' 또는 '이것이나 저것'을 가리키면서도 그것을 아우르는 의미를 만들어 냈다.

> 간담(肝膽), 간장(肝腸), 금수(禽獸), 거마(車馬), 민관(民官), 방위(方位), 산천(山川), 수량(數量), 수족(手足), 이목(耳目), 자매(姉妹), 천지(天地), 총포(銃砲), 형제(兄弟)

(3) 두 의미의 문법적 합성

관형어와 명사, 목적어와 동사, 서술어와 부사, 주어와 서술어에 합당한 낱말들이 결합하여 새로운 낱말을 이룬다. 이 경우는 중국어의 어순이 적용되므로 우리의 어순과 차이가 있을 수 있다.

① 관형어 + 명사

> 궁경(窮境), 낙화(落花), 난류(暖流), 대양(大洋), 동행(同行), 매점(賣店), 미풍(微風), 백로(白鷺), 선행(善行), 습지(濕地), 신기(神技), 육안(肉眼), 인상(人相), 초급(初級), 특기(特技), 파지(破紙), 평면(平面), 행인(行人), 혼탕(混湯), 희극(喜劇)

② 동사 + 목적어

가속(加速), 관광(觀光), 구직(求職), 등산(登山), 사생(寫生), 설법(說法), 설욕(雪辱), 수업(授業), 시식(試食), 악수(握手), 역성(易姓), 육영(育英), 이륙(離陸), 절교(絕交), 점화(點火), 제도(製圖), 호학(好學), 횡재(橫財)

③ 동사 + 부사어

기침(起寢), 도배(到配), 아세(阿世), 위법(違法), 착륙(着陸), 취직(就職), 하차(下車)

④ 주어 + 서술어

객관(客觀), 국립(國立), 국영(國營), 군림(君臨), 군용(軍用), 군정(郡政), 맥박(脈搏), 면식(面識), 면회(面會), 심약(心弱), 심취(心醉), 인위(人爲), 인조(人造), 자찬(自撰), 자초(自招), 적치(敵治), 천우신조(天佑神助), 체소(體小)

(4) 의미의 부정을 위한 합성

국어에서는 '불－(不), 무－(無), 비－(非)' 등이 접두사로 인식되지만 중국어에서는 이것도 하나의 형용사처럼 쓰이므로 다른 낱말과 결합하여 합성어를 만들었다.

① 부정어 + 낱말

무능(無能), 무임(無賃), 미납(未納), 미진(未盡), 부인(否認), 부정(不正), 불문(不問), 불화(不和), 비리(非理), 비상(非常)

② 낱말 + 부정어

가부(可否), 안부(安否), 양부(良否), 여부(與否), 적부(適否), 진부(眞否), 찬부(贊否)

(5) 명사화 합성

동사를 명사처럼 만들어서 의미를 확실하게 하는 데 이용하는 합성법으로 '소(所), 피(被)'를 사용하여 만든다.

소감(所感), 소견(所見), 소득(所得), 소론(所論), 소문(所聞), 소신(所信), 소출(所出), 피격(被擊), 피고(被告), 피선(被選), 피소(被訴), 피습(被襲), 피탈(被奪), 피해(被害)

(6) 비슷한 음운으로 합성

중국어에서는 음(音)과 운(韻)이 매우 중요하게 취급된다. 그래서 중국인은 비슷한 음이나 비슷한 운을 가진 글자를 이용하는 습성이 있다. '음'이란 국어의 초성에 해당하는 개념이고, '운'은 국어의 중성과 종성을 아우르는 개념에 해당한다.

① 비슷한 음으로 합성

영롱(玲瓏, 령롱), 영리(怜悧, 령리), 임리(淋漓, 림리), 처창(悽愴)

② 비슷한 운으로 합성

난만(爛漫), 낭만(浪漫), 당황(唐慌), 방황(彷徨), 종용(慫慂), 찬탄(讚嘆), 감탄(感歎)

(7) 같은 말을 겹쳐서 합성

국어에서도 같은 형태소를 겹쳐서 낱말을 만드는 경우가 많은데 한자어에도 이렇게 해서 만든 낱말이 많이 있다.

개개(箇箇), 낙락(落落), 담담(淡淡), 당당(堂堂), 만만(滿滿), 미미(微微), 분분(紛紛), 산산(散散), 상상(上上), 세세(世世), 속속(續續), 지지(遲遲), 진진(津津), 영영(永永), 유유(悠悠), 착착(着着), 구구절절(句句節節), 전전긍긍(戰戰兢兢), 희희낙락(喜喜樂樂)

(8) 허사를 붙여서 합성

중국어에 허사(虛辭)라는 것이 있는데 이는 국어의 문법 형태소에 해당하는 것이다. 이 허사를 사용해서 앞 말의 의미를 확실하게 만들거나 의미를 강조하는 낱말을 만든다. 허사로 '약(若), 여(如), 연(然), 이(而), 호(乎)' 등이 사용된다.

공연(空然), 단연(斷然), 당연(當然), 돌연(突然), 분연(奮然) 사이비(似而非), 우연(偶然), 자연(自然), 태연(泰然), 판연(判然), 확연(確然), 일여(一如), 진여(眞如), 혹여(或如), 단호(斷乎), 자약(自若)

(9) 고사를 이용해서 합성

중국어에는 중국 고사에서 만들어진 말들이 무척 많다. 중국인은 그들의 풍부한 경험을 낱말로 만드는 데 천재적인 소질이 있는 것 같다(우리는 속담으로 만들어 써 왔다). 일반적인 것을 몇 골라서 적어 본다.

계륵(鷄肋), 고희(古稀), 귀거래(歸去來), 기우(杞憂), 낙점(落點), 단장(斷腸), 두찬(杜撰), 등용문(登龍門), 만가(輓歌), 모순(矛盾), 미망인(未亡人), 배수진(背水陣), 백미(白眉), 사족(蛇足), 완벽(完璧), 월단평(月旦評), 조장(助長), 좌단(左袒), 천리안(千里眼), 축록(逐鹿), 태두(泰斗), 퇴고(推敲), 파경(破鏡), 효시(嚆矢)

(10) 두 낱말을 줄여서 합성

한자어에도 준말이 있다. 몇 개의 글자로 이루어진 합성어 가운데에서 생략해도 되는 의미의 낱말을 줄임으로써 다른 낱말과 결합을 쉽게 한 것이다.

공맹(孔孟), 국공합작(國共合作), 원폭(原爆), 일제(日帝), 국련(國聯)

(11) 외래어 음역

미륵(彌勒), 사바(裟婆), 석가(釋迦), 탑파(塔婆), 야소(耶蘇), 병풍(坄坄)

(12) 한자어 조어법과 우리말

한자어의 탁월한 조어력은 예로부터 우리 조상의 지적 호기심을 자극하기에 충분했다. 그래서 우리는 한자를 매개로 중국 문화 수용에 대단히 노력했고, 그 영향은 지금 우리 문화의 곳곳에 남아 있다. 특히 한자어의 조어력을 활용하여 언어 능력을 높여야 한다고 주장하는 분들이 많이 있다. 한자의 조어력을 높이 평가하고 이를 수용하여 수많은 한자어를 직접 만들어 내면서 언어생활을 하여 온 것은 우리의 지적 능력을 높이기 위해 필수불가결한 선택이었다. 다만 지나치게 한자 조어력에 의지해서 언어생활을 해 온 탓에 정작 중요한 우리말 조어력의 증진에 아무런 노력도 기여도 못한 어두운 면이 있었다.

우리가 잊지 말아야 할 것은 우리가 사용하는 언어는 다음절어이며, 교착어이다. 그리고 중국어는 단음절어이며, 고립어이다. 이 두 언어 사이에는 메우기 어려운 간격이 있다. 가장 큰 간격은 다음절어 민족은 단음절어 민족처럼 뜻을 가진 음절을 수없이 많이 만들어 사용할 수 없다는 점이다. 단음절어 민족은 음절의 발음 방법을 다양하게 하여 많은 음절을 만들고, 각 음절에 의미를 부여한다. 그래서 중국어에는 성조(聲調)라는 독특한 음운 체계가 형성되었다. 중국어의 성조를 우리가 따라 할 수 없다. 우리 조상이 수없이 노력했지만 모두 실패했다. 다음절어 민족인 우리는 한 음절의 발음 방식에는 별로 신경을 쓰지 않는다. 필요하면 음절을 늘려서 다음절어를 만들면 되기 때문에 구태여 단음절어의 발음에 연연할 필요가 없는 것이다.

이런 기본적인 차이 때문에 중국인이 만들어 놓은 한자음이 우리에게는 동음이의어의 대량 출현이라는 반갑지 않은 결과를 가져왔고, 여기에 토박이말의 음절과 외래어 음절까지 더해져서 언어생활에 일대혼란을 일으키고 말았다. 과거에는 한자어를 한자로 적었기 때문에 적어도 문자 생활에서는 이런 혼란이 없었지만, 이제는 한자어도 한글로 적기 때문에 생겨난 동음이의어의 혼란은 점점 심해질 것이다.

이런 점을 감안한다면 우리는 한자어의 조어법에 의존하여 한자어를 생산하는 데 매진할 것이 아니라, 우리말 조어법에 따라서 국어 낱말을 만들어 내는 데 노력해야 할 것이다. 말을 한글로 적어 놓고 그것을 한자로 이해하는 것은 무척 어렵고 불편한 일이다. 이미 형성된 한자어는 우리의 언어에서 토착화된 것이므로 어쩔 수 없다고 하더라도 새로운 낱말이 필요하면 다음절어적인 성격의 언어 곧 국어 낱말로 만들어 사용하는 것이 길게 보아 우리말과 우리 자신의 발전을 위해서 좋을 것이다. 그런 점에서 지식인들은 한자어의 화려한 조어력에 매료되어 넋을 잃을 것이 아니라, 우리말의 조어력을 높이는 일에 시간과 노력을 들여야 한다.

6. 우리말 신조어

(1) 신조어 만들기

  새로 사물이 생기면 그에 맞추어 낱말이 생기게 마련이다. 사물의 모양이 달라지면 그에 맞추어 낱말도 새롭게 태어난다. 지금 낱말을 풍부하게 가지고 있는 민족은 그들의 생활이 그만큼 다양하고 풍성했음을 의미한다. 때로는 이민족의 침입을 받고 그 압제 속에서 살았더라도 언어에서는 압제자의 언어가 자신들의 언어 발전에 풍부한 자양분이 될 수 있다. 그런 점에서 그 민족의 언어는 그 민족의 삶의 이력서라고 할 수 있다.

  우리말에는 일찍이 중국어가 압도적으로 많이 유입되었고, 몽골, 만주, 일본 등에서 유입된 것이 조금씩 섞여 있다. 그런데 일본어의 유산은 우리가 감정적으로 받아들이기 어려운 점이 있어서 우리말에서 일부 뽑아 버린 일이 있다. 근대 민족주의가 형성되면서 국어의 존재가 우리에게 심각하게 다가오기 시작했고, 그래서 말과 글을 연구하고 정리하고 발전시키려는 노력이 시작되었다. 그 결과 우리말로 새로운 낱말을 만들어 내려는 시도도 계속되었다. 그러나 새로운 낱말을 만들어 내려고 할 때 부딪치지 않을 수 없는 문제가 우리에게 있었다. 그것은 첫째로 우리 자신이 우리말 자산을 잘 모르고 있다는 점이고, 둘째로 우리 자신이 우리말에 대해서 자신감이 없다는 점이며, 셋째로 우리말 조어 능력을 상당 부분 상실했다는 점이다. 그 결과 최선의 노력을 하여 새로운 낱말을 만들더라도 그것이 사람들에게 쉽게 받아들여지지 않거나, 조어법 논란에 휘말려 폐기되거나, 처음부터 사람들의 관심을 끌지 못하였다.

  해방 이후 지속적으로 전개해 온 국어 순화 노력의 결과 일본어 찌꺼기는 많이 정리되었지만 정작 우리가 새롭게 만들어 놓은 낱말은 별로 눈에 띄지 않는다. 최근에 만들어진 '걸림돌, 동아리, 갓길, 나들목' 정도가 사람들에게 널리 쓰일 뿐. 우리의 낱말 생산 능력은 심히 보잘것없는 상태라고 보아도 틀리지 않다. 이에 비하면 새로운 한자어와 외래어의 등장은 가히 폭발적이었다. 대부분 일본인이 만들어 놓은 것이나 서양인들이 쓰는 것을 그대로 들여왔기 때문에 이런 낱말에 대해서 우리가 관여한 바는 전혀 없다. 안타깝지만 이것이 우리의 현실이며, 이런 현실은 우리에게 어떤 극적인 반전의 기회가 주어지지 않는다면 좀처럼 개선되지 않을 것 같다.

　그러나 우리 사회의 모든 분야에서 우리말 조어력을 무시하고 한자어나 외래어에 의존하지만은 않았다. 텔레비전의 자연 생태와 관련된 프로그램을 보면 우리말로 된 동식물의 이름이 자주 나오는 것을 들을 수 있다. 그리고 그런 이름이 버젓이 국어사전에 올라 있는 것을 보게 될 것이다. '팔랑나비, 부전나비, 점박이꽃게, 검은가슴물떼새, 늘보주머니쥐' 같은 동물 이름을 보라. '각시붓꽃, 수염며느리밥풀, 하늘나리, 애기골무꽃' 같은 식물 이름을 보라. 이 이름들은 자연스럽게 이루어진 낱말이 아니고 의도적으로 만든 것이다. 만든 지 아직 100년이 채 되지 않은 신조어들인데, 훌륭하게 살아서 해당 분야에서 열심히 사용되고 있고, 이들 가운데 상당히 많은 것들은 일반에게도 알려져 널리 사용되고 있다. 근대 학문을 하는 다른 분야에서는 우리말로 이름을 지어 놓은 곳이 없는데, 유독 동식물 이름에서는 참으로 멋지게도 우리말 이름을 지어서 그대로 사용하고 있다. 동식물의 신조어 성공 사례를 보면 우리말 조어력의 한계만 탓하던 사람들은 부끄러워질 것이다.

　우리말은 다음절어이면서 교착어이므로 형태소를 덧붙이는 방법으로 얼마든지 새로운 낱말을 만들어 낼 수 있다. 동식물에 우리말 이름을 붙이려고 노력한 분은 나비 박사로 알려진 석주명(1908~1950) 님이다. 일본에서 농업 분야를 연구하면서 나비에 관심이 있었던 그가 귀국하여 농업학교나 농업연구소에서 근무하면서 한국 나비를 채집하기 시작했다. 그리고 그 나비에 이름을 붙이되 일본식 이름이 아닌 우리식 이름을 붙였다. 그가 '부전나비'라는 이름을 붙이면서 이런 말을 했다고 한다.

'나비의 날개가 부전처럼 보여서 부전나비라고 했다.'

　이렇게 말해도 독자들은 오히려 "부전이 뭐지?" 하며 별로 감동하지 않을 것이다. 우리가 우리말 자산을 모르면 새로운 낱말을 만드는 데 결정적인 어려움을 겪게 될 것이다. 부전은 원래 어린 여자아이들이 노리개로 차던 것인데 그 모양이 비슷해서 장구의 줄을 고르도록 끼워 놓은 사피(斜皮)를 가리키기도 하고, 사진틀의 모서리에 끼우는 세모꼴 거멀장을 가리키기도 하는데, 나비의 날

개 모양에서 석주명 님은 얼른 부전을 떠올릴 수 있었기 때문에 그 나비를 부전나비라고 부르기로 한 것이다. 이런 석주명 님의 신조어 만들기를 대한곤충학회에서 받아들여 공식적인 나비 이름으로 사용하게 되었고, 그 결과 오늘날 '작은홍띠점박이푸른부전나비'라는 국어 낱말에서 가장 긴 나비 이름이 탄생하게 되었다. 그리고 곤충뿐 아니라 여러 동식물 이름을 짓는 데도 이 방법이 사용되어 수많은 토박이말 동식물 이름이 만들어졌다.

그러나 오늘의 우리는 안타깝게도 이런 조어 능력을 거의 상실한 것 같고, 또 그런 의지도 꺾인 듯이 보인다. 최근 부경대학교 교수들이 자신들이 발견한 공룡 화석에 이름을 붙여 국제적으로 등록을 했는데, 그 이름이 '천년부경용(Pukyongsaurus millenniumi)'이었다. 공룡의 특성을 드러낼 수 있도록 그리고 한국어의 존재를 알릴 수 있도록, 고유어를 사용해서 이름을 붙일 수는 없었을까? 석주명 선생께서 나비에 이름을 붙인 것처럼 말이다.

(2) '먹거리' 논쟁

한쪽에서 이렇게 어렵사리 국어 낱말을 만들어 사용하는 곳이 있는가 하면 다른 한쪽에서는 우리말을 조어법이라는 칼로 재단하여 없애는 곳이 있다. 그렇게 해서 사라질 위기에 처한 낱말이 '먹거리'이고, 그 말을 죽인 곳이 바로 '국립국어원'이다. 이에 대해 새삼스럽게 문제를 제기하는 것은 우리가 앞으로 우리말 신조어를 만들 때 무엇을 걱정하고 무엇을 대범하게 넘겨야 하는지 의논을 하기 위해서이다.

'먹거리'는 식품업을 하는 어떤 분이 우리말 살리기 차원에서 이 말을 자신이 만들었다고 하면서 자신의 식품과 함께 보급하기 시작했고, 이에 많은 사람이 동의하여 일반에서 널리 사용하게 되었다. 그런데 국어학자들이 이 말이 조어법에 맞지 않으니 쓰면 안 된다고 이의를 제기하고 나섰고, 결국 국립국어원이 '표준국어대사전'을 편찬하면서 조어법에 맞지 않는다는 '먹거리'를 버리고 조어법에 맞는다는 '먹을거리'를 취하여 사전에 올림으로써 이제 '먹거리'는 쓰면 안 되는 말이 되고 말았다.

그러나 이 과정에서 우리가 놓친 것이 있다. '먹거리'가 그 사람이 만든 말이라고 단정하고 그것이 조어법에 맞지 않으니 쓰면 안 된다고 판단한 국어학자들의 판단에 문제가 있었던 것이다. 내가 아는 한 '먹거리'는 그 사람이 머리를 써서 만든 신조어가 아니고 오래 전부터 일부 지역에서 사용되던 낱말이다(우연히 일치할 수는 있다). 지금도 전라도와 경상도 남부 지역이나 섬 지역에서 사는 노인들에게서 자연스럽게 이 말을 들을 수 있을 것이다.

"오매, 해필 먹거리도 없는디 어째야 쓰까?"

이 말은 내가 30여 년 전에 처가에서 들었던 말이다. 나는 이 말을 아무런 의심을 하지 않고 '먹을 것'의 의미로 받아들였던 기억이 있다.

내가 문제로 제기하고자 하는 것은 이 낱말을 누가 만들었느냐 아니면 오래 전부터 있던 말이냐를 따지자는 것이 아니다. 우리가 신조어를 어떻게 받아들이고 이를 보편화할 것인가에 관한 논의를 하려는 것이다. 새로운 낱말은 누군가 만들고, 그것을 여러 사람이 수용하면서 생명력이 생긴다. 때로는 한 시점에서 사람들에게 받아들여졌더라도 상황이 바뀌면 쓰이지 않기도 한다. 그래서 한 낱말이 생명력을 확보하는 데는 상당한 세월이 필요하다. '먹거리'는 어떤 과정을 거쳤더라도 일단 사람들이 사용하기 시작했고, 널리 쓰이고 있었던 것만은 사실이다. 이미 낱말로서 언중에게 사용되는 것을 조어법에 맞지 않는다고 문제 삼는 것이 옳은지 검토하지 않으면 안 된다.

결론부터 말하면 낱말의 생성은 조어법을 초월한다는 것이 내 생각이다. 조어법이란 이미 생성된 낱말에서 일정한 법칙성을 귀납적으로 찾아내어 정리한 것일 뿐 그것이 낱말을 생성하는 법이 될 수는 없다. 낱말을 생성하는 법이 될 수 없다면 생성된 낱말을 조어법으로 죽이면 안 되고 조어법을 거기에 맞추어야 한다. 그렇지 않으면 우리의 조어 능력이 현저하게 떨어질 것이다. 조어법이 낱말 생성의 한 길은 제시할 수 있지만, 개개의 낱말 형성이 꼭 그에 따라야 하는 것은 아니다. 낱말이 만들어져서 살아남거나 죽는 것은 오로지 언중의 필요와 의지에 따르는 것이지 조어법을 가르치는 국어학자들의 논리에 따르는 것이 아니다. 조어법은 언중의 국어 의식 속에 들어 있지 국어학자들이 정리해 놓은 규범 속에 들어 있지 않다. 앞에서 내가 정리해 놓은 조어법은 여러분이 읽은 조어법에 비해서 매우 융통성이 있음을 알 수 있을 것이다. 그렇지만 그

런 것마저도 실제 언중이 언어를 만들어 사용하는 것을 제약할 수는 없다.

국립국어원이 '먹거리'를 틀린 말이라고 단정하고 '먹을거리'를 표준말로 올린 근거는 '동사의 어간이 관형사형 어미에 매개되지 않고 곧바로 명사와 결합할 수 없다.'는 조어법 정신에 있다. 통사적으로는 당연히 어간이 어미 없이 곧바로 명사에 붙을 수 없다. '어미의 존재 이유가 바로 동사나 형용사를 명사나 대명사에 이어주기 위함이 아닌가? 볼거리, 입을 거리, 마실 거리처럼 쓰는 것이 정상인데 왜 먹거리라고 해야 하나? 당연히 먹을거리라고 해야지.' 이것이 국어학자들의 생각이다. 그러나 낱말의 생성에는 그런 통사적 원칙을 뛰어넘게 하는 초법적인 논리가 있다. 낱말 생성이라는 절대적으로 숭고한 목적을 위해서는 그런 제약을 뛰어넘을 수도 있다는 것이 바로 그 논리이다.

나는 이미 동사나 형용사의 어간이 곧바로 명사에 붙어서 만들어진 낱말을 한 바구니쯤 제시해 놓았다. '깎낫, 꺾쇠, 노느몫, 덮밥, 밉상, 잡좆, 죽살이, 째못, 접바둑, 눅거리(북한 어휘)' 같은 낱말이 생성된 것은 그렇게 해도 의미가 드러나기 때문이다. 이것을 구태여 조어법에 맞추어 '깎는낫, 꺾은쇠, 노늘몫, 덮은밥, 미운상, 잡을좆, 죽고살이, 째는못, 접을바둑, 눅은거리'처럼 만들면 낱말로서의 생명력이 급격히 떨어질 뿐 아니라 불필요하게 음절이 늘어나는 비효율을 감수해야 한다. 거꾸로 '던질낚시, 데릴사위, 잡을손, 건넌방, 앉은굿, 죽는시늉' 등을 '던지낚시, 데리사위, 잡손, 건너방, 앉굿, 죽시늉'처럼 쓰면 의미가 전달되지 않는다. 이런 판단은 이미 언중이 했기 때문에 어떤 것은 어간이 곧바로 명사와 결합하였고, 어떤 것은 어미를 매개로 하여 결합하였다. 이것을 조어법으로 재단하여 모처럼 생명력을 키워 가고 있는 낱말을 죽이는 것은 결코 우리가 할 일이 아니다. 지금이라도 국어학자들이 자신의 눈을 생성자의 눈높이로 높여서 낱말을 바라본다면 '먹거리'가 '먹을거리'보다 훨씬 더 완전한 낱말이라는 점을 인식하게 될 것이고, '먹을거리'는 낱말보다는 통사적인 표현으로 남겨 두어서 '먹을 거리'라고 띄어 쓰는 것을 틀렸다고 하지 않게 해 주기를 바란다.

얼마전에 국립국어원과 통일부가 '탈북자'라는 낱말을 대체할 새로운 말로 '새터민'을 쓰기로 했다고 발표했다. 탈북자라는 낱말이 부정적인 의미가 있어

탈북자의 사회 생활에 걸림돌이 되기 때문이란다. 국립국어원 담당자의 설명에 따르면 '새로운 터전에서 삶의 희망을 갖고 사는 사람'을 뜻하는 희망적이고 비정치적인 낱말로서 '새터민'을 택하였다고 한다. 그러나 이 용어는 아직 '새터'에서 정착하지 못한 탈북자(예컨대 중국이나 동남아를 떠도는 탈북자)에게는 적용하기 곤란할 뿐 아니라, 어떤 경우라도 '새터민'이 '탈북자'를 대체할 수 없다. 왜냐하면 이 두 낱말의 의미가 다르기 때문이다.

최근 한 신문이 "구석방 폐인 늘어난다"라는 제목의 기사를 쓴 것을 보았다. '구석방 폐인'은 자기 방 같은 좁은 공간에 틀어박혀 인터넷 등을 하면서 폐쇄된 생활을 하는 사람을 가리키는 말이다. 이런 사람을 일본에서는 '히키코모리족'이라고 한다면서 그는 이런 사람을 '구석방 폐인족'이라고 불렀다. 그는 겨우 '구석방 폐인족'이라는 이상한 말밖에 생각해 낼 수 없었을까? 그에게 어휘력과 조어 능력이 부족했기 때문일 것이다. 그런 사람을 가리킬 만한 낱말로 '구들더께' 또는 '구들직장'이라는 말이 있다. 만일 이 말이 현대인에게 쓰기 적절하지 않다면 '구들지기'라고 해도 좋을 것이다. '구들'이란 온돌 바닥에 까는 돌이고, 우리말에 방에 틀어박혀 사는 것을 '구들을 진다'고 하는 표현이 있기 때문에 '구들지기'야말로 이런 사람을 가리키는 데 안성맞춤이다.

이렇게 새로운 낱말이 필요할 때에 그것을 만들어 내는 우리 사회의 낱말 생산 능력과 노력 그리고 그것을 확산하고 수용하는 과정이 부끄러울 정도로 비국어적이고, 비문화적이라는 점은 언제나 내 마음을 무겁게 만든다. 모든 국민의 낱말 생산 능력이 두루 향상되어야 할 이유가 여기에 있다.

(3) 신조어와 비속어

최근에 급속하게 퍼지고 있는 낱말 가운데에서 '얼짱'이라는 것이 있다. '얼'은 '얼굴'을 의미하는 것 같은데, '짱'은 어디서 온 것인지 분명하지 않지만 '장(長)'과 연관된 것 같다. 그러나 '얼짱'은 '얼굴이 매우 잘 생긴 사람'을 가리키는 말임은 분명하다. '얼굴짱'이 줄어들어 '얼짱'이 된 것이다. 이와 함께 '몰카, 디카'도 널리 쓰이고 있다. '몰래카메라, 디지털카메라'의 약자라고 한다. '몰래카메라'는 카메라 이름이나 종류가 아니라 사진을 찍히는 사람이

모르게 찍을 때 쓰는 말이어서 실체가 없는 말이다. 다만, 그렇게 찍는 데 쓰인 카메라를 가리키는 경우도 있는 것 같다. 이 경우라면 남을 감시하기 위해서 설치하는 카메라는 모두 '몰래카메라' 또는 '몰카'라고 이름을 붙여서 문제될 게 없다. 약간의 문제가 없는 것은 아니지만 이런 낱말이 새로 만들어져 쓰이는 것은 환영할 만한 일이다. 우리가 우리말 조어에 적극적으로 나서고 있다는 증거가 될 만하기 때문이다.

이와는 조금 다르지만 '막가파, 먹자골목, 떴다방' 같은 낱말도 일부에서 사용되고 있다. 촌철살인(寸鐵殺人)이라는 말이 있는데, 이런 낱말을 만들어 퍼뜨리는 사람이야말로 촌철살인의 조어력이 있는 사람이라고 생각한다. 비록 조어법과는 너무나 동떨어진 조어이지만 달리 다른 말을 만들어 쓸 방법이 생각나지 않는다면 이런 조어도 긍정적으로 검토할 만하다. 국어 전문가들의 머리에서는 결코 만들어질 수 없는 이런 낱말들의 출현이야말로 언중의 풍부한 조어 능력을 보여 주는 증거라고 할 만하다. 다만 그런 조어력을 더 긍정적이고 적극적으로 새로운 낱말을 만들어 내는 데도 활용해 주기를 기대해 본다.

그런데 이런 말을 비속어라는 말로 재단하여 못마땅하게 여기는 분위기가 있는 것 같다. 나는 그들이 왜 이 말을 비속어로 처리하는지 알 수 없다. 우리가 이것을 저속하게 사용하지 않으면 비속어가 되지 않는다. 선입견을 버리고 낱말의 효용성을 객관적으로 보면서, 사용하고 싶은 사람은 사용하도록 내버려두었으면 좋겠다. '떴다방'은 경제적인 전문 용어로도 사용해 볼 만한 낱말이라는 생각이 든다. 경제학자들이 이 말의 사용처를 잘 파악하여 적극적으로 사용해 보기 바란다. 민중은 이렇게 자기가 필요한 낱말들을 만들어 쓰고 있는데 국어학자나 전문가들은 어떤 용어를 만들어 우리 사회에 제공했는지 묻고 싶다. 아마 외국에서 배운 용어나 수입해서 퍼뜨리기에 바빴을 것이고, 한자 몇 개를 이리저리 맞추어 이해하기도 어려운 한자어를 만들어 내기에 바쁘지 않았을까? 만들 줄 모르는 자가 남이 만들어 놓은 것을 비난하는 것이 용납되고 그 비난으로 민중의 언어 창조력이 훼손된다면 우리에게 희망이 없어진다.

(4) 언어의 전제성과 민주성

일반적으로 언어란 사람의 삶에서 자연스럽게 생성되어 왔기 때문에 그것 자체가 전제성(專制性)을 띠었다거나 민주성(民主性)을 띠었다는 평가를 내릴 수는 없다. 어느 언어든지 특별한 정치적 고려에 따라서 한 사람이 이렇게 하자고 주창하면 모든 사람이 그렇게 따르게 되어 있는 것이 아니다. 소리에 의미가 부여되어 말이 되는 과정은 그렇게 의도적으로 이루어지는 경우가 거의 없다. 그러나 말과 글자가 연계될 때에는 최소한 일정한 부류의 사람이 주도하는 상황이 벌어질 수 있다.

이와 관련하여 우리가 심각하게 생각해야 할 것은 한자와 한글의 관계라고 생각한다. 한자는 의미를 부여한 상징으로 출발한 글자이기 때문에 그것을 만든 사람의 의도가 매우 중요하다. 즉 출발부터 만든 사람의 의도를 이해해야 한다. 그림을 보면서 화가의 의도를 파악하지 않고 자기 마음대로 느낀다면 그 그림을 정확하게 이해하지 못하게 될 것이다. 그래서 남의 그림을 보는 사람은 먼저 작가의 의도를 파악하려고 한다. 이런 점에서 그림은 수많은 사람의 관심을 그 그림쟁이에게 집중시키는 효과가 있다. 아마 화가는 그런 효과를 노리고 그림을 그릴 것이다. 한자는 그런 그림과 같은 글자이다. 따라서 한자에는 태생적으로 전제성이 내포되어 있다. 중국어는 민중이 자연스럽게 발전시킬 수 있지만, 그것을 글자로 표기할 때에는 한자를 만들어 낼 수 있는 소수의 사람들에게 매이지 않을 수 없다. 한자를 만들어 낼 수 없는 사람들은 새로운 말을 만들어 낼 수도 없다. 그들은 한자를 만들어 낼 수 있는 사람들의 지도와 영향력 아래서 언어생활을 할 수밖에 없다. 그들에게 한자는 만들어 가는 것이 아니라 끊임없이 주어지는 것이다. 중국인의 언어는 한자에 매여 있고, 한자는 소수의 지식인에 매여 있다. 그 소수의 사람들이 한자를 풍성하게 만들어 놓으면 민중은 그것을 배우기 위해서 노력할 수 있을 뿐이다. 한자의 한 획 한 획은 그대로 법이고 규칙이다. 그것을 훼손하는 것은 허용되지 않는다. 이것이 한자의 전제성이다.

반면에 소리글자인 한글은 민중의 소리를 그대로 표기할 수 있다. 소리에 따라서 글자가 생성되기 때문에 누구도 미리 글자를 만들어 놓을 수 없다. 말을

만들어 내지 못하는 사람이라면 그가 지식인이건 권력자건 새롭게 글자를 적어 보일 수 없다. 반면에 그가 말을 만들어 낼 수 있는 사람이라면 그는 아무리 무식해도 새로운 글자를 적어 보일 수 있다. 한글은 민중이 자신의 언어를 만들고 표기하는 데 말할 수 없이 유용한 연장이 된다. 이런 점에서 한글은 주어지는 것이 아니라 모든 사람이 끊임없이 생성하는 글자이다. 한글은 특정한 소수의 사람이 말을 독점할 수 없게 한다. 이것이 한글의 민주성이다.

우리가 한글을 사용하는 한 언어에서 전제적 성격을 버려야 한다. 즉 우리말은 주어지는 것이 아니라 우리가 만들어 가는 것임을 잊지 말아야 한다. 여기서 '우리'란 지식인이나 소수의 권력자가 아니라 그냥 모든 한국인이다. 거기에는 어린이도 포함되고 여자도 포함되며 무식쟁이도 포함된다. 특수한 위치에 있는 사람이라고 해서 그렇지 않은 사람의 언어에 대해서 주관적 판단을 하여 시비를 거는 일은 옳지 않다. 모든 한국인은 멋지고 유익하고 필요한 낱말이나 표현을 만들기 위해서 경쟁하는 관계에 있다. 누구도 이에 대해서 자신의 의사를 강요할 수 없다. 누가 만든 말이든 경쟁에서 이기는 말이 살아남고 그렇지 않은 말은 사라진다. 말의 자유 경쟁이 가능한 틀이 한글이라는 글자로 우리에게 주어져 있다.

언어생활에서 우리가 지극히 민주적인 연장을 가지고 있다면 그에 걸맞은 생각을 하며 언어생활을 영위해야 한다. 더 좋은 말, 더 유익한 말, 필요에 가장 들어맞는 말을 만드는 노력이 필요하고, 가장 적절한 말을 선택하여 사용하려는 노력이 필요하다.

우리 공산품 가운데에는 세계에서 가장 좋은 제품이라는 평가를 받는 것들이 있다. 그러나 정작 우리는 그것을 인정하지 않으려 한다. 워낙 일본이나 미국 또는 독일 상품이 좋다는 인식이 깊이 뿌리박혀 있어서 상품을 품질로 판단하려 하지 않기 때문이다. 마찬가지로 우리말에 우리의 생각을 가장 적절하고 효과적으로 표현할 수 있는 낱말과 표현이 있지만 우리는 오래 전부터 한자와 한문 그리고 요즘에는 영어에 압도되어 한자어나 영어가 아니면 낱말이 아닌 것처럼 생각하고 있다.

우리가 만들어 쓸 수 있는 우리말, 우리의 창조 능력을 자극할 수 있는 우리말을 우습게 생각하고, 우리가 결코 만들어 낼 수 없는 영어, 전제적(專制的)으로 우리에게 주어지는 영어를 최고로 생각한다. 그러나 이것은 일시적인 현상이다. 우리는 언어를 주어진 것으로 보고 주어진 언어를 쓰는 전제적 언어생활에 익숙한 민족이 아니다. 우리에게는 언어를 창조하려는 불같은 욕구가 있다. 우리는 그 욕구를 외면할 수도 없고 외면할 필요도 없으며 외면해서도 안 된다. 우리는 그 창조 욕구를 스스로 충족시키면서 만족할 수 있을 만큼 마음껏 자신을 표현해 내야 한다. 이제 겨우 되찾은 우리의 언어 창조 능력을 한껏 활용해 보지도 않고 영어에 매여 녹슬게 할 수는 없다. 영어는 어디까지나 국어를 보완하는 부차적인 것일 뿐, 우리의 언어는 아닌 것이다.

우리에게는 언어를 창조할 수 있는 능력이 있고 그것을 뒷받침할 수 있는 글자가 있다. 그 창조 능력을 기르면 우리는 창조자의 기쁨을 누릴 것이고, 그것을 포기하면 피창조자의 설움을 맛볼 것이다. 우리 안에 언어적 편견과 전제성을 없애고 우리 자신이 창조한 언어에 대해서 감사하는 마음을 가져야 할 것이다.

(5) 이름 붙이기

조어법 가운데 가장 오래되고 또 많은 사람이 지대한 관심을 보여 온 것이 바로 사람에게 이름을 붙이는 방법에 관한 것이라고 할 만하다. 잘 아는 바와 같이 사람의 이름을 짓기 위해서 작명소가 성업을 하고 있고, 작명학이 발달한 사실을 보면 사람들이 이름을 짓는 데에 얼마나 관심이 많은지 짐작할 수 있다.

우리나라에서는 이름을 지을 때 여러 민간 신앙적인 방법이 동원되어 왔는데, 공식적으로는 각자의 족보에 부여되어 있는 돌림자를 기준으로 하여 짓게 되므로 이름을 두 자로 지을 경우에는 남은 한 자로 자기의 이름이 되도록 해야 한다. 그런데 같은 항렬의 남자가 매우 많을 것이므로 도리 없이 이름이 같은 사람들이 나타나게 되어 있다. 그래서 흔한 성씨의 경우에는 이름이 같은 사람이 회사에도 있고, 동네에도 있고, 교회에도 있고, 심지어 예비군 훈련장에도 있다.

이름이 부르기라도 쉽고 좋으면 그나마 위안이 되겠지만, 어감이 이상하다든

지 부르기 어려운 경우라면 자기 이름에 불만이 생길 것이다. 한국인의 이름 짓기 방법 가운데에서 가장 문제가 되는 점은 돌림자를 기준으로 하여 한자로 짓다 보니 소리에 신경을 쓸 여유가 없었다는 점이다. 최근에는 조금 완화되어 돌림자를 배제하고 듣기 좋고 쓰기 좋은 이름을 짓는 경향이 나타나기는 하나 아직 미미한 실정이다.

이름은 부르기 위해서 짓는 것이므로 가장 먼저 발음을 부드럽게 할 수 있어야 할 것이다. 이름에 쓰이는 두 음절 사이에서 음의 동화 현상이 일어나 원래의 글자와 다른 소리가 나게 하는 것은 바람직하지 않다.

'박문수와 박남식'은 성이 '박'씨인데 언제나 '방'씨로 불린다. 그러려니 하고 생각하겠지만 성을 바꾸는 이런 현상에 무신경하다면 '박'씨로서 자격이 없는 사람이라고 할 만하다. 그리고 일반 사람들은 정말로 성이 '방'씨인 사람을 '박'씨로 지레 오해하기도 한다. 친구 이름이 '방만수'인데 사람들은 그가 '박만수'라고 생각한다. 이런 혼란은 피하는 것이 좋다. 그러려면 성이 박씨인 사람은 이름의 첫소리에 'ㅁ, ㄴ'이 오는 것을 피하는 것이 자신을 위해서나 그 이름을 부르는 사람을 위해서나 바람직하다.

이런 주의는 이름으로 쓰이는 두 음절 사이에서도 필요하다. '최석만'이라는 사람은 '성만'으로 불리게 될 것이다. 그래서 그 사람은 평생 정확한 이름으로 불리지 못하고 말 것이다. 음운 현상에 따라서 자음 접변이 일어나므로 불가피하다고 생각하는 것은 2차적인 문제이고, 이름이 음의 동화 현상 때문에 달라지지 않도록 처음부터 세심하게 생각해서 짓는 것이 바람직하다. 그런 노력 가운데 하나가 이름의 첫음절 종성에 'ㄱ, ㅂ'을 쓰고 둘째 음절의 초성에 'ㅁ, ㄴ'이 오거나, 첫음절 종성에 'ㄴ, ㄹ'이, 둘째 음절의 초성에 'ㄹ, ㄴ'이 오는 경우를 막자는 것이다. 즉 음의 동화 현상이 일어나지 않도록 미리 성과 이름 사이, 이름의 각 음절 사이의 음운 관계를 고려해야 자연스러운 이름이 될 것이다.

그리고 이름 붙이기에서 우리가 또 주의해야 할 것은 이름 사이에서 음의 충돌 현상이 일어나지 않게 하는 것이다. 자음과 자음이 충돌하거나 모음과 모음이 충돌하면 발음하기도 어렵고 소리의 진동도 크지 않아 답답할 뿐더러 불편하게 할 수 있고 그런 이름이 본인에게 좋은 영향을 미칠 리 없다. 그래서 이름도 이제는 소리의 아름다움에 주안점을 두고 짓는 노력이 필요하다. 이런 점에서 토박이말의 부드러움을 이름에서도 구현할 수 있도록 슬기를 발휘할 필요가 있다.

(6) 영문 간판

사람의 이름만큼 중요한 이름이 또 있다. 기업의 이름이 그것이다. 가게나 기업을 하는 사람이 자기 가게 또는 기업 이름을 잘 지어서 세상에 내놓으려 하지 않는 사람은 없을 것이다. 그래서 작명소도 찾고, 영어 사전을 부지런히 뒤적거리기도 한다. 60년대 이전에는 주로 옥편을 뒤적이면서 멋진 이름을 지으려 했는데, 요즘은 영어 사전이나 프랑스어 사전, 이탈리아어 사전 등을 뒤지는 모양이다.

2002년 11월에 유수한 두 기업(은행 한 곳과 회사 한 곳)을 상대로 소송을 제기한 일이 있다. 은행은 국가가 출자해서 만들어 키워준 기업이고, 회사는 국가 기관이었다가 공사로 바뀐 뒤에 민영화한 기업이다. 소송을 제기한 이유는 국민 기업이라고 할 수 있는 두 기업이 멀쩡한 국어 이름을 버리고 영어 이름을 사용하고 영문 간판으로 건물을 도배한 것을 응징하기 위해서였다. 이에 대한 판결이 2004년 10월에 선고되었는데, 결과는 두 기업이 영문만으로 간판을 달거나 광고문을 작성한 것은 위법이라는 것이었다.

그 판결이 있은 후 지방자치단체와 여러 공공기업에서 전화가 왔다. 상표와 상호의 차이가 무엇인지, 자신들이 만든 계열사 이미지 통합용 영문 간판을 달 수 없는지 묻는 것이었다. 특히 공무원들은 상표와 상호의 차이를 집중적으로 물었다. 왜냐하면 상표는 영문을 쓸 수 있으므로 그 상표를 간판으로 내거는 것은 막을 수 없다는 판단 때문이었다.

실무적으로 이런 문제를 명료하게 해결해 줄 수 있는 지침이 있어야겠다는 생각을 했지만, 정작 기업들의 반응이 참으로 놀랍도록 냉소적이었다는 점에 가슴이 아팠다. 그들은 한결같이 국제화 시대에 어째서 영문 간판이 문제가 되느냐는 것이었다. 그리고 일부 국민도 그들의 생각에 동조하는 것 같았다. 우리의 가장 무서운 적은 언제나 우리 자신이라는 말을 새삼 느낄 수 있었다.

한국 기업이 우리말로 이름을 짓는다고 해서 국제화에 뒤처진다는 논리가 성립할 리 없고, 우리나라 안에서 한글 간판을 단다고 해서 국제화하지 않은 기업이라고 할 수 없을 것이다. 도대체 국제화가 무엇인데 이를 위해서 먼저 상호부터 영어로 바꿔야 한다고 호들갑을 떠는지 이해할 수 없다. 상호 말고 상표라는 것이 있고 특정 상품에만 붙이는 상표 말고 그 회사를 상징하는 상표가 있다. 요즘 이미지 통합이라는 개념을 도입하여 같은 계열사의 상표를 하나로 통합하는 게 유행인데, 이 상표를 가지고도 얼마든지 세계 사람들에게 자기 회사를 알릴 수 있다. 그런데 굳이 이름을 영어로 바꿔 이걸 영자로 써서 국내에 있는 건물에 내걸어야 하는지 묻고 싶다. 'KT, KT&G, KB, SK, LG, TG' 등 영문으로 상표를 쓰는 기업들은 그렇게 쓰면 된다. 그런데 왜 굳이 이름까지 영어로 바꾸고 그걸 영문으로 써서 국내에 있는 건물의 간판으로 쓰느냐, 이걸 그들에게 묻고 싶은 것이다. 이걸 국내 간판에 쓰는 것은 한국인에게 이걸 읽어 익숙해지도록 강요하는 것이 아닌가, 이걸 묻고 싶은 것이다.

한국인은 국내에서 국어와 한글로 행복하게 생활할 수 있어야 한다. 그걸 누구도 침해해서는 안 된다. 영어를 알건 모르건 한국인에게 국어와 한글만으로 행복하게 살 수 있는 권리가 있다. 그 권리를 박탈하는 것은 그 어떤 이유로도 용납될 수 없다. 그것은 한국인에게 아주 기본적인 권리이기 때문이다. 따라서 국가는 한국인에게 이런 권리를 빼앗으려는 시도가 일어나지 않게 막아야 할 의무가 있다. 꼭 외적을 막는 것만, 국가의 의무가 아니다.

그런데 국가가 길러 낸 기업들이 국어를 훼손하는 일을 선도하고 있다. 한국통신, 담배인삼공사, 서울시개발공사 등이 그들이다. 이걸 그대로 보고 있으라니 복장이 터질 일이 아닌가? 사기업도 아닌 공기업이 민영화 일성으로 하는 일이 바로 이름을 영어로 바꾸는 일이다. 돈 몇 푼 벌겠다고, 그 돈이 국민에게 오는 것도 아니고 자기 식구들 잘 먹고 잘 사는 데 쓰일 돈을 벌겠다고 국어를 훼손한다는 말이다. 그런데 그걸 국민은 당연한 듯이 바라본다는 말이다. 이걸 어찌 통탄하지 않는단 말인가!

우리말로 상호를 짓기 어려운 것은 익히 알고 있다. 그래서 굳이 영어로 짓겠다면 상호를 한글로 적는 성의만이라도 보여야 할 것이다. 그것이 국민에게 그들이 할 수 있는 최소한의 예의가 아니겠는가? 그리고 법을 지키는 자의 자세가 아니겠는가?

(7) 首尔市長께

중국에서 '大韓民國 首尔市 中區 乙支路1街 首尔市長' 앞으로 귀중한 소포가 왔는데 국제우체국 직원이 首尔市長이 어디에 있는 누구인지 몰라 쩔쩔매고 있다는 가상 뉴스가 전해졌다. 도대체 대한민국에 首尔市가 어디 있으며 首尔市長이 누구인지 아무도 몰랐다. 우체국에서 최고의 정보망을 동원해서 찾아보았더니 '서울시'를 가리키는 한자가 '首尔市'였던 것이다. 그래서 이 소포를 서울시로 보냈더니 정작 서울시 공무원들이 이 소포 받기를 거부했단다. 주소를 잘못 기재한 우편물로 보았기 때문이다.

여러분은 이것이 무슨 이야기인지 알 것이다. 그리고 내가 왜 이런 엉뚱한 글을 여기에 적고 있는지도 짐작했을 것이다. 서울시장으로 당선된 이 아무개 씨가 당선 일성으로 서울을 국제 도시로 만들겠다고 하더니 'Hi Seoul' 같은 영문 로고를 만들고 많은 부서와 기관 이름을 영어식으로 짓고, 대부분의 행사를 영어 이름으로 짓더니 난데없이 서울 이름을 중국인이 제대로 쓸 줄 모른다고 해서 중국인들에게 서울 이름을 하나 만들어 주겠다고 나선 것이다. 중국인에게 우리가 손수 한자로 이름을 만들어서 주면 어리석은 그들이 감사히 받아서 사용할 것으로 보았는지 그는 열심히 시간과 돈을 들여 만든 것을 지난 1월 21일에 발표했다. 서울을 '한청'이라 부르거나 '漢城'이라고 적지 말고 '서우얼'이라고 부르고 '首尔'로 적어달라고 이 아무개 시장 이름으로 중국 당국에 요청했던 것이다. 일본에도 'ソウル'라고 쓰지 말고 '首尔'로 써 달라고 요청하겠다는데 그렇게 했는지 잘 모르겠다. 참고로 중국에게 '首尔'로 표기해 달라고 했지만, 언론에서는 이것을 '首爾'로 적는다. 그 이유는 중국은 간자(簡字)를 쓰지만 우리는 정자(正字)를 쓰기 때문에 중국에는 '首尔'로 써 달라고 요청했지만 한국인에게는 정자로 '首爾'로 써 보이고 있는 것이다.

얼마 뒤에 위의 소포와 같은 식으로 주소를 적은 우편물이 서울시 여기저기에 배달되자 엉뚱하게도 서울시에서 문제가 일어나고 말았다. 우선 서울시민이

자기가 사는 곳이 '首尔'인 줄 모르고 있다가 여기저기서 '首尔' 이름으로 편지가 오니 도리 없이 쓰지 않던 옥편을 꺼내어 도대체 이 글자가 무슨 글자이고 발음은 어떻게 하는지 찾아야 했다. 그러나 불행하게도 이 글자는 옥편에도 없는 것이어서 벙어리 냉가슴 앓듯이 꿍꿍 앓게 되었다는 것이다. 그뿐 아니다. 서울시의 여기저기에 중국 관광객을 위하여 표지판을 붙였는데 한 걸음에 하나씩 '首尔' 표지판이 나타나자 모든 서울 시민이 도대체 저곳이 어디를 가리키는 거냐고 지나가는 중국인을 붙잡고 묻는 일이 벌어졌다는 것이다. 하기는 이일을 주도한 서울시 공무원들도 자신들이 일하는 곳이 '首尔市'인 줄 몰랐으니 말해서 무엇 하겠는가?

서울의 중국식 표기를 만들어 주는 사람의 불만은 중국인이 워싱턴을 '華盛頓'으로 쓰는 것처럼 서울도 본음에 가까운 한자로 적어야 하는데 굳이 '한청[漢城]'이라는 과거의 이름을 고집하는 것이다. 그러나 생각해 보면 이건 우리의 불편이 아니라 중국인의 불편이 되어야 한다. 우리가 일본 '大阪(대판)'을 구태여 '오사카'로 부르는 이유는 '대판'이라고 불렀을 때에 지명에서 오는 우리와 일본 사이의 간격이 너무 넓어서 우리가 불편해지기 때문이다. 그렇다면 지명 문제는 중국이 해결해야지 우리가 우리 예산을 들여가면서 우리도 쓰지 않는 한자를 만들어서 중국인에게 주는 우스운 짓은 하지 않아도 되었을 것이다.

공영 방송에서 중국이 이제 우리가 만들어 준 '首尔'을 쓰기 시작했다고 호들갑을 떠는 것을 보았는데, 우리의 자주 의식이 도대체 어느 수준에 와 있는지 알다가도 모를 일이다. 중국인이 서울을 '한청'으로 부르고 주소를 '漢城'으로 적는 것에 왜 우리가 먼저 화를 내고 불편해하고 힘들어하며, 우리의 돈과 노력을 들여 중국인에게 말을 만들어 주기까지 해야 하는지, 왜 중국인은 서울을 '한청'으로 부르면서도 불편해하지 않는지, 왜 중국인은 우리가 만들어 주는 것을 기다려서 손 안 대고 코를 풀게 되는지, 혹시 중국인이 이걸 새로운 형태의 중화주의적 의식에서 즐기고 있는 것은 아닌지. 이번 기회에 이런 종류의 행위에 대해서 정치 지도자를 비롯해서 모든 국민이 좀 진중하게 생각해 보면 좋겠다.

01 한자어가 아닌 합성어 가운데에서 사이시옷이 붙지 않는 것을 아는 대로 제시
하라.

02 파생어 가운데에는 동사나 형용사가 명사 낱말로 파생된 것이 많이 있다. 이런
파생에 사용되는 접미사를 제시하고 그 접미사와 결합하여 생성된 명사 파생어
를 예시하라.

03 파생어 가운데에는 형용사가 부사로 파생되는 것이 많이 있다. 이런 파생에 사용
된 접미사를 제시하고, 그 접미사와 연결하여 생성된 부사 파생어를 예시하라.

04 '무덤'은 '묻다'의 어근에 '엄'이라는 형태소가 붙어서 이루어진 일종의 파생어
이지만 한글 맞춤법에서는 '엄'을 독립 형태소로 인정하지 않기 때문에 낱말 형
성에서는 '무덤'을 하나의 형태소로 보게 된다. 이 경우에 쓰인 '엄'을 불완전 형
태소라고 하는데 국어 낱말에는 이 외에도 불완전 형태소를 이용해서 만든 낱말
이 매우 많다. 그 낱말을 예시하라.

05 각 문제의 물음에 답하라.

(1) ㉮군은 합성어이고, ㉯군은 합성어로서 인정되지 않은 것들이다. 어떤 차이 때문에 하나는 합성어로 붙여 적고 다른 하나는 합성어가 되지 못해 띄어 써야 하는가?

> ㉮ 관계없다, 끝없다, 값없다, 멋없다, 버릇없다, 빛없다, 상관없다, 속 없다, 실없다, 시름없다, 아낌없다, 어김없다, 어림없다, 염치없다, 재미없다, 주책없다, 틀림없다, 하염없다, 하잘것없다, 허물없다, 힘 없다, 맛있다, 재미있다, 관계있다, 뜻있다, 상관있다, 멋있다. 물속, 불속, 땅속
> ㉯ 보람 없다, 이름 없다, 필요 없다, 거리낌 없다, 도리 없다, 뜻 없다, 힘 있다, 끝 있다. 숲 속

(2) 아래 합성어는 융합 합성어이다. 이 합성어를 이용해서 한 문장으로 된 짧은 글을 지어 보라.
 ① 밤낮
 ② 손발
 ③ 좁쌀친구
 ④ 코앞
 ⑤ 집안

(3) 대응되는 두 말의 차이가 드러나도록 짧은글을 지으라.
 ① '밥맛없다' 와 '밥 맛 없다'
 ② '바람맞다' 와 '바람 맞다'
 ③ '물먹다' 와 '물 먹다'
 ④ '새사람' 과 '새 사람'
 ⑤ '한동네' 와 '한 동네'
 ⑥ '눈뜬장님' 과 '눈 뜬 장님'

(4) 다음 합성어 가운데에서 사이시옷을 <u>잘못</u> 붙인 것을 찾으라.

　① 갓길, 나룻배, 나뭇잎, 겨렛말

　② 냇물, 노랫말, 갈큇눈, 뒷짐

　③ 바큇살, 머릿돌, 뱃길, 부챗살

　④ 소릿값, 잇몸, 머릿기사, 자릿수

　⑤ 잿더미, 설거짓물, 찻길, 찻집

　⑥ 팻감, 예삿소리, 하룻밤, 햇볕

(5) 아래 한자어 가운데에서 사이시옷을 붙이는 것을 고르라.

　① 개수(個數), 대가(代價), 회수(回數), 제상(祭床)

　② 이과(理科), 전세방(傳貰房), 초점(焦點), 셋방(貰房)

　③ 호수(戶數), 화병(火病), 수자(數字), 시가(市價)

　④ 화증(火症), 퇴간(退間), 시구(詩句), 후장(後場)

06 다음 물음에 답하라.

(1) 아래 파생어를 보고 실질 형태소와 형식 형태소를 구분하여 표시하라.

　① 쐐기, 꿰미, 지름, 부채, 베개, 지게

　② 깨뜨리다, 넘치다, 부딪치다, 세우다, 안기다, 재우다, 피우다

　③ 높이, 슬피, 어여삐 굳이, 조용히, 고요히, 멀리, 가까이, 되게

　④ 일찍이, 곰곰이, 더욱이, 생긋이, 오뚝이, 해죽이

　⑤ 나날이, 따님, 미닫이, 바느질, 주줄이, 틈틈이, 하느님

(2) 아래 파생어의 표기가 <u>틀린</u> 것은?

① 객-쩍다, 괘다리-쩍다, 귀살-쩍다, 귀살머리-쩍다

② 딴기-쩍다, 수상-쩍다, 짓-쩍다, 해망-쩍다

③ 곱-다랗다, 굵-다랗다, 기-다랗다, 넓-다랗다

④ 얄-따랗다, 짤-따랗다, 참-따랗다, 잔-따랗다

⑤ 귀-머거리, 굽-돌이, 외톨-이, 외돌톨-이

(3) 아래 한자어의 띄어쓰기가 옳은 것은?

① 귀회사, 당회사, 연수차, 공사중

② 재회시, 표준시, 동네간, 국가간

③ 총공격, 총회원, 전국무총리, 전세계

④ 공연전, 난리후, 이론상, 출발선상

⑤ 학기말, 세기말, 학년말, 학기초

⑥ 개인별, 조건하, 십년간, 기차편

01 국어의 조어법은 어느 언어보다도 복잡하다. 그래서 우리가 섣부르게 낱말을 만들어 내지 못하기도 하지만 애써 만들었다고 해도 조어법에 맞지 않아서 폐기해야 하는 경우가 생긴다. 국어의 조어법이 왜 이렇게 까다로운지 국어의 특성과 관련하여 설명하라.

02 국어 조어법은 국어학자들이 이미 생성되어 있는 낱말을 분석한 결과 얻은 것이다. 그렇다면 낱말을 만들어 낼 수 있는 자격이 있는 사람, 곧 조어법의 주인은 누구인지 말하고, 그 이유를 대라.

띄어쓰기가 복잡하고 지나치게 편의주의적인 점, 낱말의 형태를
완성하는 방법이 너무 복잡하고 기준이 모호한 점 등을 감안하더라도
국어 낱말의 표기는 이제 정착 단계에 접어들고 있음을 부인할 수 없다.
우리 모두 현행 표기 체계의 부족한 부분을 보완하면서 더 완벽한 체계를
갖추도록 노력하기를 바란다.

06 낱말의 형태 표기

이미 조어법에 따라서 낱말의 형태가 완성되었기 때문에 별도로 낱말의 형태 표기를 논할 이유가 없다. 다만 우리 맞춤법에 따르면 문장에서 띄어쓰기에 따라 낱말의 형태가 달라질 수 있고, 같은 낱말이라도 활용이나 준말 표기로 형태가 달라질 수 있다. 국어에서는 표현된 형태 내면에 그 낱말의 본래 모습이 숨어 있다. 숨어 있는 본래의 형태를 알지 못하면 문장을 이해하기가 어렵기 쉽다. 그래서 문장에 나타난 형태에서 낱말의 본래 형태를 찾아내는 능력을 길러야 한다.

> ㉠ 묵상은 정신건강(정신 건강)에 매우 좋다.
> ㉡ 우리 아이들은 그림그리기(그림 그리기)를 좋아한다.
> ㉢ 지금은 열한시(열한 시) 삼십분(삼십 분)이다.
> ㉣ 이집(이 집) 저집(저 집) 좀더(좀 더) 구경해보아라(구경해 보아라).

위 예문의 밑줄 친 부분은 모두 한 낱말이 아니다. 즉 복합어가 아니라는 말이다. 괄호 안에 적힌 것처럼 낱말 단위로 띄어 써야 한다. 그런데 우리 맞춤법에 따르면 이렇게 붙여 쓸 수 있게 했다. 그렇다면 문장에서 볼 때 어디까지 단어인지 구별할 수 없는 경우가 수없이 생긴다. 이 문제는 근본적으로 해결되지 않는 국어의 아킬레스건이라고 할 만하다. 다만, 모국어 사용자들은 최소한 붙여 쓴 어구가 어떤 낱말의 결합인지 알아야 한다. 그래야 국어사전에서 올림말을 찾기 쉽다. 이런 점에서 띄어쓰기 규정을 이해하는 것이 문자 생활에서 매우 중요하다.

> ㉤ 즐거웠던 기억은 간데없고, 괴로운 기억만 나를 사로잡는구나!
> ㉥ 내가 너에게 줬잖아, 그렇게 기억력이 희미해서 어쩔까?

예문 ㉤의 밑줄 친 형용사는 활용하는 바람에 원래의 낱말 형태가 변형되었다. '즐거웠던'은 낱말의 기본 형태가 아니다. 이 낱말의 기본 형태는 '즐겁다'인데, 활용하면 '즐거운, 즐거워'처럼 형태가 바뀌고 여기에 과거 시제를 나타내는 선어말어미 '−었−'이 붙으면 '즐거웠'이 된다. 마찬가지로 '괴로운'은 '괴롭다'에 어미 '−은'이 붙으면서 불규칙 활용을 하여 만들어진 형태이다.

예문 ㉥의 쓰인 '줬잖아'는 '주다'라는 동사와 이것을 부정하는 구문 '−지 않다'가 결합하여 준 것이다. 마치 한 낱말처럼 보이지만 낱말이 아니라 어구인 셈이다. '희미해서'도 본래의 낱말 형태가 아니다. '희미하다'가 불규칙 활용을 통해서

'희미하여서'가 되고 이것이 줄어 '희미해서'로 바뀌었다. '어쩔까'도 본래의 낱말 형태에서 벗어나 있다. '어찌하다'에 어미가 붙어 '어찌할까'로 되었던 것이 다시 줄어 '어쩔까'가 되었다. 이처럼 낱말이 실제로 문장 안에서 쓰일 때에는 다양하게 형태가 바뀌거나 줄어서 적힌 대로 낱말의 형태를 이해하려는 사람들에게 큰 부담을 주게 된다.

이제 우리는 낱말의 변화된 형태에서 본래의 형태를 읽어 내는 능력을 갖추어야 한다. 이 장에서 공부할 내용이 바로 이것이다.

1. 띄어쓰기

한글 맞춤법에는 띄어쓰기에 관하여 일반적으로 적용할 수 있는 규정을 아래와 같이 제시했다(맞2).

> **문장의 각 단어는 띄어 씀을 원칙으로 한다.**

이런 규정을 곧이곧대로 적용하여 문자 생활을 한다면 우리는 구태여 낱말의 형태에 신경 쓸 필요가 없다. 그러나 잘 아는 바와 같이 이 규정에는 많은 예외 규정과 예외의 예외 규정이 복잡하게 설정되어 있다. 따라서 그만큼 우리의 문자 생활은 힘들게 되고 낱말의 형태도 불안정해진다. 지금부터 실제 문자 생활에 적용되는 각 규정을 검토해 보자.

(1) 반드시 붙여 써야 하는 경우

단어와 단어를 띄어 써야 하는데 거꾸로 반드시 붙여 써야 하는 경우가 있다. 세 경우가 그렇다.

> **① 조사는 그 앞말에 붙여 쓴다(맞41).**
> **② 수를 적을 때에 '천(千)' 단위 이하는 붙여 쓴다(맞44).**
> **③ 성과 이름, 성과 호는 붙여 쓴다(맞48).**

첫째, 조사는 관형사와 감탄사를 제외한 모든 낱말에 붙여 쓴다. 동사나 형용사의 어미 뒤에 붙여 쓰는 것은 당연하고 같은 조사 뒤에도 붙여 쓴다. 관형사와 감탄사는 처음부터 조사가 필요하지 않는 낱말이므로 띄어쓰기와 상관없다. 조사를 그 앞말에 붙여 쓰는 원칙은 예외가 없다.

둘째, 수를 적을 때에 '천(千)' 단위 이하는 붙여 쓰기로 했다. 규정에 따르면 '만(萬)' 단위로 띄어 쓰게 되어 있다. 이 말은 '만' 단위씩 띄어 쓴다는 말이다. 즉, '3762조 4853억 9287만 8265' 또는 '삼천칠백육십이조 사천팔백오십삼억 구천이백팔십칠만 팔천이백육십오'처럼 쓴다는 말이다. 그러나 이것을 모두 숫자로만 표기할 때에는 당연히 띄어 쓰지 않고 세 자리마다 반점을 찍어야 한다. 즉 '3,762,485,392,878,265'처럼 써야 한다.

셋째, 성과 이름, 성과 호는 습관적으로 하나의 단위로 인식하기 때문에 이를 붙여서 '이순신, 김동기'처럼 쓴다. 그러나 여기에는 예외가 있다. 성이 두 음절 이상으로 된 경우에는 성과 이름의 구별이 어려울 수 있기 때문에 이 경우에는 띄어 쓰는 것을 허용한다. '황보 인, 남궁 선우'처럼 쓴다. 또 부모 성 함께 쓰기 운동 차원에서 두 성을 쓰는 경우에도 이 예외가 적용된다. '김이 혜정', '황보 최 금희'처럼 쓸 수 있다. 중국인이나 대만인의 성과 이름도 붙여 쓴다.

덩샤오핑(鄧小平), 마오쩌둥(毛澤東), 장쩌민(江澤民), 저우언라이(周恩來)

그러나 성과 직책, 성과 호칭은 띄어 쓴다.

노 대통령, 강 과장, 김영호 님, 정영길 박사, 여운형 선생, 박순천 여사

반드시 붙여 쓴다는 규정에 따라서 두 낱말을 붙여 쓰더라도 붙여 쓴 단위가 하나의 낱말이 되는 것은 아니다. 원칙적으로 단어별로 띄어 써야 하는데, 편의상 붙여 쓰기로 한 것일 뿐이므로 원래의 각 낱말별로 국어사전에 오르게 되어 있다.

(2) 붙여 쓰는 것을 허용하는 경우

띄어 쓰는 것을 원칙으로 하되 편의상 붙여 써도 괜찮다고 허용한 규정이 여기에 속한다. 이 경우도 붙여 쓴 것이 한 표기 단위일 뿐 낱말로서 인정되는 것이 아니다. 따라서 국어사전에서 낱말을 찾을 때에는 붙여 쓰기 전의 상태에서 각 낱말로 찾아야 한다. 아래의 경우가 붙여 쓰는 것이 허용된 것들이다.

① 단위 명사 가운데에서 순서를 나타내는 경우(맞43, 다만)

　단위 명사는 의존명사로서 낱말이기 때문에 당연히 띄어 써야 한다. 다만 순서를 나타내는 경우에는 붙여 쓰는 것을 허용한다는 것이 맞춤법 규정이다. 순서를 나타내는 경우라는 말은 지속적으로 이어지는 시간을 나타내는 경우와 일련번호가 매겨진 각종 단위를 나타내는 경우를 가리킨다. 아래 예에서 밑줄 친 부분이 순서를 나타내는 명사인데, 이를 원칙적으로 띄어 쓰게 되어 있지만 붙여 쓰는 것을 허용한다.

　　* 시간 표기 : 두시 오십분 삼십이초, 삼월 이십오일 열세시 이분 십삼초

　　* 번호 표기 : 육층 십오호, 구사단 칠연대 이중대, 구단, 십오번지, 제삼학년, 제일장, 제이과, 제일연구실('제'는 차례가 몇 째임을 나타내는 접두사임)

② 숫자와 어울려 쓰이는 경우(맞43, 다만)

　단위 명사 앞에 숫자가 오면 붙여 쓸 수 있다. 그래서 '2005년 1월 25일 14시 45분', '10개에 1000원', '100미터'처럼 쓸 수 있다. 물론 밑줄 친 단위 명사를 띄어 쓰는 것이 원칙인 것은 말할 것도 없다.

③ 단음절로 된 단어가 연이어 나타날 경우(맞46)

　이 규정은 뜻이 상당히 모호하다. 몇 번 연이어 나타나야 되며 무엇과 무엇을 붙여 쓸 것인지 아무 설명이 없다. 다만 아래와 같은 예를 보임으로써 조금 알 수 있게 해 놓았다.

그때 그곳, 좀더 큰것, 이말 저말, 한잎 두잎

　이로 미루어 보면 단음절로 된 낱말이 네 번 이상 연이어 나타나면 두 개씩 짝을 지워 붙여 쓸 수 있다는 뜻으로 해석할 수 있다. 그러나 국립국어원의 해설서에는 두 번 나오면 그 둘을 붙여 쓸 수 있는 것처럼 예시되어 있다. 시각적인 편리를 도모하기 위하여 만든 규정이므로 단음절어가 두 번 잇달아 나오는 경우에 붙여 쓰도록 하는 것도 좋을 것이므로 이를 따르기로 한다. 그러나 단음절어가 두 번 연이어 나오면 무조건 붙여 쓸 수 있는 것이 아니라 통사적으로 무리가 없는 경우에 한한다.

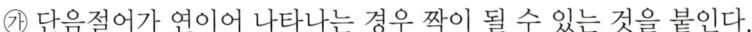

㉮ 단음절어가 연이어 나타나는 경우 짝이 될 수 있는 것을 붙인다.

> * 좀 더 좋은 집 → 좀더 좋은 집
>
> * 한 잔 술 → 한잔 술
>
> * 내 것 네 것 → 내것 네것

㉯ 통사적으로 무리가 없는 경우만 붙여 쓸 수 있다.

> * 꽤 큰 집 → 꽤 큰집(○), 꽤큰 집(×)
>
> * 더 새 것 → 더 새것(○), 더새 것(×)
>
> * 이 새 계획 → 이새 계획(×)
>
> * 더 못 간다 → 더못 간다(×)
>
> * 늘 더 먹는다 → 늘더 먹는다(×)
>
> * 좀 더 큰 이 새 집 문 앞 → 좀더 큰 이 새집 문앞(○)

④ 보조 용언은 경우에 따라서 붙여 쓸 수 있다(맞47).

보조 용언도 낱말이므로 띄어 쓰는 것이 원칙이지만, 어떤 경우에는 붙여 쓰는 것을 허용하겠다면서 몇 가지를 예시해 놓았다. 그 예시를 보면서 우리는 한글 맞춤법의 의도를 파악해야 한다. 참으로 어처구니없는 규정이지만 어쩔 수 없다. 보조 용언을 붙여 쓸 수 있는 경우는 크게 두 가지를 생각할 수 있다. 하나는 보조 동사인 경우와 다른 하나는 보조 형용사인 경우이다.

㉮ 본동사에 보조적 연결 어미 '-아/-어'가 붙은 경우에 보조 동사를 본동사에 붙여 쓸 수 있다(맞47 본문).

> * 불이 꺼져(꺼지-+-어) 간다. → 불이 꺼져간다.
>
> * 내 힘으로 막아(막-+-아) 낸다. → 내 힘으로 막아낸다.
>
> * 어머니를 도와(돕-+-아) 드린다. → 어머니를 도와드린다.
>
> * 내 일을 하여(하-+-여) 주라. → 내 일을 하여주라.
>
> * 그릇을 깨뜨려(깨뜨리-+-어) 버렸다. → 그릇을 깨뜨려버렸다.
>
> * 문을 열어(열-+-어) 놓아라. → 문을 열어놓아라.
>
> * 너무 떠들어(떠들-+-어) 댄다. → 너무 떠들어댄다.
>
> * 이름을 잘 알아(알-+-아) 둬라. → 이름을 잘 알아둬라.

＊그것을 내가 좀 써(쓰 – + – 어) 보자. → 그것을 내가 좀 <u>써보자</u>.

＊아이가 울어(울 – + – 어) 쌓는다. → 아이가 <u>울어쌓는다</u>.

＊어려움을 잘 견뎌(견디 – + – 어) 왔다. → 어려움을 잘 <u>견뎌왔다</u>.

＊힘차게 뻗어(뻗 – + – 어) 나는 국력 → 힘차게 <u>뻗어나는</u> 국력

＊겨울로 접어(접 – + – 어) 들었다. → 겨울로 <u>접어들었다</u>.

＊잘도 놀아(놀 – + – 아) 나는군. → 잘도 <u>놀아나는군</u>.

보조적 연결 어미 가운데에서 '– 고', '– 게', '– 지' 따위로 연결되는 보조 용언은 붙여 쓰지 않는다.

＊그를 보고 싶다. → 그를 <u>보고싶다</u>. (×)

＊왜 아이를 울게 하니? → 왜 아이를 <u>울게하니</u>? (×)

＊제발 그런 말은 하지 마라. → 제발 그런 말은 <u>하지마라</u>. (×)

그러나 형태는 비슷하지만 아래의 경우는 보조 용언이 아니므로 붙여 쓸 수 없다. 괄호 안처럼 '서'를 붙일 수 있는 경우는 뒤의 용언이 보조 용언이 될 수 없다.

＊종이를 찢어(서) 버렸다. – 종이를 찢은 뒤에 버렸다는 말

＊어른을 잡아(서) 넘겼다. – 어른을 잡은 뒤에 넘겼다는 말

＊사과를 깎아(서) 드린다. – 사과를 깎은 뒤에 어른에게 드린다는 말

＊그림을 그려(서) 보았다. – 그림을 그린 다음에 그것을 감상했다는 말

＊마당을 돌아(서) 나왔다. – '나왔다', '나갔다'는 보조 용언이 아님

㉴ 의존명사에 접미사 '– 하다'나 '– 싶다'가 붙은 보조 형용사는 본용언에 붙여 쓰는 것을 허용한다(맞47 본문).

＊비가 올 듯하다. → 비가 <u>올듯하다</u>.

＊그 일은 할 만하다. → 그 일은 <u>할만하다</u>.

＊일이 될 법하다. → 일이 <u>될법하다</u>.

* 비가 올 성싶다. → 비가 올성싶다.
* 그가 나를 알은 척한다. → 그가 나를 알은척한다.
* 전혀 모르는 체한다. → 전혀 모르는체한다.
* 그는 학자인 양하고 다닌다. → 그는 학자인양하고 다닌다.
* 그렇게 될 듯싶다. → 그렇게 될듯싶다.
* 하마터면 큰일 뻔했어. → 하마터면 큰일 날뻔했어.

㉰ 붙여 쓸 수 있는 보조 용언이라도 본용언 뒤에 조사가 붙어 있거나, 본용언이 합성어로 되어 있으면 붙여 쓸 수 없다(맞47 다만).

* 겨울로 접어만 들면 그친다. → 겨울로 접어만들면 그친다. (×)
* 불이 꺼져만 가니 걱정이다. → 불이 꺼져만가니 걱정이다. (×)
* 산에 올라도 보았다. → 산에 올라도보았다. (×)
* 어서 덤벼들어 보아라. → 어서 덤벼들어보아라. (×)
* 물에 떠내려가 버렸다. → 물에 떠내려가버렸다. (×)
* 염소를 잡아매 두어라. → 염소를 잡아매두어라. (×)

본용언이 합성동사인 경우에는 보조 용언을 붙이면 어절이 너무 길어지는 단점이 있기 때문에 이를 붙여 쓰지 못하게 했다. 따라서 합성어가 두 음절로 짧은 경우에는 본용언이 합성어라고 해도 보조 용언을 붙여 쓸 수 있다.

* 아이가 집을 나가 버렸다. → 아이가 집을 나가버렸다. (○)
* 얼굴이 빛나 보인다. → 얼굴이 빛나보인다. (○)
* 이것을 손대 보았다. → 이것을 손대보았다. (○)

㉱ 보조 형용사는 의존명사와 접미사 사이에 조사를 둘 수 있는데, 그런 경우에는 본용언에 보조 용언을 붙여 쓸 수 없다(맞47 다만).

* 비가 올 듯도 하다. → 비가 올듯도하다. (×)
* 너무 잘난 체를 한다. → 너무 잘난체를한다. (×)
* 그야 믿을 만은 하지. → 그야 믿을만은하지. (×)

㉲ 보조 용언이 겹쳐 나타나는 경우에는 앞의 보조 용언만 본용언에 붙여

쓴다. 물론 모두 띄어 쓰는 것이 원칙인 것은 변하지 않는다.

> * **이걸 기억해 두어 보아라.** → **이걸 기억해두어 보아라.** (O)
>
> * **읽어 볼 만한 책이다.** → **읽어볼 만한 책이다.** (O)
>
> * **일이 잘 되어 가는 듯하다.** → **일이 잘 되어가는 듯하다.** (O)

ⓑ 규정에는 나와 있지 않지만 아래 두 보조 용언은 반드시 붙여 쓴다. 따라서 하나의 낱말, 곧 합성어가 된다.

* 보조적 연결 어미 '-어' 뒤에 '하다'를 붙여 형용사를 동사로 만드는 경우

> **좋아하다, 슬퍼하다, 기뻐하다, 반가워하다, 만족해하다, 행복해하다**

* 보조적 연결 어미 '-어' 뒤에 '지다'를 붙여 형용사를 동사로 만들거나 동사를 피동형으로 만드는 경우

> **넓어지다, 좋아지다, 슬퍼지다, 행복해지다, 넘어지다, 떨어지다, 흩어지다**

⑤ 성명 이외의 고유 명사는 단어별로 띄어 쓰되, 단위별로 띄어 쓸 수 있다 (맞49).

단어별로 띄어 쓰는 것과 단위별로 띄어 쓰는 것은 무슨 차이가 있을까? 단위별로 띄어 쓴다는 것은 독립적인 대상물로 인식되는 단위별로 띄어 쓴다는 말이다. 예컨대 '한국 대학교 문과 대학 국어 국문과'는 낱말별로 띄어 쓰기를 한 것이다. 이것을 단위별로 띄어 쓴다면 먼저 '한국 대학교', '문과 대학', '국어 국문과'가 각 단위로 인식되어 붙여 쓰는 것을 허용했다. 그래서 '한국대학교 문과대학 국어국문과'로 적을 수 있게 된다.

학교나 기관이 다른 상위 기관에 속해 있음을 알리는 '부설, 부속, 직속, 산하' 따위는 기관을 나타내는 고유 명사라고 할 수 없다. 따라서 이런 말은 뒤에 오는 말과 떼어 놓아야 한다. 다만 사범 대학의 부속 고등 학교는 '부속고등학교'로 붙여 쓸 수 있다.

> * **대통령 직속 국가 안전 보장 회의** → **대통령 직속 국가안전보장회의**

* 문화 관광부 산하 국립 국어원 → 문화관광부 산하 국립국어원
* 한국 대학교 사범 대학 부속 고등 학교 → 한국대학교 사범대학 부속 고등학교

⑥ 전문 용어는 단어별로 띄어 씀을 원칙으로 하되 붙여 쓸 수 있다(맞50).

기본적으로 전문 용어는 단어별로 띄어 써야 한다. 그러나 전문 용어의 특성상 하나의 낱말로 인식될 수 있도록 하기 위하여 편의상 붙여 쓰기를 광범위하게 인정하고 있다.

* 중거리 탄도 유도탄 → 중거리탄도유도탄
* 만국 음성 기호 → 만국음성기호
* 종속적 연결 어미 → 종속적연결어미
* 지구 중심설 → 지구중심설
* 해양성 기후 → 해양성기후
* 여름 채소 가꾸기 → 여름채소가꾸기
* 무릎 대어 돌리기 → 무릎대어돌리기
* 두 팔 들어 가슴 벌리기 → 두팔들어가슴벌리기

그러나 아래의 경우에는 붙여 쓸 수 없다. 관형사형이나 조사로 연결된 것을 하나의 단위로 인식하기 어렵기 때문이다.

* 간단한 도면 그리기 → 간단한도면그리기 (×)
* 아름다운 노래 부르기 → 아름다운노래부르기 (×)
* 민물고기와 바닷물고기 기르기 → 민물고기와바닷물고기기르기 (×)

둘 이상의 전문 용어가 접속 조사로 이어지는 경우에는 각 전문 용어 단위로 붙여 쓸 수 있다.

* 기구 만들기와 기구 다루기 → 기구만들기와 기구다루기
* 도면 그리기와 도면 읽기 → 도면그리기와 도면읽기

이상 띄어쓰기 규정으로 인해서 낱말의 형태가 달라진 경우에는 단어별로 인식해야 한다.

(3) 헷갈리기 쉬운 것들

국어의 조사, 어미, 접두사, 관형사, 접미사, 명사, 의존명사 등의 형태가 비슷하여 헷갈리는 경우가 있다.

① 조사와 의존 명사, 부사 : 조사와 의존 명사의 형태가 같아 구별이 안 되는 경우가 있다. 예문에서 띄어쓰기가 된 것은 의존명사나 부사이고 붙여 쓴 것은 조사이다.

㉮ 대로 : 조사 또는 의존명사

* 이 그림대로 그릴 수 있겠니? (조사)
* 통지서가 오는 대로 나에게 연락해 다오. (의존명사)

㉯ 같이 : 조사 또는 부사

* 세월은 꿈같이 흐른다. (조사)
* 우리 조금 뒤에 같이 가자. (부사)

㉰ 밖에 : 조사 또는 부사어 ('명사＋부사격조사'의 형태로)

* 내가 나설 수밖에 없겠군. (조사)
* 그 일 밖에 또 할 일이 있어야겠다. (부사어)
* 집 밖에 사람들이 많이 서 있다. (부사어)

㉱ 뿐 : 조사 또는 의존명사

* 사람은 안 보면 그뿐이다. (조사)
* 그저 기분이 좋을 뿐이다. (의존명사)

㉲ 만 : 조사 또는 의존명사, 보조 용언

* 시간이 없으니 너만 오너라. (조사)
* 우리 얼마 만에 만난 거야? (의존명사)
* 형만 한 아우 없는 법이다. (조사)
* 알 만한 사람이 그럴 수 있어요? (보조 용언)

㉳ 만큼 : 조사 또는 의존명사

* 과자를 이만큼 가져와라. (조사)
* 자신의 잘못을 아는 만큼 고칠 수 있다. (의존 명사)

㉖ 조사 '커녕' : 조사 '은/는' 뒤에 붙일 수도 있다.

* **대답커녕 고개도 돌리지 않았다.** (조사)
* **대답은커녕 고개도 돌리지 않았다.** (조사)
* **보기는커녕 고개도 돌리지 않았다.** (조사)

㉗ 조사 '새로에' : 조사 '은/는' 뒤에 붙는다.

* **미워하기는새로에 싫은 소리 해 본 일이 없다.** (조사)
* **비바람은새로에 벼락이 떨어진다 해도 두렵지 않다.** (조사)

② 어미의 형태, 어미와 의존명사

㉮ 지 : 어미로 쓰이는 경우와 의존명사로 쓰이는 형태가 같다 ('-지, -ㄹ 지, -ㄴ지, -는지, -을지' 모두 어미).

* **그가 하지 않았어.** (어미)
* **어떻게 가는지 몰라.** (어미)
* **비가 올지 모르겠는데.** (어미)
* **그가 온 지 열흘이 되었어.** (의존명사)

㉯ 바 : 어미로 쓰이는 경우는 '-ㄴ바'의 형태로 쓰인다.

* **내가 본바, 너에게 잘못이 더 많다.** (어미)
* **네가 본 바를 그대로 말해라.** (의존명사)

㉰ 걸 : 어미로 쓰이는 경우에는 '-ㄹ걸'의 형태로 쓰인다.

* **아마 내일 비가 올걸.** (어미)
* **네가 할 걸**('것+을'의 준말) **가져와라.** (의존명사+목적격조사)

㉱ 듯 : 어미로 쓰이는 경우에는 어간에 붙고, 부사로 쓰일 때에는 '-ㄹ 듯 이'의 형태로 쓰인다.

* **구름에 달 가듯이 가는 나그네.** (어미)
* **금방 해 줄 듯이 말하더라.** (부사)

㉲ 데 : 어미로 쓰이는 경우에는 '-ㄴ데, -는데, -던데, -은데'의 형태로

쓰이고, 그 앞에 '-시-, -겠-, -았-' 등이 붙기도 한다. 장소나 특
정한 조건을 나타내는 경우에는 '데'가 의존명사로 쓰인다.

> * 내가 가는데 그가 나를 불렀어. (어미)
> * 선생님이 널 부르시던데. (어미)
> * 얼굴이 예쁜 데다 마음까지 착하다. (의존명사)
> * 네가 가는 데가 어디냐? (의존명사)
> * 빨리 달리는 데는 그를 따를 자가 없어. (의존명사)

㉟ 망정 : '-ㄹ망정'의 형태로 쓰일 때에는 어미, '-니 망정이지', '-기에
망정이지'처럼 쓰일 때에는 의존명사

> * 내가 죽을망정 네 주장은 받아들이지 않겠다. (어미)
> * 내가 확인했으니 망정이지 하마터면 큰일 날 뻔했어. (의존명사)
> * 내가 확인했기에 망정이지 하마터면 큰일 날 뻔했어. (의존명사)

㉜ 어미 '-리만큼'과 의존명사 '리' : 어간 뒤에서는 '-리만큼' 형태로 어
미, 관형사형 어미 뒤에서는 의존명사

> * 나를 미워하리만큼 그에게 잘못한 일이 없다. (어미)
> * 그가 그런 말을 했을 리 없다. (의존명사)

㉝ 어미 '-느니보다' : '-는 것보다'의 뜻이 있는 어미임

> * 너를 보내느니보다 차라리 내가 가겠다. (어미)

③ 접두사, 관형사, 명사, 부사

㉮ 맨 : '가장, 온통'의 뜻으로 쓰일 때에는 관형사, '아무것도 지니지 않음'
을 뜻할 때에는 접두사로 쓰인다.

> * 맨 꼭대기, 맨 앞, 맨 돌뿐, 맨 여자밖에 없다 (관형사)
> * 맨몸, 맨손, 맨입, 맨발, 맨주먹, 맨바닥, 맨바늘 (접두사)

㉯ 참 : 참답게 행동하는 경우에는 관형사 또는 부사, 속성이 참되거나 품질
이 우수한 것을 가리킬 때에는 접두사

> * 그는 나의 참 친구다. 참 좋은 사람이야. (관형사, 부사)

          ※ 참사람, 참사랑, 참뜻, 참마음, 참말, 참모습, 참기름, 참빗, 참열매 (접두사)

  ⓒ 겉 : 단독으로 쓰일 때에는 명사, 다른 명사와 함께 쓰일 때에는 접두사

          ※ 사람이 속과 겉이 다르다. (명사)
          ※ 겉모습, 겉곡식, 겉눈썹, 겉늙다, 겉돌다, 겉보기, 겉봉투, 겉웃음 (접두사)

  ⓓ 단 : 음식의 맛이 달다는 것을 나타낼 때에는 '달다'의 관형사형, 원래 그런 맛을 가진 음식 앞에서는 접두사이다

          ※ 가장 단 고구마를 사 오너라. 좀 단 물을 마셔라. (관형사형)
          ※ 단팥죽, 단맛, 단물, 단배, 단비, 단술, 단무지 (접두사)

④ 동사와 접미사

  ㉮ 받다 : 사물이나 행위를 실제로 받는 경우에는 동사, 상대의 행위를 입거나 당하는 경우에는 접미사

          ※ 선물 받다, 우편물 받다, 고통 받다, 칭찬 받다, 미움 받다 (동사)
          ※ 의심받다, 요구받다, 버림받다 (접미사)

  ㉯ 되다 : 보어를 가질 수 있으면 동사, 단순히 '-하다' 대신에 붙어서 피동 의미('당하다'의 뜻)를 보태는 것이면 접미사

          ※ 아직 사람 되려면 멀었어. 가수 되기가 하늘에 별 따기야. (동사)
          ※ 발전되다, 묵살되다, 생략되다, 걱정되다 (접미사)

  ㉰ 당하다 : 어떤 일을 겪는 경우에는 동사, 어떤 명사를 피동사로 만드는 것이면 접미사

          ※ 불이익 당하지 않게 해라. 망국의 설움 당하고도 살았어. (동사)
          ※ 거부당하다, 무시당하다, 문책당하다, 설득당하다, 체포당하다 (접미사)

  ㉱ 맞다 : 목적어를 취할 수 있으면 동사, 어근을 형용사로 만드는 것은 접미사

＊ 손님 맞을 준비 되었니? 매 맞기 싫다. **(동사)**

＊ 궁상맞다, 방정맞다, 앙증맞다, 익살맞다, 쌀쌀맞다, 능글맞다, 지질맞다, 어긋맞다 **(접미사)**

㉮ 시키다 : 실제 목적어를 취할 수 있으면 동사, '할 수 있게 함'의 뜻을 보태면 접미사. '하다'를 붙여야 할 곳에서 '시키다'를 붙이는 경우가 있는데 이는 잘못이다.

＊ 그가 일 시키면 안 하겠어. 누가 아이에게 심부름 시켰지? <u>**(동사)**</u>

＊ 공부시키다, 결혼시키다, 교육시키다, 취업시키다, 관람시키다 **(접미사)**

⑤ 어구와 합성어 : 관형사나 명사의 뒤에 붙어 합성어를 만들 때가 있어서 띄어 쓸 경우와 구별하기 어렵다. 합성어로 인정되는 것을 눈에 익혀 놓자. 괄호 안에 있는 것은 합성어가 되지 않는 경우이다.

－감 : 사윗감, 며느릿감, 옷감, 일감, 이야깃감, 장군감

－꼴 : 세모꼴, 달걀꼴 **(자칫 그 도둑놈 꼴 되기 쉽지.)**

－첫 : 첫눈, 첫사랑, 첫얼음, 첫여름, 첫겨울 **(첫 여행, 첫 만남)**

－된 : 된장, 된시앗, 된소리, 된침, 된풀, 된통, 된서방, 된밥 **(된 일)**

－뭇 : 뭇매, 뭇발길, 뭇별, 뭇사람, 뭇소리, 뭇시선, 뭇입, 뭇짐승 **(뭇 사건)**

－밥 : 톱밥, 흙밥, 실밥, 대팻밥, 줄밥, 저녁밥, 새벽밥, 아침밥, 낮밥, 김밥. 무밥, 비빔밥, 밤밥 **(식당 밥이 맛있어.)**

－안 : 안감, 안날, 안달, 안뒷간, 안마당, 안방, 안벽, 안사돈, 안사람, 안손님, 안식구, 안주인, 안집, 안채, 안해, 집안 **(불로 방 안 사람은 다 죽었다.)**

－옛 : 옛글, 옛길, 옛날, 옛말, 옛사람, 옛사랑, 옛시조, 옛이야기, 옛일, 옛적, 옛집, 옛터 **(옛 친구, 옛 동산)**

－허튼 : 허튼계집, 허튼사람, 허튼소리, 허튼수작, 허튼짓, 허튼톱 **(허튼 생각)**

알아두어야 할 띄어쓰기

① 띄어쓰기에 따라서 의미가 달라지는 경우

- 김새다 : 흥이나 맥이 빠지다.
- 김 새다 : 틈으로 김이 빠져나가다.
- 누워먹다 : 편하게 놀고먹다.
- 누워 먹다 : 누워서 음식을 먹다.
- 눈부시다 : 아름답고 황홀하다. 매우 훌륭하다.
- 눈 부시다 : 밝거나 맑아서 눈이 어리어리하다.
- 멋모르다 : 일의 속내를 모르다.
- 멋 모르다 : 멋에 관해서 모르다.
- 물밑 : 은밀한 상태(물밑 협상)
- 물 밑 : 물이 바닥과 닿은 부분
- 손아래 : 나이나 항렬로 위인 관계
- 손 아래 : 손의 아래쪽에 해당하는 곳
- 알만 하다 : 알 정도의 크기이다.
- 알 만하다 : 알 것 같다.
- 집안 : 친척이나 가족
- 집 안 : 집의 경계 안
- 큰상(床) : 음식을 많이 차려서 주빈에게 내놓는 상
- 큰 상(床) : 크기가 큰 상
- 한번 : 시험 삼아서
- 한 번 : 한 차례

② 띄어 쓰나 붙여 쓰나 의미 차이가 없지만 붙여 쓰는 것들

강기슭, 강바닥, 관계없다, 논밭, 눈앞, 땅임자, 마음속, 멋없다, 물속, 빛내다, 산기슭, 성안, 세놓다, 손발, 앞뒤, 위아래, 이웃집, 일삼다, 장난삼다, 지나가다, 지난날, 창밖, 촌사람, 칼날, 코끝, 탕국물, 풀밭, 힘쓰다, 힘없다

③ 띄어 쓰나 붙여 쓰나 의미 차이가 없지만 띄어 쓰는 것들

땅 위, 바다 속, 바람 잡다, 방 안, 빛 보다, 사기 치다, 성 밖, 소리 나다, 숲 속, 여행 가다, 우리 집, 입 안, 자랑 삼다, 전세 살다, 친구 삼다, 호통 치다, 흉내 내다, 힘 있다

④ 다른 성분이 일부와 관련되면 띄어 써야 하는 낱말(밑줄 친 부분만 관계가 있다.)

- 관계없다 – 아무 관계 없다.
- 관계있다 – 깊은 관계 있다.
- 꿈꾸다 – 무서운 꿈 꾸다.
- 작은누이 – 가장 작은 누이
- 남김없이 – 조금도 남김 없이
- 나가자빠지다 – 밖으로 나가 자빠지다.
- 말아먹다 – 밥을 말아 먹었다.
- 맛있다 – 떫은 맛 있다.
- 마음먹다 – 굳은 마음 먹다.
- 먹고살다 – 죽을 먹고 살다.
- 빛내다 – 밝은 빛 내다.
- 쓸데없는 – 아무 쓸 데 없는
- 일없다 – 어려운 일 없다.
- 재미적다 – 사는 재미 적다.
- 젊은이 – 퍽 젊은 이
- 춤추다 – 우아한 춤 추다.
- 침놓다 – 짧은 침 놓다.
- 핀잔주다 – 고약한 핀잔 주다.
- 해묵다 – 여러 해 묵다.
- 화내다 – 불같은 화 내다.

한자어 '간'은 독립적으로 명사로 쓰이기도 하고 파생어나 합성어를 만들기도 하여 띄어쓰기가 일정하지 않다. 아래 각 경우를 검토하여 붙이는 경우와 띄는 경우를 이해하기 바란다.

① 시간을 나타내는 낱말 뒤에 쓰일 때에는 접미사로 본다. – 파생어

경각간, 그간, 금명간, 다년간, 달장간, 당분간, 돌차간, 얼마간, 망념간, 며칠간, 몽매간, 별안간, 불원간, 불일간, 삽시간, 수일간, 수주간, 순망간, 순식간, 어언간, 열흘간, 염회간, 일순간, 일주간, 임석간, 잠시간, 조만간, 조차간, 졸사간, 십 년간, 백 일간, 50 초간

② 둘 또는 그 이상의 관계를 나타낼 때에는 독립된 명사로 본다. – 명사

한국과 일본 간의 분쟁, 서울과 지방 간의 차이, 지역 간의 격차, 국가 간의 무역, 동네 간의 경쟁, 회원 간의 친목, 친구 간의 우정, 남편과 아내 간의 계약, 옳고 그르고 간에, 죽든지 살든지 간에

③ 관계를 나타내는 낱말 뒤에는 '간'은 명사로 본다. – 합성어

고부간, 남매간, 내외간, 모자간, 부부간, 부자간, 숙질간, 형제간, 자매간, 재종간, 조손간, 사제간, 노사간, 빈부간, 가부간, 개컬간, 다소간, 다자간, 당락간, 도농간, 도캐간, 동남간, 동북간, 피차간, 하여간, 한동기간, 부지불식간, 불호간, 비몽사몽간, 빙탄간, 상신간, 상친간, 서남간, 서북간, 양국간, 양단간, 양미간, 양일간, 여항간, 연사간, 위불위간, 유무간, 유무죄간, 이불리간, 이해간, 잘잘못간에, 족부족간, 존시간, 종항간, 좌우간, 죽밥간, 죽식간, 지호간

* '서로간, 국제간, 상호간'은 부적절한 용법이다.

④ 집을 나타낼 경우에는 접미사로 본다. – 파생어

곳간, 나뭇간, 대문간, 대장간, 두엄간, 뒷간, 마구간, 방앗간, 부질간, 빨랫간, 세수간, 숙설간, 아랫간, 연자맷간, 외양간, 윗간, 의지간, 자빗간, 장독간, 장설간, 잿간, 정주간, 툇간, 푸줏간

* 집안간 : 가까운 일가 사이[그와는 집안간이다.]

* 집안 간 : 집안들끼리의 관계[집안 간에도 교류가 많다.]

2. 바뀐 말, 준말 표기

어느 언어에나 실제 문장에서 낱말의 일부 형태가 바뀌는 일이 있게 마련인데, 그럴 때에 이 형태가 원래 형태의 변형임을 인식하게 해 주는 표기법을 채택하는 것이 당연하다. 그러나 우리는 형태소 위주의 표기법을 채택하고 있으면서도 아무 설명 없이 형태소가 줄면 준 대로 또는 바뀌면 바뀐 대로 표기하는 방식을 채택했다. 아마 한글 표기에서 이를 구현하기 어려운 점이 있어서 그랬을 것이지만 아쉬움은 있다. 우리 어문 규정에는 어간과 어미 사이에서 음운 변화가 일어나는 경우, 곧 불규칙 활용이 일어나는 경우에 변화된 대로 적도록 하는 규정을 두었고(맞18), 본딧말과 준말이 있을 경우에 어느 것을 표준어로 삼을 것인가 결정한 뒤 그에 따라서 표기하는 법을 정해 놓았다. 이 규정에 따라서 낱말의 기본 형태와 다른 형태가 문장에 나타날 수 있게 된 것이다. 따라서 우리는 문장에 적힌 표기를 보고 그것이 낱말의 형태라고 생각하면 안 될 때가 있음을 알아야 하고, 바뀐 말과 원래의 낱말 형태를 알아서 이해하는 능력을 갖춰야 한다. 이 능력을 배양하기 위해서 바뀐 말과 준말 표기법을 공부해 보자.

(1) 활용에 따라 바뀐 말

한글 맞춤법 제18항에는 활용할 때에 어간의 끝소리, 곧 받침이 줄면 준 대로, 바뀌면 바뀐 대로 적는다고 되어 있다. 활용형이 변하더라도 낱말의 기본 형태는 바뀌지 않는다. 구체적인 경우를 보면 아래와 같다.

① 어간의 'ㄹ'이 줄어드는 경우(맞18 제1호) : 어간이 'ㄹ' 받침으로 끝나는 용언에 어미 '-니', '-는', '-ㅂ니다', '-시오', '-오' 따위가 붙게 되면 받침 'ㄹ'이 줄어드는데 이때 줄어든 대로 표기한다.

> **갈다 : 가니, 간, 갑니다, 가세, 가시오, 가오, 갑시다**
> **놀다 : 노니, 논, 놉니다, 노세, 노시오, 노오, 놉시다**
> **어질다 : 어지니, 어진, 어집니다, 어지시오, 어지오**
> **둥글다 : 둥그니, 둥근, 둥급니다, 둥그시네, 둥그오**
> **말다 : 마지못해, 마지않다, -다마다, -자마자, -지 마라, -지 마,**
> **마시오, 마오, 맙시다 (맞18 제1호의 붙임)**

* '二' 받침으로 끝나는 용언의 '二' 받침은 어미 '-지' 앞에서 줄지 않아서 '멀지 않다, 줄지 않다, 둥글지 않다'처럼 쓴다. 다만 부사로서 형태가 고정되어 있는 '머지않아'는 '二'이 준 대로 적는다.

* 괄호 안의 예는 규칙적으로 활용하는 경우이다. 어미의 첫소리에 따라서 어간의 종성 '二'이 준다.

② 어간의 끝 'ㅅ'이 줄어드는 경우(맞18 제2호) : ㅅ 불규칙 활용을 하는 용언이 활용을 하면 'ㅅ'이 준대로 적는다.

> **긋다 : 그어, 그으니, 그었다, 그읍시다**
> **짓다 : 지어, 지으니, 지었다, 지읍시다**
> **젓다 : 저어, 저으니, 저었다, 저읍시다**

③ ㅎ 불규칙 활용을 하는 용언이 활용을 하면 'ㅎ'이 준대로 적는다(맞18 제3호).

> **그렇다 : 그러니, 그러면, 그런, 그럴, 그래서**
> **까맣다 : 까마니, 까마면, 까만, 까말, 까매서**
> **말갛다 : 말가니, 말가면, 말간, 말갈, 말개서**

④ 어간의 끝 'ㅜ'와 'ㅡ'가 줄면 준대로 적는다(맞18 제4호).

> **푸다 : 퍼, 퍼서, 펐다**
> **담그다 : 담가, 담가서, 담갔다**
> **따르다 : 따라, 따라서, 따랐다**

* 어간의 끝 음이 'ㅜ'인 낱말은 대부분 '쑤다, 주다, 꾸다'처럼 'ㅜ'가 줄지 않는데 '푸다'만 준다.

* 어간이 '르'로 끝나는 용언 가운데에는 'ㅡ'가 주는 것이 있고, 전혀 달리 활용하는 것도 있다. 이 항목과 ⑤, ⑨를 함께 이해하는 것이 좋다.

⑤ 어간의 끝 음절 '르'의 'ㅡ'가 줄 적에는 준 대로 적되, '二'은 어간의 받침으로 받쳐 적는다. 이 경우 뒤에 오는 어미 '-아/-어'가 '-라/-러'로 바뀌면 바뀐 대로 적는다(맞18 제9호).

> 가르다 : 갈라, 갈랐다
>
> 부르다 : 불러, 불렀다
>
> 이르다 : 일러, 일렀다

⑥ 어간의 끝 'ㄷ'이 'ㄹ'로 바뀐 경우에는 바뀐 대로 적는다 (맞18 제5호).

> 걷다 : 걸어, 걸으니, 걸었다
>
> 듣다 : 들어, 들으니, 들었다
>
> 묻다 : 물어, 물으니, 물었다

＊ 위 경우는 'ㄷ'이 줄지 않고 'ㄹ'로 바뀐다.

＊ 어간이 'ㄷ'으로 끝나더라도 '걷다[收], 묻다[埋], 쏟다, 얻다'처럼 규칙적으로 활용하는 동사는 이에 해당하지 않는다.

⑦ 어간의 끝 'ㅂ'이 'ㅜ'로 바뀌면 바뀐 대로 적는다 (맞18 제6호).

> 가깝다 : 가까워, 가까우니, 가까웠다 (가깝습니다)
>
> 괴롭다 : 괴로워, 괴로우니, 괴로웠다 (괴롭습니다)
>
> 무겁다 : 무거워, 무거우니, 무거웠다 (무겁습니다)
>
> 곱다 : 고와, 고우니, 고왔다 (곱습니다)
>
> 돕다 : 도와, 도우니, 도왔다 (돕습니다)

＊ 이 경우도 'ㅂ'이 줄지 않고 어미 '-으, -어, -아' 등과 어울려 '우, 워, 와'로 바뀐다.

＊ '가깝다, 괴롭다'는 종래 음운 현상에 따르면 '가까와, 괴로와'로 활용해야 하는데 음운 현상에 변화가 생겨서 요즘은 '가까워, 괴로워'로 활용한다. 한글 맞춤법은 현재의 음운 현상을 충실하게 반영하여 바뀐 형태대로 표기하게 했다. 이와 같이 변화되는 낱말에는 '새롭다, 외롭다, 까다롭다, 슬기롭다, 활기롭다, 날카롭다, 보배롭다, 가소롭다, 번거롭다, 대수롭다' 등 어간이 두 음절 이상으로 된 모든 낱말이 망라된다.

⑧ '하다'가 활용할 때에 '-아'가 '-여'로 바뀌면 바뀐 대로 적는다 (맞18 제7호).

> 하다 : 하여, 하여도, 하여서, 하여라, 하였다

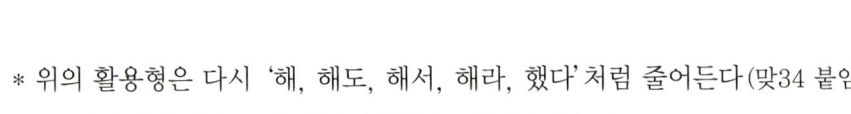

* 위의 활용형은 다시 '해, 해도, 해서, 해라, 했다'처럼 줄어든다(맞34 붙임 2). 이렇게 줄더라도 낱말의 기본형은 변하지 않는다.

⑨ 어간의 끝 음절 '르' 뒤에 오는 어미 '–어'가 '–러'로 바뀌면 바뀐 대로 적는다(맞18 제8호).

이르다 : 이르러, 이르렀다
푸르다 : 푸르러, 푸르렀다

이상으로 우리는 불규칙 활용을 하는 용언의 어간 받침이 줄거나 바뀌는 경우에 어떻게 적을 것인지 검토해 보았다. 활용형이 아무리 바뀌더라도 그 낱말의 기본형은 바뀌지 않으므로 국어사전을 이용할 때에 기본형을 이용해서 찾으면 된다.

(2) 준말 표기

한글 맞춤법이 준말 표기에 관해서 규정한 항목이 아홉이나 되는데, 이것은 띄어쓰기를 규정한 항목이 10개인 것과 비교하면 무척 많다고 볼 수 있다. 그만큼 우리는 준말 표기를 다양하게 인정하고 있다는 말이다. 어떤 경우에 준말 표기가 인정되는지 검토해 보자.

① 낱말의 일부가 줄면 준대로 적는다(맞32).

기러기야 → 기럭아
아기야 → 아가
바둑장기 → 박장기
어긋매끼다 → 엇매끼다
바깥사돈 → 밭사돈

또 합성어를 만들기 위해서 '어제'를 '엊'으로, '마주'를 '맞'으로, '마구'를 '막'으로 주는 것을 인정한다. 아래 왼쪽에 있는 본딧말의 형태는 낱말로서 인정하지 않는다.

어제그제 → 엊그제
어제저녁 → 엊저녁

마주보다 → 맞보다

마구되다 → 막되다

아래 동사의 어간은 자음으로 시작하는 어미가 올 때에만 줄어드는 것을
인정한다.

디디다→딛고, 딛지 (디디고, 디디지, 디디면, 디디므로, 디뎌, 디뎠다)

가지다→갖고, 갖지 (가지고, 가지지, 가지면, 가지므로, 가져, 가졌다)

서투르다→서툴고, 서툴지, 서툴면 (서툴러, 서툴렀다)

서두르다→서둘고, 서둘지, 서둘면 (서둘러, 서둘렀다)

머무르다→머물고, 머물지, 머물면 (머물러, 머물렀다)

② 체언과 조사가 어울려서 줄 때에는 준 대로 적는다(맞33).

그것은 → 그건, 그것이 → 그게, 그것으로 → 그걸로, 나는 → 난, 나를
→ 날, 무엇이 → 무에/뭣이, 무엇을 → 뭣을/무얼/뭘, 그 애는 → 걔는
/걘, 그 애를 → 걔를/걜, 이 애는 → 얘는/얜, 저 애는 → 쟤는/쟨, 저
애를 → 쟤를/쟬, 저 애는 → 쟤는/쟨, 그리로 → 글로, 이리로 → 일로,
저리로 → 절로, 조리로 → 졸로, 그것으로 → 그걸로, 이것으로 → 이
걸로, 저것으로 → 저걸로

* '아래로'는 '알로'로 줄여 쓸 수 없다(표15 붙임).

③ 모음 'ㅏ'나 'ㅓ'로 끝나는 어간에 모음 'ㅏ'나 'ㅓ'로 시작하는 어미가 와서
그 가운데에 하나가 줄면 준대로 적는다(맞34). 같은 이유로 'ㅐ', 'ㅔ' 뒤에
'ㅓ'로 시작하는 어미가 와서 줄면 준 대로 적는다(맞34 붙임1). '하여'가 '해'
로 줄 때에는 준 대로 적는다(맞34 붙임2).

가- + -아라/ -았다 → 가라, 갔다

켜- + -어라/ -었다 → 켜라, 켰다

펴- + -어라/ -었다 → 펴라, 폈다

개- + -어라/ -었다 → 개라, 갰다

세- + -어라/ -었다 → 세라, 셌다

하- + -여라/ -였다 → 해라, 했다

* 이와 같이 어미의 'ㅏ'나 'ㅓ'가 줄어드는 낱말은 '매다, 떼다, 새다, 재다, 베다, 헤다, 대다, 깨다, 따다, 삼가다, 달래다, 거세다, 들레다, 바래다' 등 무척 많다.

* 줄어들어서 어간이 'ㅐ'나 'ㅔ'로 바뀐 경우에는 어미를 줄이지 않는다.

본딧말	준말	어미	정상 표기	틀린 표기
파이다 →	패다 +	어/었다 →	패어/패었다 →	패/팼다
짜이다 →	째다 +	어/었다 →	째어/째었다	째/쨌다
차이다 →	채다 +	어/었다 →	채어/채었다 →	채/챘다

따라서 아래와 같이 표기하는 것은 잘못이고 괄호 안의 표기를 따라야 한다.

* 비가 온 뒤라 땅이 많이 <u>팼</u>더라. (패었더라)
* 옷이 너무 <u>째</u>서(째어서) 입을 수 없었다.
* 여자에게 <u>챘</u>다더라. (채었다더라)

위의 표기를 인정하지 않는 이유는 아래의 것과 혼동을 일으키기 때문이다.

* 벌써 이삭이 <u>팼</u>더라.
* 자기 배를 <u>째</u>라고 큰소리치더라.
* 그렇게 빨리 눈치를 <u>챘</u>나?

④ 모음 'ㅗ'나 'ㅜ'로 끝나는 어간에 모음 '-ㅏ/-ㅓ'로 시작하는 어미가 와서 'ㅘ/ㅝ'로 줄때에는 준 대로 적는다(맞35). 'ㅚ' 뒤에 'ㅓ'가 어울려 'ㅙ'로 되는 경우에도 준 대로 적는다(맞35 붙임2).

꼬- + -아/-았다 → 꽈/꽜다
보- + -아/-았다 → 봐/봤다
두- + -어/-었다 → 둬/뒀다
주- + -어/-었다 → 줘/줬다
되- + -어/-었다 → 돼/됐다
뵈- + -어/-었다 → 봬/뵀다

외 - + - 어 / - 었다 → 왜/왰다

따라서 아래와 같이 줄여 쓸 수 있다.

* 사람을 **춰**(= 추어) 주는 것이 좋다.
* 돈을 조금만 **꿔**(= 꾸어) 다오.
* 이번 설을 온 가족이 모여 즐겁게 **쇘다**(= 쇠었다).
* 일이 생각보다 잘 **돼**(= 되어) 기분이 좋다.
* 일이 잘 **됐다니**(= 되었다니) 나도 기분이 좋다.
* 풀어진 나사를 단단히 **죘다**(= 죄었다).

'ㅎ' 받침이 있는 아래 낱말도 같은 원리로 준다.

* 책을 여기에 **놔라**(놓아라).
* 물을 탁자에 **떠놨다**(떠놓았다).

그러나 '푸다'와 '부수다'는 특별히 다루어야 한다.

* 푸 - + - 어 / - 었다 → 퍼/펐다 ······ 'ㅜ' 변칙 활용
* 부수 - + - 어 / - 었다 → 부숴/부쉈다 ······ 규칙활용

'부수어지다'를 '부숴지다'로 줄여 쓰지 않는다. 그 대신 '부서지다'라는 자동사를 사용한다.

어간이 'ㅟ'로 끝난 경우에 'ㅓ'로 시작하는 어미가 오더라도 줄지 않는다.

* 쉬다 + - 어 / - 었다 → 쉬어/쉬었다 ('셔, 셨다' 처럼 쓰면 안 됨)
* 바뀌다 + - 어 / - 었다 → 바뀌어/바뀌었다 ('바껴, 바꼈다' 처럼 쓰면 안 됨)

⑤ 어간의 'ㅣ' 뒤에 'ㅓ'로 시작하는 어미가 와서 'ㅕ'로 주는 경우에는 준대로 적는다(맞36).

가지 - + - 어 / - 었다 → 가져/가졌다
녹이 - + - 어 / - 었다 → 녹여/녹였다
다니 - + - 어 / - 었다 → 다녀/다녔다
돌이키 - + - 어 / - 었다 → 돌이켜/돌이켰다

$$버티- + -다/-었다 → 버텨/벼텼다$$

$$옮기- + -어/-었다 → 옮겨/옮겼다$$

$$치이- + -어/-었다 → 치여/치였다$$

⑥ 피동, 사동 형태소 '이'가 어간에 붙는 경우에 앞 모음과 어울어져 줄면 준 대로 적는다(맞37). 부사화 접미사 '이'가 어간에 붙어서 주는 경우에도 준 대로 적는다.

$$뜨다 + -이- → 뜨이다 → 띄다$$

$$보다 + -이- → 보이다 → 뵈다$$

$$싸다 + -이- → 싸이다 → 쌔다$$

$$바꾸다 + -이- → 바꾸이다 → 바뀌다$$

$$놓다 + -이- → 놓이다 → 뇌다$$

$$눕다 + -이- → 누이다 → 뉘다$$

$$암상스럽 + -이- → 암상스러이 → 암상스레$$

$$새삼스럽 + -이- → 새삼스러이 → 새삼스레$$

⑦ 줄어드는 경우가 한 낱말에서 두 번 생기면 어느 쪽을 줄여도 상관없다(맞 38).

형태소	낱말	⑤방식	⑥방식
짜다 + -이- + -어 → 짜이어 →	짜여	/	째어
보다 + -이- + -어 → 보이어 →	보여	/	뵈어
쓰다 + -이- + -어 → 쓰이어 →	쓰여	/	씌어
트다 + -이- + -어 → 트이어 →	트여	/	틔어
파다 + -이- + -어 → 파이어 →	파여	/	패어

다만 '뜨다'는 '띄어'로만 줄어질 뿐 '뜨여'로 줄어지지 않는다. 즉 '띄어 쓰기'는 가능해도 '뜨여쓰기'는 불가능하다.

어간과 어미 사이에서 주는 경우에는 이 밖에도 ㅂ변칙 활용을 하는 용언 에 어미 '-은'이나 접미사 '-음'이 붙어 바뀐 형태에서 나타난다.

$$부끄럽- + -음 → 부끄러움 → 부끄럼$$

미끄럽 - + - 음 → 미끄러움 → 미끄럼

스스럽 - + - 음 → 스스러움 → 스스럼

괴롭 - + - 음 → 괴로움 → 괴롬

외롭 - + - 음 → 외로움 → 외롬

이런 방식으로 줄이는 것이 모두 허용되는 것은 아니다. '근심그러움' 은 '근심스럼'으로 줄어지지 않는다. 이는 낱말별로 언중의 친근감과 관련이 있다. 이런 경우에는 국어사전을 기준으로 하여 표기하는 것이 바람직하다.

근심스럽 - + - 은 → 근심스러운 → 근심스런 (✗)

자랑스럽 - + - 은 → 자랑스러운 → 자랑스런 (✗)

부끄럽 - + - 은 → 부끄러운 → 부끄런 (✗)

⑧ 부정을 나타내는 구문인 '-지 않다'가 줄어 '-잖다'가 되거나 '-하지 않 다'가 줄어 '-찮다'가 되면 준 대로 적는다(맞39). 중요한 것은 '-지 않다' 가 '-쟎다'로 줄거나 '-하지 않다'가 '-챦다'로 줄지 않는다는 것이다.

그렇지 않다 → 그렇잖다

두렵지 않다 → 두렵잖다

남부럽지 않다 → 남부럽잖다

예사롭지 않다 → 예사롭잖다

의롭지 않다 → 의롭잖다

적지 않다 → 적잖다

점잖지 않다 → 점잖잖다

귀찮지 않다 → 귀찮잖다

만만하지 않다 → 만만찮다

무심하지 않다 → 무심찮다

변변하지 않다 → 변변찮다

성실하지 않다 → 성실찮다

시원하지 않다 → 시원찮다

평범하지 않다 → 평범찮다

위의 경우에 '-하지 않다'의 '하'가 주는 경우(맞40 붙임2)에는 '-찮다'
로 줄지 않고 '잖다'로 준다.

깔밋하지 않다 → 깔밋잖다

깨끗하지 않다 → 깨끗잖다

못하지 않다 → 못잖다

의젓하지 않다 → 의젓잖다

거북하지 않다 → 거북잖다

넉넉하지 않다 → 넉넉잖다

생각하지 않다 → 생각잖다

익숙하지 않다 → 익숙잖다

갑갑하지 않다 → 갑갑잖다

날렵하지 않다 → 날렵잖다

답답하지 않다 → 답답잖다

섭섭하지 않다 → 섭섭잖다

위에 예시된 낱말을 보면 대체로 'ㄱ, ㅂ, ㅅ' 받침이 '하' 앞에 있음을 알
수 있다. 이런 받침이 '하'를 거세하는 역할을 하는 것 같다.

⑨ 어간의 끝 음절 '하'가 줄어들면서 뒤에 오는 어미를 거센 소리로 바꿀 때에
는 소리대로 표기한다(맞40). 그러나 '하'가 줄면 준 대로 표기한다(맞40 붙
임2).

간편하게 → 간편케, 간편치

연구하다 → 연구토록, 연구치, 연구케

가하다 부하다 → 가타부타

다정하다 → 다정타, 다정치, 다정케

당하다 → 당치, 당찮다

무능하다 → 무능타, 무능치, 무능케

사임하다 → 사임코자, 사임케, 사임토록

정결하다 → 정결타, 정결치, 정결케

청하다 → 청컨대

추진하다 → 추진케, 추진토록

회상하다 → 회상타, 회상치, 회상케, 회상컨대

흔하다 → 흔타, 흔치, 흔케

아래의 것은 '하'를 줄여 써도 거센소리가 나지 않게 한다.

거북하다 → 거북지 않다

생각하다 → 생각건대, 생각지 못하고, 생각다 못해, 생각게 한다

깨끗하다 → 깨끗지 않다

넉넉하다 → 넉넉지 않다

못하지 않다 → 못지않다

섭섭하지 않다 → 섭섭지 않다

익숙하지 않다 → 익숙지 않다

그런데 위의 경우에는 거센소리가 어느 수준에서 나지 않는지 불확실하다. 어미가 '-다', '-지', '-게', '-고', '-구나'처럼 다양하게 붙을 수 있는데 이 가운데에서 어떤 어미 앞에서 '하'가 줄어드는지 확실하지 않다. '-지' 앞에서는 예시된 모든 낱말의 '하'가 주는 것으로 보인다. 그러나 '-게', '-지', '-고', '-구나' 앞에서는 일률적으로 적용할 수 없어 정리가 필요한 것 같다.

⑩ 특별히 무슨 음이 줄어들거나 바뀌었는지 확인하기 어렵더라도 습관적으로 거센소리로 소리를 낸 것은 거센소리로 표기한다(맞40 붙임3).

결단코, 결코, 기필코, 무심코, 아무튼, 예컨대, 요컨대, 원컨대, 잠자코, 정녕코, 필연코, 하마터면, 이를테면, 하여튼, 여하튼, 한사코, 이토록, 그토록, 저토록, 종일토록, 평생토록

그러나 구조가 비슷한 아래의 것은 거센소리 표기를 인정하지 않는다.

이렇든, 저렇든, 어떻든, 아무렇든지, 많든, 싫든

널리 쓰이는 준말

가르치다 → 갈치다, 거머쥐다 → 검쥐다, 것 → 거, 그만두다 → 간두다/관두다, 고양이 → 괭이, 고을 → 골, 괴로움 → 괴롬, 구운밤 → 군밤, 귀뚜라미 → 귀뚜리, 그을음 → 글음, 근데 → 그런데, 까부르다 → 까불다, 끼어들다 → 껴들다, 나뉘다 → 나누이다, 나잇살 → 낫살, 낫낫하다 → 나긋나긋하다, 내디디다 → 내딛다, 내일 → 낼, 내일모레 → 낼모레, 노여움 → 노염, 노을 → 놀, 누구 → 뉘, 누이다 → 뉘다, 당초에 → 당최, 더러움 → 더러움, 도랑 → 돌, 도랑창 → 돌창, 도리어 → 되레, 동냥아치 → 동냥치, 되어가다 → 돼가다, 두어두다 → 둬두다, 뒤지다 → 뒤다, 들이밀다 → 디밀다, 디디다 → 딛다, 들입다 → 딥다, 때우다 → 때다, 때움 → 땜, 뜨음하다 → 뜸하다, 뜨이다/띄우다 → 띄다, 마구 → 막, 마을 → 말, 마음 → 맘, 매기다 → 매다, 매암 → 맴, 머무르다 → 머물다, 무슨 → 먼, 무엇하다 → 멋하다, 메우다 → 메다, 바꾸이다 → 바뀌다, 밤사이 → 밤새, 밤새움 → 밤샘, 백주에 → 백줴, 배알 → 밸, 복숭아 → 복사, 보아하니 → 봐하니, 보아주다 → 봐주다, 보이다 → 뵈다, 뵈옵다 → 뵙다, 부끄러움 → 부끄럼, 북돋우다 → 북돋다, 빼앗다 → 뺏다, 사나이 → 사내, 사닥다리 → 사다리, 사이 → 새, 산울타리 → 산울, 사립짝 → 삽짝, 서두르다 → 서둘다, 서투르다 → 서툴다, 시원찮다 → 션찮다, 숟가락 → 숟갈, 쉬이 → 쉬, 슬그머니 → 슬그니/슬그미, 시누이 → 시누/시뉘, 시새움 → 시샘, 싸움 → 쌈, 쌓이다 → 쌔다, 쏘이다 → 쐬다, 쓰이다/씌우다 → 씌다, 아이 → 애, 아니 → 안, 아이고 → 애고, 애초에 → 애최, 애매하다 → 앰하다, 이야기 → 얘기, 어두운 → 어둔, 어려이 → 어례, 어마나 → 어마, 어처구니 → 어이, 어지러움 → 어지럼, 어쩌면 → 어쩜, 어머니 → 엄니, 업신여김 → 업심, 엎드리다 → 엎디다, 어이구 → 에구, 어이구머니 → 에구머니, 여기 → 예, 오누이 → 오누/오뉘, 오라비 → 오랍, 오두막 → 오막, 오달지다 → 오지다/올지다, 옷맵시 → 옷매, 오이 → 외, 오히려 → 외려, 요즈음 → 요즘, 우수리 → 우수, 울타리/우리 → 울, 움츠리다 → 움치다, 으스러지다 → 으서지다, 이리로 → 일로, 저절로/저리로 → 절로, 저기 → 제, 조리로/조것으로 → 졸로, 조금 → 좀, 주인장 → 쥔장, 즈음 → 즘, 짜이다 →

째다, 째어지다 → 째지다, 찌꺼기 → 찌끼, 차이다 → 채다, 처음 → 첨, 커이다/키이다 → 키다, 트이다 → 틔다, 파이다 → 패다, 펴이다 → 폐다, 해거름 → 해름, 해어지다 → 해지다, 헤어지다 → 헤지다, 회두리 → 회

📌 **줄여서 쓰지 않는 말**(괄호 안의 말로 줄여 쓰지 않는다.)

깨우다(깨다), 돋우다(돋다), 드리우다(드리다), 떼이다(떼다), 바뀌었다(바꿨다), 배우다(배다), 새우다(새다), 재우다(재다), 아래로(알로), 오늘내일(오늘낼), 채우다(채다), 치우다/치이다(치다), 키우다(키다), 태우다(태다), 피우다(피다)

* 이상에서 '우', '이' 등은 문법 요소이기 때문에 이것을 생략하면 어법상으로 혼란이 올 수 있다. 따라서 이를 생략하지 않는다.
* '외다/외우다'는 같은 뜻으로 쓰이므로 복수 표준어로 인정한다.

3. 그 밖의 낱말 형태 확정하기

한 형태소 안에서는 소리대로 표기하고, 형태소와 형태소를 연결하는 경우에는 어법에 맞추어서 표기하게 되어 있다. 그에 따라서 우리는 조어법과 활용법 등에 나타난 여러 형태 변화에 맞추어 낱말의 형태를 확정하는 방법을 익혔다. 그런데도 아직 형태가 완전히 정리되지 않은 부분이 있어서 한글 맞춤법의 규정에 따라서 설명을 하겠다.

(1) 형용사를 부사로 만들 때 부사 전성 접미사 'ㅣ'를 붙이는데, '-하다'로 끝난 형용사인 경우에 그 부사의 끝 음절이 '히'로 실현되는지 '이'로 실현되는지 분명하지 않은 것이 많다. 이에 대해서 한글 맞춤법 제51항에 규정되어 있지만 정작 모호한 부분에 대해서는 입을 다물고 있다. 규정에 있는 것을 먼저 설명하고 문제점에 대해 검토를 해본다.

① 첩어나 'ㅂ' 불규칙 용언의 어간 뒤, '하다'가 붙지 않는 용언의 어간 뒤에서는 당연히 '이'로 적는다(맞51 제1호). 왜냐하면 이 낱말의 부사형은 '이'로 소리 나기 때문인데, 이는 너무 친절한 규정이다.

간간이, 겹겹이, 땀땀이, 길길이, 번번이, 샅샅이, 나날이, 줄줄이, 짬짬이
기꺼이, 가벼이, 너그러이, 부드러이, 즐거이, 새로이, 쉬이, 외로이
같이, 굳이, 길이, 깊이, 많이, 높이, 실없이, 적이, 헛되이, 참되이

② '하다'가 붙는 용언의 어간 끝소리가 'ㅅ'으로 된 것은 '이'로 적는다(맞51 제1호). 이 경우는 '하다'가 부사어로 변하면 '히'가 되어야 하지만 '이'로 소리 나기 때문에 소리대로 적는 것이다.

기웃이, 깨끗이, 오롯이, 버젓이, 번듯이, 비슷이, 뜨뜻이, 호젓이, 흐뭇이

③ 부사형이 언제나 '히'로 소리 나는 것은 '히'로 적는다(맞48 제2호). 이 규정은 ①의 내용처럼 지극히 친절한 규정이다. '히'로 소리 나는데 굳이 '이'로 적을 사람은 없을 것이기 때문이다.

극히, 특히, 익히, 작히, 족히, 급히, 딱히, 속히, 능히, 과감히, 정확히

④ 그 밖에 '하다'가 붙는 용언의 부사형은 '히'로 적는다. 이 경우는 낱말에 따라서 '이'로도 소리 나고 '히'로도 소리 나기 때문에 '히'로 적는 것으로 통일한다(맞51 제3호).

솔직히, 각별히, 고요히, 쓸쓸히, 분명히, 답답히, 상당히, 도저히

　여기에서 우리가 정리해야 할 것은 'ㄱ' 받침 뒤에 '하다'가 붙은 형용사의 부사형이 모두 '히'가 되는지 여부이다. 위의 맞춤법 규정에 따르면 모두 '히'로 적으라고 하는 것 같다. 그러나 아래와 같은 경우에는 100% 명확히 '이'로 소리 난다고 볼 수는 없지만 대체로 '이'로 소리 난다고 믿어지는 것이다.

가직이, 그들먹이, 깊숙이, 나지막이, 널찍이, 넓적이, 높직이, 느직이, 더부룩이, 말쑥이, 멀찍이, 묵직이, 바특이, 뾰족이, 섬뜩이, 소복이, 수두룩이, 시무룩이, 야트막이, 얄팍이, 어수룩이, 자옥이, 진득이, 질퍽이, 촉촉이, 큼직이, 허여멀쑥이, 홀쭉이

이 낱말의 표기를 어떻게 할 것인지 분명하지 않다. 이 경우도 일부에서

'히'로 소리 내는 경우가 있으니 '히'로 적어야 하는가? 만일 그렇다면 국립 국어원의 표준국어대사전을 비롯한 모든 국어사전을 다시 엮어야 한다. 도 대체 '이'로도 소리 나고 '히'로도 소리 난다는 기준이 너무 모호하다. 이런 규정은 차라리 없애는 것이 국어의 발전에 도움이 될 것이다.

이와 관련해서 또 하나 문제가 제기될 소지가 있는 것이 부사에 '이'를 붙여 부사가 된 것에 관한 규정인데(맞25 제2호), 이 규정이 어디까지 적용되는지 궁금하다. 여기에 제시된 '곰곰, 더욱, 생긋, 오뚝, 일찍, 해죽'에 국한되는지 그렇지 않고 모든 부사에 적용되는지 모호하다. 아래 낱말은 모두 부사로 쓰이는 것이다. 여기에 '이'를 붙이는 것과 맞춤법 제51항에 따라서 '히'를 붙이는 것이 양립할 수 있는지 궁금하다.

가득(가득이, 가득히), 그득(그득이, 그득히), 빼곡(빼곡이, 빼곡히), 우묵(우묵이, 우묵히)

여기에도 해결해야 할 문제가 아직 남아 있음을 알 수 있다.

(2) 한자음 가운데에서 본래 한자음으로 나지 않는 것은 속음을 인정하기로 하고 속음대로 표기한다(맞52).

- **낙(諾)** : '수락(受諾), 쾌락(快諾), 허락(許諾)'의 경우 '락'으로 소리 내고 그대로 적는다.
- **난(難)** : '곤란(困難), 논란(論難)'의 경우 '란'으로 소리 내고 그대로 적는다.
- **녕(寧)** : '의령(宜寧), 회령(會寧)'의 경우 '령'으로 소리 내고 그대로 적는다.
- **노(怒)** : '대로(大怒), 희로애락(喜怒哀樂)'의 경우에는 '로'로 소리 내고 그대로 적는다.
- **단(丹)** : 꽃 이름 '모란(牧丹)'의 경우에 한하여 '란'으로 소리 내고 그대로 적는다.
- **당(糖)** : '사탕(砂糖), 설탕(雪糖)'의 경우에는 '탕'으로 소리 내고 그대로 적는다.
- **댁(宅)** : '가택(家宅), 사택(社宅), 자택(自宅)'의 경우에 '택'으로 소리 내고 그대로 적는다.
- **동(洞)** : '통관(洞觀), 통찰(洞察), 통철(洞徹), 통촉(洞燭)' 등의 경우에는

'통'으로 소리 내고 그대로 적는다.

－류(六) : '오뉴월(五六月), 유월(六月)'의 경우에는 '뉴, 유'로 소리 내고 그대로 적는다.

－류(戮) : '살육(殺戮)'의 경우에는 '육'으로 소리 내고 그대로 적는다.

－목(木) : '모과(木瓜)'의 경우에는 '모'로 소리 내고 그대로 적는다.

－십(十) : '시월(十月), 시왕(十王), 시방정토(十方淨土)'의 경우는 '시'로 소리 내고 그대로 적는다.

－염(炎) : '폐렴(肺炎)'의 경우에는 '렴'으로 소리 내고 그대로 적는다.

－장(場) : '도량(道場)'은 법당을 가리키는 때에 한하여 '량'으로 소리 내고 그대로 적는다.

－제(提) : '보리(菩提)'의 경우에는 '리'로 소리 내고 그대로 적는다.

－팔(八) : '초파일(初八日)'의 경우에는 '파'로 소리 내고 그대로 적는다.

－포(布) : '보시(布施)'의 경우 '보'로 소리 내고 그대로 적는다.

(3) 접미사 가운데에서 된소리로 나는 것을 된소리로 표기한다(맞54).

－꾼 : 나무꾼, 심부름꾼, 일꾼, 장난꾼, 익살꾼

－깔 : 성깔, 때깔, 빛깔, 맛깔, 색깔, 태깔

－때기 : 귀때기, 나무때기, 등때기, 볼때기, 판자때기, 배때기, 거적때기

－꿈치 : 팔꿈치, 발꿈치, 뒤꿈치

－빼기 : 이마빼기, 코빼기, 재빼기, 구석빼기, 과녁빼기, 대갈빼기, 그루빼기, 곱빼기, 얽빼기, 밥빼기

－쩍다 : 겸연쩍다, 객쩍다, 맥쩍다, 멋쩍다, 별미쩍다, 해망쩍다

한 형태소 안에서는 'ㄱ, ㅂ' 뒤에서 나는 된소리는 예사소리로 적는 규칙(맞 5 다만)에 따라 '막대기, 작대기, 꼭대기, 뚝배기, 학배기' 따위는 예사소리로 적는다. '상판대기'는 '상판때기'로 적지 않는다. 표준어 규정에서 '상판대기'를 표준어로 인정했기 때문이다(표사17). 그 밖에 예사소리로 소리 내고 적는 것은 아래와 같다.

귀퉁배기, 나이배기, 대짜배기, 주정배기, 코쭝배기, 괘다리적다, 딴기적다, 열퉁적다

4. 낱말 형태 표기와 편의주의

다음절어는 음을 가장 편하게 낼 수 있는 방법을 찾아서 음절과 음절을 이어 나간다. 그래서 다음절어는 리듬이 없으면 자칫 졸릴 정도로 발음이 조용하게 들리기 쉽다. 물론 다 그런 것은 아니지만 비교적 많은 언어들이 그렇다는 것이다. 특히 한국어는 돌부리가 튀어 나온 것처럼 모나게 발음이 되는 경우가 별로 없다. 형태소와 형태소가 마주치더라도 부딪치는 곳에서 완충 작용이 일어나 음을 부드럽게 연결해 준다. 우리 언어에서 특징적으로 나타나는 음의 동화 현상은 바로 이런 이유로 생긴 것이다. 우리말의 발음은 마치 냇물이 낮은 곳을 찾아서 흐르는 것처럼 발음이 편한 방법을 찾아서 소리가 변형되어 나타나는 것이 특징이다. 그러다 보니 강물이 구불구불 흐르듯이 우리말의 표기법도 구불구불 편의적으로 만들어지지 않을 수 없다.

굽이굽이 느릿느릿 흐르는 강물을 답답하게 생각하여 직선으로 곧장 흐르게 하고 싶은 욕심을 내는 사람들이 강둑을 자르고 높은 곳을 낮추어서 물줄기를 곧게 만들기도 하는데, 그러면 강물의 흐름은 빨라지지만 강물이 주는 혜택은 그만큼 줄어든다. 강물과 논밭이 서로 속삭이면서 은택을 주고받을 수 있는 시간과 면적이 그만큼 줄어들기 때문이다.

국어도 낱말의 형태를 표기하는 방법이 편의적이고 때로는 들쭉날쭉 무원칙한 듯이 보이지만 국어를 깊이 인식하면 할수록 무원칙처럼 보이는 곳에서 우리 정신이 안정적으로 언어생활을 영위하게 된다는 것을 알게 된다. 어떤 부분은 불필요하게 국민의 언어생활을 제약하고 또 제약해야 할 부분을 제약하지 않기도 하지만 이 정도의 규칙을 기준으로 하여 우리의 언어생활을 정립한다면 우리가 국어를 통해서 얻을 수 있는 것을 조금씩 얻어 가는 데 어려움이 없을 것이다. 따라서 띄어쓰기가 복잡하고 지나치게 편의주의적인 점, 낱말의 형태를 완성하는 방법이 너무 복잡하고 기준이 모호한 점 등을 감안하더라도 국어 낱말의 표기는 이제 정착 단계에 접어들고 있음을 부인할 수 없다. 우리 모두 현행 표기 체계의 부족한 부분을 보완하면서 더 완벽한 체계를 갖추도록 노력하기를 기대한다.

01 아래 문장에서 띄어쓰기가 제대로 안 되었으면 바로잡으라.

(1) 이곳에 온지 10년이 되었다.

(2) 이 화장품은 바를 수 있을 뿐더러 먹을 수도 있다.

(3) 말이나 해 볼 걸. 이제 돌아갈거나?

(4) 밥은 커녕 죽도 못 먹는다.

(5) 반기기는 새로에 알은척도 안 한다.

(6) 그는 모든 사람의 모범이 되리만큼 착실하다.

(7) 아무리 말해도 알아들을세 말이지.

(8) 내 눈으로 본 바 그가 틀림없었다.

(9) 거기 걸어가는데는 10분쯤 걸린다.

(10) 비가 올둥말둥 끄물거린다.

(11) 그러니 내가 일하기 힘들 밖에.

(12) 죽을 망정 아첨하지는 않겠다.

(13) 곧 비가 올텐데.

(14) 형 만한 아우 없는 법이다.

(15) 해가 질듯말듯 뉘엿거린다.

(16) 농구 선수치고는 키가 작지만 그렇다손치더라도 포기하지 마라.

(17) 도둑을 잡을라 치면 금방 사라진다.

(18) 아무렴, 그렇고 말고.

(19) 집이 보일락 말락 한다.

(20) 이렇게 사느니보다 죽음을 택하겠다.

02 다음 물음에 답하라.

(1) 아래 동시는 임교순 님의 동요 '방울꽃'의 노랫말이다. 밑줄 친 '폈어요'는 '피었어요'를 줄인 말인 듯하다. 과연 '피었어요'를 '폈어요'로 줄여 쓸 수 있는지 말하라.

> 아무도 오지 않는 깊은 산속에
> 쪼로롱 방울꽃이 혼자 <u>폈어요.</u>
> 산새들 몰래 몰래 꺾어 갈래도
> 쪼로롱 소리 날까 그냥 둡니다.

(2) 밑줄 친 준말 표기가 <u>틀린</u> 것은?
　① 일이 그리 <u>간단찮다.</u>
　② 너무 <u>마뜩잖게</u> 생각하지 마라.
　③ 이렇게 하면 <u>괜찮잖을까?</u>
　④ 일을 그리 <u>말끔찮게</u> 하면 안 되지.

(3) 밑줄 친 부분의 준말 표기가 <u>틀린</u> 것은?
　① 어서 <u>일로</u> 오너라.
　② 너는 <u>졸로</u> 가 있어.
　③ 물을 저 <u>알로</u> 흘려라.
　④ 그러면 <u>뭘</u> 하지?

(4) 밑줄 친 부분의 준말 표기가 <u>틀린</u> 것은?
　① 그러면 안 <u>돼.</u>
　② 온 지 얼마나 <u>됐니?</u>
　③ 곧 열 시가 <u>돼지.</u>
　④ 어서 어른이 <u>돼라.</u>

(5) 밑줄 친 부분의 준말 표기가 맞는 것은?

    ① 옷이 너무 <u>째여서</u> 못 입겠다.

    ② 비가 온 뒤라 땅이 많이 <u>패였다.</u>

    ③ 네 치료 덕에 내 병이 다 <u>났어.</u>

    ④ 그가 벌써 강을 <u>건넜어.</u>

(6) 밑줄 친 부분의 표기가 괄호 안 낱말의 본딧말이 <u>아닌</u> 것은?

    ① 조상 꿈이 <u>꾸이더라</u>(꿔더라).

    ② 방귀를 자주 <u>꾸이었다</u>(뀄다).

    ③ 아기를 자리에 <u>누이어라</u>(뉘어라).

    ④ 곰이 눈에 <u>뜨이었다</u>(띄었다).

03 괄호 속의 활용형이 <u>틀린</u> 것은?

(1) 부디 훌륭한 사람이 (돼라, 돼게).

(2) 얼굴이 예쁘고 (말개요, 말갛군, 말갑니다).

(3) 아무래도 내가 너를 좋아하는 것 (같애, 같아).

(4) 그 일은 내가 (바라서, 바래서) 한 일이야.

(5) 잘 마무리하기 (바라, 바래).

(6) 하늘이 몹시 (파라, 파래).

(7) 아이가 무척 (괴론, 괴로운) 표정을 지었다.

(8) 우리 오늘 마음껏 즐겁게 (노세, 놀세).

(9) 그런 소리는 하지 (마소, 마오).

(10) 무척 (덥습니다, 더웁습니다).

01   띄어쓰기 규정에서 무엇이 헷갈리는지 서로 문제점을 제기하고 토론하라.

02   용언의 활용 가운데에서 헷갈리는 것을 서로 제시하고 맞는 활용 형태를 토론하라.

03   속음으로 읽는 한자어를 제시하라.

표준어는 한국어의 최대공약수가 아니라 최소공배수가 되어야 옳다.
현재 우리의 표준어는 한국어의 최대공약수를 찾는 과정에서 만들어진 언어이다.
서울말과 방언을 비교하여 서울말이 아닌 것을 제외하고 얻은 언어가 표준어이다.
그러나 이제는 서울말에 없는 것을 포괄하는 언어로 표준어 개념을 확대해 나가야
할 것이다. 이것이 표준어를 한국어의 최소공배수로 인식하는 방법이다.

표준어

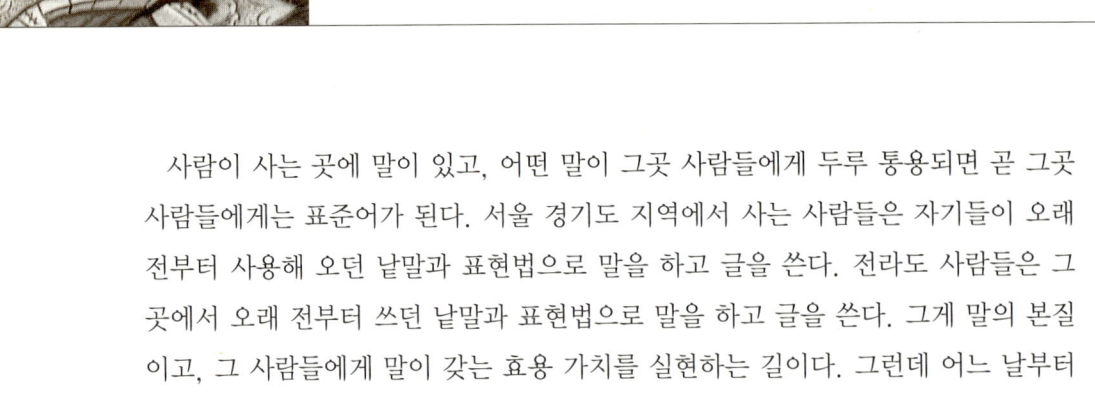

　사람이 사는 곳에 말이 있고, 어떤 말이 그곳 사람들에게 두루 통용되면 곧 그곳 사람들에게는 표준어가 된다. 서울 경기도 지역에서 사는 사람들은 자기들이 오래 전부터 사용해 오던 낱말과 표현법으로 말을 하고 글을 쓴다. 전라도 사람들은 그곳에서 오래 전부터 쓰던 낱말과 표현법으로 말을 하고 글을 쓴다. 그게 말의 본질이고, 그 사람들에게 말이 갖는 효용 가치를 실현하는 길이다. 그런데 어느 날부터 자신이 쓰는 말과 조금씩 다른 말이 표준어라는 이름으로 나타났다. 그리고 표준어를 쓰는 사람과 그렇지 않은 사람 사이에 지식이나 인격의 차이가 있는 것처럼 암암리에 인식되어 자기 지방의 말을 쓰는 사람의 자존심이 구겨지게 되었다. 왜 전라도나 경상도 사람들이 쓰는 언어는 수준이 낮은 언어로 분류되고, 서울 지역 사람들의 언어는 고급 언어로 인식되어야 하는가?

　근대 민족 국가에서 등장한 표준어라는 언어 제도 때문에 각 지방 언어를 쓰는 사람은 많은 명암을 느끼게 되었다. 국가라는 사회 구성원 사이에 효율적으로 의사소통이 가능하게 하고, 중앙 집권적 권력 구조를 지방으로 쉽게 확산하는 데 언어의 통합이 필요했다. 그래서 어떤 기준이 되는 언어로 모든 지방의 언어를 통합하는 노력이 진행되었다. 여기서 등장한 것이 표준어로, 대체로 정치 중심지에서 사용하는 언어가 그 기준이 되었다. 결국 정치적 선택에 따라서 서울 지역의 언어가 표준어로 대접받게 되고, 지방의 언어는 비표준어로 떨어지고 말았다.

　어찌 생각하면 권력과 돈이 있는 자들의 언어가 그렇지 못한 자들의 언어보다 더 다양하고 지적이고 깊이 있고 다듬어져 있으리라는 생각을 할 수 있고, 그런 사람들이 모여 사는 곳이 서울이라면 서울 사람들의 언어가 다른 지방 사람들의 언어보다 조금은 더 고급스러울 거라는 생각을 할 수 있으며, 어느 정도는 이것이 사실이다. 그래서 서울말을 표준어의 기준으로 삼는 것에 대해서 각 지역 사람들이 공감하고 이에 따르는 것이다. 그러나 이런 생각도 언제나 옳은 것은 아니다. 서울 지역 말이 다른 지역의 말보다 모든 면에서 우수하다고 볼 수는 없는 것이다. 예컨대 수산업과 관련된 말은 서울말보다 수산업을 주로 하는 지역의 말이 더 발전했을 것이고, 노래와 관련된 말은 노래 부르기를 좋아하는 사람들이 많은 지역의 말이 서울말보다 더 발전했을 것이다. 이런 점을 고려한다면 서울말을 모든 면에서 우선하는 표준어 정책은 그리 납득할 만한 것이 못 된다. 지금부터 표준어를 공부할 때에 잊지 말아야 할 것은 우리가 표준어라고 하는 것이 아직은 지극히 일부의 한국어에 대한 판단일 뿐 한국어를 모두 아우르는 표준어는 아니라는 점이다. 표준어는 한국어의 최대공약수가 아니라 최소공배수가 되어야 옳다. 현재 우리의 표준어는 한국어의 최대공약수를 찾는 과정에서 만들어진 언어이다. 서울말과 방언을 비교하여 서울말이 아닌 것을 제외하고 얻은 언어가 표준어이다. 그러나 이제는 서울말에 없는 것을 포괄하는 언어로 표준어 개념을 확대해 나가야 할 것이다. 이것이 표준어를 한국어의 최소공배수로 인식하는 방법이다.

1. 표준어 사정

(1) 역사

우리에게 표준어가 처음 나타난 것은 조선어학회가 '한글 맞춤법 통일안'을 발표한 1933년이었다. 당시 조선어학회는 각 도에서 두 사람씩 선출된 위원들에게 낱말을 하나하나 검토하면서 표준어를 확정해 나가도록 하여 그 결과를 1936년에 '사정한 조선어 표준말 모음'이라는 이름으로 발표했다. 이때 표준말 여부를 결정하는 기준이 있었는데 이른바 표준어 선정 3원칙이라고 하는 선언이 그것이었다.

표준말은 대체로 현재 중류 사회에서 쓰는 서울말로 한다.(한글 맞춤법 통일안 제2항)

즉, 표준말이 되려면 현재 통용되어야 하고, 중류 사회에서 쓰이는 말이어야 하며, 서울에서 쓰는 말이어야 한다. 이 원칙은 조금 수정이 되기는 했지만 현행 표준어 규정의 표준어 사정 원칙에도 그대로 수용되어 있다.

표준어는 교양 있는 사람들이 두루 쓰는 현대 서울말로 정함을 원칙으로 한다.(표준어 사정 원칙 제1항)

이렇게 보면 우리가 쓰는 표준어는 시대적 조건으로는 현대 한국어로 쓰고 있어야 하고, 지역적으로는 서울에서 쓰는 말이어야 하며, 인적 조건으로는 교양 있는 사람들이 두루 쓰는 말이어야 한다. 앞으로 어떤 말이 표준어인지 아

닌지 사정하는 데 이 기준이 적용될 것이다.

　표준어 규정을 새로 만들 때 이 기준에 따라서 사정하여 표준어로 확정한 낱말이 일부 있지만 대부분의 표준어는 국어사전에 올라 있는 것을 표준으로 삼는다. 국어사전은 1938년에 나온 문세영의 『조선어사전』을 비롯하여 1947년부터 1957년까지 순차적으로 발행한 한글학회의 『큰사전』이 표준어를 제시한 공로가 컸다.

　1988년에 어문 규정을 현실화하는 뜻에서 한글 맞춤법 통일안을 한글 맞춤법과 표준어 규정, 외래어 표기법으로 분리하여 제정하면서 몇몇 낱말은 새롭게 표준어로 올렸고, 몇몇 낱말은 이전에 비표준어로 인식하던 것을 표준어로 바꾸었으며, 어떤 낱말은 현대어가 아니라는 이유로 고어로 처리하여 현재의 표준어를 확정하였다.

　그러나 당시에 사정한 낱말이 국어사전에 따라 표기 차이가 있는 말을 중심으로 한 것이어서 본격적으로 표준어의 실상을 제시했다고 보기 어렵다. 다만, 전통적인 표준어의 기초 위에서 언어 현실을 반영하여 표준어를 일부나마 확정했다는 데 의미가 있고, 앞으로 우리가 간수해야 할 표준어의 기본을 확립했다는 면에서 하나의 성과로 볼 만하다. 이제부터는 아직 산만하게 제시된 표준어 규정을 더 정갈하게 다듬어야 하고, 아직 국어사전에 오르지는 못했지만 특정 지역에서 사용되는 낱말들을 찾아 보급하는 일도 표준어 사업의 하나로 전개해야 할 것이다.

(2) 표준어 사정 원칙의 의미

　어떤 낱말이 표준어인지 아닌지를 판단하는 기준으로 제시된 3원칙 곧 현대, 교양인들이 두루 쓰는, 서울말이어야 한다는 기준은 표준어가 될 수 있는 조건을 선언적으로 밝힌 것인가, 아니면 그 조건을 충족하지 못하면 표준어가 될 수 없다는 강제성을 띤 것인가?

　만일 이 조건이 강제성을 띠려면 먼저 현대 교양인이 두루 쓰는 서울말의 특징을 객관화하여 내보여 줄 수 있어야 한다. 그리고 이 세 조건을 모두 충족하는 언어가 존재해야 한다. 과연 우리 사회에 이 세 조건을 모두 충족하는 언어가 존재할까? 이는 어느 시대, 어느 사회에서도 찾아내기 어려운 조건임이 분명하다. 사회적으로 일정 부분 단절된 상태에서 오랫동안 생활해 온 집단에게서 어떤 특정 시점의 교양인이 두루 쓰는 말을 객관화할 수는 있겠지만 세월은 계속 흐르고 언어는 끊임없이 변해 가는데 특정 시점에서 지역의 특정 집단이 쓰는 언어를 객관화하여 그것을 기준으로 삼아 표준어를 사정한다는 것은 그 가능성도 문제지만 그 유용성에 더 큰 문제가 생길 수 있다.

이런 점에서 표준어 사정 원칙이 내세운 세 가지 조건은 추상적이고 선언적일 수밖에 없다고 해야 할 것이다. 특히 표준어를 특정의 몇 낱말(구어 포함)이나 표현에 국한하지 않고 수많은 낱말과 표현에 대해서 확정해 나갈 때에 이런 기준을 적용하여 표준어 여부를 결정하는 것은 불가능해 보인다. 다만, 표준어 원칙을 선언적으로 이해하고 그 원칙이 지향하는 목적에 합당하다고 인정되는 말과 표현에 표준어라는 인증을 해 줌으로써 우리가 추구하려 하는 표준어의 대중화와 국어 발전을 동시에 이룰 수 있을 것이다.

따라서 현대 구어에서는 사라졌더라도 글(서울 사람이 아닌 사람의 글이라 해도)에서는 계속 쓰이는 문어도 현대어로 수용해야 하며, 교양 있는 사람들 사이에서는 두루 쓰이지 않고 농부나 어부, 단순 근로자들 사이에서 두루 쓰이는 말이라고 해도 표준어로 수용하지 못할 이유가 없다. 더욱이 서울말이 아닌 방언에서 뽑아내 표준어로 삼는 것을 막는 것은 국어 낱말 자원을 사장하는 행위가 될 뿐이다.

표준어 정책은 '표준'이라는 낱말의 의미가 보여 주듯이 여럿 때문에 일어날 수 있는 혼란과 비효율을 줄이기 위한 방편으로 제시된 언어 정책일 뿐, 의미 있게 형성되어 사용되는 방언을 배제하기 위해서 생겨난 언어 정책은 아니다. 따라서 표준어 사정 원칙은 표준어가 태동했을 당시의 원칙으로만 유효하며 지역적으로나 계층적으로 차이가 나는 낱말이나 표현에 한하여 직접적인 기준이 될 뿐, 각 지역에서 자생적으로 형성하여 사용하는 낱말을 표준어로 흡수하는 데까지 그대로 적용해야 하는 강제성을 띤 규정이라고 보기는 어렵다.

(3) 표준어의 의미

개괄적으로나마 국가가 표준어의 기준을 밝히고 그에 따라서 표준어를 사정하는 것은 의미 있는 일이다. 우선 방만하게 표현되는 각 지역의 언어를 정리할 수 있는 좋은 기회가 바로 표준어 사정 작업이고, 국어의 원래 발전 방향이나 지향점과 가장 가까운 언어를 표준어로 삼는 것은 국어 발전에도 도움이 된다.

일단 표준어가 정해지면 이 언어는 교육을 통해서 전파된다. 서울 사람이라고 해서 다 표준말을 하는 것은 아니다. 누구나 표준말은 교육을 받아 습득하게 된다. 이런 점에서 표준어는 교육받은 자들의 언어라는 말이 옳다. 그렇다면 당연히 표준어는 비표준어에 비해서 우월한 언어가 될 것이다. 이것이 표준어의 우월성이다.

표준어가 정해지면 모든 국민이 이를 배우고, 이 언어를 통해서 다른 지역 사람들과 쉽게 의사소통을 할 수 있게 된다. 각자의 방언으로는 의사 소통에 어려움을 겪던 사람들이 표준어를 이용하면 어려움을 해소할 수 있게 된다. 따라서 표준어는 모든 국민이 배우고 사용할 수 있는 언어이다. 이것이 표준어의 보편성이다.

지역별로 다양한 표현 또는 달리 사용되는 낱말이 있을 텐데, 이 가운데에서 이 원칙에 가장 맞는 표현이나 낱말을 표준어로 선정하여 국어의 기준 언어가 된다. 모든 공무원은 표준어를 사용하게 되고, 국가의 모든 문서는 표준어로 작성되며, 정부의 모든 발표도 표준어를 사용한다. 그리고 일단 확정된 표준어는 일정 기간 강제적으로 통용하게 한다. 국가 권력이 표준어에 규범성을 부여하는 것이다.

이러한 이유로 국민이 표준어를 배우는 것은 자기 발전을 위해서나 각 지역과 계층 간의 원활한 의사소통과 교류를 위해서도 필수적이다. 표준어의 이런 중요한 가치를 감안하더라도 우리가 간과하면 안 될 것이 방언의 중요성이다. 표준어는 방언의 하나 가운데에서 국가가 필요에 따라서 인정한 특수한 방언일 뿐이다. 표준어를 위해서 또는 국민 통합을 위해서 표준어를 제외한 모든 방언이 우리 주위에서 사라져야 한다고 생각하는 것은 언어와 인간의 관계를 모르는 전체주의자들의 망발이다.

표준어를 떠받치고 있는 것은 각 지역의 방언이다. 표준어 속에 녹아 있는 국어 정신이 있다면 그 정신은 서울 방언에서 따온 것일 것이고, 그 정신은 다른 방언에도 그대로 녹아 있게 마련이다. 그래서 표준어가 이루지 못하는 부분을 방언이 이루어 내고 이것을 표준어가 수용하는 과정을 반복해야 진정한 의미의 한국어 표준어가 생성될 수 있다.

학자에 따라서는 표준어를 아주 순수한 언어로 보고 이를 지키기 위해서 하급 언어의 침투를 막아야 한다고 주장하기도 한다. 그러나 표준어는 순수한 언어로 존재하는 것이 아니라 서울 방언에서 추상적으로 형성해 낸 언어일 뿐이고, 서울 방언은 수많은 방언과 영향을 주고받으면서 형성되어 온 언어이다. 따라서 방언이 사라지면 서울 방언도 없고, 서울 방언이 없는데 표준어가 있을리 없다. 표준어를 방언의 상대 개념으로 인식할 것이 아니라 오히려 모든 방언을 아우를 수 있는 큰 틀의 표준어 개념이 확립되도록 노력해야 할 것이다.

(4) 표준어의 변화

언어학자들은 언어를 곧잘 유기체로 비유한다. 유기체란 환경에 따라서 자신을 변화시키면서 삶을 유지하는 생물이다. 언어도 마찬가지로 언어 환경의 변화에 따라서 끊임없이 변화한다고 보고, 그 변화의 끝에 언어의 죽음이 있다고 본다. 표준어도 언어의 일반적인 속성에서 벗어나지 않는다. 표준어도 끊임없이 형태 변화, 의미 변화를 거치면서 때로는 세력이 약해져서 다른 낱말에게 표준어 자리를 내놓게 되기도 하고, 심하면 생명을 마치기도 한다.

표준어의 근거가 되는 서울말도 이런 변화에서 벗어날 수는 없다. 특히 우리처럼 지역 간 인구 이동이 극심하고 정치적으로 심각하게 불안정한 사회에서는 표준어가 안정되기보다는 극심하게 변할 가능성이 높다. 특히 서울말을 쓰는 교양 있는 사람을 서울에서 찾기조차 쉽지 않고, 서울에는 점점 시골 출신으로서 2대 또는 3대째 서울에서 살고 있는 사람의 수가 급격히 늘어나고 있기 때문에 본래부터 서울말을 써 온 세력은 날로 위축될 수밖에 없다. 상황이 이러하기 때문에 서울말의 변화는 불가피하고 결국 표준어의 변화도 불가피한 것이다.

지방으로 눈을 돌려 보면 표준어가 얼마나 추상적인 언어인지 쉽게 알 수 있다. 지방에서 표준어를 배우는 대부분의 한국인은 교육을 통해서 습득하게 된다. 지방 사람들은 서울말을 쓰는 교양 있는 서울 사람들에게서 표준어를 배우는 것이 아니라 문자로 기록된 표준어를 그 지역 사람들에게서 배워서 다시 그 지역 사람들에게 가르치는 것이다. 따라서 이들은 살아 있는 서울말을 접하지 못한다. 그러니 표준어를 배워서 구사한다고 해도 그들은 방언과 표준어 사이에 있는 제3의 언어를 사용하게 된다. 이런 언어를 쓰는 많은 사람이 서울로 진출하여 각자가 익힌 제3의 언어를 사용하면서 서울말에 영향을 미치게 됨으로써 표준어의 변화를 촉진하게 된다. 그래서 어느 시점에서 보면 우리 언어가 종래의 표준어에서 매우 멀리 벗어나 있다는 것을 알게 된다. 이 때 우리는 표준어를 바꿔야 할 필요성을 느끼게 된다.

1988년과 1990년에 발표한 표준어 규정과 표준어 모음(약 1,400 낱말 대상)은 이런 현상을 수용하여 표준어 사정을 새롭게 한 결과물이다. 여기에는 종래 표준어로 인정하고 사용한 것들을 비표준어로 삼고, 비표준어로 치던 것을 표준어로 삼게 된 것들이 많이 포함되어 있다. 이는 1933년에 '현재 중류 사회에서 쓰는 서울말'과 1988년대에 '현대 교양 있는 사람들이 두루 쓰는 서울말' 사이에 차이가 생겼음을 의미하기도 하지만, 1933년대의 서울 방언이 다른 방언의 영향을 받아 꾸준히 변형되었다고 볼 수도 있다. 그러나 표준어 규정에는 이런 사정의 변화가 어떻게, 어느 정도, 어떤 과정을 거쳐 이루어졌는지 설명하지 않았기 때문에 우리는 관념적으로 생각할 수밖에 없다. 즉 언어의 세력 관계에 따라서 어떤 낱말은 새로 표준어가 되고 어떤 낱말은 표준어에서 도태되었다고 생각하는 것이다.

이런 것을 구별할 수 있으면 표준어를 안다고 할 수 있다.

① 모음조화를 깨뜨리는 것과 안 깨뜨리는 것들

깡충깡충, 싹둑싹둑, 오뚝이, 홀쭉이, 쌍둥이, 주춧돌, 보퉁이, 오순도순, 아서라

바동바동, 도란도란, 알랑거리다, 울렁거리다

② 'ㅣ' 모음 역행동화를 일으키는 것과 안 일으키는 것들

　서울내기, 시골내기, 꼬챙이, 냄비, 동댕이치다

　아기(애기×), 아비(애비×), 어미(에미×), 손잡이(손잽이×)

③ '-장이'와 '쟁이'의 구별

　미장이, 사기장이, 갓장이

　노래쟁이, 멋쟁이, 환쟁이, 양복쟁이

④ 단모음 표기와 겹모음 표기

　괴팍하다, 미루나무, 케케묵다, 허우대, 허우적거리다, 으레

　강퍅하다, 콩켸팥켸, 비계, 계집, 계시다, 에계계, 핑계, 허위허위

⑤ '수-'와 '숫-'의 쓰임새 이해

　수곰, 소고양이, 수글, 수놈, 수비둘기, 수소, 수용, 수제비, 수비둘기

　수캉아지, 수캐, 수컷, 수키와, 수탉, 수탕나귀, 수톨쩌귀, 수퇘지, 수평아리

　숫양, 숫염소, 숫쥐

⑥ '윗-', '위-', '웃-'의 쓰임새 이해

　윗니, 윗도리, 윗동, 윗몸, 윗물, 윗사람, 윗수염, 윗자리

　위짝, 위층, 위채, 위턱, 위팔

　웃거름, 웃국, 웃기, 웃돈, 웃물, 웃비, 웃어른, 웃옷, 웃자라다, 웃짐, 웃통

⑦ 한자어 계열과 토박이말 계열의 표준어

　겸상, 부항단지, 양파, 어질병, 총각무, 칫솔

　꼭지미역, 늙다리, 박달나무, 솟을무늬, 잔돈, 푼돈

⑧ 단수 표준어

　귀고리, 귀지, 더부룩하다, 상판대기, 천장 등

⑨ 복수 표준어

　네/예, 가엾다/가엽다, 서럽다/섧다, 들락날락/들랑날랑, 모쪼록/아무쪼록,
　옥수수/강냉이, 우레/천둥, 철따구니/철딱서니/철딱지 등

2. 표준어의 교체와 추가

　1933년 이후에 줄곧 표준어로 대접받아 오던 낱말 가운데에서 몇 가지 이유로 표준어 대접을 받을 수 없게 된 낱말이 생겼다. 그래서 그런 것을 모아 표준어를 바꾸는 규정을 만들게 되었다. 표준어 규정이 밝힌 바에 따라서 새로 표준어로 선택된 낱말이 무엇이고, 표준어에서 탈락한 낱말이 무엇인지 검토해 보자.

(1) 발음의 변화에 따른 표준어 교체

　　언어 환경의 변화에 따라서 발음이 변하는 것은 당연한 현상이다. 표준어 규정은 이런 현상에 따라서 뚜렷하게 변화가 있다고 판단한 것을 정리했다.

　① 거센소리로 변한 것은 거센소리를 표준어로 삼는다(괄호 안은 비표준어임, 표사3).*

> **끄나풀(←끄나불), 나팔꽃(←나발꽃), 살쾡이(←삵쾡이), 칸(←간), 털어먹다(←떨어먹다), 녘(←녁), 부엌(←부억)**

* 악기를 나타내는 낱말로서 '나발'과 '나팔'이 있어서, 각 낱말에 '꽃'을 붙여서 꽃 이름으로 사용해 왔는데 거센소리 발음이 우세하게 되어 '나팔꽃'을 표준어로 삼게 된 것임

* '살쾡이'는 '삵'과 '쾡이'의 합성어로서 '살쾡이'로 발음될 수 없지만 현실적으로 그렇게 발음하는 점을 감안하여 '살쾡이'를 표준어로 인정함

* '칸'은 빈 공간을 나타낼 때에 거센소리로 사용되는 점을 인정한 것임. 다만, 집의 의미로 쓰이는 '뒷간, 초가삼간, 윗간' 등에서는 그대로 '간'으로 쓰임

* '녘'과 '부엌'의 거센소리 받침은 실제 언어에서 실현되는 경우가 흔치 않다. 고어에서도 거센소리 표기가 거의 나타나지 않는 것도 이와 무관하지 않을 것이다. 그래서 표준어를 사정하는 과정에서도 몇 번 '녁'과 '부억'으로 바꾸려 했던 것인데 우여곡절 끝에 거센소리를 인정하게 되었다. 구어에서 거의 사라진 거센소리 받침이 문어에서나마 계속 살아남을지는 확신할 수 없다. 국어에서 'ㅋ' 받침을 가진 낱말은 이 두 경우뿐이다.

---

* (표사3) : 표준어 사정 원칙 제3항

② 예사소리로 변한 것은 예사소리를 표준어로 삼는다(표사4).

가을갈이(←가을카리), 거시기(←거시키), 분침(←푼침)

　　이것들은 반대로 거센소리보다 예사소리가 세력을 얻은 것인데 그 세력을 인정하여 표준어로 삼았다.

③ 어원과 달리 발음되는 것도 세력이 강하면 어원을 무시하고 발음대로 표준어를 삼는다(표사5 본문).

강낭콩(←강남콩), 고삿(←고샅), 사글세(←삭월세), 울력성당(←위력성당)

* '강낭콩'은 어원이 분명하지만 사람들이 이를 인식하지 않고 쓰는 현실을 반영한 것이다. 어원이 확실하지만 현실을 반영하여 어원 표기를 포기한 것은 매우 이례적이고 예외적이다.

* '고삿'은 '고사새끼'에서 살아 있을 뿐 거의 쓰이지 않는 말인데 표준어 규정이 살려 놓은 것으로 볼 수도 있다. 어쨌든 골목길을 뜻하는 '고샅'과 초가지붕을 일 때에 쓰는 새끼를 가리키는 '고삿'을 구별하겠다는 의도는 나무랄 데가 없어 보인다.

* 사글세의 어원이 불분명한데 일반에서 '삭월세(朔月貰)'라고 쓰는 것이 마땅치 않다고 보고 소리대로 표준어를 확정했다.

* '울력성당'도 한자로 적는 '위력성당(威力成黨)'과 관계없다고 보고 소리대로 표준어를 확정했다.

④ 음성 모음으로 바뀐 것들(표사8)

깡충깡충(← 깡총깡총), 발가숭이(← 발가송이), 오뚝이(← 오똑이), −둥이 (← 동이), 주추/주춧돌(← 주초/주춫돌), 보퉁이(← 보통이), 아서/아서라 (← 앗아/앗아라)

* '깡충깡충, 발가숭이, 오뚝이'는 모음조화에 따라서 양성 모음과 서로 어울리던 것이 음운 변화에 따라서 음성 모음화한 것들이다. 같은 발음 변화에 따라서 이미 표준어로 인정된 것으로 '홀쭉이'가 있다. 그러나 '깡총하다'는 '깡충하다'로 바꾸지 않았다. 거기까지 음운 변화가 일어나지 않았다고 보기 때문이다.

* '-둥이, 주추, 주춧돌'은 어원상으로는 마땅히 양성 모음으로 써야 하지 만 현실적으로 음성 모음으로 소리 나고 있으므로 현실을 따른 것이다. 그러나 일부에서 현실적으로 음성 모음으로 소리를 내고 있는 '삼춘, 사 둔, 부주/부줏돈'은 본래대로 '삼촌, 사돈, 부조/부좃돈'을 표준어로 삼기 로 했다(표사8 다만).

⑤ 'ㅣ' 모음 역행 동화를 일으킨 것(표사9)

– 내기(←나기), 냄비(←남비), 동댕이치다(←동당이치다)

* 일부에서는 'ㅣ' 모음 역행 동화가 광범위하게 일어나고 있다. 따라서 '손 잡이, 먹이다, 아기, 온종일' 등이 '손잽이, 멕이다, 애기, 왼종일'처럼 쓰 이는 경향이 있다. 그러나 'ㅣ' 모음 역행 동화는 조금만 노력하면 피할 수 있는 변화이므로 이를 인정하지 않는 것이 표준어 규정의 정신이다. 다만, 위의 세 경우는 워낙 세력이 강하기 때문에 동화된 상태를 표준어 로 인정한 것이다. '껍데기(←껍더기), 꼬챙이(←꼬창이)'를 인정한 것도 이 와 같은 이유에서이다. 반면에 '아지랑이'는 종래에 동화가 일어난 '아지 랭이'를 표준어로 인정하였으나 동화가 일어나지 않은 형태가 줄곧 사용 되는 점을 감안하여 원래대로 되돌린 것이다(표사9 붙임1).

* '-내기'로 쓰이는 낱말에는 '보통내기, 신출내기, 시골내기, 서울내기, 예사내기, 풋내기' 등이 있다.

* 어떤 일을 주로 하는 사람을 '-쟁이'라고 하는데 이는 기술자를 나타내 는 접미사 '-장이'가 변한 것이다. 그런데 표준어 규정에서는 '-장이'와 '-쟁이'를 구별하여 둘 다 표준어로 삼았다. 즉 전통적인 수공업을 하는 전문 기술자[匠人]를 가리키는 접미사로 '-장이'를 쓰고, 그 밖의 일을 주로 하거나 그 사물을 자주 사용하는 사람 등을 가리키는 접미사로 '- 쟁이'를 쓰게 했다. 그래서 아래와 같은 쓰임새 분화가 일어났다(표사9 붙 임2).

수공업 기술자	그 외의 사람이나 사물
미장이	멋쟁이/노래쟁이/그림쟁이/환쟁이
유기장이	소금쟁이/담쟁이덩굴

갓장이	갓쟁이/양복쟁이
사기장이	발목쟁이/골목쟁이

⑥ 단모음으로 바뀐 것들(표사10)

> 괴팍하다(← 괴팍하다/괴팩하다), 미루나무(← 미류나무), 케케묵다(← 케케묵 다), 허우대(← 허위대), 허우적허우적(← 허위적허위적), 으레(← 으례)

* '괴팍하다'와 '미루나무'는 좀 엉뚱하게 바꾼 경우라고 할 만하다. '괴팍 하다'는 한자어로서 '괴팍(乖愎)하다'가 변한 것인데 본래의 한자어가 있 는데도 이를 무리하게 바꿔 문제가 생겼다. 예컨대 '강팍하다, 팍성'은 그 대로 '팍'으로 발음하고 '괴팍하다'만 단모음으로 표준어를 삼는 것은 아 무래도 납득하기 어렵다. 규정이 무엇을 하는 것이며 왜 필요한 것인지 근본적인 의문을 제기하게 만든다. '미루나무'도 '미류(美柳)나무'로 잘 쓰 던 것을 일부에서 단모음 현상이 나타난다고 해서 서둘러 표준어를 바꾼 것도 납득하기 어렵다.

* '케케묵다, 허우대, 허우적허우적, 으레'를 표준어로 삼은 것은 문제될 게 없다. 일정한 형태를 고집할 이유가 없는 것은 소리에 가깝도록 하는 것 이 옳기 때문이다. 그러나 '콩켸팥켸'는 단모음으로 바꾸지 않았는데 그 이유는 알 수 없다. 실수로 빠뜨리지 않았는지 모르겠다.

⑦ 모음의 발음이 바뀐 것(표사11)

> 미수(← 미시), 상추(← 상치), 주책(← 주착), 지루하다(← 지리하다), 튀기 (← 트기), 호루라기(← 호루루기)

모음이 바뀐 것들을 바뀐 대로 표준어로 삼은 것은 특별히 문제가 될 게 없어 보인다. '주착(主着)'이나 '지리(支離)하다'가 한자어이기는 하지만 그 의미와 상관없이 쓰이고 있던 것이므로 현실대로 써도 무리가 없어 보인다.

(2) 낱말의 소멸에 따른 표준어 교체

현대 국어에서 거의 나타나지 않는 낱말을 아예 사어로 처리하였다(표사20).

> 낭떠러지(← 낭), 설거지하다(← 설겆다), 애달프다(← 애닯다), 오동나무(← 머귀나무), 자두(← 오얏)

위 낱말은 표준어 사정 원칙 가운데에서 '현대'에 '교양 있는 사람들'이 쓰지 않는다고 판단한 낱말이다. 원칙에 비춰 보면 당연한 규정이라고 할 수 있다. 다만, 구어에서는 사라졌지만 문어에서는 아직 살아 있는 것이 있는데, 이것을 표준어 규정에서 적시하여 사어로 처리할 필요가 있었는지는 이론의 여지가 있다.

(3) 준말과 본딧말 처리

본딧말과 준말은 같은 말이다. 따라서 본딧말이 표준어라면 준말도 표준어로 보는 것이 자연스럽다. 그러나 표준어를 정하는 데는 무작정 준말을 다 인정하는 것이 옳지 않을 수도 있다. 왜냐하면 준말은 본딧말에 비해서 격이 떨어지기도 하고, 준말의 형태가 다른 말의 형태와 겹치는 경우가 생길 수 있기 때문이다. 따라서 특별한 문제가 없다면 준말 표기도 인정하는 것이 옳다. 그런데 우리 표준어 규정은 준말을 표준어로 인정하고 엄연히 살아 있는 본딧말을 비표준어로 삼는 데까지 나아가고 있어서 퍽 당혹스럽기도 하다.

① 본딧말을 비표준어로 보고 준말만 표준어로 인정한 경우(표사14)

똬리(← 또아리), 무(← 무우), 김(← 기음), 뱀(← 배암), 빔(← 비음), 샘(← 새 암), 생쥐(← 새앙쥐), 장사치(← 장사아치)

국어사전에만 나와 있고 현실적으로 거의 쓰이지 않는 낱말을 정리한다는 취지에서 이 규정을 두었다고 한다. 그러나 몇몇 낱말을 제외하고는 국어학자들의 독단이 개입되어 있음을 부인할 수 없다. '무우'가 '무'로 대체되었을 때 느낀 당혹감이나 불편은 많은 국민들에게 표준어 규정의 문제점을 드러내는 좋은 예가 된 적이 있다. 지금도 '무 축제'라고 하면 무슨 말인지 알아듣기 어렵다. 그러나 '무우 축제'라고 하면 금방 이해할 수 있다. 이론적으로 말한다면 본딧말을 버리고 준말만 인정하는 규정은 표준어를 천박하게 만들 소지가 있다는 점에서도 비판을 받을 소지가 있다. 앞으로 이런 규정은 나타나지 않는 것이 좋을 것이다.

② 본딧말을 표준어로 보고 준말을 비표준어로 규정한 경우(표사15)

궁상떨다(← 궁떨다), 귀이개(← 귀개), 낙인찍다(← 낙하다/낙치다), 뒤웅

박(← 뭥박), 마구잡이(← 막잡이), 수두룩하다(← 수둑하다), 죽살이(← 죽살), 퇴박맞다(← 퇴맞다)

원래 준말을 쓰면 본딧말을 쓰는 것보다 경박한 느낌을 주기 때문에 특별한 경우가 아니면 준말을 표준어로 인정하는 것은 바람직하지 않다. 이런 점에서 여기에 제시된 준말을 비표준어로 삼은 것은 적절하다.

③ 본딧말과 준말을 모두 표준어로 삼은 경우(표사16)

노을/놀, 막대기/막대, 망태기/망태, 시누이/시뉘/시누, 오누이/오뉘/오누, 외우다/외다, 이기죽거리다/이죽거리다, 찌꺼기/찌끼, 거짓부리/거짓불, 머무르다/머물다, 서두르다/서둘다, 서투르다/서툴다

* 본딧말과 준말은 특별한 문제(지나치게 경박한 의미가 드러나는 등)가 없다면 양쪽 다 인정하는 것이 바람직하다. 규정에 제시한 것들은 일반적으로 둘 다 쓰일 뿐 아니라 어감에서도 저속한 느낌이 없기 때문에 표준어로 삼는 데 문제가 없다.

* '머무르다, 서두르다, 서투르다'는 뒤에 자음으로 시작하는 어미가 오는 경우에만 준말을 인정한 것은 옳은 판단이다. 모음으로 시작하는 어미가 오면 '머물러, 서둘러, 서툴러'처럼 불완전 활용을 해야 하기 때문이다.

* 일부에서는 '개다/개이다, 설레다/설레이다'처럼 쓰기도 하지만 '개이다, 설레이다'는 '개다, 설레다'의 본딧말이 아니므로 표준어로 인정할 수 없다.

(4) 비슷한 용도의 낱말 형태 통일

특별히 구별해서 사용해야 할 이유가 없어졌다고 보는 경우에 두 가지 형태를 하나의 형태로 통일하는 것이 바람직하고 표준어를 정하는 목적에도 부합된다.

① 의미 구별이 없어진 것(표사6)

돌(돐×), 빌리다(빌다×), 둘째(두째×), 셋째(세째×), 넷째(네째×)

* '돌'과 '돐'의 차이를 구태여 구별할 필요가 없다고 보고 '돌'만 표준어로

삼았고, 과거에 '빌다'와 '빌리다'를 구별하여 쓰던 것을 모두 '빌리다'로 통합해서 쓰기로 하였다. 이렇게 함으로써 '빌다'를 오로지 '乞, 祝'의 의미로만 쓸 수 있게 되었다.

* 차례를 나타내는 말은 '첫째, 둘째, 셋째, 넷째'로 일관성을 유지하게 했다. 다만 '열한째' 이후는 '열두째', '스물한째' 이후는 '스물두째'가 된다. '열둘째'는 '열두 개째'의 뜻으로 쓰고, '스물둘째'는 '스물두 개째'의 뜻으로 쓴다.

② 수컷을 이르는 접두사는 '수-'로 통일한다 (표사7).

　종래에 '수-'와 '숫-'으로 쓰던 것을 '수-'로 통일하겠다는 것이다. 그래서 특별한 경우 외에는 모두 '수-'를 쓰게 되었다.

수꿩, 수나사, 수놈, 수글, 수사돈, 수소, 수은행나무, 수제비, 수호랑이

* 이에 대해서는 두 가지 예외가 있다. 하나는 '수-' 뒤에 오는 자음이 거센소리로 바뀌는 것이 있는 경우이고(표사7 다만1), 다른 하나는 '양, 염소, 쥐'의 수컷을 가리키는 말로 '숫양, 숫염소, 숫쥐'를 인정한 것이다(표사7 다만2).

* '수-' 뒤에 거센소리를 인정하는 아홉 낱말('암-'을 쓰는 경우에도 아래 낱말은 거센소리로 결합한다.)

수캉아지, 수캐, 수컷, 수키와, 수탉, 수탕나귀, 수톨쩌귀, 수퇘지, 수평아리

* '숫-'을 붙이는 세 낱말

숫양, 숫염소, 숫쥐

　위의 9개 낱말과 3개 낱말 외에는 어떤 것이 와도 '수-'를 쓴다.

수고양이, 수곰, 수게, 수나비, 수다람쥐, 수몽구스, 수바늘, 수사자, 수용

* 수꿩을 뜻하는 '장끼', 수소를 뜻하는 '황소'도 표준어이다.

③ 위를 나타내는 '윗-'과 '웃-'은 '윗-'으로 통일한다 (표사12).

종래 '웃목'과 '윗목'이 함께 쓰였는데 '아래'의 상대 개념으로 명백하게 '위'를 나타내는 경우에는 '윗-'을 쓰고, 그런 상대적 개념이 없이 막연히 쓰이는 경우에는 '웃-'을 쓴다. '웃-'을 쓰는 낱말의 의미를 하나하나 찾아보면 이 '웃-'이 '아래'와 짝을 이루는 것이 아님을 알 수 있다. 또 '윗-'을 쓸 자리에서 뒤 첫소리가 된소리나 거센소리이면 '윗-'을 쓰지 않고 '위-'를 쓴다.

> **'윗-'을 쓰는 경우 :** 윗넓이, 윗니, 윗도리, 윗동, 윗머리, 윗몸, 윗벌, 윗변, 윗수염, 윗입술, 윗자리 등
> **'위-'를 쓰는 경우 :** 위짝, 위쪽, 위채, 위층, 위치마, 위턱, 위팔
> **'웃-'을 쓰는 경우 :** 웃국, 웃기, 웃돈, 웃비, 웃어른, 웃옷, 웃통

'웃통'은 '아래통'의 반대로 쓰는 '위통'과 달리 '윗옷'의 의미로 쓰기 때문에 '우통'으로 쓰지 않는다.

④ 한자 '구(句)'가 붙어서 된 단어는 '귀'로 읽는 것을 허용하지 않는다. 반드시 '구'로 읽어야 한다(표사13).

> 구절(句節), 구두점(句讀點), 경구(警句), 단구(短句), 대구(對句), 문구(文句), 성구(成句), 시구(詩句), 어구(語句), 인용구(引用句), 절구(絕句)

* '글귀'와 '귀글'은 표준어로 인정한다.

(5) 고유어 계열과 한자어 계열 정리

같은 뜻으로 쓰이는 고유어 계열 낱말과 한자어 계열 낱말이 있을 때에 표준어 규정은 세력에 따라서 어느 쪽을 표준어로 인정하거나 부정하는 태도를 취한다.

① 한자어 계열의 세력이 약하다고 판단하여 고유어 계열만 표준어로 삼은 것(표사21)

> 꼭지미역(총각미역×), 늙다리(노닥다리×), 마른갈이(건갈이×), 박달나무(배달나무×), 밥소라(식소라×), 솟을무늬(솟을문×), 외지다(벽지다×), 움파(동파×), 잔돈(잔전×), 죽데기(피죽×), 짐꾼(부지꾼×), 푼돈(푼전×), 흰말/백마(백말×/부루말)

② 고유어 계열의 세력이 약하다고 판단하여 한자어 계열만 표준어로 삼은 것(표사22)

> 개다리소반(개다리밥상×), 겸상(맞상×), 부항단지(뜸단지×), 산누에(멧누에×), 산줄기(멧줄기/멧발×), 심돋우개(불돋우개×), 양파(둥근파×), 어질병(어질머리×), 총각무(알무×/알타리무), 칫솔(잇솔×)

뜻이 같은 말로서 고유어 계열이냐 한자어 계열이냐 따져서 세력이 더 크다고 판단되는 한쪽을 표준어로 삼고 그렇지 않은 것을 비표준어로 삼는 것은 썩 바람직한 것 같지 않다. 이 규정을 두지 않았다면 우리가 거의 잊고 지낼 낱말까지 구태여 규정에 넣음으로써 오히려 그런 낱말의 존재를 알게 되는 문제가 생겼다. 앞으로 안 쓰이는 단어는 스스로 사라지도록 내버려두면 좋겠다. 특히 고유어 계열의 낱말을 세력이 약하다는 이유로 비표준어로 만드는 것은 바람직하지 않다. '알타리무'는 '알타리김치'와 함께 아직도 일반에서 널리 쓰이고 있고, '개다리밥상, 뜸단지, 맞상, 불돋우개' 등도 정상적인 조어법에 따라 만들어진 유서 깊은 낱말들인데 세력이 약하다는 이유로 표준어에서 빼는 일은 바람직하지 않다.

(6) 비슷한 발음의 단수 표준어(표사17)

음이 비슷하고 뜻도 같은 낱말을 모아 그 가운데에서 하나만 표준어로 삼고 나머지는 비표준어로 삼았다. 표준어 제도가 필요한 곳이 바로 이런 부분일 것이다.

> ㉮ 귀고리(귀엣고리×), 구지(귀에지×), 꼭두각시(꼭둑각시×), 냠냠거리다(얌냠거리다×), 댑싸리(대싸리×), 더부룩하다(더뿌룩하다×/듬뿌룩하다), 멸치(며루치×/메리치), 보습(보섭×/보십), 봉숭아(봉숭화×), 뺨따귀(뺨따구×/뺨따구니), 사자탈(사지탈×), 상판대기(쌍판대기×), 시름시름(시늠시늠×), 아궁이(아궁지×), 아내(안해×), 어중간(어지중간×), 오금팽이(오금탱이×), 우두커니(우두머니×), 잠투정(잠투세×/잠주정), 재봉틀(자봉틀×), 짓무르다(짓물다×), 짚북데기(짚북세기×), 코맹맹이(코맹녕이×), 흉업다(흉헙다×)

ⓒ **천장**(천정×), **쪽**(짝×)

ⓓ **너**(네×), **넉**(너×/네), **서**(세×/석), **석**(세×)

ⓔ **−던**(−든×), **−던가**(−든가×), **−던걸**(−든걸×), **−던고**(−든고×), **−던데**(−든데×), **−던지**(−든지×)

ⓕ **−려고**(−ㄹ려고×/−ㄹ라고), **−려야**(−ㄹ려야×/−ㄹ래야)

ⓖ **−습니다**(−읍니다×)

예 ㉮처럼 표준어와 비표준어를 구별한 것은 매우 적절하고 바람직했다.

예 ㉯의 '천정'은 '천정부지(天井不知)'에서는 인정되고, '짝'은 '아무짝'에서는 인정된다.

예 ㉰의 수관형사는 상당히 주의해야 한다. 규정에 예시된 바로는 '너'와 '서'를 수관형사로 쓸 수 있는 낱말이 '돈, 말, 발, 푼'에 한정되어 있고, '넉'과 '석'을 수관형사로 쓸 수 있는 낱말이 '냥, 되, 섬, 자'로 한정되어 있다. 예시되지 않은 단위, 곧 '그루, 닢, 대, 동, 두름, 마리, 매, 모금, 몫, 뭇, 벌, 새, 손, 쌈, 움큼, 잎, 자밤, 접, 죽, 줄, 줌, 짐, 쪽, 채, 켤레, 축, 타래, 판, 홉' 따위에 어떤 수관형사를 붙여야 할지 확정되지 않았다. 따라서 이들에 대해서는 폭넓게 수관형사를 쓰도록 하고 필요한 경우에 일정한 제한을 두는 것이 좋겠다. 즉 '자동차 석 대, 세 대, 서 대'가 모두 경쟁적으로 쓰이도록 한 뒤에 어느 하나의 세력이 압도적이 된다면 그때 표준화하는 것이 좋겠다는 말이다.

예 ㉱는 한글 맞춤법에서도 규정한 사안이다. 선택의 의미가 있으면 '든' 계열을 사용하고, 과거 회상의 시제 의미가 있으면 '던' 계열을 쓰게 하였다. 이것이 표준어의 문제인지 맞춤법의 문제인지 모호하기는 하지만 양쪽에서 규정하는 것은 모양새가 좋지 않다.

예 ㉲는 어미의 표준화를 위해서 바람직한 선택이다. 다만, 이 선택을 표준어로 할 것인지 맞춤법으로 할 것인지는 생각해 봐야 한다. 발음은 '갈려고'처럼 하더라도 표기는 '가려고'로 하게 할 수 있기 때문이다. 이는 복수 발음을 인정하는 문제와 연결된다.

예 ㉳는 기본 형태소를 무시한 결정이다. 받침이 없는 경우에 사용되는 종결

어미가 '-ㅂ니다'라면 받침이 있는 경우의 종결어미는 당연히 '-읍니다'여야 한다. 이는 '-니/-으니', '-면/-으면'처럼 음운 현상의 기본이다. 그런데 유독 '-읍니다'의 경우만 비표준어로 묶어 도태시킨다는 것은 아무리 현실적인 실익을 따지더라도 동의할 수 없다. '영희는 밥을 먹읍니다.'와 '영희는 밥을 먹습니다.'에도 화용론상의 의미 차이가 있다고 보아야 한다. 설령 의미 차이를 인정하지 않더라도 가장 원칙적인 활용 형태를 비표준어로 보는 것은 생뚱하기 이를 데 없다.

(7) 비슷한 발음의 복수 표준어(표사 18, 19)

발음이 비슷한 두 형태가 일반적인 음운 현상으로 설명될 수 있고 세력이 비슷하면 복수 표준어로 인정하였다. 표준어에 대한 열린 시각이 반영된 것으로 볼 수 있다.

⑦ 네/예, 쇠-/소-
⑭ 괴다/고이다, 꾀다/꼬이다, 쐬다/쏘이다, 죄다/조이다, 쬐다/쪼이다
⑭ 거슴츠레하다/게슴츠레하다, 고까/꼬까, 고린내/코린내, 교기(嬌氣)/갸기, 구린내/쿠린내, 꺼림하다/께름하다, 나부랭이/너부렁이

예 ⑦는 매우 전향적인 자세에서 나온 규정이다. 긍정적인 대답을 하는 경우에 서울 사람들이 주로 쓰는 '네'를 복수 표준어로 인정한 것이나, 소와 관련된 어휘를 만들 때 사용되는 접두사로서 지방에서 많이 쓰는 '소-(소고기, 소기름, 소머리, 소뼈 등)'를 인정한 것은 바람직한 결정이다.

예 ⑭의 낱말은 사전에 따라서 본딧말과 준말로 처리하거나 바른 말과 틀린 말로 처리하던 것을 세력이 비슷하다고 보고 복수 표준어로 인정하였다. '뫼다/모이다, 뵈다/보이다, 꾀다/꾸이다, 바뀌다/바꾸이다'는 준말/본딧말 관계에 있는 복수 표준어이다.

예 ⑭에서 예시되지 않았지만 '고리다/코리다, 구리다/쿠리다' 등도 예사소리와 거센소리로 복수 표준어이다.

(8) 같은 뜻의 단수 표준어 (표사 25)

뜻이 같은 낱말이 둘 이상 있을 때에 그 가운데에서 어느 하나가 현저히 널리 쓰인다면 그 낱말만 표준어로 삼는다.

㉮ 까다롭다(까닭스럽다×/까탈스럽다), 까치발(까치다리×), 담배꽁초(담배꼬투리×/담배꽁치), 대장일(성냥일×), 뒤통수치다(뒤꼭지치다×), 떡보(떡충이×), 똑딱단추(딸꼭단추×), 부각(다시마자반×), 부스러기(부스럭지×), 빠뜨리다(빠치다×), 샛별(새벽별×), 속말(속소리×), 손목시계(팔목시계×/팔뚝시계), 손수레(손구루마×), 술고래(술보×/술부대/술푸대/술꾸러기), 신기롭다(신기스럽다×), 쌍동밤(쪽밤×), 쏜살같이(쏜살로×), 안절부절못하다(안절부절하다×), 알사탕(구슬사탕×), 애벌레(어린벌레×), 언뜻(펀뜻×), 언제나(노다지×), 열심히(열심으로×), 전봇대(전선대×), 주책없다(주책이다×)

㉯ 목메다(목맷히다×), 아주(영판×), 붉으락푸르락(푸르락붉으락×), 쥐락펴락(펴락쥐락×)

㉰ －게끔(게시리×), －에는(엘랑×), －지만/－지마는(지만서도×)

예 ㉮에 제시된 단수 표준어는 괄호 안의 낱말에 비해서 월등하게 세력이 크다는 점이 인정되기도 하고, 의미적으로나 형태적으로도 더 타당하여 표준어 선정에 문제가 없다. 다만, '술고래'만 인정하고 '술보'를 비표준어로 삼은 것은 '밥보, 떡보'와의 관계를 생각할 때 지나친 느낌이 있다. '술고래'에 비해서 세력이 약하더라도 합성어로 존속시킬 가치는 있다고 본다. '노다지'를 '언제나'의 비표준어로 삼은 것은 재고할 필요가 있을 것이다. '노다지'와 같은 뜻으로 '노상'이라는 표준어가 있기 때문에 '노다지'를 비표준어로 삼는 것은 별개 문제이다.

예 ㉯에 '목맷히다'를 비표준어로 삼았는데 그렇다면 '목이 맷히다'도 쓰지 않도록 해설하는 것이 좋겠다. '아주'와 '영판'을 표준어와 비표준어 관계로 보았는데 '영판'을 세력이 약한 대로 두는 것이 좋을 것이라는 생각이 든다. 형태소의 순서를 강제로 정해 놓은 '붉으락푸르락, 쥐락펴락'도 지나친 규제인 것 같다.

예 ㉰는 조사와 어미를 정리한 것으로서 바람직한 결정이다.

(9) 같은 뜻의 복수 표준어 (표사 26)

뜻이 같으면서 형태가 다른 몇 개의 낱말이 있을 때에 세력이 크게 차이가 나지 않는다면 모두 표준어로 삼았다. 바람직한 결정이다.

㉮ －거리다／－대다, －뜨리다／－트리다, －스레하다／－스름하다, －다마다／－고말고, －(으)세요／－(으)－셔요, －이에요／－이어요

㉯ 가엾다／가엽다, 게을러빠지다／게을러터지다, 관계없다／상관없다, 극성떨다／극성부리다, 기세부리다／기세피우다, 독장치다／독판치다, 들락거리다／들랑거리다, 모내다／모심다, 변덕스럽다／변덕맞다, 불사르다／사르다, 서럽다／섧다, 성글다／성기다, 쏨쓰레하다／쏨쓰름하다, 아귀세다／아귀차다, 어금버금하다／어금지금하다, 어림잡다／어림치다, 어이없다／어처구니없다, 여쭈다／여쭙다, 역성들다／역성하다, 을러대다／을러메다, 의심스럽다／의심쩍다, 장가들다／장가가다, 재롱떨다／재롱부리다, 천연스럽다／천연덕스럽다, 추어올리다／추어주다(추켜올리다×), 축가다／축나다, 침놓다／침주다, 한턱내다／한턱하다, 혼자되다／홀로되다, 흠가다／흠나다／흠지다

㉰ 곰곰／곰곰이, 다달이／매달, 되우／된통／되게, 들락날락／들랑날랑, 멀찌감치／멀찌가니／멀찍이, 모쪼록／아무쪼록, 아무튼／어쨌든／어떻든／하여튼／여하튼, 어기여차／어여차, 어저께／어제, 얼렁뚱땅／엄벙떙, 여태／입때(여직×), 여태껏／이제껏／입때껏(여직껏×), 연달아／잇달아, 일일이／하나하나, 일찌감치／일찌거니, 제가끔／제각기, 좀처럼／좀체(좀체로×／좀해선／좀해), 차차／차츰

㉱ 것／해, 녘／쪽, 만큼／만치, 쪽／편, 척／체

㉲ 가락엿／가래엿, 가물／가뭄, 감감무소식／감감소식, 고깃간／푸줏간, 꼬리별／살별, 나귀／당나귀, 넝쿨／덩굴(덩쿨×), 민둥산／벌거숭이산, 벌레／버러지(벌거지×), 보조개／볼우물, 송이／송이버섯, 수수깡／수숫대, 술안주／안주, 시늉말／흉내말, 신／신발, 옥수수／강냉이, 우레／천둥, 자리옷／잠옷, 자물쇠／자물통, 중신／중매, 책씻이／책거리, 철따구니／철딱서니／철딱지, 해웃값／해웃돈(해우차×)

예 ㉮에서 제시한 접미사, 어미, 조사를 복수 표준어로 해서 언어생활이 많이 편리해진 것으로 본다.

예 ㉯~㉱에서 제시한 복수 표준어는 대부분 이미 그렇게 쓰이고 있는 것을 규정으로 확인한 것이다. 다만 '옥수수/강냉이'처럼 새롭게 표준어로 인정된 것이라든지, '철따구니/철딱서니/철딱지', '들락날락/들랑날랑', '멀찌감치/멀찌가니', '얼렁뚱땅/엄벙뗑', '일찌감치/일찌거니', '제가끔/제각기', '좀처럼/좀체' 처럼 어느 하나를 비표준어로 삼을 수도 있는 것을 모두 표준어로 삼았기 때문에 그만큼 혼란이 줄어든 점이 높이 평가할 만하다.

> **어떤 것이 표준어일까?**
>
> 오도방정/오두방정, 우리숙하다/어리숙하다, 더풀더풀/더펄더펄, 아둥바둥/아등바등, 이그러지다/이즈러지다/이지러지다, 오무리다/오므리다, 까무라치다/까무러치다, 문칫문칫/문칮문칮, 너댓/너덧/네댓, 세넷/서넛, 여닐곱/예닐곱, 일여덜/일여덟, 수둑수둑하다/수득수득하다, 에게게/에계계, 으시대다/으스대다, 시라소니/스라소니, 찌푸리다/찌뿌리다
>
> 각자 가지고 있는 국어사전을 이용해서 표준어를 가리자.

3. 표준어의 발음

표준어 사정을 거쳐 표준어가 된 낱말에 대해서 표준 발음을 확정하기 위해서 표준 발음법을 정했다. 표준어의 발음에 대해서 간단히 설명한다.

(1) 표준 발음 원칙

표준어가 현대 교양 있는 사람들이 두루 쓰는 서울말을 기본으로 형성되었다고 보기 때문에 당연히 그들의 발음이 기본이 된다. 즉 현대 교양 있는 사람들이 두루 쓰는 서울말의 발음을 표준 발음으로 하는 것이 원칙이다. 다만, 교양

있는 사람들이 쓰는 서울말 가운데에도 전통적인 발음에서 벗어나는 현상(예컨 대 모음의 장단 구별이 모호해지는 현상)은 수용하지 않고 전통적으로 장단 발음을 살려서 발음법을 삼는 태도를 취했다. 이런 원칙을 선언적으로 규정한 것이 표 준 발음법 제1항의 규정이다.

표준 발음법은 표준어의 실제 발음을 따르되, 국어의 전통성과 합리성을 고 려하여 정하는 것을 원칙으로 한다.

국어의 전통성과 합리성을 고려한다는 것은 무조건 서울말의 발음 관행에 의 지하지 않겠다는 것으로 당연한 태도라고 할 수 있다. 왜냐하면 일단 형성된 표준어는 모든 국민의 언어가 되기 때문에 이것을 서울말의 변화에 따라서 수 시로 바뀌도록 내버려둘 수는 없기 때문이다.

이런 것들을 구별할 수 있으면 표준 발음을 안다고 할 수 있다.

① 같은 형태의 말에 긴소리와 짧은소리가 있다. 국어사전을 이용해서 소 리의 길이와 의미의 관계를 익혀 두자.

　　감, 공, 눈, 발, 밤, 성, 실, 애, 종, 천, 한

② 동사와 형용사의 어간에도 긴소리와 짧은소리가 있고, 활용하면 긴소 리가 짧은소리로 바뀌는데 일부는 바뀌지 않는다(소리의 길이 예 ⓑ~ ⓩ 참조).

③ 받침은 대표 소리로 난다.

　　닦다[닥따], 동녘[동녁], 옷[옫], 있다[읻따], 젖[젇], 솥[솓], 뱉다[밷따], 앞 [압], 덮다[덥따]

④ 겹받침 가운데에는 소리 나지 않는 것이 있다.

　　닭[닥], 여덟[여덜], 밟고[밥꼬], 넓고[널꼬], 읊지[읍찌], 굵다[국따]

⑤ 받침은 모음으로 시작하는 조사와 어미, 접미사에 연음된다.

　　꽃이[꼬치], 앞에서[아페서], 읊어라[을퍼라], 늙은[늘근], 웃음[우 슴], 깊이[기비], 넓이[널비]

⑥ 받침은 실질 형태소 앞에서는 대표 소리로 바뀐 뒤에 연음된다.

　　젖어미[저더미], 헛웃음[허두슴], 앞앞이[아바피], 겉옷[거돋]

⑦ 구개음화 현상이 일어난다.

　　굳히다[구치다], 닫히다[다치다], 묻히다[무치다], 같이[가치], 끝이[끄치], 굳이[구지]

⑧ 자음접변 현상이 폭넓게 일어난다.

　　먹는[멍는], 옷맵시[온맵씨], 앞마당[암마당], 밟는[밤는], 없네[엄네], 값매기다[감매기다]

⑨ 일부에서 'ㅣ' 모음 순행 동화 현상이 일어난다.

　　되어[되여], 피어[피여], 아니오[아니요], 책이오[책이요]

⑩ 경음화 현상이 폭넓게 일어난다.

　　국밥[국빱], 옷고름[온꼬름], 곱돌[곱똘], 옆집[엽찝], 신고[신꼬], 삼다[삼따], 핥다[할따](한자어도 경음화 현상이 일어나는 것이 있다. : 갈등[葛藤; 갈뜽], 성과[成果; 성꽈], 공적[公的; 공쩍], 백지장[白紙張, 백찌짱] 등)

⑪ 합성어에서 소리 첨가 현상이 폭넓게 일어난다.

　　솜이불[솜니불], 색연필[생년필], 학여울[항녀울], 들일[들릴], 물약[물략], 제3연대[제사면대], 냇가[낻까], 콧날[콘날], 뱃머리[밴머리], 나뭇잎[나문닙]

(2) 소리의 길이

　　모음의 장단을 구별하는 것을 원칙으로 한다. '발[足]/발[簾], 눈[眼]/눈[雪], 밤[夜]/밤[栗], 성(城)/성(姓)' 따위는 모음의 발음 길이로 구별된다. 긴 모음은 낱말의 첫 음절에서만 실현되는 것을 원칙으로 했다(밑줄 친 음절을 길게 발음한다).

　　㉮ <u>눈</u>보라/첫눈, <u>말</u>씨/참말, <u>밤</u>나무/알밤, <u>많</u>다/수많은, <u>멀</u>리/눈멀다, <u>벌</u>리다/떠벌리다(표발6 본문)[*]

　　㉯ <u>반</u>신반의, <u>재</u>삼재사, <u>선</u>남선녀, <u>전</u>신전화(표발6 다만)

　　㉰ <u>반</u>반, <u>간</u>간이, <u>영</u>영, <u>서</u>서히, <u>시</u>시비비

　　㉱ <u>보</u>아 → <u>봐</u>, <u>되</u>어 → <u>돼</u>, <u>두</u>어 → <u>둬</u>, <u>하</u>여/<u>해</u>, <u>쇠</u>어 → <u>쇄</u>, <u>괴</u>어/<u>괘</u>, <u>쌓</u>이

---

[*] (표발6) : 표준 발음법 제6항

다/쩨다, 누이다 → 뉘다, 트이다 → 틔다 (표발 6 붙임)

㉫ 오아 → 와, 지어 → 져, 치어 → 쳐, 가아 → 가, 서어 → 서, 켜어 → 켜 (표발 6 붙임의 다만)

예 ㉮는 긴소리가 첫 음절에 있고, 둘째 음절 이하에서는 짧은 소리로 바뀜을 나타내고 있다.

예 ㉯는 둘째 이하 음절에서도 분명하게 긴소리 발음이 나는 것은 그대로 인정한다는 원칙에 따라서 셋째 음절에서도 긴소리 발음이 나는 것을 예시한 것이다.

예 ㉰는 같은 한자로 된 것이지만 첫째 음절에서만 긴소리로 발음되고 둘째 음절에서는 긴소리 발음이 되지 않음을 나타내는 예이다.

예 ㉱는 활용 형태가 줄어든 경우에 긴소리가 나는 것을 인정한 예이다. 접미사가 붙은 것도 줄어들면 긴소리 발음이 난다.

예 ㉫는 활용 형태가 줄어든 것이라도 긴소리로 바뀌지 않음을 예시한 것이다.

㉲ 감다 → 감으니, 꼬다 - 꼬아, 넘다 → 넘어서, 떼다 → 떼어야, 밟다 → 밟으면, 신다 → 신어라, 쏘다 → 쏘아라, 안다 → 안아, 알다 → 알았어, 옮다 → 옮아, 울다 → 울었다, 웃다 → 웃어라, 죄다 → 죄어라 (표발 7 제1호)

㉳ 끌다 → 끌어, 떫다 → 떫은, 벌다 → 벌어서, 썰다 → 썰었다, 없다 → 없으니, 작은 → 작아, 멀다 → 멀어, 얻은 → 얻어서, 엷은 → 엷어, 더럽다 → 더러운, 걸치다 → 걸쳐, 졸리다 → 졸려라 (표발 7 제1호의 다만)

㉴ 감다 → 감기다, 꼬다 → 꼬이다, 밟다 → 밟히다, 안다 → 안기다, 옮다 → 옮기다, 알다 → 알리다, 쏘다 → 쏘이다, 울다 → 울리다, 죄다 → 죄이다, 넘다 → 넘기다, 떼다 → 떼이다 (표발 7 제2호)

㉵ 끌다 → 끌리다, 더럽다 → 더럽히다, 벌다 → 벌리다, 웃다 → 웃기다, 썰다 → 썰리다, 없다 → 없애다 (표발 7 제2호의 다만)

예 ㉲는 긴소리 모음이 있는 동사에 모음 어미가 와서 활용하면 긴소리가 사라지는 현상이 있음을 원칙으로 함을 나타낸 것이다.

예 ㉳는 모음 어미가 와서 활용을 하더라도 예외적으로 긴소리가 사라지지 않는 낱말을 예시한 것이다.

예 ㉮는 동사에 피동 접사, 사동 접사가 결합하면 긴소리가 사라지는 것을 원칙으로 함을 나타낸 것이다.

예 ㉯는 피동 접사나 사동 접사가 붙더라도 긴소리가 사라지지 않는 예외적인 낱말을 예시한 것이다.

㉯ 밀다 → 밀물, 써다 → 썰물, 쏘다 → 쏜살같이, 작다 → 작은아버지(표발7 제3호)

㉰ 사람이 → 이 사람이, 밤을 구워라 → 이 밤을 구워라, 오리를 기른다 → 많은 오리를 기른다

예 ㉯는 긴소리 동사라도 합성어가 되는 과정에서 긴소리가 사라지는 예를 보인 것이다.

예 ㉰는 긴소리 명사라도 명사 앞에 다른 낱말이 와서 한 덩어리로 발음하게 되면 긴소리가 사라짐을 보이는 예이다. 표준 발음법 해설에는 이렇게 긴소리가 사라진다고 해설해 놓았지만, 이 경우에 정말로 규칙적으로 긴소리가 사라지는지 확인하기 어렵다.

한자의 소리 : 한자 중에는 긴소리로 발음되는 경우와 짧은소리로 발음되는 경우의 의미가 달라지는 것이 있다.

㉮ 강(强) : 긴 발음인 경우에는 '힘을 들이어, 억지로, 무리하게'의 의미를 나타내고(强姦, 强勸, 强賣, 强迫, 强要, 强占, 强制, 强調, 强行, 强行軍), 짧은 발음인 경우에는 '센, 좋은'의 의미를 나타낸다(强權, 强大, 强力, 强點, 强打, 强暴, 强打者, 强펀치). '강압(强壓)'은 같은 글자이지만 '강'이 긴소리이면 '강제로 행사하는 압력'의 의미가 되고, '강'의 소리가 짧으면 '센 압력'이 된다. '강권(强勸, 强權), 강점(强占, 强點)'도 '억지로'의 뜻인지 '센'의 뜻인지에 따라서 '강'의 소리가 길거나 짧아진다.

㉯ 장(長) : 긴 발음인 경우에는 '맏이, 어른'의 뜻을 나타내고(長男, 長女, 長老, 長成, 長孫, 長子), 짧은 발음인 경우에는 '긴, 나이가 많은'의 뜻을 나타낸다(長年, 長短, 長髮, 長點, 長調, 長波, 長篇).

📌 긴소리에 대한 단상

　낱말의 첫소리에서만 긴소리를 내게 한 원칙은 지나치친 제약이 될 가능성이 크다. '눈사람'의 '눈'은 길게, '함박눈'의 '눈'의 짧게 소리 내야 한다는 것은 지나친 제약일 뿐 아니라, '선거 연설'에서는 '연'을 길게 발음하다가 '기조연설'에서는 이를 의식적으로 짧게 발음해야 하고, '선거 운동'에서는 '선'을 길게 발음하다가 '총선거'에서는 짧게 발음해야 한다는 것은 도무지 납득하기 어렵다. 특히 합성어의 성립에 이견이 있을 수 있는 경우에는 더욱 문제가 복잡하다. 예컨대 '허리 운동'으로 쓰면 '운'이 길게 정상적으로 발음해야 하지만 이것을 합성어로 보고 '허리운동'으로 붙여 쓰면 '운'을 짧게 발음해야 한다. 이는 몇몇 합성어에서 나타난 단음화 현상을 섣불리 보편적인 원칙으로 삼음으로써 나타난 부작용이다. 첫소리에서만 긴소리를 인정할 것이 아니라 첫소리에서 긴소리가 나는 것이라도 첫소리 외에서는 짧아지는 것을 허용하는 정도로 규정을 완화할 필요가 있다.

(3) 받침의 발음 (표발 8~16)

　자음 19자가 받침으로 쓰이면 모두 제 소리가 나는 것이 아니고 대표음으로만 소리가 난다. 그래서 받침으로 나는 소리는 [ㄱ, ㄴ, ㄷ, ㄹ, ㅁ, ㅂ, ㅇ]의 7개뿐이다(표발 8). 그러나 받침 뒤에 모음으로 시작하는 조사나 어미, 접미사가 오면 모든 받침이 비로소 제 소리가 난다(표발 13). 겹받침은 두 음소 가운데에서 하나만 소리 난다(표발 10). 다만 겹받침 뒤에 모음으로 시작하는 조사나 어미가 오면 두 음이 다 제 소리대로 난다(표발 14).

　㉮ **닭다**[닥따], **동녘**[동녁], **옷**[옫], **웃다**[욷따], **있다**[읻따], **젖**[젇], **빚다**[빋따], **꽃**[꼳], **쫓다**[쫃따], **솥**[솓], **뱉다**[밷따], **앞**[압], **덮다**[덥따]

　예 ㉮는 받침이 대표음으로 나는 경우를 예시한 것이다. 'ㄲ, ㅋ'은 'ㄱ'으로 소리 나고, 'ㅅ, ㅆ, ㅈ, ㅊ, ㅌ'은 'ㄷ'으로 소리 나고, 'ㅍ'은 'ㅂ'으로 소리 난다.

㉯ 넋[넉], 넋과[넉꽈], 앉다[안따], 여덟[여덜], 넓다[널따], 외곬[외골], 핥다
[할따], 없다[업따]

㉰ 밟다[밥따], 밟소[밥쏘], 밟지[밥찌], 밟는[밤는], 밟게[밥께], 밟고[밥꼬],
넓죽하다[넙쭈카다], 넓둥글다[넙뚱글다]

예 ㉯와 ㉰는 겹받침인 경우에 두 받침 가운데에서 하나만 소리 나는 것을
보이고 있다. 같은 'ㄼ' 받침은 낱말에 따라서 'ㄹ'만 소리 나기도 하고 'ㅂ'만
소리 나기도 한다. 따라서 낱말별로 발음을 익혀 두어야 한다. 겹받침이 있는
동사나 형용사의 활용형에 관한 규정이 이곳 말고도 여러 곳에 있는데, 특히
제11항, 제25항의 규정에 유의해서 'ㄺ, ㄼ, ㄾ' 받침 뒤에 자음 어미가 올 때
에 두 받침 가운데 어떤 받침이 소리 나는지 정확하게 익혀 두어야 한다.

㉱ 닭[닥], 흙과[흑꽈], 맑다[막따], 맑지[막찌], 맑습니다[막씀니다], 늙지[늑
찌], 늙습니다[늑씀니다], 삶[삼], 젊다[점따], 읊고[읍꼬], 읊다[읍따], 갉
작갉작[각짝각짝], 굵다랗다[국따라타], 늙수그레하다[늑쑤그레하다]

㉲ 맑게[말께], 묽고[물꼬], 얽거나[얼꺼나], 늙고[늘꼬], 늙게[늘께], 늙거나
[늘꺼나]

예 ㉱와 ㉲는 겹받침 'ㄺ, ㄼ, ㄾ'의 발음에 관한 예이다. 두 받침 가운데에
서 어느 하나만 소리 난다는 것을 알 수 있다. 어떤 받침이 소리가 나고 어떤
받침이 사라지는지 개별 낱말을 보면서 익혀야 한다.

㉳ 놓고[노코], 좋던[조턴], 쌓지[싸치], 많고[만코], 않던[안턴], 닳지[달치]

㉴ 각하[가카], 먹히다[머키다], 밝히다[발키다], 맏형[마텽], 좁히다[조피다],
넓히다[널피다], 꽂히다[꼬치다], 앉히다[안치다], 못하다[모타다]

㉵ 옷 한 벌[오탄벌], 낮 한때[나탄때], 꽃 한 송이[꼬탄송이]

예 ㉳와 예 ㉴는 'ㅎ' 소리가 일부 자음('ㄱ, ㄷ, ㅂ, ㅈ')의 앞이나 뒤에 올 때
에 그 자음을 거센소리로 만듦을 말하고 있다. '못하다'는 '못'이 대표음 [몯]으
로 바뀐 뒤 'ㅎ'과 결합하게 되어 [모타다]로 발음되는 것이다.

예 ㉵는 낱말과 낱말 사이에서도 'ㅎ'이 앞뒤의 자음을 거센소리로 만든다는
것을 보여 준다. 그러나 이 예시는 좀 지나친 점이 있다. '옷 한 벌'이 [오탄벌]
로 소리 난다고 하는 것은 불필요한 예시일 뿐 아니라 부적절한 예시이다. '옷

한 벌', '낮 한때', '꽃 한 송이'는 한 낱말이 아니고 여러 낱말이 통사적으로 쓰인 것이므로 각 낱말의 고유한 발음을 정확하게 내도록 지도하는 것이 표준 발음법의 바른 자세일 것이다. 따라서 '옷 한 벌'은 [온/한/벌]로, '낮 한때'는 [난/한때]로 '꽃 한 송이'는 [꼳/한/송이]로 발음해야 한다. 물론 이를 좀 빨리 발음하면 제시한 것처럼 들릴 수 있다. 그러나 두 낱말의 발음을 마치 한 낱말의 경우처럼 연음하라고 예시한 것은 적절하지 않고 바람직하지 않다.

ⓐ 닿소[다쏘], 많소[만쏘], 끊습니다[끈씀니다], 싫소[실쏘], 놓는[논는], 쌓네[싼네]

ⓑ 않는[안는], 않네[안네], 뚫네[뚤레], 뚫는[뚤른]

ⓒ 낳은[나은], 놓아[노아], 쌓이다[싸이다], 많아[마나], 않은[아는], 닳아[다라], 싫어도[시러도], 싫을[시를], 끊임없이[끄님업씨]

예 ⓐ는 'ㅎ' 소리 뒤에 'ㅅ'이 오는 경우 'ㅅ'이 된소리로 바뀌고, 'ㄴ'이 뒤에 오면 'ㅎ'이 'ㄴ'으로 바뀌는 것을 예시한 것이다.

예 ⓑ는 'ㄶ'이 'ㅀ' 뒤에 'ㄴ'이 오는 경우 'ㅎ' 소리가 탈락하는 것을 예시한 것이다.

예 ⓒ는 'ㅎ' 뒤에 모음이 오는 경우 'ㅎ' 소리가 탈락하는 것을 예시한 것이다. '찧다'도 여기에 예시된 원리에 따라서 발음된다.

(4) 모음 앞에서 받침의 발음(표발 13~16)

받침 뒤에 모음으로 시작하는 조사, 어미, 접미사 등 형식 형태소가 오면 받침이 뒤의 모음과 결합하여(이런 현상을 '연음'이라고 한다) 제 소리를 낼 수 있게 된다. 그러나 모음으로 시작하는 실질 형태소 앞에서는 대표음으로 소리 난다.

ⓐ 깎아[까까], 옷이[오시], 있어[이써], 낮이[나지], 꽂아[꼬자], 꽃을[꼬츨], 쫓아[쪼차], 밭에[바테], 앞으로[아프로], 무릎에[무르페], 덮이다[더피다]

ⓑ 넋이[넉씨], 앉아[안자], 닭을[달글], 젊어[절머], 밟을[발블], 곬이[골씨], 핥아[할타], 읊어[을퍼], 값을[갑쓸], 없어[업써], 여덟이[여덜비], 옮아[올마]

예 ⓐ와 예 ⓑ는 모음으로 시작하는 조사, 어미, 접사 등 형식 형태소 앞에 있는 받침은 모두 연음되어 형식 형태소의 첫소리 자음으로 사용됨을 나타내고 있다. 일부에서 '젖'에 조사가 붙은 '젖을'을 [저슬]로 발음하거나, '무릎에'를 [무르베]로, '꽃에'를 [꼬세]로 발음하는 경향이 있지만 모두 표준 발음이 아니다. 모음으로 시작하는 형식 형태소 앞에서는 받침이 그대로 연음된다. 'ㄷ, ㅌ' 받침 뒤에 조사 '이'가 오면 구개음화 현상에 따라서 'ㅈ, ㅊ'으로 바뀌는 것은 음운 동화에서 다룬다.

호격조사 '아' 앞에 받침이 오는 경우에는 다른 조사와 같이 다루기 어렵다. '이것아'를 [이거사]로 발음하는 것이 원칙인데 '이거다'로 발음하는 경향이 많다. 더욱 '벗아, 낮아, 꽃아, 부엌아, 밭아, 무릎아'처럼 'ㅅ, ㅈ, ㅊ, ㅋ, ㅌ, ㅍ' 받침 뒤에 호격 조사 '아'가 올 때에 이를 연음시켜 [버사, 나자, 꼬차, 부어카, 밭아, 무르파]처럼 부르지 않고 [버다, 나다, 꼬다, 부어가, 바다, 무르바]처럼 부른다. 그렇다면 호격 조사에는 좀 특별한 성격이 있다고 보아 표준 발음법에 이와 관련된 규정을 넣어야 할 것이다.

　㉔ 젖어미[저더미], 맛없다[마덥다], 겉옷[거돋], 헛웃음[허두슴], 앞앞이[아바피], 무릎오금[무르보금]
　㉕ 값어치[가버치], 값있는[가빈는], 넋 없이[너겁씨], 닭 앞에[다가페]

예 ㉔는 받침 뒤에 모음으로 시작하는 실질 형태소가 오면 받침이 대표음으로 소리 나는 것을 예시한 것이다. '밭 아래'처럼 새로운 낱말이 오면 당연히 받침은 대표음으로 소리 난다. 다만, '맛있다'의 경우는 '마디따'와 '마시따'를 다 인정한다. 일반에서 '마시따'로 연음해서 소리 내는 경향이 짙기 때문이다. '멋있다'도 '머디따'와 '머시따'를 다 인정한다.

예 ㉕는 겹받침 뒤에 모음으로 시작하는 실질 형태소가 온 경우에 겹받침 가운데 소리 나는 한 받침만 연음됨을 나타낸다. '넋 없이', '닭 앞에'처럼 새로운 낱말이 오는 경우에는 당연히 겹받침 가운데 소리 나는 한 받침만 연음된다. 겹받침 가운데에서 어느 받침이 소리 나는지는 표준 발음법 제10항에서 밝혔다. '달걀'의 경우는 '닭알'이 변한 것인데 'ㄹ'과 'ㄱ' 모두 제 음을 냈음을 알 수 있다. 표준 발음법의 이론으로 보면 예외적인 현상이다.

　㉖ 디귿이[디그시], 지읒을[지으슬], 치읓에[치으세], 키읔으로[키으그로], 티읕은[티으슨], 피읖에게[피으베게], 히읗에서[히으세서]

한글 자모의 이름 뒤에 모음으로 시작하는 조사가 오면 위와 같이 특별한 방법으로 소리 내도록 했다. 실제 발음을 따라가다 보니 이제까지의 모든 발음 원칙이 완전히 무너지고 말았다. 이는 한글 자모의 이름에 대한 우리의 인식에 문제가 있다고 보아야 할 것이다.

(5) 소리의 동화

어떤 음소와 어떤 음소가 만나면 상대의 영향을 받아 소리가 변하는 경우가 있는데 이를 소리의 동화라고 한다. 특정 자음이 특정 모음 앞에서 변하는 경우가 있고(이에는 구개음화 현상이 있다), 특정 자음이 특정 자음 앞이나 뒤에서 변하는 경우가 있으며(이에는 자음접변 현상이 있다), 'ㅣ' 모음이 앞의 모음을 바꾸는 경우('ㅣ' 모음 역행 동화 현상이라고 한다)가 있다. 표준 발음법에서는 앞의 두 음운 현상은 전면적으로 인정하지만 위의 'ㅣ' 모음 역행 동화 현상은 부분적으로만 인정한다.

① 구개음화 현상(표발 17)

㉮ 곧이듣다[고치듣따], 굳이[구지], 미닫이[미다지], 땀받이[땀바지], 밭이[바치], 혀훑이[벼훌치], 같이[가치]

㉯ 굳히다[구치다], 닫히다[다치다], 묻히다[무치다]

예 ㉮는 'ㄷ, ㅌ'이 'ㅣ' 모음과 결합할 때에 'ㅈ, ㅊ'으로 바뀌는 현상을 보여 주고 있다. 예 ㉯는 'ㄷ'이 'ㅎ' 앞에서 'ㅊ'으로 바뀌는 현상을 보여 주고 있다. 이렇게 바뀌는 현상을 구개음화 또는 입천장소리되기라고 한다.

② 자음접변 현상1(표발 18)

㉰ 먹는[멍는], 깎는[깡는], 몫만[몽만], 긁는[긍는], 흙만[흥만]

㉱ 닫는[단는], 옷맵시[온맵씨], 있는[인는], 빛만[빈만], 쫓는[쫀는], 붙는[분는], 놓는[논는]

㉲ 밥물[밤물], 앞마당[암마당], 밟는[밤는], 읊는[음는], 없는[엄는], 값매기다[감매기다]

예 ㉰는 대표음이 'ㄱ'으로 소리 나는 받침이 'ㄴ, ㅁ' 앞에서 'ㅇ'으로 동화된 것을 예시한 것이다. 예 ㉱는 대표음이 'ㄷ'으로 소리 나는 받침이

'ㄴ, ㅁ' 앞에서 'ㄴ'으로 동화된 것을 예시한 것이다. 예 ㉮는 대표음이 'ㅂ'으로 소리 나는 받침이 'ㄴ, ㅁ' 앞에서 'ㅁ'으로 동화된 것을 예시한 것이다. 이런 현상은 낱말과 낱말 사이에서도 광범위하게 일어난다. '국 마시다'가 '궁 마시다'로, '옷 마르다'가 '온 마르다'로, '입 놀리다'가 '임 놀리다'로 소리 나는 것이 그 예이다.

③ **자음접변 현상2** (표발 19)

> ㉯ **담력[담녁], 침략[침냑], 강릉[강능], 항로[항노], 대통령[대통녕]**
> ㉰ **막론[망논], 백리[뱅니], 협력[혐녁], 십리[심니]**

예 ㉯는 'ㅁ, ㅇ' 뒤에 오는 'ㄹ' 음이 'ㄴ'으로 동화되어 소리 나는 경우를 예시한 것이고, 예 ㉰는 'ㄱ, ㅂ' 뒤에 오는 'ㄹ' 음이 'ㅁ'으로 동화되어 소리 나는 경우를 예시한 것이다.

④ **자음접변 현상3** (표발 20)

> ㉱ **난로[날로], 신라[실라], 천리[철리], 광한루[광할루], 대관령[대괄령]**
> ㉲ **칼날[칼랄], 물난리[물랄리], 줄넘기[줄럼끼], 할는지[할른지]**
> ㉳ **닳는[달른], 뚫느라고[뚤르라고], 핥느니[할르니]**
> ㉴ **의견란[의견난], 임진란[임진난], 생산량[생산냥], 결단력[결딴녁], 공권력[공꿘녁], 동원령[동원녕], 상견례[상견녜], 횡단로[횡단노], 이원론[이원논], 입원료[이붠뇨], 구근류[구근뉴]**

예 ㉱는 'ㄴ'이 그 뒤에 오는 'ㄹ' 때문에 'ㄹ'로 동화된 경우를 예시한 것이다. 예 ㉲는 'ㄴ'이 그 앞에 온 'ㄹ' 때문에 'ㄹ'로 동화된 경우를 예시한 것이다. 예 ㉳는 'ㄴ'이 'ㄶ, ㄾ' 뒤에 올 때에도 'ㄹ'로 동화됨을 예시한 것이다. 예 ㉴는 'ㄴ'이 'ㄹ'에 동화되지 않고 오히려 'ㄹ'이 'ㄴ'에 동화되어 'ㄴ' 소리로 변한 경우를 예시한 것이다. 이것은 예 ㉱과 정반대의 동화로서 주목할 필요가 있다. 여기에 예시된 모든 낱말은 기존 단어에 '-란, -량, -력, -령, -로, -론, -례, -료, -류' 같은 접미사가 붙어서 된 파생어들이다. 이런 경우에 기존 단어의 발음을 유지하는 것을 우선하기 때문에 뒤에 오는 접미사의 'ㄹ'이 기존 단어의 받침 'ㄴ'에 동화되는 것이다. 예 ㉱에 있는 '광한루, 대관령'에도 '-루', '-령' 같은 접미사가 붙어 있지만 '광한', '대관'이 기존의 낱말이 아니기 때문에 일반적인 동화에 따라서 '광할루', '대괄령'으로 소리 나게 된 것이다. 이상 세 가지 이외의 자음 접변 현상은 인정되지 않는다. 즉, '감기'를 '강기'로 발음하거나 '옷감', '꽃밭'을 '옥깜', '꼽빨'으로 발음하는 것 따위의 동화는 인정되지 않는다(표발 21).

⑤ 'ㅣ' 모음 순행 동화(표발 22)

⑭ 되어[되어/되여], 피어[피어/피여], 이오[이오/이요], 아니오[아니오/아니요]

원칙적으로 'ㅣ' 모음 순행 동화는 인정하지 않는다. 조금만 주의하면 정확하게 발음할 수 있기 때문이다. 그러나 앞의 경우에는 예외적으로 'ㅣ' 모음 순행 동화 현상을 인정했다. 특별한 실익이 있는 것 같지 않은데도 지나치게 현실 발음에 영합한 면이 있다.

(6) 된소리되기(표발 23~28)

어떤 받침은 뒤에 오는 자음을 된소리로 만드는데 이를 된소리되기라고 한다. 이 음운 현상도 자음접변 현상처럼 매우 폭넓게 일어난다.

① 'ㄱ, ㄷ, ㅂ' 받침과 된소리되기(표발 23)

⑪ 국밥[국빱], 삯돈[삭똔], 닭장[닥짱], 옷고름[옫꼬름], 있던[읻떤], 꽃다발[꼳따발], 낯설다[낟썰다], 밭갈이[받까리], 곱돌[곱똘], 덮개[덥깨], 옆집[엽찝], 넓죽[넙쭉], 읊기[읍끼], 값진[갑찐]

예 ⑪는 대표음이 'ㄱ, ㄷ, ㅂ'인 받침 뒤에 오는 자음이 된소리로 나는 것을 예시한 것이다. 이 경우에는 예외 없이 된소리되기가 일어난다.

② 'ㄴ, ㅁ' 받침과 된소리되기(표발 24)

⑭ 신고[신꼬], 껴안다[껴안따], 앉고[안꼬], 얹다[언따], 삼고[삼꼬], 더듬지[더듬찌], 닮고[담꼬], 젊지[점찌]

예 ⑭는 어간이 'ㄴ, ㅁ' 받침인 경우에 그 뒤에 오는 어미의 첫소리 'ㄱ, ㄷ, ㅅ, ㅈ'이 된소리로 바뀌는 예를 보인 것이다. 대체로 어간과 어미 사이에서는 이런 현상이 일어나고, 어간과 접미사 사이에서는 이런 현상이 일어나지 않는다.

감 - 기다, 남 - 기다, 숨 - 기다, 신 - 기다

위와 같은 파생어에서는 된소리가 나지 않음을 알 수 있다.

신기[신끼], 남기다[남끼], 숨기[숨끼], 감기[감끼]

그러나 위와 같이 명사화 접미사 '-기'가 붙으면 된소리되기 현상이 나타난다. 주의할 것은 '감다, 남다, 숨다' 등에 있던 긴소리가 '감기다, 남기다, 숨기다'에서는 짧은 소리로 바뀌었다가, '감기, 남기, 숨기'에서는 다시 나타난다는 점이다. 긴소리 발음과 된소리 발음 사이에 어떤 관계가 있음을 알 수 있다.

③ 어간의 'ㄼ, ㄾ' 받침과 된소리되기 (표발 25)

㉰ 넓게[널께], 섧지[설찌], 떫지[떨찌], 핥다[할따], 훑소[훌쏘]

위 예는 어간의 받침 'ㄼ, ㄾ' 뒤에 결합되는 어미의 첫소리 'ㄱ, ㄷ, ㅅ, ㅈ'이 된소리로 바뀌는 것을 예시한 것이다. 같은 'ㄼ' 받침이라도 '밟지'는 [밥찌]로 발음된다. 그리고 명사와 조사 사이에서는 된소리되기 현상이 일어나지 않기 때문에 '여덟과'는 [여덜과], '여덟도'는 [여덜도]로 발음한다.

④ 한자어의 된소리되기 (표발 26)

㉱ 갈등[갈뜽], 절도[절또], 말살[말쌀], 물주[물쭈], 물질[물찔], 몰상식[몰쌍식], 불세출[불쎄출]

한자어에서 나타나는 된소리 경향을 예시한 것이다. 대체로 'ㄹ' 받침 뒤에서 된소리가 나타나지만 규칙적이지는 않다. '결과, 물건, 불복, 설계, 열기, 절기, 출고, 팔경, 활보' 등에서는 된소리가 나타나지 않는다. 그리고 같은 음이 겹치는 경우, 즉 '별별(別別), 허허실실(虛虛實實), 절절(切切)하다' 등에서도 'ㄹ' 받침 뒤의 첫소리가 된소리로 변하지 않는다. 한자어는 각 낱말 단위로 된소리 발음이 되는지 안 되는지 판단하게 되므로 국어사전을 이용해서 된소리가 나는 낱말을 확인하는 수밖에 없다.

한자어의 경우 'ㄹ' 받침이 아니더라도 광범위하게 된소리되기 현상이 나타난다. 이를 다 예시하기는 어렵지만 일부 제시하면 아래와 같은 것들이 있다.

* 받침이 없는 데도 된소리가 나타나는 경우 : 개수(個數)[개쑤], 백지장(白紙張)[백찌짱], 부사격(副詞格)[부사껵], 보격(補格)[보껵], 사건(事件)[사껀], 소유격(所有格)[소유껵], 수적(數的)[수쩍], 시적(詩的)[시쩍], 우수성(優秀性)[우수썽], 이과(理科)[이꽈], 주격(主格)[주껵], 중부권(中部圈)[중부꿘], 치과(齒科)[치꽈], 화병(火病)[화뼝], 후장(後場)[후짱]

'효과(效果)'는 [효꽈]로 발음하는 것을 인정하지 않으나 현실적으로 이를 [효과]로 발음하는 것은 쉽지 않다. 최소한 두 발음을 다 허용한 뒤에 표준발음을 확정하는 것이 옳을 것이다.

* 'ㄴ' 받침 뒤에서 된소리가 나타나는 경우 : 단점(短點)[단쩜], 선가(船價)[선까], 산과(産科)[산꽈], 산기(産氣)[산끼], 생산성(生産性)[생산썽], 안과(眼科)[안꽈], 전과(戰果, 轉科)[전꽈], 전과(全課)[전꽈], 전방(廛房)[전빵], 전적(全的)[전쩍], 인적(人的)[인쩍], 한자(漢字)[한짜]

'생산적(生産的)'은 예사소리이다.

* 'ㅁ' 받침 뒤에서 된소리가 나타나는 경우 : 감가(減價)[감까], 선심성(善心性)[선심썽], 심법(心法)[심뻡], 심적(心的)[심쩍], 엄격(嚴格)[엄껵], 엄법(嚴法)[엄뻡], 염가(廉價)[염까], 염기(鹽氣), 염증(炎症, 厭症)[염쯩], 점수(點數)[점쑤], 점자(點字)[점짜], 함수(函數)[함쑤]

* 'ㅇ' 받침 뒤에서 된소리가 나타나는 경우 : 경기(驚氣)[경끼], 공과(工科)[공꽈], 공권(公權)[공꿘], 공법(公法, 工法)[공뻡], 공적(公的)[공쩍], 궁기(窮氣)[궁끼], 동격(同格)[동껵], 동적(動的)[동쩍], 동점(同點)[동쩜], 병법(兵法)[병뻡], 상법(商法, 常法)[상뻡], 상장(賞狀)[상짱], 성가(聲價)[성까], 성구(成句)[성꾸], 성구(聖句)[성꾸], 성과(成果)[성꽈], 성병(性病)[성뼝], 성적(性的)[성쩍], 송장(送狀)[송짱], 신경성(神經性)[신경썽], 양적(量的)[양쩍], 영자(英字)[영짜], 영적(靈的)[영쩍], 영점(零點)[영쩜], 용건(用件)[용껀], 용자례(用字例)[용짜례], 장수(張數)[장쑤], 장점(長點)[장쩜], 정법(正法)[정뻡], 정자형(丁字形)[정짜형], 정적(靜的)[정쩍]

'본능적(本能的)', '영웅적(英雄的)'은 예사소리이다.

앞에 제시한 것은 한자어에서 발생하는 된소리 발음 낱말의 극히 일부에 지나지 않는다. 각 낱말의 된소리 발음 여부는 낱말별로 습득하지 않으면 안 된다.

⑤ 관형사형 어미와 체언 사이의 된소리되기(표발27)

ⓜ 할 것을[할꺼슬], 갈 데가[갈떼가], 할 바를[할빠를], 할 수는[할쑤는]

ⓑ 할걸[할껄], 할밖에[할빠께], 할세라[할쎄라], 할수록[할쑤록], 할지라도[할찌라도], 할지언정[할찌언정], 할진대[할찐대]

예 ⓜ는 관형사형 어미 'ㅡㄹ' 뒤에 오는 명사의 첫소리 자음에도 된소리되기 현상이 적용됨을 예시한 것인데, 이는 선택적으로 그럴 수도 있지만 그렇지 않을 수도 있다. 즉 '할 것을', '갈 데가', '할 바를', '할 수도' 같은 경우는 별개의 낱말이 통사적으로 연결되는 것이므로 끊어서 발음할 수 있으며 그럴 경우에는 된소리로 변하지 않는다(표발27 다만). 위 규정에는 한 덩어리로 발음할 때에 된소리되기 현상이 나타남을 보인 것이다.

예 ⓑ에 제시한 것은 어미 내부에서 된소리되기 현상이 일어나는 것이다. 이 밖에도 한글 맞춤법 제53항에서 예사소리로 적게 되어 있는 어미도 모두 된소리 발음이 나고, 이것을 어미로 삼는 조사 '일걸, 일지언정, 일지라도' 등에서도 된소리되기 현상이 나타난다.

⑥ 합성어의 된소리되기(표발 28)

ⓢ 문ㅡ고리[문꼬리], 눈ㅡ동자[눈똥자], 신ㅡ바람[신빠람], 산ㅡ새[산쌔], 물ㅡ동이[물똥이], 발ㅡ바닥[발빠닥], 굴ㅡ속[굴쏙], 그믐ㅡ달[그믐딸], 아침ㅡ밥[아침빱], 잠ㅡ자리[잠짜리], 등ㅡ불[등뿔], 창ㅡ살[창쌀], 강ㅡ줄기[강쭐기]

예 ⓢ는 합성어에서 사잇소리가 나타나는 경우로서, 뒤 형태소의 첫소리가 된소리로 바뀌는 것은 합성 원리에 따라서 일어나는 당연한 현상이다. 물론 합성어 가운데에서도 된소리되기 현상이 일어나지 않는 것도 많다. 예컨대 '불고기, 봄김치, 굴김치, 물방아, 물장구, 발장구, 발장단, 양념절구, 옴개구리' 등은 예사소리로 발음된다.

(7) 소리의 첨가

합성어나 파생어에서는 두 형태소가 결합하는 곳에서 새로운 소리가 첨가되는 경우가 있다. 첨가되는 소리를 사잇소리라고 하는데 이 사잇소리를 발음하는 방법에 관해서 표준 발음법은 두 경우를 규정하고 있다. 하나는 사이시옷이 붙어 있지 않은 합성어와 파생어 가운데에서 나타나는 사잇소리 발음 형태이고, 다른 하나는 사이시옷이 붙은 낱말의 발음 형태이다.

① 'ㄴ' 첨가 (표발 29 본문)

㉮ 솜 – 이불[솜니불], 홑 – 이불[혼니불], 막 – 일[망닐], 삯 – 일[상닐], 맨 – 입[맨닙], 꽃 – 잎[꼰닙], 내복 – 약[내봉냑], 한 – 여름[한녀름], 남존 – 여비[남존녀비], 신 – 여성[신녀성], 색 – 연필[생년필], 직행 – 열차[지캥녈차], 늑막 – 염[능망념], 콩 – 엿[콩녇], 담 – 요[담뇨], 눈 – 요기[눈뇨기], 영업 – 용[영엄뇽], 식용 – 유[시굥뉴], 국민 – 윤리[궁민뉼리], 밤 – 윷[밤뉻]

㉯ 검열[거멸/검녈], 금융[그뮹/금늉], 이죽이죽[이주기죽/이중니죽], 야금야금[야그먀금/야금냐금], 욜랑욜랑[욜랑욜랑/욜랑뇰랑]

예 ㉮는 두 형태소 사이에 'ㄴ'을 첨가해서 소리 내는 경우를 보인 것이다. 대체로 두 형태소 가운데 뒤 형태소의 첫소리에 'ㅣ' 모음이 섞여 있는 경우에 나타난다는 것을 알 수 있다. '학여울', '야옹야옹'도 [항녀울], [야옹냐옹]으로 발음한다.

예 ㉯는 'ㄴ'을 첨가하지 않을 수도 있는 낱말을 보인 것이다. 이 가운데에서 '검열, 금융'은 복합어가 아니므로 소리가 첨가될 이유가 없다. 그런데도 'ㄴ'을 첨가해서 발음하는 경향이 강하기 때문에 이를 허용하기 위해서 여기에 넣어 놓은 것이다.

② 'ㄹ' 첨가 (표발 29 붙임1)

㉰ 들 – 일[들릴], 솔 – 잎[솔립], 설 – 익다[설릭따], 물 – 약[물략], 불 – 여우[불려우], 서울 – 역[서울력], 물 – 엿[물렫], 휘발 – 유[휘발류], 유들 – 유들[유들류들]

예 ㉳는 'ㄹ'음이 첨가되는 것을 예시한 것이다. 'ㄴ' 소리가 첨가될 것인데 앞에 'ㄹ' 받침이 있기 때문에 자음접변 현상에 따라서 'ㄹ'로 바뀌어 소리 나게 되었다. '이글이글'은 [이그리글/이글리글]처럼 양쪽으로 발음할 수 있다.

③ **낱말 간의 소리 첨가**(표발 29 붙임2)

　㉲ **한 일[한닐], 옷 입다[온닙다], 서른여섯[서른녀섣], 3연대[삼년대], 먹은 엿[머근녇], 할 일[할릴], 잘 입다[잘립다], 스물여섯[스물려섣], 1연대[일련대], 먹을 엿[머글렫]**

예 ㉲는 한 단어가 아닌 경우에도 소리의 첨가를 허용한 경우이다. 물론 한 마디로 발음하지 않고 끊어서 발음할 때에는 소리의 첨가가 일어나지 않는다. '송별연, 절약, 월요일, 등용문, 3·1절, 6·25 전쟁, 금요일, 목요일' 등은 모두 사잇소리 첨가 없이 발음한다(맞발 29 붙임2 다만).

④ **사이시옷의 발음**(표발 30)

　㉮ **냇－가[내까/낻까], 샛－길[새낄/샏낄], 빨랫－돌[빨래똘/빨랟똘], 콧－등[코뜽/콛뜽], 깃－발[기빨/긷빨]**

　㉯ **콧－날[콘날], 아랫－니[아랜니], 툇－마루[퇸마루], 뱃－머리[밴머리]**

　㉰ **베갯－잇[베갠닏], 깻－잎[깬닙], 나뭇－잎[나문닙], 도리깻－열[도리깬녈], 뒷－윷[뒨뉻]**

위 규정은 합성어에서 나는 사이시옷을 붙이는 방법을 제시한 한글 맞춤법 제30항 제1호에 따라서 사이시옷을 붙여 놓은 합성어를 어떻게 발음할 것인지 규정한 것이다. 따라서 발음이 먼저 있고, 그에 따라서 사이시옷을 붙인 것인데 이 형태를 처음 본 사람들이 혹시 발음을 잘못 할 것을 우려해서 이 규정을 두었다고 보면 된다. 예 ㉮에 쓰인 사이시옷은 뒷말의 첫소리가 된소리로 날 때에 붙인 것이다. 따라서 당연히 뒷말을 된소리로 발음하면 된다. 다만, 사이시옷을 하나의 음가가 있는 글자로 볼 수도 있음을 감안하여 'ㄷ' 소리 내는 것을 허용한 것이다. 뒷말의 첫소리가 자음인 합성어에 적용되는 원칙이다. '냇가, 깃발'을 '낵까', '깁빨'로 발음하는 것은 인정하지 않는다.

예 ㉕에 쓰인 사이시옷은 'ㄴ'이 사잇소리로 나타나는 합성어에 붙인 것이므로 이 낱말을 발음할 때에는 당연히 'ㄴ' 소리가 덧나도록 발음해야 한다. 뒷말의 첫소리가 'ㄴ, ㅁ'인 경우에 적용되는 원칙이다.

예 ㉗에 쓰인 사이시옷은 'ㄴㄴ'이 사잇소리로 나타나는 합성어에 붙인 것이므로 이 합성어를 발음할 때에는 당연히 'ㄴㄴ'이 덧나도록 발음해야 한다. 뒷말의 첫소리에 모음 'ㅣ'가 섞인 경우에 적용되는 원칙이다.

4. 표준 발음법에 대한 단상

오랫동안 방치되어 왔던 표준어의 발음 문제가 규정에 따라서 비로소 가닥을 잡을 수 있게 된 것은 다행스러운 일이다. 앞으로 표준 발음을 더 명확하게 해서 한국어 발음이 지금보다 더 세련되기를 기대해 본다. 그런데 표준 발음의 '표준'을 너무 강조하다 보니 일반인의 발음과 동떨어진 경우가 생긴다. 표준 발음이 서울 사람들의 발음을 표준으로 한다고 하더라도 현실 발음과 동떨어지면 이를 현실음에 맞추는 것이 언어의 본질에 비추어 옳을 것이다. 이와 관련하여 웃지 못할 일이 벌어진 일이 있었는데 얼마 전 한 연예인이 일으킨 '짜장면, 자장면' 논쟁이 그것이다. 결과적으로 그 연예인이 주장한 것처럼 '자장면'이 맞는다고 인식되어 지금은 방송인들 사이에서 '자장면'이라는 예사소리 발음이 나타나기에 이르렀고 일반인도 그 발음을 따라 하려고 노력하는 것을 볼 수 있게 되었다. 이 논쟁의 진행과 결말이 비언어적이어서 한 마디 하려는 것이다.

외래어 표기법에 따라서 외래어 된소리는 예사소리나 거센소리로 표기하게 되어 있다. 그래서 '뻐스'를 '버스'로 표기하고, '빠리'를 '파리'로 표기한다. 물론 예외는 있다. 관행적으로 굳어진 것은 관행을 존중하여 '바께쓰', '샤쓰'로 표기하는 것을 인정하고 있다. 그런데 당시까지 아무 이의 없이 잘 쓰던 '짜장면'을 굳이 '자장면'으로 바꾸면서 중국어의 원어 발음이 어떻고 표준어 발음 규정이 어떻고 하며 따지더니 결국 '자장면'이 승리한 것이다. 그렇다면 '모택동(毛澤東), 강택민(江澤民)'을 왜 '마오쩌둥, 장쩌민'으로 표기하게 하는가? '마오저둥, 장저민'으로 표기해야 되지 않는가? '마오쩌둥, 장쩌민'으로 표기해야 된다고 생각하는 표기의 가치

성과 언중이 '짜장면'으로 쓰고 있다는 현실성 가운데에서 어느 것이 언어 규범으로서 더 소중한가? 이에 대한 가치 판단은 국어학자들의 언어에 대한 인식에 달려 있다. 나는 후자의 가치가 더 소중하다고 믿는 사람이기 때문에 '마오쩌둥'과 '짜장면'의 표기를 모두 인정하고자 한다.

그러나 국립국어원의 유권 해석에 따라서 '짜장면'을 '자장면'으로 표기하는 것이 바람직하다고 하더라도 발음은 '짜장면'이 맞는 것이다. 이는 '효과'가 '효꽈'로 발음되고, '갈등'이 '갈뜽'으로 발음되며, '샐러드'가 '쌜러드'로 발음되는 것과 같은 음운 현상이다. 표기하는 것과 발음하는 것은 별개의 영역이다. 외래어 표기법은 표기하는 원칙을 확립하는 규정이고, 표준 발음법은 표기된 것을 발음하는 규칙을 확립하는 규정이다. 표기법이 추구하는 이상에 따라서 된소리로 나는 것을 예사소리로 표기하는 예는 수없이 많다. 그런데 예사소리로 적혔다고 해서 그것을 예사소리로 발음해야 한다고 생각하는 것은 두 영역을 제대로 이해하지 못한 결과이다. 따라서 몇몇 사람이 '효과', '갈등', '샐러드'를 예사소리로 발음한다고 해서 그것이 곧 표준 발음이 될 수는 없다. 적어도 표준 발음을 꺼내려면 표준어 규정이 정한 바에 따라서 '현대 교양 있는 서울 사람들'이 어떻게 발음하는지 조사한 뒤에 결정해야 한다. 만일 국어 정책적인 차원에서 예사소리 발음을 인정하고 싶다면 복수로 인정하면 될 것이다. 그런데도 일방적으로 글자대로 발음해야 한다고 주장하면서 된소리 발음을 나무라는 것은 규정을 사람보다 앞세우는 처사로 말을 다루는 올바른 태도로 보기 어렵다.

또 하나 주의할 것은 표준 발음도 변한다는 점을 잊지 말았으면 좋겠다. 그것은 언중이 더 고급스럽거나 더 감성적으로 맞는 발음을 찾아서 발음을 바꿔 나가기 때문에(언젠가는 현재의 된소리 경향이 예사소리 경향으로 바뀌게 될지 모른다.) 과거의 발음이 세력을 잃고 새로운 발음이 정착되는 일이 일어날 수 있다. 그런데 표준 발음법이 이런 자유로운 음운 변화를 막는다면 언중의 언어 변화 욕구, 언어 표현 욕구를 막는 중대한 잘못을 저지를 수도 있다. 그래서 표준 발음을 존중하고 배우고 익히되 지나치게 교조적으로 접근하지는 말아야 할 것이다.

5. 표준어와 사투리의 조화

얼마 전에 한 지방의 방송사와 전화 인터뷰를 한 일이 있었다. 물론 국어와 관련된 이야기를 하는 인터뷰였다. 인터뷰가 끝난 뒤에 담당 기자가 조심스럽게 나에게 질문을 했다. 질문 요지는 자기 지역 노인들 사이에서 쓰이고 있는 사투리를 모아서 아이들에게 가르쳐 주는 프로그램을 제작하려 하는데 방송국에서 표준말 보급이 아닌 방언 보급 프로그램을 방송하는 것이 문제가 되지 않겠느냐는 것이었다. 내가 듣던 중 반가운 소식이라고 반색을 하면서 아이들이 관심을 가지도록 프로그램을 잘 만들면 좋겠다고 했더니 그 기자가 용기를 얻는 것 같았다. 아마 주위에서 쓸데없는 일이라고 핀잔하는 말을 듣고 의기소침했던 차에 내 격려를 듣고 힘이 솟았던 것 같은데, 실제 그런 프로그램을 만들어 방송을 하였는지는 모르겠다.

우리 사회에는 언제부터인지 사투리는 쓰지 않아야 한다는 강박관념이 있어 온 것 같다. 사투리란 어원 자체가 '서투른 말'이므로 쓰는 것을 꺼릴 법하다. 그러나 이는 진짜 서투르게 하는 말이 아니라 서울 사람들이 지방 사람들의 말을 얕잡아서 이르는 말일 뿐이다. 특히 표준어가 제정되면서 사투리는 표준어의 적으로 인식되어 도태시켜야 되는 언어쯤으로 간주되었다. 우리 사회에서 사투리는 분명히 교육의 대상이 아니다. 교육의 대상에서 제외된 것에 그치지 않고 인식할 가치가 없는 언어로 치부되고 있다. 과연 사투리는 그렇게 보잘것없는 언어일까? 우리가 완전히 배척해야 할 언어일까?

언어에 대한 우리의 인식은 참 다양한 것 같다. 국제 경쟁력을 금과옥조처럼 여기고 우리가 세계 일류가 되지 않으면 살아남지 못한다고 믿는 사람들 가운데에는 온 국민이 영어를 자유자재로 사용하여 선진 문물을 하루라도 더 빨리 배우고 익혀야 하니 당장이라도 국어를 버리고 영어를 모국어로 삼아야 한다고 주장하는 사람이 있는가 하면, 어떤 사람은 표준어를 보급해서 바르고 수준 높은 언어생활을 하도록 유도해야 한다면서 사투리의 확산을 경계하는 사람이 있고, 또 그 기자처럼 자기 지역의 토박이말이 사라지는 것을 아까워하여 그것을 찾고 모으고 여러 사람에게 보급하려는 사람이 있다. 이 세 부류 가운데에서 바람직한 사람은 누구일까?

언어는 기본적으로 자기의 의사 표현 수단으로 가치가 있고 두 번째로 상대의 의사를 이해할 수 있는 수단으로서 가치가 있다. 이 두 가치를 동시에 만족시키는 최상의 언어가 자신이 12살 이전에 배워 사용했던 언어이다. 표준어는 이 언어에서 조금 떨어져 있지만 자신이 알고 있는 언어의 범주 안에서 이해될 수 있기 때문에 두 번째로 자신을 위해서 좋은 언어라고 할 수 있다. 그리고 외국어는 일정한 목적을 달성하기 위한 수단으로서 소중한 가치를 가진다.

사투리는 자신의 삶이 있게 하는 언어요, 표준어는 그 삶을 조금 더 발전시키고 확대해 주는 언어이고, 외국어는 그에게 새로운 기회를 제공해 주는 언어이다. 그렇다면 우리는 앞의 세 사람 가운데에서 누가 정상적인 생각을 가지고 있는지 판단할 수 있을 것이다.

사람이 자기가 태어난 지역에서 계속 살아간다면 구태여 표준어를 인식할 것도 없다. 부모, 형제, 이웃과 생활하면서 익힌 언어로도 그의 삶을 얼마든지 윤택하게 가꿀 수 있다. 만일 그가 외지에 나가서 삶을 개척하려 한다면 그에게도 표준어가 필요해질 것이다. 외지에 나가지 않더라도 외지인들과 대화하기 위해서 표준어가 필요할 것이고, 외지인을 상대로 하여 책을 쓴다든지, 방송을 해야 한다면 역시 표준어를 습득해야 할 것이다. 그리고 그가 외국에 나가서 일하거나 외국인과 교제하거나 외국 문물을 받아들이고 싶으면 외국어를 배울 필요가 있을 것이다. 언어란 우리에게 이런 것이다.

이제는 사투리에 대해서 가지고 있는 편견을 버릴 때가 되었다. 사투리는 어디까지나 그 지역 사람들의 언어이다. 그들이 다른 지역에서 자기 지역의 사투리를 쓰는 것은 비난을 받을 이유가 된다. 그러나 자기 지역에서 그 지역의 사투리를 쓰는 것은 결코 비난의 대상이 될 수 없다. 사투리야말로 우리말의 어머니요 근원이다. 사투리의 집대성이 곧 우리말이기 때문이다. 표준어는 많은 사투리 가운데에서 서울 사투리를 다듬어 만든 가상의 언어이다. 실제로 완벽하게 표준어를 쓰는 사람은 우리나라에 존재하지 않는다. 교육을 받은 사람들이 표준어를 쓴다고 하지만 그들은 자신의 사투리를 표준어에 가깝게 쓰는 데 지나지 않으며, 이를 뒤집어 말하면 가상의 표준어를 자신의 사투리에 가장 가깝게 변형해서 사용하는 것이다. 그래서 사투리가 없으면 표준어도 없다.

이런 점에서 나는 지역적으로 사투리를 보존해 주기를 요청한다. 사투리를 보존하는 것은 정치적인 지방색을 조장하자는 뜻이 아니고 그 지역 사람들이 자신의 의사를 가장 잘 표현할 수 있는 언어를 발전시켜 나아가라는 것이다. 그래야 우수한 인재가 지금보다 훨씬 더 많이 여러 지방에서 나타날 것이다. 적어도 사투리를 쓰는 사람들은 자신의 사투리에 열등감을 가질 필요는 없다. 물론 표준어가 무엇인지 알고 있으면 좋고 표준어를 구사할 수 있으면 더 좋다. 그러나 그것은 그 지역 사람들과 보조를 맞추면서 자연스럽게 천천히 이행해도 늦지 않다.

표준어는 모든 사투리를 아우르는 용광로일 수 있고, 모든 사투리를 한 줄에 꿰어 놓은 벼릿줄일 수도 있다. 사투리에서 표준어로 새로운 낱말과 표현이 유입되고, 표준어에서 사투리로 고급 낱말과 표현법이 유입되면서 점점 이 두 언어가 닮아갈 것이다. 그러나 닮을 수는 있지만 영원히 같아지지는 않을 것이다. 같아지지 않을 수 있다는 것, 이것이 우리에게 대단한 강점이 될 수 있다.

대한민국의 사투리여, 가능하면 영원하라! 그리고 대한민국의 표준어여, 더욱 승승장구하라!

연습 문제

01 괄호 안의 낱말 가운데에서 바른 말을 고르라.

(1) 옷을 그렇게 [깡총하게, 깡충하게] 입으면 보기 싫다.

(2) 그렇게 말랐으니 너더러 [홀쪽이, 홀쭉이]라고 놀리지.

(3) 귀가 간지러워서 [귀이개, 귀개]를 찾고 있다.

(4) 우리가 물이라면 [새암, 샘]이 있겠지.

(5) 바람이 부니 수평선에 커다란 [놀, 노을]이 일었다.

(6) 다 해어진 옷 [너부렁이, 너부렝이]만 잔뜩 널려 있다.

(7) 어제 그와 다툰 일이 [께름직하다, 께름칙하다].

(8) 그가 내 부탁을 [야멸치게, 야멸차게] 거절했다.

(9) 그가 갑자기 [웃통, 우통]을 벗고 나에게 달려들었다.

(10) 무김치를 담그는 데는 [총각무, 알타리무]가 최고야.

(11) 아저씨가 뜸을 뜨려고 [부항단지, 뜸단지]를 가져왔다.

(12) 어머니와 손님이 [겸상, 맞상]으로 식사를 했다.

(13) 이렇게 [외진, 벽진] 곳에서 혼자 살다니.

(14) 저런 [상판대기, 상판때기]로 누구를 사귀겠다는 거야.

(15) 오늘 쌀을 [너, 넉, 네] 되 팔아왔더라.

(16) [가려야, 갈려야, 갈래야] 갈 수 없는 고향이 저기 보인다.

(17) 그 애 얼굴이 어찌나 [예쁘든지, 예쁘던지].

(18) 눈을 그렇게 [치뜨지, 칩뜨지] 마라.

(19) 요즘도 [꼭두각시, 꼭둑각시] 노릇을 하는 사람이 있나?

(20) 나도 네가 잘 되기를 [바라고, 바래고] 있다.

연습 문제

(21) 그런 말을 하다니, 너도 참 [주책이다, 주책없다].

(22) 그 사람 성질이 참 [괴팍하다, 괴팍하다].

(23) 목수는 구했는데 [미쟁이, 미장이]를 아직 못 구했어.

(24) 봄이면 [아지랭이, 아지랑이]가 철길 위에 나타난다.

(25) 우리 집에 [수고양이, 수코양이]가 한 마리 있다.

(26) 용에도 암수가 있는데 이것은 [수용, 숫용]의 그림이다.

(27) 흥부가 다리를 고쳐 준 제비는 [수제비, 숫제비]였다.

(28) 이 자리를 [빌려, 빌어] 인사 말씀 드립니다.

(29) 참으로 [지리한, 지루한] 장마가 끝났군.

(30) 그는 어디까지나 이익을 좇는 [장사아치, 장사치]야.

(31) 그는 술이라면 사족을 못 쓰는 [술보, 술부대, 술고래]야.

(32) 네 말을 들으니 [목이 메어, 목이 맺혀] 말을 못하겠다.

(33) 포도 [덩굴, 덩쿨]이 길게 뻗어 있다.

(34) 그에게서는 [여지껏, 아직껏] 아무 소식도 없다.

(35) 그런 [철딱지, 철때기] 없는 소리는 집어치워라.

(36) 이런 사람은 [좀체, 좀체로, 좀해선] 만나기 어려운데.

(37) 사람은 [추어올리면, 추켜올리면] 좋아한다.

(38) 나를 봐도 [알은체, 아는체]하지 말게.

(39) 배의 돛대 위에 [용총줄, 이어줄]을 매었다.

(40) 여기에는 한결같이 [시골나기, 시골내기]뿐이다.

02 아래 표현 가운데에서 비표준어를 골라 표준어로 고치라.

(1) 니가 날 사랑한다면 무어라도 해 주겠구만.

(2) 나는 이런 일에는 몹시 서툴어서 그만두겠어.

(3) 영희는 김치를 담지 않고 시장에 들려 사 온다.

(4) 제발 서울렐랑 가지 마세요.

(5) 아이들 라면 먹게시리 해 주고 와라.

(6) 기쁘기야 하지만서도 걱정이 앞서네요.

(7) 나에게서 멀찌거니 떨어져 있게.

(8) 잘 한다고 추켜세웠더니 정말 잘 하더라.

(9) 어찌 할지 몰라 안절부절하고 있는데 그가 도와 주었어.

(10) 물건을 살려면 제대로 사야지.

03 아래 낱말의 표준어를 제시하라.

(1) 곰살맞다   (2) 굽신거리다

(3) 눕히다   (4) 덥히다

(5) 두리뭉실하다   (6) 떨구다

(7) 맨날   (8) 맹숭맹숭

(9) 바둥바둥   (10) 복숭아뼈

(11) 부시시   (12) 섬 하다

(13) 소근소근   (14) 야멸차다

(15) 오손도손   (16) 으시시

(17) 응큼하다   (18) 이크

(19) 이쁘다   (20) 흐리멍텅하다

04 밑줄 친 음의 길이가 나머지 것과 <u>다른</u> 것을 고르라.

(1)
    ① 눈을 <u>감</u>고 조용히 생각해라.
    ② 눈을 <u>감</u>으면 떠오르는 것이 그곳이다.
    ③ 피곤하니 눈이 저절로 <u>감</u>긴다.
    ④ 잠깐 눈을 <u>감</u>았다 떠라.

(2)
    ① 관에서 나와 도둑을 <u>끌</u>고 갔다.
    ② 도둑으로 몰려 관청으로 <u>끌</u>려갔지.
    ③ 시간을 자꾸 <u>끌</u>어도 소용이 없어.
    ④ <u>끌</u>로 나무에 구멍을 파려 한다.

(3)
    ① 돈 문제로 그와 사이가 <u>벌</u>어지고 말았다.
    ② 꽃을 찾아오는 것이 <u>벌</u>이 아닌가?
    ③ 바람이 부니 촛불이 흔들려 <u>벌</u>불이 졌다.
    ④ 요즘은 <u>벌</u>어먹을 방도가 없네.

(4)

　① 곧 <u>밀</u>물이 들면 어살에도 물이 찰 것이다.

　② 부엌의 <u>밀</u>문을 열고 나가면 뒤꼍이 나온다.

　③ 모두 그를 회장으로 <u>밀</u>고 있는 것 같다.

　④ 목욕탕에 가서 때를 <u>밀</u>어 달라고 했다.

(5)

　① <u>눈</u>보라를 뚫고 그가 돌아왔다.

　② 오늘 첫<u>눈</u>이 내렸다.

　③ 아무리 <u>눈</u>치가 없기로서니 그렇게 말을 못 알아들어?

　④ 함박<u>눈</u>이 펑펑 쏟아져 내렸다.

05 밑줄 친 음절의 받침소리가 나머지와 <u>다른</u> 것은?(음의 장단은 무시)

(1)

　① 잔디를 <u>밟</u>지 마시오.

　② 바다가 그리 <u>넓</u>지는 않군.

　③ 과거를 생각하면 너무 <u>섧</u>고 안타깝다.

　④ <u>여덟</u>과 아홉을 더해도 스물이 채 안 된다.

(2)

　① 바람과 <u>흙</u>과 물이 나에겐 최고의 선물이다.

　② 우리는 병든 <u>닭</u>과 소를 모두 버려야 했다.

　③ 하늘은 더없이 <u>맑</u>게 빛났다.

　④ 나는 아직 <u>늙</u>지 않았어.

(3)

　① <u>닭</u> 앞에 모이를 주었다.

　② 길에 <u>칡</u>덩굴이 길게 뻗어 있다.

　③ <u>늙</u>거나 병든 사람은 모두 제외했다.

　④ 그 사람은 마음이 호수처럼 <u>맑</u>습니다.

06 물음에 맞는 답을 고르라.

(1) 밑줄 친 음절의 첫소리가 나머지와 <u>다른</u> 것은?

    ① 대관<u>령</u>(大關嶺)   ② 동원<u>령</u>(動員令)

    ③ 훈<u>령</u>(訓令)   ④ 국무총리<u>령</u>(國務總理令)

(2) 낱말의 밑줄 친 음절에 사잇소리가 개입하는 경우가 있는 것은?

    ① 절<u>약</u>(節約)   ② 검<u>열</u>(檢閱)

    ③ 등<u>용</u>문(登龍門)   ④ 송별<u>연</u>(送別宴)

07 표준어 모음을 훑어보고 자신이 표준어로 생각했던 것이 비표준어로 적혀 있는 것과 자신이 비표준어로 생각한 것이 표준어로 되어 있는 것을 적어 보라.

토론 주제

01 표준어 규정의 표준어 사정 원칙에는 '현대 교양인이 두루 쓰는 서울말'이라는 기준이 제시되어 있다. 이 기준은 앞으로도 계속 유효할 터인데 어렸을 적에 서울에 올라와서 생활하고 있는 사람의 자손도 머지않아 '현대 교양인이 두루 쓰는 서울말'을 쓰는 사람이 되어 표준어 사용자의 기준이 될 수 있다고 보는지 토론하라.

02 표준 발음법은 표준어를 서울 사람들이 발음하는 바에 따라서 결정할 것이므로 서울 발음을 줄곧 지키면서 생활하는 교양 있는 서울 사람이 우리 사회에 존속해야 한다. 이런 사람이 줄곧 서울에 존속할 것으로 보는지, 아니면 그런 사람이 존속하여 표준어의 기준이 되어 주도록 국가가 제도적으로 뒷받침해야 한다고 생각하는지 토론하라.

03 현행 표준어 규정(표준어 사정 원칙과 표준 발음법 포함)에서 가장 비현실적이라고 생각하는 부분이 있으면 발표하고 서로 의견을 나누어 보라.

국어 문법 속에는 과거에 이 말을 사용한 수많은 사람들의 정신 작용과
경험이 농축되어 있다. 그리고 앞으로도 국어를 사용하는 사람의 정신 작용과
경험이 끊임없이 국어에 녹아들게 될 것이다. 이런 점에서 국어 문법은
한편으로 우리 언어 능력 구현의 이력서이고, 다른 한편으로 우리가 정체성을
찾기 위해서 거슬러 올라가야 할 우리 정신의 물줄기이다. 밖에서 보면 무연성이요
자의적이지만 안에서 보면 필연성이 꿈틀거리는 것이 언어요 문법인 셈이다.

08 문법

1. 개요

[1] 문법 일반

(1) 이제까지 우리 민족이 언어를 어떻게 분석하였고 그것을 어떤 방식으로 재구성하여 형태소와 낱말을 만들어 냈는지에 관해서 설명했다. 우리는 언어를 자모로 분석한 뒤 그것을 목적에 맞게 결합하는 방법으로 말을 만들었는데, 결합하는 방법이 다른 언어에 비해서 좀 복잡하고 까다로웠다는 점을 설명했다. 비록 복잡하고 까다로운 방법을 사용했지만 우리 조상은 아무 어려움 없이 필요한 낱말을 만들어서 생활을 해 왔음도 알게 되었다. 그리고 조어법의 까다로움이나 어려움이 우리의 낱말 생성 능력이나 의지를 훼손할 수 없음도 강조한 바 있다. 이제부터는 이렇게 생성된 낱말을 이용해서 어떻게 자기 생각을 펴는 문장을 만들었는지 설명하겠다. 국어 문법 이야기를 해야겠다는 말이다. 국어 문법 설명에 들어가기 전에 문법에 관한 일반적인 이야기를 좀 하겠다.

> ㉮ 우리는 어제 함께 영화를 구경했다.
> ㉯ 우리는 어제 함께 영화가 구경했다.
> ㉰ 우리는 어제 함께 영화에게 구경했다.

　한국인이라면 예문 ㉮의 뜻으로 예문 ㉯나 ㉰처럼 말할 사람은 아무도 없을 것이다. 단순히 '를' 대신 '가, 에게'를 바꿔 넣었을 뿐인데 왜 문장 ㉯와 ㉰에 대해서는 사람들이 민감하게 반응하면서 고개를 내저을까?

> ㉱ 나는 지금 집에 가려고 하네.
> ㉲ 나는 지금 집에 가려면 하네.
> ㉳ 나는 지금 집에 가려나 하네.

　예문 ㉱ 대신 예문 ㉲나 ㉳을 쓰는 것도 한국인에게는 도무지 가능한 일이 아닐 것이다. 그러나 위 두 예를 한국어를 배운 외국인에게 물어 보면 한국어 문법으로 예문 ㉮와 ㉱가 맞는다고 생각할 뿐 그들의 마음속에서 그것이 맞는다는 내재적 인식이 들어 있지는 않을 것이다. 왜 한국인은 이런 문장을 접하자마자 잘못을 직감적으로 아는데, 외국인은 많은 수고를 해야 겨우 무엇이 잘못인지 찾을 수 있게 될까?

⒩ Two men are students.

⒧ Two men are student.

⒪ Two man are student.

　한국인에게 위의 세 영어 문장을 주면서 옳은 문장을 고르라고 하면 그는 몇 가지 문법 지식을 가지고 세 문장의 어느 부분이 문법에 맞지 않는지 검토하여 예문 ⒩만 옳다고 대답할 것이다. 그러나 영어를 모국어로 삼고 있는 사람들은 이 글을 읽자마자 내재적인 자각 능력에 따라서 즉시 예문 ⒧와 ⒪의 잘못을 지적할 것이다.

　무엇이 한국인이 외국인보다 더 빠르고 정확하게 국어 문장에서 문장의 잘못을 깨닫게 하고, 무엇이 미국인이 영문 문장에서 한국인보다 더 빠르고 정확하게 문장의 잘못을 깨닫게 할까? 모국어 화자들은 주어진 문장에서 무엇이 문제인지 자신에게 내재된 언어 능력으로 쉽게 인식할 수 있지만, 외국어 화자들은 그런 능력이 없기 때문에 지식과 기억에 기초하여 이를 판단하게 된다.

(2) 미국의 언어학자 노암 촘스키(1928~)는 이에 관해서 우리에게 유용하고 의미 있는 이론을 제공해 주었다. 그는 사람의 언어 능력을 습득된 능력으로 보지 않고 생득적 능력으로 보았다. 그는 사람에게는 마치 허파나 신장 등 장기(臟器)가 활동할 수 있게 해 주는 능력이 있듯이 말을 가능하게 하는 내재적(內在的) 언어 능력이 있다고 본다. 이것을 그는 보편 문법(普遍文法)이라는 말로 표현했다. 인간의 언어는 이 내재적 언어 능력이 외재적 언어 능력으로 실현된 것이라고 본다.

　촘스키의 내재적 언어 능력보다 한층 더 직접적으로 인간의 언어 능력을 인간의 본질과 연결한 사람이 스티븐 핀커(1954~)이다. 그는 인간에게는 언어 능력을 관장하는 유전자가 있을 것이라는 가설을 세웠다. 이 가설은 언어를 연구하면서 부딪치는 여러 난관을 일시에 돌파할 수 있는 근거를 마련해 준다. 촘스키의 내재적 언어 능력은 핀커가 제시한 언어 유전자의 내적 프로그램에 해당한다.

인간에게 언어 유전자가 있더라도 언어 유전자가 프로그램을 가동해서 활동하게 해 주는 제삼의 힘이 있어야 할 것이다. 마치 어린이가 완벽한 생물체로 태어나더라도 그에게 최초로 숨을 쉬게 해 주는 외부적 충격, 곧 자극이 필요한 것처럼 모든 생물학적 존재는 그것이 가지고 있는 내적 프로그램을 실제로 가동하게 해 주는 힘이 외부에서 가해져야 하는데 언어 유전자도 외적 자극에 반응하면서 자신의 프로그램을 가동한다.

인간의 언어 유전자를 자극하는 것에는 언어와 연관된 것뿐 아니라 인간의 다른 많은 정신 작용, 곧 감각의 수용 양태, 인식의 양태, 판단의 양태, 정보 선택의 양태 등 다양한 형태가 있다. 이런 다양한 자극을 받은 수많은 개인이 이를 언어적 관점에서 흡수함으로써 각 언어에 특유한 문법이 형성된다. 따라서 각 언어의 문법에는 그 말을 사용해 온 수많은 사람들의 자극에 대한 반응, 곧 사물을 보고 느끼고 이해하는 총체적인 삶이 녹아 있는 것이다.

이런 삶이 녹아 있는 유전자를 받고 태어나는 개인에게는 당연히 그가 속한 집단의 내재적 언어 능력이 언어로 구현되는 과정에서 형성된 질서(개별 문법)를 이해하는 능력이 생득적으로 주어진다. 그 생득적 언어 능력이 개인이 자라는 과정에서 구체적으로 실현되면서 개인은 언어를 습득해 나가게 된다. 그가 배우는 언어는 처음으로 타향에 온 사람이 타향의 풍경을 대하는 것처럼 낯선 것이 아니라 고향을 떠났던 사람이 고향에 돌아왔을 때 느끼는 낯익은 것이다. 그래서 그는 쉽게 자기 부모의 언어 정신 속으로 들어가 그 언어를 습득할 수 있게 된다. 모국어 사용자가 잘못된 모국어 문장을 거의 본능적으로 찾아낼 수 있는 것은 그가 언어에 대해서 가지고 있는 이 생득적 능력 덕택이다.

우리가 지금 배우려고 하는 국어 문법은 과거의 모든 한국인이 이렇게 배우고 사용해 온 말 속에서 귀납적으로 어떤 원리를 찾아 정리한 것이다. 그렇지만 어찌 보면 그것은 생성된 열린 문법의 극히 일부를 우리가 찾아내어 규범적으로 만든 것일 뿐이다. 우리는 언어를 보면서 그것이 만들어진 이후의 상태를 기준으로 하여 몇 가지 원리를 찾아낼 수 있을 뿐, 그것이 왜 그런 상태로 생성되었는지에 대해서는 아무것도 알아낼 수 없다. 그 누구도 그에 대해서 대답해 줄 수 없기 때문이다. 그래서 우리는 말과 의미 사이의 무연성(無緣性)을 강조하여 이들의 자의적(恣意的) 관계에 주목하게 되었다. 그러나 그것은 필연성이 감추어진 자의성이다. 각 민족의 내재적 언어 능력의 구현은 필연적으로 지금 그들이 사용하는 언어를 만들게 되어 있다. 다만 그 연결 고리를 밝힐 수 없기 때문에 자의적 관계로 해석하고 있을 따름이다.

국어 문법 속에는 과거에 이 말을 사용한 수많은 사람들의 정신 작용과 경험이 농축되어 있다. 그리고 앞으로도 국어를 사용하는 사람의 정신 작용과 경험이 끊임없이 국어에 녹아들게 될 것이다. 이런 점에서 국어 문법은 한편으로 우리 언어 능력 구현의 이력서이고, 다른 한편으로 우리가 정체성을 찾기 위해서 거슬러 올라가야 할 우리 정신의 물줄기이다. 밖에서 보면 무연성이요 자의적이지만 안에서 보면 필연성이 꿈틀거리는 것이 언어요 문법인 셈이다.

이런 점에서 만일 우리가 국어 문법에서 멀리 떨어져 있다면 우리 자신의 언어 정신이 한국인의 보편적인 언어 정신에서 멀리 떨어져 있기 때문이라고 할수 있다. 우리가 문법을 배우고 이를 습득하려는 이유는 태초에 우리에게 주어진 내재적 언어 능력과 그것을 구현하는 과정에서 형성된 한국인의 보편적인 언어 정신에 참여함으로써 한국인의 가치를 공유하고 한국인으로 하나 되는 데 지장이 없도록 하려는 것이다.

[2] 국어 문법의 특징

(1) 곡용과 활용

한국인의 언어 유전자는 오래 전부터 독특한 길로 진화를 거듭해 왔다. 태초부터 우리에게 있던 언어 능력 또는 보편 문법이 오랜 세월 비슷한 자극에 대해서 반응하면서 독특한 개별 문법을 만들어 냈다. 이것이 교착어로서 한국어 문법인데 같은 교착어 가운데에서도 한국어에서 교착어의 특징인 실질어와 기능어의 이중 구조가 완벽하게 구현되었다.

국어 문법은 바로 실질어와 기능어의 2중 구조로 형성된 문장 구성을 핵심으로 한다. 이를 실제로 실현한 체제가 체언의 곡용(曲用)과 용언의 활용(活用) 구조이다. 체언의 곡용이란 체언에 조사가 붙어서 문법적 기능을 하게 하는 것이고, 용언의 활용은 용언의 어간에 어미가 붙어서 문법적 기능을 하게 하는 것이다. 이 때 양쪽 다 실질어와 기능어로 확실하게 구분된다는 점에 주의해야 한다.

곡용은 체언의 독립성을 강조하면서 문법적으로 용어의 의미를 상실하고 그 대신 조사의 격변화로 이를 실현하고 있지만 실질어와 기능어의 구조는 조금도 손상되지 않았고, 활용은 천 년 전이나 지금이나 똑같이 그대로 유지하고 있다. 이 확실한 이중 구조 덕택에 한국어는 어순에 크게 연연하지 않는 언어가 되었다.

㉮ 나라히 破亡ᄒ니 뫼콰 ᄀ롬 뿐 잇고 (두시언해)

㉯ ᄆᆞ술히 盛ᄒ야 둘기 소리 서로 들여 (월인석보)

㉰ ᄇᆞ야미 가칠 므러 즘겟 가재 연ᄌ니 (용비어천가)

㉱ 사ᄅ미 누니 이셔 벼틀 당ᄒ야 빗 보미 ᄀᆞᆮᄒ니 (금강경삼가해)

위 예문에 있는 모든 명사는 조사의 도움을 받아 문장의 주어, 목적어, 부사어 등 각 성분 구실을 하고 있다. 다만 조사의 형태가 지금과 조금 다를 뿐이다. 예문 ㉮는 명사 '나라'가 곡용하여 '나라히(=나라가)'가 되었고, '뫼'가 곡용하여 '뫼콰(=뫼와)'가 되었다. 이 둘은 모두 'ㅎ' 곡용을 한 것으로 체언에 조사가 붙을 때에 'ㅎ'이 덧붙은 것이다.

예문 ㉯는 명사 'ᄆᆞ술'과 '닭'이 곡용을 한 것으로서 '둘기'는 '닭+에(=닭에)'의 곡용 표기이다.

예문 ㉰는 명사 'ᄇᆞ얌'과 '가치'와 '가지'가 곡용한 것으로서 'ᄇᆞ야미'는 'ᄇᆞ얌+이(=뱀이)'의 곡용 표기이고, '가칠'은 '가치+를(=까치를)'의 곡용 표기이며, '가재'는 '가지+에(=가지에)'의 곡용 표기이다.

예문 ㉱의 '사ᄅ미'와 '누니', '벼틀', '보미'가 곡용한 것으로서, '사ᄅ미'는 '사름+이(=사람이)'의 곡용 표기이고, '누니'는 '눈+이(=눈이)'의 곡용 표기이며, '벼틀'은 '볕+을(=볕을)'의 곡용 표기이고, '보미'는 '봄+이(=봄과)'의 곡용 표기이다.

곡용은 후대에 'ㅎ' 곡용법이 도태되고 체언의 독립성이 강조되면서 반사적으로 조사도 하나의 품사로 독립되자, 문법 용어로서 사라지게 되었다. 지금은 조사의 격 변화로 곡용의 기능을 대체하였다. 그러나 체언과 조사의 결합으로 문장의 성분 자격을 얻는 원리는 예나 지금이나 조금도 바뀌지 않았다.

> ㉮ 우리 다 가슨와 請ᄒᆞᅀᆸ노니 반ᄃᆞ기 깁고 머르신 소릴 부르쇼셔. (법화경)
> ㉯ 夫人이 며느리 어드샤ᄆᆞᆫ 溫和히 사라 千萬 뉘예 子孫이 니서 가몰 위ᄒᆞ시니 (석보상절)
> ㉰ 일을 시기시고 놈으로 代ᄒᆞ거시든 내 비록 그리코져 아니ᄒᆞ나 (소학언해)

예 ㉮의 밑줄 친 부분이 모두 용언이 활용한 것이다. 어미의 형태가 요즘의 것과 다른 것이 눈에 띈다.

예 ㉯의 밑줄 친 부분도 모두 용언이 활용한 것이다. 그 가운데에서 '어드샤ᄆᆞᆫ'은 동사의 명사 활용형을 체언으로 삼아 곡용한 모습이고, '가몰'도 용언의 명사 활용형이 곡용한 모습이다.

예 ㉰의 밑줄 친 부분도 모두 용언이 활용한 것이다. 용언의 어미 형태가 지금 것과 다르지만 어간에 어미가 붙어 문법적 기능을 하는 것은 지금의 문법과 다르지 않다.

국어는 오래 전부터 실질어와 기능어가 결합하여 문장을 구성하도록 발전한 언어이고 이 2분법적 특성이 점점 더 뚜렷해지고 있다. 따라서 우리가 국어를 배우려면 바로 국어 문법의 2분법적 특성을 제대로 습득하여야 한다.

(2) 화자의 의도를 어미에

국어 문법의 중요한 특징을 또 하나 꼽는다면 말하는 사람의 의도를 특정 단어를 이용하거나 통사적 방법으로 실현하지 않고 단순히 어미 하나를 바꿔 끼움으로써 실현한다는 점이다. 화자의 의도를 어느 정도 어미에 담는지 소개하겠다.

첫째, 서법은 모두 종결 어미로 실현한다. 평서법, 의문법, 명령법, 청유법, 감탄법을 위해서 특별하게 낱말을 사용하거나 구문을 바꾸지 않고 오직 종결 어미를 바꿔서 쓰면 된다.

> ㉮ 그가 집에 가 - ㄴ다.
> ㉯ 그가 집에 가 - 느냐?

　㉒ 어서 집에 가 - 라.

　㉓ 어서 집에 가 - 자.

　㉔ 벌써 집에 가 - 는구나!

　위의 다섯 문장을 보면 오직 종결 어미만 바꾸어서 평서문이나 의문문, 명령문, 청유문 또는 감탄문으로 바꿀 수 있다. 참으로 효율적이고 손쉬운 방법이라고 하지 않을 수 없다.

　둘째, 시제는 선어말어미를 활용하여 실현한다. 선어말 어미 '-았/었-', '-겠-'을 사용하여 시제도 자유자재로 바꿀 수 있다.

　㉮ 영화를 보 - ㄴ다.

　㉯ 영화를 보 - 았 - 다.

　㉰ 영화를 보 - 겠 - 다.

　현재 시제는 종결 어미로 실현하지만 과거 시제와 미래 시제는 선어말어미 '-았-'과 '-겠-'을 활용하여 손쉽게 실현할 수 있다. 다른 성분은 전혀 변하지 않는다. 그러므로 우리는 어미를 제대로 익히면 적어도 서법과 시제에 관한 원리는 확실하게 익힐 수 있다.

(3) 높임법

　한국어가 발전시킨 대단한 업적의 하나는 바로 치밀한 높임법 구조에 있다. 높임을 위하여 준비된 다양한 장치는 물론이고 그 등급까지 국어에 있는 높임법 구조는 실로 대단하다.

　㉮ 선생님께서 당신의 아드님을 가르치시기 위하여 당대 최고의 스승을 모셔 오셨습니다.

　㉯ 저희가 댁에 계신 어르신들을 뵙고 고견을 들었사오니 조금만 기다려 주시기 바랍니다.

　예문 ㉮는 주어를 높이기 위하여 '당신', '아드님', '가르치시기', '오셨-' 등에 높임을 넣었고, 듣는 상대를 높이기 위하여 '-습니다'라는 어미를 썼으며, 제삼자인 '스승'을 높이기 위하여 '모셔'를 썼다.

예문 ④는 상대를 높이고 자신을 낮추는 것이 도리라는 판단에 따라서 '저희', '뵙고', '들었사오니'에 겸양 표현을 넣었고, 상대를 높이기 위해서 '바랍니다'에 높임을 넣었고, 제삼자를 높이기 위해서 '댁', '계신', '어르신' 등에 높임법을 사용했고, '고견'이라는 낱말을 사용했다.

국어의 높임법은 외국어로서 한국어를 배우는 사람들의 얼을 빼 놓을 정도로 복잡하고 다양하다. 위의 높임 표현에서 어느 하나라도 소홀히 하면 당사자에게 즉시 불경죄를 저지르는 것이 되어 곤란을 겪게 된다. 국어의 이런 여러 특징을 하나하나 검토하면서 이해하는 과정이 바로 문법을 익히는 과정이다.

2. 품사

문장은 낱말의 나열로 이루어지는데 그 낱말이 어떤 원리에 따라서 나열되는지 밝히는 것이 문법이다. 앞에서 잠깐 말한 바와 같이 국어는 단순히 낱말을 나열한다고 해서 문장이 되는 것이 아니고 실질어와 기능어가 결합해서 문장이 이루어지는데, 낱말에 실질어와 기능어가 있는가 하면 낱말 자체도 실질어 부분과 기능어 부분으로 구별되는 것이 있어서 문법을 한 마디로 설명하기는 어렵다. 먼저 문장 안에서 사용되는 낱말을 이해하고 그것이 어떤 기능어의 도움을 받아서 문장을 구성하는지 검토해 보기로 한다.

설명하기 쉽게 우리는 낱말을 성질이 같은 것끼리 모아서 이름을 붙이는데, 그렇게 갈래를 지어 놓은 것을 품사라고 한다. 품사는 문장 안에서의 기능에 따라서 체언, 관계언, 용언, 수식언, 독립언으로 구별한다.

[1] 체언

문장에서 주체가 되는 자리에 나타날 수 있는 품사를 모아서 체언(體言)이라고 한다. 체언은 문장의 주어, 목적어, 보어의 주체가 되는데 이런 기능을 할 수 있는 품사로 명사, 대명사, 수사가 있다. 체언은 조사와 결합하여 문장 안에서 일정한 성분 구실을 하며, 극히 예외적인 경우를 제외하고는 어떤 경우에도 형태가 변하지 않는다.

(1) 명사

사람이나 사물의 이름을 나타내는 품사를 명사(名詞, 이름씨)라 한다. 명사는 조사만 붙으면 주어, 목적어, 보어, 부사어, 관형어 등 다양한 성분의 주체 노릇을 할 수 있다. 명사는 무엇을 가리키는 이름인지에 따라서 고유 명사(固有名詞)와 보통 명사(普通名詞), 유정 명사(有情名詞)와 무정 명사(無情名詞), 구체 명사(具體名詞)와 추상 명사(抽象名詞)로 나눈다. 또 명사가 독립적으로 쓰이는지 다른 품사의 도움을 받아야 되는지에 따라서 자립 명사(自立名詞)와 의존 명사(依存名詞)로 나누고, 혼자서 완전한 의미를 가지고 있는지 다른 품사의 도움을 받아야 의미가 생기는지에 따라서 실질 명사(實質名詞)와 형식 명사(形式名詞)로 나눈다.

① 명사의 종류

㉮ 고유 명사(한 사물에만 적용) : 김민수, 지리산, 대한민국, 한국대학교

㉯ 보통 명사(일반 사물에 적용) : 꽃, 사람, 바람, 학교, 나라, 돈, 물

㉰ 유정 명사(생명이 있음) : 사람, 동물, 꽃, 나무, 벌레, 새

㉱ 무정 명사(생명이 없음) : 쇠, 물, 바람, 들, 바다, 달, 집

㉲ 구체 명사(실물이 있음) : 쇠, 사람, 꽃, 바다, 새, 밥, 바람, 물, 불

㉳ 추상 명사(실물이 없음) : 사랑, 성공, 의지, 자랑, 힘, 슬기

㉴ 자립 명사(자립성이 있음) : 하늘, 이름, 땅, 눈, 자리, 축구

㉵ 의존 명사(자립성이 없음) : 바, 수, 것, 데, 따름, 마리, 켤레, 두름

㉶ 실질 명사(의미가 있음) : 하늘, 길, 땅, 자리, 야구, 성공

㉷ 형식 명사(의미가 없음) : 바, 수, 것, 통, 만, 지

② 고유 명사의 성질 : 고유 명사는 단 하나의 사물을 가리키는 명사이므로 다른 명사에 비하여 여러 제약이 따른다.

첫째로, 고유 명사에는 복수 표시를 할 수 없다. '지리산들, 서울대학교들' 같은 표현은 근본적으로 불가능하다. 다만, 동명이인이 있는 경우에 이름이 같은 모든 사람을 가리키기 위해서 예외적으로 복수 표현을 쓸 수 있다.

둘째로, 고유 명사 앞에는 명사가 복수임을 전제로 하여 사용되는 관형사

가 올 수 없다. 즉 '여러, 모든, 많은, 몇몇' 등처럼 복수를 전제로 하는 관형사는 고유 명사 앞에 붙일 수 없다. 같은 이유로 고유 명사 뒤에 명사가 복수임을 전제로 하는 조사 '마다'는 붙일 수 없다.

③ 의존 명사의 성질 : 의존 명사는 관형어를 반드시 앞세워야 한다. 관형어가 있어야 완전한 명사 구실을 하는 것이 있고, 그렇지 못한 것도 있다.

첫째, 관형어와 어울리면 완전한 명사가 되는 것에는 '한 마리, 두 켤레, 입을 것, 말한 바, 그럴 수' 등에 쓰인 의존 명사가 있는데, 이것의 뒤에는 여러 격조사가 붙을 수 있다.

둘째, 뒤에 특별한 조사만 취하는 의존 명사가 있는데 '두말 할 나위, 헤어진 지, 그럴 리' 따위는 주격조사를 붙이는 것이 보통이고, '넘어지는 바람에, 자기 나름대로(의), 웃는 통에, 하는 김에' 등은 주로 부사격조사가 붙는 의존 명사이며, '웃을 따름이다, 그 때문이다, 했을 뿐이다, 갔기에 망정이지, 10년 만이다, 하고 말 터이다'는 서술격조사가 붙는 의존 명사이다. 이처럼 일부 의존 명사는 자기에 맞는 관형사와 조사를 앞뒤에 붙이는 특징이 있다.

명사의 품사 전용

명사 가운데에는 형태를 바꾸지 않고 동사나 부사로 쓰이는 것이 있는가 하면, 동사화 접사나 형용사화 접미사를 붙여 동사나 형용사로 바뀌는 것들이 있다.

① 명사가 곧바로 활용하여 동사가 되는 경우
가물/가물다, 갈퀴/갈퀴다, 갈래/갈래다, 누비/누비다, 띠/띠다, 뭉치/뭉치다, 배/배다, 버무리/버무리다, 빗/빗다, 사리/사리다, 신/신다, 일/일다, 품/품다, 후리/후리다

② 명사가 곧바로 부사로 쓰이는 경우
조금, 일부, 전부, 전체, 절대, 오늘, 어제, 지금, 한창

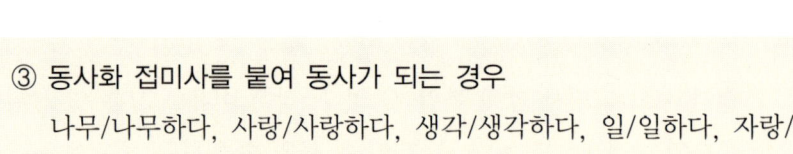

③ 동사화 접미사를 붙여 동사가 되는 경우

　　나무/나무하다, 사랑/사랑하다, 생각/생각하다, 일/일하다, 자랑/
　　자랑하다, 잔치/잔치하다

④ 형용사화 접미사를 붙여 형용사가 되는 경우

　　남자/남자답다, 정/정답다, 보배/보배롭다, 슬기/슬기롭다, 꼴/꼴
　　사납다, 사랑/사랑스럽다, 자랑/자랑스럽다, 죄/죄스럽다

(2) 대명사

　　대명사(代名詞)는 명사를 갈음하여 사용하는 품사이다. 사람을 가리키는 대명사를 인칭(人稱) 대명사라고 하고, 사물을 가리키는 대명사를 지시(指示) 대명사라고 한다. 대명사도 조사의 도움을 받아서 주어, 목적어, 관형어, 부사어가 될 수 있다.

① 인칭 대명사 : 사람을 가리키는 대명사로 주로 사람 이름을 대신해서 쓴다. 말하는 사람의 이름 대신 쓰는 대명사를 일인칭 대명사라고 하고, 말을 듣는 상대방의 이름을 대신해서 쓰는 대명사를 이인칭 대명사라고 하며, 제삼자의 이름을 대신해서 쓰는 대명사를 삼인칭 대명사라고 한다. 특별히 누구를 지정하지 않고 쓰는 부정칭(不定稱) 대명사, 알 수 없는 사람을 가리키는 미지칭(未知稱) 대명사도 있다.

　　㉮ 일인칭 대명사 : 나, 저, 소인, 짐, 과인, 쇤네, 우리, 저희
　　㉯ 이인칭 대명사 : 너, 자네, 그대, 게, 당신, 선생, 너희, 여러분
　　㉰ 삼인칭 대명사 : 그, 저, 그이, 그분, 이분, 이이, 저이, 저분, 저희
　　㉱ 부정칭 대명사 : 아무, 아무개
　　㉲ 미지칭 대명사 : 누구

　　인칭 대명사에 주격조사 '가'가 붙을 때에는 인칭 대명사의 형태가 바뀌는 경우가 있다. 아래 예문에서 밑줄 그은 부분이 인칭 대명사가 바뀐 모습이다.

⑦ 내가 그에게 선물을 보냈다.

⑭ 그 일은 제가 하겠습니다.

⑮ 네가 나를 좀 도와야겠다.

⑯ 누가 그런 말을 하더냐?

예문 ⑦의 '내'는 일인칭 대명사 '나'가 주격조사 '가' 앞에서 바뀐 것이고, 예문 ⑭의 '제'는 일인칭 대명사 '저'가 바뀐 것이며, 예문 ⑮의 '네'는 이인칭 대명사 '너'가 바뀐 것이고, 예문 ⑯의 '누'는 미지칭 대명사 '누구'가 바뀐 것이다. 일인칭 대명사 '나, 저'와 이인칭 대명사 '너' 뒤에 관형격 조사 '의'가 붙는 경우에는 대명사와 조사가 함께 어우러져 각각 '내, 제, 네'로 줄어든다.

② **재귀 대명사** : 한 문장 안에서 나온 주어를 다시 가리킬 때에 쓰는 대명사를 재귀(再歸) 대명사라고 한다. 다음 예문의 밑줄 친 대명사가 앞에 있는 주어를 가리키는 재귀 대명사에 속한다.

⑦ 영호는 자기가 무슨 짓을 했는지 모르는 것 같다.

⑭ 어머니께서는 언제나 당신보다 자식을 걱정하셨다.

⑮ 영수가 저를 보고도 알은척하지 않았다고 화를 내더군.

⑯ 아이들은 저희끼리 잘 논다.

⑰ 사람들은 제 욕심만 차린다.

③ **지시 대명사** : 사람 이외에 사물이나 장소의 이름을 대신해서 가리키는 데 쓰는 대명사를 지시 대명사라고 한다. '이것, 저것, 그것, 여기, 저기, 거기, 그곳, 이곳, 저곳' 등이 있고, 부정칭 대명사로는 '아무것', 미지칭 대명사로는 '어디, 무엇, 언제' 등이 있다.

(3) 수사

수량 또는 차례를 나타내는 명사를 특별히 수사(數詞)라고 한다. 수사를 명사의 일종으로 보아도 무리가 없겠지만 명사와 문법적으로 조금 다른 특징이 있기 때문에 별도의 품사로 본다. 수사도 명사나 대명사와 마찬가지로 문장에서 조사의 도움을 받아 체언 노릇을 한다. 수사에는 수량을 나타내는 양수사(量數

詞)와 차례를 나타내는 서수사(序數詞)가 있다.

① 양수사 : '하나, 둘, 스물, 쉰, 백, 오천'처럼 수와 양을 나타내기 위해서 사용하는 것을 양수사라고 한다.

② 서수사 : '첫째, 둘째, 셋째, 열두째, 서른한째, 오백스물두째, 제일, 제이'처럼 차례를 나타내는 것을 서수사라고 한다.

③ 수사의 문법적 특징 : 수사에는 복수 표현이 붙을 수 없다.

(4) 체언의 복수 표시

수사와 고유 명사를 제외한 체언에는 복수 표시를 할 수 있다. 굴절어인 영어에서는 복수를 나타내기 위해서 별도의 형태를 마련하는 경우가 많지만 교착어인 우리말에서는 복수의 기능을 하는 접미사를 명사나 대명사에 붙여서 복수 표시를 한다. 복수 표시를 하는 데 쓰이는 접미사에는 '-들', '-희', '-네' 등이 있다.

① '-들' : 접미사 '-들'은 여러 품사 뒤에 붙어서 독특한 방법으로 복수 표시를 한다. 전형적인 복수 표시는 명사와 대명사 뒤에 붙어서 그 명사나 대명사를 복수형으로 만드는 것이지만, 그 밖에도 여러 가지가 있다. 아래 예문을 검토해 보자.

    ㉮ 사람들이 많이 모여 있다.

    ㉯ 우리들은 그 안에 동의하지 않았다.

    ㉰ 참 잘들 노는구나.

    ㉱ 아직도 자고들 있네.

    ㉲ 어서 오시게들.

예문 ㉮는 단수 명사와 대명사 뒤에 붙어서 복수로 만드는 경우를 예시한 것이다. 그러나 무정 명사는 '-들'을 붙여 복수로 표시하지 않는다. '열 권의 책들', '많은 돌들'처럼 쓰지 않고 '책 열 권', '많은 돌'로 쓴다.

예문 ㉯는 복수 명사나 복수 대명사 뒤에 붙어서 복수형임을 강조하는 경우를 예시한 것이다. '모두들, 저희들, 너희들'처럼 사용하기도 한다. 이 용법은 습관적으로 허용하는 것이다.

예문 ㉰는 부사나 부사어에 '-들'을 붙여 동작의 주체가 여럿임을 나타내는 경우이다. '어서들 오게.', '너무들 하는군.', '빨리들 달려라.', '어렵게들 살더라.', '예쁘게들 생겼다.'처럼 사용한다.

예문 ㉱는 연결 어미 뒤에 '-들'을 붙여 그 동작의 주체가 여럿임을 나타내는 경우이다. '아직도 일하고들 있더냐?', '그래 천천히 읽어들 보아라.', '여기에 올려들 놓아라.', '무척 좋아들 하는구나.'처럼 사용한다.

예문 ㉲는 일부 종결 어미 뒤에 '-들'을 붙여 그 동작의 주체가 여럿임을 나타내는 경우이다. '그럼 즐겁게 놀게들.', '빨리 떠나세들.'

* 예문 ㉰, ㉱, ㉲에 쓰인 '들'을 조사로 보기도 한다. 어미 뒤에 접미사가 붙는 것이 극히 예외적인 현상이기 때문이다.

② '-희' : '저'와 '너' 뒤에 붙어 두 대명사를 복수형으로 만들어 준다. '-희'는 다른 명사나 대명사에 붙지 않는다. '-희'를 붙여 복수형이 되었더라도 그 뒤에 다시 '-들'을 붙여 쓸 수 있다. '너희들, 저희들'처럼 써도 괜찮다.

③ '-네' : 일부 명사 뒤에 붙어서 그 명사와 한 무리가 된 사람을 모두 가리키는 데 쓰인다. 때로는 그 사람의 집안이나 가족을 나타내기도 한다.

㉮ 요즘은 부인네 세상이야.
㉯ 김 서방네 집에서 전갈이 왔어요.

예문 ㉮의 '-네'는 그 명사의 범주에 든 모든 사람을 가리킬 때 쓴다. '아낙네, 여인네, 동갑네, 그네, 너네' 등도 이와 같은 용도로 쓰인 예이다. 복수 대명사에 '-네'를 붙이는 것은 별 효과가 없다. 따라서 '우리네, 너희네' 같은 표현은 쓸 필요가 없다. '너네'가 아직 사전에 오르지 못했지만 쓸수 없는 말은 아니라고 본다. '-네'가 붙은 낱말 뒤에 다시 '-들'을 붙이는 것도 문제가 되지 않는다.

예문 ㉯의 '-네'는 그 명사가 속한 가족이나 집안의 사람을 모두 가리킨다. '순희네, 아주머니네, 삼촌네' 등이 이 용법에 속한다. 이렇게 형성된 낱말 뒤에는 '-들'을 붙이지 않는다. '순희네들, 아주머니네들' 같은 표현은 쓸 수 없다.

(5) 체언과 조사

　　체언은 불변의 의미와 형태를 가지고 있으면서 조사의 도움을 받아 문장의 여러 성분으로서 활동한다. 체언이 주어, 목적어, 보어, 부사어, 관형어, 서술어, 독립어 등으로 쓰이기 위해서는 반드시 그에 맞는 조사를 써야 한다. 조사가 없으면 체언은 문장에서 제 구실을 충분히 할 수 없다. 상황에 따라서 조사가 생략되기도 하지만 그것은 어디까지나 생략된 것일 뿐, 조사 없는 것은 아니다. 체언을 잘 사용하려면 조사를 정확하게 붙여야 한다.

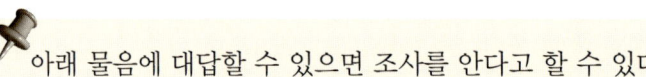

아래 물음에 대답할 수 있으면 조사를 안다고 할 수 있다.

① 주격조사 '가/이'와 보조사 '는/은'의 차이를 알고 적절하게 사용할 수 있는가?
② 서술격조사 '이오'와 '이요'의 차이를 알고 적절하게 사용할 수 있는가?
③ 부사격조사 '에서, 에게서, 한테, 한테서'와 '로부터'의 차이를 알고 적절하게 사용할 수 있는가?
④ 부사격조사 '에'와 '에서'의 차이를 알고 적절하게 사용할 수 있는가?
⑤ 보조사 '까지, 마저, 조차'의 차이를 알고 사용할 수 있는가?
⑥ 목적격조사 '를'과 관형격조사 '의'를 써야 할 곳과 쓰지 말아야 할 곳을 구별할 수 있는가?

[2] 관계언

　　체언에 붙어서 체언과 다른 성분 사이의 문법적 관계를 나타내는 의존 형태소로서 '조사(助詞)'가 이에 속한다. 조사는 기능에 따라서 격조사(格助詞), 접속 조사(接續助詞), 보조사(補助詞)로 나눈다.

(1) 격조사

　　체언을 주어, 서술어, 목적어, 보어, 관형어, 부사어, 독립어가 되게 하는 데 사용하는 조사를 격조사라고 한다. 격조사를 다른 격으로 전용할 수는 없다.

① **주격조사** : 체언을 주어가 되게 하는 조사가 주격조사이다. '가'와 '이'를 주격조사로 쓴다. '가'는 받침이 없는 체언에 붙고, '이'는 받침이 있는 체언에 붙는다. 주격조사의 원형이 '가'인지 '이'인지는 분명하지 않다. 받침이 없는 체언 뒤에서도 '이'가 쓰이는 경우가 있는 것으로 보아, '이'가 주격조사의 원형이라고 할 수 있지만 속단하기는 어렵다. 둘 중에 하나가 원형이라면 다른 하나는 그 이형태(異形態)가 된다.

주격조사에는 체언을 높이기 위해서 사용하는 '께서', 인격체가 아닌 체언에 붙어서 주어를 만드는 '에서', 사람의 수를 나타내는 명사에 붙어서 주어를 만드는 '서'가 있다. 각 용례를 제시하면 아래와 같다.

> ㉮ 선생님께서 교실에 들어오셨다.
> ㉯ 정부에서 그를 유공자로 표창하였다.
> ㉰ 혼자서는 하기 어려우니 둘이서 하자.

주격조사 '가'는 일인칭 대명사 '나', '저'와 이인칭 대명사 '너', 미정칭 대명사 '누구'의 형태를 변화시켜 '내가, 제가, 네가, 누가'처럼 쓰이게 한다. 이에 관한 예시는 인칭 대명사에서 하였으므로 생략한다.

② **서술격조사** : 체언을 서술어가 되게 하는 조사로서 '이다'와 그 활용형이 모두 서술격조사이다. 체언에 받침이 없으면 '이다'의 '이'가 생략되기도 한다. 서술격조사는 문장의 서술어로서 종결형에만 쓰는 것이 아니고 연결형이나 전성형 등 일반 용언와 같은 방식으로 다양하게 사용한다. 몇 가지 예문을 소개한다.

> ㉮ 대한민국의 수도는 서울이오.
> ㉯ 우리는 다정한 형제요.
> ㉰ 이것은 사과요, 저것은 배요.
> ㉱ 이건 좋은 옷이지만, 값이 비싸다.
> ㉲ 여기가 내 고향이라면 좋겠다.
> ㉳ 나는 네 형일 뿐, 네 부모는 아니다.
> ㉴ 동생인 피고가 형인 원고를 때렸다.
> ㉵ 여기가 좋은 곳임을 이제야 알았다.

예문 ㉮의 '이오'는 종결형에 쓰인 서술격조사이다.

예문 ㉯의 '요'는 받침이 없는 체언 뒤에 붙는 종결형 서술격조사이다. '이오'가 원형이지만 받침이 없는 체언 아래서는 '요'로 줄어들고, 받침이 있는 체언에서는 '요'로 줄어들지 않는다.

예문 ㉰ 앞에 있는 '요'는 연결형 서술격조사이고, 뒤의 '요'는 종결형 서술격조사이다. 연결형 서술격조사는 받침이 없는 체언 아래서는 '요', 받침이 있는 체언 아래서는 '이요'로 실현된다. 그러나 종결형 서술격조사는 '이오'로 실현된다(맞15 붙임2, 붙임3).

예문 ㉱와 예문 ㉲에 쓰인 '이지만, 이라면'은 모두 연결형 서술격조사이다. 일반 용언에 붙는 연결형 어미가 '이다'의 어미로 쓰이면 모두 연결형 서술격조사가 된다.

예문 ㉳와 예문 ㉴에 쓰인 '일, 인'은 관형사형 서술격조사이다. 일반 용언에 붙는 관형사형 어미가 '이다'의 어미로 사용되면 관형사형 서술격조사가 된다.

예문 ㉵에 쓰인 '임'은 명사형 서술격조사이다. 일반 용언에 붙는 명사형 어미 '-ㅁ'이 '이다'의 어미로 사용되면 명사형 서술격조사가 된다.

③ **목적격조사** : 체언을 동사의 목적어가 되게 하는 조사로서 '를'이 이에 속하고, 받침이 있는 체언 뒤에는 '을'이 쓰인다.

> ㉮ **사랑이 나를 부른다.**
> ㉯ **바람이 나뭇잎을 흔든다.**

④ **관형격** : 체언을 관형어가 되게 하는 조사로서 '의'가 이에 속한다. 우리는 관형격조사를 붙이는 데 익숙하지 않기 때문에 대체로 이를 생략한다. 그리고 인칭 대명사 '나, 저, 너'와 '의'가 결합하면 '내, 제, 네'로 축약되어 쓰이는 것이 일반적이다. 아래 예를 검토해 보자.

> ㉮ **우리도 책임의 일부를 져야 할 거다.**
> ㉯ **집(의) 밖에서 손님이 소리쳤다.**
> ㉰ **나의 고향/내 고향, 저의 사정/제 사정, 너의 일/네 일**

예문 ㉮는 정상적으로 관형격조사 '의'를 사용한 예이다. '모임의 성격', '믿음의 본질'처럼 사용하는 경우가 일반적인 관형격조사의 용법이다.

예문 ㉯는 관형격조사를 붙이는 것보다 생략하는 것이 더 자연스러운 예다. 대체로 관형격조사가 없더라도 앞의 명사가 뒤의 명사를 꾸민다고 인정되는 경우에는 구태여 관형격조사를 붙일 필요가 없다. '우리의 친구', '책의 표지', '컴퓨터의 가격' 등에 쓰인 관형격조사 '의'는 생략하는 것이 더 자연스럽다.

예문 ㉰의 '나의, 저의, 너의'는 '내, 제, 네'로 줄여서 사용하는 것이 더 자연스럽다.

⑤ **부사격조사** : 체언을 부사어가 되게 하는 조사로서 부사어의 성격에 따라서 다양한 조사를 사용한다. '에, 에게, 에서, 로(/으로), 로서(/으로서), 로써(/으로써), 더러, 처럼, 한테, 보고, 께, 와(/과), 함께' 등이 있다. 예문을 보면서 부사격조사의 종류와 쓰임새를 익혀 보자.

> ㉮ 그는 집에 있다. / 그는 학교에 갔다.
> ㉯ 돈을 호주머니에 넣었다.
> ㉰ 책을 동생에게 주었다. / 선생님께 보고했다.
> ㉱ 학교에서 공부한다. / 돈을 주머니에서 꺼냈다.
> ㉲ 학교로 가자. / 콩으로 메주를 쑨다. / 전화로 말했다.
> ㉳ 나더러 거기까지 가라고?
> ㉴ 아이가 어른처럼 말을 한다.
> ㉵ 그는 자기 아버지와 닮았다.

예문 ㉰에 쓰인 부사격조사 '께'는 '에게'의 존댓말로서 체언을 높이기 위해서 쓰인다. 예문의 '선생님'처럼 높임의 접미사 '-님'이 있을 때에는 반드시 조사도 '께'를 써서 높임을 일치시켜야 한다.

예문 ㉲에 쓰인 '학교로'의 '로'와 예문 ㉮에 쓰인 '학교에'의 '에'는 의미 차이가 있다. '로'는 단순히 목표를 그쪽으로 잡았음을 의미하고, '에'는 그 용도에 맞는 일을 하기 위하여 그쪽으로 간다는 것을 의미한다. 따라서 학생이나 선생이 수업을 위해서 간다면 '학교에'를 써야 하고, 수업과 관련

이 없을 때에는 '로'를 쓸 수 있다. 또, 출발하는 경우에는 '로'가 어울리고, 도착하는 경우에는 '에'를 써야 한다. '집으로 도착해 보니' 같은 표현이 불가능한 이유가 여기에 있다.

⑥ 호격조사 : 사람이나 사물 뒤에 붙어서 그것을 부르는 의미를 나타내게 하는 조사로서 '야(/아), 여(/이여), 시여(/이시여)' 등이 있다. 체언에 받침이 있으면 괄호 안의 이형태를 호격조사로 사용한다.

㉠ 철수야, 이리 오너라./ 영국아, 여기 좀 보아라.
㉡ 바다여, 잠잠해지소서./ 조국이여, 영원하시라.
㉢ 부처시여, 우리를 돌보소서./ 예수님이시여, 나를 건지소서.

⑦ 체언과 격조사의 축약 : 주격조사 '가(/이)'나, 목적격조사 '를(/을)', 부사격조사 '−에게'는 체언과 어울려 줄어든 형태로 사용되기도 한다.

㉠ 그게 이렇게 변했다니.
㉡ 사고로 머릴 크게 다쳤단다.
㉢ 뒷일은 제게 맡기십시오.

예문 ㉠의 '그게'는 '그것이'의 준말이다. '이것이, 저것이'는 '이게, 저게'로 각각 줄어든다. 예문 ㉡의 '머릴'은 '머리를'의 준말이다. '이걸, 저걸, 그걸'은 '이것을, 저것을, 그것을'의 준말로 사용된다. 예문 ㉢의 '제게'는 '저에게'의 준말이다. '내게, 네게'는 '나에게, 너에게'의 준말이다. 이처럼 체언과 조사가 어우러져 줄어든 형태로 사용되기도 한다.

(2) 접속 조사

체언과 체언 또는 절과 절을 같은 자격으로 이어 주는 기능을 하는 조사로서 '와(/과), 하고(/이하고), 랑(/이랑), 며(/이며), 에다, 다(/이다), 나(/이나)' 등이 있다.

㉠ 나와 그분과는 막역한 사이이다.
㉡ 영희하고 수영이하고 단짝이 되었다.
㉢ 우리는 야구랑 등산이랑 탁구를 했다.

㉔ 옷이며 돈이며 장신구며 모두 가져갔다.
㉕ 밥에다 떡에다 술에다 잔뜩 먹었다.
㉖ 사람들은 사랑이다 연애다 이별이다 따위에만 관심을 가진다.
㉗ 나는 사과나 감이나 배를 좋아하는 편이다.

　예문 ㉠의 '와', '과'가 앞뒤 체언을 이어 주는 접속 조사이다. 받침이 없는 체언에 '와'가 붙고, 받침이 있는 체언 뒤에는 '과'가 붙는다.

　예문 ㉡의 '하고'와 '이하고'가 접속 조사이다. 받침이 없는 체언 뒤에 '하고'가 붙고, 받침이 있고 사람을 나타내는 고유명사인 체언 뒤에는 '이하고'가 붙는다. 받침이 있더라도 사람의 이름이 아니면 '하고'가 붙는다.

　예문 ㉢의 '랑, 이랑'은 각각 받침이 없는 체언과 받침이 있는 체언에 붙는 접속 조사이다.

　예문 ㉔~㉗의 '며(/이며)', '에다', '다(/이다), 나(/이나)'도 접속 조사인데 체언에 받침이 있으면 괄호 안의 조사를 사용한다.

(3) 보조사

　여러 격으로 두루 쓰이면서 일정한 뜻을 보태어 주는 조사를 보조사라고 한다. 특수 조사라고도 하는데 보조사에 따라서 체언에 보태주는 의미가 다르다.

① 는(/은) : 가장 대표적인 보조사로 주격, 목적격, 부사격으로 쓰이면서 체언을 정의하거나 다른 것과 대비하는 의미를 보태 준다.

㉠ 사과는 과일의 하나다./ 사람은 누워서 잔다.
㉡ 국수는 먹지만 밥은 먹지 않겠다.
㉢ 그렇게 빨리는 갈 수 없다.
㉣ 오늘은 비가 오지 않을 것 같다.
㉤ 미국에는 가지 않으려 한다.

　예문 ㉠는 주어를 정의하거나 설명하기 위해서 '는'과 '은'이 주격조사로 쓰인 예이다. 예문 ㉡는 두 체언을 대비하기 위해서 '는'과 '은'이 쓰였는데 이 경우는 목적격조사로 사용되었다. 예문 ㉢, ㉣, ㉤는 모두 '는'과 '은'이 부사격조사로 쓰인 예로서, 앞의 부사어가 본용언을 꾸미는 것을 부정하는

의미가 있다.

예문 ㉮의 '사람은 누워서 잔다.' 대신 '사람이 누워서 잔다.'처럼 보조사 '은'을 쓰지 않고 주격조사 '이'를 쓰게 되면 실제로 사람이 누워서 잔다는 점을 묘사하는 문장이 된다. 그러나 주격조사를 쓰지 않고 보조사 '은'을 쓰면 사람의 특성에 대한 설명이 되고 만다. 이런 점에서 주격조사 '가(/이)'를 쓸 것인지 보조사 '는(/은)'을 쓸 것인지 신중하게 검토해야 할 것이다.

② 도 : 이미 어떤 것이 포함되고 그 위에 추가한다는 뜻을 나타내기도 하고, 둘 이상의 체언을 아우르기도 하며, 양보의 의미와 의외임을 강조하는 의미, 놀라움이나 실망을 체언에 보태는 보조사이다.

> ㉮ 너도 이제 많이 자랐구나.
>
> ㉯ 놀지만 말고 책도 읽어라.
>
> ㉰ 집에도 자주 놀러 오너라.
>
> ㉱ 밥도 먹고 라면도 먹었다.
>
> ㉲ 부엌도 좋으니 바람만 피하게 해 주세요.
>
> ㉳ 낫 놓고 기역자도 모르는 사람이야.
>
> ㉴ 너는 뉴스도 못 들었니?
>
> ㉵ 안타깝게도 우리가 경기에서 졌다.

③ 나(/이나) : 관형사 이외의 다양한 형태에 붙어서 불만스러운 선택, 양보, 최고의 선택, 양보, 어림하여 짐작함, 놀람이나 강조, 선택에 구애되지 않음, 비교 등의 의미를 보태는 보조사이다.

> ㉮ 날씨도 추운데 구운 고구마나 사 먹자.
>
> ㉯ 나더러 밥이나 짓고, 빨래나 하란 말이오?
>
> ㉰ 제발 시험이나 잘 봐야 할 건데.
>
> ㉱ 자기가 최고나 되는 것처럼 행동한다.
>
> ㉲ 지금 몇 시나 되었을까?
>
> ㉳ 벌써 책을 두 권이나 읽었어?
>
> ㉴ 지금이나 그때나 별로 달라진 게 없어.
>
> ㉵ 너는 이제 성공한 거나 다름없어.

④ 만 : 다른 것을 배제하고 그것만 한정하거나, 무엇을 강조하거나, 비교하는 의미를 보태는 보조사이다.

> ㉮ 너만 들어와라.
> ㉯ 주인의 허락을 받아야만 들어갈 수 있다.
> ㉰ 보기만 해도 가슴이 뛴다.
> ㉱ 선생님은 나만 나무라신다.
> ㉲ 형만 한 아우 없다.

⑤ 마저 : 무엇이 포함되고 그 위에 포함되지 않기를 바라는 것이 포함됨을 나타내는 보조사이다.

> ㉮ 너마저 나를 떠나겠냐고?
> ㉯ 집문서마저 빚쟁이의 손으로 넘어갔다.

⑥ 라도(/이라도) : 최선은 아니지만 차선의 선택은 됨을 나타내는 보조사이다.

> ㉮ 옷이라도 변변히 입고 나와야지.
> ㉯ 이렇게라도 말을 하고 나니 속이 후련해진다.
> ㉰ 그런 일은 어린애라도 할 수 있다.

⑦ 부터 : 어떤 일이나 상태에 관련된 일의 시작임을 나타내는 보조사로 '까지'와 대응하는 보조사이다.

> ㉮ 일은 오늘부터 시작한다.
> ㉯ 우리부터 솔선수범해야 한다.
> ㉰ 비행기가 생기고부터 세계는 하루하루 가까워진다.

⑧ 까지 : 어떤 일의 끝 또는 이미 포함된 것에 더 포함함을 나타내는 보조사로 '부터'와 대응하는 보조사이다.

> ㉮ 나는 서울까지 간다.
> ㉯ 그렇게까지 할 필요가 있나요?
> ㉰ 비가 오고 바람까지 부니 기분이 몹시 쓸쓸하다.
> ㉱ 너까지 나를 안 믿니?
> ㉲ 갈 수 있는 데까지 가 보자.

⑨ 뿐 : 그것 외에는 더 없음을 나타내는 보조사이다.

⑦ 믿는 것은 오직 실력**뿐**이다.

⑭ 깨어진 바가지는 집에서**뿐** 아니라 밖에서도 샌다.

⑩ 나마(/이나마) : 아쉬운 대로 인정한다는 것을 나타내는 보조사이다.

⑦ 돈으로**나마** 잘못에 대해서 배상하겠다.

⑭ 전화로**나마** 통화했으니 다행이지.

(4) 조사의 중복   격조사와 보조사는 겹쳐서 사용할 수 있다.

① 격조사＋보조사

⑦ 서울<u>에서도</u>/<u>에서만</u>/<u>에서부터</u> 데모가 일어났다.

⑭ 팥<u>으로는</u>/<u>으로도</u> 메주를 못 쑤지.

⑭ 엉덩이<u>에만</u>/<u>에까지</u> 주사를 놓는 이유가 뭐야?

⑭ 시골<u>에서라도</u> 환경 운동을 일으켜야 한다.

② 보조사＋격조사

⑦ 여기<u>까지가</u> 서울이다.

⑭ 이것<u>까지를</u> 옮겨 놓아라.

③ 보조사＋보조사(＋격조사)

⑦ 이 일<u>까지만</u> 해 주겠다.

⑭ 여기서<u>부터는</u> 검문을 자주 한다.

⑭ 그<u>마저도</u> 못 한다니 고민이야.

⑭ 부녀자<u>까지라도</u> 동원하지 않을 수 없다.

(5) 조사의 생략

격조사는 일반적으로 생략할 수 있으나 부사격조사 가운데에는 생략할 수 없는 조사가 있다. 그리고 보조사도 생략할 수 있는 것과 없는 것이 있다. 같은 형태의 조사라도 생략할 수 있는 경우와 생략할 수 없는 경우가 있다.

① **격조사의 생략 여부** : 격조사는 생략하는 조사가 다른 조사로 오해될 소지가 없을 때에 생략할 수 있다. 대체로 주격조사, 목적격조사, 보격조사의 생략이 자연스럽다.

> ㉮ 우리(가) 학생(이) 되었으니 가방(을) 들고 학교(에) 가자.
>
> ㉯ 나 학교에서 놀았어./ 영수(가) 학교에서 놀고 있다.
>
> ㉰ 너 책(을) 가방에 넣었니?
>
> ㉱ 어머니(가) 쌀로 밥(을) 지으셨다.
>
> ㉲ 영희가(/에게) 돈 주었니?/ 영희에게서 돈 받았니?
>
> ㉳ 영호(야), 어디 가니?/ 김 선생님, 어디 가세요?

예문 ㉮는 주격조사, 보격조사, 목적격조사, 부사격조사를 모두 생략한 것이다. 이렇게 격조사 생략은 자연스럽다.

예문 ㉯는 부사격조사 '에서'를 생략할 수 없음을 보여 준다. '학교'와 '놀다' 사이에는 반드시 부사격 조사 '에서'를 써야 연결된다. '영수가'의 주격조사도 이를 생략할 수 있지만 '영수의 학교'로 오해할 소지가 있으므로 생략하지 않는 것이 좋다.

예문 ㉰는 부사격조사 '에'를 생략할 수 없음을 보여 준다. '가방'과 '넣다'를 연결할 수 있는 조사는 '에'와 '을'이 있는데 이를 명확하게 하기 위해서는 부사격조사를 붙여야 한다. '책을'의 목적격조사도 생략할 수 있지만 이를 생략하면 '책가방'으로 오해할 소지가 있으니 생략하지 않는 것이 좋다.

예문 ㉱도 부사격조사 '로'의 생략이 불가능하다는 것을 보여 준다. '어머니가'의 주격조사 '가'는 생략할 수 있지만 '어머니 쌀'로 오해할 소지가 있으므로 생략하지 않는 것이 좋다.

예문 ㉲는 좀 특수한 문장이다. 일반적으로 구어에서는 '영희 돈 주었지?'로 별문제 없이 의사소통을 할 수 있다. 화자와 청자 사이에는 누가 누구에게 돈을 주는지 알 수 있기 때문이다. 그러나 문장만 보면 돈을 주는 사람이 영희인지 받는 사람이 영희인지 주체와 상대를 혼동할 수 있다. 따라서 이런 경우에는 격조사를 생략하지 말아야 한다. '에게서'는 생략할 수 없다.

예문 ㈕는 호격조사의 생략을 예시한 문장이다. 호격조사는 대체로 생략할 수 있고, 특히 '김 선생님'처럼 그 자체가 호격의 의미가 있는 경우에는 호격조사가 붙지 않는 것이 원칙이다.

이렇게 보면 격조사 가운데에서 생략하면 안 되는 것은 '에서, 에게서, 로'가 있고, 경우에 따라서 생략할 수 있는 것으로는 '에, 에게'가 있다. 주격조사나 목적격조사는 아주 특수한 경우를 제외하고는 일반적으로 생략할 수 있다.

② **접속조사의 생략** : 체언이 연속해 있으면 앞의 체언이 뒤의 체언을 수식하는 의미가 있다. 접속조사는 두 체언의 그런 관계를 동격으로 인식시켜 주기 위해서 쓰는 것이므로 생략하면 안 된다. 다만, 동격임이 분명한 경우에는 생략할 수 있다.

> ㉮ **우리 학교와 너희 학교가 겨루게 되어 있어.**
> ㉯ **우리는 사과(와) 감(과) 배를 먹었다.**

예문 ㉮는 두 인칭 대명사가 동격으로 주어가 됨을 나타내므로 접속조사를 생략하면 안 된다. 예문 ㉯는 세 명사가 모두 목적어가 됨을 나타내는데 접속조사를 생략해도 무리가 없다. '사과, 감, 배'는 다른 의미로 연결되기 어려운 것들이기 때문이다.

③ **보조사의 생략** : 보조사는 특별한 의미를 보태 주기 위해서 사용하는 것이므로 생략할 수 없다. 경우에 따라서 보조사 '는/은'을 생략할 수 있는데 이는 이 보조사의 사용이 보편화되어 있기 때문이다.

> ㉮ **이 나무(는) 백양나무야.**
> ㉯ **우리(는) 거기에 갈 거야.**

예문 ㉮에서 '는'을 생략할 수 있다. 이때에는 나무 이름을 가볍게 설명해 주는 경우라고 생각되므로 '는'을 생략할 수 있다. 그러나 여러 나무의 이름을 하나하나 가르치면서 이 나무에 이르렀다면 '은'을 생략할 수 없다. 다른 나무와 차별화가 필요하기 때문이다. '은'은 다른 것과 차별화하기 위해서 쓰는 보조사이므로 생략하는 것은 말이 안 될 것이다.

예문 ㉯의 보조사 '는'도 생략할 수 있다. '우리'의 태도를 설명하는 것으로 보기 때문이다. 그러나 다른 사람과 차별화하기 위한 의도가 있다면 '는'을 생략할 수 없다.

참고로 위 두 예문에 쓰인 보조사 '는' 대신 주격조사 '가'를 쓰면 문장의 의미가 어떻게 달라지는지 확인해 보기 바란다. 이를 보면 주격조사 '가(/이)'와 보조사 '는(/은)'의 차이를 이해할 수 있을 것이다.

* **이 나무는 백양나무야.** → '이 나무 이름이 뭐야?'에 대한 대답을 생각하면서 그 나무의 이름(주어의 서술어)을 알려 준다.

* **이 나무가 백양나무야.** → '어떤 나무가 백양나무야?'에 대한 대답을 생각하면서 백양나무라는 이름을 알고 있는 사람에게 백양나무(서술어의 주체)를 보여 준다.

* **우리는 거기에 갈 거야.** → '너희는 어떻게 할래?'에 대한 대답을 생각하면서 우리의 의지(주어의 서술어)를 말한다.

* **우리가 거기에 갈 거야.** → '누가 거기에 갈래?'에 대한 대답을 생각하면서 거기에 갈 사람(서술어의 주체)을 말한다.

이런 구체적인 의미를 드러내려는 경우에는 주격조사 '가'나 보조사 '는'을 생략할 수 없다. 위에서 살펴본 생략의 유형에서 알 수 있듯이 국어의 생략은 원칙에 의한 것이라기보다는 의미 전달 가능성에 따라서 하게 된다. 즉 의미가 통하는 경우에 가능하므로 주관적인 판단에 따라서 과도한 생략이 일어나기도 하는 약점이 있는 것이 사실이다.

(6) 조사의 변별

앞에서 격조사 '가(/이)'와 보조사 '는(/은)'의 차이를 잠깐 설명했는데, 이처럼 기능이 비슷한 조사 사이에 쓰임새의 차이가 있는 경우가 몇 가지 있다. 이에 관해서 설명해 보겠다.

① 격조사 '가(/이)'와 보조사 '는(/은)'의 차이

㉮ 알려주고 싶은 것이 주어이면 '가(/이)', 서술어이면 '는(/은)'

㉠ **김치 주식회사가 수출상을 받았다.** (누가 수출상을 받았나? 받은 주체가 의문이다.)

327

ⓛ 된장 주식회사는 공로상을 받았다. (된장 주식회사는 어땠나? 주체의 서술어가 의문이다.)

㉯ 묘사문에는 '가(/이)', 설명문에는 '는/(은)'

　㉠ 사람이 침대에 누워서 잔다. (실제 침대에 누워서 자고 있다.)
　ⓛ 사람은 침대에 누워서 잔다. (일반적으로 그렇다는 이야기이다.)

㉰ 종속문에서는 '이(가)'

　㉠ 바람이 심하게 불면 나무가 뽑힌다.
　ⓛ 그들이 그리로 오기에 나는 거기에서 떠났다.
　ⓒ 만일 내일 이 세상이 멸망한다 하더라도 나는 오늘 사과나무를 심겠다.

㉱ 다른 것과 비교하는 내용이면 '는(/은)', 그렇지 않으면 '가(/이)'

　㉠ 모두 반대해도 나는 찬성할 거야.
　ⓛ 영화는 안 보고 싶어도 연극은 보고 싶다.

② 부사격조사 '에'와 '에서'의 차이

㉮ 도착하는 곳이면 '에', 떠나는 것이면 '에서'

　㉠ 그들은 방금 집에 왔다/갔다.
　ⓛ 그들은 벌써 집에서 떠났다.

㉯ 머무는 곳이면 '에', 활동하는 곳이면 '에서'

　㉠ 그들은 서울에 머물렀다.
　ⓛ 그들은 서울에서 장사를 했다.

㉰ 넣는 경우에는 '에', 꺼내는 경우이면 '에서'

　㉠ 호주머니에 손을 집어넣었다.
　ⓛ 호주머니에서 열쇠를 꺼냈다.

㉱ 움직임이 없으면 '에', 움직임이 있으면 '에서'

　㉠ 산에 꽃이 핀다.

ⓛ 산에서 새가 운다.

③ 부사격조사 '에'와 '에게'의 차이 : 유정 명사 뒤에는 '에게'를 붙이고 그 밖
　에는 '에'를 붙인다.

　　㉮ 영수에게 편지를 썼다.
　　㉯ 정부에 항의를 표했다.
　　㉰ 영희가 달려가다가 전봇대에 부딪쳤다.
　　㉱ 영희가 숙제를 안 했다고 선생님에게 맞았다.
　　㉲ 남의 집에 들어가려다가 개에게 물렸다.

④ 부사격조사 '에서', '에게서', '로부터'의 차이
　㉮ 출발점이 유정 명사이면 '에게서', 그 밖의 경우에는 '에서'를 쓴다.

　　　㉠ 동생에게서 선물이 왔다. (으로부터×)
　　　ⓛ 집에서 편지가 왔다. (으로부터×)

　㉯ 주어가 단체인 경우에 '에서'를 쓴다.

　　　㉠ 집에서 선물을 보내왔다. (집이×)
　　　ⓛ 정부에서 인구 통계를 발표했다. (정부가○)

　㉰ '에서'를 쓸 자리에 '로부터'를 써도 좋을 때가 있다.

　　　㉠ 물은 금강산에서 흘러내린다. (금강산으로부터○)
　　　ⓛ 하늘에서 눈이 내린다. (하늘로부터○)
　　　ⓒ (그가) 정부로부터 표창장을 받았다. (정부에서○)
　　　ⓔ 갑자기 눈에서 눈물이 흘렀다. (눈으로부터×)

⑤ '부터'와 '로부터' : '부터'는 보조사로서 주어나 목적어 또는 부사어가 될
　수 있는 체언 뒤에 붙고, '로부터'는 부사격조사로서 그곳이 출발점이 될 수
　있는 체언 뒤에 쓰인다.

　　㉮ 너부터 이야기해라.
　　㉯ 먼저 학교부터 가야 하지 않겠니?
　　㉰ 학교로부터 입학 통지서가 도착했다.

⠀⠀㉡ 삼일 운동은 독립 선언<u>으로부터</u> 시작했다.

⠀⠀㉢ 그들은 곧바로 독립 선언<u>부터</u> 시작했다.

⑥ '까지', '조차', '마저' : 모두 이미 어떤 것이 포함된 뒤에 그 위에 더함을 나타내는데 더하는 것이 화자에게 어떤 성격을 가지느냐에 따라서 구별된다.

⠀'까지'는 포함되는 범위의 극한을 사실적으로 가리킨다.

⠀'도'와 비슷하나 좀 더 강하게 극한을 표현할 때에 쓰인다.

⠀'조차'는 일반적으로 예상하기 어려운 것이 포함되어 화가 나거나 무시하고 싶거나 싫음을 나타내며 주로 부정 표현에 쓰인다.

⠀'마저'는 남겨 두고 싶은 마지막 것, 또는 포함시키고 싶지 않은 것이 포함되어 걱정되거나 안타까움을 나타내는 데 쓰인다.

⠀⠀㉮ 그의 결혼식에 대통령<u>까지</u> 참석했어.

⠀⠀㉯ 이제는 거짓말<u>까지</u> 하는구나.

⠀⠀㉰ 그는 제 이름<u>조차</u> 못 쓴다.

⠀⠀㉱ 항복은 생각<u>조차</u> 할 수 없었다.

⠀⠀㉲ 그들은 여행<u>조차</u> 할 수 없게 했다.

⠀⠀㉳ 막내아들<u>마저</u> 노모를 떠났다.

⠀⠀㉴ 이제 양식<u>마저</u> 다 떨어졌다.

⠀예문 ㉮, ㉯는 일반적으로 있을 수 있는 일 가운데에서 가장 극한적인 것을 예시한 것이다. 올 수 있는 사람으로서 '대통령', 할 수 있는 말로서 '거짓말'이므로 사실적인 표현에 약간의 강조가 들어 있는 것이다.

⠀예문 ㉰, ㉱, ㉲에는 화자의 무시, 꺼림, 불평, 분노 등의 감정이 포함되어 있다. '까지'처럼 극한적인 것을 예시하지만 화자가 그것에 대해 가지는 감정이 다르다. '까지'는 생각할 수 있는 극한에 쓰인다면 '조차'는 생각하기 어려운 극한에 쓰인다고 볼 수 있다. 그래서 '조차'는 긍정문보다는 부정문과 더 자연스럽게 어울린다.

⠀예문 ㉳, ㉴는 화자의 안타까움, 걱정, 좌절감이 배어 있다. 남아 있는 최후의 것이 포함되었다는 데 대한 감정일 것이다. '마저' 대신에 '까지'를 쓰면 그런 감정이 사라지게 된다. '마저' 대신에 '조차'를 쓰면 화자의 감

정이 '걱정, 좌절감'에서 '분노, 불평'으로 옮겨감을 알 수 있다.

이런 차이는 모국어 화자라도 쉽게 변별하지 못하고 아무렇게나 쓰는 경우가 많은데 이는 우리가 언어를 너무 방만하게 또는 안이하게 사용해 왔기 때문일 것이다. 지금부터라도 조사의 기능을 깊이 이해하고 변별하여 사용하는 노력을 기울여야 하겠다.

[3] 용언

체언은 형태가 변하지 않고 그 뒤에 조사가 붙는 데 비해서 용언(用言)은 형태가 고정되지 않고 상황에 따라서 끊임없이 변한다. 용언이란 '활용하는 말'이란 뜻이고, 활용(活用)이란 낱말이 문장에서 변하면서 쓰인다는 말이다. 용언의 모든 낱말은 변하지 않는 부분인 어간(語幹)과 변하는 부분인 어미(語尾)로 되어 있는데, 변하는 부분인 어미가 문법적 기능에 맞추어 변하는 것을 활용이라고 한다. 용언에는 성질에 따라서 동작을 품고 있는 동사와 상태를 품고 있는 형용사로 나눈다. 그리고 동사와 형용사에 따라서 활용하는 범위도 조금 다르다.

(1) 동사

사물의 구체적인 움직임을 나타내는 것이 동사(動詞)이다. 동작은 일회적으로 일어날 수도 있지만('감다, 뜨다, 죽다' 따위), 지속적으로 일어날 수도 있다('매다, 묶다, 살다, 있다, 자다' 따위). 때로는 일회적 동작이 연속적으로 일어나는 것을 포함할 때('가다, 오다, 먹다' 따위)도 있다. 일회성인 동사와 지속성인 동사 사이에는 현재 진행형의 의미에 차이가 생긴다.

> ㉮ **눈을 감고 있다.**
> ㉯ **그가 넥타이를 매고 있다.**
> ㉰ **밥을 먹고 있다.**

예문 ㉮는 감는 행위를 천천히 한다는 의미가 아니라 감은 행위를 한 뒤에 그대로 행위가 이어짐을 나타낸다. 즉 '감은 상태'로 있음을 의미한다. 이에 비해서 예문 ㉯는 매는 행위가 지속된다는 것을 나타내기도 하고 맨 상태가 지속되는 것을 나타내기도 한다.

예문 ㉣는 먹는 행위가 지속됨을 나타낸다. 이런 차이는 매우 미세하여 모국어 화자는 거의 인식하지 못하고 사용하지만 한국어를 외국어로 배우는 사람들에게는 어려울 수도 있다.

① **동사의 종류** : 동사를 문법적 의미에 따라서 몇 가지로 분류할 수 있다. 형태상으로 규칙 동사와 불규칙 동사와 불완전 동사, 동작이 미치는 범위에 따라서 자동사와 타동사, 움직임의 주체에 따라서 능동사와 피동사, 움직임의 성질에 따라서 주동사와 사동사, 기능상으로 본동사와 보조 동사 등으로 나눌 수 있다.

㉠ 규칙 동사(어간, 어미 안 바뀜) : **가다, 갚다, 낳다, 닫다, 먹다, 배다, 빗다, 서다, 잡다**

㉡ 불규칙 동사(어간, 어미 바뀜) : **갈다, 눕다, 말갛다, 바르다, 싣다, 잇다, 잠그다, 푸르다**

㉢ 불완전 동사(활용형이 제한됨) : **가라사대, 데리고, 다오**

㉣ 자동사(동작이 주어에만 미침) : **가다, 남다, 닳다, 마르다, 숨다, 자라다, 피다, 흐르다**

㉤ 타동사(동작이 대상에 미침) : **갈다, 내다, 대다, 말리다, 숨기다, 잡다, 파다, 훑다**

㉥ 능동사(주어가 행동함) : **가다, 묶다, 보다, 쓰다, 웃다, 차다, 패다, 흐르다**

㉦ 피동사(제삼자가 행동함) : **감기다, 걷히다, 끌리다, 담기다, 묶이다, 밀리다, 부딪히다, 씹히다, 잊히다**

㉧ 주동사(주어가 스스로 함) : **감다, 담다, 막다, 먹다, 묶다, 밀다, 씹다, 얽다, 차다, 치우다, 타다, 품다, 피우다**

㉨ 사동사(주어가 남에게 시킴) : **달리다, 먹이다, 살리다, 세우다, 신기다, 입히다, 재우다, 죽이다, 태우다**

㉩ 본동사(독자적으로 서술어가 됨) : **감다, 깎다, 낚다, 묶다, 자라다, 잡다**

㉪ 보조 동사(본동사의 보조자임) : **(-어)가다, (-어)오다, (-어)놓다, (-어)대다, (-어)버리다, (-어)보다, (-어)지다, (-어)하다, (-는)체하다, (-지)아니하다**

② **동사의 특징** : 동사는 문법적으로 볼 때 주어의 서술어로서 가장 완벽한 기능을 수행하는 품사이다. 서법, 시제, 높임법, 피동법, 사동법, 부정법 등 문법의 모든 변화를 다 수용하고 모든 규칙이 다 적용되는 완벽한 서술어이다. 그래서 서술어에 관한 규칙은 동사를 기준으로 하여 설명하게 된다.

③ **특수한 동사** : 동사 가운데에는 특수한 목적어를 취하기도 하고, 자동사로서 목적어를 취하기도 하고, 어떤 동사는 능동사와 타동사로 두루 쓰이기도 한다.

㉮ 동족 목적어를 취하는 동사 : **걸음을 걷다, 꿈을 꾸다, 뜀을 뛰다, 삶을 살다, 울음을 울다, 웃음을 웃다, 임을 이다, 잠을 자다, 짐을 지다, 춤을 추다.**

㉯ 목적어를 취하는 자동사 : **길을 가다, 정원(/마당)을 거닐다, 하늘(/공중)을 날다, 전세(/사글세)를 살다, 보초(/보증/중매)를 서다.**

㉰ 자동사와 타동사로 두루 쓰이는 동사 : **움직이다** (기차가 움직이다 / 기차를 움직이다); **만나다** (그와 만나다 / 그를 만나다), **닮다** (아버지와 닮다 / 아버지를 닮다), **생각하다** (기쁘게 생각하다 / 친구를 생각하다), **견디다** (추위에 견디다 / 추위를 견디다)

위 ㉯에 예시된 자동사는 형식적으로나마 목적어를 취하고 있기 때문에 이 경우에 한해서 타동사로 분류한다.

④ **보조 동사** : 본동사에 일정한 의미를 부여하면서 화자의 감정을 드러내는 통로로 사용되는 동사가 보조 동사이다. 보조 동사 가운데에서 화자의 감정을 가장 적극적으로 드러내는 것이 '버리다'와 '보다', '주다', '죽다' 이다.

㉮ 버리다 : 어떤 일을 완전히 마침을 나타내되 그 일을 함부로 하거나 또는 하찮게 여기는 감정이 배어난다.

* **제발 죽어 버렸으면 좋겠다.** (죽음을 심각하게 생각하지 않음)
* **이 서류를 찢어 버려라.** (서류에 대한 애착이 없음)
* **그러면 돌아와 버려.** (불만이 섞여 있음)

㉯ 보다 : 어떤 일을 시험 삼아 함을 나타낸다.

＊ 그에게 말을 건네 보았다.

＊ 먹어 보면 맛을 알게 될 거야.

＊ 네가 그를 좀 만나 봐라.

㉡ 주다 : 지시나 명령을 완곡한 부탁의 느낌으로 바꾸어 상대의 감정을 순화하려는 마음을 드러낸다.

＊ 실내에서는 흡연을 삼가 주세요.

＊ 반드시 수영복을 입고 들어와 주세요.

＊ 차례로 버스에 승차해 주세요.

㉣ 죽다 : 형용사 뒤에 쓰이어 그 기분이 매우 심함을 나타낸다.

＊ 그는 시험에 합격해서 좋아 죽겠다는 표정을 지었다.

＊ 반장은 나만 보면 좋아 죽는다.

＊ 요즘은 정말 바빠 죽겠어.

많은 경우, 화자가 보조 동사를 이용해서 자신의 감정을 실으려 하는 것은 동사에 대한 확신 즉, 자신이 사용하는 동사에 대한 자신감 부족에서 온다고 볼 수 있다. 상대의 감정을 순화하고 상대로 하여금 화자에 대한 감정을 누그러뜨리는 효과를 기대하며 사용하는 것이다. 장기적으로 보면 이런 쓰임새의 보조 용언은 도태시키는 것이 마땅하다. 언어에 주관적인 감정이 개입하는 것은 바람직하지 않기 때문이다.

 동사의 명사화

동사는 아래와 같이 명사형 접미사(-ㅁ, -음, -기, -게, -개, -이)를 붙여 명사로 쓰이게 된다.

• 동사+ㅁ : 그리다/그림, 꾸다/꿈, 뜨다/뜸, 모이다/모임, 살다/삶, 새다/샘, 세다/셈, 싸다/쌈, 자다/잠, 지다/짐, 찌다/찜, 추다/춤

• 동사+음 : 볶다/볶음, 웃다/웃음, 울다/울음, 얼다/얼음, 졸다/졸음

• 동사+기 : 끝내다/끝내기, 나누다/나누기, 보다/보기, 쐬다/쐬기

- 동사+게 : 지다/지게, 집다/집게
- 동사+개 : 가리다/가리개, 베다/베개, 쓰다/쓰개, 찌다/찌개
- 동사+이 : 먹다/먹이, 높다/높이, 넓다/넓이, 여닫다/여닫이

그 밖에 동사가 명사로 바뀐 형태

걷다/걸음, 막다/마감, 묻다/무덤, 섧다/설움, 죽다/주검, 패다/패
암, 헤다/헤엄, 비치다/빛, 웃다/우스개, 놀다/노리개

아래 동사는 부사로도 사용된다.

끝내다/끝내, 덜다/덜, 삼가다/삼가, 앞서다/앞서

(2) 형용사

사물의 상태나 모양을 나타내는 품사가 형용사(形容詞)이다. 형용사는 형태에 따라서 규칙 형용사와 불규칙 형용사, 기능에 따라서 본형용사와 보조 형용사로 나눈다.

① 형용사의 종류

㉮ 규칙 형용사(어간과 어미가 변하지 않는 것) : **굳다, 굵다, 낮다, 당차다, 많다, 맑다, 얇다, 없다, 있다, 좋다**

㉯ 불규칙 형용사(어간이나 어미가 변하는 것) : **곱다[麗], 기쁘다, 까맣다, 넉넉하다, 덥다, 무르다, 빠르다, 잘다**

㉰ 본형용사(독자적으로 서술어가 됨) : **동그랗다, 예쁘다, 기쁘다, 슬프다, 힘차다**

㉱ 보조 형용사(본형용사나 본동사를 도움) : **(-고)싶다, (-듯)하다, (-뻔)하다, (-지)아니하다**

② 형용사의 특징 : 형용사는 지금 보이는 상태나 모양을 나타내므로 기본적으로 연속성이 있다는 점에서 동사에서 사용되는 진행형을 형용사에서는 쓸 수 없다. 또 형용사는 누구의 의도에 따라 의미가 변하지 않으므로(변한다면

'동사'가 된다) 변화를 전제로 하는 명령형이나 청유형과 어울릴 수 없다. 이렇게 보면 형용사를 사용하는 데는 동사에 비해서 문법적으로 여러 제약이 있음을 알 수 있다.

형용사의 명사화

형용사는 명사형 접미사(-ㅁ/-음, -기, -이)를 붙여 명사로 바뀐다.

- 형용사+ㅁ(음) : 기쁘다/기쁨, 슬프다/슬픔, 흐리다/흐림, 맑다/맑음, 닮다/닮음
- 형용사+기 : 크다/크기, 밝다/밝기, 굳다/굳기, 세다/세기
- 형용사+이 : 크다/키, 무겁다/무게, 높다/높이, 깊다/깊이

형용사의 부사화

형용사는 부사형 접미사(-이, -리)를 붙여 부사로 바뀌기도 한다.

- 형용사+이 : 많다/많이, 높다/높이, 깊다/깊이, 곱다/고이, 즐겁다/즐거이, 슬프다/슬피, 고요하다/고요히, 침착하다/침착히
- 형용사+리 : 멀다/멀리, 빠르다/빨리, 다르다/달리, 너르다/널리, 게으르다/게을리, 서투르다/서툴리, 배부르다/배불리

(3) 보조 용언

독자적으로 서술어 노릇을 하지 못하고 본용언(본동사와 본형용사)을 도와서 뜻을 보태는 기능을 하는 용언이다. 보조 용언은 보조적 연결 어미를 매개로 하여 본용언과 연결된다. 보조적 연결 어미에는 '-아(-어)', '-고', '-게' 등이 있다.

① '-아(-어)'에 연결되는 보조 용언

(-아/-어)가다, (-아/-어)나다, (-아/-어)내다, (-아/-어)놓다, (-아

/ㅡ어)대다, (ㅡ아/ㅡ어)두다, (ㅡ아/ㅡ어)드리다, (ㅡ아/ㅡ어)들다, (ㅡ아
/ㅡ어)버리다, (ㅡ아/ㅡ어)보다, (ㅡ아/ㅡ어)쌓다, (ㅡ아/ㅡ어)오다, (ㅡ아
/ㅡ어)주다, (ㅡ아/ㅡ어)지다

② 'ㅡ게', 'ㅡ고', 'ㅡ지'에 연결되는 보조 용언

(ㅡ게)되다, (ㅡ게)하다, (ㅡ고)싶다, (ㅡ지)말다, (ㅡ지)못하다, (ㅡ지)아니
하다, (ㅡ지)않다

③ 관형어 뒤에 연결되는 보조 용언

(ㅡㄹ)듯하다, (ㅡㄹ)만하다, (ㅡㄹ)법하다, (ㅡㄹ)뻔하다, (ㅡㄹ)성싶다,
(ㅡ는)양하다, (ㅡ는)척하다, (ㅡ는)체하다

④ 보조 용언의 특징 : 보조 용언도 낱말이므로 본용언과 띄어 쓰는 것이 원칙
이나 위 ①과 ③에서 예시한 보조 용언은 본용언에 붙여 쓰는 것이 허용된
다(맞47 본문). 또, 위 ③에 예시한 보조 용언은 아래와 같이 조사를 끼워서
분리해서 사용할 수도 있다.

(ㅡㄹ)듯도 하다, (ㅡㄹ)만은 하다, (ㅡㄹ)법이야 하다, (ㅡㄹ)뻔도 하다,
(ㅡㄹ)성은 싶다, (ㅡ는)양을 하다, (ㅡ는)척까지 하다, (ㅡ는)체만 하다

⑤ 보조 용언의 부정 : 보조 용언을 부정할 때에는 아래와 같이 통사적 방법으
로 부정을 한다. '안'이나 '못'을 쓰는 부정문과는 의미 차이가 있다.

㉮ 일이 잘 되어가지 않는다. (안 되어 간다)
㉯ 나는 너를 보고 싶지 않다. (안 보고 싶다)
㉰ 비가 올 듯하지 않다. (안 올 듯하다)
㉱ 일이 좋게 되지 않았다. (안 좋게 되다)

⑥ 보조 용언의 높임 : 보조 용언이 있는 서술어에 높임의 선어말 어미 'ㅡ
시ㅡ'를 붙일 때에는 보조 용언에 붙인다.

㉮ 아버지께서 신문을 읽어 보셨다. (읽으셔 보았다×)
㉯ 선생님께서 휴지를 찢어 버리셨어요. (찢으셔 버렸어요×)
㉰ 여기 앉아서 구경해요. (여기 앉으셔서 구경하시어요.○)

위 예문 ㉺의 '앉아 구경하다'가 본용언과 보조 용언 사이가 아니고 대등한 두 용언의 결합이므로 두 용언에 모두 높임의 선어말 어미 '-시-'를 붙여야 한다.

⑦ 보조 용언의 대용(代用) : 본용언은 대용할 수 있지만 보조 용언은 대용할 수 없다.

    * 영희가 종이를 찢어 버렸다. 영수도 <u>그래</u> 버렸다.
    * 얼른 영화를 보고 싶다. 나도 <u>그러고</u> 싶다.
    * 오늘 오후에 비가 올 듯하다. 저녁에도 <u>그럴</u> 듯하다.

위 예문에서 알 수 있듯이 본용언은 다른 동사로 대용할 수 있지만 보조 용언은 그럴 수 없다.

⑧ 보조 용언의 연속 사용 가능성 : 보조 용언은 본용언과 같은 동사를 사용할 수 있다.

    * 여기를 보아 보세요.
    * 찢어진 옷을 버려 버렸다.
    * 목표 지점에 거의 다 가 간다.

(4) 용언의 활용

용언의 어간에 어미를 붙여 실제 문장에서 사용하게 하는 것을 활용이라고 하는데, 어간에 붙는 어미와 관련하여 문법적으로 몇 가지 까다로운 문제가 생길 수 있어서 주의를 기울여야 한다.

① 규칙 활용 : 어간과 어미의 기본 형태가 변하지 않고 어간에 자유롭게 어미가 붙어서 문법적 기능을 하는 것을 규칙 활용이라고 한다. 어간과 어미의 결합을 보이면 아래와 같다.

어간	-니	-는	-아/-어	-면	-시-	-오	-세	-ㅂ니다
가다	가니,	가는	가,	가면	가시고	가오/소	가세	갑니다
서다	서니,	서는	서,	서면	서시오	서오/소	서세	섭니다

제8편

보다 보니, 보는 보아, 보면 보시고 보오/소 보세 봅니다

주다 주니, 주는 주어, 주면 주시니 주오/소 주세 줍니다

잡다 잡으니, 잡는 잡아, 잡으면 잡으시면 잡으오/소 잡세 잡습니다

먹다 먹으니, 먹는 먹어, 먹으면 먹으시어 먹으오/소 먹세 먹습니다

믿다 믿으니, 믿는 믿어, 믿으면 믿으시어 믿으오/소 믿세 믿습니다

② **불규칙 활용** : 어간에 위의 어미를 붙일 때에 어간의 일부나 어미의 일부가 형태 변화를 일으키면 불규칙 활용으로 본다.

㉮ '르' 탈락 : 'ㄹ' 받침이 있는 용언의 어간은 특정한 어미가 올 때에 'ㄹ' 받침이 규칙적으로 탈락한다. 'ㄹ' 받침을 탈락하게 만드는 어미로는 '-니', '-는', '-느냐', '-느라', '-ㄴ' 등 'ㄴ'으로 시작하는 것, 선어말 어미 '-시-'가 붙은 것, '-마', '-오', '-ㅂ니다', '-세' 등이다.

갈다 – 가니, 가느냐, 가는, 간, 가마, 가오, 가시오, 갑니다, 가세

날다 – 나니, 나느냐, 나는, 난, 나마, 나오, 나시오, 납니다, 나세

놀다 – 노니, 노느냐, 노는, 논, 노마, 노오, 노시오, 놉니다, 노세

살다 – 사니, 사느냐, 사는, 산, 사마, 사오, 사시오, 삽니다, 사세

㉯ 'ㅅ' 탈락 : 'ㅅ'으로 끝나는 용언의 일부는 모음으로 시작되는 어미와 결합할 때 'ㅅ'이 탈락한다. 조음소 'ㅡ' 앞에서도 탈락한다.

굿다 – 그으니, 그으러, 그을, 그어, 그었다, 그으신다, 그으오/긋소

낫다 – 나으니, 나으러, 나을, 나아, 나았다, 나으신다, 나으오/낫소

붓다 – 부으니, 부으러, 부을, 부어, 부었다, 부으신다, 부으오/붓소

잇다 – 이으니, 이으러, 이을, 이어, 이었다, 이으신다, 이으오/잇소

잣다 – 자으니, 자으러, 자을, 자아, 자았다, 자으신다, 자으오/잣소

젓다 – 저으니, 저으러, 저을, 저어, 저었다, 저으신다, 저으오/젓소

짓다 – 지으니, 지으러, 지을, 지어, 지었다, 지으신다, 지으오/짓소

〈규칙 활용〉

벗다 – 벗으니, 벗으러, 벗을, 벗어, 벗었다, 벗으신다, 벗으오/벗소

빗다 – 빗으니, 빗으러, 빗을, 빗어, 빗었다, 빗으신다, 빗으오/빗소

웃다 – 웃으니, 웃으러, 웃을, 웃어, 웃었다, 웃으신다, 웃으오/웃소

ⓓ 'ㅎ' 탈락과 어미 변화 : 'ㅎ' 받침으로 끝나는 일부 형용사의 어간은 'ㄴ, ㄹ, ㅁ'으로 시작하는 어미와 결합할 때 'ㅎ'이 탈락되며, '−아/−어' 앞에서는 어미의 형태도 변한다.

까맣다−까마니, 까마면, 까말, 까마리라, 까매, 까맸다, 까맣소
그렇다−그러니, 그러면, 그럴, 그러리라, 그래, 그랬다, 그렇소
말갛다−말가니, 말가면, 말갈, 말가리라, 말개, 말갰다, 말갛소
파랗다−파라니, 파라면, 파랄, 파라리라, 파래, 파랬다, 파랗소
하얗다−하야니, 하야면, 하얄, 하야리라, 하얘, 하얬다, 하얗소
노랗다−노라니, 노라면, 노랄, 노라리라, 노래, 노랬다, 노랗소

〈규칙 활용〉

좋다−좋으니, 좋으면, 좋을, 좋으리라, 좋아, 좋았다, 좋소
찧다−찧으니, 찧으면, 찧을, 찧으리라, 찧어, 찧었다, 찧소/찧으오
많다−많으니, 많으면, 많을, 많으리라, 많아, 많았다, 많소

ⓔ 'ㅜ' 탈락 : 동사 '푸다'의 '푸−'는 모음 어미 앞에서 'ㅜ'가 떨어져 활용한다. '푸다' 외의 동사는 규칙 활용을 한다.

푸다−푸니, 퍼, 펐다, 풉니다, 푸오

〈규칙 활용〉

꾸다−꾸니, 꾸어(꿔), 꾸었다(꿨다), 꿉니다, 꾸오
쑤다−쑤니, 쑤어(쒀), 쑤었다(쒔다), 쑵니다, 쑤오
부수다−부수니, 부수어(＝부숴), 부수었다(부숬다), 부숩니다, 부수오
주다−주니, 주어(줘), 주었다(줬다), 줍니다, 주오
비추다−비추니, 비추어(비춰), 비추었다(비췄다), 비춥니다, 비추오

ⓕ 'ㅡ' 탈락 : 'ㅡ'로 끝나는 용언의 어간의 'ㅡ'는 'ㅓ'로 시작하는 어미 앞에서 언제나 탈락한다. 다만 '르'로 끝나는 용언의 어간은 다른 형태로 활용하는 것이 많이 있다(ⓙ, ⓚ 참조).

쓰다 –	쓰니,	써,	써라,	써서,	썼다,	씁니다
크다 –	크니,	커,	커라,	커서,	컸다,	큽니다
담그다 –	담그니,	담가,	담가라,	담가서,	담갔다,	담급니다
아프다 –	아프니,	아파,	아파라,	아파서,	아팠다,	아픕니다
따르다 –	따르니,	따라,	따라라,	따라서,	따랐다,	따릅니다
치르다 –	치르니,	치러,	치러라,	치러서,	치렀다,	치릅니다

〈러 불규칙 : 자세한 것은 ㉔ 참조〉

이르다 – 이르니, 이르러, 이르러서, 이르렀다, 이릅니다

〈르 불규칙 : 자세한 것은 ㉕ 참조〉

흐르다 – 흐르니, 흘러, 흘러서, 흘렀다, 흐릅니다

㉓ 'ㄷ' 불규칙 : 어간이 'ㄷ' 받침으로 끝나는 일부 동사는 모음으로 시작
하는 어미(조음소 'ㅡ' 포함) 앞에서 'ㄷ'이 'ㄹ'로 바뀌는 경우가 있다.

듣다 – 들으니, 들은, 들어서, 들었다, 들으오, 듣습니다

걷다 – 걸으니, 걸은, 걸어서, 걸었다, 걸으오, 걷습니다

일컫다 – 일컬으니, 일컬은, 일컬어서, 일컬었다, 일컬으오, 일컫습
니다

긷다 – 길으니, 길은, 길어서, 길었다, 길으오, 긷습니다

깨닫다 – 깨달으니, 깨달은, 깨달아서, 깨달았다, 깨달으오, 깨닫습
니다

싣다 – 실으니, 실은, 실어서, 실었다, 실으오, 싣습니다

묻다[問] – 물으니, 물은, 물어서, 물었다, 물으오, 묻습니다

겯다 – 결으니, 결은, 결어서, 결었다, 결으오, 겯습니다

〈규칙 활용 : 굳다, 믿다, 얻다〉

돋다 – 돋으니, 돋은, 돋아서, 돋았다, 돋으오, 돋습니다

묻다(埋) – 묻으니, 묻은, 묻어서, 묻었다, 묻으오, 묻습니다

닫다(閉) – 닫으니, 닫은, 닫아서, 닫았다, 닫으오, 닫습니다

㉔ 'ㅂ' 불규칙 : 어간이 'ㅂ' 받침으로 끝나는 용언 중 일부는 모음으로 시
작되는 어미(조음소 'ㅡ' 포함) 앞에서 'ㅂ'이 '우'로 바뀐다.

눕다 – 누우니, 누운, 누워, 누워서, 누웠다, 누우오/눕소, 눕습니다
굽다 – 구우니, 구운, 구워, 구워서, 구웠다, 구우오/굽소, 굽습니다
돕다 – 도우니, 도운, 도와, 도와서, 도왔다, 도우오/돕소, 돕습니다
덥다 – 더우니, 더운, 더워, 더워서, 더웠다, 더우오/덥소, 덥습니다
밉다 – 미우니, 미운, 미워, 미워서, 미웠다, 미우오/밉소, 밉습니다

〈규칙 활용 : 꼽다, 씹다, 업다, 접다, 좁다〉

입다 – 입으니, 입은, 입어, 입어서, 입었다, 입으오/입소, 입습니다
잡다 – 잡으니, 잡은, 잡아, 잡아서, 잡았다, 잡으오/잡소, 잡습니다

어간이 두 음절 이상으로 된 낱말 가운데에서 '곱디곱다'만 양성 모음으로 활용하고 나머지는 모두 음성 모음으로 활용한다.

* 양성 모음 '와'로 활용하는 것

곱디곱다 – 곱디고와, 곱디고와서, 곱디고왔다

* 음성 모음 '워'로 활용하는 것

괴롭다 – 괴로워,   괴로워서,   괴로웠다
외롭다 – 외로워,   외로워서,   외로웠다
가깝다 – 가까워,   가까워서,   가까웠다
반갑다 – 반가워,   반가워서,   반가웠다
부드럽다 – 부드러워, 부드러워서, 부드러웠다

㉚ '여' 불규칙 : 어간의 끝 음절이 '하'로 된 모든 용언은 '-어' 계열의 어미 '-어'를 '여'로 바꾼다.

하다 – 하여(해), 하여서(해서), 하여라(해라), 하였다(했다)
일하다 – 일하여(일해), 일하여서(일해서), 일하여라(일해라), 일하였다(일했다)
착하다 – 착하여(착해), 착하여서(착해서), 착하여라(착해라), 착하였다(착했다)
탓하다 – 탓하여(탓해), 탓하여서(탓해서), 탓하여라(탓해라), 탓하였다(탓했다)

㉠ '러' 불규칙 : '르'로 끝난 어간에 모음 어미 '-어'가 결합하면 '어'나 '러'로 바뀐다. 그러나 다른 형태로 불규칙 활용을 하는 것도 있다(㉢, ㉣ 참조).

> **이르다[至]** – 이르니, 이르러, 이러러서, 이르렀다, 이릅니다
> **누르다[黃]** – 누르니, 누르러, 누르러서, 누르렀다, 누릅니다
> **푸르다[靑]** – 푸르니, 푸르러, 푸르러서, 푸르렀다, 푸릅니다

㉢ '르' 불규칙 : '르'로 끝나는 용언은 '어'로 시작하는 어미 앞에서 '르'의 'ㅡ'가 줄어들면서 'ㄹ'이 앞 음절의 받침으로 붙고 어미의 첫소리 '어' 는 '러'로 바뀐다.

> **부르다** – 부르니, 불러, 불러서, 불렀다, 부릅니다
> **마르다** – 마르니, 말라, 말라서, 말랐다, 마릅니다
> **바르다** – 바르니, 발라, 발라서, 발랐다, 바릅니다
> **누르다[壓]** – 누르니, 눌러, 눌러서, 눌렀다, 누릅니다
> **조르다** – 조르니, 졸라, 졸라서, 졸랐다, 조릅니다
> **게으르다** – 게으르니, 게을러, 게을러서, 게을렀다, 게으릅니다
> **서두르다** – 서두르니, 서둘러, 서둘러서, 서둘렀다, 서두릅니다
> **서투르다** – 서투르니, 서툴러, 서툴러서, 서툴렀다, 서투릅니다

㉣ '거라' 불규칙 : '가다'는 명령형 어미로 '-거라'를 취한다. '-라'를 취 하여 규칙 활용하는 것도 허용된다.

> **가다** – 가느냐, 가는, 가세, 가거라/가라, 갑니다
> **나가다** – 나가느냐, 나가는, 나가세, 나가거라, 나갑니다
> **돌아가다** – 돌아가는, 돌아가세, 돌아가거라, 돌아갑니다
> **물러가다** – 물러가는, 물러가세, 물러가거라, 물러갑니다
> **떠나가다** – 떠나가는, 따나가세, 떠나가거라, 떠나갑시다

〈규칙 활용〉

> **삼가다** – 삼가느냐, 삼가는, 삼가라, 삼가세요, 삼갑시다

'자라거라, 일어나거라, 있거라, 앉거라'처럼 많은 동사의 활용 어미

로 '-거라'를 쓰는 현상이 살아 있다. 그러나 '가거라' 외에는 표준 어법으로 인정하지 않는다.

ⓣ '너라' 불규칙 : '오다'는 명령형 어미로 '-너라'를 취한다. '-아라'를 취하여 규칙 활용하는 것도 허용된다.

오다 - 오니, 와, 와서, 오너라/와라, 옵니다
들어오다 - 들어오니, 들어와, 들어와서, 들어오너라, 들어옵니다
나오다 - 나오니, 나와, 나와서, 나오너라, 나옵니다

③ 불완전 동사의 활용형 : 동사 가운데에는 활용형이 극히 제한된 것이 있다. 보통의 어미는 붙지 않고 특정의 어미 한두 가지만 붙는 동사를 불완전 동사라고 한다.

'데리다'는 '데리고'로만 활용되고, '더불다'는 '더불어'로만 활용된다. 또 '연달다'는 '연달아'로만 활용되고, '가로다'는 '가로되' 또는 '가론'으로만 활용되며, '달다'는 '달라'와 '다오'로만 활용된다. '닫다[走]'도 완전한 활용을 하지 못한다. 아래 활용형 가운데에서 '달으니, 달아, 달았다' 형은 거의 사용되지 않는다. 그래서 '달리니, 달리어, 달렸다'처럼 '닫다'의 사동형을 '닫다'와 같은 의미로 사용하는 방법이 쓰이고 있다. 정도의 차이는 있지만 상당히 많은 동사나 형용사가 일부 어미를 붙이지 못하는 경우가 있다.

〈불완전 활용〉
닫다[走] - 닫고, 닫지, 닫습니다 (달으니, 달아, 달았다)
서슴다 - 서슴지 (서슴고, 서슴으니, 서슴어, 서슴었다, 서슴습니다)
종잡다 - 종잡지, 종잡기, 종잡을 (종잡으니, 종잡아, 종잡았다, 종잡습니다)
비롯하다 - 비롯하여, 비롯한 (비롯하는, 비롯하니, 비롯하고, 비롯합니다)
다그다 - 다그면, 다가 (다그고, 다그니, 다그므로, 다가서, 다갔다)

〈완전 활용〉
내닫다 - 내닫고, 내닫지, 내달으니, 내달아, 내달았다, 내닫습니다
손잡다 - 손잡고, 손잡지, 손잡으니, 손잡아, 손잡았다, 손잡습니다

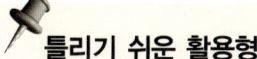

틀리기 쉬운 활용형

- 갈다 – 가니, 가네, 간, 갈아, 가오, 가세, 갈게, 갑니다, 가니/가느냐?
- 걷다 – 걸으니, 걷네, 걷는, 걸어, 걸으오/걷소, 걷세, 걷습니다, 걷니/걷느냐?
- 꺼멓다 – 꺼머니, 꺼머네, 꺼먼, 꺼메, 꺼멓소, 꺼멓습니다, 꺼멓니/꺼머냐?
- 그렇다 – 그러니, 그러네, 그런, 그래, 그렇소, 그렇습니다, 그렇니/그러냐?
- 긷다 – 길으니, 긷네, 긷는, 길어, 길으오/긷소, 긷세, 긷습니다, 긷니/긷느냐?
- 놀다 – 노니, 노네, 논, 놀아, 노오, 노세, 놀자, 놉니다, 노니/노느냐?
- 담그다 – 담그니, 담그네, 담가, 담그오, 담그세, 담급니다, 담그나/담그느냐?
- 덥다 – 더우니, 덥네, 더운, 더워, 덥소, 덥습니다, 덥니/더우냐?
- 따르다 – 따르니, 따르네, 따른, 따라, 따르오, 따릅니다, 따르니/따르느냐?
- 멀다 – 머니, 머네, 먼, 멀어, 머오, 멀게, 멉니다, 머니/머냐?
- 묻다 – 물으니, 묻네, 묻는, 물어, 물으오, 묻세, 묻습니다, 묻니/묻느냐?
- 바르다 – 바르니, 바르네, 바른, 발라, 바르오, 바릅니다, 바르니/바르느냐?
- 부수다 – 부수니, 부수네, 부순, 부숴, 부수오, 부숩니다, 부수니/부수느냐?
- 살다 – 사니, 사네, 산, 살아, 사오, 사세, 살지, 삽니다, 사니/사느냐?

- 서럽다 – 서러우니, 서럽네, 서러운, 서러워, 서럽지, 서럽습니다, 서럽니/서럽냐?
- 잇다 – 이으니, 잇네, 이은, 이어, 이으오/잇소, 잇습니다, 잇니/잇느냐?
- 잠그다 – 잠그니, 잠그네, 잠근, 잠가, 잠그오, 잠급니다, 잠그니/잠그느냐?
- 잡수다 – 잡수니, 잡수네, 잡순, 잡숴, 잡수오, 잡숩니다, 잡수니/잡수느냐?
- 좁다 – 좁으니, 좁네, 좁은, 좁아, 좁으오/좁소, 좁습니다, 좁니/좁으냐?
- 줍다 – 주우니, 줍네, 주운, 주워, 주우오/줍소, 줍세, 줍니/줍느냐?
- 찧다 – 찧으니, 찧네, 찧은, 찧어, 찧으오/찧소, 찧세, 찧니/찧느냐?
- 춥다 – 추우니, 춥네, 추운, 추워, 추우오/춥소, 춥니/추우냐?
- 하얗다 – 하야니, 하야네, 하얀, 하얘, 하얗소, 하얗니/하야냐?

(5) 어미

용언의 어간에 붙어서 용언이 문장에서 문법적 기능을 수행하도록 해 주는 형태소를 어미라고 한다. 어미는 종류에 따라서 내포와 수식, 연결 등의 문법적 기능과 서법, 시제, 높임법 등을 실현하는 기능을 수행한다.

① 어미의 종류 : 어미에는 낱말의 끝에만 붙는 어말 어미와 어말 어미 앞에만 붙는 선어말 어미가 있다.

㉮ 어말 어미 : 우리가 보통 어미라고 하는 경우에는 바로 이 어말 어미를 가리키는 것으로 이해한다.

비가 오니 우산을 가져가라고 알리어라.

위 문장에서 '오니, 가져가라고, 알리어라'가 용언인데 이것을 분해하면 '오+니, 가져가+라고, 알리+어라'로 나눌 수 있다. 여기서 '-니, -라고, -어라'가 어미인데 선어말 어미와 구별하기 위해서 어말 어미라고 부른다.

㉯ 선어말 어미 : 언제나 어간과 어말 어미 사이에 오기 때문에 어말 어미의 앞에 있는 어미라는 뜻으로 선어말 어미(先語末語尾)라고 부른다

내일 비가 오겠으니 우산을 가져가시라고 말씀드리었습니다.

위 문장에서 '오겠으니, 가져가시라고, 말씀드리었습니다'가 용언인데 이것을 분해하면 '오＋겠＋으니, 가져가＋시＋라고, 말씀드리＋었＋습니다'로 나눌 수 있다. 여기서 '－겠－, －시－, －었－' 따위가 어말 어미 '－으니, －라고, －습니다'의 앞에 있음을 알 수 있다. 이처럼 어말 어미 앞에 오는 어미를 선어말 어미라고 한다.

② **어말 어미의 기능** : 어말 어미는 크게 세 가지 기능을 맡는다. 첫째는 문장을 맺는 기능, 둘째는 낱말이나 구절 사이를 연결하는 기능, 셋째는 체언이나 용언을 수식하게 하는 기능이 그것이다.

㉮ 문장의 종결 기능 : 일부 어미는 문장의 서술어에서 그 문장을 끝맺는 기능을 맡는다. 이런 어미를 종결 어미라고 한다. 종결 어미는 서법에 따라서 다르고, 높임법에 따라서 달라진다.

㉠ 서법에 따른 종결 어미의 사용 : 서법이란 듣는 사람(聽者)에 대한 말하는 사람(話者)의 태도를 나타내는 방법으로, 평서법, 의문법, 감탄법, 명령법, 청유법이 있다.

평서법은 듣는 사람에게 상황을 서술하는 형식이고, 의문법은 청자에게 묻는 형식이며, 감탄법은 청자를 의식하지 않고 화자 혼자의 감정을 표현하는 형식이며, 명령법은 청자에게 지시하는 형식이고, 청유법은 청자에게 요청하거나 권유하는 형식이다. 흔히 국어에서는 이 다섯 가지 형식을 서법으로 인정하나 학자에 따라서는 화자가 청자에게 약속을 하는 약속법도 서법에 포함하기도 한다.

* 평서법에 쓰이는 어말 어미 : **－다, －ㄴ다, －네, －는다, －ㅂ니다/－습니다, －오/－소**
* 의문법에 쓰이는 어말 어미 : **－(으)냐, －느냐, －니, －는가, －ㅂ니까/－습니까, －오/소**
* 감탄법에 쓰이는 어말 어미 : **－구나, －구려, －도다**
* 명령법에 쓰이는 어말 어미 : **－라/－아라/－어라, －게, －(으)오, －(으)십시오**
* 청유법에 쓰이는 어말 어미 : **－자, －세, －(읍)시다**
* 약속법에 쓰이는 어말 어미 : **－마**

ⓛ 종결 어미의 결합 제약 : 주어의 인칭에 따라서 종결 어미가 제약을 받는 경우도 있고, 부정문을 만들 때에 종결 어미의 사용에 제약이 생길 때도 있다. 또 종결 어미 가운데에는 형용사이기 때문에 명령법이나 청유법에 사용될 수 없는 경우도 있다. 이런 종결 어미의 결합 제약을을 몇 예시하면 다음과 같다.

ⓐ 우리는/너는(나는/그는) 함께 공부하자.

ⓑ 너는(우리는/나는/그는) 저리 비켜라.

ⓒ 내 손을 안 잡아라.

ⓓ 어서 안 가자.

ⓔ 너희들 모두 즐거워라.

ⓕ 우리 모두 기쁘자.

예문 ⓐ, ⓑ는 주어와 종결 어미 사이에 호응이 안 되는 경우이다. 명령이나 청유는 상대를 향하여 하는 것이므로 일인칭이나 삼인칭에는 쓸 수 없다. 만일 주어가 일인칭이거나 삼인칭이면 서법을 바꿔야 한다.

예문 ⓒ, ⓓ는 부정부사와 종결 어미가 호응되지 않는 경우이다. 부정 부사 '안, 못'은 명령형과 청유형 서법에는 호응되지 않는다. 명령형과 청유형을 부정하려면 '-지 마라', '-지 말자' 등 어구를 사용해야 한다.

예문 ⓔ, ⓕ는 형용사가 명령형과 청유형 어미와는 호응하지 않는 경우이다. 원래 형용사는 현재의 상태나 모습을 나타내므로 그것을 명령하거나 청하는 것은 불가능하다. 그런데 아래와 같은 어법이 일반에서 많이 사용되고 있다.

ⓖ 할아버지, 건강하세요.

ⓗ 애야, 너는 꼭 행복해야 한다.

ⓘ 조국이여, 영원하라.

모두 형용사에 명령형 또는 청유형 어미를 사용한 것을 알 수 있다. 우리는 일반적으로 이를 잘못된 어법이라고 배격하고 있다. 그렇다고 이를 "건강히 지내세요."라고 하거나, "행복하게 살아야 한다.", "영원히 건재하라."라는 식으로 쓰는 것은 뭔가 맥이 빠지는 느낌을 준다. 여기서 우리는 형용사의 특성에 맞추어 문제를 풀어 나갈 필요를 느낀다. 즉 현재 상태가 영원히 지속되기를 바라는 경우에는 형용사에도 명령형이나 청유형을 쓸 수 있도록 하는 것이다. 건강하지 않은 사람에게는 "부디 건강히 사시기를 바랍니다."라고 할 수 있지만 지금 건강하게 잘 사는 사람에게는 이런 인사가 별로 어울리지 않는 것 같다. 마찬가지로 지금 불행하지 않은 사람에게는 "행복하게 사십시오."라는 인사가 새삼스럽게 들린다. "조국이여, 영원히 건재하라."도 같은 맥락에서 "조국이여, 영원하라."보다 더 와 닿지 않는다. 이런 점에서 형용사의 명령형과 청유형을 일괄적으로 거부할 것이 아니라, 특수한 상황에서 특수한 의미를 나타낼 수 있도록 허용할 가치가 있는 것 같다.

㉯ 용언과 절의 연결 : 어미 가운데는 낱말과 낱말을 연결하는 기능을 하는 것이 있고, 또 어떤 것은 어구와 어구, 절과 절을 연결하는 데 쓰이는 것도 있다. 이처럼 연결 기능을 맡는 어미를 연결 어미(連結語尾)라고 한다. 연결 어미에는 두 요소를 대등하게 연결하는 기능을 하는 것이 있고, 한 요소를 다른 요소에 종속되도록 연결하는 기능을 하는 것이 있으며, 한 요소가 다른 요소의 보조가 되도록 연결하는 기능을 하는 것이 있다. 이 세 가지를 각각 대등적 연결 어미, 종속적 연결 어미, 보조적 연결 어미라고 한다.

㉠ 대등적 연결 어미 : 두 요소를 대등한 자격으로 연결하는 어미를 대등적(對等的) 연결 어미라고 한다. '-고, -며, -(으)나, -지만, -다만' 등이 두 요소를 대등하게 연결해 주는 어미이다.

ⓐ 기쁘고 즐거운 날.
ⓑ 지구는 태양을 돌고, 달은 지구를 돈다.
ⓒ 기러기가 울며 날아간다.
ⓓ 키는 크나 속이 없다.
ⓔ 날씨가 춥지만 바람은 불지 않는다.
ⓕ 산은 높다만 물은 깊지 않다.

예문 ⓐ에서는 '-고'가 두 낱말 '기쁘다'와 '즐겁다'를 대등하게 연결하고 있고('기쁜' 그리고 '즐거운'의 뜻임), 예문 ⓑ의 '-고'도 앞 뒤 절을 대등하게 연결한다. 예문 ⓒ에서는 '-며'가 '울다'와 '날아 간다'를 대등하게 연결하고 있다('운다' 그러면서 '날아간다'의 뜻임). 예문 ⓓ의 '-나'는 '키는 크다'와 '속이 없다'를 대등하게 연결하고 있다('키는 크다' 그러나 '속이 없다'의 뜻임). 예문 ⓔ의 '-지만'은 '날 씨가 춥다'와 '바람은 불지 않는다'를 대등하게 연결하고 있다. 예문 ⓕ의 '-다만'은 '산은 높다'와 '물은 깊지 않다'를 대등하게 연결하 고 있다. 예문 ⓐ~ⓒ의 어미는 같은 범주에 속하는 요소를 나열하는 의미가 있고, 예문 ⓓ~ⓕ의 어미는 의미가 상반되는 요소를 나열하 는 의미가 있다.

ⓛ 종속적 연결 어미 : 뒤에 오는 용언의 조건, 이유, 전제, 목적 등이 되 게 하는 방식으로 두 요소를 연결하는 어미를 종속적(從屬的) 연결 어 미라고 한다. '-면, -아/-어, -아서/-어서, -아야/-어야, -더 라도, -(으)러, -려고' 등이 종속적 연결 어미에 속한다.

> ⓐ 해가 <u>지면</u> 금방 어두워진다. (조건)
> ⓑ 방이 <u>차서</u> 보일러를 틀었다. (이유)
> ⓒ 네가 <u>와야</u> 내가 떠나지. (전제)
> ⓓ 돈을 <u>벌려고</u> 해외로 나갔다. (목적)
> ⓔ 힘이 <u>들더라도</u> 노력해 봐라. (양보)

예문 ⓐ의 어미 '-면'은 어두워지는 조건으로 해가 짐을 내세우기 위해서 사용한 것이고, 예문 ⓑ의 '-서'는 보일러를 튼 이유를 내세 우기 위해서 사용한 것이다. 예문 ⓒ의 어미 '-아야'는 떠나는 전제 조건을 내세우기 위해서 사용한 것이고, 예문 ⓓ의 어미 '-려고'는 해외로 나간 목적을 내세우기 위해서 사용한 것이다. 이처럼 앞의 용 언을 뒤의 용언에 종속시키기 위해서 사용하는 어미가 종속적 연결 어미이다. 어미에 따라서는 조건이나 전제 또는 이유로 두루 사용되 기 때문에 딱히 어떤 의미로 사용한다고 고정할 필요는 없다. 종속절 은 문장 구성상으로 보면 주절의 부사절 기능을 한다고 볼 수 있다.

ⓒ 보조적 연결 어미 : 본용언과 보조 용언을 연결하는 기능을 하는 어미를 보조적(補助的) 연결 어미라고 한다.

> ⓐ **요리사가 요리를 먹어 보았다.**
> ⓑ **문제가 별로 어렵지 않았다.**
> ⓒ **원하면 떠나게 해라.**
> ⓓ **우리는 벌써 전쟁을 잊고 있다.**

위 예문에서 사용된 '−어, −지, −게, −고'가 본용언과 보조 용언을 연결하는 보조적 연결 어미다.

ⓔ 연결 어미의 결합 제약 : 연결 어미에 따라서는 종속절과 주절의 주어가 항상 같을 것을 요청하는 것이 있고, 시제를 붙일 수 없는 것이 있는가 하면, 연결 어미 때문에 주절이 구성상 제약을 받는 경우가 있다. 이처럼 연결 어미를 둘러싸고 형성되는 어미와 주절 사이의 제약을 제대로 잘 지키는 것을 논리적 호응이라고 한다.

> ⓐ **내가 책을 읽으려고 (그가) 도서관에 갔다.**
> ⓑ **나는 점심을 먹(었)고 도서관에 갔다.**
> ⓒ **그는 노래도 잘하거니와 공부도 잘하느냐?**

예문 ⓐ는 주절의 주어가 종속절의 주어와 같아야 하는 문장이다. 연결 어미 '−으려고'가 왔기 때문이다. 만일 연결 어미가 '−고'였다면 주절의 주어가 종속절의 주어와 같을 필요가 없다.

예문 ⓑ는 점심을 먹은 시기가 도서관에 간 시기보다 앞서므로 당연히 '먹고'를 과거형으로 써야 한다. 그러나 연결 어미 '−고'로 연결된 경우에는 주절의 시제와 자동으로 일치되므로 구태여 종속절에서 시제를 드러낼 필요가 없다. 그래서 과거 시제 선어말 어미 '−었−'이나, 미래 시제 선어말 어미 '−겠−'을 쓸 수 없다.

예문 ⓒ의 '−거니와'는 주절의 의문 '잘하느냐?'와 어울리지 않는다. '−거니와' 대신에 '−는데', '−고', '−더니' 등을 쓰면 된다.

ⓕ 용언의 전성 : 용언으로 하여금 명사, 관형사, 부사와 같은 기능을 하게 만드는 어미가 있는데, 이를 전성 어미(轉成語尾)라고 한다. 전성 어미에

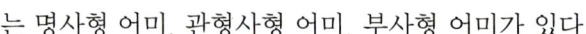

는 명사형 어미, 관형사형 어미, 부사형 어미가 있다.

㉠ 명사형 어미 : 용언을 명사처럼 쓰이게 해 주는 어미를 명사형 어미라고 한다. '-ㅁ/-음'과 '-기'가 있다.

ⓐ 우리가 너를 만나려 <u>함</u>은 너의 아버지 일 때문이다.
ⓑ 하루에 책 한 권씩 <u>읽기</u>를 권한다.
ⓒ 고객을 진심으로 <u>받듦</u>으로써 고객의 신임을 얻었다.

위 예문은 모두 용언에 명사형 어미 '-ㅁ'과 '-기'를 붙여서 명사절로 만든 것에 조사를 붙여 문법적 기능을 하게 한 것인데, 예문 ⓐ는 명사절이 보조사 '은'의 도움을 받아 주어가 된 경우이고, 예문 ⓑ는 명사절이 목적어가 된 경우이고, 예문 ⓒ는 명사절에 부사격조사를 붙여 부사어로 만든 경우이다. 이처럼 명사형 어미는 용언에 붙어서 그 용언을 명사처럼 사용하게 만드는 구실을 한다.

ⓓ 우리가 <u>그림</u>을 함께 <u>그림</u>으로써 사람들에게 감동을 줄 수 있다.

예문 ⓓ에 적힌 두 개의 그림을 분석하면 앞의 '그림'은 동사 '그리다'에 접미사 '-ㅁ'이 붙어서 명사가 된 것이고, 뒤의 '그림'은 동사 '그리다'에 명사형 어미 '-ㅁ'을 붙여서 명사형이 된 것이다. 즉 앞의 것은 명사이고, 뒤의 것은 동사이다. 따라서 뒤의 '그림' 앞에 부사어 '함께'가 올 수 있다. 형태가 같아도 명사와 동사(명사형)로 전혀 다른 기능을 한다는 점을 이해해야 한다.

㉡ 관형사형 어미 : 용언을 관형사처럼 쓰이게 해 주는 어미를 관형사형(冠形詞形) 어미라고 한다. '-ㄴ(/-은), -는, -ㄹ(/-을)'이 있다.

ⓐ 거기에 <u>간</u> 사람이 누구였지?
ⓑ 토끼를 <u>잡은</u> 사람은 영호였다.
ⓒ 네가 <u>하는</u> 일이 무어냐?
ⓓ <u>사랑할</u> 사람과 사랑 <u>받을</u> 사람
ⓔ <u>좋은</u> 사람과 <u>나쁜</u> 사람을 구별해야

위의 예문에서 볼 수 있듯이 관형사형 어미에는 시제가 개입되어

있다. 예문 ⓐ와 ⓑ의 '간', '잡은'에는 과거 시제가 있고, 예문 ⓒ의 '하는'에는 현재 시제가 있으며, 예문 ⓓ의 '사랑할, 사랑 받을'에는 미래 시제가 있다. 이처럼 관형사형 어미는 형태에 따라서 시제를 동반한다. 그러나 예문 ⓔ처럼 형용사에 붙는 관형사형 어미에는 시제가 없다. 동사와 형용사에 따라서 어떤 관형사형 어미가 붙으며 시제에 따라서는 어떻게 달라지는지 표를 보면서 검토해 보자.

	현재 과거 미래	과거 미래	회상(回想)
동사 (받침 없음)	−는 −ㄴ −ㄹ		−던
(받침 있음)	−는 −은 −을		−던
형용사 (받침 없음)		−ㄴ −ㄹ	−던
(받침 있음)		−은 −을	−던

　　표에서 보듯이 어미 '−ㄴ'과 '−은'은 동사의 경우에는 과거 시제를 나타내고 형용사의 경우에는 현재 시제를 나타낸다는 점에 유의해야 한다. 그리고 '−는'은 형용사에 붙지 않고 동사에만 붙는 어미라는 점도 알아둘 필요가 있다. '알맞는, 걸맞는'처럼 형용사에 어미 '−는'을 쓰면 안 되는 이유가 여기에 있다.

ⓒ 부사형 어미 : 용언을 부사 노릇을 하게 만들어 주는 어미를 부사형 어미라고 한다. 부사형 어미에는 '−아/−어, −게'가 있다.

　　ⓐ 이 옷이 더 좋아 보인다.
　　ⓑ 아무래도 집을 좀 크게 지어야겠다.
　　ⓒ 그들은 우연히 만나서 결혼하게 되었다.
　　ⓓ 이걸 먹어도 됩니까?

　　부사형 어미는 보조적 연결 어미와 형태가 같아서 혼동하기 쉽다. 어미 뒤에 오는 동사가 보조 용언인지 아닌지 판단하는 것이 혼동을 막을 수 있는 유일한 길이다.

ⓓ 높임법에 따른 어미 사용 : 종결 어미, 연결 어미, 전성 어미를 사용할 때에도 높임법을 고려하지 않으면 듣는 사람에게 결례를 범할 수 있다. 높

임의 등급에 맞게 어미를 선택하여 사용해야 한다. 예컨대 명령법의 어미를 쓰더라도 '가십시오, 가세요, 가시오, 가요, 가게, 가, 가라' 등이 높임의 등급에 따라서 다양하게 쓰일 수 있는데 이 가운데 어느 것을 사용하느냐에 따라서 상대가 말하는 사람의 태도를 좋게 받아들일 수도 있고, 나쁘게 받아들일 수도 있다.

③ 선어말 어미의 기능 : 선어말 어미는 어말 어미 앞에서 동사의 시제, 상, 서법, 높임법 등을 실현하는 기능을 한다. 선어말 어미의 종류에 따라서 무슨 기능을 하는지 확인해 보자.

㉮ '-시-' : 주체를 높이기 위해서 쓰이는 선어말 어미이다. 선어말 어미가 여럿 쓰일 때에 가장 먼저 나오는 것이 '-시-'이다.

ⓐ 어서 오시오.
ⓑ 곧 오시겠지.
ⓒ 지금쯤 오시었겠지.

위 예문에 쓰인 '-시-'가 모두 주체를 높이기 위해서 쓰인 선어말 어미이다. 예문 ⓑ의 '시-' 뒤에 쓰인 '-겠-'이나 예문 ⓒ의 '-시-' 뒤에 쓰인 '-었-'도 모두 선어말 어미이다. 같은 선어말 어미가 여럿 쓰일 때는 언제나 이 순서로 쓰인다.

㉯ '-었-/-았-' : 과거 시제를 나타내는 선어말 어미이다. 선어말 어미 '-시-'와 함께 쓰이면 언제나 '-시-' 뒤에 쓰인다. 어간의 모음에 따라서 '-었-'과 '-았-'은 교체된다.

㉰ '-겠-' : 미래 시제나 주어의 의지를 나타내는 선어말 어미이다. 선어말 어미 '-었-/-았-'과 함께 쓰이면 언제나 '-었-/-았-'의 뒤에 쓰인다.

㉱ '-더-' : 과거의 일을 회상하는 의미를 나타내는 선어말 어미이다. 다른 선어말 어미 '-시-, -었-, -겠-'과 함께 쓰일 수 있는데 위치는 '더-'를 맨 끝에 둔다.

㉲ '-옵-/-오-', '-사옵-/-사오-', '-자옵-/-자오-' : 공손을 나타내는 선어말 어미이다. '-옵-/-오-'는 '-시-' 뒤에 쓰이고, '-

사옵-/-사오-'는 '-었-/-았-'이나 '-겠-' 뒤에 쓰인다.

ⓐ **이것을 보시옵고 말씀해 주소서.**

ⓑ **제가 책을 가지고 가오니 양해해 주시기 바랍니다.**

ⓒ **진실을 밝혔사옵나니 선처해 주시옵기 바라나이다.**

ⓓ **저는 회사를 그만두겠사오니 허락해 주시기 바랍니다.**

ⓔ **제가 듣자오니 그 댁에 경사가 있다고 하더이다.**

ⓕ **임금님의 명을 받자옵고 급히 청국으로 떠났나이다.**

어미에는 참으로 다양한 기능이 있다. 아래 기능을 이해하면 어미를 안다고 할 수 있다.

① 동사나 형용사를 명사처럼 만들어 주는 기능(명사형 어미)

② 동사나 형용사를 관형사처럼 만들어 주는 기능(관형사형 어미)

③ 동사나 형용사를 부사처럼 만들어 주는 기능(부사형 어미)

④ 문장을 종결하는 기능(평서, 의문, 감탄, 명령, 청유, 약속)

⑤ 낱말이나 어구 또는 문장을 연결하는 기능(대등하게, 종속적으로)

⑥ 높임법을 실현하는 기능(어말 어미와 선어말 어미에서)

⑦ 시제를 실현하는 기능(어말 어미와 선어말 어미에서)

⑧ 어미 '-고'와 '-며'의 차이를 이해하는가?

---

④ 형태가 비슷한 어미와 조사 변별

㉮ 연결 어미 '-고'와 '-며'의 변별 : '-고'는 한 행동과 다른 행동을 나열하는 기능이 주가 되며, 나열 순서에 따라 일어난 시간의 순서가 정해진다. '-며'는 하나의 행동이 진행하는 동안 새로운 행동이 시작되어 두 행동이 동시에 진행되는 경우에 사용한다. 두 형용사를 나열하는 때에는 '-고'와 '-며'가 동시에 쓰이고, 서술격 조사 '이다'로 연결되는 경우에는 '이며'를 사용한다.

ⓐ **남편은 밥을 먹고 출근했다. / 넥타이를 매고 출근했다.**

 ⓑ 그는 라디오를 들으며 밥을 먹었다. / 넥타이를 매며 거울을 보
  았다.
 ⓒ 그는 선생이며 가수이다.

 예문 ⓐ는 동작의 선후 관계에 따라서 두 동작을 '−고'로 연결한 것
인데 일단 앞 동작은 끝난 상태에서 뒤 동작을 시작하였음을 나타낸다.
'넥타이를 매고'는 '넥타이를 맨 동작을 마친 뒤에'의 뜻이다.

 예문 ⓑ는 동작의 동시성을 나타낸다. 선행 동작이 끝나지 않은 상태
에서 다음 동작이 진행되고 있을 나타낸다.

 예문 ⓒ는 체언 서술어를 대등하게 나열하기 위해서 '−며'가 사용된
예를 보이고 있다. 이때 '−고'를 쓰는 것은 자연스럽지 못하다.

 이런 원칙에 따라서 다음 두 노랫말을 검토하면 어떤 문제가 있는지
알 수 있다.

  ＊ 가을 바람 찬 바람에 울고 가는 저 기러기
  ＊ 천둥산 박달재를 울고 넘는 우리 님아

 구별할 가치가 있는 것은 구별하는 것이 좋다. '−고'와 '−며'를 구별
함으로써 우리는 주체의 행동을 명쾌하게 읽을 수 있다. 따라서 '−고'와
'−며'를 구별하여 사용하는 노력을 해야 하리라.

㉴ 어미 '−므로'와 조사 '으로' : '−므로'는 이유나 원인을 나타내는 어미
이고, '으로'는 수단이나 방법을 나타내는 조사이다. 어미는 어간 뒤에
붙고, 조사는 체언 뒤에 붙는다.

  ⓐ 공부를 열심히 하므로 성공하게 될 거야.
  ⓑ 공부를 열심히 함으로(써) 부모님 은혜에 보답해라.

 예문 ⓐ에서 동사 어간 '하−'에 어미 '−므로'가 붙은 것을 알 수 있
다. '하므로'는 '하기 때문에'와 같은 뜻을 나타낸다. 예문 ⓑ에서는 명
사형 '함'에 조사 '으로'가 붙은 것을 알 수 있다. '함으로'는 '함을 가지
고'와 같은 뜻을 나타낸다.

㉵ 어미 '−라고/−ㄴ다고/−다고'와 조사 '라고' : '−라고/−ㄴ다고/−다

고'는 간접 인용을 나타내는 어미이고, '라고/이라고'는 직접 또는 간접 인용에 쓰이는 서술격 조사이다. 따라서 '－라고/－ㄴ다고/－다고'는 어간 뒤에 쓰이고, '라고/이라고'는 체언 뒤에 쓰인다. 직접 인용에서 따옴표 안의 문장이나 구절은 모두 체언 자격이 있다.

ⓐ 너더러 오라고 하더라.

ⓑ 내일 갚는다고 했다.

ⓒ 어제 죽었다고 하던데.

ⓓ 어서 가자고 재촉했다.

위의 예문은 모두 종결 어미에 인용을 나타내는 조사 '고'가 붙어서 이루어진 어미를 붙인 것이다. 이것이 남의 말을 자기 말로 바꿔 전달하는 간접 인용 방식이다. 그러나 남의 말을 그대로 그의 말로 옮겨야 할 때도 있을 것이다. 이럴 때에는 아래와 같이 직접 인용을 하는데 이 때에는 인용 조사 '라고'와 '이라고'를 쓴다.

ⓔ "이것이 공룡이야."라고 말했다.

ⓕ 그들은 "물론 우리가 이길걸."이라고 자신했다.

ⓖ 문득 '타도하자, 독재 정권!'이라는 외침이 들렸다.

ⓗ 그는 민주주의만이 살 길이라고 외쳤다.

따옴표 안에 쓰인 말은 그것이 문장이든 낱말이든 하나의 체언으로 보아 체언 뒤에는 받침이 있고 없음에 따라서 '라고'와 '이라고'를 골라 사용하게 된다. 일반적으로 구어에서는 남의 말을 직접 인용하기 어렵다. 따옴표를 쓸 수 없기 때문이다. 그래서 간접 인용 형식을 사용한다. 구어에서 아래와 같은 말을 하는 것은 잘못이 될 가능성이 크다.

ⓘ 사람들은 이것이 공룡이다라고 하는데 이는 잘못이다.

ⓙ 비난하는 것이 언론 자유가 아니다라는 사실을 알아야 해요.

다른 사람이 말한 대로 옮길 수만 있다면 구어에서도 직접 인용 형식을 취할 수 있지만, 위의 경우처럼 전혀 직접 인용이 아닌데도 굳이 직접 인용 형식으로 말을 하는 것은 잘못이다. 이런 어투는 개인이 말을 잘못

배워서 쓸 때 생기는 현상이므로 지적을 받을 때에 확실하게 바로잡아야 한다.

    ┴ 어미 '-듯이'와 보조 용언 '듯이' : '듯이'는 어간에 붙으면 어미가 되고, 관형사형 어미 뒤에 붙으면 보조 용언이 된다. 한편 '듯'이 어미로도 쓰이고, 의존 명사로도 쓰이기 때문에 '듯 하다'와 '듯하다'의 차이도 생기게 된다.

> Ⓐ **구름에 달 가듯이 가는 나그네**
> Ⓑ **동지섣달 꽃 본 듯이 날 좀 보소.**
> Ⓒ **마파람에 게 눈 감추듯 한다.**
> Ⓓ **비가 내릴 듯하다.**

    예문 Ⓐ의 '-듯이'는 예문 Ⓒ의 '-듯'과 의미가 같은 어미이다. '이'는 강조를 나타내기 위해서 덧붙은 말이다. '만'에 '이'가 붙어 '만이'가 되는 것과 같은 원리이다. 이에 비해서 예문 Ⓑ의 '듯이'는 예문 Ⓓ의 형용사 '듯하다'가 부사로 전성된 형태이다. 따라서 '듯이'가 형태로 보면 어미나 부사가 같지만 형성 과정이 다름을 알 수 있다. 예문 Ⓒ에서 '감추듯 한다'처럼 '듯 한다'로 띄어 쓴 것은 어미 뒤에 새로운 낱말이 왔기 때문이다. 이에 비해서 예문 Ⓓ의 '듯하다'를 붙여 쓴 것은 의존명사 '듯'에 접미사 '-하다'가 붙어 형용사가 되었기 때문이다. '듯하다'는 보조 형용사이다.

[4] 수식언

    체언이나 용언을 꾸미는 말을 수식언이라고 한다. 수식언은 처음부터 꾸미는 기능을 하기 위해서 태어났기 때문에 독립적으로는 쓰이지 않고 반드시 꾸밈을 받는 말 앞에 온다. 수식언에는 체언을 꾸미는 관형사와 용언을 꾸미는 부사가 있다.

(1) 관형사

    체언을 꾸미는 기능을 맡고 있는 품사가 관형사이다. 관형사에는 조사가 붙지 않고, 형태가 변하는 일이 없다. 또 관형사가 다른 관형사를 꾸미는 일은 없다. 관형사가 연달아 있더라도 모든 관형사는 체언을 꾸밀 뿐 앞의 관형사가 뒤의 관형사를 꾸미지 않는다.

① **관형사의 종류** : 관형사는 의미에 따라서 세 가지로 나눌 수 있다. 사물을 가리키는 데 쓰이는 지시 관형사, 사물의 성질을 나타내는 데 쓰이는 성상 관형사, 사물의 수량을 나타내는 수 관형사가 그것이다.

㉮ 지시 관형사 : 단순히 대상을 가리키는 데 쓰이는 관형사를 지시 관형사 (指示冠形詞)라고 한다. '이, 저, 그, 다른, 아무, 아무런, 어느, 어떤, 이만, 저만, 그만, 이런, 저런, 그런, 딴, 무슨, 웬' 등이 이에 속한다.

㉯ 성상 관형사 : 대상의 성질이나 상태를 제한하는 관형사를 성상 관형사 (性狀冠形詞)라고 한다. '갖은, 고얀, 그까짓, 대모한, 맨, 모든, 모모한, 몹쓸, 뭇, 바로, 새[新], 애먼, 어인, 어쩐, 여느, 옛, 오랜, 온, 이까짓, 저까짓, 전(全, 前), 전전(前前), 총(總), 한' 등 대부분의 관형사가 이에 속한다.

㉰ 수 관형사 : 사물의 수량을 나타내는 관형사를 수 관형사(數冠形詞)라고 한다. '한, 두, 두서너, 석, 넉, 엿, 여남은, 몇, 여러, 제이(第二), 전(全), 총(總)' 등이 이에 속한다. 수 관형사는 수사와 철저히 대응되어 만들어졌다. 아래의 대응을 눈여겨보기 바란다.

하나–한, 둘–두, 한둘–한두, 셋–세/서/석, 넷–네/너/넉, 두서 넛–두서너, 서넛–서너, 다섯–댓, 여섯–엿, 첫째–첫 ('너덧, 너더 댓, 네다섯, 네댓, 대여섯, 예닐곱, 일고여덟/일여덟'은 수사와 수 관형사로 공용한다.)

② **관형사와 관형사형** : 체언을 꾸미는 것은 같지만 품사를 달리 다루는 것으로 관형사와 관형사형이 있다. 관형사는 그 형태가 고정적으로 체언을 꾸미는 기능을 하는 것을 말하고, 관형사형은 동사나 형용사에 관형사형 어미를 붙여서 관형사처럼 사용하는 것을 가리킨다. 그러나 어떤 경우에는 관형사와 관형사형을 구별하기 쉽지 않다. 특히 동사나 형용사에 관형사형 어미가 붙은 형태로서 관형사 취급을 받는 것이 있어서 다른 관형사형과 혼동될 소지가 있다.

㉠ 동사나 형용사에서 관형사로 전성된 것 : 주로 체언을 꾸미는 기능을 하는 데만 사용되기 때문에 관형사로 다루는 것이다. 아래의 것이 이에 속한다.

갖은, 긴긴, 그런, 이런, 저런, 다른, 빌어먹을, 아무런, 어떤, 어쩐, 예수남은, 여남은, 몹쓸

㉡ 관형사형으로 다루는 것 : 체언을 꾸미기는 하지만 관형사로서 확정되었다고 보기 어려워 동사나 형용사의 관형사형으로 다루는 것에는 아래와 같은 것이 있다.

기나긴('기나길다'의 관형사형), **머나먼**('머나멀다'의 관형사형), **세상없는**('세상없다'의 관형사형), **그러한**('그러하다'의 관형사형), **웬만한**('웬만하다'의 관형사형)

③ 관형사의 띄어쓰기 : 관형사는 독립한 낱말이기 때문에 뒤에 오는 체언과 띄어 써야 한다. 그런데 관형사와 접두사의 형태가 같아서 띄어쓰기에 헷갈리는 경우가 있다. 이에 관해서 확실히 알아둘 필요가 있다.

㉠ '한'의 띄어쓰기 : '한'이 수의 의미로 '하나'를 뜻하는 경우에는 관형사로 보고 띄어 써야 한다. 그러나 수의 의미가 없으면 접두사로서 붙여 쓴다. 접두사 '한-'은 '큰, 정확한, 한창인, 같은, 시험 삼아'의 뜻이 된다.

　　㉠ **국수를 한 그릇 먹었다.**
　　㉡ **시험을 한 번 보았다.** (여러 번이 아님)
　　㉢ **시험을 한번 보았다.** (시험 삼아서 보았다.)

명확하게 수의 개념이 들어 있는 예문 ㉠, ㉡의 '한'은 관형사이므로 띄어쓰기를 해야 한다. 그러나 수의 개념이 들어 있지 않은 예문 ㉢의 '한'은 접두사이므로 붙여 써야 한다. 이와 같이 붙여 쓰는 낱말에는 '한판, 한차례'가 있다.

　　㉣ **거기에 한 사람이 서 있다.**
　　㉤ **계속 한사람에게만 기회를 주나?** (다른 사람에게도 기회를 줘야)

명확하게 수의 개념이 있는 예문 ㉣의 '한'은 관형사로서 띄어 써야 한다. 그러나 수의 개념이 들어 있지 않은 예문 ㉤의 '한'은 접두사이므로 붙여 써야 한다. 이와 같이 붙여 쓰는 낱말에는 '한배, 한가지, 한소리' 등이 있다.

> ㉥ **제발 한 술만이라도 먹어라.**
> ㉦ **밥 한술 먹기도 힘들다.**

명확하게 수의 개념이 나타난 예문 ㉥의 '한'은 관형사이므로 띄어 써야 한다. 예문 ㉦의 '한'은 '적은 양'을 가리키는 접두사이므로 붙여 쓴다. 이와 같이 붙여 쓰는 낱말로는 '한잔, 한입, 한마디' 등이 있다.

> ㉧ **그 가운데 한 곳을 선정하여 지원해라.**
> ㉨ **아까부터 줄곧 한곳만 바라보고 있다.**

명확하게 수의 개념이 나타난 예문 ㉧의 '한'은 관형사이므로 띄어 써야 한다. 예문 ㉨의 '한곳'은 '일정한 곳, 또는 같은 곳'을 의미하는 접두사이므로 붙여 쓴다. 이와 같이 붙여 쓰는 낱말은 '한군데, 한자리' 등이 있다.

㉯ **'첫'의 띄어쓰기** : '첫'은 처음으로 하거나 있는 일에 쓰이는 관형사이므로 띄어 써야 한다. 다만, 특정한 명사와 어울리거나 특정한 경우에 처음 있는 일에 국한되어 쓰이면 합성어를 형성하게 되어 붙여 쓴다. '첫'이 합성어를 이룬 낱말은 아래와 같다.

> **첫가을, 첫걸음, 첫겨울, 첫국, 첫국밥, 첫길, 첫나들이, 첫날, 첫날밤, 첫눈, 첫닭, 첫대, 첫대목, 첫대바기, 첫더위, 첫돌, 첫딸, 첫마디, 첫말, 첫맛, 첫머리, 첫모, 첫물, 첫밗, 첫발, 첫발자국, 첫밥, 첫배, 첫봄, 첫사랑, 첫사리, 첫새벽, 첫서리, 첫선, 첫소리, 첫손, 첫손가락, 첫솜씨, 첫수, 첫술, 첫아기, 첫아들, 첫아이, 첫얼음, 첫여름, 첫이레, 첫인사, 첫인상, 첫입, 첫 자리, 첫잠, 첫정, 첫젖, 첫제사, 첫차, 첫추위, 첫출발, 첫판, 첫해, 첫행보, 첫혼인** (첫 여행, 첫 소식, 첫 경험, 첫 연설, 첫 출마, 첫 만남, 첫 취직, 첫 사업)

㉘ '온'의 띄어쓰기 : '온'은 '전부' 또는 '모두'를 나타내는 관형사이므로 띄어 써야 한다. 다만, 특정한 명사와 어울려서 합성어를 만들 때에는 붙여 쓴다. '온'이 합성어를 이룬 낱말은 아래와 같다.

온갖, 온골, 온공일, 온공전, 온달, 온몸, 온밤, 온새미, 온쉼표, 온음, 온음정, 온음표, 온이, 온장, 온점, 온종일, 온채, 온챗집, 온통, 온폭, 온품(온 국토, 온 나라, 온 고을, 온 동네, 온 세상, 온 시간, 온 정성, 온 집안)

㉙ '전(全)'의 띄어쓰기 : '전(全)'은 '온'과 의미가 같은 관형사이므로 띄어 써야 한다. 다만, 다른 낱말과 어울려 합성어를 이루는 경우에는 붙여 쓴다. 합성어의 예는 아래와 같다.

전(全)국, 전(全)내기, 전(全)미련하다, 전반사(全反射), 전색맹(全色盲), 전속력(全速力), 전인구(全人口), 전자동(全自動), 전(全)짬(전 기간, 전 인류, 전 임원, 전 국민, 전 국토, 전 주민, 전 세계, 전 우주)

㉚ '전(前)'의 띄어쓰기 : '전(前)'은 '이전의'를 뜻하는 관형사이므로 띄어 써야 한다. 그러나 특정 낱말과 어울려 합성어를 이루는 경우에는 붙여 쓴다. 붙여 쓰는 낱말은 아래와 같다.

전(前)날, 전(前)남편, 전(前)다리, 전(前)달, 전반생(前半生), 전반신(前半身), 전(前)사내, 전서방(前書房), 전세기(前世紀), 전세월(前歲月), 전(前)어머니, 전(前)해(전 경험, 전 국무총리, 전 대통령, 전 사장, 전 회의, 전 회사, 전 회장)

* 위 낱말 가운데에서 '전남편, 전사내, 전서방'은 '지금의 남편 바로 앞의 남편'의 의미로 쓸 때만 한 낱말로서 사용할 수 있다. 모든 사전이 풀이한 대로 '그전 남편' 또는 '먼저의 남편'의 뜻으로 쓰려면 '전 남편, 전 사내, 전 서방'처럼 띄어 써야 한다.

㉛ '총(總)'의 띄어쓰기 : '총(總)'은 '모든' 또는 '모두 합한'의 뜻으로 쓰는 관형사이므로 띄어 써야 한다. 다만, 특정 명사와 어울려 합성어가 된 때에는 붙여 쓴다. 합성어가 된 낱말을 예시하면 아래와 같다.

총결산(總決算), 총공격(總攻擊), 총계정(總計定), 총대장(總大將), 총
동원(總動員), 총망라(總網羅), 총본산(總本山), 총사령관(總司令官),
총사령부(總司令部), 총사직(總辭職), 총선거(總選擧), 총소득(總所得),
총수량(總數量), 총수입(總收入), 총역량(總力量), 총연장(總延長), 총
영사(總領事), 총예산(總豫算), 총인구(總人口), 총적량(總積量), 총지
출(總支出), 총지휘(總指揮), 총책임자(總責任者), 총천연색(總天然色),
총통화(總通貨), 총파업(總罷業), 총판매(總販賣)(총 기간, 총 대원, 총
상품, 총 시간, 총 인원, 총 회원)

㉺ '현(現)'의 띄어쓰기 : '현(現)'은 '지금의'를 뜻하는 관형사이므로 띄어
써야 한다. 다만, 특정 낱말과 어울려 합성어를 이룬 경우에는 붙여 쓴
다. 합성어를 예시하면 아래와 같다.

현시점(現時點), 현주소(現住所)

㉻ 관형사형 '지난'의 띄어쓰기 : '지난'은 관형사형인 동사이므로 뒤에 오
는 체언과 당연히 띄어 써야 한다. 다만, 특정 명사와 어울려서 특정 시
점에 해당하는 것임을 나타낼 때에는 합성어가 되어 붙여 쓴다. 합성어
가 된 것을 예시하면 아래와 같다.

**지난가을, 지난겨울, 지난날, 지난달, 지난밤, 지난번, 지난봄, 지난
여름, 지난해**(지난 경기, 지난 시간, 지난 선거, 지난 세월, 지난 일)

(2) 부사

용언을 꾸미는 품사를 부사라고 한다. 부사는 다른 부사를 꾸밀 수도 있다
('가장 먼저 온 사람'에서 '가장'이 '먼저'를 꾸밈). 일반적으로 용언을 꾸미는 부사
를 성분 부사(成分副詞)라고 하고, 용언 이외에 주어와 서술어를 포함하는 절
전체를 꾸미거나 단순히 낱말과 낱말 또는 문장과 문장을 이어 주는 구실을 하
는 부사를 문장 부사(文章副詞)라고 한다.

① **성분 부사의 종류** : 용언을 꾸미거나 제약하는 구실을 하는 부사를 성분 부사
(成分副詞)라고 한다. 성분 부사는 성질에 따라서 다시 몇 가지로 나눌 수 있다.

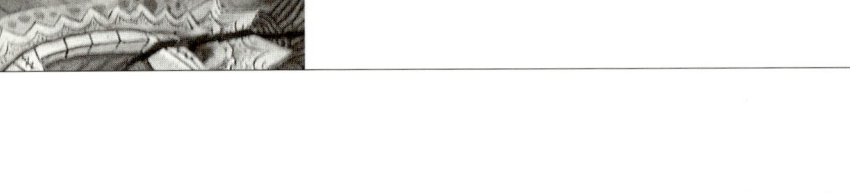

㉮ 성상 부사(性狀副詞) : 용언의 성질이나 상태를 직접 제약하는 부사이다. 성상 부사에는 '가장, 먼저, 더구나, 덜, 매우, 무척, 일찍, 잘' 등 일반적으로 우리가 부사라고 하는 것이 대부분 성상 부사에 속한다. 성상 부사는 다른 성상 부사를 꾸미기도 한다.

㉯ 상징 부사(象徵副詞) : 사물의 동작이나 소리를 나타내는 데 사용하는 부사이다. 사물의 동작을 나타내는 의태(擬態) 부사와 소리를 나타내는 의성(擬聲) 부사가 있다. 의태 부사에는 '굼틀굼틀, 데굴데굴, 버르적버르적' 등이 있고, 의성 부사에는 '꼬끼오, 덜컹덜컹, 삐걱빼각' 등이 있다. 상징 부사는 대체로 첩어로 형성되어 있다.

㉰ 지시 부사(指示副詞) : 장소나 시간 또는 사물을 가리키어 한정하는 부사이다. '이리, 저리, 요리' 등이 이에 속한다. 지시 부사는 성상 부사나 상징 부사를 꾸미는 경우가 많다.

㉠ 무슨 일로 사람들이 이리 많이 모였을까?

㉡ 손을 이리 불쑥 저리 불쑥 내밀기만 한다.

㉱ 부정 부사 : 용언을 부정한 데 쓰이는 부사이다. '안, 못, 아니' 등이 부정 부사에 속한다. 서법에 따라서 부정 부사를 사용할 수 있거나 사용할 수 없다. 평서법, 감탄법, 의문법에서는 문제가 없으나 명령법과 청유법에서는 부정 부사를 사용할 수 없다.

㉠ 일하는 데 힘이 안 든다.

㉡ 일을 더는 못 하겠다. (하지 마라. / 하지 말자.)

㉢ 너도 여기에 못 들어가는구나. (들어가지 말자.)

㉣ 왜 학교에 안 갔니? (가지 마라. / 가지 말자.)

② 문장 부사의 종류 : 특정 용언을 꾸미지 않고 문장 전체를 꾸미거나, 접속 기능을 하는 부사를 문장 부사(文章副詞)라고 한다.

㉮ 양태 부사(樣態副詞) : 문장 전체에 대한 화자(話者)의 의도나 심적 태도를 드러내는 데 사용하는 부사를 가리킨다. '설마, 과연, 제발, 정말, 결코, 모름지기, 응당, 마땅히, 당연히' 등이 이에 속한다. 양태 부사는 뒤에 오는 서술어와 호응 관계를 잘 지켜야 한다.

> ㉠ 설마 그가 그런 말을 했을까? / 했을 리 없지.
>
> ㉡ 과연 내 말이 맞구나. / 맞을까?
>
> ㉢ 제발 내 부탁을 들어 주게. / 주면 좋겠다.
>
> ㉣ 정말 그가 그랬어? / 그랬구나.
>
> ㉤ 결코 거기 가지 않겠어. / 가지 마라. / 갈 리 없어.
>
> ㉥ 모름지기 우리는 이겨야 한다. / 일해야 한다.
>
> ㉦ 응당 내가 해야 할 일이야. / 해야겠지.

  ㉯ 접속 부사(接續副詞) : 낱말과 낱말 또는 문장과 문장을 이어 주는 부사이다. '및, 즉, 그러나, 그러므로, 다만, 단지, 따라서' 등이 이에 속한다.

> ㉠ 금강 및 영산강 개발 개획
>
> ㉡ 사랑 즉 남에게 자신을 내어 주는 것의 기쁨을 아는가?
>
> ㉢ 그를 찾아 나섰다. 그러나 결국 그를 찾지 못했다.
>
> ㉣ 나는 죽지 않는다. 다만 사라질 뿐이다.
>
> ㉤ 그 집 음식 맛이 좋다. 따라서 언제나 손님이 붐빈다.

③ 전성 부사 : 원래 부사가 아닌 낱말이 그대로 또는 어떤 접미사가 붙어서 부사로 바뀐 것을 전성 부사(轉成副詞)라고 한다. 전성 부사가 되는 품사로는 명사, 형용사, 동사가 있다.

  ㉮ 명사 전성 부사 : 명사가 부사로 바뀐 것에는 '자연히, 참으로, 멋대로, 일일이, 틈틈이, 집집이, 낱낱이' 등이 있다.

  ㉯ 형용사 전성 부사 : 형용사가 부사로 바뀐 것에는 '멀리, 널리, 되게, 밝히, 빨리, 천천히, 넉넉히, 뾰족이, 느긋이' 등 수없이 많다.

  ㉰ 동사 전성 부사 : 동사가 부사로 바뀐 것에는 '넘다, 참다, 늘다'에서 전성된 '너무, 차마, 느루' 등이 있다.

[5] 독립언

  문장에서 다른 단어나 구절과 호응 관계가 없이 독립적으로 쓰이는 단어를 독립어라고 하며 감탄사가 독립어에 속한다. 감탄사에는 아래와 같은 낱말이 있다.

  아이고, 아이코, 어이구, 어이쿠, 아아, 아뿔싸, 얼씨구, 허허

연습 문제

정답은 www.barunmal.com 의 "글세상"에 있습니다.

01 다음 물음에 답하라.

(1) 밑줄 친 '들'의 용법이 부적절한 것은?

    ① 사람들은 만물의 영장이다.

    ② 저들에게 무엇을 기대할 수 있겠니?

    ③ 어서들 오세요.

    ④ 어디에들 갔지?

(2) 다음 밑줄 친 낱말이 관형사인 것은?

    ① 마른 나무에 꽃이 피겠는가?

    ② 다른 사람을 소개해 주게.

    ③ 바로 오늘 너를 만나기로 했지.

    ④ 아무런 일도 일어나지 않을 거야.

(3) 아래 밑줄 친 어휘 가운데에서 체언이 아닌 것은?

    ① 기다리는 사람이 많다.

    ② 저기 선 나무에 묶어 놓아라.

    ③ 우리는 그렇게는 못 한다.

    ④ 그 소식은 아무도 믿지 않았다.

(4) 밑줄 친 어휘가 지시대명사가 아닌 것은?

    ① 이것을 가지고 가라.

    ② 그것은 네 것이 아니다.

    ③ 아무거나 마음에 드는 것을 가져라.

    ④ 철수야, 이리 오너라.

(5) 아래 밑줄 친 어휘가 수사인 것은?

    ① 사과 한 개를 먹었다.

    ② 밥 두 그릇을 담았다.

    ③ 그는 일꾼을 하나 샀다.

    ④ 친구 몇 분을 만났다.

(6) 보조 용언이 들어 있지 <u>않은</u> 문장은?

    ① 아버지께서 돌아오셨다.

    ② 책을 책꽂이에 꽂아두어라.

    ③ 날씨가 따뜻하니 눈이 내리지 않는다.

    ④ 홧김에 그의 편지를 찢어버렸다.

(7) 밑줄 친 부분이 보조 용언이 <u>아닌</u> 것은?

    ① 곧 비가 올 <u>듯하다</u>.

    ② 그가 우리 곁을 떠나 <u>버렸다</u>.

    ③ 우리는 거기서 헤어져 <u>돌아갔다</u>.

    ④ 지금 만나고 <u>싶다</u>.

(8) 밑줄 친 낱말 가운데 명사와 명사로 이루어진 합성어는?

    ① <u>손질</u>을 잘 했는데도 고장이 났어.

    ② <u>지우개</u>가 없어 글씨를 지우지 못했다.

    ③ 유능한 <u>일꾼</u>이 더 많이 필요하다.

    ④ 스님들은 왜 <u>누비옷</u>을 입고 다닐까?

(9) 밑줄 친 부사 가운데에서 다른 세 개와 구별되는 것은?

    ① 꽃이 <u>시나브로</u> 시들어 갔다.

    ② 그는 <u>시난고난</u> 앓다가 결국 죽었다.

    ③ 우리는 <u>결코</u> 그런 일을 하지 않았다.

    ④ 그는 <u>무척</u> 다정한 사람이었어.

(10) 밑줄 친 부사 가운데에서 다른 세 개와 구별되는 것은?

    ① 아이가 <u>데굴데굴</u> 구르며 운다.

    ② 풀이 <u>파릇파릇</u> 돋아난다.

    ③ 눈이 <u>여기저기</u> 쌓여 있다.

    ④ 구름 사이로 햇빛이 <u>언뜻언뜻</u> 비친다.

연습 문제

(11) 밑줄 친 낱말이 관형사가 아닌 것은?

① 저 사람이 방금 너를 찾았다.

② 모든 길은 로마로 통한다.

③ 이런 사람은 처음 겪는다.

④ 이는 참 아름다운 일이다.

(12) 밑줄 친 부분이 대명사가 아닌 것은?

① 우리가 거기에 가기로 했어.

② 여기가 우리 집이야.

③ 짐승이 우리를 보고 꼬리를 흔들었다.

④ 짐승이 우리에서 나와 돌아다니고 있다.

(13) 밑줄 친 낱말이 잘못 활용한 것은?

① 사람은 나이가 들면 늙는다.

② 오늘은 등산하기에 무척 알맞는 날씨이다.

③ 날이 밝는 대로 길을 떠나야지.

④ 그는 언제나 맞는 말만 한다.

(14) 밑줄 친 복수형이 적절한 것은?

① 아프리카 초원에는 수많은 동식물들이 산다.

② 가구점에는 여러 가구들이 놓여 있다.

③ 너희들이 그렇게 과격한 줄 몰랐다.

④ 도시에는 높은 건물들이 즐비하다.

(15) 밑줄 친 부분의 활용이 맞는 것은?

① 식당에 아이를 데리지 마세요.

② 달리기를 이 지점에서 비롯하자.

③ 닫다가[走] 중지하면 아니 닫는 것보다 못하다.

④ 불행이 연달아 생기니 극복하기 힘들다.

02 다음 물음에 답하라.

(1) 밑줄 친 조사가 옳지 <u>않은</u> 것은?

① 고향에서 떠난 지<u>가</u> 5년이 되었다.

② 우리도 이 문제를 풀 수<u>까지</u> 있습니다.

③ 봄이 왔네<u>그려</u>.

④ 봄이 왔다<u>마는</u> 여전히 춥다.

(2) 밑줄 친 조사가 옳지 <u>않은</u> 것은?

① 그럴 턱<u>이</u> 없다.

② 자기 딴<u>에는</u> 확신이 있었겠지.

③ 돕지는 못할 섶<u>인데</u> 훼방이라니.

④ 더 말할 나위<u>도</u> 없다

(3) 밑줄 친 부분에서 어미를 분리한 것을 괄호 안에 넣었다. <u>틀린</u> 것은?

① 나를 <u>사랑함</u>(ㅁ)은 내 아버지를 사랑함과 같다.

② <u>죽도록</u>(도록) 충성하여라.

③ 꽃이 <u>핀다</u>(ㄴ다).

④ 너무 <u>추워서</u>(워서) 못 갔다.

(4) 밑줄 친 조사가 <u>잘못</u> 쓰인 것은?

① 그렇게 하시지<u>요</u>.

② 그는 나를 바라보았다. 그리고<u>는</u> 이렇게 말했다.

③ 그리고<u>만</u> 서 있지 말고 들어와.

④ 그래서<u>도</u> 갈 수 없다.

(5) 밑줄 친 조사가 <u>잘못</u> 쓰인 것은?

① 우리는 서울<u>에서</u> 행복하게 살고 있습니다.

② 새들이 산<u>에서</u> 울고 있습니다.

③ 많은 벌레들이 이 숲<u>에</u> 살고 있습니다.

④ 지친 사람들이 자리<u>에</u> 앉았습니다.

연습 문제

(6) 밑줄 친 어휘 가운데에서 체언이 아닌 것은?

　① 기다리는 <u>사람</u>이 많다.

　② 저기 선 <u>나무</u>에 묶어 놓아라.

　③ 우리는 <u>그렇게</u>는 못 한다.

　④ 그 소식은 <u>아무</u>도 믿지 않았다.

(7) 밑줄 친 어휘가 지시대명사가 아닌 것은?

　① <u>이것</u>을 가지고 가라.

　② <u>그것</u>은 네 것이 아니다.

　③ <u>아무거나</u> 마음에 드는 것을 가져라.

　④ 철수야, <u>이리</u> 오너라.

(8) 밑줄 친 어휘가 수사인 것은?

　① 사과 <u>한</u> 개를 먹었다.

　② 밥 <u>두</u> 그릇을 담았다.

　③ 그는 일꾼을 <u>하나</u> 샀다.

　④ 친구 <u>몇</u> 분을 만났다.

(9) 밑줄 친 '들' 의 용법이 적절하지 <u>않은</u> 것은?

　① 사람<u>들</u>은 만물의 영장이다.

　② 저<u>들</u>에게 무엇을 기대할 수 있겠니?

　③ 어서<u>들</u> 오세요.

　④ 어디에<u>들</u> 갔지?

(10) 보조사 '는/은' 이 적절하지 <u>않게</u> 사용된 것은?

　① 읽어<u>는</u> 보아라.

　② 날씨<u>는</u> 맑다.

　③ 사람<u>은</u> 생각하는 갈대이다.

　④ 곧 태양<u>은</u> 떠오르겠지.

(11) 밑줄 친 낱말이 관형사가 아닌 것은?

① 마른 나무에 꽃이 피겠는가?

② 다른 사람을 소개해 주게.

③ 바로 오늘 너를 만나기로 했지.

④ 아무런 일도 일어나지 않을 거야.

(12) 보조 용언이 들어 있지 않은 문장은?

① 아버지께서 돌아오셨다.

② 책을 책꽂이에 꽂아두어라.

③ 날씨가 따뜻하니 눈이 내리지 않는다.

④ 홧김에 그의 편지를 찢어버렸다.

(13) 밑줄 친 낱말에 접미사가 붙지 않은 것은?

① 손질을 잘 했는데도 고장이 났어.

② 지우개가 없어 글씨를 지우지 못했다.

③ 유능한 일꾼이 더 많이 필요하다.

④ 스님들은 왜 누비옷을 입고 다닐까?

(14) 다음은 비통사적인 합성어를 나열한 것이다. 틀린 것은?

① 접칼   ② 묵밭   ③ 자물쇠   ④ 늦바람

(15) 보기의 괄호 안에 들어갈 조사의 순서가 맞는 것은?

┤ **보기** ├
```
(1) 어머니(        ) 돌아가시고 안 계신다.

(2) 일을 그렇게(        ) 무리하게 할 필요는 없다.

(3) 우리는 죽음(        ) 두려워하지 않는다.
```

① 까지, 조차, 마저   ② 조차, 까지, 마저

③ 마저, 까지, 조차   ④ 마저, 조차, 까지

연습 문제

(16) 밑줄 친 어미가 <u>틀린</u> 것은?

   ① 날이 밝<u>는</u> 대로 일하러 나가겠다.

   ② 밤이 맞<u>도록</u> 일을 해도 끝이 없구나.

   ③ 자기에게 걸맞<u>은</u> 사람을 만나야지.

   ④ 이처럼 낯설<u>은</u> 땅에서 살아야 하나?

(17) 보기에 적힌 낱말에 대한 설명이 <u>틀린</u> 것은?

> ┤ **보기** ├
>
> 가시었겠사옵니다요.

   ① 동사의 기본 형태는 '갑니다'이다.

   ② '시', '었', '겠', '사오'는 모두 선어말 어미이다.

   ③ '겠'은 의지를 나타낸다.

   ④ 높임법 기능은 '시'와 '사오'에 있다.

(18) 동사의 기본형과 활용형의 짝이 <u>잘못된</u> 것은?

   ① 파란-파랗다   ② 푸르러-푸르르다

   ③ 급해-급하다   ④ 곱디고와-곱디곱다

(19) 밑줄 친 활용형에서 어간의 탈락이 <u>없는</u> 것은?

   ① 김치를 <u>담갔다</u>.   ② <u>우는</u> 아이

   ③ 집을 <u>지었다</u>.   ④ 말을 <u>삼가라</u>.

(20) 밑줄 친 어미가 가장 정확히 사용된 것은?

   ① 기러기가 울<u>고</u> 날아간다.

   ② 아이가 길거리에서 울<u>고</u> 걸어간다.

   ③ 아이가 내 방에서 자<u>고</u> 갔다.

   ④ 아이가 일어서서 웃<u>고</u> 질문했다.

03 다음 물음에 답하라.

(1) 다음 밑줄 친 활용형에서 어간의 탈락이 없는 것은?
    ① 김치를 <u>담갔다</u>.   ② <u>우는</u> 아이
    ③ 집을 <u>지었다</u>.   ④ 말을 <u>삼가라</u>.

(2) 동사의 기본형과 활용형의 짝이 <u>잘못된</u> 것은?
    ① 파란 – 파랗다
    ② 푸르러 – 푸르르다
    ③ 급해 – 급하다
    ④ 곱디고와 – 곱디곱다

(3) 밑줄 친 어미가 <u>틀린</u> 것은?
    ① 날이 <u>밝는</u> 대로 일하러 나가겠다.
    ② 밤이 <u>맞도록</u> 일을 해도 끝이 없구나.
    ③ 자기에게 <u>걸맞은</u> 사람을 만나야지.
    ④ 이처럼 <u>거칠은</u> 땅에 무엇을 심어?

(4) 보기에 적힌 낱말에 대한 설명이 <u>틀린</u> 것은?

> ┤ **보기** ├
>
> 가시었겠사옵니다요.

    ① 동사의 기본 형태는 '갑니다'이다.
    ② '시', '었', '겠', '사오'는 모두 선어말 어미이다.
    ③ '겠'은 추측을 나타낸다.
    ④ 높임법 기능은 '–시–'와 '–사오–'에 있다.

연습 문제

(5) 아래 밑줄 친 어미가 가장 정확히 사용된 것은?

① 기러기가 울<u>고</u> 날아간다.

② 아이가 길거리에서 울<u>고</u> 걸어간다.

③ 아이가 내 방에서 자<u>고</u> 갔다.

④ 아이가 일어서서 웃<u>고</u> 질문했다.

(6) 밑줄 친 부분의 어미를 괄호 속에 넣었다. 틀린 것은?

① 나를 사랑<u>함</u>(ㅁ)은 내 아버지를 사랑함과 같다.

② 죽<u>도록</u>(도록) 충성하여라.

③ 꽃이 <u>핀다</u>(ㄴ다).

④ 너무 <u>추워서</u>(워서) 못 갔다.

(7) '-도록'은 행위의 한계에 이를 때까지의 뜻을 나타내는 데 쓰인다. 다음에서 적절한 쓰임이 <u>아닌</u> 것은?

① 그는 한 여자를 죽<u>도록</u> 사랑했다.

② 밤이 새<u>도록</u> 일을 했다.

③ 동해물과 백두산이 마르고 닳<u>도록</u> 하나님이 우리를 보우하신다.

④ 그는 신발이 다 닳<u>도록</u> 뛰어다녔다.

(8) 밑줄 친 낱말이 과거 행위를 나타내지 <u>않는</u> 것은?

① 그가 너를 보고 <u>웃더라</u>.

② 나는 그 사실을 알고 무척 <u>기뻤다</u>.

③ 여기서 잠깐 <u>쉬었다</u> 가자.

④ 그들은 아마 지금쯤 <u>도착했겠다</u>.

(9) 어미가 <u>잘못</u> 사용된 것은?

① 우리는 그런 나쁜 말을 <u>삼가자</u>.

② 우리 이제 <u>친해</u> 보자.

③ <u>갈래야</u> 갈 수 없는 고향입니다.

④ 지금 일을 <u>시작할래</u>?

(10) 밑줄 친 부분이 틀린 것은?

① 이제 봄이 돌아왔다고 한다.

② 그가 이혼했다라는 소식이 파다하다.

③ 동호가 "내가 그 일을 시켰다."라고 했다.

④ "쇠뿔도 단김에 빼라."라는 속담이 있다.

04 다음 물음에 답하라.

(1) 밑줄 친 부분의 어간과 어미가 제대로 적힌 것은?

① 하늘을 날으는 새를 보라.

② 기분이 좋면 좋다고 말해.

③ 동생은 차에 짐을 실고 있다.

④ 이곳은 땅이 거니 소출이 많다.

(2) 밑줄 친 부분의 어간과 어미가 제대로 적힌 것은?

① 이걸 길게 잇으면 될 것 같다.

② 병이 좀 낫으니 곧바로 외출을 시작한다.

③ 머리를 빗으면 좀 단정해 보일 것이다.

④ 얼굴이 붓으니 이상하게 보인다.

(3) 밑줄 친 부분의 어간과 어미가 제대로 적힌 것은?

① 종이가 너무 얇어도 안 돼.

② 물길을 막어야 못자리를 만들 수 있다.

③ 침을 뱉어야 치료할 수 있다.

④ 도둑을 잡어야 경찰 체면이 서지.

(4) 다음 활용형이 <u>틀린</u> 것은?

　① 물을 퍼라.

　② 집을 부서라.

　③ 땅을 파라.

　④ 칼을 <u>뺏어라.</u>

(5) 용언의 활용형으로 맞는 것은?

　① 둥급니다

　② 까맙니다

　③ 이읍니다

　④ 들읍니다

(6) 용언의 활용형으로 <u>틀린</u> 것은?

　① 까맣습니다

　② 괴로와

　③ 가까워

　④ 밤도와

(7) 아래 용언의 원형과 활용형이 제대로 짝지어진 것은?

　① 벌다/버십니다

　② 돌다/돌세

　③ 졸다/졸으십니다

　④ 날다/날으면

(8) 아래 용언의 원형과 활용형이 제대로 짝지어진 것은?

　① 말갛다/말갑니다

　② 짓다/지으세

　③ 불다/부니

　④ 묻다/물읍니다

(9) 아래 글에서 밑줄 친 부분이 잘못 표기된 것은?

① 옷을 <u>벗었다</u>

② 돈을 슬쩍 <u>빼내었다</u>

③ 밤이 <u>새었다</u>

④ 고기를 <u>낚었다</u>

(10) 밑줄 친 부분이 <u>틀린</u> 것은?

① <u>마</u>지못해서

② 그러다<u>마</u>다

③ 보자<u>마</u>자

④ <u>멀</u>지않아

(11) 아래 예문에서 밑줄 친 활용형에 잘못이 있으면 바로잡으라.

영희야, 친절하게 도와 주어서 (1) <u>고마왔어.</u> 처음 그곳에 도착했을 때는 한편으로 마음이 몹시 (2) <u>설레였지만</u> 다른 한편으로는 어찌 해야 할지 하늘이 노랬어. 주위 사람들이 조금은 두려웠고 (3) <u>아니꼬왔지만</u> 네 덕에 어려움을 이기고 무사히 여기 오게 되니 기분이 (4) <u>푸르른</u> 창공으로 올라가는 것 (5) <u>같애.</u> 다음 만날 때까지 건강히 지내기 (6) <u>바래.</u> 안녕.

연습 문제

05 아래 문장의 밑줄 친 부분에 어떤 문제가 있는지 설명하라.

(1) 들국화는 특별히 신기한 꽃은 물론 아니다. 그러나 인가를 멀리 떨어진 산중에 외로이 피어 있는 그 기품이 그윽하고…….

(2) 우리는 인생을 비교할 때 비를 비교하기도 한다. 인생의 운명이 험난할 때 폭풍우를 연상하게도 되고 때로는 잔잔히 내리는 비를 연상하게도 된다.

(3) 그럼에도 불구하고 나는 왜 그러한 어머니에게 죽여 주고 싶은 충동을 느끼게 되었을까?

(4) 눈 쌓인 저녁 무렵을 그 추운 허공을 종소리가 달려온다. 종소리는 얼어 가면서 모든 것의 귓속으로 떨어진다.

(5) 따라서 한 권 책을 가지고 여러 사람이 보는 수밖에 없었고, 또는 문맹인이 많았기 때문에 자연히 한 사람이 읽되 소리를 내어 읽어 여러 사람을 들리는 경우가 많았을 것이다.

(6) 이토록 부지런한 사람들이 간고하게 살아야 하는 우리나라 경제 사정을 새삼 뉘우치면서 차를 내렸다.

06 밑줄 친 부분의 조사의 타당성 여부를 설명하라.

(1) 차제에 운전면허마저 따려다 그만두었거늘, 손수 운전의 불편이나 사고 염려보다는 남의 눈을 먼저 의식한 탓이다.

(2) 형이 사법 시험에 합격하더니 동생마저 행정 고시에 합격했다.

(3) 기름이 떨어져 오도 가도 못하게 되었는데 이제는 식량까지 떨어졌다.

(4) 어디에서 바람이 들어온다. 아내는 방문을 닫는 것을 잊었나 보다.

(5) 벽에 걸려 있는 달력을 보니, 때는 음력 초순, 밤에는 초승달이 뜰 날이었다.

토론 주제

01 격조사와 보조사의 차이에 대해서 토론하라.

02 본용언과 보조 용언의 차이에 대해서 토론하라.

03 종속적 연결 어미와 대등적 연결 어미의 차이에 대해서 토론하라.

사람들이 하는 말을 들어보면 대체로 어떤 일이 일어났는지, 곧 일의 내용에 관심을 가지고 있음을 알 수 있다. 일의 내용에 관심이 쏠려 있다는 것은 위에서 분석한 성분 가운데에서 서술어에 관심이 쏠려 있다는 말이 된다. 그래서 국어에서는 주어가 생략되는 경우가 흔히 나타나지만 서술어가 생략되는 경우는 없는 것이다.

09 문장 구성

1. 문장의 구성 요소

우리가 보통 하는 말, 듣는 말, 쓰는 말을 보면 조금씩 차이는 있지만 몇 가지 유형으로 간추려지는 것을 알 수 있다.

㉮ 원숭이도 인간처럼 성적인 이미지나 우두머리의 형상을 보기 위해 어떤 비싼 값이라도 치르려 한다는 사실이 밝혀졌다.

비록 긴 문장이지만 구조를 잘 살펴보면 결국 '사실이 밝혀졌다.'를 축으로 해서 문장이 구성되었음을 알 수 있다. 이 문장은 '사실'이 무엇인지 그 내용을 자세히 알려 주는 방식으로 구성되어 있다. 즉, '원숭이도 …… 비싼 값이라도 치르려고 한다'가 '사실'을 꾸며 주는 형식으로 구성되어 있는 것이다.

㉯ 북한은 회담에 복귀하기를 원한다는 모종의 신호를 보냈다.

위 문장은 '북한은 신호를 보냈다.'를 축으로 해서 문장이 구성되었음을 알 수 있다. '회담에 복귀하기를 원한다는 모종의'는 '신호'를 꾸미는 요소로 기능하고 있다. 아래 문장도 이와 비슷한 구조를 보인다.

㉰ KBS의 '도전 골든벨' 프로그램에서 사상 처음으로 두 학생이 동시에 골든벨을 울렸다.

이 문장도 '학생이 골든벨을 울렸다.'를 축으로 하고 있는 것은 예문 ㉯와 같은 구조로 보이는데, 다만 'KBS의 도전 골든벨 프로그램에서 사상 처음으로'가 '두 학생이 동시에 골든벨을 울렸다.'를 꾸미고 있는 것이 새롭다. 예문 ㉯와 꾸미는 말에서 차이가 있음을 알 수 있는 것이다.

위의 세 문장 분석은 문장의 구성을 아주 개괄적으로 본 것이지만 더 자세히 분석하면 여러 부분이 다양하게 문법적 기능을 하면서 서로 조화를 이루어 하나의 의미를 생산해 내는 것을 알 수 있다. 문장의 이런 구성을 이제부터 자세히 검토해 보자.

국어 문장에 쓰인 말을 기능에 따라서 나누고 같은 기능을 하는 것을 모아 놓은 것을 성분(成分)이라고 한다. 성분은 기능에 따라서 그 문장 구성에 주가 되는 것을 주성분(主成分), 주성분의 내용을 수식하는 것을 부속 성분(附屬成分), 주성분과 직접 관련이 없이 독립적으로 있는 것을 독립 성분(獨立成分)이라고 부른다. 그러니까 모든 문장은 주성분과 부속 성분 그리고 독립 성분이라는 세 성분으로 이루어진다는 말이다.

주성분이란 앞의 세 예문에서 본 '사실이 밝혀졌다.', '북한은 신호를 보냈다.', '학생이 골든벨을 울렸다.'처럼 문장의 뼈대가 되는 성분을 말한다. 이 주성분을 분석하면 주어와 서술어, 또는 주어와 목적어, 서술어가 들어 있음을 알 수 있다. 이 밖에도 보어가 들어 있는 주성분도 있다. 주성분에 들어 있는 것은 모두 문장을 완성하는 데 반드시 필요하기 때문에 필수 성분이라고도 한다.

부속 성분이란 주성분의 일부 또는 전부를 수식하는 성분으로서 관형어와 부사어로 이루어져 있다. 예문 ㉮와 ㉯는 관형어가 부속 성분이 되어 있고, 예문 ㉰는 부사어가 부속 성분이 되어 있다. 부속 성분은 문장의 구성에 꼭 필요한 것은 아니지만 있으면 도움이 되는 것이므로 보조 성분이라고 부르기도 한다.

주성분과 부속 성분 그리고 독립 성분으로 이루어진 전형적인 문장을 하나씩 예시하면 아래와 같다.

㉱ **해가 솟는다.** (주어 + 서술어)

㉲ **달이 둥글다.** (주어 + 서술어)

㉳ **저것이 별이다.** (주어 + 서술어)

㉴ **해가 대지를 비춘다.** (주어 + 목적어 + 서술어)

㉵ **밤이 낮이 되었다.** (주어 + 보어 + 서술어)

㉶ **지금은 밤이 아니다.** (주어 + 보어 + 서술어)

㉷ **둥근 달이 하늘에 떴다.** (관형어 + 주어 + 부사어 + 서술어)

㉸ **아아, 달도 밝구나!** (독립어 + 주어 + 서술어)

예문 ㉱~㉶의 여섯 문장은 주성분으로만 이루어졌다. 그 가운데에서 예문 ㉱~㉳의 세 문장은 주어와 서술어로만 이루어진 문장이고, 예문 ㉴는 주어와 목적어와 서술어로 이루어진 문장이며, 예문 ㉵와 ㉶는 주어와 보어와 서술어로 이루어진 문장이다. 국어의 모든 문장은 기본적으로 이 세 유형 가운데 하나로 분류된다. 이 세 유형의 각 요소를 수식하는 성분이 보태어져서 긴 문장이 만들어지는 것이다.

예문 ㉷에는 주성분의 각 요소를 수식하는 보조 성분이 들어 있다. 이 보조 성분은 매우 다양하게 여러 낱말이나 구절을 수식하도록 구성할 수 있기 때문에 실제 문장 구성은 이 보조 성분을 얼마나 효과적으로 구성하느냐에 따라서 아름답고, 논리적이고, 매끄럽고, 간결한 문장이 되느냐 안 되느냐가 결정된다. 체언을 수식하는 관형어, 용언을 수식하는 부사어를 가장 적절하게 사용하는 것이 문장 구성의 요체라고 해도 지나친 말이 아니다.

예문 ㉮는 주성분과 떨어져서 독립 성분이 들어 있는 문장이다. 독립 성분은 주성분이 어떻게 구성되든 상관없이 독립적으로 나타나는 것이 특징이다.

그러면 지금부터 주성분을 구성하는 요소, 부속 성분을 구성하는 요소 그리고 독립 성분을 구성하는 요소를 하나씩 익혀 나가자.

[1] 서술어

사람들이 하는 말을 들어보면 대체로 어떤 일이 일어났는지, 곧 일의 내용에 관심을 가지고 있음을 알 수 있다. 일의 내용에 관심이 쏠려 있다는 것은 위에서 분석한 성분 가운데에서 서술어에 관심이 쏠려 있다는 말이 된다. 물론 '어떻게 되었는지'에 대한 관심은 '무엇이'에 대한 관심과 연결되어 있기 때문에 주어도 중요한 관심사가 아닐 수 없지만 말하는 태도를 살펴보면 '주어'는 당연히 있는 것으로 전제하고 '그것이 어떻게 되었는지'에 관심이 쏠리게 되는 것을 알 수 있다. 그래서 국어에서는 주어가 생략되는 경우가 흔히 나타나지만 서술어가 생략되는 경우는 없다.

(1) 서술어의 종류

앞의 예문 ㉯~㉮를 보면 국어에는 세 가지 서술어가 있음을 알 수 있다. 예문 ㉯, ㉵, ㉾, ㉶, ㉮에 있는 서술어는 동사이고, 예문 ㉰, ㉵에 있는 서술어는 형용사이며, 예문 ㉱에 있는 서술어는 체언에 조사가 붙은 형태이다. 이를 우리는 각각 동사 서술어, 형용사 서술어, 체언 서술어라고 부른다. 이들 각 서술어는 서로 다른 특징이 있다.

① **동사 서술어** : 동사 서술어는 주어의 움직임을 나타내는데 동사의 특성에 따라서 다양한 문장을 구성하게 한다. 예문 ㉯의 동사는 자동사이지만 예문 ㉵의 동사는 타동사이다. 따라서 예문 ㉵에는 목적어가 나타났다. 또, 예문

㉒의 동사는 자동사이지만 독립적으로 의미를 완성할 수 없어서 보어가 필요하였다. 이처럼 동사 서술어는 동사의 특성에 따라서 목적어와 보어를 동반하게 된다.

동사 서술어는 국어의 서법, 시제, 피동과 사동, 부정법, 높임법 등 다양한 문법 기능을 모두 소화하여 나타내는 가장 완벽한 서술어라고 할 수 있다.

② **형용사 서술어** : 형용사 서술어는 주어의 모양이나 상태를 나타내기 때문에 다른 요소의 도움이 필요하지 않다. 다만, 예문 ㉓는 특이하게 보어를 취하고 있다. 형용사 '아니다'의 특성에 기인한 것으로 '아니다'는 반드시 보어가 있어야 의미가 완성된다.

형용사 서술어는 서법의 일부(명령형과 청유형의 제약), 시제의 일부(현재 진행의 제약), 사동과 피동의 일부(피동법의 제약), 부정법의 일부('못' 사용의 제약)에 제약을 받는다.

③ **체언 서술어** : 매우 특이한 형태의 서술어이다. 체언을 서술어가 되게 하는 조사를 서술격조사라고 한다는 것은 이미 설명하였다. 동사 서술어나 형용사 서술어는 부사어의 꾸밈을 받지만 체언 서술어는 부사어의 꾸밈을 받을 수 없다. 그 대신 체언을 수식하는 관형어의 수식을 받는다.

체언 서술어는 형용사 서술어와 같은 제약을 받는데, 특히 부정법에서는 부정 부사 '안'을 쓸 수 없는 약점이 있다.

체언 서술어의 특수 형태

부사어를 체언처럼 사용해서 체언 서술어를 만드는 경우가 있다.

1. 그건 별로야.
2. 우리가 먼저다.
3. 싸움은 지금부터다.
4. 몸매가 그만이군. 그를 본 지 오래다.

위에서 '별로, 먼저, 지금부터, 그만, 오래'는 모두 부사어로서 서술격조사를 붙여 서술어로 사용했다. 이 가운데에서 '그만이다'와 '오래다'

는 형용사로 보게 되었으므로 형용사 서술어로 보는 것이 오히려 타당할 것이지만 '그만', '오래'에 '이다'를 붙인 합성어임을 부정할 수 없다.

'별로야'는 '별로 좋지 않아'의 의미 내용을 가지고 있고, '먼저다'는 '먼저 한다' 또는 '먼저 하게 되어 있다' 같은 의미 내용을 가지고 있다고 볼 수 있다. '지금부터다'는 '지금부터 시작한다'의 의미를 가진다. 정상적인 서술어를 생략하는 대신에 부사어에 서술격조사를 붙여 서술어로 만든 형태들이다.

(2) 서술어의 자릿수

영어 등 서구어에서는 주어가 서술어를 부린다고 하는 데 반해 국어에서는 서술어가 주어나 다른 성분을 부린다고 본다. 왜냐하면 국어에서는 주어는 생략할 수 있으되 서술어는 생략할 수 없을 정도로 서술어가 차지하는 비중이 크기 때문이다. 서술어가 문장을 완성하기 위해서 필요한 필수 성분이 몇 개인지를 나타내는 것이 서술어의 '자릿수'이다.

① 한 자리 서술어 : 필수 성분 하나만 있어도 완전한 문장을 형성하는 서술어를 한 자리 서술어라고 한다. 한 자리 서술어에 필요한 하나의 필수 성분은 물론 주어이다. 따라서 주성분이 주어와 서술어로만 이루어진 경우의 서술어는 모두 한 자리 서술어이다. '되다'를 제외한 모든 자동사는 한 자리 서술어이고, '아니다'를 제외한 모든 형용사는 한 자리 서술어이며, 모든 체언 서술어는 한 자리 서술어이다.

② 두 자리 서술어 : 필수 성분 두 가지가 있어야 완전한 문장을 이루는 서술어를 두 자리 서술어라고 한다. 즉 두 자리 서술어는 주어 외에 다른 요소를 하나 더 요구하는 서술어인 셈이다. 주어 외에 어떤 요소를 요구하는지 서술어에 따라서 다르다. 아래 예문을 보자.

    ㉮ 우리는 연극을 보았다.
    ㉯ 그가 비행사가 되었다.
    ㉰ 그들은 불량배가 아니다.
    ㉱ 그가 반장으로 뽑혔다.

위 네 문장을 보면 서술어에 따라서 꼭 필요한 요소가 다양하게 바뀌는 것을 알 수 있다. 예문 ㉮의 서술어는 목적어를 요구했고, 예문 ㉯와 ㉰의 서술어는 보어를 요구했으며, 예문 ㉱에서는 서술어는 부사어를 요구했다. 이처럼 주어 외에 목적어, 보어, 부사어가 있어야 문장이 완성되는 서술어를 두 자리 서술어라고 한다. 여기서 미리 한 가지 설명해야 할 것은 예문 ㉱에서는 부사어가 필수 성분이 된다는 점이다. 원래 부사는 용언을 꾸미는 부속 성분이지만 서술어에 따라서는 그 부사어가 없으면 의미가 완성되지 않는 것이 있기 때문에 그런 서술어에는 그 부사어가 필수 성분이 되는 것이다. 예문 ㉱와 아래 문장을 비교해 보기 바란다.

㉲ 잡초가 잘 뽑혔다.

예문 ㉲의 서술어인 '뽑혔다'나 예문 ㉱의 서술어가 같은 형태의 낱말이지만 예문 ㉲에서는 부사어 '잘'이 없어도 의미가 완성되기 때문에 이 경우는 한 자리 서술어가 되지만 예문 ㉱에서는 두 자리 서술어가 된다. 즉 부사어가 필수 부사어가 되는 것은 서술어에 따라 고정되는 것이 아니고 그 서술어가 어떤 의미로 쓰이는지에 따라서 결정된다는 점을 이해하여야 할 것이다.

또 아래의 예문을 보면 국어에서 두 자리 서술어의 기능을 이해하기 쉬워질 것이다.

㉳ 새가 하늘을 날았다.
㉴ 아버지께서는 여행을 가셨다.

예문 ㉳, ㉴에 있는 서술어는 일반적으로 한 자리 서술어로 쓰인다. 그러나 위의 경우에는 관행적으로 목적어를 취하여 두 자리 서술어를 취하고 있다. 이런 경우의 서술어도 두 자리 서술어로 본다. 왜냐하면 비록 이 서술어들이 실질적으로 목적어를 취할 수는 없지만 이 목적어가 없으면 서술어의 의미가 완성되지 않기 때문이다.

③ 세 자리 서술어 : 주어 외에 필수 성분이 두 개 더 있어야 하는 서술어를 세 자리 서술어라고 한다. 어떤 서술어가 필수 성분을 세 개나 요구하는지 예문을 보면서 알아보자.

㉒ 아버지께서 나에게 선물을 주셨다.

㉓ 우리가 그를 반장으로 뽑았다.

㉔ 나는 장미를 열 송이를 샀다.

예문 ㉒의 서술어 '주다'는 주는 사람(주어), 주는 물건(목적어)과 함께 그것을 받는 사람이 있어야 의미가 완성되는 서술어이다. 따라서 주어, 목적어와 함께 부사어 '나에게'가 필수 성분이 된다.

예문 ㉓의 서술어 '뽑다'는 뽑은 사람(주어), 뽑힌 사람(목적어)과 함께 뽑힌 사람이 무슨 자격을 얻었는지 밝혀야 의미가 완성되는 서술어이다. 따라서 주어, 목적어와 함께 부사어 '반장으로'가 필수 성분이 된다. 만일 부사어 '반장으로'가 없다면 '우리가 그를 뽑았다.'가 되어 '우리가 잡초를 뽑았다.'처럼 구문을 이해하게 될 소지가 있다.

예문 ㉔의 서술어 '샀다'는 좀 특이하게도 목적어를 두 개나 가지고 있다. 엄밀하게 말하면 '열 송이를' 산 것이 아니고 '장미를' 산 것이므로 '열 송이를'은 목적어로 구성할 것이 아니라 부사어로 구성하는 것이 옳다. 그러나 국어의 특성이 이런 구문을 허용하기 때문에 목적어를 두 개 취하는 서술어를 인정한다. 그래서 이 경우의 서술어도 세 자리 서술어라고 한다.

우리가 서술어의 자릿수를 따지는 이유는 국어 문장 구성의 특수성 때문이다. 국어 문장을 보면 앞에서도 잠시 설명했지만 부사어 가운데에서 꼭 필요한 부사어가 있고(원래 부사어란 부속 성분이지 주성분이 아닌데도), 필요 없을 것 같은 목적어가 있는 것도 있어서 문장 유형을 분석하기가 어렵다. 따라서 서술어의 성격에 따라서 무엇이 꼭 필요한지 검토하여 그에 따라서 문장을 유형화하는 것이 국어에서는 퍽 도움이 된다.

 서술어의 구조

서술어는 아래 10 가지 구조 가운데 하나를 취한다. 각 구조를 유심히 관찰하여 익혀 보자.

• 단일 동사 : 가다, 먹다, 죽다, 달리다, 건축하다, 끌어들이다

- 동사+동사 : 보고 간다, 먹으며 본다, 잡으러 가자, 묶어서 놓아라
- 본동사+보조 동사 : 먹어 보았다, 찢어 버려라, 아는 체한다, 보려 한다
- 본동사+보조 형용사 : 죽을 듯하다, 무너질 성싶다, 보고 싶다
- 단일 형용사 : 예쁘다, 밝다, 크다, 아프다, 즐겁다
- 형용사+형용사 : 예쁘고 착하다, 크나 멋없다
- 본형용사+보조 동사 : 배고픈 척하다, 아파 보아라
- 본형용사+보조 형용사 : 아름다운 듯하다, 아픈 듯싶다
- 체언+서술격조사 : 책이다, 바다다, 하늘이다, 나무다
- 관형어+의존명사+서술격조사 : 그럴 것이다, 갈 테다, 기쁠 뿐이다

(3) 서술어의 성격

서술어는 주어를 서술하는 언어이다. 그런데 주어를 서술한다는 의미가 좀 모호하다. 국어사전에 따르면 '서술'은 '어떤 사실을 차례를 좇아 말하거나 적는 행위'를 가리키는 말이고, '서술어'는 '주어의 동작, 상태, 성질 따위를 서술하는 말'을 가리킨다. 주어의 동작이나 상태를 서술한다는 것은 주어에 맞는 동사와 형용사를 쓴다는 말과 같으므로 특별히 설명하지 않아도 이해할 수 있겠는데 '주어의 성질'을 서술한다는 말은 조금 모호함을 알 수 있다. 무엇이 주어의 성질을 서술하는 것인가?

㉮ 너는 바보다.
㉯ 네가 최고다.
㉰ 내가 너보다 한 수 위다.
㉱ 우리는 지금 떠날 예정이다.

위 예문에서 예문 ㉮는 '무엇이 무엇이다'의 구문으로서 주어를 정의하는 서술 형식이다. 따라서 이 서술어는 주어의 성질을 서술한다고 볼 수 있다. 그러나 예문 ㉯~㉱의 서술어는 주어의 성질을 서술한다고 보기는 어렵다. 예문 ㉯의 '최고다'는 '가장 훌륭하다'라는 형용사를 대체한 서술어이고, 예문 ㉰의

'한 수 위다'는 '한 수 앞설 만큼 더 낫다'라는 형용사를 대체한 서술어이며, 예문 ㉲의 '떠날 예정이다'는 '떠나려 한다'라는 동사를 대체한 서술어라고 설명할 수 있다. 이것은 모두 주어의 '상황'을 서술하기 위해서 서술 형식을 바꾼 문장들이다. 이렇게 보면 국어의 서술어는 주어의 동작, 상태, 성질을 곧바로 서술하는 데 한정되지 않고 서술 형식을 바꾸어 주어의 상황을 서술하는 경우도 있음을 알 수 있다. 이런 경우의 주어를 학자들은 주제어라고 하기도 한다.

(4) 서술어의 생략

국어에서는 서술어가 없으면 문장이 되지 않는다. 문장은 종결 어미로 끝을 맺게 되어 있는데 종결 어미는 서술어에 붙게 된다. 서술어가 생략된다는 것은 종결 어미가 없다는 말이고, 이는 문장이 아직 종결되지 않았거나 문장의 요건이 충족되지 않았음을 의미한다. 다만, 아래와 같은 특수한 경우에 서술어의 일부가 생략되거나 전부가 생략되는 현상이 일어난다. 서술어가 생략된 문장을 불완전 문장이라고 한다.

> ㉮ 인생은 나그넷길.
> ㉯ 정부는 새 법을 즉시 공포, 시행하기로 했다.
> ㉰ 이제 그만, 갑시다.
> ㉱ "난 여행을 떠날 거야." "어디로?"
> ㉲ "무얼 먹을까?" "난 볶음밥." "난 냉면이요."
> ㉳ "어머, 세상에 이런 일이!"

예문 ㉮는 서술격조사 '이다'를 생략하였기 때문에 서술어의 일부가 생략된 형태로 나타난 것인데, 이 같은 경우는 주어가 명백하고 그에 호응하는 서술어로서 '나그넷길이다'라는 구조를 예상할 수 있으므로 생략하는 데 문제가 되지 않는다.

예문 ㉯는 두 개의 서술어가 연결 어미로 이어지는 경우에 앞의 서술어의 일부를 생략한 경우이다. '공포하고' 또는 '공포하여'에서 접미사 '-하다'의 연결형을 생략한 것이다. 이런 경우는 뒤의 서술어 '시행하다'와 연결되어 접미사 '-하다'가 생략되었음을 예상할 수 있으므로 문제가 되지 않는다.

예문 ㉰가 온전히 서술어를 생략한 형태이다. 부사 '그만' 다음에 서술어가 와야 하는데 그 서술어를 생략하고 새로운 서술어를 놓았다. 자칫 잘못하면 이 문장의 서술어가 '갑시다'이고 '그만'은 '갑시다'를 꾸미는 것으로 오해할 수 있는데 그 오해를 막기 위해서 쉼표를 찍은 것이다. 따라서 이 문장은 '이제 그만'과 '갑시다'로 이루어진 겹문장이고, 앞 문장의 서술어가 생략된 것이다. 앞 문장의 서술어는 '쉬고', '먹고', '자고', '구경하고' 등 당시 상황에 비추어 화자와 청자가 공감하는 것이 될 것인데 그 공감하는 서술어를 생략한 셈이다.

예문 ㉱의 "어디로?"는 부사로만 이루어진 문장이다. 주어와 서술어가 모두 생략되어 있다. '너 어디로 여행을 떠나니?'에서 새로운(알고 싶은) 정보인 '어디로'만 남겨 두고 화자와 청자가 알고 있는 정보는 모조리 생략한 것이다. 이런 서술어 생략은 대화체에서 보편적으로 나타난다.

예문 ㉲의 "난 볶음밥." "난 냉면이요."도 화자와 청자가 모두 아는 정보를 생략하고 말하는 경우에 속한다. 다만, "난 냉면이요."에서 '냉면이요'를 서술어로 볼 수 있으므로 서술어를 생략했다고 볼 수는 없다. 그러나 이 경우도 온전한 서술어라고 할 수는 없고 '냉면을 먹겠어요.'의 의미를 가진 서술어를 생략하기 위한 방편으로서 서술격조사를 사용하여 체언서술어를 만들어 쓴 것으로 볼 수 있다.

예문 ㉳는 서술어를 채 말하지 못하고 만 경우이다. 대체로 감탄이나 의문을 나타낼 때에 이런 불완전 문장이 나타난다.

국어에서는 서술어를 생략할 수 없지만, 대화체에서 화자와 청자가 공감하고 있는 서술어는 생략하는 경우가 있고, 문어체에서는 서술어의 일부(서술격조사나 접미사)가 생략될 수 있음을 알 수 있다.

[2] 주어

주어는 서술어의 주체가 된다. 즉 서술의 행위자, 서술의 주인임을 나타내는 것이 주어이다. 주인이라면 일반적으로 서술어보다 더 중요하게 여길 터인데 국어에서는 서술어보다 덜 중요하게 취급한다. 그 이유는 사람들이 말을 하는 이유가 서술어와 관련이 더 깊기 때문이기도 하지만 문장에서 주어는 자주 생략되기 때문이기도 하다. 그러나 아무리 주어가 생략되더라도 화자는 언제나 주어를 심중에 담고 있고 또 그것을 청자가 인식하기 때문에 주어를 소홀히 해서는 안 된다.

(1) 주어의 형태

주어는 체언과 주격조사가 결합하여 이루어지는 것이 전형적인 형태이다. 그러나 주격조사 대신에 보조사와 결합하기도 하고, 체언 대신에 용언의 명사형이 결합되기도 한다. 아래의 모든 형태는 다 주어의 형태로 본다.

⑦ 윤동주가(/는/도/만/부터/까지/마저/조차/께서) 갔다.
⑭ 내가 아는 바는 이것뿐이다.
⑮ 그의 성실함이 그를 살렸다.
⑯ 모든 일에 성실하기가 그의 장점이다.

예문 ⑦에서 체언에 붙은 주격조사 '가' 외에 괄호 안에 있는 조사도 모두 체언과 함께 주어를 형성한다. 앞에서 설명한 바와 같이 보조사는 주격조사로도 사용하여 주어를 형성한다.

예문 ⑭는 의존명사가 주어로 된 것이다. 의존명사는 반드시 앞에 관형어가 필요하기 때문에 '내가 아는 바는'이 주어가 된다. 이때 '내가 아는'이 관형어이다.

예문 ⑮는 용언이 명사가 된 경우인데, '성실하다'라는 형용사에 명사형 어미 '-ㅁ'을 붙여 명사처럼 만들어서 체언 구실을 하게 하고 거기에 주격조사를 붙여 주어로 만들었다.

예문 ⑯도 용언을 명사처럼 만들어 주어를 형성한 것인데, 다만 여기서는 형용사 '성실하다'에 명사형 어미 '-기'를 사용하였다.

이처럼 주어는 체언과 주격조사 또는 용언의 명사형과 주격조사가 결합하여 이루어진다.

(2) 주어의 수

국어에는 주어가 두 번 나오는 경우가 있다. 두 문장을 하나로 연결한 경우에 한 문장에 두 주어가 나타나게 되겠지만 그렇지 않은 경우에도 주어가 두 개 있는 경우가 있다.

㉠ 내가 걸어가는데 그가 나를 불렀다.

㉡ 나는 몸이 아프다.

㉢ 나는 네가 좋다.

예문 ㉠는 두 문장이 하나로 연결되어 있기 때문에 주어가 두 개 나타나는 것은 당연하다. 어떤 언어에나 이런 형태의 문장은 있게 마련이다. 그러나 예문 ㉡와 ㉢는 하나의 문장으로 보이는 구조 안에서 주어가 두 개 있다. 이런 문장을 보면서 우리는 하나의 문장에 주어가 둘일 수 있는지에 대해서 논란을 자주 벌인다. 그 결과 이 문장을 하나의 문장이 아니라 서술어가 절로 이루어진 두 개의 문장이라고 보게 되었다. 그래서 예문 ㉡는 주어가 '나는'이고 서술어가 '몸이 아프다'인 절이고, 예문 ㉢는 주어가 '나는', 서술어가 '네가 좋다'인 절로 본다. 서술어가 절로 되었기 때문에 그 절의 주어가 있게 마련인데, 예문 ㉡의 '몸이'와 예문 ㉢의 '네가'가 서술절의 주어가 된다. 이와 관련한 상세한 설명은 '문장의 종류' 편에서 한다.

(3) 주어의 일관성

서술어에 비해서 주어가 소홀히 대접받는 면이 있다고 해도 주어는 주어이다. 따라서 문장의 주어가 결정되면 그 문장은 주어를 중심으로 하여 일관되게 서술해야 한다. 그런데 우리에게는 주어를 생략하는 버릇이 있기 때문에 자칫 주어를 놓치고 엉뚱한 서술어를 붙여서 문장을 혼란스럽게 만드는 경우가 많이 있다.

㉠ 그 자료들은 보관하고 있을 것으로 믿지만 제가 확인하거나 직원들이 보고한 바가 없기 때문에 얼마나 보관되어 있는지 모르겠습니다.

㉡ 해외 여행에 앞서 연습 삼아 떠난 국내 나들이는 당초에 예정했던 일정을 반도 채우지 못하고 발길을 돌렸다.

㉢ 제대로 가르치지도, 잘해 보내지도 못한 사회 초년생들이라 모셔 갈 만한 여력은 없었지만 그래도 효성들은 지극해서 힘을 모아 마련한 모갯돈으로 얻어준 전세방이 우리 아파트 단지에서 전철로 두 정거장밖에 떨어지지 않은 단독 주택 단지 옥탑방이었다.

예문 ㉮는 '보관하고', '믿지만', '확인하거나', '보고한 바', '모르겠습니다'의 주어가 무엇인지 명확하지 않다. 무엇을 주어로 삼았는지 그리고 그 주어의 영향이 어디까지 미치는지 명확하게 문장을 구성하지 않으면 이런 문장이 만들어지기 쉽다. 이 문장은 '제가'를 주어로 삼아 구성하여야 할 것 같다. 그렇다면 '보관하고'의 주어를 알려 주거나 '보관되고'처럼 피동형으로 바꾸고, '직원들이 보고한 바'를 '직원들에게서 보고 받은 바'로 바꿔야 주어의 일관성을 유지할 수 있다.

예문 ㉯는 참으로 안타까운 구성이다. 주어를 '국내 나들이는'으로 설정했으면 그에 맞는 서술어를 선택하여 제시해야 한다. 이 경우는 '국내 나들이'를 주어로 삼지 말고 '국내 나들이에서'처럼 부사어로 바꾸고 주어를 별도로 제시하는 것이 옳았을 것이다.

예문 ㉰는 더욱 혼란스러운 문장이다. 몇 가지 전혀 다른 사실을 한 문장에 욕심껏 집어넣으면서도 주어를 인식하지 않고 쓰다 보니 이런 해괴한 문장이 되었을 것이다. '제대로 가르치지도 잘해 보내지도 못한'의 주어는 '어머니'일 것이고, '모셔 갈 여력이 없는' 것은 자녀들일 것이며, 끝의 체언 서술어 '옥탑방이었다'의 주어는 '전세방'일 것이다. 이처럼 주어를 바꾸려면 주어와 서술어 관계가 명확하게 드러나도록 문장을 구성해야 한다. 위 문장은 다른 세 문장을 하나로 결합하면서 주어를 생략하였기 때문에 작가 자신도 모르는 사이에 엉터리 문장이 되고 말았다.

무릇 글을 쓰는 사람은 주어를 생략할 수는 있되 잊어서는 안 된다. 마음속으로 주어가 무엇인지 확실히 인식하고 그 주어를 일관되게 생각하면서 그에 맞추어 서술어를 쓰려고 노력해야 이런 혼란스러운 글을 쓰지 않을 수 있다.

(4) 주어의 생략

국어에서는 주어를 자연스럽게 생략한다. 적어도 주어가 무엇인지 알 수 있다면 어느 때나 생략할 수 있다. 아래 글은 말미에 그 사람의 이름이 있기 때문에 주어를 알 수 있다. 이렇게 쓸 수 있는 것이 국어의 특징이다.

이제 마른 땅에 심어진 생명의 나무가 자랄 수 있도록 그 영지가 우리와

아이들의 미래가 될 수 있도록 노력하겠습니다. 그동안 함께하여 주신 뭇 분들의 이야기에 귀 기울이고 참회하는 마음으로 일어서겠습니다. 지율 합장.

그러나 주어를 아무렇게나 생략할 수 있는 것은 아니다. 위의 경우는 두 문장의 주어가 같고 마지막에 그 주어라고 할 수 있는 이름이 명확하게 제시되었기 때문에 문장을 이해하는 데 혼란이 없다. 그래서 생략이 가능하게 되었다. 그러나 아래의 경우는 이와 사뭇 다르다.

㉮ **시비의 발단은 읍장님 막내딸에 대한 경쟁적 연정에 있었지만, 종국에는 오치네 둘째 형의 말끝을 걸고넘어지는 싸움으로 번졌다.**
㉯ **국민과의 약속대로 결론을 내야 한다는 생각에는 변함이 없지만 부담 스럽게 생각하니 표결을 안 하는 것으로 결론을 내겠습니다.**

예문 ㉮의 앞 절에는 주어가 '시비의 발단은'으로 나타나 있다. 그런데 뒤의 절에는 주어가 없다. 따라서 앞 절의 주어가 뒤 절의 주어로 쓰이는 과정에서 생략되었다고 추측할 수 있다. 그러나 앞 절의 주어를 뒤 절의 주어로 삼으면 '시비의 발단은 싸움으로 번졌다'가 되어 말이 안 된다. 이 점을 알았다면 작가는 앞 절의 주어가 뒤 절의 주어로 쓰일 수 있도록 주어를 설정했을 것이다. 그러면 '시비는 연정에서 발단했지만, 종국에는 싸움으로 번졌다.'처럼 문장을 구성하였을 것이다. 주어를 아무 경우에나 생략하면 예상하지 못한 문제가 생긴다는 것을 알 수 있다.

예문 ㉯는 이 말을 그 사람의 면전에서 들은 사람은 이해하겠지만 이것을 현장이 아닌 곳에서 듣거나 글로 전달받은 사람은 이해하기 어려울 것이다. 위 문장은 세 개의 문장이 이어진 문장으로 첫 문장과 둘째 문장은 대등하게 이어졌고 둘째 문장과 셋째 문장은 종속적으로 이어졌다. 첫 문장은 안은 문장으로서 주어가 '변함', 서술어가 '없다'로 되어 있다. 둘째 문장에는 주어가 없다. 확실한 것은 첫 문장의 주어가 둘째 문장의 주어가 될 수 없다는 것이다. 그리고 셋째 문장에도 주어가 없다. 여기서도 확실한 것은 첫째 문장의 주어가 셋째 문장의 주어가 될 수 없다는 것이다. 둘째 문장의 주어와 셋째 문장의 주어도 같지 않을 것이다. 즉 이 세 문장의 주어는 모두 다르다. 그런데 둘째, 셋째

문장의 주어를 생략했다. 그래서 문장의 의미가 정확하게 전달되지 않는다. 아래와 같이 고쳐 보면 어떨지.

> **국민과 약속했으니만큼 곧 결론을 내야 한다는 제 생각은 변함이 없지만 몇몇 분이 부담스럽게 생각하니 표결을 안 하는 것으로 결론을 내겠습니다.**

위 문장에서도 셋째 문장의 주어를 내세우지 않았는데 첫째 문장에서 '제 생각은'이라고 했기 때문에 자연스럽게 셋째 문장의 주어가 '나'라는 것이 드러나게 되어 무리가 없다. 첫째 문장의 주어와 셋째 문장의 주어가 다르지만 상황 판단으로 셋째 문장의 주어가 '나'라는 점을 알 수 있기 때문에 주어 생략이 자연스러워지는 것이다. 이처럼 상황 판단에 따라서 주어를 인식하는 국어의 특징을 두고 학자들은 '상황의 언어'라고 설명하기도 한다.

주어와 목적어의 구조

주어는 아래 6가지 구조 가운데 하나를 취한다. 목적어도 이와 같은 구조를 취한다. 조사만 주격조사 대신에 목적격조사로 바꾸면 된다.

- 명사/대명사/수사＋조사 : 사람이, 그가, 하나는
- 명사형＋조사 : 아름다움이, 용맹함도, 출발하기가
- 명사/대명사/수사/명사형＋명사/대명사/수사/명사형＋조사 : 그와 내가, 사람이나 짐승이, 돈도 명예도
- 관형어＋의존 명사＋조사 : 그런 수가, 아픈 데가, 웃는 이도
- 명사절＋조사 : 그와 오늘 만남은, 우리가 세상을 살아가기는
- 관형절＋의존 명사＋조사 : 우리가 이렇게 일하는 것이, 담이 무너지는 수도

[3] 목적어

주어의 동작이 미치는 대상을 목적어라고 한다. 대체로 타동사로 표현된 동작이나 작용이 미치는 대상이 목적어가 될 것이다. 목적어도 상황에 따라서는 생략할 수 있다. 대체로 생략해도 독자가 충분히 목적어를 인식할 수 있는 경우에 생략하

는데 이 판단은 화자가 하게 되므로 때때로 무리하게 목적어를 생략하여 독자의 이해를 어렵게 하는 경우도 있다.

(1) 목적어의 형태

목적어는 체언에 목적격조사가 붙어 이루어지는 것이 전형적인 형태인데 그 외에도 여러 형태가 있다.

> ㉮ 선생님께서 영호를(는/도/만/부터/까지/마저/조차) 칭찬하셨다.
> ㉯ 네가 들은 바를 전해라.
> ㉰ 하나님은 우리의 연약함을 도우신다.
> ㉱ 왜 그렇게 높은 산에 오르기만 고집하니?

예문 ㉮에서는 '영호를' 외에 괄호 안에 들어 있는 보조사를 조사로 쓰더라도 목적어가 된다. 보조사는 주격, 목적격으로 두루 쓰일 수 있다.

예문 ㉯에서는 '바를'이 목적어인데 '바'가 의존 명사이므로 그 앞에 있는 관형어까지 합해서 '네가 들은 바를'이 목적어가 된다. '네가 들은'은 관형어이다.

예문 ㉰에서는 '연약함을'이 목적어이다. '연약함'은 형용사 '연약하다'의 명사형인데 이처럼 용언의 명사형에 목적격조사가 붙어서 목적어가 될 수 있다.

예문 ㉱는 예문 ㉰와 같은 원리로 동사 '오르다'의 명사형 '오르기'에 보조사 '만'이 결합하여 이루어진 목적어이다.

이처럼 목적어는 체언에 목적격조사가 붙거나 용언의 명사형에 목적격조사가 붙어 이루어진다.

(2) 동족 목적어

목적어 가운데에는 타동사에서 전성한 명사를 목적어로 취하는 것이 있는데 이런 목적어를 동족(同族) 목적어라고 한다. '꾸다'는 명사 '꿈'을, '추다'는 '춤'을, '자다'는 '잠'을 목적어로 취한다. '웃음을 웃다', '울음을 울다'도 동족 목적어를 취한 모습이다. 어떤 것은 타동사의 어간을 그대로 목적어로 취하기도 한다. '신다'는 '신'을, '띠다'는 '띠'를, '삼다'는 '삼'을, '날다'는 '날'을 목적어로 취한다.

㉮ 쑥으로 뜸을 뜨겠다.

㉯ 고단한 삶을 살았다.

㉰ 종이 밑에 받침을 받치자.

㉱ 무거운 짐을 지었다.

㉲ 가벼운 임을 이었다.

(3) 이중 목적어

하나의 타동사에 두 개의 목적어가 나타나는 경우 이를 이중 목적어(二重目的語)라고 한다. 국어 문장에는 아래와 같이 목적어가 두 번 나오는 것이 있다.

㉮ 영희는 장미를 열 송이를 샀다.

㉯ 나는 순호를 손을 끌어당겼다.

예문 ㉮는 '장미'와 '열 송이'를 모두 목적어로 삼은 것인데 의미상으로 보면 '열 송이를'은 부사어이다. 그러나 형태상으로 보면 '열 송이를'로 목적격조사를 취하고 있으므로 목적어로 본다.

예문 ㉯는 사물의 전체와 일부를 모두 목적어로 삼은 경우이다. 이런 식의 목적어 만들기를 조금 심하게 하면 목적어를 세 개도 만들 수 있다. 이런 표현은 일종의 기교로서 목적어를 점점 구체화해 가는 과정이라고 할 수 있다.

목적격조사를 사용하여 둘 이상의 목적어를 취하게 하는 것은 바람직하다고 볼 수 없다. 대개 그 가운데 하나는 부사어이거나 하나가 다른 것을 포함할 수 있는 관계(관형어로 바꿀 수 있는 관계)인 경우가 많다. 그래서 아래와 같은 구성을 취하는 것이 바람직하다.

㉰ 영희는 장미 열 송이를 샀다.

㉱ 영희는 장미를 열 송이 샀다.

㉲ 나는 순호의 손을 끌어당겼다.

㉳ 나는 순호를 끌어당겼다.

(4) 형식 목적어

목적어 가운데에는 자동사 성질이 있는 동사에 붙는 것이 있다. 실제 동사의 동작이나 작용이 그 대상에 미치는 것이 아니라 오히려 그 대상 안에서 동작이나 작용이 이루어지는데도 굳이 그 대상을 목적어로 취하는 경우가 있다. 그래서 실제로는 목적어로 볼 수 없지만 목적격조사를 취하기 때문에 목적어로 간주하는 목적어를 '형식 목적어'라고 한다. 이런 목적어를 취하는 동사는 자동사이지만 이 목적어를 취하는 순간에만 타동사로 본다.

> ㉮ 많은 사람들이 아침에 공원을 거닌다.
> ㉯ 요즘은 이 길을 가는 사람이 별로 없다.
> ㉰ 공중을 나는 새를 보라.
> ㉱ 어제 여자 친구가 면회를 왔다.
> ㉲ 매주 가까운 산을 오른다.

그렇다고 해서 아무 경우에나 목적격 조사를 붙여서 목적어를 만들 수는 없다.

> ㉳ 브리티시 여자 오픈에 출전하게 되면 위 선수는 올해 열리는 4개 메이저 대회를 모두 출전하는 아마추어 선수가 된다.

예문 ㉳에 쓰인 '대회를'의 목적격조사는 부사격조사 '에'로 바꿔야 한다. '출전하다'는 형식 목적어도 취할 수 없는 자동사이기 때문이다.

[4] 보어

서술어의 불완전함을 보완하기 위해서 사용하는 성분을 보어라고 한다. 국어에서는 동사 '되다'와 형용사 '아니다'만 보어를 취한다. 보어는 체언에 보격 조사가 붙어서 이루어지는데, 보격 조사는 주격 조사를 그대로 사용한다.

> ㉮ 물이 얼음이 되었다.
> ㉯ 여자 친구가 마녀가 되었다.
> ㉰ 국민은 위정자의 종이 아니다.
> ㉱ 그는 우리의 지도자가 아니야.

위 예문에서 '얼음이', '마녀가', '종이', '지도자가'가 보어이다. 아래의 두 예문은 위의 예문 ㉮, ㉯와 뜻은 비슷하지만 밑줄 친 부분이 보어가 아니라 부사어이다.

⑩ 물이 <u>얼음으로</u> 변했다.

㉫ 여자 친구가 <u>마녀로</u> 바뀌었다.

위의 두 부사어는 모두 필수 부사어이다. 따라서 서술어의 눈으로 보면 모두 두 자리 서술어이므로 변한 것이 없다고 할 수 있지만 '얼음이'와 '얼음으로', '마녀가'와 '마녀로'는 성분상 전혀 다르다.

[5] 관형어

체언을 수식하는 성분을 관형어라고 한다. 체언을 수식하는 품사로 관형사가 있지만 그 외에도 체언을 수식하는 다양한 관형어가 있다.

(1) 관형어의 종류

명사, 대명사, 수사를 꾸미는 것은 모두 관형어에 속한다. 관형어에는 어떤 것이 있는지 아래 예문을 보면서 검토해 보자.

㉮ <u>맨</u> 앞에 가는 사람이 대표이다. (관형사)

㉯ <u>죽은</u> 사람만 서럽다. (동사 관형어)

㉰ 나는 마음이 <u>고운</u> 사람을 좋아한다. (형용사 관형어)

㉱ 그가 <u>기쁨의</u> 눈물을 흘렸다. (명사형의 관형어)

㉲ 그는 언제나 <u>건설적인</u> 의견을 낸다. (명사 관형어)

예문 ㉮는 관형사로 명사를 수식한 예이다. 예문 ㉯와 ㉰는 용언의 관형사형으로 명사를 꾸민 예이다. 예문 ㉱는 용언의 명사형에 관형격조사를 붙여 명사를 수식한 예이다. 예문 ㉲는 명사에 서술격조사의 관형사형을 붙여 명사를 꾸민 예이다. 이처럼 다양하게 체언을 꾸미는 것을 모두 관형어라고 한다.

구나 절이 체언을 꾸미는 경우에도 관형어로 본다. 다음과 같은 관형어구도 관형어의 하나이다.

㉳ 정원에는 <u>크고 고운</u> 꽃이 활짝 피어 있다. (형용사구의 관형사형)

㉴ 그곳은 <u>오고 가는</u> 사람들이 무척 많다. (동사구의 관형사형)

㉵ 그 배우는 <u>세상에서 가장 아름다운</u> 눈을 가졌다. (형용사구의 관형사형)

㉶ 한국에는 <u>성실히 일하는</u> 사람들이 많이 있다. (동사구의 관형사형)

ⓐ 나는 <u>시베리아까지 달릴 기차의</u> 기관사가 되고 싶다. **(명사구의 관형사형)**

다음 예문은 절이 관형어가 된 경우이다. 이를 모두 관형절이라고 하고 관형절을 포함하고 있는 문장을 겹문장이라고 한다.

ⓐ 이곳은 <u>사람들이 좋아하는</u> 관광지이다.
ⓐ <u>그가 어제 도착했다는</u> 소식을 들었다.
ⓐ 이 세상에서 <u>눈이 가장 아름다운</u> 여자를 보세요.
ⓐ <u>네가 정말로 좋아할</u> 선물을 가져왔다.

(2) 관형어와 체언의 호응

관형어가 뒤에 오는 체언을 수식한다는 말은 체언이 포괄하는 내포나 외연으로 형성되는 범주를 제한하여 체언을 특정한다는 것을 의미한다. '사람은 바둑을 즐긴다.'고 하는 것보다 '한국 사람은 바둑을 즐긴다.'고 하는 것이 더 명확한 문장이 되고, 이를 다시 '점잖은 한국 사람은 바둑을 즐긴다.'고 하면 화자의 의도가 훨씬 더 구체화된다. 그러나 관형어가 피수식어인 체언의 범주를 제약할 수 없으면 관형어의 의미가 없어지고 혼란스러워지기만 한다. '화성에 사는 사람은 바둑을 좋아한다.' 같은 문장이 무의미한 것은 그런 이유 때문이다. 아래에 제시한 문장의 관형어를 살펴보자.

㉮ 구름 한 점 없는 맑은 하늘에 펼쳐진 <u>광활한</u> 산들을 보라.
㉯ 이 그림에도 그의 <u>맛깔스러운</u> 태도가 나타나 있다.

예문 ㉮에서 '광활한 산'을 우리가 상상하기 어렵다. '산'의 범주에는 '광활한'으로 제약될 만한 부분이 없기 때문이다. 마찬가지로 예문 ㉯의 '맛깔스러운 태도'를 상상하기 어렵다. 이 두 경우는 화자가 체언에 어울리는 관형어를 선택하지 못했다고 말할 수 있다. 관형어와 체언의 호응은 어휘적 호응의 하나로서 뒤에 다시 설명을 한다.

㉰ 그것은 <u>소리 없는</u> 아우성

예문 ㉰의 '소리 없는'은 '아우성'을 꾸미고 있다. 의미상으로 관형어와 명사가 충돌하고 있음을 알 수 있다. '아우성'은 소리가 힘차게 나는 속성이 있는 체언인

401

데 그것을 '소리 없는'이 꾸미는 것은 비정상적이다. 그러나 우리가 이 관형사를 받아들이는 것은 이 두 성분의 충돌 속에서 대단한 의미를 발견할 수 있기 때문이다. '소리 없는'은 외면적인 것이고 '아우성'은 내면적인 것이라고 생각하면 '소리 없는'이 '아우성'을 매우 극적으로 꾸미고 있음을 알 수 있다. 서로 모순되는 관형어와 체언이 역설적으로 가장 효과적인 표현이 된 경우라고 할 수 있다.

㉣ 저런 부류의 <u>무식한</u> 지식인을 가려내는 눈이 필요한 것이다.

예문 ㉣의 관형어 '무식한'과 '지식인'도 충돌하고 있다. 그래서 일반적인 상황에서는 뭘 모르는 사람이 쓴 글이라고 할 수 있다. 그러나 앞의 '무식한'에 내포된 지식과 뒤의 '지식인'에 내포된 지식 사이에 차이가 있고 그것을 독자가 알 수 있다면, 이 문장도 역설적으로 성공한 표현이라고 볼 수 있다.

우리 신문에 수시로 나타나는 아래의 표현은 관형어가 체언과 호응할 수 없는 예이다. 관형어가 아무 체언이나 수식할 수 있다고 보는 것은 잘못이다.

㉤ 서울 초등 교사 임용 여성 합격자 <u>첫</u> 90% 넘어

위의 예문 ㉤에서 관형사 '첫'과 그것이 수식하는 체언 '90' 또는 '90%'는 결코 호응할 수 없다. 왜냐하면 '첫 90%'란 개념을 상상할 수 없기 때문이다. 이 표현의 의미는 '90% 넘은 것이 처음 있는 일'이므로 '처음(으로) 90% 넘어'처럼 부사어가 동사를 수식하게 해야 옳다. 마찬가지로 '여당, 87년 후 첫 과반수 의석 확보'도 어색한 표현이다. '첫'이 '확보'를 수식한다고 말할 수 있지만 '여당'이 주어가 되고 '확보'가 '확보하였다'처럼 서술어 기능을 수행하도록 사용한 명사로 보는 것이 자연스러우므로 여기서도 관형사를 쓰는 것보다 부사를 쓰는 것이 옳다.

 관형어의 구조

관형어는 아래 7가지 구조 가운데에서 하나를 취한다.

- 관형사 : <u>맨</u> 꼭대기, <u>무슨</u> 생각, <u>모든</u> 사람
- 체언 : <u>경제</u> 정의, <u>생산</u> 공장, <u>건축</u> 설계

- 체언＋관형격조사 : 사람의, 진리의
- 용언＋관형사형 어미 : 유능한, 웃는, 놀던, 도망갈, 갔다는
- 용언＋어미＋용언＋관형사형 어미 : 오고 가는, 죽거나 다친, 울며 보던
- 관형사＋용언＋관형사형 어미 : 그 예쁜 여자, 높은 저 건물
- 체언＋서술격조사의 관형사형 어미 : 생산적인, 국가적인

(3) 관형어의 순서

관형어는 언제나 체언 앞에 온다. 그래서 관형어가 여럿이 있으면 체언 앞이 어지러워지고 어느 관형어가 정말로 소중한 것인지 분간하기 어려워질 뿐 아니라 그 관형어가 꾸미고 있는 체언이 무엇인지 헷갈리게 되는 경우가 생긴다. 관형어를 둘 이상 나열할 경우에는 중요한 것을 체언 바로 앞에 놓는다.

'아름다운 눈을 가진 키가 큰 여자'라고 하면 여자의 두 모습 가운데에서 '키가 큰'이 더 강조되고 있는 것이다. 만일 이것을 '키가 큰 아름다운 눈을 가진 여자'라고 한다면 '아름다운 눈을 가진'이 강조된다.

소비자를 울리는 못 믿을 쌀 등급 표시

위의 어구에는 눈에 띄는 관형어가 둘 있다. '소비자를 울리는'과 '못 믿을'이 그것인데 이 두 관형어의 위치를 바꿀 수 있을까? 일반적으로 관형어의 위치는 어려움 없이 바꿀 수 있지만 이 경우에는 그러기 어렵다. '못 믿을 소비자를 울리는 쌀 등급 표시'라고 하면 앞의 '못 믿을'이 곧바로 '소비자'를 꾸미는 것으로 오해할 수 있기 때문이다. 물론 이 경우에 '못 믿을' 뒤에 반점을 찍어서 문제를 해결할 수는 있지만 그것은 문장에서나 가능한 일이고 말로 할 때에는 적용하기 어렵다. 따라서 이런 관형어는 중요도와 관계없이 선후가 결정되고 만다. 따라서 만일 '소비자를 울리는'보다 '못 믿을'이 더 중요하고 결정적인 관형어라고 생각하면 '소비자를 울리는'을 없애버리고(조금 아깝지만) 그냥 '못 믿을 쌀 등급 표시'라고 하는 것이 좋다.

관형어와 체언이 여럿 나타나서 관형어가 수식하는 것이 무엇인지 헷갈릴 때

에는 관형어와 그것이 수식하는 것을 나란히 놓는 것이 좋다. '죽은 그 장관의 아들'이라고 하면 '죽은'이 바로 뒤에 있는 '장관'을 수식하기 쉽기 때문에 뒤에 있는 '아들'을 수식하게 하려면 '그 장관의 죽은 아들'로 하는 것이 좋다. 물론 이런 설명은 보편적인 경우이므로 특별한 경우라면 어순을 달리해서 특별한 의미를 부여할 수 있다.

(4) 관형어의 남용

관형어는 문장의 꽃이라고 할 만큼 문장을 화려하게 만들어 주는 성분이다. 그래서 화려한 문장을 좋아하는 사람들은 관형어를 즐겨 사용한다. 심한 경우에는 체언 하나를 수식하기 위해서 대여섯 개의 의미가 다른 관형어를 내놓기도 한다. 그러나 관형어가 많으면 글이 어지러워지기 쉽고, 뜻은 좋으나 의미가 전달되지 않는 문장이 될 가능성이 높아진다. 따라서 관형어는 그 시점에서 체언에 꼭 필요하고 중요한 것으로 제한하는 지혜가 필요하다.

> **친가도 외가도 형제가 많은 집안인데다, 나만 해도 오빠 둘에 언니가 둘인 막내딸이라서, 가족 모임이 있는 날이면 현관에 신발이 잔을 넘는 맥주 거품처럼 넘쳐 나는 집안에서 자란 내게 그의 단출함은 결격사유가 못 되었다.**

위의 예문은 어느 단편소설에서 따온 것인데 우리 문인들의 글에서 관형어의 남용이 얼마나 심각한지 보여 주는 것이어서 제시해 보았다. 작가는 명사 '막내딸'을 수식하기 위해서 붙인 긴 관형어가 얼마나 절실한 것이고, 대명사 '나'를 꾸미기 위해서 앞세운 길고 긴 관형어가 '나'를 규정하기 위해서 얼마나 요긴한 정보를 제공하는지 판단했어야 했다. 앞의 '막내딸'과 뒤의 '나'는 동일인이므로 결국 한 사람을 설명하기 위해서 이렇게 길고 복잡한 관형어를 사용한 셈인데 아무래도 관형어를 남용했다는 비난을 피할 수 없다.

이쯤에서 우리는 프랑스의 문호 플로베르(1821~1880)가 갈파한 다음의 일물일어설(一物一語說)을 음미하면서 가장 적절한 낱말을 찾는 순례자적 노력을 다짐해 보는 것이 좋겠다.

> **"우리가 표현하려는 것이 어떤 것이든 간에, 거기에는 그것을 표현하는 오**

직 하나의 말, 그것에 운동을 주는 오직 하나의 동사, 그것의 성질을 표현하는 오직 하나의 형용사가 있을 따름이다. 우리들은 오직 하나밖에 없는 그 명사와 동사, 형용사를 발견할 때까지 그것을 찾아보아야 한다."

(5) 관형사형의 어미 형태

관형어를 만들기 위해서 사용하는 관형사형 어미는 동사나 형용사별로 다른 형태를 보이고 시제에 따라서도 달라진다. 문장을 통해서 예시하면 다음과 같다.

⑦ 학교에 가는 아이들이 보인다. (동사, 현재형)
⑭ 자기 몸에 알맞은 옷만 입어라. (형용사, 현재형)
⑮ 너는 점심 때 무엇을 먹을 생각이니? (동사, 미래형)
⑯ 그는 가슴이 매우 넓을 거야. (형용사, 미래형)
⑰ 내가 낚은 물고기는 다 놓아 주었어. (동사, 과거형)
⑱ 읽던 책을 놓고 창밖을 내다보았다. (동사, 과거 회상)

주의할 것은 형용사의 관형사형 어미는 '-ㄴ'과 '-은'뿐이고 '-는'은 없다는 사실이다. 그러므로 '알맞는, 걸맞는, 힘드는'처럼 어미를 붙이면 안 된다.

[6] 부사어

문장에서 용언을 수식하는 말을 부사어라고 한다. 부사가 그렇듯이 부사어도 다른 부사어를 수식하기도 하고 관형사나 문장 전체를 수식하기도 한다. 부사어에는 부사 이외에도 용언이 부사 기능을 하는 것, 체언이 부사 기능을 하는 것 등 다양한 형태의 부사어가 있다.

(1) 부사어의 종류

용언, 부사, 관형어, 문장 전체를 꾸미는 것은 모두 부사어이다. 구체적인 형태를 예문에서 확인해 보자.

⑦ 그는 열심히 일한다.
⑭ 그는 무척 열심히 일한다.

ⓓ 바로 그 사람이 내가 말한 사람이오.
ⓔ 바라건대 저에게 기회를 주세요.

예문 ㉮의 '열심히'는 동사 '일한다'를 꾸미는 부사이고, 예문 ㉯의 '무척'은 부사 '열심히'를 꾸미는 부사이며, 예문 ㉰의 '바로'는 관형사 '그'를 꾸미는 부사이고, 예문 ㉱의 '바라건대'는 문장 전체를 꾸미는 부사이다.

아래 예문에 쓰인 부사어는 용언과 체언이 부사어로 쓰인 것이다. 용언에 부사형 어미가 붙거나 체언에 부사격조사가 붙으면 부사어가 된다.

ⓕ 그가 몹시 힘들다고 말하더라. (동사 부사어)
ⓑ 너무 어렵게 생각하지 마라. (형용사 부사어)
ⓢ 너에게 편지가 왔다. (대명사 부사어)
ⓞ 떡은 쌀로 빚는다. (명사 부사어)
ⓩ 그의 겸손함에서 많은 것을 배웠다. (명사형 부사어)

아래 예문의 부사어는 구와 절로 된 부사어이다. 절로 된 부사어를 부사절이라고 하며, 그런 부사절이 있는 문장을 겹문장이라고 한다.

ⓒ 제발 맑고 밝게 살아 다오. (형용사구 부사어)
ⓚ 투철한 봉사 정신으로 일해라. (명사구 부사어)
ⓣ 나더러 빨리 가라고 소리를 쳤다. (동사구 부사어)
ⓟ "어제는 제가 실례했습니다."라고 사과했다. (인용절 부사어)
ⓗ 눈발이 날리는 것처럼 꽃잎이 날렸다. (명사절 부사어)

(2) 부사어의 위치

부사어는 자기가 꾸미는 용언이나 낱말 앞에 오는 것이 가장 적절하다. 문장 전체를 꾸미는 부사어는 문장의 맨 앞에 온다. 부사어가 위치를 잘못 잡으면 의미 파악에 혼란이 일어날 수 있다.

㉮ 짐짓 내 앞이어서 아무렇지도 않은 척 잠을 청했던 것일까.
㉯ 그 후에도 동생은 아무한테나 사랑한다는 제 남편의 마지막 말을 되뇌며 해해거렸다.

예문 ㉮의 '짐짓'은 '아무렇지도 않은'을 꾸민다. 그리고 예문 ㉯의 '아무한 테나'는 '되뇌며'를 꾸민다. 그런데 부사어와 그것이 꾸미려는 용언 사이에 다른 서술어나 동사 등이 와서 상당히 혼란스러워졌다. 부사어는 될 수 있으면 그것이 꾸미려는 말 앞에 두어야 한다.

부사어의 구조

부사어는 아래 12 가지 구조 가운데에서 하나를 취한다.

- 부사 : 몰래, 높이, 쓸쓸히
- 부사＋부사 : 무척 열심히, 몹시 단단히
- 체언＋부사격조사 : 여기에, 안으로, 밖에서, 생산적으로
- 체언＋조사＋체언＋부사격조사 : 안과 밖으로, 안이나 밖에서, 능률적이고 효과적으로
- 체언＋부사격조사＋부사 : 저곳에 수북이, 공중으로 높이
- 부사＋체언＋부사격조사 : 매우 열정적으로. 깊이 땅속으로
- 용언＋부사형 어미 : 높게, 아프게, 크게, 먹듯이
- 부사＋용언＋부사형 어미 : 매우 세게, 무척 아프게
- 용언＋어미＋용언＋부사형 어미 : 강하고 담대하게, 높고 튼튼하게
- 용언＋어미＋부사 : 강하고 담대히, 높고 튼튼히
- 용언＋어미＋체언＋부사격조사 : 힘차고 열정적으로. 높게 하늘로
- 관형어＋의존 명사＋부사격조사 : 덤빌 수밖에, 싸울 것처럼, 잡을 듯이

(3) 필수부사어

부사어는 서술어를 수식하기 위해서 쓰는데, 경우에 따라서는 서술어가 의미를 완성하는 데 꼭 필요한 부사어가 있다. 이런 부사어를 필수부사어라고 한다. 부사어는 부사어인데 서술어의 의미를 완성하는 데 없어서는 안 되는 부사어라고 해서 붙인 이름이다.

아마 눈치 빠른 사람은 필수부사어라는 것이 성립될 수 없는 개념임을 알았을 것이다. 왜냐하면 부사어란 원래 동사나 형용사를 꾸미기 위해서 존재하는 것으로서 '있으면 좋고 없어도 괜찮은 성분'인데 만일 동사나 형용사의 의미를 완성하기 위해서 꼭 있어야 하는 것이라면 '있으면 좋고 없어도 괜찮은' 부사어의 속성과 달라진다. 이런 이율배반이 있지만 국어에서는 필수부사어라는 이름으로 설명해야 할 부분이 있다. 다음 문장을 보자.

> ㉮ 능금은 <u>사과와</u> 달라.
> ㉯ 영희가 <u>반장으로</u> 뽑혔지.
> ㉰ 아이는 <u>학교에</u> 다닌다.
> ㉱ 사과는 우리나라 <u>기후에</u> 맞다.

예문 ㉮~㉱의 서술어 '달라, 뽑혔지, 다닌다, 맞다'는 '사과와, 반장으로, 학교에, 기후에' 같은 부사어가 없으면 아무 내용도 확보하지 못하고 불완전한 서술어로 남게 된다. 그래서 밑줄 친 부사어는 모두 그 서술어에게는 필수불가결한 부사어이다. 이런 부사어가 필수부사어이다. 위의 예문에서 볼 수 있듯이 필수부사어는 보어 성격을 띠거나 목적어 성격을 띤다. 다시 말하면 보어가 있어야 할 자리이지만 보격 조사를 쓸 수 없는 경우에, 또는 목적어가 와야 할 자리에 목적격 조사를 쓸 수 없는 경우에 필수부사어가 등장한다.

① (어디)에 넣다/다니다/맞다/밝다/알맞다

> ㉮ 그는 손을 호주머니에 넣었다.
> ㉯ 동생은 영어 학원에 다닌다.
> ㉰ 이 옷은 내 몸에 꼭 맞다.
> ㉱ 그는 세상 물정에 무척 밝다.
> ㉲ 장비를 자기 능력에 알맞게 선택하라.

② (무엇)과/와 같다/다르다/닮다

> ㉮ 한국어는 영어와 다르다.
> ㉯ 새끼가 어미와 무척 닮았다.

③ (무엇)으로(/로) 삼다/뽑다/선출되다/선정하다/만들다/빚다

㉮ 그를 대표로 삼자.

㉯ 그를 국회의원으로 뽑았다.

㉰ 그가 대통령으로 선출되었다.

㉱ 우리는 찹쌀로 떡을 빚었다.

④ (무어)라고(/이라고) 소개하다

㉮ 그는 자신을 러시아 인이라고 소개했다.

⑤ (어떻게 하)라고(/으라고) 명령하다/지시하다

㉮ 어서 오라고 명령했다.

⑥ (어떻게 하)ㄴ다고(/는다고/다고) 확신하다/다짐하다

㉮ 그는 자기가 그 일을 가장 잘 안다고 확신했다.

㉯ 이번에는 꼭 성공하겠다고 다짐했다.

⑦ (어떻게 하)자고 권하다

㉮ 그가 어서 가자고 권했다.

부사어 가운데에서 필수부사어를 변별하는 방법에 명확한 기준이 있는 것은 아니다. 그리고 한 번 필수부사어를 가졌다고 해서 그 서술어에 언제나 필수부사어가 필요한 것도 아니다. 서술어가 어떤 의미로 쓰일 때에 필수부사어가 필요한지 판단하는 것은 오로지 글을 쓰는 사람의 능력에 달려 있다.

(4) 부사형과 관형사형의 관계

부사어 가운데 일부 부사형은 쉽게 관형사형으로 전용될 수 있다. 아래 예문을 보자.

㉮ 영구가 크게 웃었다. → 영구가 큰 웃음을 웃었다.

㉯ 형이 자세하게 설명했다. → 형이 자세한 설명을 했다.

크게 웃었으니 큰 웃음이 되고, 자세하게 설명한 것이니 자세한 설명이 된다. 이처럼 부사어와 동사가 곧바로 관형어와 명사로 바뀌는 것이 있다. 그러나 언제나 이렇게 자연스럽게 바꾸는 것이 아니다. 다음 예문을 보자.

ⓓ 그가 즐겁게 노래한다. → 그가 즐거운 노래를 부른다.
ⓔ 동생이 씩씩하게 설명했다. → 동생이 씩씩한 설명을 했다.

즐겁게 노래했다고 해서 즐거운 노래가 될 수 없고, 씩씩하게 설명했다고 해서 씩씩한 설명이라고 하기 어렵다. 여기서 우리는 동사를 수식하는 부사어에 이중의 태도가 있음을 알 수 있다. 앞의 '크게, 자세하게'는 동사의 속성에 맞추어 동사를 꾸미지만, 뒤의 '즐겁게, 씩씩하게'는 주체의 속성에 맞추면서 동사를 꾸민다. 노래 자체가 즐거운 것이 아니라 그의 마음이 흥겨워서 즐겁게 노래한 것이고, 설명 자체가 씩씩한 것이 아니고 그의 태도가 씩씩한 것이다. 따라서 '즐겁게, 씩씩하게'를 관형사형으로 바꿔 주체와 상관없이 '노래, 설명'을 수식하게 하면 어색해진다. 아래 문장은 그런 잘못을 저지른 예이다.

새해를 여는 저 닭의 늠름한 울음소리를 들어 보십시오.

위 말은 우리 나라의 대표적인 방송국에서 일하는 어느 여기자가 새해 첫날 뉴스 시간에 한 말이라고 우리 문장사가 흥분하면서 나에게 알려 준 것이다. 아마 그 여기자의 머릿속에는 아래와 같은 표현이 먼저 자리 잡고 있다가 위의 표현으로 바뀌었을 것이다.

새해를 여는 저 닭이 늠름하게 우는 소리를 들어 보십시오.

[7] 독립어

감탄사가 독립어가 되지만 체언에 호격조사를 붙여서 만들기도 한다. 때로는 호칭이나 지시어 또는 접속어를 독립어로 사용하기도 한다.

ⓐ 저, 말씀 여쭙겠습니다.
ⓑ 저런, 그런 엄청난 일이 있었구먼.
ⓒ 영호야, 엄마 계시니?
ⓓ 김 과장, 어서 실태 조사 결과를 보고하시오.
ⓔ 여기요, 커피 두 잔 부탁해요.
ⓕ 아이쿠, 하마터면 큰일 날 뻔했다.
ⓖ 세상에, 어찌 이런 일이 일어났단 말인가.

2. 문장의 종류

이제까지 우리는 하나의 문장이 어떻게 구성되는지 각 구성 요소를 주성분과 부속 성분에 따라서 검토해 보았다. 한 문장 안에는 언제나 주성분이 있고 그 주성분 안에는 주어와 서술어가 하나씩 있었다. 그러나 우리가 사용하는 문장을 보면 한 문장 안에 몇 개의 주어와 서술어가 나타나는 경우가 많다. 주어와 서술어를 한 번 사용한 문장을 홑문장이라고 하고, 주어와 서술어를 두 번 이상 사용한 문장을 겹문장이라고 한다. 이제부터 겹문장에 대해서 살펴보자.

[1] 홑문장

㉮ 아이가 곤히 잠을 잔다.
㉯ 어머니가 어제보다 훨씬 더 많이 일했다.

위 두 예문은 모두 주어와 서술어가 한 번 대응되므로 홑문장이다.

[2] 겹문장

㉮ 아이가 잠을 자는데, 파리가 아이 얼굴에 앉았다.
㉯ 내가 어제 본 영화를 그도 보았다.
㉰ 동생이 아버지께서 나를 부르신다고 말했다.

위 예문은 모두 주어와 서술어 관계가 두 번 이루어졌기 때문에 겹문장이다. 예문 ㉮는 '아이가 자는데'와 '파리가 앉았다'에서 거듭 나타났고, 예문 ㉯는 '내가 본'과 '그도 보았다'에서, 예문 ㉰는 '동생이 말했다'와 '아버지께서 부르신다고'에서 거듭 나타났다. 이처럼 주어와 서술어 관계가 두 번 이상 나타난 문장을 겹문장이라고 한다. 문장 안에서 주어와 서술어 관계가 나타난 것을 절이라고 하므로 겹문장은 두 개 이상의 절로 이루어진 문장이라고 할 수 있다. 절의 성격에 따라서 겹문장을 두 가지로 나눌 수 있다. 절이 문장의 성분으로 포함되어 있으면 안은 문장, 절과 절이 나란히 연결되어 있으면 이어진 문장이라고 한다.

(1) 안은 문장

　병아리를 암탉이 품고 있으면 겉으로 보기에 닭이 한 마리만 보이지만 좀더 자세히 들여다 보면 병아리가 암탉 품에 안겨 있는 것을 알 수 있다. 따라서 거기엔 닭이 두 마리 있는 것이다. 마찬가지로 안은 문장은 그 속에 새끼 문장을 안고 있기 때문에 하나의 문장처럼 보이지만 자세히 보면 두 문장으로 되어 있다.

　안은 문장이란 작은 문장을 포함하고 있는 문장을 말하고, 안은 문장에 포함되어 있는 문장은 안긴 문장이라고 한다. 안긴 문장은 안은 문장의 한 성분 구실을 한다. 안긴 문장의 성분에 따라서 안은 문장을 몇 가지로 나눌 수 있다.

① 명사절을 안은 문장 : 안긴 문장이 명사절의 구실을 할 때 명사절로 안겼다고 하고 그것을 안은 겹문장을 명사절을 안은 문장이라고 한다. 절의 서술어가 명사형 어미로 되어 있거나 '것, 바' 같은 의존명사를 이용해서 명사절을 만든 것이 특징이다.

　　㉮ 사람이 평생 지조를 지키며 살기가 무척 어렵다.
　　㉯ 그가 공무원이 되었음을 이제야 알았다.
　　㉰ 네가 본 바를 설명해라.
　　㉱ 요즘 사람들 살아가는 것이 참으로 고단하다.

　예문 ㉮는 명사형 어미 '-기'를 이용해서 만든 명사절이 주어로 쓰인 것이고, 예문 ㉯는 명사형 어미 '-음/-ㅁ'을 이용해서 만든 명사절이 목적어로 쓰인 것이며, 예문 ㉰는 의존명사 '바'를 이용해서 만든 명사절이 문장의 목적어로 쓰인 것이고, 예문 ㉱는 의존명사 '것'을 이용해서 만든 명사절이 문장의 주어로 쓰인 것이다.

② 서술절을 안은 문장 : 안긴 문장이 서술절일 때 서술절로 안긴 문장이라고 하고 이 절을 서술어로 삼고 있는 겹문장을 서술절을 안은 문장이라고 한다.

　　㉮ 영호는 기분이 상쾌하다.
　　㉯ 나는 장미꽃이 좋다.
　　㉰ 내 걱정은 '누가 그 일을 할 것인가'이다.

　예문 ㉮의 주어는 '영호는'이고, 서술어는 '기분이 상쾌하다.'이다. 서술어가 주어와 서술어로 이루어진 절이다. 예문 ㉯는 주어가 '나는'이고, 서술어는 '장미꽃이 좋다.'이다. 역시 서술어가 주어와 서술어로 이루어진 절이다. 예문 ㉰는 서술어에 사용된 체언에 해당하는 부분이 절로 되어 있다. 즉 절로 된 체언에 서술격조사가 붙어서 서술어가 된 형태이다. 이처럼 주어와 서술어로 이루어진 절이 문장의 서술어로 사용된 것을 서술절이라고 한다. 서술절을 가진 문장이 있다는 것은 국어 문장 구성의 한 특징이라고 할 만하다.

③ 관형절을 안은 문장 : 안긴 문장이 관형절일 때 관형절로 안긴 문장이라고 하고 이 절을 관형절로 안고 있는 겹문장을 관형절을 안은 문장이라고 한다. 관형절은 절의 서술어에 관형사형 어미가 붙어 있는 것을 가리킨다.

㉮ 우리가 사는 동네는 등촌동이다.
㉯ 그는 동생이 숨겨 놓은 돈을 찾아냈다.
㉰ 우리끼리 한 이야기를 누가 엿들었다.

위 예문에서 밑줄 친 부분을 보면 관형사형 어미 '-는, -은, -ㄴ'을 이용해서 관형절을 만들어 '동네, 돈, 이야기'를 꾸미는 관형어로 쓴 것을 볼 수 있다.

의미 파악에 조심해야 할 관형절

아래 관형절은 어법을 이해하지 못하면 자칫 의미를 오해할 소지가 많으므로 잘 익혀 두어야 한다.

(1) 네가 필요한 사람은 나야.
(2) 선생님이 좋은 사람은 누구?

문장 (1)은 '나는 네가 필요해.'가 변형된 것으로서, 서술절 '네가 필요하다'가 관형절 형태로 바뀐 것이다. 이 문장은 '너'라는 사람이 '나'에게 필요하다는 뜻이다. 그런데 이를 거꾸로 '너'에게 '나'라는 사람이 필요한 것처럼 오해할 수 있다. 그런 의미로는 '네게 필요한 사람은 나야.'라고 해야 한다.

문장 (2)도 같은 오해를 일으킬 수 있다. 이 문장은 '선생님을 좋아하는 사람은 누구냐'는 물음이다. 이것을 선생님이 좋아하는 사람이 누구냐고 오해하지 말아야 한다.

④ 부사절을 안은 문장 : 안긴 문장이 부사절일 때 부사절로 안긴 문장이라고 하고 이 절을 부사절로 안고 있는 겹문장을 부사절을 안은 문장이라고 한다. 부사절은 절의 서술어가 부사로 전성되었을 때에 형성된다.

㉮ 내가 걱정한 바와 같이 큰 사고가 일어났다.
㉯ 홍수로 모든 세간이 흔적도 없이 사라졌다.
㉰ 나의 예상과 다르게 야당이 승리했다.

예문 ㉮는 '걱정한 바와 같이'가 부사절이고, 예문 ㉯는 '흔적도 없이'가 부사절이며, 예문 ㉰에서는 '나의 예상과 다르게'가 부사절이다.

⑤ 인용절을 안은 문장 : 인용문이 다른 절의 한 성분으로 안긴 경우에 이것을 인용절로 안긴 문장이라고 하고 인용절을 한 성분으로 삼고 있는 겹문장을 인용절을 안은 문장이라고 한다. 인용절은 간접 인용절과 직접 인용절이 있는데 이들의 문장 성분은 부사절이다. 따라서 이들은 부사절로 안긴 문장의 일종이다.

㉮ 신문들은 정부가 잘못했다고 비난했다.
㉯ 한 신문은 "정부의 책임이 크다."라고 비난했다.

예문 ㉮가 간접 인용절을 안은 문장이고, 예문 ㉯가 직접 인용절을 안은 문장이다. 직접 인용절에 사용하는 인용 조사는 '라고'임을 잊지 말기 바란다. 이것을 직접 인용절 안에 있는 종결어미 '-다'와 연결하여 '고'만 쓰는 것은 잘못이다. 인용조사를 쓰지 않고 '하고'라는 구문을 쓰는 것은 문제가 되지 않는다. '라고 하고'에서 인용 조사 '라고'를 생략한 것이기 때문이다.

인용한 것인가 강조한 것인가?

흔히 따옴표는 직접 인용한 말임을 표시하기 위하여 쓰이므로 따옴표 뒤에는 반드시 인용 조사 '라고(이라고)', '라며(이라며)' 등이 쓰이게 된다. 그러나 작은따옴표는 직접 인용이 아니고 다만 강조하기 위해서도 사용되므로 아래의 두 경우를 구별하여야 한다.

(1) 한 신문은 "정부의 책임이 크다."라고 비난했다.

(2) 한 신문은 '정부의 책임이 크다'고 비난했다.

예문 (1)은 직접 인용을 하기 위해서 신문의 주장을 그대로 옮긴 것이므로 큰따옴표를 붙였고 이에 따라서 인용 조사 '라고'를 썼다. 그러나 예문 (2)는 간접 인용문이므로 큰따옴표를 붙이지 않은 대신에 내용의 중요한 부분에 작은따옴표를 붙였다. 중요한 부분이 '정부의 책임' 또는 '정부'일 수 있는데 그런 경우에는 아래와 같이 쓸 수도 있다.

(3) 한 신문은 '정부의 책임'이 크다고 비난했다.

(4) 한 신문은 '정부'의 책임이 크다고 비난했다.

(5) 한 신문은 정부의 책임이 '크다'고 비난했다.

예문 (2)~(5)는 모두 간접 인용문인데, 화자가 강조하고 싶은 부분에 작은따옴표를 붙인 것이다. 원래 작은따옴표는 마음속으로 한 말을 적을 때에 쓰는 인용 부호인데, 마음속으로 한 말을 인용하는 것도 직접 인용에 해당하므로 인용 조사 '라고'를 써서 인용하게 되지만, 간혹 강조 용법으로 쓰이기도 하므로 이를 구별할 줄 알아야 한다. 아래 예문은 작은따옴표를 직접 인용으로 쓴 것이다.

(6) 모두 마음속으로는 '정부의 책임이 크지.'라고 생각하고 있었다.

(2) 이어진 문장

병아리가 암탉의 품에서 나와 어미와 함께 다니면 우리는 닭이 두 마리라는 사실을 금방 알 수 있다. 이어진 문장도 절과 절이 병렬적으로 나열되어 있기 때문에 두 개의 절로 이루어져 있음을 금방 알 수 있다.

이어진 문장도 두 종류로 나눈다. 마치 암탉의 보호를 받아야 하는 병아리처럼 한 문장이 다른 문장에 종속된 상태로 이어진 경우와 병아리가 다 자라서 암탉과 대등하게 된 것처럼 두 절이 대등하게 이어진 경우가 있는 것이다. 한 문장이 다른 문장에 종속되어 있는 상태로 이어진 문장을 종속적으로 이어진 문장이라고 하고, 서로 독립적으로 이어진 문장을 대등하게 이어진 문장이라고 한다.

① 종속적으로 이어진 문장 : 앞 절이 뒤 절의 이유, 근거, 전제, 조건 등으로 이어져 있어서 두 문장을 떼어 놓을 수 없게 되어 있는 문장이 이어진 문장이다. 이 경우에 앞 절을 종속절, 뒤 절을 주절이라고 한다. 비록 두 절이 나뉘어 있지만 의미적으로 보면 종속절은 주절의 부사절로서 기능을 한다.

    ㉮ 날씨가 더우니 해수욕장에 가자. (이유)

    ㉯ 비가 오면 날씨가 추워진다. (전제)

    ㉰ 네가 간다면 나도 가겠다. (조건)

    ㉱ 그가 온다고 해서 우리가 마중을 나왔지. (근거)

    ㉲ 나를 만나더라도 알은체하지 말게. (양보)

    ㉳ 기차가 떠나자 마중 나갔던 사람들이 돌아왔다. (선후 관계)

    ㉴ 돌이켜 생각해 보니 잘못은 우리에게 있더구나. (유도)

종속적으로 이어진 문장을 만들 때에는 종속절과 주절 사이에 논리적인 인과관계가 확실하게 드러나도록 구성하고 적절한 연결 어미로 두 절을 연결해야 한다. 예문 ㉮를 '날씨가 더우면 해수욕장에 가자.'로 고치면 어떤 차이가 나는지 생각해 보자. 조건을 제시한 느낌을 받을 것이다. 그러나 이 문장을 '날씨가 덥더라도 해수욕장에 가자.'라고 고치면 이상한 문장이 된다. 이에 비해서 예문 ㉲는 정상적으로 이해된다. 이는 종속절에 사용하는 어미가 종속절과 주절 사이의 의미 관계를 제대로 이어주는 경우와 그렇지 못하는 경우가 있다는 것을 말한다. 따라서 어미의 기능을 정확하게 이해하지 못하면 종속적으로 이어진 문장을 구성하는 데 어려움을 겪게 될 것이다.

② 대등하게 이어진 문장 : 두 절이 서로 영향을 미치지 않고 독립적으로 이어져 있는 문장을 대등하게 이어진 문장이라고 한다. 어느 한 절을 없애더라도 다른 절 혼자 문장으로서 완전하다. 이런 경우의 두 절을 대등절이라고 한다.

  ㉮ **해가 지고 달이 떴다. (시간적 나열)**

  ㉯ **아이가 울며 밥을 먹는다. (동시 동작)**

  ㉰ **이것은 과일이요, 저것은 사탕이다. (공간적 나열)**

  ㉱ **인생은 짧으나 예술은 길다. (대조)**

  ㉲ **서울은 인구가 많고 건물도 많다. (내포적 나열)**

  ㉳ **내가 죽는지 네가 죽든지. (선택)**

 대등적 연결 어미로 사용되는 것에는 '-고, -나(/-으나), -며(/-으며), -든지' 따위가 있다. 경우에 따라서는 두 절이 대등하게 이어졌는지 종속적으로 이어졌는지 분간하기 어려운 경우가 있다. 우리가 구태여 이 두 경우를 나누는 것은 문장을 논리적으로 호응하도록 구성하는 데 있기 때문에 이 호응 관계에 영향을 미치는 결합은 대체로 종속으로 이어진 관계라고 보고, 두 문장 사이에 호응 관계가 없으면 대등하게 이어진 관계라고 보면 된다.

 대조적 의미로 두 문장을 대등하게 이을 때에 두 문장의 주어에는 보조사 '는(/은)'이 주격조사로 쓰임을 기억하기 바란다. '는(/은)'은 이 기능을 구현하기 위해서 특별히 마련된 조사이다.

③ 이어진 문장의 연결 어미와 접속 부사 : 이어진 문장은 쉽게 두 문장으로 나눌 수 있다. 이때 독립한 두 문장은 접속부사로 연결할 수 있는데 접속부사는 연결 어미의 기능을 그대로 담은 것이다. 아래의 이어진 문장을 두 개의 홑문장으로 나누어 보자. 괄호 안에 있는 접속부사가 두 홑문장을 이어 주는 데 사용될 것이다.

  ㉮ **산은 높고 골은 깊다. (그리고)**

  ㉯ **사람들이 울며 박달재 고개를 넘는다. (그러면서)**

  ㉰ **그는 힘은 있으나 지혜가 부족하다. (그러나)**

㉺ 길이 좀 미끄럽지만 달리기엔 퍽 좋다. (그렇지만)

㉻ 날씨가 추우니 빨리 들어가자. (그러니)

㉼ 봄이 오면 꽃이 만발한다. (그러면)

㉽ 나를 보자 무척 반가워했다. (그러자)

예문 ㉮는 '산은 높다. 그리고 골은 깊다.'로 나눌 수 있고, 예문 ㉯는 '사람들이 운다. 그러면서 박달재 고개를 넘는다.'로 나눌 수 있다. 이처럼 모든 이어진 문장은 접속부사를 이용해서 두 문장으로 나눌 수 있다.

④ 겹문장의 주어와 서술어 호응 : 겹문장은 주어와 서술어가 한 짝으로 두 번 이상 나타나는 것이므로 어느 주어와 어느 서술어가 한 짝이 되어 있는지 명확하게 드러나야 한다. 경우에 따라서는 같은 주어가 두 서술어와 짝이 될 수도 있고, 한 서술어가 두 주어와 짝을 이룰 수 있으나 어느 경우이든 주어와 서술어 관계가 명료하게 구성되어야 한다.

㉮ 그는 (여자 친구가) 좋아하는 것이면 무조건 산다.

㉯ 사랑은 눈물의 씨앗이 아니라 (사랑은) 웃음의 씨앗이다.

예문 ㉮는 '그는 산다'와 '여자 친구가 좋아하는'이 한 짝을 이루어 만들어진 겹문장(안은 문장)이다. 여기서 '여자 친구가'를 생략하면 '그는 좋아하는 것이면 무조건 산다.'가 되어 화자의 본래 뜻을 전혀 반영하지 못하고 만다. 따라서 겹문장에서는 주어와 서술어를 명쾌하게 호응시키는 것이 무엇보다도 중요하다.

반면에 예문 ㉯는 하나의 주어가 두 서술어와 짝을 이루고 있기 때문에 뒤 서술어의 주어를 생략해도 문제가 되지 않는다.

겹문장에는 안긴 문장이 둘 이상 있을 수 있고, 이어진 문장도 종속적으로 이어진 문장 뒤에 다시 대등하게 이어진 문장이 나타날 수도 있다. 이런 복잡한 문장일수록 주어와 서술어의 호응에 신경을 써야 한다. 아래 문장을 검토하고 문제점을 찾아 보자.

박 씨는 지난 29일 새벽 자신의 집에서 잠을 자던 중 목이 말라 냉장고 위에 있던 제초제를 음료수로 착각해 마셨다가 쓰러져 병원으로 옮겼으나 하루 만에 숨졌다.

위 문장은 안은 문장과 종속적으로 이어진 문장 뒤에 이어진 문장이 연속적으로 나오는 겹문장이다. 무심히 이 글을 읽으면 아무 문제가 없어 보이지만 주어와 서술어의 호응 관계에 유념하여 읽어 보면 글을 쓴 사람이 혼란을 겪은 부분을 찾아낼 수 있다. 이 문장의 모든 서술어가 주어 '박 씨'와 결합하고 있다. 그런데 유일하게 '옮겼으나'만 주어의 행동이 아니다. 따라서 이 부분을 주어의 행동으로 바꿔야 한다. 그러지 않으려면 '옮겼으나'의 주어를 제시해야 할 것이다.

⑤ **문장 능력은 이어진 문장 구성 능력** : 우리가 흔히 글을 잘 쓴다는 말을 하는데 이는 이어진문장을 잘 구성하는 능력이 뛰어나다는 뜻과 같다. 이어진문장은 종속절과 주절의 주어 서술어의 호응, 종속절과 주절 사이의 인과관계, 두 대등절 사이의 대비 또는 나열의 적절성 등을 확보하여 글을 읽는 사람이 그 뜻을 명확하게 이해할 수 있게 되어야 한다. 이어진문장이 잘 구성되려면 아래의 세 가지에 유의하여야 한다.

㉠ 두 절의 주어가 같은가 다른가?

 * **형이 달려가는데 동생이 갑자기 넘어졌다.**
 * **형이 달려가다가 길모퉁이에서 동생을 만났다.**

이어진 두 문장의 주어가 같으면 어느 하나를 생략해도 좋다. 그러나 다르면 주어를 생략하지 말아야 한다.

㉡ 두 절의 서술어의 품사가 같은가 다른가?

 * **그가 웃으니 나도 얼굴을 폈다.**
 * **은희가 돌아오니 어머니의 얼굴이 밝다. (×)**

이어진 두 문장의 서술어 품사를 일치시키는 것이 좋다. 앞 문장의 서술어가 동사인데 뒤 문장의 서술어가 형용사이거나 체언서술어이면 이어진문장의 구성이 짜임새를 잃는다.

㉢ 연결 어미의 기능과 두 문장의 인과관계가 일치하는가?

 * **내일이라도 비가 온다면 모내기를 할 수 있을 것 같다.**
 * **비가 너무 많이 내려서 저수지마다 물이 가득 실렸다.**

연결 어미에는 각각의 고유 기능이 있다. 예컨대 '-면'은 조건, '-니'는 이유, '-어서'는 결과를 나타내는 것과 같다. 이런 연결 어미와 어울리려면 앞 문장과 뒤 문장 사이에는 연결 어미의 기능을 그대로 받아들일 수 있는 의미적 연결이 이루어져야 한다. 그렇지 않으면 앞뒤 문장이 논리적으로 호응하지 않는다는 평가를 받게 된다.

3. 호응

이제까지 공부한 낱말과 문법 지식을 이용해서 글을 쓴 뒤에 그 글이 제대로 쓰였는지 확인할 수 있는 잣대가 호응이다. 국어의 문법 요소와 어휘 요소를 적절하게 사용하였는지는 다른 문법 요소와 어휘 요소와의 관계에서 밝혀지게 되는데, 이들 요소들이 서로 잘 어울려 나타내려는 뜻을 잘 나타내고 있는지 분석하는 잣대를 호응이라고 한다.

문장의 호응 관계는 세 가지로 나누어 생각한다. 첫째는 문법 요소를 둘러싼 호응으로서 특정 조사와 서술어 사이의 호응, 특정 어미와 성분 사이의 호응이 이에 속하는데, 이 호응을 문법적 호응이라고 한다. 둘째는 어휘 요소를 둘러싼 호응으로서 특정 낱말의 의미와 다른 낱말 또는 구문과의 호응이 이에 속하는데, 이를 어휘적 호응이라고 한다. 셋째는 문장과 문장, 절과 절을 연결 어미나 접속부사로 이을 때에 두 문장 또는 두 절의 호응을 생각할 수 있는데, 이를 논리적 호응이라고 한다.

(1) 문법적 호응

문장 성분 사이의 호응을 문법적 호응이라고 하는데 대개 조사나 어미 같은 문법 요소가 이 호응에 관련되고, 품사의 호응도 여기에 속한다. 대체로 조사와 어미는 문법적 기능을 하는 요소이기 때문에 그 기능에 맞는 조사와 어미를 사용해야 한다.

㉮ 그가 집에서 가고 있다.
㉯ 정말 아름답던 꽃이 만발했군.

ⓒ 선생님, 부디 예쁘십시오.
ⓓ 나도 독신이고 싶다.

예문 ⓐ는 '집에서'의 '에서'와 '가고 있다'가 문법적으로 맞지 않는다. '에서'를 '에'로 바꾸면 문제가 해결된다.

예문 ⓑ는 '아름답던'이 '꽃이'와 맞지 않는다. 어미 '-던' 대신에 '-은'을 써서 '아름다운'으로 고치면 관형어와 명사로서 호응이 된다. 문법적 호응을 제대로 지키려면 조사와 어미의 사용법과 그것이 사용되는 구문이 문장에서 어떤 성분 구실을 하고 있는지 정확하게 알아야 한다.

예문 ⓒ의 "부디 예쁘십시오."는 권유하는 말인데 상대가 해야 할 동작이 없다. '예쁘다'에는 동작이 없기 때문에 비문이 되었다. 이것을 "부디 조심하십시오."라고 하거나 "부디 안심하십시오."라고 하면 문제가 없을 것이다.

예문 ⓓ는 '-고 싶다'의 구문이 형용사나 체언 서술어에는 쓰이지 않고 동사에만 쓰인다는 점을 모르고 사용한 것이다.

① 성분과 성분의 호응

　㉠ 서술어와 주어, 목적어, 부사어의 호응 : 서술어와 주어, 목적어, 부사어가 호응하려면 격조사를 정확하게 사용하여야 한다. 격조사를 정확하게 사용하지 않아서 성분 사이에 문법적 호응이 안 되는 경우를 예시하면 아래와 같다. 이 예문은 모두 우리 문인의 글에서 뽑은 것으로서 우리도 언제든지 이런 실수를 저지를 수 있다는 점에서 참고하기 좋을 것이다.

　　ⓐ 어머니의 침묵은 주위 사람들을 견디기 힘들게 하는 무언가가 있었다.
　　ⓑ 현격하게 달라지며 아름다움을 더해 가는 자신의 미모에 감탄하기는 했지만 처녀로서는 시간이 없었다.
　　ⓒ 어머니는 미니시리즈가 거의 끝나갈 무렵에서야 집으로 돌아오셨다.
　　ⓓ 장애인재활협회에서 나왔다는 사람으로부터 반강제로 샀던 그림이었다.

　예문 ⓐ는 부사격 조사를 써야 할 자리에 주격을 나타내는 보조사를 사용했다. '침묵에는'으로 고쳐야 한다. '침묵은'을 고수하려면 서술어를 '무언가를 담고 있었다.'로 고치면 된다.

예문 ㉯는 신분을 나타내는 부사격조사 '로서는'과 서술어 '시간이 없다'가 어울리지 않는다. 딸린 대상을 나타내는 '에게는'이 서술어와 호응한다.

예문 ㉰는 방향을 나타내는 부사격조사 '으로'가 서술어와 호응하지 않는다. 도착을 나타내는 부사격조사 '에'가 적격이다.

예문 ㉱는 시작을 나타내는 부사격조사 '으로부터'가 서술어와 호응하지 않는다. 유정 명사와 어울려 가져옴을 나타내는 데 쓰이는 부사격조사 '에게서'를 사용해야 한다.

> ㉲ 그녀가 이미 다른 세계, 다른 질서에 속해 있다는 <u>사실에</u> 나는 애써 <u>눈을 돌리고</u> 있었다.
> ㉳ 도망치는 자는 <u>세상으로부터</u> <u>숨으려고</u> 하지만, 그렇다고 해서 단절을 원하지는 않는다.
> ㉴ 곳곳에 내려앉은 탄분과 양회분으로 무시로 어둡고 탁한 <u>색채에</u> <u>뒤덮여</u> 있었다.
> ㉵ 연꽃과 재스민 꽃을 수북이 얹은 <u>꽃쟁반에서는</u> 향기가 <u>짙다.</u>

예문 ㉲는 장소를 나타내는 부사격조사 '에'와 서술어가 호응하지 않는다. 행동의 출발점을 나타내는 부사격조사 '에서'가 적절하다.

예문 ㉳는 시작을 나타내는 부사격조사와 서술어가 어울리지 않는다. '세상과 멀어지려' 또는 '세상을 등지려' 같은 변화가 필요하다. 조사와 서술어가 다 문제가 된 문장이다.

예문 ㉴는 장소를 나타내는 부사격조사 '에'가 서술어와 어울리지 않는다. 재료나 수단 또는 방편을 나타내는 부사격조사 '로'가 서술어와 잘 어울린다.

예문 ㉵는 처소를 나타내는 부사격조사 '에서는'과 서술어가 어울리지 않는다. 처소격조사를 살리려면 서술어를 동사로 바꿔서 '짙게 난다'처럼 써야 한다. 그렇지 않으면 관형격조사를 써서 '꽃쟁반의'로 바꾸면 된다.

ⓛ 같은 성분끼리의 호응 : 본용언과 보조 용언, 주어와 주어, 서술어와 서술어, 부사어와 부사어 사이의 호응은 주로 품사나 구절의 형태와 관련된다.

> ㉮ 이번 법원 결정으로 하 씨는 주민등록번호 뒷자리를 새로 <u>받는다</u>. 또 남자와 결혼해 <u>혼인신고도 가능하다</u>.
>
> ㉯ 1960년대 국내에 제대로 된 산업이 없던 시절, <u>방직공장에 다니는 것은</u> 요즘 반도체 공장에 <u>다닐 정도로</u> 대접을 받았다.
>
> ㉰ 다만 그 소리와 아울러 <u>그 모양이 퍽 초라하고</u>, <u>유별난 궁상이</u> 문제인 것이다.

예문 ㉮는 동사 서술어 '받는다'와 형용사 서술어 '가능하다'가 호응이 되지 않는다. '가능하다'를 동사 서술어 '할 수 있다'로 바꾸면 된다.

예문 ㉯는 명사절 '다니는 것'과 '공장에 다닐'을 호응시킨 형국인데 잘못 구성된 것이다. '방직공장에 다니는 것'과 호응되도록 명사절을 구성하여 '반도체 공장에 다니는 것'처럼 만들어야 한다. 만일 뒤의 성분과 호응시키려면 '방직 공장에 다니는 것은'을 '방직 공장에 다니면'으로 바꾸면 된다. '다닐 정도로'도 '다니는 정도의'로 바꿔야 한다.

예문 ㉰는 앞의 것이 형용사인데 뒤의 것이 명사여서 호응이 안 되었다. '유별난 궁상'을 '유별나게 궁상스러운 점'으로 바꾸면 된다.

> ㉱ 비인기 종목임에도 불구하고 북측 미녀 응원단들이 <u>뜨면</u> 거의 <u>매진이라고</u> 합니다.
>
> ㉲ 당국은 과외 근절 대책을 수립하는 것 <u>외에도</u> 학생들의 학력을 <u>높여야 한다</u>.
>
> ㉳ 그의 마음속에는 <u>사랑과</u> 미워함이 교차하고 있었다.

예문 ㉱는 종속절의 서술어 '뜨면'과 주절의 서술어 '매진이라고'가 호응하지 못한다. 종속절의 서술어가 동사면 주절의 서술어도 동사가 되어야 한다. 따라서 체언 서술어 '매진이라고'를 동사 서술어 '매진된다고'로 고쳐야 한다.

예문 ㉤는 문제가 좀 복잡하다. 주어에 해당하는 서술어가 '학력을 높여야 한다'라면 '외에도'를 쓰기 어렵다. '외에도'는 명사를 나열하는 데쓰는 부사어이기 때문이다. 꼭 '외에도'를 쓰려면 '과외 근절 대책 외에도 학력 향상 대책'처럼 쓰는 것이 마땅하다. 위의 문장이라면 '외에도'대신에 '수립하면서'나 '수립함과 동시에'처럼 바꾸면 앞뒤를 자연스럽게 호응시킬 수 있다.

예문 ㉥는 명사인 '사랑'과 명사형인 '미워함'을 같은 자격으로 접속해 놓았기 때문에 성분의 호응이 안 된 예이다. 명사형은 명사가 아니고동사이므로 명사와 정확하게 호응하기 어렵다. 따라서 '사랑과 미움' 또는 '사랑함과 미워함'으로 품사를 같게 해서 호응되게 해야 한다.

아래 두 문장은 조사와 어미, 성분과 성분을 형식적인 면과 내용적인면에서 아주 잘 조화시킨 문장이다.

> ㉦ 서양 음악은 대개 절대자를 향한 기원을 반영하지만, 우리의 판소리는 민중의 아픔을 반영한다.
> ㉧ 내가 경멸한 것은 상흔 없는 삶이었고, 내가 사랑한 것은 삶의 적소(謫所)를 물들이는 어스레한 황혼이었다.

예문 ㉦는 나에게서 '문장사' 교육을 받던 수강생이 글쓰기 과제를 해온 글 중에서 뽑은 것이고, 예문 ㉧는 '올해의 문장상'을 받은 소설에서뽑은 구절이다. 조사와 연결 어미, 종속절의 주어와 주절의 주어, 종속절의 서술어와 주절의 서술어를 짝으로 맞추어 문법적 호응을 이루었고,두 주어와 두 서술어가 서로 대립각을 세울 수 있도록 낱말을 선택하여어휘적 호응을 이루었다. 의식적으로 호응을 이루기 위해 노력하지 않는다면 이 정도의 글을 만들어 내기 어려울 것이다.

② **피동, 사동의 호응** : 피동사와 사동사는 다른 서술어에 비해서 주어와 부사어의 호응에 매우 민감하다. 그래서 피동사 서술어의 경우에는 주어와 부사어를, 사동사 서술어의 경우에는 목적어나 부사어의 형태를 잘 호응시켜야한다. 역시 우리 문인들의 글을 반면교사로 삼아 보기로 한다.

㉮ 몸의 오른쪽이 완전히 마비된 그는 한쪽으로 잔뜩 <u>기울인</u> 물그릇 같다.

㉯ 비로소 <u>개는 조용해지고</u> 씹는 일에 몰두한다.

㉰ 비행기가 지날 때마다 귀를 쫑긋하고 몸을 일으키는 <u>시늉을 해 보이다가</u> 다시 엎드려 잠이 든다.

예문 ㉮에서는 사동사 '기울인'을 써야 할 이유가 없다. 타동사를 쓰면 그 동사의 주체가 연상되기 때문이다. 주동사 '기운'을 쓰면 이런 문제가 없이 '그는'과 잘 어울린다.

예문 ㉯는 '개는'과 '조용해지고'가 어울리지 않는다. 피동으로 써야 할 이유가 없기 때문이다. '조용히'로 쓰면 된다. '조용해지고'를 쓰려면 피동으로 그렇게 될 수 있는 주어, 예컨대 '사방은, 주위는, 차 안은' 등을 쓰면 괜찮다.

예문 ㉰는 불필요하게 사동사를 쓴 경우이다. 그냥 '시늉을 해 보다가'나 '시늉을 하다가'로 써야 한다.

㉱ 이름 석 자로 존재를 확인 받는 인사는 항용 그렇다. 석 달 열흘은커 녕 홉사흘만 <u>이름을 안 부르거나 들먹이지</u> 않으면 안달이 난다.

㉲ 처녀의 얼굴 위로 미용사의 붓질이 한 번씩 더 지나갈 때마다 처녀 의 <u>머리 모양도</u> 다시 <u>다듬어졌고</u>, 머리 모양이 다듬어질 때마다 볼 과 눈 꼬리의 <u>얼굴 화장을</u> 다시 <u>고쳐야만 했다.</u>

예문 ㉱는 타동사와 목적어 구문을 썼는데 그 주어도 없을 뿐 아니라 서술어 '안달이 난다'는 그 주어와도 관련이 없다. 이런 경우에는 '이름을 안 부르거나 들먹이지'를 피동으로 '이름이 안 불러지거나 들먹여지지'로 바꾸는 것이 성분을 호응되게 하는 길이다.

예문 ㉲는 피동과 능동을 함께 연결해서 호응이 안 된 경우이다. 뒤의 능동을 '얼굴 화장도 다시 고쳐졌다.'로 바꾸면 된다.

③ **부정법의 호응** : 부정법에서 '아니하다'와 '못하다'의 호응이 문제가 될 소지가 있다. '안 하다'는 의지 작용을 할 수 없는 주체에 적용되어 부정할 수 있다. '바람이 불지 않는다. 비행기가 뜨지 아니했어. 얼굴이 예쁘지 않더

라.' 같은 경우가 그 예이다. 의지 작용을 할 수 있는 주체에게 적용될 경우에는 그 주체의 고의성이 개재된다. '나는 가지 않았어. 선생님이 가르치지 않았다.'의 경우가 그 예이다. '못하다'는 특별한 여건 때문에 그렇게 할 수 없게 되었을 때에 사용한다. '그는 함께 오지 못했다. 빨라 가지 못하겠니?'처럼 쓰는 경우가 그 예이다. 그런데 이 두 경우를 혼동하면 호응이 안 된 문장을 만들게 된다.

⑦ **하지만 머리 손질은 금방 끝나지 못했다.**
⑷ **그들에게 책임이 있지 못하단 말이야.**

예문 ⑦는 주어 '손질은'과 서술어가 '끝나지 못했다'가 어울리지 않는다. '손질은'과 어울리게 하려면 '끝나지 않았다'나 '끝내지 못했다'를 써야 한다.

예문 ⑷는 주어 '책임이'와 서술어 '있지 못했단'이 어울리지 않는다. 서술어를 '있지 않단'으로 고쳐야 한다.

(2) 어휘적 호응

문법적으로는 아무 문제가 없더라도 의미가 적절한 낱말을 사용하지 않아서 올바른 문장이 못 되는 경우가 있다. 특히 어떤 낱말이 오면 다음에는 그 낱말과 보조를 같이하는 낱말이 와야 하는 경우가 많다. 차이는 좀 있지만 모든 낱말 사이에는 이런 관계가 성립한다. 낱말 사이에서 의미적으로 함께 쓰일 수 있는 관계가 형성되어 있는 상태를 어휘적 호응이라고 한다. 어휘적 호응은 낱말이 기본적으로 가지고 있는 제약을 어기지 않아서 얻어지는 호응과 그 낱말이 쓰이는 관용 표현을 지켜 얻어지는 호응, 그리고 낱말의 의미와 관련해서 다른 낱말과 조화를 지켜 얻어지는 호응으로 대별할 수 있다.

① 낱말의 제약에 따른 호응 : 어떤 낱말은 반드시 어떤 표현을 요구하는 경우가 있다. 대체로 문장 부사가 그런 경향을 많이 보인다.

⑦ **우리는 모름지기 정의 실현을 위해 싸워야 한다.**
⑷ **부디 저에게 기회를 주세요.**
⑸ **짐짓 그를 모르는 척했다.**
⑹ **이번엔 반드시 이기고 말겠다.**

예문 ㉠에서 '모름지기'와 '-야 한다'가 짝으로 쓰인다. 이것을 '모름지기 싸우자'라고 바꾸는 것은 허용되지 않는다. 예문 ㉡는 '부디'와 '주세요'가 호응된다. 예문 ㉢는 '짐짓'과 '척했다'가 어울리고, 예문 ㉣는 '반드시'와 '말겠다'가 어울린다. 이처럼 특정한 부사와 서술어 사이에 호응을 제약하는 관계가 있음을 알 수 있다. '가까스로, 바야흐로, 바라건대, 반드시, 기필코, 시나브로, 응당, 어렵사리, 쉽사리' 등에도 이런 제약 관계가 있다. 아래 문장에서 문제점을 찾을 수 있는 분은 모국어에 자신을 가져도 좋을 것이다.

> ㉤ 이번 시험에서 가까스로 80점밖에 못 받았다.
> ㉥ 바야흐로 벌써 봄이 되었구나.
> ㉦ 바라건대 꼭 목표를 달성해야 한다.
> ㉧ 빚을 조금만 내면 어렵사리 집을 살 수 있을 것 같다.

② 관용 표현에 따른 호응 관계 : 낱말은 다른 낱말과 함께 관용어를 이루거나 속담을 형성하여 일정한 의미를 드러내는 경우가 많이 있다. 이런 약속은 마땅히 지켜야 한다. 물론 이 경우에 그 관용어나 속담이 나타내는 뜻과 다른 용법으로 사용하는 경우라면 문제가 안 될 수도 있다.

> ㉠ 배가 고프면 코를 풀고 손을 씻고 식탁에 앉아라.
> ㉡ 저렇게 얼굴이 두꺼운 사람은 처음 봤다.
> ㉢ 너는 도랑 치고 가재 잡는다는 말도 못 들었니?

예문 ㉠에는 관용적으로 주어와 서술어, 목적어와 서술어 등이 한 짝으로 쓰이는 것을 예시했다. '배-고프다, 코-풀다, 손-씻다, 침-뱉다, 오줌-마렵다'의 관계는 이미 모든 사람들에게 의심의 여지없이 받아들여지고 있다. 따라서 이런 구조를 바꾸는 것은 허용되지 않는다. 가끔 '네가 보고 싶다'는 표현 대신에 '네가 고프다'라고 하기도 하지만 이건 어디까지나 우스개에 지나지 않는다. 정도의 차이는 있지만 이런 관계가 있는 낱말이 의외로 많다. '김치, 간장, 된장, 고추장'은 담근다고 한다. '두부, 목화씨'는 앗는다고 한다. '집, 배[船], 밥, 농사, 글'은 짓는다고 한다. '소금, 고기, 숯'은 굽는다고 한다. '마루, 자리, 배[腹]'는 깐다고 한다. 이런 호응은 익히지 않으

면 안 된다. 이런 것을 제대로 배우지 않으면 '쌀 팔러 간다.'를 쌀을 판매
하려는 행위로 오해하기 쉽다. 퇴계 이황의 아래 시조에도 낱말 사이에 제
대로 호응되지 못한 부분이 있다.

> 유란(幽蘭)이 골짜기에 있으니 자연이 <u>듣기</u> 좋다.
> 백설(白雪)이 산에 있으니 자연이 보기 좋다.
> 이 가운데 저 한 미인(美人)을 더욱 잊지 못하겠다.

'유란(幽蘭)이 듣기 좋고, 백설(白雪)이 보기 좋다'에서 '유란이 듣기 좋
다'가 호응이 되지 않는 부분이다. '유란'이란 깊은 골짜기에 핀 난을 가리
키는 말이니 최소한 '맡기 좋다'로 써야 할 것이다. 한문에 문향십리(聞香
十里)라는 말이 있는데 중국인은 '문(聞)'을 듣는다는 뜻 외에도 '냄새 맡
다'의 뜻으로도 쓰기 때문에 이루어진 말이다. 그러나 우리말에서는 냄새는
맡는 것이지 듣는 것이 아니다.

예문 ④는 '얼굴이 두껍다'에 호응 관계가 있다. 이것을 다른 낱말로 바
꾸면 문제가 일어날 수 있다. 예컨대 '가슴이 두껍다'라고 하면 화자의 본래
의도와 전혀 상관이 없게 된다.

예문 ⑤는 속담 '도랑 치고 가재 잡는다.'와 관련해서 여러 낱말이 호응
되고 있는 모습이다. 여기서 '가재' 대신에 '붕어'나 '미꾸라지'를 넣을 수
없다. 속담은 관용 표현 가운데에서는 가장 느슨한 호응 관계를 보이는 것
이기 때문에 다른 낱말을 넣더라도 어느 정도 의미 전달이 가능한 경우가
있지만 그렇다고 해서 아무 낱말이나 넣을 수는 없다.

우리가 관용어와 속담을 배우고 익히는 것은 오늘의 우리를 과거의 우리
와 연결하는 일이요, 미래의 우리에게 과거와 현재를 올곧게 전달해 주는
일이다. 관용어와 속담을 배우고 또 배우고, 익히고 또 익혀야 하는 이유는
우리가 현재의 상황에서 배울 수 없는 것을 과거의 우리에게서 배울 수 있
기 때문이다.

③ 낱말의 의미에 따른 제약 관계 : 낱말은 그 의미 때문에 다른 낱말을 제약
하는 경우가 있다. 이런 제약도 제대로 지키지 않으면 바른 문장이 될 수 없

다. 우리 문장에서 가장 광범위하게 나타나는 잘못이 이 경우에 해당한다.

> ㉮ 우유 한 봉지로 목마름과 허기를 메웠다.
> ㉯ 많은 실업자가 직장을 잃었다.
> ㉰ 계약 체결 여부에 따라서 회사가 살아날 수도 있다.
> ㉱ 나는 노인네의 흔치 않은 잔병치레가 자꾸만 마음이 쓰였다.

예문 ㉮는 '메우다'라는 동사가 '목마름'과 어울리지 않는다. 예문 ㉯는 '실업자'와 '직장을 잃었다'가 어울리지 않는다. 예문 ㉰는 '여부'와 '살아날 수도 있다'가 어울리지 않는다. 예문 ㉱는 '흔치 않은'과 '잔병치레'가 어울리지 않는다. 각 낱말의 의미 속에 다른 낱말을 배척하는 내용이 들어있기 때문이다.

> ㉲ 한 교수에게 자문을 구하고, 그의 자문을 받아서 결정했다.
> ㉳ 그들은 그가 미성년의 여자애와 놀아난다고 해도 화들짝 반겼을 것이다.
> ㉴ 여행사 직원은 어둠이 점점 두터워져 가는 산을 불안한 눈길로 바라보았다.

예문 ㉲는 '자문'과 '구하다, 받다'가 어울리지 않는다. '자문'은 '물음' 또는 '질문'과 같은 말이기 때문이다. 예문 ㉳는 '화들짝'과 '반겼을'이 어울리지 않는다. '화들짝'은 '놀람'을 나타내는 부사어이기 때문이다. 예문 ㉴는 '어둠'과 '두터워져'가 어울리지 않는다. '어둠'은 '얕고 짙음'의 관계에 있는 말인데 비해 '두텁다'는 '인정이나 정의'의 정도를 나타내는 말이기 때문이다.

다음 문장은 한국인이 썼다고 보기에 무리가 있는 문장이다. 그러나 분명히 이런 문장이 개성 있는 문장이라고 젊은 문인들 사이에 번지고 있는 것도 사실이다. 한번 구경해 보자.

> 20년을 넘게, 여자가 나이 마흔을 넘도록 잔잔하게 밀려올 물살을 긴장하며 산다는 것은 남편의 도벽이나 오입을 참아내는 것보다 더 주름진 일이다.

국어사전과는 담을 쌓고 오직 자신의 언어에 집착하여 글을 쓰지 않고는 이런 글을 쓰기 어려울 것이다. '물살을 긴장하며 살다', '산다는 것이 주름진 일이다' 같은 표현을 개인의 취향이나 문체적 특성으로 이해하는 것은 언어도단이다. '산다는' 대신에 '견딘다는'을, '주름진' 대신에 '주름살이 지는'으로 바꾸면 문제가 조금 해결된다. 고치는 김에 '잔잔하게 밀려올'도 '끊임없이 밀려오는'으로 고치는 것이 좋을 것 같다.

(3) 논리적 호응

논리적 호응은 문장과 문장, 절과 절 사이에서 문제가 된다. 문장과 문장 사이의 논리적 호응이란 글이 지향하는 일정한 목적을 향하여 문장이 연속적으로 접근하도록 하는 것을 의미한다. 대체로 접속부사가 그 역할을 수행하지만 접속부사가 생략되더라도 의미상으로 그런 연속성을 유지할 수 있게 문장을 구성해야 한다. 절과 절 사이의 논리적 호응이란 이어진 문장에서 연결 어미와 주절의 서법을 정확하게 사용하여 종속절과 주절 사이 논리의 흐름이 제대로 유지되도록 하는 것을 말한다.

> ㉮ 누구나 열심히 일해야 성공한다.
> ㉯ 사람들은 아프면 도서관에 간다.
> ㉰ 너는 실수를 잘하니까 나서지 마라.

예문 ㉮는 '일하다'와 '성공한다'를 연결 어미 '-(여)야'로 연결한 것인데, 이 두 서술어의 연결에는 논리적으로 문제가 없다. 그래서 이 문장은 논리적으로 호응된 문장이다.

예문 ㉯는 '아프다'와 '도서관에 간다'가 연결 어미 '-면'으로 이어져 있다. 그런데 이 두 서술어 사이에는 '-면'으로 이을 만한 논리적 연결 고리가 없다. 따라서 이 문장은 잘못된 문장이다. '아파도 도서관에 갔다'라고 하면 어미를 중심으로 두 문장이 논리적으로 연결된다.

예문 ㉰는 '실수를 잘하다'와 '나서지 마라'가 연결 어미 '-니까'로 연결되어 있다. 두 성분 사이에 인과관계를 '-니까'로 연결한 것은 자연스럽다. 그래서 논리적 호응이 되었다.

> ㉱ 자신을 죽이지 않으면 성공할 수 없다.

예문 ㉣는 언뜻 보기에 연결 어미 '-으면'으로 연결된 두 성분이 모순되어 호응되지 않는 것 같다. 자신이 죽은 뒤에 성공한다는 것이 불가능하거나 무의미하기 때문이다. 그러나 '자신을 죽임'이 겸손함을 의미하는 것이라고 판단되면 이 논리는 오히려 멋진 호응으로 바뀐다. 이런 호응을 역설적 호응이라고 한다.

아래 문장은 유행가의 한 구절인데 특별히 잘못 사용한 낱말이 없는데도 의미가 드러나지 않는다. 각 요소들이 논리적으로 호응하지 않기 때문이다.

㉳ 그대만의 생각의 일과로 나의 생활은 시작되죠.

위 문장으로 나타내려 하는 뜻은 '그대만 생각하는 것으로 나의 일과가 시작되죠.' 정도가 될 것 같은데 참으로 요령부득한 문장이다. 한국인이 어떤 언어적 소양을 가지고 이런 문장을 만들어 노래로 부를 수 있는지 놀라울 뿐이다. 그런데 노래하는 사람들만 이런 글을 쓰는 것이 아님을 알았다. 정부(정확하게는 문화관광부 산하 기관)가 내건 표어에도 이보다 결코 못하지 않은 내용이 들어 있다.

㉴ 그늘진 곳에 희망을 심는 문화 입국을 통하여 새천년 남북 통일의 길을

몇몇 사람의 정치적 요구에 맞추느라고 고급 두뇌들이 미사여구를 동원해서 만들었는데도 앞뒤가 논리적으로 연결되지 않아 진정으로 주장하는 것이 무엇인지 알 수 없는 표어가 되었다. 남북 통일의 길로 가자는 주장 외에 다른 의미는 접수할 수 없다. 차라리 통일원이 내건 표어라면 좋았을 것을…

논리적 호응 관계는 독립한 문장과 문장 사이에서도 일어난다. 이 경우는 문법에서 다루기 어려운 것이지만 호응의 차원에서 설명하면 다음과 같다.

㉵ 그가 나를 보았다. 그가 공을 찼다. 그가 잠을 잔다.
㉶ 그가 나를 보았다. 그가 눈을 감았다. 그가 고개를 끄덕였다.

예문 ㉵의 세 문장은 어떤 의도나 목적을 가지고 연속적으로 적혀 있는지 알 수 없다. 이 세 문장 사이에는 의미의 어떤 연결 고리도 찾을 수 없다. 이런 경우에 이 문장 사이에는 논리적 호응이 안 된다고 말한다. 횡설수설하는 문장은 논리적 호응이 안 되는 문장이다.

예문 ㉶는 '그'가 '나'를 본 뒤에 나타난 동작이 연속적으로 이어지고 있음을

알 수 있다. 따라서 여기에서 우리는 어떤 의미를 발견해 낼 수 있다. 이런 문장은 논리적으로 호응이 되는 문장이다.

이상 제시한 세 종류의 호응 관계가 문장 안에서 어떻게 실현되는지 검토하면 문장의 문제점을 찾아 이를 바로잡기 쉬워질 것이다. 문장을 구성하는 것을 집 짓는 일에 비유한다면, 호응은 이 집을 안정감과 균형감이 있게 짓는 것과 같다. 집의 뼈대인 기둥, 보, 도리, 서까래가 힘의 균형을 유지하고 지붕과 벽과 문이 뼈대와 잘 어울리게 설치된 상태가 문법적 호응이 되는 상태이다.

기둥의 재료와 지붕과 벽의 재료, 문의 재료 등이 잘 어울리게 지은 집은 어휘적 호응이 된 집이다. 만일 지붕은 굴피껍질이나 너와로 이고 기둥은 쇠로 만들고 벽은 유리로 만든다면 그 집은 어휘적 호응이 되지 않은 문장과 같다.

집이 안정감 있고, 각 재료가 조화롭게 지어졌더라도 안방을 닭장처럼 만들고, 거실에 변기를 놓고, 부엌 싱크대 옆에 침대를 놓고, 욕조 옆에 가스레인지를 놓는다면 이 집은 논리적 호응이 되지 않은 집이다. 집을 지을 때에 무엇을 어떤 용도로 사용할 것인지 명확하게 작정한 뒤에 그 용도에 따라서 구조를 정해야 그 집의 용도와 실제 모양이 일치할 것이다.

호응이 안 된 문장은 이상하게 지은 집처럼 우리를 불안하게 하고 불쾌하게 하고 어지럽게하여 우리에게는 쓸모없는 것이 되고 만다.

01 다음 물음에 답하라.

(1) 주어와 서술어를 짝지은 것으로 틀린 것은?

① <u>우리는</u> 서로 사랑하기를 <u>바란다</u>.
② <u>축구가</u> 이제 세계인의 <u>스포츠가</u> 되었다.
③ <u>정부는</u> 국민의 안전을 위한 조치를 <u>취해야 한다</u>.
④ <u>진리는</u> 상황에 따라 변하는 것이 <u>아니다</u>.

(2) 주어와 서술어를 짝지은 것으로 틀린 것은?

① 우리 집은 여러 <u>사람들이</u> 모일 만한 장소이다.
② 복 있는 <u>사람은</u> 악인의 꾀를 <u>좇지 아니한다</u>.
③ <u>석굴암은</u> 바위에 <u>새긴</u> 조각품이다.
④ 그는 <u>정의가</u> 무엇인지 <u>모르나 봐</u>.

(3) 주어와 서술어를 짝지은 것으로 틀린 것은?

① 저 <u>사람은</u> 어디서 <u>본 듯하다</u>.
② <u>한강은</u> 언제 보아도 아름다운 <u>강이다</u>.
③ 이 세상에 이름이 없는 <u>나무는</u> 하나도 <u>없다</u>.
④ <u>아이들은</u> 이름을 불러 주는 것만으로도 <u>좋아한다</u>.

(4) 주어와 서술어를 짝지은 것으로 틀린 것은?

① 왜 몰랐느냐, <u>너도</u> 한국인이었다는 사실을.
② <u>나는</u> 할 일도 없고 하고 싶은 일도 <u>없다</u>.
③ <u>네가</u> 지금 가고 있는 곳이 어디니?
④ 거리의 <u>풍경이</u> 그런대로 <u>볼 만합니다</u>.

(5) 주어와 서술어를 짝지은 것으로 틀린 것은?

① 세월이 흐르는 사이에 뜻밖에 <u>일이</u> <u>생겼다</u>.
② 극장 <u>안에는</u> 손님이 <u>없었다</u>.
③ <u>그는</u> 슬기로우니까 잘 해낼 <u>것이다</u>.
④ <u>네가</u> 본 대로 말해 <u>보라</u>.

09_문장 구성

(6) 목적어와 서술어를 짝지은 것으로 틀린 것은?

　① 우리는 한국이 승리하리라고 생각했다.

　② 그는 잠시도 내 곁을 떠나지 않았다.

　③ 일을 급히 서두르지 않으면 안 된다.

　④ 창공을 나는 새를 보라.

(7) 목적어와 서술어를 짝지은 것으로 틀린 것은?

　① 밥이라도 좀 먹어라.

　② 물 가져오라고 했더니 술을 가져왔다.

　③ 청년은 싱글벙글 웃으며 인사를 했다.

　④ 그는 고개를 숙이며 "어서 오세요." 했다.

(8) 목적어와 서술어를 짝지은 것으로 틀린 것은?

　① 빨리 오라는 전갈을 받았다.

　② 한글날을 세계인의 문화 축제로 삼자.

　③ 그가 언제 돌아왔는지 모르겠다.

　④ 장미꽃 열 송이를 드렸다.

(9) 밑줄 친 부분이 수식어와 피수식어 관계에 있지 않은 것은?

　① 너는 어디서 만난 적이 있는 것 같다.

　② 얼굴이 예쁘고 목소리가 고운 여자를 골라라.

　③ 사람들은 돈을 주어 호의를 나타내려 한다.

　④ 어머니는 동생이 떠난 사실을 까맣게 모르고 있다.

(10) 밑줄 친 부분이 수식어와 피수식어 관계에 있지 않은 것은?

　① 그렇게 심한 말을 그에게 할 수 있니?

　② 비행기 추락 사고가 있었다는 사실이 보도되었는지.

　③ 사고 싶은 것은 많지만 살 돈이 없다.

　④ 어머니는 치마폭에 과일을 담아 가지고 가셨다.

(11) 밑줄 친 부분이 수식어와 피수식어 관계에 있지 않은 것은?

① <u>그러므로</u> 비행기가 뜰 수 없었다.

② <u>아무튼,</u> 나는 가지 않겠다.

③ <u>저</u> 사람을 보라.

④ 둘이서 <u>가</u> 보았다.

(12) 밑줄 친 부분이 수식어와 피수식어 관계에 있지 않은 것은?

① <u>코가 긴</u> 코끼리가 서 있다.

② 도둑이 <u>멀리</u> 달아났다.

③ 거기에는 <u>맨</u> 여자뿐이더라.

④ <u>아름답게</u> 철쭉이 피었다.

(13) 밑줄 친 부분이 수식어와 피수식어 관계에 있지 않은 것은?

① <u>그러면</u> 지금 가거라.

② <u>깊은 바다에 사는 동물은</u> 뼈가 연하다.

③ 왜 <u>저토록</u> 일을 서두르나?

④ <u>아뿔싸,</u> 열쇠를 놓고 왔군.

(14) 밑줄 친 부사어가 문장의 필수 성분이 아닌 것은?

① 우리는 영철이를 <u>반장으로</u> 삼았다.

② 동생은 <u>중학교에</u> 다닌다.

③ 우리는 <u>영화관에</u> 가기로 했다.

④ 네 생각은 내 <u>생각과</u> 같다.

(15) 밑줄 친 부사어가 문장의 필수 성분이 아닌 것은?

① 영희는 제 <u>엄마에게</u> 달려갔다.

② 우리는 <u>너희와</u> 달라.

③ 그가 <u>나에게</u> 선물을 주었다.

④ 사람들은 <u>쌀로</u> 술을 빚는다.

연습 문제

(16) 밑줄 친 부사어가 문장의 필수 성분이 <u>아닌</u> 것은?

① 비가 <u>몹시</u> 내린다.

② <u>내 앞으로</u> 다가서라.

③ <u>식탁 위에</u> 올려놓아라.

④ <u>글에서</u> 잘못을 집어낸다.

(17) 보기 문장에서 밑줄 친 서술어의 주어가 <u>다른</u> 것은?

┤ 보기 ├

<u>떠난</u>① 뒤 곧 무사히 <u>도착했다는</u>② 전화를 <u>걸어왔고</u>③, 전화는 그 뒤에도 몇 번 더 <u>걸려왔다</u>④.

(18) 보기의 문장에서 밑줄 친 서술어의 주어가 <u>다른</u> 것은?

┤ 보기 ├

인간의 능력이 <u>재발견되고</u>①, <u>부정했던</u>② 창조력을 <u>긍정함으로써</u>③ 인간은 다시 태어난 존재라는 의식을 <u>확산시켰다</u>④.

(19) 보기의 문장에서 밑줄 친 서술어의 주어가 <u>다른</u> 것은?

┤ 보기 ├

여기에 <u>있는</u>① 사람들은 억지로 <u>불러 모은</u>② 것이 아니라 국어를 <u>사랑하는</u>③ 마음으로 스스로 <u>모였다</u>④.

(20) 보기의 문장에서 밑줄 친 서술어의 주어가 <u>다른</u> 것은?

┤ 보기 ├

이미 <u>잊힌</u>① 사람을 다시 <u>떠올리자니</u>② 마음이 <u>아프고</u>③ <u>괴롭다</u>④.

02 사람에 따라서 '산을 오른다'고 하기도 하고 '산에 오른다'고 하기도 한다. 아래 대화에서 조사 '을'을 쓸 때와 '에'를 쓸 때의 차이를 발견할 수 있는지 말하라.

> 김 : 너 도봉산에 오른 경험 있니?
> 이 : 아니.
> 박 : 지난주에 너 도봉산에 갔잖아?
> 이 : 갔어.
> 박 : 그런데 왜 산에 안 올랐다는 거야?
> 이 : 산을 오르기는 했는데…….
> 김, 박 : 뭐야, 무슨 소리를 하고 있는 거야?

03 다음에 제시한 두 문장을 겹문장으로 만들어라.

(1) 이 꽃은 참 아름답다. 꽃에 향기가 없다.

(2) 한국 팀이 이집트 팀에 졌다. 일본 팀이 중국 팀을 이겼다.

(3) 쓰레기 메일이 하루에 수백 통씩 온다. 나는 머리가 아팠다.

(4) 비가 억수로 쏟아진다. 우리는 강을 건너야 한다.

(5) 책값이 무척 비쌌다. 나는 책을 사지 않았다.

(6) 울릉도 동남쪽으로 92km 떨어진 곳에 독도가 있다. 독도는 한국의 가장 동쪽에 있는 섬이다.

(7) 독도의 넓이는 160,000m²쯤 된다. 동도는 최고 높이 99.4미터에 넓이 64,800m²이고, 서도는 최고 높이 174미터에 넓이 95,400m²이다.

(8) 동도와 서도 사이에는 수로가 있다. 수로의 길이는 330미터, 폭은 110~160 미터쯤 된다.

(9) 한국은 1954년에 동도에 등대를 세웠다. 한국은 독도 주변의 수자원을 관리하고 있다.

(10) 일본이 독도 영유권을 주장하고 있다. 일본의 영토 팽창주의 꿈을 깨기 위해서 동도에 인터넷 방송 기지를 설치하여 자원자의 신청을 받아 한 주일씩 숙식할 수 있도록 하는 프로그램을 만들면 좋겠다.

04 아래 인용문의 잘못을 찾아 바로잡으라.

> 이건희 삼성 회장은 4일 고려대 명예박사 학위수여식 파행사태와 관련 "내 부덕의 소치"라고 말했다. 이 회장은 어윤대 고려대 총장의 사과편지에 대해 이같이 밝히며 미안함을 전한 뒤 "20대의 청년기에 사회 현실에 애정을 갖고 참여하는 것은 자연스러운 일로 이번 사건 역시 우리 사회가 한 단계 더 발전하기 위한 진통의 과정으로 볼 수 있다"이라며 "좀 더 큰 틀에서 대범하게 바라보자"고 말했다고 삼성그룹 구조조정본부 이순동 부사장이 전했다.
>
> 이 회장은 "학생들의 의사 표현 방식이 다소 과격한 점이 있더라도 젊은 사람들의 열정으로 이해한다"며 "학생들도 이번 일을 기회로 삼아 좀 더 폭넓게 생각하고 다양하게 사고해서 앞으로 훌륭한 인재로 커가기를 바란다"고도 말했다.

05 지문을 읽고 물음에 답하라.

> 기훈이는 영희를 무척 사랑한다. 영희가 원하는 것이면 무엇이나 다 해 주고 싶어 한다. 영희 곁에만 있으면 언제나 행복하다. 그런데 영희는 기훈이보다 형구를 더 좋아한다. 그래서 형구 가는 곳이면 어디든 따라다닌다. 형구는 영희보다 영희 언니를 더 좋아하지만 내색을 하지 않는다. 그러니 영희가 형구에게 불만이 많다.

위 글의 내용과 일치하지 <u>않는</u> 문장은?
① 기훈이가 필요한 사람은 영희다.
② 영희가 필요한 사람은 기훈이다.
③ 영희가 필요한 사람은 형구다.
④ 형구가 필요한 사람은 영희 언니다.

06 다음 문장에서 밑줄 친 부분을 검토하여 호응에 문제가 있으면 바로잡으라.

(1) 유료 병동에는 병원비를 내는 사람들이 <u>들어왔고</u>, 무료 병동은 병원비를 낼 수 없는 사람들이 <u>머무는 곳이었습니다.</u>

(2) 한 달에 한 번 초하룻날이 되면 할머니는 초록산 꼭대기 작은 절을 찾았습니다. 정성껏 떡을 만들어 집을 <u>나서면</u> 절까지는 오가는데 한나절이 걸리는 <u>거리였습니다.</u>

(3) 한데 금년에는 물이 속히 빠지지 않았단 말일세. 왠지 아나? 물이 빠지는 그 <u>통로에</u> <u>고속도로가</u> 턱 <u>막혔다,</u> 그 말일세.

(4) "부처님이 우리 소원도 들어 줄까?" "그럼, 부처님은 모든 것을 다 소중하게 <u>여기신단다.</u> 마음을 모아 간절히 기도하면 <u>이루어지지.</u>"

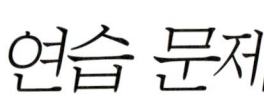
(5) 그에 대한 응분한 처벌을 당하면 되는 것이다.

(6) 사촌 오빠 결혼식이 끝나자 떠들썩했던 집안이 조용했습니다.

(7) 어둠 사이로 반딧불이 같은 불빛이 몇 개 보였다. 순간 반짝이던 작은 불빛이 톡 꺼졌습니다.

(8) 강 영감이 목사 출신이 아니라면 덜 분하다고 밤새껏 눈물을 샘처럼 쏟아놓았던 것이다.

(9) Y리 해변에서 여덟 방의 총성이 요란스럽게 울렸는데 비상이 걸리지 않았다. 중대장은 물론이요, 위병들도 미리 알고 있는 모양이었다.

(10) 기호는 필요 이상 들떠 있다고 그런 생각을 하며 현수는 아무 말도 안 했지만, 기호는 계속했다.

(11) 노루새끼를 만나기도 한 낮을 기호는 좋아했고, 부엉이 울음소리를 노상 들으면서 걷는 밤이 현수는 좋았다.

(12) 할 말도 들을 말도 없지 않는가? 비석이면 됐지 무덤이라고 민구 얼굴이 보이는 것도 아니지 않는가?

(13) 날이 좀 추워지면 왼편 수족의 마비증세로 고생을 하면서도 몸에 밴 내핍은 여전히 고집스럽다.

(14) 그녀를 보자 어머니는 놀라는 기색이다.

(15) "큰길에 눈 하나도 안 녹았지?" 포크에 찍은 사과 한쪽을 받아들며 어머니는 호기심이 많은 어린아이 같은 표정으로 묻는다.

토론 주제

01 아래 동시는 어효선 님이 지은 '꽃밭에서' 라는 동요의 노랫말이다. 이 노랫말 가운데에서 밑줄 친 부분에 부사격조사 '보고' 가 쓰였는데 부사격조사 앞 체 언이 '날' 로 되어 있다. 이는 '나를' 의 준말로 보이는데 부사격조사 앞에 목적 격조사 '를' 이 올 수 있는지 말하라.

> 애들하고 재밌게 뛰어놀다가
> 아빠 생각 나서 꽃을 봅니다
> 아빠는 꽃 보며 살자 그랬죠
> <u>날보고</u> 꽃같이 살자 그랬죠.

02 다음의 글은 한강변 양화진 절두산 성당 안의 천주교 순교자 묘역에 있는 한 여성의 무덤 앞에 적힌 비문이다(띄어쓰기는 필자가 바로잡은 것임). 이 비문 을 읽고 호응과 관련된 모든 문제점을 찾아서 바로잡으며 왜 이런 문장을 구성 하게 되었는지 토론해 보라.

―― 쥬리아의 생애 ――

> 임진란 때 부모 잃은 양반집 딸로서 천주교 신자인 小西行長이 그녀를 데 려다가 영세시켜 양녀로 삼았으나 德川家康이 그녀를 시녀로 데리고 있다 가 금교령으로 일본 神津島에 유배(1612~1651)하였는데 그녀의 독실한 신 앙과 모범으로 그 섬의 수호신으로 모셔진 자랑스러운 한국의 동정 순교 자이다.

03 자신이 읽은 책에서 호응에 문제가 있는 문장이 있으면 이를 제시하고 문제점에 관해서 토론해 보라.

산이 높으면 골이 깊고, 독이 강하면 그만큼 약효도 뛰어난 법이다.
미움이 강하면 사랑도 강해지고, 극도의 불신이 바뀌면 엄청난 신뢰가 쌓이게 된다.
그것 자체의 선악이 있는 것이 아니고, 그것을 우리가 어떻게 사용하는가에 선악이
좌우된다. 모든 것은 아는만큼 변화시킬 수 있다. 칼의 용도와 폐해를 안다면
우리는 그만큼 조심스럽게 칼의 용도에 맞게 사용하는 지혜를 쌓아 갈 것이다.
이와 마찬가지로 높임법의 용도를 알고 그것의 폐해를 안다면 우리는 높임법을
이용해서 우리 자신과 사회를 한 단계 성숙한 수준으로 끌어올릴 수 있다.

10 표현

1. 서법

서법(敍法)이란 말하는 사람의 심적 태도를 나타내는 표현법을 가리키는 말로 서술어의 종결 어미 형태로 나타낸다.

(1) 서법의 종류

① 평서법 : 설명법이라고도 하는 표현법으로서 내용을 객관적으로 풀어 설명하는 방법을 가리킨다. 대체로 평서형 종결어미 '-습니다, -ㅂ니다, -ㄴ다, -오' 등을 사용한다.

> ㉮ 꽃이 예쁘다./예쁩니다./예쁘오.
> ㉯ 하늘이 맑다./맑습니다./맑으오./맑소.
> ㉰ 바람이 분다./붑니다./부오.
> ㉱ 집을 짓는다./짓습니다./지으오./짓소.

평서형에 쓰이는 종결 어미는 형용사와 동사에 따라서 달라지기도 하고, 활용법과 높임법에 따라서 달라지는 데 유념해야 한다.

② 의문법 : 상대에게 물음을 나타내는 표현법을 가리킨다. 대체로 의문형 종결어미 '-느냐, -ㄴ가, -ㄹ까, -습니까, -ㅂ니까, -니, -오' 등을 사용한다.

> ㉮ 아이가 학교에 간다.
>   -아이가 학교에 가느냐?/가니?/갑니까?/가오?/가는가?/갈까?
> ㉯ 날씨가 무척 덥습니다.
>   -날씨가 무척 덥니?/덥냐?/덥습니까?/더우오?/덥소?/더운가?/더울까?
> ㉰ 그가 나를 돕는다.
>   -누가 나를 돕니?/돕느냐?/돕습니까?/돕소?/도우오?/도울까?/돕는가?
> ㉱ 지금 가겠다.
>   -언제 만드니?/만드느냐?/만듭니까?/만드오?/만들래?

국어에서 의문법은 평서법의 서술형 어미를 의문형 어미로 바꾸기만 하면 된다. 즉 어순의 변화가 일어나지 않는다. 의문형 어미가 활용법과 높임법에 따라서 다양하게 바뀌는 점에 주의해야 한다.

③ **감탄법** : 상대를 거의 의식하지 않고 독백하듯이 자기의 감정을 나타내는 표현법을 가리킨다. 대체로 감탄형 종결어미 '-구나, -도다' 등을 사용한다.

⑦ **꽃이 참 아름답다.**

　　- **꽃이 참 아름답구나./아름답도다./아름다워라.**

⑭ **세월이 무척 빨리 흐른다.**

　　- **세월이 무척 빨리 흐르는구나./흐르도다.**

'-구나'는 형용사에만 쓰이고 동사에는 '-는구나'가 쓰이는 것에 주의해야 한다.

④ **명령법** : 상대에게 지시하는 뜻을 나타내는 표현법을 가리킨다. 대체로 명령형 종결어미 '-어라, -게, -오' 등을 사용한다.

⑦ **빨리 학교에 가라./가거라./가게./가오./가시오./가십시오.**

⑭ **어서 이리 와라./오너라./오게./오오./오시오./오십시오.**

⑮ **이걸 좀 썰어라./썰게./써오./써시오./써십시오.**

⑯ **나를 좀 도와라./돕게./도우오./도우시오./도우십시오.**

⑰ **어서 일을 하여라./해라./하게./하오./하시오./하십시오.**

명령형 종결 어미로는 '-소'가 쓰이지 않는다. 즉, '가오, 오오, 써오, 도우오' 대신에 '가소, 오소, 써소, 돕소'를 쓸 수 없다. 평서형 종결 어미로는 '-소'가 경우에 따라서 '-오'와 함께 쓰인다.

위에 예시한 명령법은 직접 상대를 대면한 상태에서 사용하는 어법이다. 그러나 때로는 상대를 대면하지 않고 글로 지시하는 경우도 있다. 이런 경우에는 '-어라'나 '-아라'를 쓸 자리에 아래와 같이 '-라'나 '-으라'를 쓸 수 있다.

⑱ **아는 대로 적으라.**

⑲ **맞는 번호에 동그라미표를 하라.**

⑤ **청유법** : 상대에게 요구하는 뜻을 나타내는 표현법을 가리킨다. 대체로 청유형 종결어미 '―자, ―세, ―자꾸나, ―ㅂ(/읍)시다' 등을 사용한다.

㉮ 어서 먹자./먹세./먹자꾸나./먹읍시다.

㉯ 정성껏 빌자./비세./빌자꾸나./빕시다.

㉰ 신나게 놀자./노세./놀자꾸나./놉시다.

㉱ 우리가 그들을 돕자./돕세./돕자꾸나./도웁시다.

㉲ 천천히 걷자./걷세./걷자꾸나./걸읍시다.

'―세'를 붙일 경우에 어간의 변화에 주의해야 한다. 어간의 'ㄹ'이 탈락하고, '돕다, 걷다'가 '도우세, 걸으세'처럼 활용하지 않고 '돕세, 걷세'로 활용함에도 주의해야 한다.

⑥ **약속법** : 상대의 청유에 대하여 그것을 수용하는 의미로 자기 의지를 표현하는 서법인데 종결 어미로 '―마'를 쓴다. '―마'는 오직 낮춤 표현에만 사용되고 이것 외에는 종결 어미로 약속을 나타내는 것이 없기 때문에 약속법을 구별하지 않는 것이 보통이다.

㉮ 우리가 여기서 사마. (살다)

㉯ 내가 수레를 끄마. (끌다)

㉰ 즉시 소금을 구우마. (굽다)

㉱ 내가 그에게 물으마. (묻다)

㉲ 이따가 쓰레기를 주우마. (줍다)

서법	평서법				의문법				명령법		청유법	
품사	동사		형용사		동사		형용사		동사		동사	
받침	없음	있음	없음	있음	없음	있음	없음	있음	없음	있음	없음	있음
낮춤	―ㄴ다	―는다	―다	―다	―느냐 ―니	―느냐 ―니	―느냐 ―니	―으냐 ―니	―아라 ―어라	―아라 ―어라	―자	―자
예사 낮춤	―네	―네	―네	―네	―는가	―는가	―ㄴ가	―은가	―게	―게	―세	―세
예사 높임	―오	―으오	―오	―으오 ―소	―오	―으오 ―소	―오	―으오 ―소	―오	―으오 ―소	―ㅂ시다	―읍시다
아주 높임	―ㅂ니다	―습니다	―ㅂ니다	―습니다	―ㅂ니까	―습니까	―ㅂ니까	―습니까	―십시오	―으십시오	―시지요	―으시지요

(2) 서법의 제약

서법에 따라서 주어나 서술어 또는 시제에 제약을 받는 경우가 있다. 우리가 다음 문장이 모두 비정상적이라고 생각하는 이유는 서법에 따른 제약을 지키지 않았기 때문이다. 어떤 제약이 있는지 알아보자.

① 주어 제약

> ㉮ **나는** 저리 **가라.**
> ㉯ **너희가** 이리 **오마.**
> ㉰ **그들이** 함께 **공부하자.**

명령법의 주어로 일인칭과 삼인칭 대명사가 올 수 없음을 알 수 있다. 이것은 명령이 상대에게 하는 어법이기 때문이다. 예문 ㉯처럼 약속법의 주어로 이인칭이나 삼인칭 대명사가 올 수 없다. 예문 ㉰처럼 청유법의 주어로 삼인칭 대명사가 올 수 없다. 서법에 따라서 특정 인칭 대명사가 주어로 사용될 수 없는 것을 주어 제약이라고 한다.

② 서술어 제약

> ㉮ **할아버지,** 오래오래 **건강하세요.**
> ㉯ 우리 모두 얼굴이 **예쁘자.**
> ㉰ 우리 멋진 **한국인입시다.**

예문 ㉮처럼 명령법의 서술어로 형용사가 올 수 없다. 체언 서술어도 명령법의 서술어가 될 수 없다('너는 학생이어라'). 예문 ㉯, ㉰처럼 청유법의 서술어로 형용사와 체언 서술어가 올 수 없다. 요즘 인사말로 '건강하십시오.', '행복하십시오.', '침착하세요.'라는 말을 하는데, 이는 명령법과 청유법에서는 형용사를 쓸 수 없다는 제약을 어긴 것으로 부적절한 인사법이다. 그런데 '행복하십시오.'와 '아름다우십시오.'를 비교하면 전자는 써도 될 것 같지만 후자는 전혀 말이 되지 않음을 명확하게 알 수 있다. 이로써 형용사라도 명령법과 청유법의 제약을 철저히 받는 것과 조금 느슨하게 받는 것이 있음을 알 수 있다.

③ 부정 제약

㉠ 우리는 그곳에 가지 <u>말았다.</u>

㉡ 여기에 들어오지 <u>않아라.</u>

㉢ 일이 아직 끝나지 <u>못했다.</u>

예문 ㉠는 평서법에서 '-지 말다' 구문으로 부정을 한 잘못된 문장이다. 이처럼 평서법, 의문법, 약속법의 부정은 '-지 말다' 구문을 사용하지 못한다. 예문 ㉡처럼 명령법, 청유법의 부정에는 '-지 않다' 구문을 사용하지 못한다. 예문 ㉢는 자동사를 '-지 못하다' 구문으로 부정할 수 없음을 보여 주고 있다.

④ 선어말어미 제약

㉠ 우리도 그것을 <u>먹었자.</u>

㉡ 네가 이것을 어서 <u>먹었어라.</u>

예문 ㉠, ㉡는 청유법에서 과거 시제를 나타내는 선어말어미를 사용한 잘못이 있다. 청유법과 명령법에서는 '-았-', '-더-'같은 선어말어미를 사용할 수 없다.

2. 피동 표현

우리는 흔히 자신이 한 행위뿐만 아니라 자신이 당한 행위도 말하게 된다. 다른 사람이 한 행위가 자신에게 미쳐서 그 행위에 자신이 당했음을 나타내기 위해서 특별한 표현 방법을 마련해야 한다. 그걸 피동 표현이라고 하고 피동 표현을 한 문장을 피동문이라고 한다.

국어에서 피동문은 피동사를 서술어로 사용해서 만들지만 특별히 피동 구문을 이용해서 만들기도 한다. 피동사란 무엇이고, 피동사를 이용해서 만든 피동문은 어떠하며, 피동 구문을 활용해서 만든 피동문과는 어떻게 다른지 알아보자.

(1) 피동사와 피동 접사

피동사는 피동문의 서술어로 사용되는 동사이다. 피동사는 능동사에 피동 접사를 붙여서 만든다. 피동 접사에는 '−이, −히, −리, −기, −우 같은 것이 있다. 쌍점 오른쪽에 있는 동사가 피동사이다.

* **−이** : 깨이다, 꺾이다, 꼬이다, 놓이다, 닦이다, 덮이다, 뜨이다, 매이다, 박이다, 보이다, 볶이다, 쏘이다, 쓰이다, 죄이다

* **−히** : 꽂히다, 닫히다, 먹히다, 묵히다, 박히다, 받히다, 부딪히다, 씹히다, 업히다, 읽히다, 잊히다, 잡히다, 접히다

* **−리** : 걸리다, 널리다, 놀리다, 눌리다, 들리다, 떨리다, 뚫리다, 몰리다, 밀리다, 불리다, 빨리다, 실리다, 쓸리다, 틀리다, 풀리다

* **−기** : 감기다, 끊기다, 담기다, 뜯기다, 믿기다, 빼앗기다, 안기다, 쫓기다, 찢기다

(2) 능동문과 피동문 사이의 변환

타동사가 서술어로 쓰인 능동문이 피동문으로 전환할 때에는 성분 사이에 변환이 이루어진다. 능동문의 주어가 피동문의 부사어로 바뀌고, 능동문의 목적어가 피동문의 주어로 바뀐다. 물론 그 과정에서 능동문의 서술어인 능동사는 피동사로 바뀐다. 그러나 모든 능동문이 피동문으로 바뀌는 것은 아니다.

㉮ 경찰이 도둑을 잡았다.
㉯ 도둑이 경찰에게 잡혔다.
㉰ 바람이 나뭇가지를 흔들었다.
㉱ 나뭇가지가 바람에 흔들렸다.
㉲ 우리는 백두산에 태극기를 꽂았다.
㉳ 태극기가 (우리에 의해서) 백두산에 꽂혔다.

예문 ㉮의 능동문이 피동문으로 바뀌면 예문 ㉯처럼 된다. 주어 '경찰이'가 부사어 '경찰에게'로 바뀌었고, 목적어 '도둑을'이 주어 '도둑이'로 바뀌었으며, 서술어가 능동사 '잡았다'에서 피동사 '잡혔다'로 바뀌었다. 능동문이 피동문으로 바뀌는 과정은 대체로 이 예를 따른다. 이 예는 능동문의 주어가 사람이라는 데 특징이 있다.

능동문의 주어가 사물인 예문 ㉰를 피동문으로 바꾸면 예문 ㉱처럼 되는데,

능동문의 주어 '바람이'가 '바람에'로 바뀌었다. 즉 부사격 조사 '에'를 쓴 것이 예문 ㉯의 부사격 조사와 다르다. 그것은 '바람'이 사물이기 때문이다. 식물이나 사물에는 '에게'를 붙이지 않고 '에'를 붙인다.

예문 ㉱의 능동문을 피동문으로 고치면 예문 ㉲가 되는데, 이때 능동문의 주어 '우리는'이 피동문에서는 갈 데가 없어진다. 영어식으로 한다면 괄호 안에 적힌 대로 '우리에 의해서'라고 하겠지만 국어에서는 이런 표현을 쓰지 않는다. 이런 경우 대체로 부사어는 생략된다.

㉝ **우리가** 그들을 이겼다.
㉞ 그들이 우리에게 졌다.
㉟ **우리는** 아직 그를 기억하고 있다.
㊀ 그는 아직 <u>우리에게</u> 기억되고 있다.

예문 ㉝는 피동문으로 바꾸기 어려운 문장이다. 예문 ㉞처럼 고칠 수 있지만 보는 바와 같이 능동문의 서술어 '이기다'를 피동사로 바꿀 수 없기 때문에 피동문에는 '이기다'의 상대 개념인 '지다'를 사용할 수밖에 없다. 그런데 '지다'는 능동사이므로 예문 ㉞는 피동문이 아니라 능동문이다. 이처럼 능동문 가운데에는 피동문으로 변환되지 않는 것이 있다.

예문 ㉟도 피동문으로 바꿀 수 없는 문장이다. 예문 ㊀처럼 구문상으로는 능동문의 주어가 피동문의 부사어로 와서 피동문을 만들 수 있을 것 같다. 그러나 '기억하고'의 피동사가 없으니 '기억되고'로 바꾸는 것이 최선이다. 그렇다면 예문 ㊀은 피동문이 아니고 능동문인 셈이다. 비록 피동의 뜻이 서술어에 있지만 동사의 형태는 능동문이다.

㊁ **연이 나무에** 걸렸다.
㊂ **얼굴에 점이** 박였다.

예문 ㊁, ㊂의 피동문은 짝이 되는 능동문이 없어 피동문으로만 쓰게 되어 있는 문장이다. '연을 나무에 걸다', '얼굴에 점을 박다' 같은 행위가 능동으로 할 수 있는 것이 아니기 때문이다.

(3) 이중 피동

피동사를 이중으로 피동이 되게 하는 것은 용납되지 않는다. '닫다'의 피동사는 '닫히다'이지 '닫혀지다'가 아니고, '잊다'의 피동사는 '잊히다'이지 '잊혀지다'가 아니다. '닫혀지다, 잊혀지다, 끊겨지다, 담겨지다, 믿겨지다, 안겨지다, 찢겨지다, 꺾여지다, 놓여지다, 보여지다, 쓰여지다' 같은 이중 피동은 사용할 수 없다.

⑦ 나는 이미 그 사건을 잊었다.

⑭ 그 사건은 나에게 이미 잊혔다.

⑭ 바람이 문을 닫았다.

㉠ 바람에 문이 닫혔다.

㉤ 내가 이 책을 썼다.

㉥ 이 책은 나에 의해서 써졌다(/씌었다).

예문 ⑦와 ⑭의 피동문을 위해서 사용될 수 있는 피동사는 '잊히다/잊어지다, 닫히다/닫아지다'이다. 결코 '잊혀지다, 닫혀지다'를 쓰면 안 된다. 예문 ⑭를 피동문으로 바꾸면 예문 ㉠처럼 된다. 예문 ㉤를 피동문으로 변환하면 예문 ㉥처럼 된다. 이 경우에 서술어는 '써졌다' 또는 '씌었다'로 바뀐다. 만일 이것을 이중피동의 형태로서 '씌어졌다' 또는 '쓰여졌다'로 하면 안 된다.

(4) 통사적 피동문

피동사를 이용해서 피동문을 만들지 않고 피동 구문을 만들어 피동문을 만들 수도 있다. 즉 능동사에 피동 구문 '-어 지다'를 붙여서 피동문을 만드는 방법을 통사적(統辭的) 피동문이라고 한다. 여기에 사용된 '지다'는 문법상으로 보조 용언이다. 이 보조 용언은 본용언에 붙여 쓰기로 했기 때문에 한 낱말처럼 굳어져서 국어사전에 한 낱말로 올라 있는 경우가 많이 있다. 한 가지 특이한 것은 형용사도 이 구문을 붙여서 피동사로 만들 수 있다는 점이다. '-어 지다'를 붙여 피동사가 된 낱말을 몇 소개한다.

* 동사가 피동사로 전환된 것 : 감아지다, 곧아지다, 꺾어지다, 깨어지다,

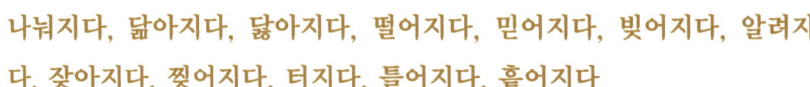

나눠지다, 닮아지다, 닳아지다, 떨어지다, 믿어지다, 빚어지다, 알려지다, 잦아지다, 찢어지다, 터지다, 틀어지다, 흩어지다

* **형용사가 피동사로 전환된 것 :** 같아지다, 굵어지다, 깊어지다, 까매지다, 낮아지다, 넓어지다, 높아지다, 붉어지다, 얕아지다, 옅어지다, 좁아지다, 좋아지다, 짙어지다, 커지다, 파래지다, 퍼레지다, 하얘지다, 허예지다

피동 접사를 이용한 피동문과 통사적 피동문에는 의미상으로 차이가 있다. 그에 대해서 알아보자.

㉮ 바람이 부니 문이 **닫혔다.**

㉯ 바람이 부니 문이 **닫아졌다.**

㉰ 구조대가 던져 준 밧줄이 손에 **잡혔다.**

㉱ 구조대가 던져 준 밧줄이 손에 **잡아졌다.**

예문 ㉮는 피동 접사를 이용한 피동문이고, 예문, ㉯는 통사적 피동문이다. 마찬가지로 예문 ㉰는 피동 접사를 활용한 피동문이고, 예문 ㉱는 통사적 피동문이다. 모두 피동문이지만 의미상 약간의 차이가 있다. 피동 접사를 활용한 피동문은 결과에 대한 것만 나타내지만 통사적 피동문은 닫는 행위, 닫으려고 노력하는 행위를 염두에 두고 그 결과를 나타낸다. 따라서 어떤 경우에는 피동 접사를 활용한 피동문은 쓸 수 있으되 통사적 피동문은 쓸 수 없는 경우가 있다.

㉲ 출근 시간이라 자동차가 너무 **밀린다.** (/밀어진다×)

㉳ 구경거리가 있는지 사람들이 **몰렸다.** (/몰아졌다×)

㉴ 연이 나뭇가지에 **걸렸다.** (/걸어졌다×)

㉵ 유리창 파편이 튀어 얼굴에 **박혔다.** (/박아졌다×)

위의 예문에서 '-어 지다' 구문이 통용되지 못하는 것은 능동적 행동이 있다고 볼 수 없기 때문이다. 능동적 동작을 생각할 수 없는 경우에는 통사적 피동이 사용될 수 없다.

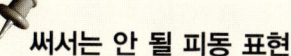

> **써서는 안 될 피동 표현**
>
> ① 오늘은 글씨가 잘 쓰여집니다.(→ 써집니다)
>
> ② 이것이 더 좋을 것으로 보여집니다.(→ 보입니다)
>
> ③ 잊혀진 전쟁일 뿐이다.(→ 잊어진/잊힌)
>
> ④ 문이 곧 닫혀졌어요.(→ 닫혔어요/닫아졌어요)
>
> ⑤ 저도 그렇게 생각되어집니다.(→ 생각됩니다/생각합니다)
>
> ⑥ 땅이 깊이 패여졌습니다.(→ 패었습니다/파였습니다)
>
> 피동사에 피동 표현을 사용하는 것은 옳지 않다. 피동은 한 번으로 충분하다. 괄호 속의 표현을 사용하여야 한다.

3. 사동 표현

자신의 행위가 남의 행위를 유발하거나 남에게 특정 행위를 시키는 의미를 나타내는 표현이 필요할 경우가 있다. 아이에게 밥을 먹게 하는 경우에 '아이에게 밥을 먹인다.'라고 한다거나, 동생에게 영화 감상을 시킬 때에 '동생더러 영화를 보게 했다.'고 하는 표현이 유용한 것이다. 이런 표현을 사동 표현이라고 한다.

사동 표현은 사동문으로 하게 되는데 사동문은 사동사를 서술어로 사용해서 만들기도 하고, 사동 구문을 이용해서 만들기도 한다. 사동사란 무엇이고, 사동사를 이용해서 만든 사동문은 어떻게 생겼으며, 사동 구문을 활용해서 만들어진 사동문과는 어떻게 다른지 알아보자.

(1) 사동사와 사동 접사

사동사는 주동사에 사동 접사를 붙여서 만든다. 사동 접사에는 '-이, -리, -히, -기, -우, 그-, -이우, -추, -애' 등이 있다. 각 사동 접사로 만들어지는 사동사를 예시하면 아래와 같다.

* **-이 : 기울이다, 끓이다, 녹이다, 높이다, 늘이다, 들이다, 먹이다, 보이**

다, 붙이다, 삭이다, 속이다, 숙이다, 썩이다, 욱이다, 죽이다, 절이다, 줄이다

* －리 : 굴리다, 곯리다, 그을리다, 꿇리다, 날리다, 놀리다, 돌리다, 말리다, 부풀리다, 살리다, 아물리다, 알리다, 얼리다, 올리다, 울리다, 흘리다

* －히 : 괴롭히다, 굽히다, 넓히다, 맑히다, 맞히다, 묵히다, 밝히다, 붉히다, 삭히다, 식히다, 썩히다, 앉히다, 입히다, 잦히다, 젖히다, 좁히다

* －기 : 굶기다, 남기다, 넘기다, 맡기다, 벗기다, 숨기다, 씻기다, 옮기다

* －우 : 깨우다, 끼우다, 돋우다, 비우다, 지우다, 찌우다, 피우다

* －구 : 달구다, 돋구다, 떨구다, 솟구다, 일구다

* －이우 : 띄우다, 새우다, 세우다, 씌우다, 재우다, 채우다, 키우다, 태우다, 틔우다

* －추 : 갖추다, 곧추다, 낮추다, 늦추다, 들추다, 맞추다, 얕추다

* －애 : 없애다

(2) 주동문과 사동문 사이의 변환

주동사를 서술어로 삼는 주동문을 사동문으로 변환하려면 주동사가 자동사인지 타동사인지 확인해야 한다. 주동사의 성질에 따라서 성분이 달리 변환하기 때문이다. 먼저 자동사 문장을 사동문으로 변환하면 어떻게 될까? 아래 예문처럼 자동사의 주어가 사동문의 목적어로 바뀐다.

① 자동사 문장을 사동문으로 만들기

㉮ 방에서 아이가 잔다.

㉯ (어머니가) 방에서 아이를 재운다.

㉰ 마을에 큰 비석이 섰다.

㉱ (사람들이) 마을에 큰 비석을 세웠다.

예문 ㉮를 사동문으로 바꾸면 주동문의 주어가 사동문의 목적어로 바뀌기 때문에 사동문에는 새로운 주어가 필요하다. 예문 ㉰를 사동문으로 바꿔도 마찬가지로 성분 변환이 일어나고 주어가 새롭게 등장한다.

② 타동사 문장을 사동문으로 만들기 : 이번에는 타동사 문장, 곧 목적어를 갖춘 문장을 사동문으로 바꾸면 성분이 어떻게 바뀌는지 검토해 보자.

> ⑩ **아이가 책을 읽는다.**
> ⑪ (선생님이) **아이에게 책을 읽힌다.**
> ⑫ **코끼리가 비스킷을 먹는다.**
> ⑬ (사육사가) **코끼리에게 비스킷을 먹인다.**
> ⑭ **나무가 햇빛이 비치는 방향을 안다.**
> ⑮ (자연이) **나무에게 햇빛이 비치는 방향을 알린다.**

예문 ⑩, ⑫, ⑭는 모두 목적어를 갖는 타동사를 서술어로 삼은 주동문이다. 이들이 사동사를 서술어로 삼는 사동문이 되면 주동문의 주어는 사동문에서 모두 부사격조사 '에게'가 붙는 부사어가 된다는 것을 알 수 있다. 그리고 사동문에서 새로운 주어가 나타난다. 주동문의 목적어는 사동문에서도 목적어로 사용한다.

③ 형용사 서술어 문장을 사동문으로 만들기

> ㉮ **집이 넓다.**
> ㉯ (주인이) **집을 넓혔다.**
> ㉰ **처마가 무척 높다.**
> ㉱ (아버지께서) **처마를 무척 높이셨다.**
> ㉲ **돈이 하나도 없다.**
> ㉳ (아들이) **돈을 모조리 없앴다.**

형용사 문장의 주어가 사동문의 목적어가 되는 것은 동사 문장의 경우와 같다. 형용사가 사동 접사를 붙여 사동사가 된 것이 특이한 점이다.

(3) 통사적 사동문

사동 구문을 이용해서 사동문을 만든 것을 통사적(統辭的) 사동문이라고 한다. 주동사에 사동 구문 '-게 하다'를 붙여서 통사적 사동문을 만들 수 있다.

> ㉮ **아이의 발을 씻겼다.**

㉯ 아이의 발을 씻게 했다.

㉰ 아이에게 밥을 먹였다.

㉱ 아이에게 밥을 먹게 했다.

㉲ 아이에게 책을 보였다.

㉳ 아이에게 책을 보게 했다.

위 예문에서 ㉮, ㉰, ㉲ 세 문장이 사동 접사를 활용한 사동문이고, 예문 ㉯, ㉱, ㉳ 세 문장이 통사적 사동 구문을 이용해서 만든 사동문이다. 언뜻 보기에는 의미가 비슷한 것 같지만 차이가 있다. 사동 접사를 활용한 사동문에서는 주어가 스스로 행위를 일으켜서 발을 씻어 주고, 떠먹이고, 책을 펼쳐서 보여 주었지만 사동 구문을 이용한 통사적 사동문에서는 주어는 말로만 시키거나 그 걸 할 수 있도록 준비만 해 주고 행위는 아이가 직접 하였음을 나타낸다. 따라서 어떤 표현을 쓸 것인지 정확하게 인식하고 사동문을 선택해야 한다.

써서는 안 될 사동 표현

① 제게 남자 친구 <u>소개시켜</u> 주세요.(→ 소개해)

② 요즘 교사들은 아이들을 <u>교육시키기가</u> 참 어렵다고 말한다.(→ 교육하기가)

③ 오늘 관리비를 <u>입금시키지</u> 않으면 과태료가 부과됩니다.(→ 입금하지)

④ 제가 직접 <u>하도록 하겠습니다.</u>(→ 하겠습니다.)

⑤ 거기에는 우리가 <u>가도록 하죠.</u>(→ 가죠.)

위의 모든 표현은 남에게 시키는 의미가 없기 때문에 능동 표현(괄호 속의 표현)을 써야 한다.

4. 부정법

보통의 문장의 서술어를 부정하는 문장을 부정문이라고 하고 부정문을 만드는 방법을 부정법이라고 한다. 부정문은 보통 '아니, 안, 못' 등의 부정 부사를 사용해서 서술어를 부정하거나 '아니하다, 못하다, 말다' 등의 보조 용언을 써서 본용언을 부정하는 방법으로 만들어진다.

(1) 동사 서술어를 부정하는 구문

동사 서술어를 부정할 때에는 부정 부사 '아니, 안, 못'을 다양하게 사용할 수 있고, 통사적 부정법인 '-지 않다'도 폭넓게 사용할 수 있다. 다만 약속법, 명령법, 청유법에서는 약간의 제약이 있다.

㉮ 우리는 극장에 안 갔다. (ㅇ) / 그들도 극장에 못 갔다. (ㅇ)

㉯ 그가 극장에 안 갔니? (ㅇ) / 너도 극장에 못 갔니? (ㅇ)

㉰ 절대 그런 짓은 안 하마. (ㅇ) / 절대 그런 짓은 못 하마. (ㅇ)

㉱ 그런 짓은 절대 안 해라. (ㅇ) / 그런 짓은 절대 하지 마라. (ㅇ)

㉲ 그런 일은 안 하자. (ㅇ) / 그런 일은 하지 말자. (ㅇ)

예문 ㉮의 평서문과 예문 ㉯의 의문문의 경우에는 부정 부사 '안/아니'와 '못'을 사용하여 부정문을 만들 수 있다. '안/아니'는 의지를 가지고 서술어를 부정하는 데 쓰이고, '못'은 능력이나 여건 때문에 서술어를 부정할 수밖에 없는 경우에 쓰인다. 예문 ㉰처럼 약속문에서는 '못'이 쓰이지 않는다. 약속문은 의지의 표현이 나타나는 문장이기 때문이다.

예문 ㉱와 ㉲처럼 명령문과 청유문에서는 '안/아니'와 '못'을 쓰지 않는다. 그 대신 '-지 말다' 구문을 사용하여 서술어를 부정할 수 있다. 이처럼 부정 부사를 쓰지 않고 보조용언을 써서 본용언을 부정하는 것을 통사적 부정법이라고 한다. '-지 말다'는 활용할 때에 'ㄹ'이 탈락하는 경우가 있다. '-지 마라', '-지 마오', '-지 마세요', '-지 맙시다' 등의 경우가 'ㄹ'이 생략된 예이다.

① '-지 않다/아니하다'와 '-지 못하다' : '안/아니'와 '못'을 써서 부정문을 만들 수 있는 경우에는 통사적 부정법을 사용하여 '-지 않다'와 '-지 못

하다'의 구문으로도 부정문을 만들 수 있다. 다만 쓰임새가 조금 다르다. '-지 않다'는 사실 관계나 의지의 작용이 있을 때에 쓰이고, '-지 못하다'는 특별한 사정 때문에 불가능하게 되었음을 나타낼 때에 쓰인다.

　　㉖ 우리는 극장에 가지 않았다./ 우리는 극장에 가지 못했다.
　　㉗ 그가 극장에 가지 않았니?/ 그가 극장에 가지 못했니?

　위의 예에서 '않았다'를 '아니했다'로, '않았니'를 '아니했니'로, '않으마'를 '아니하마'로 바꿔 쓸 수 있다. '않-'은 '아니하-'의 준말이기 때문이다.

② '-지 아니하다'의 품사 : '아니하다'는 동사와 형용사 어느 쪽으로도 쓰이므로 경우에 따라서는 동사인지 형용사인지 분간하기 어려울 때가 있다. 동사인 때와 형용사인 때에 붙이는 어미가 달라지기 때문에 이 낱말을 쓸 때에는 반드시 동사로 쓰였는지 형용사로 쓰였는지 구별해야 한다.

　　㉮ 기차가 아직 도착하지 아니한다(/않는다).
　　㉯ 아직 오지 아니한(/않은) 사람을 어떻게 믿어.
　　㉰ 그의 얼굴은 별로 예쁘지 아니하다(/않다).
　　㉱ 좋지 아니한(/않은) 일에 자꾸 전화해서 미안하다.

　예문 ㉮, ㉯는 '아니하다'가 동사로 쓰인 경우이고, 예문 ㉰, ㉱는 형용사로 쓰인 경우이다. 동사로 쓰였는지 형용사로 쓰였는지 분간하는 방법은 본용언이 동사인지 형용사인지 보면 된다. 예문 ㉮, ㉯의 본용언은 각각 '도착하다, 오다'이므로 동사이고, 예문 ㉰, ㉱의 본용언은 각각 '예쁘다, 좋다'이므로 형용사이다.

　이런 원칙을 세워 놓더라도 의문이 다 풀리는 것은 아니다. 아래 경우에 '아니하다'가 동사인지 형용사인지 헷갈리는 것이 보통이다.

　　㉮ 하늘이 흐려지고 있지 아니하다(/않다).
　　㉯ 꽃에 향기가 나고 있지 아니하다(/않다).
　　㉰ 그는 자고 있지 아니하다(/않다).

　위의 두 문장은 모두 동사를 부정하므로 '아니한다'가 맞아야 한다. 그러나 '-고 있다'가 동작을 나타내는 것이 아니라 동작상(動作相)을 나타내기 때문에 '아니하다'를 동사로 보기 어렵다. 그래서 '아니하다'를 형용사로 보고 '않다'를 써야 한다.

📌 부정과 긍정의 혼란

어떤 낱말은 원래 부정의 의미를 가지고 있는데 '-지 않다'나 '-없다'를 붙여서 다시 부정의 의미로 쓰인다. 또 어떤 말은 긍정의 의미를 가지고 있는데 '-스럽다'를 붙여 부정의 의미로 쓰인다.

① 어쭙잖다 : 분수에 넘치다. [어쭙잖게 나서지 말게. = 말을 그렇게 어쭙게 하니?] '어쭙잖다'는 '어줍잖다'에서 온 말임.

② 엉터리없다 : 엉터리 같다. 터무니없다. [그런 엉터리없는 말은 하지 마라. = 그런 엉터리 말은 하지 마라.]

③ 상없다 : 상스럽다. [부녀자 앞에서 상없는 소리를 한다. = 상스러운 소리를 한다.]

④ 어처구니없다 : 어처구니 같다. [하도 어처구니없어서 말도 못했다. = 하도 어처구니 같아서 말도 못했다.]

⑤ 푸접스럽다 : 푸접이 없는 듯하다. [너무 푸접스럽게 대한다. = 너무 푸접 없이 대한다.]

주의 '주책이다, 밥맛이다, 우연찮게' 따위는 긍정과 부정을 헷갈리게 하는 표현이므로 비표준어로 다룬다. 이것들 대신에 '주책없다, 밥맛없다, 우연히'를 써야 한다.

---

(2) 형용사 서술어를 부정하는 구문

형용사 서술어를 부정하는 부사로 '안/아니'를 쓴다. '못'은 쓰이지 않는다. 형용사가 의지에 따라서 바뀔 수 있는 특성이 없기 때문이다. 그러나 통사적 부정법은 '-지 않다/아니하다'와 '-지 못하다'가 모두 가능하다. '-지 않다/아니하다'는 일반적인 상태의 부정 표현이고, '-지 못하다'는 소망에 대한 반감이 덧붙은 부정 표현이다.

㉮ 낯빛이 안 좋다./ 낯빛이 좋지 않다(/아니하다).

㉯ 몸이 안 아프니?/ 몸이 아프지 않으니(/아니하니)?

㉰ 기분이 못 좋다. (×) / 기분이 좋지 못하다.(/못하니?) (○)

㉱ 얼굴이 안/못 예뻐라. (×) / 얼굴이 예쁘지 마라. (×)

㉲ 우리 안/못 기쁘자. (×) / 우리 기쁘지 못하자(/말자). (×)

형용사 서술어에서는 명령형이나 청유형 문장을 쓰지 않기 때문에 예문 ㉱, ㉲에서 보는 것처럼 '안/아니', '못'으로 부정문을 만들 수 없을 뿐 아니라, '-지 않다/아니하다'나 '-지 말다' 같은 통사적 방법으로도 부정문을 만들 수 없다. 이는 형용사의 특성에 기인한다.

(3) 체언 서술어를 부정하는 구문

체언 서술어란 체언에 서술격조사 '이다'를 붙여 이루어진 서술어를 가리킨다. 이 서술어는 부정부사를 쓰거나 통사적 부정법을 써서는 부정할 수 없다. 이 경우에는 '이다'의 상대적 의미가 있는 부정 형용사 '아니다'를 사용해서 부정해야 한다.

㉮ 이것은 나무가 아니다. (○) / 이것은 나무이지 않다. (×)

㉯ 나는 책이 아니다. (○) / 이것은 책이지 않다. (×)

(4) 낱말의 일부 형태소만 부정하는 경우

복합어 가운데 결합 강도가 낮은 복합어를 부정할 때에는 부정 부사가 두 형태소 사이에 끼어듦으로써 부정을 하게 된다.

㉮ 아이가 참 착하군.

　－아이가 별로 안 착하군.

㉯ 돈이 좀 필요한데요.

　－돈이 별로 안 필요한데요.

㉰ 우리 산으로 나무하러 가자.

　－난 나무 안 할래. (안 나무할래×/나무는 못 해○)

㉱ 아이가 열심히 공부한다.

　－아이가 열심히 공부 안 한다. (안 공부한다×/공부를 못 한다○)

㉤ 피지 섬 구경했니?

   －아니 구경 안 했어. (안 구경했어×/구경을 못 했어○)

㉥ 어서 수금해야겠다.

   －이제는 수금 안 해야겠다. (안 수금해야겠다×/수금을 못 하겠다○)

위의 예문 ㉮와 ㉯는 파생어 '착하다', '필요하다'를 부정하는 데, 부정 부사 '안'을 앞에 두어서 정상적으로 부정문이 되었다. 그러나 예문 ㉰~㉥에서는 '나무하다', '공부하다', '구경하다', '수금하다' 같은 서술어를 부정하는 데는 서술어 앞에 부정 부사 '안'이나 '못'을 붙일 수 없어서 명사와 '하다' 사이에 부정부사를 놓았다. 이 때의 '하다'는 목적어를 취하는 동사로서 명사와 결합하여 합성어가 된 것으로 이런 경우에는 특별한 부정법을 취해야 한다는 것을 알 수 있다.

(5) 긍정문과 부정문의 의미 차이

이제까지 우리는 긍정문을 부정하여 긍정문의 의미를 반대로 만들었다. 그러나 어떤 경우에는 긍정문과 부정문 사이에 단순한 반대 의미를 보이지 않고 전혀 다른 의미가 나타남을 확인할 수 있다. 주로 비유적인 표현을 부정하거나 긍정하는 경우에 이런 의미상 차이가 생긴다.

① 주로 긍정문으로 쓰이는 문장

㉮ 나잇살이나 먹은 사람이 그런 말을 해?

   －나잇살도 안 / 못 먹은 사람이 그런 말을 해?

㉯ 슬그머니 화가 고개를 숙이더군.

   －화가 고개를 안 / 못 숙이더군.

㉰ 비가 물 퍼붓듯 한다.

   －비가 물 안 퍼붓듯 한다.

㉱ 그 술집에서 바가지를 썼다.

   －그 술집에서 바가지를 안 / 못 썼다.

㉲ 그들은 찬성한다고 입을 모았다.

   －그들은 찬성한다고 입을 안 모았다.

　　㉑ 절에 간 색시처럼 행동한다.

　　　– 절에 안 간 색시처럼 행동한다.

　위 예문 ㉮～㉑를 부정한 문장을 보면 긍정문에서 보인 비유적 표현이 사라지고 낱말 원래의 의미를 부정하는 뜻으로 바뀐 것을 알 수 있다. 따라서 부정문에서는 긍정문의 뜻과 다른 엉뚱한 뜻을 나타내게 된다.

② 주로 부정문으로 쓰이는 문장 : 어떤 표현 가운데에는 오직 부정문으로만 쓰이는 것이 있다. 이런 표현을 긍정문으로 바꾸면 말이 되지 않는 경우가 많다.

　　㉮ 그건 어림도 없다.

　　　– 그건 어림이 있다.

　　㉯ 그러다가 뼈도 못 추리지.

　　　– 그러다가 뼈만 추리지.

　　㉰ 아직 이마에 피도 안 마른 놈이 까불어.

　　　– 이미 이마에 피가 마른 놈이 까불어.

　　㉱ 계집 둘 가진 놈의 창자는 호랑이도 안 먹는다.

　　　– 계집 둘 가진 놈의 창자는 호랑이가 먹는다.

　　㉲ 죽도 밥도 안 된다.

　　　– 죽과 밥이 된다.

　　㉳ 덴 데 털 안 난다.

　　　– 덴 데 털 난다.

　　㉴ 바늘로 찔러도 피 한 방울 안 난다.

　　　– 바늘로 찌르면 피 한 방울 난다.

　　㉵ 오뉴월 감기는 개도 안 앓는다.

　　　– 오뉴월 감기는 개가 앓는다.

　예문 ㉮～㉵는 부정문으로만 쓰인다. 그런데 이 문장을 긍정문으로 바꾸면 의미가 전혀 전달되지 않는 이상한 문장이 된다.

5. 시제

실제 동작, 사건, 상태의 시점을 기준으로 하여 그보다 앞에 이루어졌는지, 동시에 이루어지는지, 앞으로 이루어질 것인지에 따라서 어미의 활용 형태를 제한하는 방법을 '시제'라고 한다. 크게 현재 시제, 과거 시제, 미래 시제로 구별하며, 종결 어미와 관형사형 어미를 이용해서 실현한다.

(1) 현재 시제

동작이 이루어지는 시점과 발화 시점이 같은 경우를 현재 시제라고 한다. 현재 시제에는 현재의 습관, 틀림없는 사실, 진리 등의 의미를 나타낸다. 현재 시제가 종결어미에서 실현되면 종결어미가 아래와 같은 형태를 취한다.

㉮ 아이가 잠을 잔다.
㉯ 지진으로 많은 사람이 죽는다.
㉰ 시설이 참 좋다.
㉱ 하늘이 매우 푸르다.
㉲ 언어는 겨레의 정신이다.

① 현재 시제와 종결어미 : 현재 시제를 나타내기 위하여 동사 서술어인 경우에는 종결어미로 '-ㄴ다/-는다'를 붙이고 형용사 서술어인 경우에는 종결어미로 '-다'를 붙이는 것을 알 수 있다. 그 밖에도 현재 시제에 붙일 수 있는 종결어미는 다양하다.

> 동사 서술어의 어간에 받침이 없는 경우 : -ㄴ다, -ㅂ니다, -오
> 동사 서술어의 어간에 받침이 있는 경우 : -는다, -습니다, -으오
> 형용사 서술어의 어간에 받침이 없는 경우 : -다, -ㅂ니다, -오
> 형용사 서술어의 어간에 받침이 있는 경우 : -다, -습니다, -소
> 체언 서술어(받침이 없는 경우) : 다/이다, ㅂ니다/입니다, 요(서술격조사)
> 체언 서술어(받침이 있는 경우) : 이다, 입니다, 이오 (서술격조사)

② 현재 시제와 관형사형 어미 : 현재 시제가 관형어에서 실현되면 관형사형 어미가 아래와 같은 형태를 취한다.

㉮ 잠을 <u>자는</u> 아이를 깨운다.

㉯ 지진으로 <u>죽는</u> 사람이 생긴다.

㉰ 참 <u>좋은</u> 시설이다.

㉱ 저 <u>푸른</u> 하늘을 보라.

㉲ 나의 <u>상사인</u> 그가 너를 부른다.

동사의 관형사형 어미 : — 는(현재)

형용사의 관형사형 어미(어간에 받침이 없는 경우) : — ㄴ(현재)

형용사의 관형사형 어미(어간에 받침이 있는 경우) : — 은(현재)

체언 서술어 : 인(현재)

③ 현재 시제의 특수 용법 : 현재 시제는 동작의 현재성만 의미하지 않고 다음 예와 같이 여러 용도로 사용되기도 한다.

㉮ 습관적으로 반복하는 사건의 표현 : 현재 습관적으로 반복하는 사건에는 현재 시제를 쓴다.

㉠ 그는 일요일이면 교회에 <u>간다</u>.

㉡ 우리는 매년 전국적으로 체육 대회를 <u>연다</u>.

㉯ 과학적 진리의 표현 : 과학적 진리에, 어김없는 사실을 나타내는 데 현재 시제가 쓰인다.

㉠ 지구는 태양의 주위를 <u>돈다</u>.

㉡ 눈은 마음의 <u>창이다</u>.

㉰ 미래를 나타내는 현재 시제 : 확실한 미래를 실감 있게 표현하기 위해서 현재 시제를 쓴다.

㉠ 나는 내일 미국으로 <u>떠난다</u>.

㉡ 그는 잠시 후에 <u>도착한다</u>.

㉱ 과거를 나타내는 현재 시제 : 확실한 과거의 일이지만 현재처럼 쓸 수 있다. 아래 예문 ㉠의 경우가 그것이다. 이 외에도 과거 시점을 현재로 환원하여 현재 시제로 쓸 수 있다. 이를 역사적 현재라고 한다. 주로 소설에 많이 나타나는데 예문 ㉡이 그 예이다.

㉠ 집에 오는 모든 사람에게 인사를 했다.

　　㉡ 새벽 2시가 되니 그가 문을 여는 소리가 들린다. 살금살금 방문
　　　을 열더니 옷을 벗고 이불 속으로 들어온다. 나는 이때다 싶어 힘
　　　껏 소리쳤다. "도둑이야!"

(2) 과거 시제

　　과거 시제는 종결 어미 앞에 선어말 어미 '-았-/-었-'을 붙이는 방법으
로 실현된다.

　　㉮ 그에게서 어제 선물을 받았다.
　　㉯ 사람들이 모두 손을 들었다.
　　㉰ 손이 매우 찼다.
　　㉱ 밤이 벌써 깊었다.
　　㉲ 그때가 4시쯤이었다.

① 과거 선어말 어미의 형태 : 용언의 어간 음운에 따른 선어말어미의 형태를
　　정리하면 아래와 같다. 불규칙 활용을 하는 용언은 불규칙 활용한 형태로
　　아래의 규칙을 적용한다.

　　　* 용언의 어간에 받침이 없는 경우 : -ㅆ-(만났다, 섰다)
　　　* 용언의 어간에 받침이 있고 양성 모음인 경우 : -았-(보았다, 잡았다)
　　　* 용언의 어간에 받침이 있고 음성 모음인 경우 : -었-(부었다, 비었다)
　　　* 서술격 조사인 경우 : -었-(이었다=였다)

② 과거 시제와 관형사형 어미 : 과거 시제가 관형어에서 실현되는 경우에는
　　관형사형 어미가 아래와 같은 형태를 취한다.

　　　㉮ 옛날 만난 사람을 오늘 우연히 만났다.
　　　㉯ 어제 먹은 떡국 생각이 다시 난다.
　　　㉰ 그렇게도 좋던 얼굴이 이렇게 변하다니!

　　관형사형 어미의 과거형은 동사에만 있다. 동사의 어간에 받침이 없으면
'-ㄴ'을 붙이고, 받침이 있으면 '-은'을 붙인다. 형용사와 서술격조사에

는 과거 시제를 나타내는 관형사형이 없기 때문에 위의 예문 ㉡에서처럼 과거 회상 시제에 쓰는 선어말어미 '-던'이 이용되기도 한다.

③ **과거 시제의 특수 용법** : 과거 시제를 썼지만 과거 시제와 상관없는 경우도 있다.

> ㉮ 여기에서 좀 쉬<u>었</u>다 갑시다.
>
> ㉯ 잠깐 이것을 잡<u>았</u>다 놓으세요.
>
> ㉰ 선생님께서 아시게 되었으니 우린 이제 꼼짝없이 죽<u>었</u>다.
>
> ㉱ 아직도 비료가 공급되지 않고 있으니 올 농사는 다 지<u>었</u>다.
>
> ㉲ 회의가 끝나려면 아직 멀<u>었</u>니?
>
> ㉳ 전쟁이 멀지 않<u>았</u>다는 불안감이 사람들을 짓누르고 있다.

예문 ㉮, ㉯에는 연속적인 두 일 가운데 앞일의 행사를 분명하게 하기 위한 화자의 주관적 의도가 들어 있다. 즉, 앞일을 '완벽하게 마치고' 다음 일을 시작함을 나타낸다. 어미 '-고'나 '-다'를 쓰면 앞일을 완전히 하지 않을 수도 있다는 우려 때문에 과거 시제를 사용한 것으로 볼 수 있다.

예문 ㉰, ㉱, ㉲에는 앞일을 전제 조건으로 뒷일이 발생할 것임을 단정적으로 말하기 위하여 뒷일에 과거 시제를 사용했다.

예문 ㉳에서도 미래의 일에 과거 시제를 씀으로써 막연한 추측을 확실한 예측으로 바꾸는 효과가 나타났다. 이런 효과는 형용사 '멀다', '가깝다'와 그 부정법에 특수하게 나타난다.

(3) 미래 시제

말하는 시점이 행위 시점보다 앞서는 것을 미래 시제라고 한다. 말은 지금 하지만 행위는 앞으로 일어날 것임을 의미하는 것이다. 주로 선어말 어미 '-겠-'과 관형사형 어미 '-ㄹ'을 사용하여 나타낸다. 미래 시제에는 단순히 미래의 행위를 추측하는 경우와 주어의 의지를 나타내는 경우가 있다.

① **미래 추측** : 말하는 사람의 의지에 따라서 되는 일이 아닌 경우에는 말하는 이의 추측을 나타낸다. 아래의 예문은 모두 앞으로 일어날 일에 대한 추측임을 나타낸다.

⑦ 내일은 날씨가 좋겠다.

⑭ 곧 기차가 떠나겠다.

⑭ 어쩌면 너희가 지겠다.

위 예문은 선어말 어미 '-겠-'을 써서 추측을 나타낸 문장이다. 아래 문장도 추측을 나타낸다.

⑭ 내일은 비가 올 것이다.

⑭ 그때쯤이면 우리도 행복하게 되리라.

② 의지 표현 : 말하는 사람이 하고자 하면 할 수 있는 일은 대체로 그의 의지를 표현한 것으로 본다. 아래 예문은 말하는 이의 의지를 나타낸다.

⑦ 나는 내일 가겠다.

⑭ 우리가 청소를 하겠다.

선어말 어미 '-겠-'을 사용하여 의지를 표현한 문장을 보았다. 주어가 일인칭 대명사인 것에 유의하여야 한다. 의지 표현은 주어가 일인칭이 아니면 불가능하다. 만일 이인칭이나 삼인칭 대명사가 주어인 경우에 '-겠-'이 쓰이면 미래 추측이 된다. 아래 예문도 의지를 표현한 문장이다.

⑭ 이번에는 그들에게 본때를 보여 주리라.

⑭ 나는 결코 부패한 공무원이 되지 않으련다.

③ 관형사형 어미를 이용한 시제 표현

⑦ 우리가 묵을 호텔은 특급 호텔이다.

⑭ 요즘 주부들은 건강에 좋을 친환경 농산물만 산다.

예문 ⑦는 동사의 관형사형으로서 미래 표현이다. 예문 ⑭는 형용사의 관형사형으로서 이것이 미래 표현이 되려면 건강에 좋을지 안 좋을지 판단이 안 선다는 전제가 깔려 있어야 한다. 그렇지 않고 '좋다는 확신'이 있다면 '좋을'보다는 '좋은'이 더 어울리게 된다.

⑭ 나도 거기에 갈 테야.

⑭ 무척 아플 것 같다.

⑭ 곧 비가 올 듯하다.

예문 ㉓, ㉔는 관형사에 의존 명사가 붙은 것이고, 예문 ㉕는 관형사에 보조 용언이 붙은 것이다. 이것들도 미래 시제를 나타내는 한 표현 형식이다.

(4) 진행상(進行相)

동작이 어떤 시점에서 진행 중임을 나타내기 위한 표현으로 '-고 있-'의 구문으로 이를 실현한다.

> ㉮ 개가 달려오고 있다.
> ㉯ 그가 너를 보고 있었어.
> ㉰ 열심히 공부하고 있겠지.

예문 ㉮는 동작이 현재 진행 중임을 나타내고, 예문 ㉯는 과거에 진행 중이었음을 나타내며, 예문 ㉰는 진행 중일 것임을 예측하는 표현이다. 앞에서도 잠깐 설명했지만 '-고 있다'는 진행상일 뿐 실제 동작이 일어나는 행위가 아니기 때문에 이를 부정하는 '-지 아니하다'가 붙을 경우에 '아니하다'는 형용사로 본다.

> ㉱ 개가 달려오는 중이다.
> ㉲ 그가 너를 보는 중이었다.
> ㉳ 열심히 공부하는 중이겠지.

위 표현도 진행상의 일종으로 본다.

(5) 완료상(完了相)

동작이 어떤 시점에서 이미 끝났음을 나타내기 위한 표현으로, 동사에 '-아/-어 있-'의 구문을 붙여서 나타낸다.

> ㉮ 산에는 수많은 꽃이 피어 있다.
> ㉯ 이미 눈이 녹아 있었다.
> ㉰ 아이가 장독 뒤에 숨어 있겠지.

완료상은 어떤 동작이 끝나서 그 상태가 일정 시간 유지되었음을 나타낸다. 이에 비해서 과거 시제는 그 동작이 말하는 시점에서 끝났음을 의미하기 때문에 명백히 말하는 시점보다 앞서 그 동작이 끝났고 그 상태가 말하는 시점까지 계속되고 있다면 완료상을 사용하는 것이 바람직하다.

(6) 대과거

과거의 어느 시점에서 동작이 완료되었고 그 뒤에는 그 동작이 없었음을 나타내는 시제(과거 완료 시제)로서 과거 시제를 나타내는 선어말 어미를 겹쳐 표현한다.

㉮ 그때 그는 줄곧 미음만 먹었었다.
㉯ 한때는 나도 프랑스에 유학을 하였었다.
㉰ 그건 어릴 때에 보았었다.

위의 표현은 모두 과거의 한 시점에서 어떤 동작이 끝났음을 나타낸다. 그리고 과거 그 동작의 결과가 현재에는 아무런 효과를 미치지 않는다. 더욱이 대과거 앞에 과거의 시점을 나타내는 부사어('그때, 한때, 어릴 때' 등)를 앞세우기 때문에 실질적으로는 대과거와 과거 시제가 구별되지 않는다. 따라서 위의 세 경우는 과거 시제로 바꾸는 것이 바람직하다. 다만 아래와 같이 과거의 경험을 강조하는 경우에는 대과거의 사용이 유익하다.

㉱ 그래, 나도 그런 생각을 했었어.
㉲ 우린 날마다 싸웠었다.
㉳ 그때 나는 미국에 갔었지.

예문 ㉱는 어느 시점에 그런 생각을 한 일이 있지만 그 시점 이후 지금까지 그런 생각을 안 해 왔음을 회상 형태로 나타낸다. 예문 ㉲는 싸움이 과거 어느 시점에서 끝났음을 회상의 형태로 나타낸다. 예문 ㉳는 미국에 간 이후 어느 시점에서 돌아와서 회상하는 형태로 말하고 있음을 나타낸다. 따라서 위의 세 문장에서 대과거를 단순히 과거로 표현하면 의미가 전혀 달라진다. 이런 경우를 위하여 대과거가 필요하다.

(7) 과거 회상

과거 시점에서 일어난 일을 현재 회상하거나 과거의 경험을 현재에 옮기는

것임을 나타내는 표현으로서, 종결어미로 쓰일 때에는 종결어미 앞에 선어말어미 '-더-'를 붙이고, 관형어로 쓰일 때에는 어간에 '-던-'을 붙인다.

㉮ 새가 시끄럽게 울더라.

㉯ 기분이 무척 좋으시더라.

㉰ 무척 아프겠더라.

㉱ 대단히 힘들었겠더라.

㉲ 여기서 울던 새가 사라졌다.

㉳ 내가 여기에 살던 중이었다.

㉴ 그날 애써 화를 참았던 기억이 있다.

단순한 과거 회상은 종결어미의 앞에 '-더-'를 붙이는 것으로 완성되고, 추측으로 과거를 회상하는 경우에는 미래 시제 선어말어미 '-겠-'과 종결 어미 사이에 '-더-'를 넣어서 예문 ㉰처럼 사용하고, 과거 시제에 쓰는 경우에는 선어말 어미 '-었-/-았-'과 종결어미 사이에 '-더-'를 넣어 예문 ㉱ 처럼 문장을 구성한다. 관형어로 과거를 회상하게 하는 경우는 관형사형 어미 '-던'을 사용하여 예문 ㉲처럼 적용한다. 예문 ㉳는 과거 회상에 진행상이 덧붙은 형태이다. 예문 ㉴는 과거 시점에서 일어나 완료된 일을 회상하는 문장이다.

(8) 연결 어미와 시제

용언이 둘 이상 연결된 때에 시제를 어떻게 붙이는지 검토해 보자. 이미 아는 바와 같이 연결 어미에는 대등 연결 어미와 종속적 연결 어미, 보조적 연결 어미가 있는데 각 연결 어미에 따라서 시제 적용이 달라진다.

① 대등 연결 어미와 시제 : 대등 연결의 경우에 시제는 뒤에 있는 서술어에서 실현된다. 다만, 대등하게 이어지는 문장에서는 각 서술어에서 시제가 실현되기도 한다. 이 경우에 두 서술어의 시제는 같아야 한다.

㉮ 우리는 밥을 먹고 / 먹으며 출발했다.

㉯ 하늘은 높고 맑았다.

㉰ 그들은 이곳으로 오고, 우리는 그곳으로 떠났다.

㉲ 하늘은 <u>맑았고</u>, 바람은 <u>잔잔했다.</u>

㉳ 얼굴은 <u>아름다웠으나</u>, 마음씨는 곱지 <u>않았다.</u>

㉮와 ㉯에서 보듯이 앞 서술어에는 시제가 없고 뒤 서술어의 시제가 앞의 서술어에 그대로 적용됨을 알 수 있다. 대등하게 이어진 문장 ㉱에서도 같은 방식으로 시제가 실현된다. 그러나 ㉲와 ㉳에서 보는 바와 같이 각 서술어가 각자의 시제를 가질 수도 있다. 이때 두 시제는 같아야 한다.

㉴ 힘은 있어 <u>보였지만</u>, 지구력은 없어 <u>보이더라.</u>

위 예문에서 앞 문장이 과거 시제로 되어 있으므로 뒤 문장도 과거 시제를 나타내기 위하여 과거 회상의 시제를 사용하였다. '보이더라' 대신에 '보였다'를 써도 좋으나 '보인다'를 쓰면 안 된다.

② **종속적 연결 어미와 시제** : 종속적으로 이어진 문장에서는 두 문장의 시제를 상황에 따라서 달리 사용할 수 있는데, 각 시제에 따라서 의미가 달라진다.

㉮ 비가 <u>오면</u> 날씨가 추워진다. / 추워졌다.

㉯ 비가 <u>왔다면</u> 날씨가 추었을 / 추울 것이다.

㉰ 비가 <u>온다면</u> 날씨가 추울 / 추워질 것이다.

㉮는 일반적인 진리를 말하거나 과거의 경험을 말하는 표현이다. 만일 주절의 서술어를 '추워질 것이다'라고 바꾼다면 진리보다는 자신의 추측을 나타내는 표현이 된다. ㉯는 실현되지 않는 과거를 가정한 경우('추웠을')와 지금의 추측('추울')을 표현한다. ㉰는 일반적인 현재의 상태를 추측하는 경우('추울')와 미래를 추측하는 것('추워질')을 나타낸다.

㉱ 비가 <u>오니</u> 날씨가 춥다. / 추워지리라.

㉲ 그를 <u>보니</u> 옛날이 생각난다. / 생각났다.

㉳ 눈이 <u>왔으니</u> 세상이 하얘졌지.

㉱는 조건에 따른 현재의 상태와 상태의 변화를 추측하는 의미를 나타내고 있다. ㉲는 계기에 따라서 나타난 현재와 과거의 사실을 나타내고 있다. ㉳는 원인과 결과를 과거 시제로 나타냈다.

㉜ 비가 <u>와서</u> 땅이 <u>질었다</u>.

㉞ <u>졸려서</u> 잠을 <u>잤다</u>.

위의 경우는 종속절이 이유를 나타내는 경우인데, 이때는 종속절에 시제 표현이 없고 주절의 시제에 따라서 종속절의 시제가 결정된다.

③ **보조적 연결 어미와 시제** : 본용언과 보조 용언이 결합할 때에는 언제나 보조 용언에서 시제가 나타나고, 보조 용언의 시제에 따라서 본용언의 시제가 결정된다.

㉮ 내가 관련 자료를 모아 **놓았다**. / **놓겠다**.

㉯ 불필요한 서류는 찢어 **버렸다**. / **버리겠다**.

㉰ 우리는 함께 살고 **싶었다**. / **싶다**.

6. 높임법

이제는 우리가 만들어 낸 또 하나의 특징적인 성과물인 높임법을 공부하게 된다. 그런데 높임법에는 많은 문제점이 있다. 우리가 어떤 선한 목적을 위해서 이것을 만들었을 테지만 지금 우리 사회에서 이것만큼 우리를 곤혹스럽게 하는 것이 없을 정도로 이 때문에 사회적 문제가 심각하다. 이것 때문에 공연히 상대방을 의심하게 되고, 이것 때문에 공연히 상대방을 미워하게 된다. 이것은 인간관계 형성을 방해하고 형성된 인간관계를 무너뜨리는 데 관여한다. 이것은 불난 집에 부채질하는 부채일 뿐 아니라 불 안 난 집에 불을 붙이는 부싯돌이다. 이것을 잘 관리하지 못하면 차라리 이것이 우리에게 없는 것만도 못하게 되어, 우리가 이루어낸 것 가운데 가장 크게 실수한 작품으로 전락하게 될 것이다.

그러나 선악에는 양면성이 있듯이 이것도 양면성을 가지고 있다. 산이 높으면 골이 깊고, 독이 강하면 그만큼 약효도 뛰어난 법이다. 미움이 강하면 사랑도 강해지고, 극도의 불신이 바뀌면 엄청난 신뢰가 쌓이게 된다. 그것 자체에 선악이 있는 것이 아니고 그것을 우리가 어떻게 사용하는가에 선악이 좌우된다. 모든 것은 아는 만큼 변화시킬 수 있다. 칼의 용도와 폐해를 안다면 우리는 그만큼 조심스럽게 칼의 용도에 맞게 사용하는 지혜를 쌓아 갈 것이다. 이와 마찬가지로 높임법의 용도를 알고 그것의 폐해를 안다면 우리는 높임법을 이용해서 우리 자신과 사회를 한 단계 성숙한 수준으로 끌어올릴 수 있다. 높임법을 아는 만큼 높임법에서 얻는 것이 많을 것이다.

[1] 높임법의 실현

높임법은 여러 방법으로 실현된다. 서법의 일부에서 실현되기도 하고, 특별히 높임을 위해서 만들어 놓은 어미를 사용하기도 하고, 접미사를 사용하기도 하고 아예 높임을 위한 낱말을 만들기도 한다.

> ㉠ 아버님, 안녕히 주무셨습니까?
> ㉡ 김 과장, 너 일하는 게 왜 이 모양이야?
> ㉢ 네가 선생님께 여쭈어 봐라.

예문 ㉠에서 '아버님'의 접미사 '-님'에서 높임을 실현하고 있다. 그리고 '주무셨습니까'에서도 높임이 실현되었다. '주무시다'가 '자다' 대신에 높일 사람에게 쓰이는 낱말이고, 어미 '-습니까'도 높임을 나타내기 위해서 쓰였다. 상대를 높이기 위해서 네 가지 방법으로 높임을 실현한 것을 알 수 있다.

예문 ㉡에서는 '너'에서 높임이 실현되었다. 상대가 자기보다 낮은 사람이라고 생각해서 '너'라는 낮춤의 대명사를 사용했다. 그리고 '모양이야'의 '이야'에서도 높임이 실현되었다. 자기보다 높은 사람이었다면 '모양입니까'라고 했을 것이고, 처음부터 '모양'이라는 낱말도 쓰지 않았을 것이다.

예문 ㉢에서 '네가'에서 높임이 실현되었고, '선생님께'에서 접미사 '-님'과 조사 '께'로 높임이 실현되었다. 보통 '물어'로 할 수 있는 것을 높임을 위해서 '여쭈어'로 썼고, '봐라'에서도 높임이 실현되었다. 이처럼 우리말은 도처에서 높임이 실현된다. 국어에서 높임을 빼면 말이 되지 않는다. 아무리 좋은 낱말을 사용하고 아무리 문법적으로 완벽한 표현을 하고, 아무리 호응이 잘 된 말을 하더라도 높임에서 실패하면 모든 것이 수포로 돌아간다. 그러니 국어를 쓰는 우리는 모름지기 높임법을 명확하게 알고 슬기롭게 사용할 수 있도록 노력해야 한다.

[2] 높임법의 본질

우리가 높임 표현을 언어의 중요한 수단으로 채택한 것은 말하는 사람과 듣는 사람 그리고 그 말에 등장하는 사람 사이의 세력 관계를 언어에 투영하기 위해서이다. 서로 힘의 우열 관계를 객관화하고 이를 언어에 반영하면 사회는 싸우지 않고도 안정될 수 있다. 높임을 받을 자에게 권위와 영광을 주고 높임을 바치는 자에게는 평화와 안전을 보장할 수 있기 때문에 서로 불만이 없게 되어 사회 질서를 유지할 수 있게 된다.

그러면 힘의 우열 관계는 무엇으로 결정되는가? 과거에는 힘의 우열 관계를 나이, 신분, 계급 등으로 쉽게 객관화하여 결정할 수 있었다. 그래서 그런 객관적인 조건으로 높임법이 고정되어 대부분의 사람에게 어려움 없이 사용될 수 있었다. 그러나 신분 질서가 붕괴되고 사회적 계급이 사라진 지금은 그런 권위에 기대어 높임법을 유지하기 어렵게 되었다. 더욱이 과거의 폐쇄적 사회 구조 안에서는 상하 관계의 삶이 보편적이었지만 요즘처럼 개방된 사회 구조 안에서는 수평 관계의 삶이 더욱 보편화하고 있기 때문에 높임법에 대한 인식의 수정이 불가피하게 되었다.

학자들에 따르면 요즘의 높임법은 전통적인 방법과 같이 힘의 우열 관계를 나이나 직위, 직책 등 객관화할 수 있는 몇 가지 기준으로 정하기도 하지만 그런 객관적인 변별 수단보다 친소 관계나 사적 이해관계에 더 많은 비중을 두는 추세에 있다고 한다. 높임법이 힘을 바탕으로 성립한 어법이기 때문에 과거에 힘의 원천으로 여겨졌던 것들이 사라진 지금 스스로 그 힘을 가졌음을 과시하거나 그 힘이 있다고 믿는 자에게 환심을 사거나 최소한 자신에게 불이익이 돌아오지 않도록 하는 데 이용된다는 것이다. 그렇다면 높임법에는 상대의 힘을 인정하고 그 힘의 질서에 순응한다는 성격 외에 사회 생활을 원활하게 하기 위해서 자기에게 필요한 환경을 개척해 나가는 수단의 성격이 추가되었다고 할 수 있다.

[3] 높임법의 종류

높임법은 말하는 이(또는 화자)가 누구를 높이는가에 따라서 세 종류로 나눈다. 문장의 주체(또는 주어)를 높이는 주체 높임법, 말을 듣는 이를 높이는 상대 높임법, 말에 등장하는 사람이나 그와 관련된 사물 곧 객체를 높이는 객체 높임법이 그것이다.

(1) 주체 높임

① **주체 높임의 실현** : 주체 높임은 문장의 주어에 해당하는 사람을 높이는 것이다. 직접 높임법과 간접 높임법이 있는데, 직접 높임법은 주어에 접미사 '-님'과 조사 '께서, 께옵서'를 붙이고, 용언의 어간에 선어말어미 '-시-'를 붙여서 실현한다. 간접 높임법은 주어의 몸이나 주어와 관련된 사물을 높이는 것이다.

> ㉮ **선생님께서 너를 부르셨어.**
> ㉯ **그분께서는 마음이 참 고우시다.**

예문 ㉮는 주어인 '선생'을 높이기 위해서 접미사 '-님'을 붙인 뒤에 주격 조사로 '께서'를 썼고, 서술어에 주체 높임을 나타내는 선어말 어미 '-시-'를 썼다. 이렇게 함으로써 주어를 높일 수 있는 모든 요소를 완벽하게 갖추었다. 이렇게 일관성 있게 각 요소를 다 높이는 것을 높임의 일치라고 한다. 만일 이 문장을 "선생님이 너를 부르셨어."라고 했다면 높임이 소홀하였다는 말을 듣게 될 것이다. 물론 경우에 따라서는 이 정도의 높임으로도 충분하다고 생각할 수 있다.

예문 ㉯는 '그분'을 높이기 위해서 조사 '께서'를 썼고, '마음이 고우시다'라고 하여 서술절의 서술어에 '-시-'를 붙였다. '마음'은 높임의 대상이 아니지만 '그분'에 속한 것이므로 이를 높이면 '그분'을 높이는 것이 된다고 보고 높인 것이다.

② **주체 높임의 양상** : 주체 높임이 실현되는 몇 가지 양상을 보면 아래와 같다. 이 가운데에서 가장 중요한 것이 주어를 높이는 접미사 '-님'을 붙이는 것과 서술어에 선어말 어미 '-시-'를 붙이는 것이다. 그 밖의 것은 친소 관계나 사회적 필요에 따라서 선택해서 사용할 수 있다.

> ㉮ **선생이 집에 가신다.**
> ㉯ **선생님이 집에 간다.**
> ㉰ **선생님이 집에 가신다.**
> ㉱ **선생님께서 집에 가신다.**
> ㉲ **선생님께서 댁에 가신다.**

예문 ㉮와 ㉯는 높임에 필요한 최소한의 요건을 충족하지 못한 문장이므로 사용하면 안 된다. 예문 ㉰는 또래 사이에서 사적으로 부담 없이 할 수 있는 표현이다. 예문 ㉱는 공식적인 자리에서 할 수 있는 최소한의 높임일 것이고, 예문 ㉲는 선생님과 관련된 사물까지 높였기 때문에 선생님을 가장 완벽하게 높인 표현이다.

예문 ㉰~㉲는 선택해서 사용할 수 있다. 특히 듣는 사람이 누구인지, 듣는 사람과 선생님 사이의 관계가 어떤지에 따라서 달라질 수 있다. 예를 들면 듣는 사람이 어린이이거나 선생님을 매우 존경하는 자기 또래의 사람이라면 말하는 이가 예문 ㉱의 높임법을 사용할 가능성이 높고, 듣는 이가 선생님을 별로 존경하지 않는 자기 또래의 사람이라면 예문 ㉰의 높임법을 사용할 것이다. 이런 선택은 화자가 전략적으로 할 수 있다는 의미에서 규범적 높임에 대하여 전략적 높임이라고 한다.

③ **부적절한 주체 높임** : 요즘 주체 높임법에 사용되는 '-시-'가 엄청난 고난을 당하고 있다. 사람들이 이 '-시-'를 아무 곳에나 붙이기 때문이다. 아래 경우는 모두 '-시-'를 잘못 붙인 예이다.

> ㉮ 좋은 하루 되십시오.
> ㉯ 즐거운 여행 되십시오.
> ㉰ 기한이 되시면 통장에서 자동으로 인출이 되십니다.
> ㉱ 쓰시다가 고장이 나시면 교환해도 되십니다.

예문 ㉮는 대부분의 은행이나 백화점 앞에 붙어 있는 인사말이고, 예문 ㉯는 인천국제공항을 비롯한 공항과 역, 여행사 등에 붙어 있는 인사말이다. 예문 ㉰는 은행, 보험사, 인터넷 서비스 업체의 안내원에게서 매일 듣는 말이고, 예문 ㉱는 홈쇼핑 업체나 상품 판매 안내원에게서 쉽게 들을 수 있는 말이다. 무조건 '-시-'만 붙이면 고객을 높이게 된다고 생각한 때문에 일어난 고약한 어법인데 이런 인사말은 주로 인사 예절을 가르치는 사람들이 퍼뜨린다고 한다. 어쨌든 위의 네 가지 인사말은 모두 높임법을 잘못 사용한 것임을 알아주었으면 좋겠다.

'-시-'가 붙은 서술어는 언제나 그 서술어의 주어를 높인다. 예문 ㉮와

㉯의 주어는 '당신', '여러분', '승객' 등이 될 가능성이 크다. 그 주어더러 '하루'나 '여행'이 되라고 하는 불쾌한 인사가 되므로 쓸 수 없는 인사이다. 물론 '-시-'를 빼더라도 적절한 인사말이 될 수 없다.

예문 ㉰와 ㉱에 쓰인 '-시-'는 모두 사람이 아닌 것을 높였기 때문에 잘못 쓰인 것이다. '-시-'만 빼면 정상적인 인사말이 된다. 상대를 높이기 위해서 사용한 '-시-'가 공연히 말썽만 일으킨 꼴이 되었다. 현대인들이 높임법에 너무 주눅이 들어서 아니면 강박관념에 빠져서 이런 인사말을 쓰게 된 것 같은데 어법을 조금만 이해한다면 이런 인사말은 얼마 안 가서 안 쓰게 될 것이다.

(2) 상대 높임

① **상대 높임의 실현** : 상대 높임은 문장의 상대, 곧 청자에 해당하는 사람을 높이는 것으로서 서술어의 종결 어미에서 나타난다.

> ㉮ **아버지가 오셨<u>습니다</u>.**
> ㉯ **아버지가 오셨<u>소</u>.**
> ㉰ **아버지가 오셨<u>네</u>.**
> ㉱ **아버지가 오셨<u>다</u>.**

예문 ㉮~㉱의 밑줄 친 종결 어미는 모두 상대를 높이는 등급에 따라서 쓰인 것이다. 상대를 아주 높이는 데는 '-습니다, -습니까, -십시오, -시옵소서, -시지요'가 쓰이고(이를 '합쇼체'라고 함), 상대를 예사로 높이는 데는 '-오, -소, -읍시다'가 쓰이며(이를 '하오체'라고 함), 상대를 조금 낮추는 데는 '-네, -나, -세, -게'가 쓰이고(이를 '하게체'라고 함), 상대를 아주 낮추는 데는 '-ㄴ다, -는다, -느냐, -으냐, -아라, -자'를 쓴다 (이를 '해라체'라고 함).

모든 상대 높임은 위와 같은 등급에 따라 말하는 이가 상대방과의 힘의 관계를 판단하여 그에 상응하는 높임법을 사용하게 된다. 위의 어법은 규범적이고 공식적이어서 권위적인 냄새가 풍긴다. 그래서 이런 높임보다 조금 자연스럽고 비격식투의 어법이 나타났다.

　㉺ 아버지가 오셨<u>어요</u>.

　㉻ 아버지가 왔<u>어</u>.

　예문 ㉺, ㉻는 앞의 네 문장에 비해서 한결 부드러운 느낌을 준다. 격식을 벗어난 것은 언제나 자연스럽고 친근하게 느껴진다. 그래서 이런 비격식체의 어법이 나타났는데 예문 ㉺의 '-어요(/-아요)'는 상대를 두루 높이는 데 쓰는 어법이고, 예문 ㉻의 '-어(/-아)'는 상대를 두루 낮추는 경우에 쓰는 어법이다.

② 상대 높임의 어미 '-오', '-소' : 상대 높임법의 하오체 서법에 나타나는 어미 가운데에서 '-오'와 '-소'의 쓰임에 대해서 알아두자. '-오'와 '-소'는 하오체의 평서법과 의문법에서 함께 나타나고 일부 방언에서는 명령법과 청유법에서도 나타난다. 그래서 이들의 용법을 정확하게 구별하여 알아둘 필요가 있다.

〈평서형〉

　㉮ 나는 학교에 가오. (/가소×)

　㉯ 아이들이 과자를 먹으오. (/먹소○)

　㉰ 하늘이 무척 푸르오. (/푸르소×)

　㉱ 이것이 더 좋소. (/좋으오×)

　평서형에서 동사는 '-(으)오'를 쓰되 받침 있는 동사에 '-소'를 쓸 수도 있다. 형용사는 받침이 없으면 '-오'를, 받침이 있으면 '-소'를 쓴다. 만일 선어말어미 '-시-'를 쓰면 종결어미는 자연히 '-오'가 된다.

〈의문형〉

　㉲ 벌써 학교에 가오? (/가소×)

　㉳ 동생이 밥을 먹으오? (/먹소○)

　㉴ 영화가 그렇게 슬프오? (/슬프소×)

　㉵ 그렇게 기분이 좋소? (/좋으오×)

　의문형에서도 평서형과 마찬가지로 동사는 '-(으)오'를 기본으로 하고 받침 있는 동사에는 '-소'를 쓸 수도 있다. 형용사는 받침이 없으면 '-오'를, 받침이 있으면 '-소'를 쓴다. 만일 선어말어미 '-시-'를 쓰면 종결어미는 자연히 '-오'가 된다.

〈명령형〉

ⓐ **어서 가오.** (/가소×)

ⓑ **어서 먹으오.** (/먹소×)

형용사는 명령형이 없다. '가소, 먹소' 형태는 하오체가 아닌 하게체의 방언으로 사용되는 경우가 있다.

③ **전략적 상대 높임** : 상대 높임은 일반적으로 상대와 나의 위치를 저울질하여 내가 상대를 아주 높일 것인지, 예사로 높일 것인지, 예사로 낮출 것인지, 아주 낮출 것인지 결정하여 그에 따라서 서법을 사용하면 된다. 그런데 어떤 경우에는 일률적으로 하나의 높임법만 사용하기 곤란한 경우가 있다. 자기보다 연배는 어리지만 마구 하대하기 어려운 사람이 있을 수 있다. 그럴 경우에는 상대 높임법으로 하대하더라도 주체 높임법으로 높이는 이중적인 높임법을 구사하게 되는 경우가 생긴다.

㉮ **술 좀 하시겠는가?**

㉯ **내 말을 좀 들어 보시게.**

㉰ **기대하시라, 우리 시대 최고의 명작을!**

예문 ㉮와 ㉯는 종결어미에서는 하게체로 하대지만 높임의 선어말 어미를 사용해서 주체를 높인 것이다. 주체와 듣는 사람이 같기 때문에 공대와 하대를 함께 씀으로써 상대를 배려할 수 있다.

예문 ㉰는 들떼놓고 하는 말인데, 여기에서는 아주 낮춤 표현 앞에 높임 선어말어미를 썼다. 이것도 상대를 일정하게 배려하는 의미가 들어 있는 전략적 상대 높임법이다.

(3) 객체 높임

객체 높임은 문장의 목적어나 부사어가 되는 사람이나 사물을 높이는 것으로 객체 자체나 그것을 목적어로 삼는 서술어에서 나타난다.

㉮ **애야, 어서 네 어머님을 모시고 오렴.**

㉯ **제가 사모님께 댁의 자제분을 소개해 올리겠습니다.**

예문 ㉮에서 '어머님'과 '모시다'가 모두 주체나 상대 높임과 관련이 없이 오직 객체인 '어머니'를 높이는 말이다. 예문 ㉯의 '사모님', '올리다'는 모두 객체인 사람을 높이는 것이고, '자제분'은 주체와 관련된 다른 사람을 높이는 것이고, '댁'은 주체와 관련된 사물을 높이는 것이다.

객체 높임은 주체나 상대와 상관없을 경우도 있지만 주체와 상대를 높이기 위해서 객체를 높이는 경우도 많다. 따라서 같은 대상이 주체나 상대에 따라서 달리 표현될 수 있다.

㉰ 댁의 아드님은 잘 계십니까?

㉱ 네 아들은 잘 있느냐?

이처럼 같은 객체가 상대에 따라서 달리 취급되는 것이다.

(4) 압존법

말하는 이보다 높지만 말을 듣는 이보다 낮은 주체를 원래의 높임보다 낮추는 어법을 압존법(壓尊法)이라고 한다. 이런 어법을 발전시킨 것은 높임의 서열을 분명하게 하기 위해서인데, 가부장적인 가족 제도와 전제적 사회 체제 아래에서는 매우 유용한 어법이었지만 지금은 현실에 맞지 않아 변화를 겪고 있는 어법이기도 하다.

㉮ 할아버지, 아버지가 방금 돌아왔습니다.

㉯ 회장님, 김 부장이 사업 계획을 보고하겠답니다.

㉰ 예, 아범 왔더냐?

㉱ 아버님, 아범이 아직 오지 않았습니다.

예문 ㉮는 손자가 할아버지에게 자기 아버지의 귀가를 알리는 말이고, 예문 ㉯는 비서가 회장에게 부장의 말을 전달하는 말이다. 예문 ㉰는 시어머니가 며느리에게 자기 아들이 왔는지 묻는 말이고, 예문 ㉱는 며느리가 시아버지에게 자기 남편이 아직 안 돌아왔다고 대답하는 말이다. 대체로 이런 정도로 높임을 실현하는 어법이 압존법이다.

그런데 요즘 세상이 많이 바뀌어서 이런 어법을 그대로 적용할 수 없게 되었다. 아들과 아버지의 관계, 아버지와 할아버지의 관계, 손자와 할아버지 관계가 규범적 높임법을 그대로 적용하기에는 너무 많이 달라졌고, 직장에서 상하 관계도 일방적으로 회장이나 사장 중심으로 높임법을 적용하기도 어려운 것이 현실이다. 그래서 말하는 사람이 나이, 상대방과 주체와의 친소 관계, 자기와 주체와의 친소 관계, 자기와 상대방과의 친소 관계, 그때의 기분 등을 고려하여 상황에 맞게, 자신의 사교 관계에 해가 미치지 않을 정도로 압존법을 사용하지 않을 수 없다. 이런 높임을 우리는 전략적 높임이라고 하는데 규범적 높임이 실현되기 어려운 상황에서 자연스럽게 나타난 높임의 형태라고 할 수 있다. 전략적 높임의 예를 몇 들어 보면 아래와 같다.

   ㉠ 할아버지, 아버지께서 돌아오셨습니다.
   ㉡ 그래? 할아버지한테 좀 오시라고 해라.
   ㉢ 회장님, 김 부장님이 사업 계획을 보고하시겠답니다.
   ㉣ 그래? 어서 들어오시라고 해라.

 위의 높임법은 압존법을 적용해야 할 경우의 일부를 정상적인 높임으로 바꾼 것이 대부분이다. 이런 변화를 통해서 손자는 할아버지와 아버지를 동시에 높일 수 있고, 할아버지도 자기 아들을 손자 앞에서 세워 주는 효과도 얻을 수 있다. 또, 사원이 부장을 조금이나마 높일 수 있어 안심이 되고, 회장도 부장을 조금이나마 높여 줌으로써 상대를 배려하는 마음을 내보일 수 있게 된다. 이것을 '윈-윈 정책'이라고 할 수 있을지 모르겠다. 어떻든 이런 전략적 사용이 당분간 널리 사용되면서 압존법을 약화시킬 것이고 높임법의 새로운 대안이 모색될 것이다.

(5) 겸양법

 자신을 낮추어 상대를 높이는 방법을 겸양(謙讓)이라고 한다. 대체로 어간에 '-잡-, -삽-, -옵-, -사오-, -사옵-, -자오-, -자옵-' 등을 사용하여 실현한다. 겸양 선어말어미는 상대를 높이는 것이기 때문에 주체를 높이는 선어말어미 '-시-'와 함께 쓸 수 있다.

   ㉮ 사장님께서 방금 출발하셨사옵니다.
   ㉯ 지금 가오니 잘 안내해 주시옵소서.
   ㉰ 그 소식 듣잡고 퍽 놀랐사옵니다.

(6) 높임 낱말

어법에 따른 높임과 달리 높임을 위해서 특별히 만들어진 낱말을 사용하여 상대를 존중하는 의미를 드러내는 방법이 있다.

① 높임에 사용되는 명사 : 빗금 앞의 명사 대신에 뒤의 명사를 사용한다.

> 밥/진지, 사망/서거(逝去), 급사(急死)/급서(急逝), 말/말씀, 병/병환(또는 환후), 병사(病死)/병졸(病卒), 상처(喪妻)/상배(喪配), 생일/생신, 안색/신색, 얼굴/신관, 장인/빙장(聘丈), 장모/빙모(聘母), 모친(母親)/자당(慈堂), 취침(就寢), 수면(睡眠)/침수(寢睡), 제사/제향(祭享), 축하/감축, 중/스님, 후처/후실(後室), 새색시/새댁, 성/성씨, 소경/장님, 부부/내외분, 이름/존함(尊銜), 함자(銜字), 나이/연세(年歲), 집/댁

② 높임에 사용되는 동사 : 빗금 앞의 동사 대신에 뒤의 동사를 사용한다.

> 내다/바치다, 먹다/드시다(또는 잡수다), 문안하다/문안드리다, 묻다(말하다)/여쭈다, 아프다/편찮다, 있다/계시다, 자다/주무시다, 데리고/모시고

이 밖에도 일반적으로 토박이말을 쓸 자리에 한자어나 외래어를 쓰는 것으로 은근히 높임의 뜻을 드러내기도 한다. 이런 용도로 쓰이는 명사를 제시하면 아래와 같다.

> 아버지/부친(춘부장), 어머니/모친, 큰아버지/백부, 큰어머니/백모, 작은아버지/숙부, 작은어머니/숙모, 맏형/장형(백형), 조카딸/질녀, 아내/부인(婦人), 딸/여식(女息), 누이/매씨, 무덤/산소, 시집/시댁, 얼굴/안면, 이름/성명

[4] 높임의 일치

높임은 높이고자 하는 주체, 객체, 상대를 일관되게 높여야 한다는 규칙을 가리키는 말이다.

> ㉮ 선생님이 둘째 아들을 데리고 온다.
> ㉯ 영호야, 어서 가서 어머님을 데리고 와라.
> ㉰ 난 네가 누구신지 모르겠습니다.

예문 ㉮는 '선생님'에 맞는 조사 '께서'를 붙이지 않았고, '아들을'을 '아드님을'로 고쳐야 하며, '온다'는 '오신다'로 고쳐야 한다. '선생'을 높이려 했으면 존경을 나타내는 접미사 '님'을 붙이고, 존경을 나타내는 조사 '께서'를 붙여야 하며, 선생님과 관련된 객체도 높여서 '아드님'으로 해야 하고, 선생님의 동작인 '온다'도 '오신다'로 고쳐야 한다. 이 모든 요소를 높임으로 바꾸어 높임의 일관성을 유지해야 한다.

예문 ㉯는 '어머니를 데리고'를 '어머님을 모시고'로 고쳐야 한다. '어머님'에 이미 높임이 들어 있으니 이에 호응하도록 '데리고'를 높임 표현 '모시고'로 고쳐야 한다.

예문 ㉰는 '네가'와 '누구신지'와 '모르겠습니다'의 높임법에 일관성이 없다. '너'를 높이고 싶으면 마땅히 '당신' 또는 '선생님' 정도로 고쳐야 한다. 만일 '너'를 높이고 싶지 않으면 '누군지 모르겠다'처럼 고쳐야 한다.

그러나 높임의 일치는 반드시 그래야 한다는 것이기보다는 그러는 것이 좋다는 의미이다. 높임법 전체가 전략적 어법이라는 점을 인식한다면 높임의 일치도 전략적 방법의 하나라는 점을 이해할 수 있을 것이다. 특히 전략적 상대 높임법에서 본 바와 같이 높임법은 화자와 청자의 관계, 화자와 객체의 관계, 상대와 객체의 관계 등을 고려하여 적절하게 변형하여 구사할 수 있는 것이다.

[5] 높임법의 적용

높임법은 국어의 다른 문법 원리와 달리 일방적 규정으로 존재하는 어법이 아니라 구성원 간의 원활한 관계를 유지하기 위해 개인이 선택해서 구사할 수 있는 전략적 어법이다. 즉 높임법을 잘못 사용했다고 해서 말의 의미가 달라지는 것이 아니기 때문에 높임법은 개인의 환경과 필요성에 따라서 수시로 달리 사용할 수 있다.

개인의 전략적 필요라는 것은 자신과 상대방, 자신과 객체, 상대방과 객체의 관계를 나이, 친소 관계, 중요도 등에 따라서 높임 수준이나 방법을 바꾸어 사용할 수 있음을 의미한다. 같은 사람에 대한 높임도 그 사람의 이야기를 누구와 하느냐에 따라서도 달라질 수 있다. 따라서 높임법은 오로지 말하는 사람의 판단에 달려 있는 어법이라고 해도 과언이 아니다.

특히 요즘은 다양한 연령층의 사람이 하나의 공동체에서 생활하기 때문에 공식적인 지위와 비공식적인 지위가 다른 경우가 수없이 나타날 수 있다. 이런 상황에서 슬기롭게 말을 주고받으려면 틀에 박힌 높임법만으로는 해결하기 어려운 문제가 무척 많다. 따라서 각자는 경우에 맞는 높임법을 구사하는 능력과 지혜를 갖추어야 한다. 이에 관한 대체적인 방법을 몇 가지 설명해 보겠다.

(1) 나이나 지위에 따른 높임

나이가 많은 사람을 높이는 것이 높임법의 기본이므로 연장자가 연소자에게 하대하고 연소자가 연장자를 공대하는 것은 당연하다. 그런데 그 나이 차이가 어느 정도 되어야 공대와 하대가 무리 없이 이루어질 수 있는지 아무도 알 수 없다.

지위 차이가 있을 때에도 상급자가 하급자를 하대하고 하급자가 상급자를 공대하는 것은 자연스럽다. 여기서도 어느 정도 상하급 관계가 있어야 공대와 하대가 자연스럽게 이루어질지는 아무도 말해 줄 수 없다.

① 처음엔 공대로 시작 : 나이 차이가 얼마나 되든지, 지위가 얼마나 차이가 나든지 처음에는 서로 공대로 시작하는 것이 옳다. 여기서 공대라는 말은 합쇼체와 해요체를 말한다. 합쇼체는 좀 공식적이고 권위적인 면이 있고, 해요체는 부드러운 면이 있으므로 이 두 어법을 사용하여 초기 대화를 이어 나가면 무난할 것이다. 처음 만난 사람에게는 무조건 공대를 한다. 공개적인 자리에서는 물론이고 사적인 자리에서도 무조건 공대 어법을 사용한다.

② 공대 낮추기 : 공대 어법으로 사귀기 시작하여 어느 정도 상대와 익숙해지면 공대의 수준을 조정할 필요가 생길 것이다. 이때 상대의 양해 아래 공대를 낮추기 시작한다. 공대 낮춤은 하급자가 미리 상급자에게 자기를 하대하도록 청하여 이루어질 수도 있고, 상급자가 하급자에게 하대하겠다는 뜻을 밝히고 양해를 구하여 이루어질 수도 있다. 하대(下待)란 하게체, 해라체, 해체를 사용하는 것을 말한다. 높임법이 전략적 어법이기 때문에 보통은 하급자가 상급자에게 하대를 요청하는 경우가 많다. "말씀 낮추십시오." 또는 "말씀 놓으십시오."라고 청하는 것이 바로 그것이다. 하급자에게서 하대 요청을 받았다고 해서 곧바로 하대를 하는 것은 예의에 벗어날 수 있다. 한동

안 공대를 하다가 하대가 익숙하게 될 것으로 판단되는 시점에 이르러서 다시 하대의 의사 표시를 하여 양해를 구한 다음에 하대를 하는 것이 좋다. 이것이 상급자의 전략적 높임 행위에 속한다.

(2) 나이와 지위가 일치하지 않는 경우

나이도 많고 사회적 지위도 높은 사람에게는 높임법을 쓰는 데 큰 어려움이 없다. 문제는 나이는 많으나 사회적 지위가 낮은 사람에게 또는 그와 반대로 나이는 적으나 사회적 지위가 높은 사람에게 높임법을 어떻게 적용하느냐에 있다.

① 처음부터 끝까지 공대가 원칙 : 자기보다 나이는 적으나 지위가 높은 사람 또는 자기보다 나이는 많으나 지위가 낮은 사람, 그 누구에게나 공대를 하는 것이 원칙이다.

② 결속 관계의 높임 : 우리 사회는 공개적 사교 모임보다는 혈연이나 학연 등을 바탕으로 하는 사적 모임이 더 활발한 편이다. 이런 모임에서는 항렬이나 선후배 관계로 처음부터 공대와 하대가 결정되는 경우가 많다. 그래서 이런 집단에서는 다짜고짜로 하대하는 경우가 나타난다. 그러나 이런 경우에도 처음에는 공대로 시작하여 차츰 낮추어 가는 것이 옳다.

③ 교육자와 피교육자 사이의 높임 : 교육자는 대체로 피교육자에게 하대하는 수가 많은데 그렇게 해서는 안 된다. 피교육자가 나이가 많든 적든 교육자는 피교육자를 하대해서는 안 된다. 특히 어린이나 청소년을 상대로 하는 교육에서 교육자가 이들을 하대하는 것은 바람직하지 않다. 교육자는 지식의 전달보다 먼저 인성 교육에 무게를 두어야 하는데, 인성 교육의 첫째가 언어 예절을 실천해 보이는 교육이기 때문이다.

(3) 어린이와 어른 사이의 높임

어른은 어린이에게 예사로 하대하는 것이 보통인데 이는 잘못이다. 이는 어린이의 인성을 매우 거칠게 할 우려가 있다. 어린이가 성인이 되기 전에는 어린이에게 하대하는 것을 삼가야 한다. 어른이 먼저 어린이를 공대하고 어린이가 그 어법을 배워 어른을 공대하게 해야 한다. 아이들은 왜 자신의 언어와 어

른의 언어가 다른지 이해하지 못한다. 어른의 강요에 따라 어른에게 쓰는 말과 자신들에게 쓰는 말을 구별하게 하는 것은 아이들을 불필요하게 언어적으로 구속하는 것이다. 높임법은 전략적 어법이기 때문에 아이들이 자라 성인이 되어서 하대하는 원리를 알고 이를 사용하더라도 늦지 않다. 어른은 어린이에게 하대하는 어법을 써서는 안 된다.

(4) 공적인 높임

공적인 높임이란 여러 사람을 대상으로 하는 높임을 의미한다. 많은 사람 앞에서 연설을 하거나, 많은 사람이 지켜보는 자리에서 말을 할 때에는 언제나 높임을 사용해야 한다. 대중은 언제나 공대의 대상이 된다. 방송에 나와서 쇼를 진행하고 여기에 출연하는 행위도 공적인 행위이다. 따라서 공대 어법을 사용해야 한다. 사적인 자리에서는 서로 하대하는 사이라 하더라도 방송에 출연하면 공적인 자리에서 하는 공대 어법으로 바꿔야 한다.

군대에서 장교가 사병에게 말을 할 때에도 공대법을 사용해야 한다. 장교라고 사병에게 무조건 하대할 자격이 있는 것이 아니다. 적어도 사병이 그 장교에게 익숙해져서 하대를 인정할 단계에 이르러야지 계급이 높다는 이유만으로 사병을 하대하는 것은 옳지 않다. 마찬가지로 교도소에서 교도관이 죄수를 하대하는 것도 옳지 않다.

(5) 하대와 비속어

정상적인 교제에서 하대는 나타나지 않는다. 하대가 나타날 수 있는 경우는 성인 자녀와 부모 사이, 형제 사이, 친교 사이 정도이다. 그 외의 상황에서 사용하는 하대 표현은 비속어와 궤를 같이한다. 특히 상급자가 위세를 드러내기 위해서 하급자를 하대하는 것은 상급자의 인격적 결함을 드러내는 것일 수도 있다. 따라서 하대 어법을 사용하는 것은 지극히 자제해야 한다.

[6] 호칭과 지칭

언어 예절 가운데에서 높임법에 못지않게 어려운 것이 호칭과 지칭을 골라서 쓰는 일이다. 호칭은 상대를 부를 때에 쓰는 것으로 주로 2인칭의 인칭 대명사를 쓰거나 그 사람의 이름을 부르는 것이 일반적인데, 우리는 그 어느 것도 제대로 부르기 어렵다. 2인칭 대명사 가운데에서 부담 없이 사용할 수 있는 것이 없고, 그렇다고 해서 이름을 부를 수도 없다. 그래서 '사장님, 사모님' 같은 엉뚱한 호칭이 나타났는데 그 덕에 우리 나라의 모든 중년 남자는 사장님이 되었고, 중년 여성은 사모님이 되었다. 요즘은 좀 세련되었는지 선생님 호칭이 유행한다. 그러나 사장님, 사모님, 선생님을 사용하기 어려운 사람들도 매우 많다. 이런 사람들은 어떻게 불러야 하나? 참 어려운 노릇이다. 호칭 때문에 어려움을 겪는 사람들은 직장에도 있을 것이다. 승진한 사람은 '과장님', '부장님', '이사님'으로 깍듯한 대접을 받는데, 그렇지 못한 사람은 자신의 호칭이 불릴 때마다 불만스럽거나 불편을 느낄 것이다. 직장에서 '부장님'이라는 존칭을 받다가 직장을 그만두고 새로운 직장에서 '김 씨'라는 호칭을 듣게 된다면 그는 여간해서 새 직장에 적응하지 못할 것이다.

몇 년 전에 우리말의 호칭과 지칭을 단순화하는 방안을 찾기 위해서 학자 몇 분을 초청해서 토론회를 연 일이 있었는데, 그 자리에서 한 국제무역 전문 교수가 대단히 놀랄 만한 의견을 내 놓은 적이 있었다. 의견의 요지는 적절한 호칭이 없어서 우리 사회는 한 해에 수천 억 내지 수조 원의 손해를 입고 있을 것이라는 것이다. 그의 주장은 이랬다.

'우리 사회가 호칭과 지칭이 불안정해서 허비하는 경제적 손실이 수천 억 원에 이를 것이다. 회사에서 동료끼리 서로 부담 없이 지내려면 회식을 자주 하지 않을 수 없어 회식 비용으로 적잖은 돈이 들어가고, 그래도 서로 자연스럽게 정보를 교환하기가 부담스러워 지식을 공유하는 데 장해가 되고, 이웃과 교제하는 데도 마땅한 호칭이 없어서 교제 자체가 벽에 부딪히는 경우가 많아 호칭에 부담이 없는 사람들끼리만 모여 끼리 문화를 만들게 된다. 그래서 우리 사회는 정의감이나 공익에 입각한 사회적 공감대 형성을 해 내기가 어렵다. 이것이 무엇보다 우리 사회 발전의 큰 제약이 되어 우리는 우리도 모르는 사이에 엄청난 사회적 비용을 지불하고 있다. 격론이 벌어지는 토론에서는 상대의 높임법 사용에 불쾌감을 느껴 토론이 엉뚱하게 전개되는 경우가 많다. 우리 사회가 이 호칭과 높임법 때문에 받는 손실을 계량적으로 따진다면 한 해에 수천 억 원이 넘을 것이다. 이 계산은 우리 시대의 손실에 지나지 않고 다가올 세대의 것을 모두 합친다면 그건 우리의 상상을 초월할 것이다.'

또 노동법을 연구하는 한 교수는 한국의 노동 시장 유연성을 가로막는 요인의 하나로 호칭과 높임법을 들었다. 나이가 조금이라도 든 사람이 직장을 잡으려면 먼저 호칭과 높임법 사용 때문에 새 회사의 기존 직원들과 융화하지 못하고 겉돌다가 다시 퇴사하게 되는 일이 많이 생긴다는 것이다. 따라서 한번 자리를 잡은 회사를 그만둔다는 것은 영원히 새로운 직장을 잡기 어렵다는 것을 의미하기 때문에 노동 운동이 더욱 과격해지지 않을 수 없다는 것이다.

그 자리에 참석한 국어학자들은 국어를 원론적이고 추상적으로 생각하고 연구하여 온 것을 부끄럽게 여기지 않을 수 없었다. 국어 연구가 국민의 삶의 문제에 깊숙이 개입하지 못한다면 사회와 겉도는 공리공론에 그칠 수도 있음을 절감했다. 그래서 우리는 새로운 호칭을 만들든지, 기존의 호칭 가운데에서 비교적 여러 사람이 공통으로 쓸 만한 것을 선정하여 온 국민이 쉽게 사용하게 하는 운동을 벌이는 것이 좋겠다는 결론을 내린 적이 있었다. 그 논의 과정에서 조금 엉뚱한 제안도 있었다.

상금 1억 원!

아마 많은 국민, 특히 직장인은 이 두 분 교수의 말에 공감할 것이다. 그래서 좋은 호칭을 제안하여 그 호칭이 국민에게 사용되면 호칭 제안자에게 상금으로 1억 원을 주자는 의견도 우스개처럼 나온 일이 있었다. 그러나 생각해 보면 마냥 우스개로 넘길 일만은 아니다. '상금 1억 원'을 새 호칭을 만들어 낸 사람에게 준다! 그럴 만한 충분한 가치가 있지 않겠는가? 국어기본법도 생겼고, 국립국어원도 체제를 정비했고, 더욱이 호칭 문제에 적극적인 의견을 제시했던 국제 무역 전문 교수가 청와대에서 경제 정책을 조율하는 자리에 있고, 호칭과 지칭 문제를 함께 논의했던 국어학자가 국립국어원에서 중요한 정책 개발을 맡고 있으니 국가가 이 사업을 시행할 수 있는 절호의 기회가 온 것 같아 좋은 결과를 기대하는 마음으로 다시 이 문제를 제기해 본다.

[7] 높임법에 대한 인식 전환

국어의 높임법에 대해서 심각하게 고민하고 이를 21세기 이후의 우리 후세가 어떤 자세로 높임법을 사용하게 할 것인지 검토해야 할 것 같다. 나는 이 문제가 국어를 연구하는 사람이나 우리말로 삶을 사는 모든 사람에게 주어진 이 시대의 가장 큰 과제라고 생각한다.

위의 토론회가 열렸던 비슷한 시기에 한 회사에서 호칭 문제에 대해서 강의를 요청받은 일이 있었다. 그 회사는 이미 하나의 실험을 시작했다고 했다. 전 사원의 호칭을 이름에 '씨'나 '님'을 붙여서 사용하기로 한 것이다. 직급 뒤에 '님'을 붙여 '상무님, 부장님' 같은 식으로 부르지 못하게 한 것은 당연하다. 나는 이 회사의 시도가 성공하기를 빌면서 강의를 마쳤는데 1년 뒤에 들으니 새로운 호칭법이 정착 단계에 접어들었다고 했다. 그 회사에서 호칭 변화에 가장 힘들어 했던 사람들이 부장 이상 임원들이었다고 한다. 언어 기득권을 누리는 사람들이 그런 호칭 변화에서 가장 크게 손해를 입게 되는 것이니 그들이 어려움을 겪는 것은 당연한 일이다.

여기서 우리는 호칭 변화를 통해서 우리 사회의 호칭 문제를 해결하려면 나이가 많은 분, 지위가 높은 분의 동의와 참여를 유도할 수 있어야 하고, 그 과정에서 상당한 저항이 있을 것임을 알 수 있다. 여기에 높임법 전반에 대한 변화를 시도하면 그 저항은 더 커질 것이다. 그러나 이 문제를 슬기롭게 해결할 수만 있다면 우리 사회의 역동성을 감안할 때 우리는 엄청난 민족적 에너지를 한데 모아 대단한 일을 해낼 수 있게 될 것이다. 그래서 조심스럽게 그러나 한 걸음 한 걸음 이 문제를 다루어 나갈 수 있게 되기를 기대한다.

국어에서 높임법은 영원히 사라지지 않을 어법이다. 그렇다면 이를 우리가 적극적으로 활용하는 노력을 하는 것이 중요하며, 우리가 그 방안을 찾아낸다면 높임법이 오히려 우리에게 아주 의미 있고 생산적인 어법이 될 것이라는 것이 나의 생각이다. 내가 생각하는 높임법에 대한 새로운 인식이란 이런 것이다. 즉 높임법은 단순히 어느 일방을 높이는 것이 아니라 사람이라는 인격체를 높이는 어법으로 받아들인다. 모든 사람에 대해서 그의 기본 인격을 존중하기 위해서 사용하는 것이 높임법이다. 나이의 많음이나 지위의 높음을 이유로 그를 존경하는 것이 아니라 그가 우리와 함께 사는 사람이기 때문에 그를 존중하기 위해서 사용하는 어법이 높임법이다. 모든 사람은 다른 사람에게서 높임법으로 존중을 받을 권리가 있다. 따라서 어린이이든 어른이든 지위가 높건 낮건 누구나 상대에게서 높임법으로 존중을 받아야 하고 또 상대를 높임법으로 존중해야 한다. 이 정도가 높임법에 대해서 우리가 할 수 있는 새로운 인식이 아닐까?

이런 인식으로 우리가 높임법을 사용하게 된다면 누구나 자신에 대한 자각이 생길 것이고, 모든 이가 자존심을 회복할 것이며, 이웃끼리 서로 사랑하고 아끼며 갈등보다 먼저 조화를 추구할 것이다. 21세기의 화두인 생명 존중 사상이나 인간 존중 사상을 아주 자연스럽게 체득하게 될 것이다. 이로써 우리는 세계인이 존경하는 민족이 될 것이다. 말은 사람을 바꾼다. 그 가운데에서 높임 어법이야말로 우리 자신과 우리 사회를 혁명적으로 바꾸어 놓을 것이다.

높임법에 대한 우리의 인식 변화는 하루아침에 이루어질 것이 아니므로 천천히 그러나 치밀하고 진지하게 추진해야 한다. 그리고 실제 사용할 높임법의 내용도 전문가와 시민이 적극적으로 참여하여 실천 가능한 것을 만들어 내야 한다. '만인의 만인에 대한 높임법은 구체적으로 어떤 높임법이 되어야 하는가? 그리고 어떤 경우에 사용할 수 있는가? 그 외의 높임법과는 어떤 차별성이 있는가?' 등 각론적인 것들은 학자들과 시민들이 논의하여 하나하나 만들어 나가고 국민의 참여를 유도해 낼 수 있을 것이다. 무리하지 않고 이 사업을 추진해 나가면 머지않아 우리에게 혁명적인 의식의 변화가 일어날 것이다. 그래서 우리 사회와 민족이 높임법으로 성공하는 때가 올 것이다. 나는 이런 꿈을 꾸는 것만으로도 즐겁고 내가 이 땅에서 사는 보람을 느낀다. 누가 이 꿈이 실현되도록 도움을 줄지…….

01 다음 각 문장을 주어진 서법 문장으로 바꾸라. 높임법은 하게체를 사용하라.

(1) 밭을 갈다.(청유문)

(2) 하늘이 파랗다.(의문문)

(3) 빵을 굽는다.(명령문)

(4) 줄을 잇는다.(청유문)

(5) 세월이 빠르다.(감탄문)

(6) 내 말을 들어라.(청유문)

(7) 잘 되기를 바란다.(명령문)

(8) 무척 아름답다.(의문문)

02 다음 문장에서 밑줄 친 부분이 옳은지 확인하라.

(1) 그 일은 결코 쉽게 <u>잊혀지지</u> 않을 것이다.

(2) 이 돈이 좋은 일에 <u>쓰여지기를</u> 바랍니다.

(3) 이 꽃이 더 좋게 <u>보여진다.</u>

(4) 우리가 잘못한 것으로 <u>보여집니다.</u>

(5) 비가 와서 땅이 많이 <u>파여졌구나.</u>

(6) 이것이 좋을 것으로 <u>판단되어집니다.</u>

(7) 그곳이 꿈엔들 <u>잊힐리야.</u>

(8) 그렇게 하는 것이 좋게 <u>보아집니다.</u>

(9) 우리가 이길 것으로 <u>조사되었습니다.</u>

(10) 제가 말하도록 하겠습니다.

(11) 사랑이 우리 속에 깃들이어 있습니다.

(12) 사람들이 자꾸 앞으로 끼여들고 있습니다.

(13) 담배를 피지 마시오.

(14) 아이 키기가 쉬운 일인 줄 아나?

(15) 방을 치는 일은 동생에게 맡겨라.

(16) 숙제를 하느라고 밤을 꼬박 샜다.

(17) 자전거에 아이를 태고 가는 것은 위험하다.

(18) 좋은 글은 통째로 외라.

(19) 형이 깡패들의 발에 채여 나가떨어졌다.

(20) 돌은 쉽게 부숴지지 않는다.

(21) 아이가 벌에 쐬여 울고 있다.

(22) 길을 가로지르던 개가 차에 치었다.

(23) 아무 생각 없이 가다가 전봇대에 부딪혔다.

(24) 달려오는 차에 부딪쳐 사고를 당했다.

(25) 우연히 그가 눈에 뜨여 불러 보았다.

03 다음 물음에 답하라.

(1) 용언의 활용형이 맞은 것은?
　① 색이 너무 까맙니다.
　② 모양이 동그랍니다.
　③ 너무 미웁니다.
　④ 입술이 퍼렇습니다.

(2) 밑줄 친 부분이 적절하지 않은 것은?

　① 세상이 온통 하얍니다.

　② 그는 대답을 안 합니다.

　③ 달이 동산에 뜹니다.

　④ 동생은 방에서 책을 읽습니다.

(3) 밑줄 친 부분의 시제가 호응되지 않은 것은?

　① 어제 영화를 구경했다.

　② 내일 다시 오겠다.

　③ 지금 공부를 한다.

　④ 이미 영어를 공부하려고?

(4) 밑줄 친 동사가 과거의 행위인 것은?

　① 영수가 싸우는 아이들을 떼어냈다.

　② 어머니는 요즘 몹시 바쁘시다.

　③ 우리는 언제나 일요일에 교회에 간다.

　④ 내가 읽는 책은 소설이 아니다.

(5) 밑줄 친 동사가 현재의 동작과 관계가 없는 것은?

　① 지구는 태양의 주위를 돈다.

　② 학생들은 지금 교실에서 공부를 한다.

　③ 머지않아 우리는 여행길에 오른다.

　④ 사람들이 힐끗힐끗 나를 쳐다본다.

(6) 밑줄 친 동사가 현재의 동작을 나타내는 것은?

　① 기차가 지금쯤 대전을 지나겠지.

　② 모든 사람이 네 뜻을 따르리라.

　③ 도시를 미련 없이 떠나야지.

　④ 나비가 꽃에 앉아서 꿀을 빨아먹는다.

(7) 밑줄 친 어미 가운데에서 현재 시제가 <u>아닌</u> 것은?

    ① 우리는 공원을 거<u>닌다</u>.

    ② 아이들이 과자를 먹<u>는다</u>.

    ③ 산에 핀 꽃이 아름답<u>더라</u>.

    ④ 기러기가 날아가<u>는구나</u>.

(8) 밑줄 친 어미 가운데에서 현재 시제가 <u>아닌</u> 것은?

    ① 아마 비가 오<u>겠는데</u>.

    ② 가난한 이에게 많이 베<u>푼다</u>.

    ③ 누가 이 일을 해내<u>리오</u>.

    ④ 우리가 그 일을 <u>합니다</u>.

(9) 밑줄 친 어미 가운데에서 과거 시제가 <u>아닌</u> 것은?

    ① 그가 그렇게 말하<u>더군</u>.

    ② 여기서 쉬<u>었다</u> 가자.

    ③ 개가 쥐를 물<u>었다</u> 놓는다.

    ④ 여기에 있<u>었겠구나</u>.

(10) 밑줄 친 어미 가운데에서 과거 시제가 <u>아닌</u> 것은?

    ① 지금쯤은 떠<u>났겠다</u>.

    ② 우리가 받<u>은</u> 대접을 잊지 말자.

    ③ 그에게 좋<u>은</u> 구경을 시켰다.

    ④ 아마 그랬<u>을</u> 것이다.

(11) 밑줄 친 어미 가운데에서 과거 시제가 <u>아닌</u> 것은?

    ① 그가 말<u>했으리라</u>.

    ② 어디로 <u>갔느냐</u>.

    ③ 지금 <u>가옵나이다</u>.

    ④ 네가 <u>먹었것다</u>.

(12) 밑줄 친 어미 가운데에서 주체 높임의 뜻을 갖지 않은 것은?

① 참 아름다우십니다.

② 그분은 돌아가셨습니다.

③ 제가 보았사옵니다.

④ 아버지가 여기를 보신다.

(13) 밑줄 친 어미 가운데에서 상대 높임의 뜻을 갖지 않은 것은?

① 정말 고우시더라.

② 열심히 하리다.

③ 지금 가겠나이다.

④ 어서 오십시오.

(14) 밑줄 친 어미 가운데에서 객체 높임의 뜻을 갖지 않은 것은?

① 어머니를 모시고 와라.

② 선생님께 말씀을 여쭈어라.

③ 아버지를 뵙기로 했다.

④ 진지를 드시고 계신다.

(15) 국어에서 상대를 높일 때 고려하는 것이라고 볼 수 없는 것은?

① 나이   ② 사회적 지위

③ 성별   ④ 친분 관계

(16) 다음에서 주체를 높인 문장이 아닌 것은?

① 아버지께서 오셨습니다.

② 아버지께서 오셨다.

③ 화색이 참 고우십니다.

④ 모두 어머님을 모시고 왔다.

(17) 다음에서 상대를 높인 문장은?

    ① 따님이 참 예쁘더라.

    ② 가서 어머님을 모시고 오너라.

    ③ 동생을 데리고 오세요.

    ④ 날씨가 몹시 좋군.

(18) 다음 대화에서 압존법에 저촉되지 <u>않는</u> 표현은?

> "할아버지, 안녕히 주무셨어요?" "오냐. 아버지도 ① <u>일어났더냐?</u>"
> "예. ② <u>일어나셨습니다.</u>" "그럼, 아버지를 ③ <u>모시고</u> 오너라."
> "예, ④ <u>모시고</u> 오겠습니다."

(19) 예사말과 높임말이 제대로 짝지어진 것은?

    ① 저/젓가락   ② 밥/진지

    ③ 데리고/모시고   ④ 보다/뵈다

(20) 예삿말과 높임말이 제대로 짝지어지지 <u>않은</u> 것은?

    ① 집/댁   ② 만나다/뵙다

    ③ 말하다/여쭙다   ④ 가친/선친

(21) 예삿말과 높임말이 제대로 짝지어지지 <u>않은</u> 것은?

    ① 병/병환   ② 이름/성함

    ③ 나이/연세   ④ 얼굴/면상

(22) 예삿말과 높임말이 제대로 짝지어지지 <u>않은</u> 것은?

    ① 너/당신   ② 딸/따님

    ③ 있다/계시다   ④ 죽다/돌아가다

(23) 예삿말과 겸양어가 제대로 짝지어지지 <u>않은</u> 것은?

　① 우리/저희　　　　　　② 옥고(玉稿)/졸고(拙稿)

　③ 나/저　　　　　　　　④ 아내/집사람

(24) 높임법에 맞지 <u>않은</u> 것은?

　① 부모님은 서울에 계신가?

　② 어머니 집에 있으시니?

　③ 할아버지는 귀가 참 밝으시다.

　④ 할머니는 귀가 어두우세요.

(25) 높임법에 맞지 <u>않은</u> 것은?

　① 손자는 몇 있으세요?

　② 손녀도 한 분 계셔요?

　③ 제가 대신 일을 해 드리지요.

　④ 어서 들어가셔서 쉬세요.

04 어린아이는 자신에게 주어진 보편 문법을 자극에 대한 반응을 통해서 개별 문법화해 나가면서 자신의 문법을 완성해 간다. 아래 대화를 읽고 어린이의 국어 능력이 어느 수준에 와 있는지 검토하라.

> 할머니 : 저런 쯧쯧. 누런 코가 할머니한테 인사하네. 엄마한테 가서 코 닦
> 　　　　아 달라고 해라.
> 아이 : 엄마, 코 닦아 달라.
> 엄마 : "코 닦아 달라."가 뭐야? '코 닦아 주세요.' 해야지.
> 아이 : 코 닦아 주세요.

연습 문제

05 다음 물음에 맞는 답을 고르라.

(1) 밑줄 친 피동형이 틀린 것은?
  ① 그 아름다운 고향이 꿈엔들 <u>잊힐</u> 리야.
  ② 한국 전쟁은 이미 <u>잊혀진</u> 전쟁인가?
  ③ 벽 뒤에 <u>숨겨진</u> 물건이 무어냐?
  ④ 생존 경쟁이란 먹고 <u>먹이는</u> 싸움을 가리키는 말이다.

(2) 밑줄 친 피동형이 틀린 것은?
  ① 이 펜은 글씨가 잘 <u>써지는</u> 편이다.
  ② 문을 여는 데 <u>쓰여지는</u> 것을 열쇠라고 한다.
  ③ 얼굴에 점이 많이 <u>박였구나</u>.
  ④ 땅이 너무 딱딱해서 말뚝이 <u>박히지</u> 않는다.

(3) 밑줄 친 피동형이 틀린 것은?
  ① 연줄이 나무에 <u>걸렸다</u>.
  ② 뿌리가 잘 <u>뽑혀지지</u> 않는다.
  ③ 온종일 방에 <u>갇혀</u> 지냈다.
  ④ 도둑이 경찰에게 <u>잡혔다</u>.

(4) 밑줄 친 사동형이 틀린 것은?
  ① 옷을 <u>벗긴다</u>.
  ② 아이를 <u>울리지</u> 마라.
  ③ 내일 <u>뵙겠습니다</u>.
  ④ 추태를 <u>보이지</u> 마라.

(5) 밑줄 친 피동형이 적절한 것은?
  ① 바람에 연줄이 나뭇가지에 <u>걸어졌다</u>.

② 너무 깊이 박아진 말뚝은 빼기 어렵다.

③ 동생은 몸이 가벼워 쉽게 업어졌다.

④ 연필로 쓴 글씨는 쉽게 지워진다.

(6) 밑줄 친 피동형이 적절한 것은?

　① 저것은 황새로 보아집니다.

　② 이 새는 두루미로 보여집니다.

　③ 땅이 움푹 파이었군요.

　④ 그렇게 깊이 파여졌다니.

(7) 밑줄 친 피동형이 적절한 것은?

　① 과일이 상에 가득 놓여져 있었다.

　② 물과 기름은 한데 섞어지지 않는다.

　③ 한번 묶은 끈은 좀처럼 풀려지지 않았다.

　④ 끊겨진 다리를 다시 연결하는 공사가 시작되었다.

(8) 밑줄 친 피동형이 적절한 것은?

　① 너무 속이 상해서 눈이 잘 감겨지지 않는다.

　② 드잡이 싸움 때문에 옷이 갈가리 찢겨졌다.

　③ 도둑은 좀처럼 잡혀지지 않았다.

　④ 사건의 진실은 밝혀지기 마련이다.

(9) 밑줄 친 피동형이 적절한 것은?

　① 높이 날던 연이 나뭇가지에 걸어졌다.

　② 사고로 부서진 자동차의 유리 조각이 몸에 박아졌다.

　③ 얼굴에 점이 박아져 있다.

　④ 책이 참 잘 읽어지는군.

(10) 밑줄 친 서술어가 적절하지 <u>않은</u> 것은?

　① 동생을 문 뒤에 <u>숨겼다</u>.

　② 아이들을 모두 <u>공부시켰다</u>.

　③ 학교는 아이들을 <u>교육시키는</u> 곳이다.

　④ 양돈장은 돼지를 <u>먹이는</u> 곳이다.

(11) 밑줄 친 서술어가 적절하지 <u>않은</u> 것은?

　① 아이들에게 짐을 <u>지게 하지</u> 마라.

　② 이리 <u>앉게 해라</u>.

　③ 개를 굶어 <u>죽이게 했다</u>.

　④ 집에 <u>있게 해</u> 주세요.

(12) 밑줄 친 서술어가 적절하지 <u>않은</u> 것은?

　① 새 옷을 <u>입게 해라</u>.

　② 실컷 <u>울게 하라</u>.

　③ 어머니는 편지를 빨리 읽어 <u>보게 하였다</u>.

　④ 너부터 빨리 <u>가도록 해라</u>.

06 다음 문장에서 밑줄 친 부분의 피동 표현에 대해서 그 적절성을 논하라.

> "바람은 어이하여 창가에 속삭이고 이 밤은 어이 이리 길어 새지 않습니까.
> 잠은 나를 떠나고 또 내 모든 즐거움은 나를 버렸으니, 오오 미칠 듯한 내
> 마음이여! 가슴속에 마치 하늘보다 더 큰 구멍이 <u>뚫어진</u> 것 같습니다. 아무
> 것으로도 채울 수 없는 이 커다란 구멍을 내 어찌하리까."

01 국어의 피동 표현과 영어의 피동 표현의 구문상의 차이에 대해서 토론하라.

02 높임법의 사회적 순기능과 역기능에 대해서 토론하라.

교열과 윤문의 구별 경계로서 '틀린' 것과 '틀리지 않은' 것이 확연하게 구분되는 것은 아니다. 예컨대 '아버지가 그러셨어.'라는 문장을 '아버지께서 그러셨어.'라고 고친 것이 틀린 것을 고친 것인지 안 틀린 것을 더 좋게 꾸민 것인지 분명하지 않다. 그러나 일반적으로 고치는 일과 더 좋게 꾸미는 일은 어느 정도 구별되는 것이 사실이다. '북한산을 모르는 이도 없지만, 제대로 아는 이도 없다.'라는 문장에서 조사 '도'를 사용하였기 때문에 '없다'를 공통으로 사용하여 '모르는 이'와 '제대로 아는 이'를 대비시키게 되었는데, 만일 조사 '는'을 사용한다면 '북한산을 아는 이는 많지만, 제대로 아는 이는 없다.'처럼 바꿀 수 있다. 이렇게 문장을 바꾸는 작업은 윤문에 속한다.

11 교열과 윤문

1. 교열(校閱)이란?

많은 학생들은 교정과 교열을 같은 말로 이해하거나 혼동하여 사용한다. 심지어는 남의 원고를 검토하여 틀린 것을 바로잡거나 더 나은 표현으로 바꿔 주는 일을 직업으로 삼고 있는 사람들도 교정과 교열의 의미를 정확하게 구별하지 못하는 경우가 있다. 국립국어원이 편찬한 '표준국어대사전'에는 교정(校正)과 교열(校閱)을 아래와 같이 정의해 놓았다.

교정(校正) : 교정쇄와 원고를 대조하여 오자, 오식, 배열, 색 따위를 바르게 고침
교열(校閱) : 문서나 원고의 내용 가운데 잘못된 것을 바로잡아 고치며 검열함

먼저 교정의 의미를 정확하게 이해하기 위하여 '교정쇄'의 개념을 알 필요가 있다. 그래서 같은 사전의 이 표제어 설명을 보았다.

교정쇄(校正刷) : 인쇄물의 교정을 보기 위하여 임시로 조판된 내용을 찍는 일. 또는 그렇게 찍어 낸 종이

그렇다면 교정이란 정식으로 인쇄하기 전에 인쇄할 경우와 똑같이 조판한 내용을 찍어 거기서 잘못된 부분이 있는지 검토하는 작업을 일컫는 말이라고 볼 수 있다. 즉, 교정은 원고 상태에서 잘못을 찾는 것이 아니라 완벽한 원고를 인쇄할 수 있도록 조판한 상태에서 그 원고의 내용과 교정쇄 사이에 생긴 잘못을 바로잡는 일을 의미하는 것이다. 이미 원고에 가장 적절한 책의 판형과 편집 형태가 결정되고 그에 따라서 글의 내용이 각 페이지에 배열된 상태에서 실수로 생긴 오자, 탈자, 그림의 위치, 그림과 설명의 어긋남, 글자의 색 등을 검토하여 바로잡는 일이 교정이다. 여기서 가장 중요한 것은 원고가 완벽하게 완성되었음을 전제로 한다는 점이다.

그러면 교열은 무슨 뜻일까? 위에 제시된 정의를 읽어 보더라도 의미가 얼른 이해되지 않을 것이다. 먼저 뜻풀이의 '바로잡아 고치며 검열함'이란 표현이 쉽게 이해되지 않는다. 이미 배운 바와 같이 어미 '-며'는 두 가지 일을 같은 시간에 할 때에 쓰는 병렬적 기능을 가진 연결 어미이다. 그렇다면 위의 정의는 '바로잡아 고치는 일과 검열하는 일을 함께 하는 것'이 교열이라고 한 셈이 된다. '바로잡아 고치는 일'은 어떤 일이고, '검열하는 일'은 어떤 일인지 명쾌하게 이해할 수 없다. 그래서 '바로잡다'와 '고치다'의 의미를 명확하게 하기 위해서 위 사전의 뜻풀이를 보지 않을 수 없다. 뜻풀이는 아래와 같이 되어 있다(여기에 해당되는 뜻풀이만 적음).

바로잡다 : 그릇된 일을 바르게 만들거나 잘못된 것을 올바르게 고치다.

고치다 : 잘못되거나 틀린 것을 바로잡다.

두 낱말의 정의에 이른바 순환 정의라는 잘못이 저질러졌음을 알 수 있다. 그렇다면 '바로잡다'와 '고치다'를 엄격하게 구별하여 사용하기는 어려울 것이다. 즉 '잘못된 것을 바로잡다'와 '잘못된 것을 고치다'는 같은 말이 된다. 따라서 '교열'의 정의에서 사용된 '잘못된 것을 바로잡아 고치며'라는 표현은 '잘못된 것을 바로잡으며'라고 하거나 '잘못된 것을 고치며'라고 해도 문제될 것이 없다. 교열의 뜻을 정확하게 이해하기 위해서는 마지막으로 '검열'의 의미를 알아야 할 것이다. 그래서 위의 사전에서 이 낱말을 찾아본다(네 가지 뜻풀이 가운데에서 여기에 해당할 만한 것 두 가지를 올린다).

검열(檢閱) : ① 어떤 행위나 사업 따위를 살펴 조사하는 일 ② 언론, 출판, 보도, 연극, 영화, 우편물 따위의 내용을 사전에 심사하여 그 발표를 통제하는 일. 사상을 통제하거나 치안을 유지하기 위한 것이다.

이 정의에 따르면 교열은 '문서나 원고의 내용 가운데 잘못된 것을 바로잡으며 살펴 조사하는 일'로 이해하는 것이 가장 가까운 이해가 될 것 같다. 이렇게 했을 때 '바로잡으며 살펴 조사함'이 또 문제가 된다. '–며'로 인해 바로잡는 일과 살펴 조사하는 일이 함께 행해져야 하는데, 사실 일의 순서나 인과관계로 따진다면 살펴 조사하며 바로잡아야 제격일 것이다. 살펴 조사하더라도 바로잡을 일이 없을 수도 있기 때문이다. 따라서 위 정의는 '문서나 원고의 내용 가운데 잘못된 것을 조사하여 바로잡음'으로 고치는 것이 좋겠다.

교열의 정의를 이렇게 고치더라도 또 하나 문제가 되는 점이 있다. '문서나 원고의 내용 가운데 잘못된 것'이 구체적으로 무엇인지 뚜렷하지 않은 것이다. 문서나 원고 내용이 건전하지 못해서 잘못된 것인지, 회사의 편집 방침과 달라서 잘못된 것인지, 주장이 사실과 달라서 잘못된 것인지, 사회의 가치관과 모순되어서 잘못된 것인지, 언어 사용법에 어긋나서 잘못된 것인지, 아니면 이 모든 것을 포함하는지 분명하지 않다. 대상을 구체화하지 않고 막연히 잘못된 것을 바로잡는다면 교열의 의미가 말할 수 없이 광범위하게 되고 만다. 그래서 악명 높은 언론 검열도 교열 작업의 하나가 될 수 있고, 코페르니쿠스의 지동설을 천동설로 고치는 작업도 교열이 될 수 있는 것이다. 여기서 '잘못된 것'과 '틀린 것'에 대해서 생각해 보아야 할 것 같다. '잘못된 것'이란 '잘된 것'의 반대 개념으로서 가치 판단이 개입된 평가의 결과일 수 있어서 기준에 어긋남을 의미하는 틀림과 다르다. 물론 규정에 어긋나 잘못된 것이라고 한다면 틀린 것과 같아진다. 그러나 이런 전제가 없이 잘못된 것으로 하는 것은 아무래도 문제가 있어 보인다.

2. 교열의 속성

우리는 이제 교열에 관한 위 정의를 바로잡아야 할 필요성을 인정하게 되었다. 먼저 '바로잡다'는 '고치다'로 바꿀 필요가 있고, 검열이라는 특별한 개념을 교열의 정의에 사용하는 것은 적절하지 않으며, 두 가지 이상의 행위를 나열하려면 행위의 선후에 따라서 배열하고, 무엇에 어긋나서 '잘못된' 또는 '틀린' 것인지 명확하게 밝히면 우리가 이해하고자 하는 교열의 의미가 제법 뚜렷이 부각될 것 같다. 그런데 완벽한 정의를 내리기 전에 먼저 정리해야 할 문제가 하나 더 있다. '문서와 원고'를 함께 사용해도 괜찮을지 검토해 보아야 할 것 같다. 왜냐하면 '문서'는 '원고'와 달리, 완성된 서류이기 때문이다. 그러면 이제까지와 같은 방법으로 '문서'에 대한 위 사전의 뜻풀이를 보자.

문서(文書) : 글이나 기호 따위로 일정한 의사나 관념 또는 사상을 나타낸 것

뜻풀이가 너무 광범위하고 모호하여 이것만으로는 문서와 원고를 구별하기 어렵다. 막연하나마 원고 상태에서 서류 상태로 넘어간 것을 의미하는 것 같다. 그렇다면 교열이 자칫 원고 상태의 글과 교정쇄나 인쇄본 상태의 서류까지 바로잡는 일이 될 수도 있다. 이는 교정(校訂)의 의미와 혼동될 수 있다. 인쇄된 상태의 글을 바로잡는 일을 교정(校訂)이라고 하기 때문이다. 따라서 교열의 뜻풀이에는 '문서'를 빼는 것이 좋겠다. 이런 분석에 따라서 교열의 정의를 내리면 아래와 같이 된다.

교열(校閱) : **원고의 내용 가운데 틀린 표현을 조사하여 바로잡는 일**

그렇다면 우리는 이제까지 교열의 뜻풀이가 맞지 않아서 이를 바로잡기 위하여 노력하였고, 이 노력의 결과 위와 같이 바꾸었기 때문에 '표준국어대사전'에 쓸 원고 가운데(아직 원고 상태라고 가정한다면)에서 '교열(校閱)' 뜻풀이를 교열한 셈이 되었다.

교열의 속성은 크게 두 가지로 나눌 수 있다. 하나는 '원고 상태'에서 고친다는 점이고, 다른 하나는 '틀린 것을' 바로잡는다는 점이다. '원고 상태'란 아직 교정쇄를 만들기 전의 상태를 가리키고, '틀린 것'이란 표현이 잘못된 것을 나타낸다. 원고 상태에서 틀린 것이 아니라도 글을 매끄럽게 다듬기 위하여 글을 고치는 작업은 교열의 범위를 벗어나는 것이다.

3. 윤문

글 중에서 틀리지 않았지만 더 좋게 꾸미기 위하여 고치는 것을 윤문(潤文)이라고 한다. 윤문은 표현이 어색하거나, 불필요하게 장황하거나, 의미가 잘 드러나지 않아 읽기에 불편하거나, 표현 방법에 일관성이 없어서 어수선하게 보일 때에 이 표현을 매끄럽고 간결하고 명확하게, 때로는 아름답게 다듬어 주는 작업이다. 주로 번역문에 외국어적인 표현이 많아 번역문을 매끄럽게 고쳐 주는 작업이 자주 진행되므로 일반적으로 번역문을 고쳐 주는 것을 윤문이라고 생각하는 경향이 있다.

교열과 윤문의 구별 경계로서 '틀린' 것과 '틀리지 않은' 것이 확연하게 구분되는 것은 아니다. 예컨대 '아버지가 그러셨어.'라는 문장을 '아버지께서 그러셨어.'라고 고친 것이 틀린 것을 고친 것인지 안 틀린 것을 더 좋게 꾸민 것인지 분명하지 않다. 그러나 일반적으로 고치는 일과 더 좋게 꾸미는 일은 어느 정도 구별되는 것이 사실이다. '북한산을 모르는 이도 없지만, 제대로 아는 이도 없다.'라는 문장에서 조사 '도'를 사용하였기 때문에 '없다'를 공통으로 사용하여 '모르는 이'와 '제대로 아는 이'를 대비시키게 되었는데, 만일 조사 '는'을 사용한다면 '북한산을 아는 이는 많지만, 제대로 아는 이는 없다.'처럼 바꿀 수 있다. 이렇게 문장을 바꾸는 작업은 윤문에 속한다.

교열 작업은 문법 능력과 문제점을 찾아내는 능력이 있는 사람이 하기 좋은 일이고, 윤문 작업은 다양한 어휘와 표현 능력을 갖춘 사람이 하기 좋은 일이다. 대체로 윤문 능력은 창조 능력에 속하고, 교열 능력은 규범 적용 또는 준수 능력이다. 따라서 이 두 능력을 한 사람이 동시에 갖추기는 쉽지 않다.

4. 교열의 기준

원고에 적힌 글이 틀렸다고 말하려면 객관적인 기준이 있어야 한다. 즉 어법이 명쾌하게 정리되어 있어야 한다는 말이다. 어법이란 국어의 여러 규범을 통틀어서 이르는 말인데, 여기에는 4가지의 어문 규범(한글맞춤법, 표준어 규정, 외래어 표기법, 국어의 로마자 표기법[*])과 표준 문법이 포함된다. 이제까지 이 책에서 공부한 바가 모두 망라되는 것이다.

(1) 4가지 어문 규범

한글맞춤법은 말을 글자로 적을 때 어떻게 적는 것이 맞는 것인지에 관한 기준을 제공한다. 하나의 말은 하나의 표기를 채택하므로 각 낱말에 고유한 표기에 맞게 적어야 한다. 그렇지 않으면 잘못된 표기가 된다.

표준어 규정은 공식적인 언어생활에서 사용할 수 있는 낱말과 그것의 정확한 발음을 제시해 준다. 따라서 공문서를 비롯한 교과서, 기타 서적 등에서 사용하는 낱말은 표준어를 사용하는 것을 기본으로 한다. 방언은 꼭 필요한 경우에 예외적으로만 쓸 수 있다.

외래어 표기법은 외래어를 한글로 적는 법을 제시한다. 한글로 적으면 국어의 음운으로 발음해야 한다. 외래어 발음과 표기는 국어의 표준말로 대접을 받는다. 따라서 표준어 규정을 지켜야 하는 것처럼 외래어 표기법도 그대로 지켜야 한다.

(2) 표준 문법(화법 포함)

표준 문법은 이미 모든 국민에게 교육되고 있고, 많은 국민이 이를 배워서 그

[*] 국어의 로마자 표기법 : 외국인이 우리말을 읽을 수 있도록 우리말을 로마자로 적는 법을 규정한 것인데, 이 규정도 교열의 기준이 될 수 있다.

에 따라서 언어생활을 하고 있기 때문에 이것이 교열의 기준이 되는 것은 너무나 당연하다. 다만, 문법 가운데에서 아직 학술적으로 옳고 그름이 정리되지 않은 사항이 있고, 이론(異論)이 있는 경우도 있어서 교열의 기준으로 삼는 데 한계가 없지 않다. 표준 문법에서 교열의 기준으로 삼을 수 있는 것을 제시해 보자.

① **조사 사용법** : 문장 성분에 따라서 그에 맞는 조사를 사용하는 것은 어법의 기본이다. 주격으로 쓰이는 체언에는 주격 조사를 붙이고, 부사어로 쓰이는 체언에는 부사격 조사를 붙여야 한다. 특히 어떤 동사나 형용사는 어떤 조사와 친한 경우도 있다. 이를 지켰는지 안 지켰는지 조사하여 바로잡는 일도 교열에 속한다.

② **어미 사용법** : 동사나 형용사가 관형어 또는 부사어가 될 경우에 올바로 어미를 붙였는지 확인해야 하고, 겹문장에서 연결 어미가 바르게 사용되었는지, 서법에서 어미가 제대로 사용되었는지 검토하는 것도 교열 작업이다.

③ **문법** : 문장 성분, 사동법, 피동법, 부정법, 시제, 높임법 등이 정확하게 쓰였는지 확인하는 것도 교열 작업이다. 꼭 있어야 할 성분이 생략되었거나, 이중 피동을 사용했거나, 시제를 잘못 사용했거나, 높임법을 틀리게 사용하는 것은 모두 교열의 대상이 된다. 능동문으로 표현하는 것이 자연스러운데도 굳이 피동문으로 쓴 경우, 이 피동문을 능동문으로 고치는 것은 교열이라기보다는 윤문에 해당하겠지만, 피동문이 부자연스럽다면 이것을 능동문으로 고쳐 자연스럽게 만드는 것도 교열에 해당하는 것으로 본다.

④ **호응** : 낱말을 사용법에 맞게 바로 사용하는 것도 교열 기준이 된다. 의미가 맞지 않거나 사용법이 틀린 것은 말할 것도 없고, 문장이 비논리적이어서 의미 파악이 되지 않는 글이라면 어법에 맞지 않는 것과 같은 수준의 문제점이 있다고 보아야 한다. 따라서 이런 경우도 교열의 대상이 된다. 이 책에서는 조사와 어미 사용법, 문법 등도 모두 호응으로 환원하여 설명한 바 있다. 그렇다면 교열의 기준은 어문 규범과 호응 관계로 나누어 생각할 수 있게 된다.

5. 교열 착안점 예시

교열 기준에 따라서 실제 어떤 문장의 어떤 점이 교열 대상이 될 것인지 알아보자. 교열이 틀린 표현을 고치는 작업이지만, 틀렸다고 보기 어려운 점이 있더라도 어문 규정이나 문법, 호응과 관련해서 고치는 경우에는 교열로 보기로 한다. 이에 해당하는 여러 종류의 문장 고치기를 검토해 본다.

(1) 어문 규정을 기준으로 하는 교열

┌ 착안점 ┤

- 표기가 맞는가?
- 띄어쓰기가 맞는가?
- 표준어인가, 사투리인가?
- 문장 부호는 바른가?

① **맞춤법** : 된소리 표기, 두음법칙 표기, 형태소 표기 등과 관련해서 맞춤법 규정에 맞게 표기했는지 검토하여야 한다. 아래 문장을 검토해 보자.

    * **스님, 빈손으로 오셨으니 빈손으로 가시기 <u>바람니다.</u>**

'바람니다'가 '바랍니다'의 잘못임을 모르는 사람은 없겠지만 적다 보면 이런 실수를 할 수 있다. 이것을 교열자가 바로잡아 주어야 한다.

    * **그리고 수인과 헤어지면서 악수를 할 때 그의 얼굴을 스쳐갔던 쓸쓸한 표정이 떠올랐다. <u>그리고 보니</u> 그의 얼굴과 사진 속의 신랑 얼굴이 왠지 좀 닮은 것 같기도 했다.**

'그리고 보니'는 '그러고 보니'의 잘못이다. 부사어 '그리고'에 이어 보조 용언 '보니'가 붙는 것은 맞지 않다. 이 밖에 맞춤법에 맞지 않게 쓰기 쉬운 것들을 보이면 아래와 같다. 괄호 속의 표기가 맞다.

    있슴(있음), 없읍니다(없습니다), 까맙니다(까맣습니다), 일찌기(일찍이), 아니예요(아니에요), 예와 아니오(예와 아니요), 숫용(수용), 수코양이(수

고양이), 윗어른(웃어른), 등교길(등굣길), 마른냇길(마른내길), 얼룩이(얼룩이)

② 띄어쓰기 : 단어별로 띄어 쓰도록 한 규정에 따라서 가능하면 명확하게 단어별로 띄어 쓰는 것이 좋다. 아래 문장을 검토해 보자.

＊ 해임건의안 표결에서는 민주노동당과 민주당의 태도가 결정적 변수로 작용할 전망이며, 건의안 처리 결과는 향후 정국에 적지않은 파장을 몰고와 정국의 분수령이 될 것으로 보인다.

'적지않은'과 '몰고와'를 붙여 쓸 수 없다. 각각 '적지 않은', '몰고 와'처럼 띄어서 바로잡아야 한다. 띄어쓰기의 기본은 단어와 단어를 띄어 쓰는 것이기 때문이다. 반드시 띄어 써야 하는 경우를 붙여 쓰기 쉬운 것을 예시하면 아래와 같다. 괄호 안처럼 써야 한다.

그럴수 밖에 없다(그럴 수밖에 없다), 보고싶다(보고 싶다), 먹을만 하다(먹을 만하다), 있음직한 일(있음 직한 일), 만날 지 몰라(만날지 몰라), 얼마만이야(얼마 만이야), 죽을 망정(죽을망정)

③ 표준어 : 언론이나 책 또는 문서 등에서는 표준어를 사용하여야 하므로 표준어가 아닌 것은 반드시 바로잡아야 한다. 아래 예문을 검토해 보자.

＊ 스님은 또한 낮 시간에 한창 뛰놀 아이들을 방에서 억지로 잠을 청하게 한 뒤 다음날 아침까지 방문을 이중삼중으로 걸어 잠궜다. 스님은 큰 아이들이 방에 들어가려고 해서 방을 잠궜다고 해명했다.

위 문장에 쓰인 '잠궜다'는 '잠갔다'로 바로잡아야 한다. '잠구다'는 '잠그다'의 비표준어이고, '잠그다'는 '잠가, 잠갔다'처럼 활용하기 때문이다. '치루다, 치뤄'도 '치르다, 치러'로 써야 한다. 표준어로 오해하고 쓰기 쉬운 비표준어를 몇 예시한다. 괄호 안의 낱말이 표준어이다.

부시시(부스스), 으시시(으스스), 으시대다(으스대다), 시라소니(스라소니), 두리뭉실하다(두루뭉술하다), 오손도손(오순도순), 이즈러지다(이지러지다), 금슬이 좋다(금실이 좋다), 맨날(만날), 미쟁이(미장이), 나부랑이(나부랭이), 어리숙하다(어리숙하다), 오므리다(오므리다)

511

④ **부호** : 문장 부호는 글의 읽기를 원활하게 해 주고, 의미의 연속과 단절을 이해하기 쉽게 해 줌으로써 글의 의미가 오해되지 않도록 돕는 기능을 한다. 다만, 부호에 관한 규정이 미비하여 규정을 그대로 적용하기는 어려우나 최소한의 규칙은 지켜야 한다. 교열 대상이 될 만한 부호 사용의 문제점을 검토해 보자.

> * **이와 같은 채무의 윤리가 원활하게 이루어지기 위해서는, 각자가 지고 있는 의무를 이행하는 데 큰 불쾌함을 느끼지 않고, 자신이 큰 빚을 지고 있는 자라고 생각하지 않으면 안 된다.**

이 문장에 두 번의 쉼표가 사용되었는데 앞의 쉼표는 부사어 뒤에 붙인 것으로서 숨을 쉬라고 붙여 준 것이겠지만 불필요한 쉼표이다. 문장의 성분으로서 특별히 분리해야 할 이유가 없는 경우에는 쉼표를 붙이지 않는다. 반면에 뒤의 쉼표는 대등하게 연결된 앞의 절과 뒤의 절을 분리한 것으로서 사용할 가치가 있다. 그러나 이 경우에도 쉼표를 사용하지 않았다고 해서 잘못이라고 말할 수 없다.

> * **수경사에서 봉사 활동을 한 적이 있는 한 여성이 지난해 서울 은평경찰서와 국민고충처리위원회에 수경사의 참혹한 실상을 고발했음에도 불구하고 이들 기관이 어떤 조치도 하지 않았다고 주장, 파문이 예상된다.**

위 문장에 쓰인 쉼표는 일반적인 쉼표의 사용법에 맞지 않다. '주장'과 '파문'을 병렬적으로 나열하는 데 쓰인 것이 아니기 때문이다. 이 경우에는 쉼표를 빼고 '주장하여'라고 서술어를 완성해야 한다.

> * **갑돌이가 울면서 떠나는 갑순이를 배웅했다.**

위 문장은 운 사람이 누구인지 명확하지 않다. 갑돌이가 울면서 배웅하였을 수도 있고, 갑순이가 울면서 떠났을 수도 있기 때문이다. 이런 경우에는 교열자가 글쓴이에게 내용을 물어서 쉼표가 있어야 할 곳에 붙여 주어야 한다. 갑돌이가 울면서 배웅했으면 '울면서' 뒤에 쉼표를 붙이고, 갑순이가 울면서 떠났다면 '갑돌이가' 뒤에 쉼표를 붙여 준다.

 ＊ 내가 늙나, 순례는 문득 서글퍼졌다.

 ＊ 생각하기에 따라선 그까짓 변소 하나 짓는 데 뭔 말이 있을까, 도 싶었지만 배 씨네 장조카 된다는 사람의 얼굴을 떠올리자 그게 아니었다.

'내가 늙나.' 가 인용문(자기의 생각을 인용한 것)인데 따옴표를 붙이지 않고 대신에 쉼표를 붙였다. 이런 쉼표 사용법이 문인들 사이에 유행하고 있는데 이는 잘못이다. 둘째 문장은 '－을까도 싶다' 의 구문이므로 쉼표를 제거해야 한다. 여기에 쉼표를 둔 이유는 첫째 문장처럼 '그까짓 변소 하나 짓는 데 뭔 말이 있을까' 를 인용문으로 보았기 때문이다.

 ＊『사다리 걷어차기』로 선진국의 경제적 제국주의를 날카롭게 비판했던 저자가 '개혁의 덫'에 걸린 한국 경제의 문제점을 집중적으로 분석하였다.

위 예문에는 큰따옴표로 겹꺾쇠표(『 』)가 사용되어 있다. 문장 부호 규정에 따르면 이 부호는 세로쓰기에만 사용할 수 있고 가로쓰기에서는 큰따옴표(" ")를 사용하게 되어 있다. 그러나 이 규정이 지켜지지 않고 있다. 왜냐하면 따옴표는 사람의 말이나 생각 또는 속담 등을 인용할 때에 쓰이는 것이 제격이고, 책 이름이나 논문 제목, 영화나 연극 이름 등을 표시하는 경우에는 다른 부호를 쓰는 것이 변별력이 있기 때문이다. 따옴표와 관련해서 일어나고 있는 혼선은 부호 규정이 완비될 때까지 계속될 수밖에 없을 것 같다.

(2) 어법을 기준으로 하는 교열

┤ 착안점 ├

• 조사가 제대로 쓰였는가?

• 어미가 제대로 쓰였는가?

• 서법, 부정법, 시제, 피동법, 사동법, 높임법 구성이 제대로 되었는가?

• 생략할 수 없는 성분이 생략되지 않았는가?

① 조사 : 주격, 목적격, 서술격, 부사격, 관형격에 따라서 맞게 조사를 사용했는지 점검해야 하고, 보조사가 적절하게 사용되었는지도 검토해야 한다. 아래 예문을 보면서 함께 교열해 보기 바란다. 각 문장의 밑줄 친 것을 괄호 속의 조사를 바꾸는 것이 좋다.

* 물론 그녀가 먼 산을 물끄러미 바라보고 있었다고 해도 나는 그런 그녀의 행위에 대해 몇 가지 궁금증만 가진 채로 살펴보았을 것에 틀림없다. (이)
* 이창호는 중학생 때에 국수 조치훈에게 사사했다. (을)
* 하루는 술이 엉망으로 취한 남자가 여자에게 전화를 걸었다. (에)
* 그는 대학교 다닐 때부터 사귀던 여자가 있다. (에게는)
* 제주도 출신인 그는 태평양의 섬을 떠나 인도양의 섬을 왔노라고 자신의 인생 역정을 간단히 줄여 말하고 있었다. (에)
* 고을댁은 대꼭지에 새로 담배를 담아 물고 영감이 내민 담뱃대에다 불을 붙여서 문다. (로)
* "여보세요, 그 키 큰 스님은 안 계시나요?" 어머니는 쌀을 팔러 온 중을 두고 하는 말이다. (가)
* 텃밭에는 얼마 전까지 이곳에 누군가가 살았다는 표시라도 내는 것처럼 부쩍 웃자란 상추와 쑥갓, 파, 부추, 옥수수 등이 잡초와 함께 무성하게 덮여 있었다. (은)
* 수인은 자기의 마음을 알아주지 못하는 아내가 조금 섭섭한 생각이 들었다. (에게)
* 고노인의 경우 8.15는 쌀 공출로부터의 해방을 의미했다. (에서의)
* 그들은 자기 멋에 겨워서 흥분하고 비분하고, 때로는 웃고 때로는 눈물을 흘린다. 그 노호와 웃음과 눈물 속에 애매한 인간들은 희생되거든. (이)
* "제 이름을 들으셔도 제가 누구신지 잘 모르시겠죠?" (인지)
* "우리 식구들 모두는 이 차처럼 멋진 링컨콘티넨털은 타지 못해요." (을)

* 나는 사티즘에 빠져 있는 사람들이 얼마나 많은지, 또 그런 사람들<u>은</u> 쉽게 만날 수 있는지만 궁금했다.(을)

* "난 의상상을 받고 싶어요." 예레미야<u>는</u> 흐느껴 울었다.(가)

* "네. 제가 한 거 맞아요." 제이디<u>는</u> 대답했다.(가)

* 용녀는 상고머리 공서방<u>에게</u> 아주 반하도록 잘했다.(이)

* 다음날 아침 관물 몇 가지가 분실된 것을 알았다. 분대장의 주먹<u>은</u> 현의 얼굴에서 폭발했다.(이)

② 어미 : 연결 어미의 경우에는 인과관계에 맞추어야 하고, 전성 어미의 경우에는 동사와 형용사에 따라서 바른 어미를 써야 한다. 아래 예문을 보면서 어미를 바로잡아 보자. 밑줄 친 어미가 교열 대상이고 괄호 속의 어미가 바로잡은 어미이다.

* 어깨 너머로 학교를 바라보<u>며</u> 오베이언 씨가 이미 교실 문을 잠갔다는 것을 알 수 있었다.(-니)

* 수경은 그 일을 재미있어했<u>고</u>, 일에 폭 빠져 결혼 따위는 뒷전이었다.(-으므로)

* 이태원 양 서방 무덤 앞에 용녀가 나타난 것은 그가 사직골 집을 나<u>서서</u> 오래지 않았다.(-고)

* 힐끔거리며 지나치는 사람들에 부딪히<u>며</u>, 나는 그 자리를 지나칠 수 없었다.(-면서도)

* 어찌 보면 가장 오래된 지우를 버리겠다고 하<u>자</u>, 더는 놀랄 것도 없었다.(-였지만)

* 공연히 충동을 받<u>고</u> 발끈하고 일어선 자기의 멋이 싫어졌던 것이다.(-아)

* 그는 누구에게도 해를 끼치지 않았<u>듯</u> 그 지혜로 어떤 수고로운 가르침도 함부로 남기지 않았다.(-고)

* "어째서 그것이 자기 희생인가? 누가 그것을 청탁했<u>든가</u>?"(-던가)

* 어쩌면 카메라 필름이 들어 있지 <u>않는지도</u> 모른다.(-은지도)

* 우리는 시대에 걸맞<u>는</u> 정책을 펴고 있으며 결코 반사이익이나 어부지리를 노리지 않는다.(-은)

* 허물없어 보이는 그들 사이에는 보이지 않은 장벽이 가로막혀 있었다. (-는)

③ 복수형 : 국어에서는 복수를 나타내기 위해서 접미사 '-들'을 쓰는데 보통 무정물에는 붙이지 않는 경향이 있다.

* 금년에는 그 새 가지에 감이 대여섯 개나 달렸다. 새 가지의 감들이 다른 헌 가지들의 감들보다 더 굵고 껍질이 매끄럽고 고운 듯싶었다.
* 이곳에는 다양한 나무들이 살고 있다.

④ 피동법 : 피동이 문제되는 경우는 두 가지이다. 하나는 피동 표현이 적절하지 않은데 피동 표현을 쓰는 경우이고, 다른 하나는 이중 피동을 쓰는 경우이다. 전자는 국어가 주로 사람을 능동의 주체로 보는 어법을 발전시켜 왔기 때문에 사람이 동작을 당하는 표현에 익숙하지 않다는 것에서 연유한 것이고, 후자는 피동은 한 번으로 족하지 한 동작에 대해서 겹으로 피동을 당할 수 없다는 데에서 연유한다. 아래 예문을 보면서 피동의 문제점을 점검해 보기 바란다. 밑줄 친 부분이 문제가 되는 피동 표현이고, 괄호 속의 표현이 맞는 표현이다.

* 이제부터 그들 가운데서 잃어진 나 자신을 찾아야 한다. 그리고 청부업자들을 격리하고 주어진 땅 위에 그들과 함께 새로운 마을을 세우자. (잃은)
* 걸상같이 포개어 쌓아 올려진 도마와 쟁반은 무너져 내려 바닥에 함부로 뒹굴고 있었다. 열려진 뒷문으로 병실 앞 복도가 보였다. (올린, 열린)
* 동쪽으로 뻗었던 가지는 전에 이 집 자리에 살던 사람의 빨랫줄로 말미암아 말라져 죽었고, 그 자리에는 내 주먹이 들어갈 만한 구멍이 패여 있고 불개미들이 서식하고 있었다. (말라, 패어 또는 파여)
* 어차피 언젠가는 새로 변소를 지어야겠다고 생각하던 참이어서 그 황당한 풍경을 보면서도 수인은 내심 앓던 이가 빠진 것처럼 시원하게 여겨졌었다. (여겼다)
* 어느새 해가 서쪽으로 반은 기울어져 있었다. (기울어)
* 주머니는 잡살뱅이로 가득 채워져 있었다. (차)

* 커다란 유조선이 폭격으로 <u>침몰되었다.</u>(침몰했다)
* 한국은행 건물은 일본인에 의해서 <u>지어졌다.</u>(일본인이 지었다)
* <u>태풍에 의해서</u> 수많은 인명과 재산 피해가 <u>발생되었다.</u>(태풍으로, 발생했다)

이중 피동으로 사용하는 단어에는 아래의 것들이 있다. 괄호 안의 형태를 사용하는 것이 바람직하다.

잊혀지다(잊어지다, 잊히다), 닫혀지다(닫아지다, 닫히다), 되어지다(되다), 뚫려지다(뚫어지다, 뚫리다), 보여지다(보이다), 막혀지다(막히다), 쓰여지다(써지다, 쓰이다), 패이다(파이다, 패다), 채이다(차이다, 채다)

⑤ **사동** : 사동으로 표현할 수 없는 행위를 사동으로 표현하는 경우에 문제가 생긴다. 아래 문장에서 밑줄 친 부분이 잘못된 사동형이다. 괄호 속의 표현으로 바꿔야 한다.

* "(스님이) 아이들을 사람으로 취급하지 않았다. 아이들이 조금만 울면 스님이 <u>감금시키는</u> 경우도 있었고, 사람이 아니라 짐승이라고 하더라."(감금하는)
* "요즘 선생 노릇을 하기 너무 어려워. 아이들 <u>교육시키는</u> 게 중노동이라니까."(교육하는)
* "부디 좋은 사람을 <u>소개시켜</u> 주세요.(소개해)
* 제가 <u>가도록 하겠습니다.</u>(가겠습니다)

⑥ **시제** : 국어는 시제를 세분하지 않기 때문에 잘못 사용하는 경우가 많지 않지만 그래도 문제가 되는 경우가 나타난다. 현재나 과거를 나타내는 부사를 쓰면서도 시제를 다르게 쓰거나, 한 주체의 동작을 과거 시제와 현재 시제로 혼란스럽게 쓰거나, 과거 시제를 대과거 시제와 혼동하여 사용하는 경우가 있다. 아래 예문의 밑줄 친 시제를 교열해 보자. 괄호 안의 시제가 옳은 시제이다.

* 이십 년 전에는 그토록 형편이 어려웠던 남창호는 <u>지금은</u> 강남의 거대한 빌딩의 주인이 되어 <u>있었다.</u>(있다)

* 들창이 **보인다**. 망사 위에다 종이를 어겹을 하여 놓아서, 고개를 늘여도 방 안은 들여다뵈지 않을 것이 분명했지만, 그래도 양서방은 괜히 고개를 쑤욱 늘여보고 또 발돋움을 해 보고 했다.(**보였다**)

* 술만 안 **먹는다면** 벌써 돌아온 지 오래였을 것이다.(**먹었다면**)

* 그 즈음에 그와 내가 단둘이서 저녁을 같이 먹게 **되는** 일이 있었다.(**된**)

* 아주 가끔 집 가까이 접근**할** 때도 있었다. 무너진 담장을 넘어 집 안으로 들어가 본 적도 있었다.(**한**)

* 처음 도착하여 들어간 네곰보의 호텔방에서 침대 위에 늘어진 둥근 모기장을 걷고 나와 아침 바다를 내다보았을 때, 코를 **찌르던** 것은 창가의 하네루 꽃이었다.(**찌른**)

* 그리고 며칠 전에는 갑자기 불어닥친 집중 호우 때문에 어쩔 수 없이 지하실을 정리**했어야** 했다.(**정리해야**)

* 암실과 작업실을 지하로 옮긴 나는 장판과 도배를 새로 했고, 세를 놓는다는 광고를 생활 정보지에 **냈었다**.(**냈다**)

* 저 동굴 안에서 아들이 죽었고, 지금 또 손자가 저 속에서 죽음의 위험에 직면해 **있다**. 그리고 자기도 또는 그것을 목격하며 위기의 순간에 서 **있었다**.(**있다**)

⑦ **높임법** : 최근 텔레비전에 나온 사람들이 자기 남편에게 깍듯이 예를 차리는 경우를 자주 본다. 연예인들은 선배 연예인의 이름을 부르지 못하고 '형, 그랬어.' 하는 식으로 사적인 어법을 스스럼없이 사용한다. 어떤 사람은 제 나라를 '저희 나라'라고 말한다. 이 어법은 조선 사신이 청나라 황제 앞에서나 쓸 만한 어법이다. 한국인이 한국을 가리켜 '저희 나라'라고 하는 것은 나라에 대해서 결례하는 것이다. 서비스 안내를 하는 아가씨들이 말끝마다 무조건 '-시-'를 붙이는 것도 문제이다. 아래 경우는 높임법을 부정확하게 쓴 예를 든 것인데 괄호 안의 표현이 정확한 표현이다.

* 좋은 하루 **되십시오**.(되어라; 주어는 '날'이나 '오늘'이 되는데, 이것의 명령법으로는 '되어라'가 제격이다.)

* **저희 나라에서는 밥을 비벼 먹기도 하잖아요.**(우리나라; 자기 나라를 낮출 필요가 없다. 옛날 조선 시대에 청나라에 갔던 사신이 중국 황제 앞에서나 쓸 수 있는 말이다.)
* **내가 선생님께 물어 보겠다.**(여쭈어; '선생님'을 높이려면 '물어' 대신에 '여쭈어'를 써야 한다. '여쭈다'와 '여쭙다'가 같은 의미를 가진다.)
* **할아버지 아버지께서 돌아오셨어요.**(아버지가 돌아왔어요; 압존법에 해당한다.)
* **오늘이 넘게 되면 연체료가 추가되십니다.**(추가됩니다)
* **완허 스님, 거기에 없다고 하거든, 어디로 가셨는지 한번 알아보아라.**(안 계신다고)

⑧ 인용문 : 인용을 하면서도 따옴표를 붙이지 않는 경향이 문인들 사이에 유행하고 있다. 이를 확실하게 바로잡을 수 있도록 부호 규정을 빨리 정비해야 하겠다. 직접 인용을 할 때에 인용 조사로서 '라고(또는 이라고)'를 써야 하는데 이를 지키지 않는 경우도 많이 있다. 특히 신문에서 이 현상이 두드러진다. 아래 예문에서 밑줄 친 부분을 어떻게 처리해야 하는지 검토해 보자.

* **평소 같으면 다 늙은 노인네가 이 봄에 집에서 웬 스카프, 하며 마음속으로 투덜거렸겠지만 지금 순례는 그럴 경황이 없다.**(속으로 하는 말을 인용한 것이므로 작은따옴표를 붙여야 한다.)
* **실제로 한 교수는 전날 밤 학생들에게, 선방(禪房)을 들여다보고 와서는, 선생님 아무것도 없던데요, 하고 묻더라는 얼빠진 학생들 얘기를 한 적도 있었다.**(직접 인용이므로 큰따옴표를 붙여야 한다.)
* **결혼 후 처음으로 토크쇼에 출연하는 김원희는 녹화에서 "결혼식 날 2부 피로연을 마친 뒤 폐백을 1시간 정도 미룰 수밖에 없었다."며 "그 이유는 피로연 때 마신 샴페인 두 모금에 만취되어 피로연이 끝난 뒤엔 숨이 가쁘고 어지러워 구토까지 했을 정도였다"고 말했다.**(어투가 간접 인용이므로 큰따옴표를 없애고 '없었다며', '정도였다고' 처럼 써야 함. 만일 직접 인용이라면 직접 인용을 나타내는 조사 '라며' 또는 '이라며'를 써야 한다.)

* 교수님께서는 "나도 그 모습을 감상하였다."**며** 웃으셨다.(직접 인용이

  므로 '며' 대신에 '라며'를 써야 한다.)

* 나는 '이번엔 결코 지지 않을 거다!'**고** 결심을 했다.(직접 인용이므로

  '고' 대신에 '라고'를 써야 한다.)

따옴표 가운데에서 작은따옴표는 중요한 부분을 드러내기 위해서 사용되기도 한다. 이런 경우에는 직접 인용문이 아니므로 인용 조사 '라고'를 쓰지 않아도 흠이 되지 않는다.

* 교수님께서는 당신도 그 모습을 '감상하셨다' 며 웃으셨다.('감상하셨

  다'는 강조일 뿐 직접 인용이 아니다.)

⑨ **어휘 사용법** : 어휘가 쓰임새에 맞게 쓰였는지 검토하여야 한다. 의미를 오해하여 아무렇게나 사용하는 경우도 있고, 사전적 의미로는 문제없어 보이지만 실제 그 낱말의 쓰임새와 맞지 않는 경우도 있다.

* 건축 허가와 관련하여 억대의 뇌물을 <u>수수한</u> 공무원이 구속되었습니

  다.(받은)

* 아내와 처녀 적 <u>수양형제</u>를 맺었던, 그리고 전쟁 후 부산의 국제시장

  에서 구호물자 장사를 하다가 시장의 화재로 죽었다던 경자를 그가

  왜 모르겠는가.(의형제 또는 의자매)

* 이 일은 꼭 전문가의 <u>자문을</u> 받아서 진행하라.(의견을)

* <u>공무원 형님이</u> 자신의 불찰을 탓했다. 매번 읽는 축문을 그 형님은

  이번에도 두 글자나 틀리게 읽었던 것이다.(공무원인 형님이; '공무원

  형님'은 '공무원의 형님'을 뜻한다.)

* "<u>저희</u> 남편이 전화 안 드렸던가요?"(저의, 제; '저희'는 복수)

* 이것은 <u>기필코</u> 사실이 아니다.(결코; '기필코'는 '반드시'의 뜻)

* 마스크를 쓰고 침대에 <u>가지런히</u> 누워 있는 깡마른 시체(반듯이; '가지

  런히'는 여럿에 쓰인다.)

* 길가에서고 바다 옆에서고 <u>함부로</u> 붙잡히고 죽고 하였다.(아무렇게

  나)

* 그러나 덕구는 자기가 판단을 잘못 <u>세운</u> 탓으로 독안의 쥐처럼 지금

막다른 골목으로 몰리고 있는 중이 아닌가 하고 <u>겨우</u> 의심이 들기 시작한 것이었다.(한, 비로소)

* 장은 자기를 가리켜 잡초처럼 <u>제대로</u> 커버린 쓸모없는 풀이라고 했다.(아무렇게나)

* 어머니의 설교와 형제들의 권고도 순이의 신념이 굳어졌을 땐 공염불에 불과했다.(<u>만류</u>)

* 울었다는 것이 창피하긴 하였으나 숨길 <u>차비</u>가 아니다.(계제; '차비'는 '채비'의 원말로서 '준비'를 뜻한다.)

* 송화기를 잡은 그녀의 손은 땀이 <u>배어</u> 미끄러웠다.(나; '배다'는 액체나 기체가 다른 물체 속으로 들어가 자리 잡는 동작을 가리킨다.)

* 두루마리는 공처럼 계단 위를 통통 <u>튕기며</u> 떨어지더니 이내 집 앞 내리막길을 타고 순식간에 사라져 버린다.(튕기며; '퉁기다'는 '틀어지거나 어그러지게 하다'의 뜻이다.)

* 해바라기의 꽃이 <u>씨앗</u>을 안았다.(씨; '씨앗'은 '씨'를 받아 놓은 것을 가리킨다.)

* 혼자 이런 외딴 데다 있게 해서 정말 안됐다고 <u>얼마든지</u> 미안해하던 그다.(몹시)

* 산에만 오면 순이는 어머니 품속에 안긴 것처럼 마음이 <u>듬뿍하여</u> 온갖 새들과 함께 노래 부르고 싶었다.(포근하여; '듬뿍하다'는 '그득하고 수북하다'의 뜻이다.)

* 순이는 가벼운 걸음으로 삼십 리는 <u>언뜻</u> 걸었다.(순식간에, 잠깐 만에; '언뜻'은 '문득, 잠깐'의 뜻이다.)

* 준비한 제수가 많아 상석이 턱없이 <u>모자랐던</u> 것도 이번이 처음이었다.(비좁았던)

* 새는 누군가 저를 바라보는 시선에 <u>경계심</u>이라도 느낀 것처럼, 대들보 위에서 총총 뛰어 불상의 머리 뒤로 자취를 감춰버린다.(인기척; '경계심'은 느낀다고 하기보다는 '생긴다'고 함이 좋다.)

* 그가 제대하기 전에 내가 졸업을 한 후 나는 그의 소식을 <u>가끔씩</u> 동창들에게서 들을 수 있었다.(가끔; '가끔씩'은 비표준어이다.)

* 가끔씩 카메라 렌즈를 통해 그녀의 모습을 바라보았다.(가끔)
* 나는 리모콘으로 케이블 채널을 돌리던 어머니와 약간의 거리를 두고 빨랫감을 널고 있었다.(빨래; 빨랫감은 빨아야지 널 일이 아니다.)
* 8.15를 당하고도 절실한 해방의 기쁨을 느끼지 못한 현모는 이 순간에 남다른 해방감에 가슴이 터질 듯했다.(맞고도)
* 각기 제 생명을 타고난 인간들은 그것이 어떻게 초라하든 간에 모두 자기의 세계를 가지고 있는 법이다.(아무리)
* 옥심이도 문득 안에게 손목을 잡힌 줄은 물론 알았지만, 구태여 빼려고 하지 않았다.(갑자기; '문득' 은 갑자기 생각이 떠오르거나 느낌이 드는 모양이다.)
* 모자간이 아니라 오누이간으로 보이기 십상이다. 물론 황만근이 오빠로 보인다. 언뜻 봐선 황만근의 나이를 짐작하기는 어렵다.(때로는; 아들이 어머니의 남동생이 아니라 오빠처럼 보인다는 것은 '물론' 과 어울리기 어렵다.)
* 신발 가게에서 파는 모카신하고는 완전히 달라.(전혀)
* 나는 눈을 치우는 제설차를 몇 대 보았을 뿐 다른 차는 한 대도 보지 못했다.(치는; 눈을 없애서 깨끗하게 하는 행위는 '치다' 이다.)

⑩ 성분 생략 : 국어에서는 주어가 생략될 수도 있지만 아무 경우에나 생략할 수 있는 것이 아니라 앞에 주어가 나왔기 때문에 같은 주어를 다시 쓸 필요가 없거나, 주어를 생략하더라도 주어가 무엇인지 그냥 알 수 있는 경우에 한한다. 아래의 경우에는 주어 생략이 허용되기 어렵다.

* 전전 자아비판회 때 알아차린 요령을 저도 모르는 새에 생활에 옮기고 있는 요즈음의 그였다.(그는 … 옮기고 있었다.)
* 혹 실없는 사내들이 가끔 농담을 걸기도 하고 돈 치르는 체하고 슬쩍 손목을 잡아보기도 할 때에도 얼굴을 붉히지 않으리만큼 벌써 마담 생활에 익숙해진 영숙이었다.(영숙은 … 마담 생활에 익숙해졌다.)
* 그 치사한 악덕으로 번 그들의 돈으로, 만화보다 더 초라한 조국에서, 자기들만은 서양 사람들의 자리에서 사는 듯한 꿈속에서 살아온

그들일 것이었다.(그들은 … 살아왔을 것이다.)

＊ 제이디는 고개를 숙여 여전히 무릎에 놓여 있는 음료수 캔을 쳐다보았다.(내려다보았다; '쳐다보다'는 위쪽으로 눈을 뜨고 보는 동작이다. 바로 앞을 향하여 보는 경우에는 '바라보다'를 쓴다.)

(3) 호응을 기준으로 하는 교열

┌ 착안점 ┐
• 성분과 성분의 호응
• 어휘와 어휘의 호응

① 주어와 서술어의 호응 : 주어와 서술어가 어울리지 않으면 이상한 문장이 되고 만다. 따라서 가장 먼저 주어와 서술어가 무엇인지 그리고 서로 어울리는지 확인해야 한다. 대개 겹문장에서 주어와 호응하지 않는 서술어를 쓰게 되는 경우가 많다.

＊ 양서방의 몸이 그냥 흙덩이같이 벽에서 떨어지며, 미처 물그릇을 갖다 댈 사이도 없이 숨을 끊었을 때에는, 사실 용녀도 좀 당황하지 않을 수 없었다.

위 문장은 '몸이 떨어지며, 숨을 끊었을 때' 처럼 구성되어 있다. 앞의 서술어는 문제가 없지만 뒤의 서술어는 '몸이 숨을 끊었을 때'가 되어 호응이 되지 않는다. 따라서 '숨이 끊어졌을 때'로 바꿔야 한다.

＊ 지쳤다면 자기도 그렇지만, 박의 경우는 더 때 묻고 고린내 나는 삶의 고달픔일 것이라고 느낀다.

위 문장은 '박의 경우는'과 '삶의 고달픔일 것이라고'가 어울리지 않는다. 서술어를 '고달픈 삶일 것이라고'로 고쳐야 한다.

＊ 후리막은 집뚜껑을 송두리째 날려 버린 그대로 손 볼 엄두를 내지 않았다.

'후리막은'과 '집뚜껑을 날려 버린'이 어울리지 않는다. '집 뚜껑이 날아가 버린'으로 바꿔야 주어와 어울린다.

아래 문장들은 괄호 속처럼 바꿔야 주어와 어울린다.

> * 허름한 베니어로 만든 찬장은 유리를 빼고 나서 발로 차자 금세 못이 빠져 달아났다.(부서졌다)
> * 그래서 연꽃은 더욱 처연하고도 아름다운 장엄이 되는가.(장엄하게 아름다운가)
> * 영미한테는 아마 삶이란 재미면 그만인 모양이다.(삶이 재미있으면)
> * 이번 파문을 장관들은 공인의 말이 갖는 무게를 새삼 인식, 말하기 전에 한 번 더 생각하는 계기가 되기를 바란다.(계기로 삼기를)

② 관형어와 체언의 호응 : 체언을 제약할 수 없는 관형어는 다른 성분으로 바꾸거나 다른 관형어로 바꿔야 한다.

> * 이들 대통령은 남북문제가 자주, 민족의 문제만이 아닌 한반도 주변 정세에 미묘한 파장을 던진다는 점을 잘 알고 대처했다.

위 문장에서 관형어 '자주, 민족의 문제만이 아닌'이 '한반도 주변 정세'를 꾸밀 수 없다. 따라서 관형어를 부사어로 바꾸면 구성상으로는 문제가 사라진다. 즉, '자주, 민족의 문제만이 아니라' 처럼 고치면 된다.

> * 새해 아침에 닭의 늠름한 울음소리를 들어 보세요.
> * 나는 추위에 떠는 어린 딸의 작은 손바닥에 더 많은 행인들이 넉넉한 동전을 던져 주기만 바랐다.

위 문장에서 '늠름한' 이 '울음소리'를 꾸미기 곤란하다. '늠름한' 은 모양이나 태도를 꾸밀 수 있는 관형어로 쓰이는 것이 보통이기 때문이다. '늠름한' 대신에 '우렁찬' 을 쓰면 문제가 사라진다. 또, '넉넉한' 이 '동전' 을 꾸미기 어렵다. '넉넉히' 로 바꾸어 '던져'를 꾸미게 하면 된다.

③ 어휘와 어휘의 호응 : 한 낱말은 자신의 의미를 가지고 다른 어휘와 호흡을 맞추는데 호흡이 맞지 않은 어휘가 오면 어색해진다. 이런 경우에는 마땅히 가장 잘 어울릴 수 있는 어휘로 바꿔 주어야 한다.

> * 우리는 주로 한 교수의 자문을 구하여 일을 진행했다.(에게 자문을 하여)

* 절로 진저리가 밀려온다. (난다; '진저리'는 순식간에 일어나는 현상임)
* 그는 낫 놓고 기역자를 알 정도의 사람이야. (도 모를; 속담은 바꾸지 말아야 한다.)
* 도랑 치우고 가재 잡는다는 말이 있다. (치고; 도랑은 치울 수 없다.)
* 은평구청은 미인가 시설에서 아동 학대가 이뤄지고 있었다는 것을 인정하면서도 강제로 법 집행을 했을 때의 불상사가 두려워 섣불리 접근할 수 없었다고 했다. (행해지고; '학대'는 이루는 대상이 될 수 없다.)
* 우리가 취재할 때 관계기관에서도 마침 이 문제를 어떻게 처리할 지에 대한 논의가 이뤄지고 있었다. (진행되고; '논의'는 '이루다'의 대상이 될 수 없다.)
* 이런 아이들을 제물로 희생했다면 그 나이의 아이들을 택한 것은 바보 같은 짓이라고 생각하는데요. (삼았다면)
* 태쉬와 같은 또래나 비슷한 생김새의 아이에 대한 실종 신고가 보고된 적이 없었지만 경찰들은 태쉬의 신원을 확인하기 위해 노력했다. (비슷하게 생긴)

(4) 사실 관계를 기준으로 하는 교열

┌ 착안점 ┐
연대, 수, 분포, 설명 등이 역사적으로, 과학적으로, 사회적으로, 학문적으로 진실인가?

* 추운 겨울, 눈 덮인 철원 평야에 왜가리가 떼를 지어 날아온다. (두루미가; 왜가리는 여름철새라 추운 겨울에 철원 평야에서 발견되기 어렵다. 확인하여 바로잡아야 한다.)
* 1592년 임진년 5월 13일에 왜군이 부산포로 상륙하면서 임진왜란이 시작되었다. (4월)
* 1980년 12월 12일 전두환은 병력을 이끌고 육군본부에 쳐들어가서 총격전을 벌인 끝에 그의 상관인 정승화를 연행했다. (허삼수와 우경윤은)

위에서 본 바와 같이 교열은 사실 관계에 어긋나는 것을 가려서 직접 고치거나 글쓴이에게 바로잡도록 권하는 작업을 포함한다.

6. 윤문 연습

┌ 착안점 ┐

- 이상한 표현법(국어 투와 외국어 투)
- 심한 중복 표현
- 모호하거나 난해한 문장
- 글의 성격이나 주제와 다른 문장
- 서투른 문장
- 소주제 이동이 부자연스러운 글
- 주제화가 안 된 글
- 성분을 바꾸어야 할 문장
- 어순이 불합리한 문장
- 부적절한 어휘

사람에 따라서 쓰는 문체가 다른 만큼 그 결과도 다를 수 있기 때문에 어떤 것이 최선이라고 말하기는 어렵지만 적어도 간결함, 아름다움, 매끄러움 등을 기준으로 삼아 더 나은 문장으로 만들어 볼 수 있을 것이다. 아래 화살표 오른쪽의 것이 윤문을 한 것이다. 원문과 윤문을 검토하여서 스스로 윤문 실력을 길러 보기 바란다.

(1) 어투 일반

＊ **김동윤도 고흐의 <u>그것처럼</u> 앞으로 <u>손바닥에 대한 작업을 하게 될지도 모르는 일이다.</u>** → 김동윤도 고흐처럼 손바닥을 그리게 될지도 모르는 일이다.

* **시합 내내 쿵쾅거리며 뛰는 가슴에 의해서 자신의 조국에 대한 사랑을 확인하는 것이다.** → 경기 내내 쿵쾅거리며 뛰는 가슴으로 조국에 대한 사랑을 확인하는 것이다.

* **외부로부터 침입한 흔적이나 이렇다 할 외상이 없는 관계로 수사 당국은 자살 여부에 수사의 초점을 맞추고 있다.** → 외부에서 침입한 흔적이나 이렇다 할 외상이 없기 때문에 수사 당국은 자살 여부에 수사의 초점을 맞추고 있다.

* **그 사람, 돈 때문에 자살하거나 할 사람은 아닙니다.** → 그 사람, 돈 때문에 자살할 사람은 아닙니다.

* **홀로 선장뿐 아니라 뱃사람들도 쳐서, 이 배의 그들 석방자들에 대한 눈치에는, 어느 나름의 은근히 알아준다는 대목이 있다.** → 선장뿐 아니라 뱃사람들도 이 석방자들을 알아주는 듯한 눈치가 있다.

* **송수화기를 들고 누구하고인가 통화를 하고 있기도 했다. → 송수화기를 들고 누구인가하고 통화를 하고 있기도 했다.**

* **그나마 한평생 같이 살았던 사진 속의 살짝 찡그린 얼굴의 신랑은 몇 해 전 폐암으로 죽고 혼자 남아 이 집을 지키고 있었을 것이었다.** → 그나마 한평생 같이 살았던, 사진 속에서 살짝 찡그리고 있는 신랑은 몇 해 전 폐암으로 죽고 혼자 남아 이 집을 지키고 있었을 것이었다.

* **그의 눈이 방문을 나서는 아내의 짧게 자른 흰머리 회색 치마와 흰 스웨터의 뒷모습을 따라갔다.** → 그의 눈이 회색 치마와 흰 스웨터 차림에 흰머리를 짧게 자른 모습으로 방문을 나서는 아내의 뒷모습을 따라갔다.

* **활동적인데다 낭만적인 성향의 경식은 미술대학을 졸업하고 포스터다 벽화다 뭐다 하며 팔십년대를 정신없이 뛰어다녔는데 그런 활동 끝에 유일하게 하나 건진 것이 있다면 지금 그와 같이 살고 있는 부인일 것이었다.** → 활동적인데다 낭만적인 경식은 미술대학을 졸업하고 포스터다 벽화다 하며 팔십년대를 정신없이 뛰어다녔는데, 그런 활동 끝에 유일하게 하나 건진 것이 있다면 지금 그와 같이 살고 있는 부인일 것이다.

(2) 번잡하거나 서투른 문장

* 그녀는 혼자서만 가지기 안타까운 값진 물건을 뭉청뭉청 싸 보내고 싶어
  지는 친지들에게 문득 그 말을 하곤 했다. → 그녀는 혼자서만 보기 아까
  운 물건을 함께 보고 싶은

* 여느때 웃음도 말수도 없던 그의 구리빛으로 그을은 주름살투성이의 말
  상인 얼굴이 가뜩이나 납처럼 차갑고 딱딱하게 굳어져 있었으므로 나는
  한동안 그의 눈치를 살피다가 왜 무슨 일이 일어났는데 그러느냐고 조심
  스럽게 물었다. → 웃음도 말수도 없는데다 가뜩이나 주름살투성이인 구
  릿빛 얼굴이

* 방안에도 치우기를 잊어버린 먹다 남긴 과일이나 과자 부스러기가 널려
  있다. → 먹고 치우지 않은

* 한번 안 오겠느냐는 그의 전화를 몇 차례 받고도 꼼짝하지 못하고 있다가
  그 역시 사면이 되어 한국에 왔다가 가는 기회에 드디어 못 이기는 척 따
  라온 인도양의 섬, 산비탈은 온통 끝간 데 없이 차밭이다. → 그가 사면이
  되어 한국에 나갔다가 돌아오는 기회에 따라와서 본

* 세상에서 가장 끔찍한 죄를 지은 것처럼 고개를 숙이고 앉아 있을 때조차
  도 그렇게까지는 아니었던 여동생의 겁먹은 모습을 나는 옆자리에서 고
  스란히 지켜보아야만 했다. → 세상에서 가장 끔찍한 죄를 지은 것처럼
  겁먹은 여동생의

* 그는 거의 한 시간 동안이나 자신의 손바닥 외에 다른 것에는 전혀 눈길
  을 주지 않고 있는 김동윤이라는 화가를 응시하고 있는 박주연이라는 젊
  은 고고학자에게 온통 시선이 박혀 있었다. → 거의 한 시간 동안 오로지
  자신의 손바닥만 보고 있는 김동윤 화가를 응시하고 있는

* 친구하고든 언니들하고든 제대로 된 싸움 한 번 못 해본 내 뱃속에서 나
  온 애 같지 않게 아이가 성질을 부릴 때면, 제 아빠가 저를 원하지 않았던
  걸 알아차리고 일부러 저러는 게 아닌가 싶기도 했다. → 나를 닮아 성질
  이 온순하기만 한

* 새벽에 혼자 경운기를 타고 집을 나간 황만근은 늘 들일을 나가면 돌아오

는 시각인 저물녘에 돌아오지 않았다. → 황만근이 늘 돌아오는 시각인 저물녘이 되어도

* 황만근을 낳은 그의 어머니는 집 안의 안방을 차지하고 있다. → 황만근의 어머니는

* 감방은 비좁았다. 손바닥만 한 데서 일곱 사람이 두름 엮듯 자고 있었다. → 두름 엮인 것처럼

* 현재 공사 구간에는 하수 암거 부설과 지장물 이설에 따른 유관 기관의 굴착 복구 및 다수 통행 차량 등 여러 가지 사유로 인하여 공사 구간의 차선이 협소하고 교통소통 또한 매우 복잡한 실정입니다. → 수채통 시설과 땅속 설치물 이설에 따른 여러 공사로 인하여

(3) 어휘

* 우리 아빠는 창끝을 가지고 있어. 옛날 옛날에 썼던 창끝 말이야. 긴 막대 끝에 꽂아 두었던 거야.(미늘; '창끝'을 가리키는 낱말이 '미늘'이다.)

* 피터슨 선생님은 일이 이렇게까지 된 것에 대해서 매우 유감스럽게 생각하셔.(안타깝게; '유감스럽다'는 상대의 언행에 대하여 섭섭하거나 언짢은 느낌이 있을 때에 쓴다.)

* 짧게 친 헤어스타일이 몸집을 더욱 커 보이게 했다.(머리 모양)

* "제 힘으로는 어쩔 수 없다는 것을 지금에야 깨달았어요." 순이는 억지로 입술을 베어 물었다. 그러나 그 말을 하지 않고는 배길 수가 없었다.(힘껏)

* 창틀과 다락문틀에 못을 박아 매놓은 나일론 빨랫줄은 겹쳐 널어놓은 수건과 속내의들로 잔뜩 처져 있다.(몹시; '잔뜩'은 정도가 세거나 양이 많음을 나타낸다.)

(4) 표현

* 수경사와 가까운 아파트에 산다는 이 네티즌은 음식물을 저장하는 창고를 열어보니 문을 여는 순간 쾌쾌한 냄새가 난 것은 물론 음식에는 거미

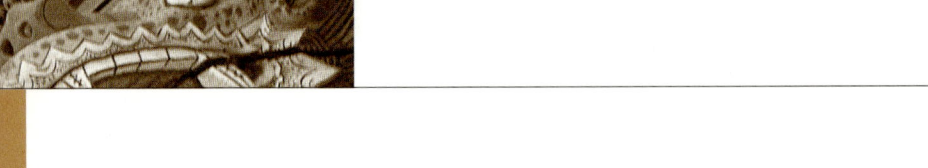

줄까지 쳐져 있었다고 말했다. → 여니 쾌쾌한 냄새가 났고, 음식에 거미 줄까지 쳐져 있었다고

* 이 불길이 그대로 어제 늦저녁부터 아궁이에서 좀 떨어진 한곳에 일어나 앉았다 누웠다 하며 한결같이 불질하는 것을 지키고 있는 송영감의 두 눈 속에서도 타고 있었다. → 어제 늦저녁부터 아궁이에서 좀 떨어진 곳에서 불질하는 것을 지키고 있는

* 그 아이들의 돌멩이가 날아들던 지붕에는 크고 희멀건 박들이 익어가고 있었다.(구효서, 흔적) → 그 아이들이 돌멩이를 던지던

* 아이가 절대적으로 필요로 하는 치료를 받을 수 있도록 하는 것이에요. → 아이에게 꼭 필요한

(5) 어순

* 시멘트 벽돌과 인조석으로 외양을 입힌 단층 슬래브 집은 더없이 적요 하다. → 외양을 벽돌과 인조석으로 입힌 단층 슬래브 집은 더없이 적요 하다.

* 그렇게 우리가 그들에게 잘해 주었는데도 불평을 늘어놓다니. → 우리가 그들에게 그렇게 잘해 주었는데도 불평을 늘어놓다니.

* 정말로 내일 비가 오면 산에 안 갈 거니? → 내일 비가 오면 정말로 산에 안 갈 거니?

* "오, 세상에나!" 나는 작은 목소리로 말했다. "하필 오늘 같은 날." → "오, 세상에나! 하필 오늘 같은 날." 나는 작은 목소리로 말했다.

* 정신 분열을 보이는 아이나, 피, 괴물, 도깨비를 착시 현상으로 보는 아 이를 얼마나 다루어 보셨나요?(착시 현상으로 피, 괴물, 도깨비를 보는)

* 제이디가 엠버를 잡아 놓고 칼로 배에 그런 표시를 했다는 걸 믿을 수 있 어요?(배에 칼로)

(6) 사람 중심의 서술

* 오랜 가뭄이 농부들에게 극심한 곤란을 가져왔다. → 오랜 가뭄으로 농부

들이 극심한 곤란을 겪었다.

* **그 이야기는 즉시 나로 하여금 그를 생각하게 만들었다.** → 그 이야기를 들으니 곧 그가 생각났다.

* **그 말이 그가 정직하지 못함을 증명한다.** → 그 말로 그가 정직하지 못함을 확인할 수 있다.

* **10분간의 걸음이 우리를 영화관으로 데려왔다.** → 10분간 걸으니 영화관에 다다랐다.

* **그것은 사회가 급격하게 좌경화하고 있음을 보여 준다.** → 그로써 사회가 급격하게 좌경화하고 있음을 알 수 있다.

* **나는 그의 요구가 몹시 겸손한 것에 놀랐다.** → 나는 그가 몹시 겸손하게 요구하는 데 놀랐다.

* **여기서 잠자는 것은 불가능해.** → 여기서 잠자면 안 돼.

7. 교열 및 윤문 실습

이제까지 문장 단위로 교열과 윤문을 했다. 이제는 글 단위로 교열과 윤문을 해 보자. 글 단위로 교열하고 윤문하려면 먼저 글의 주제를 파악하고 주제에 맞추어 문장, 어휘, 표현을 교열하고 윤문하여야 한다. 특히 글의 구성에 유념하여 글의 주제가 드러나도록 교열하고 윤문해야 한다는 점을 잊지 말아야 한다. 글 단위로 교열하거나 윤문을 할 때에는 어떤 문장은 문법적인 문제가 없더라도 송두리째 빼야 하는 경우가 생길 수 있다. 전체적으로 보아서 불필요한 문장이거나 주제를 훼손하는 문장일 경우에 그런 일이 생긴다.

예 1

보통 '싸가지'(싹수의 사투리)라는 사전적 의미는 버르장머리 없다는 것인데요. 요즘 인기리에 방송되고 있는 드라마를 보면 소위 '싸가지' 없는 남자 주인공 캐릭터들이 인기몰이에 앞장서고 있습니다. 버르장머리 없는 이를 가리키는 이 말이 최근에는 매력적인 주인공을 일컫는 말이 되고 있는 것입니다.

- 사실 관계에 맞는가?
- 주제가 드러나 있는가?
- 틀린 표현이나 어휘는 없는가?

위 글은 '싸가지 없는 남자'가 '매력적인 주인공'을 일컫게 되었음을 알리는 내용으로 되어 있다. 그런데 '싸가지'가 '버르장머리 없다는 것'이라고 하여서 사실을 오해한 내용이 나온다. 그리고 '인기몰이에 앞장서고 있다'는 표현에 문제가 있음을 알 수 있다. 여럿이 인기몰이를 하는 데서 이것들이 앞장섰다면 괜찮지만 단순히 이것들이 인기를 얻고 있을 뿐이기 때문이다. 이런 점을 감안하여 교열, 윤문을 하면 아래와 같이 될 수 있다.

'싸가지'(싹수의 사투리)가 없다는 말의 사전적 의미는 장래성이 없다는 뜻인데, 보통 버르장머리가 없다는 뜻으로 쓰이고 있습니다. 요즘 인기리에 방송되고 있는 드라마를 보면 소위 '싸가지' 없는 남자 주인공 캐릭터들이 인기를 끌고 있습니다. 그래서 싸가지 없는 남자가 최근에는 매력적인 남자를 일컫는 말이 되고 있는 것입니다.

예 2

당 아파트는 서민 아파트가 아닌 평수가 큰 고급 아파트입니다. 이 점을 잘 인식하고 계시는 주민들께서는 여러 경우 불편을 감수하시면서 아파트 이미지와 가치 상승을 위해 노력하고 계시는 걸로 알고 있습니다. 최근에 철탑 문제의 해결로 당 아파트 가격이 상승하고 있는 즈음에 한 가지 당부 드립니다. 다름 아닌 낮 시간에 베란다에서 옷이나 이불을 터는 문제입니다. 외부에서 보면 서민아파트에서나 볼 수 있는 광경인바, 주민 여러분의 협조 당부 드립니다. 옷이나 이불을 터시고자 하시면 낮 시간이 아닌 밤 시간을 이용하시어 고급스럽고 깨끗한 아파트 이미지를 위한 공동 노력을 당부 드립니다.

┤ 착안점 ├

- 하고 싶은 말이 잘 드러나 있는가?
- 하고 싶은 말을 가장 좋은 표현으로 나타냈는가?
- 불필요한 말을 하지 않았는가?
- 각 문장은 문법적으로 맞고 호응이 되어 있는가?
- 사용된 어휘는 표준어인가?
- 각 어휘 표기는 제대로 되어 있는가?

위의 글에는 들어 있어야 할 내용이 어느 정도 들어 있다고 볼 수 있다. 다만, 불필요한 문장과 표현, 각 문장과 문장을 잇는 부분과 각 문장 안에서의 표현, 어휘 등의 적절성만 검토하면 되겠다. 글 가운데에는 있어도 좋고 없어도 좋은 문장이 들어 있으므로 윤문을 할 때에는 이런 문장을 제외하자. 그러면 아래와 같이 교열, 윤문이 완성될 수 있다.

우리 아파트는 평수가 큰 아파트로서 최근에 철탑 문제가 해결되어 값도 오르고 있는 실정입니다. 이 시점에서 우리 아파트의 이미지를 고급스럽게 높이기 위하여 주민 여러분께 한 가지 당부하고자 합니다. 낮에 베란다에서 옷이나 이불을 털면 우리 아파트가 서민 아파트처럼 인식되어 이미지가 낮아질 수 있습니다. 그러니 옷이나 이불은 밤에 터시고 낮에는 아파트 이미지 관리에 협조해 주시기 바랍니다.

예 3

우리나라 사람들이 독서에 할애하는 시간이 세계 꼴찌 수준으로 나타났다. 영국 BBC방송 인터넷판 등이 27일 전한 조사 기관 NOP월드의 '문화지수'(Culture Score Index)에 따르면 우리나라는 책과 신문, 잡지를 포함하는 주당 독서시간이 3.1시간으로 조사 대상 30개 국 가운데 최하위를 기록했다. 이는 세계 평균인 6.5시간에도 한참 못 미치는 것이다. 인도는 주당 10.7시간, 매일 1시간 30분 가량을 독서에 할애하는 최고의 '책벌레 국가'로 나타났다.

- 주제는 드러났는가?
- 뒷받침 문장은 유기적으로 연결되었는가?
- 어휘와 표현에는 문제가 없는가?

우리나라 사람들의 독서 시간이 세계에서 가장 적다는 사실이 이 글의 주제이다. 이 사실을 발표한 언론사, 이 사실을 조사한 기관이 밝혀져 있고, 세계 평균과 독서 시간이 가장 긴 나라도 제시되어 있다. 다만 개별 문장의 구성에 좀 매끄럽지 못한 부분이 있다. 이를 윤문하면 아래와 같다.

우리나라 사람들의 주당 독서 시간이 세계 꼴찌 수준으로 나타났다. 엔오피 월드의 '문화지수'(Culture Score Index) 조사 결과를 영국 비비시 방송 인터넷판이 전한 바에 따르면 우리나라는 책과 신문, 잡지 등을 읽는 시간이 주당 3.1시간으로, 조사 대상 30개 국 가운데 최하위를 기록했다. 이는 세계 평균 6.5시간에도 한참 못 미치는 것이다. 인도는 주당 10.7시간, 매일 1시간 30분 가량을 독서에 할애하는 최고의 '책벌레 국가'로 나타났다.

예 **4**

국방부장관 해임건의와 관련하여 국민 여러분께 드리는 글

㉠ 존경하는 국민 여러분.

먼저, 이번 전방부대 총기사건으로 걱정을 끼쳐 드린 데 대해 심심한 사과의 말씀을 드립니다. 아울러 귀한 자식을 잃은 부모님들께도 거듭 사죄와 위로를 드립니다.

사죄로 끝낼 일이 아니라 원인을 철저히 분석하여 잘못이 있는 사람에게는 책임을 묻고 다시는 이와 같은 일이 재발하지 않도록 개선 조치를 해나갈 것을 약속드립니다. 다만, 국방부장관의 문책에 관하여는 국민 여러분께 대통령의 처지와 생각을 말씀드리고 양해를 구하고자 합니다.

㉡ 엄청난 사태가 발생한 이상 누구에겐가 책임을 물어야 한다는 심정에는 저도 공감하고 있습니다. 그러나 책임을 묻는 일 또한 민주국가의 책임원리에

맞게 해야 할 것입니다.

민주주의 국가에서 법적 책임이든 정치적 책임이든 무릇 책임을 물으려면 거기에는 합리적인 인과관계가 전제되어야 합니다. 특히 법적인 책임을 물으려면 구체적인 인과관계가 있어야 하는 것은 물론입니다. 비록 정치적 책임이라 할지라도 사회통념상 사고와 인과관계가 있는 상황의 조성에 직간접으로 관계하였거나, 아니라면 적어도 문책을 통하여 이와 같은 상황을 해소하는 데 도움이 되는 경우라야 할 것입니다.

그럼에도 우리나라의 여론은 대통령의 참모와 각료들에게 너무 쉽게 그리고 너무 자주 정치적 책임을 요구하는 경향이 있습니다. 그것은 과학적 인과관계와는 무관하게 '나라에서 일어나는 모든 불행한 현상은 하늘의 대리인인 군왕의 부덕에서 비롯된 것이므로 군왕의 책임을 운위하되, 실제로는 신하를 희생양으로 바치고 그 자신은 상징적으로 책임지는 시늉만 내는' 왕조시대의 책임관에서 연유된 측면이 있습니다.

또한 과거 권위주의 정권하에서 마치 국회가 대통령의 독재를 견제라도 할 수 있는 것처럼 호도하기 위하여 헌법에 국회의 각료에 대한 해임건의권을 둔 데서 비롯된 것으로 생각합니다. 그러나 이러한 경향은 민주주의 국가에서의 책임의 의미를 왜곡하고 정치적으로 남용하게 하는 결과를 초래하고 있습니다.

이제 우리나라도 정치적 책임에 관한 타성적 인식이나 형식논리를 극복하고 보다 실질적인 인식과 논리를 정비할 필요가 있다고 생각합니다.

물론 국민들의 정서를 존중하여 국방부장관이 사의를 표명하였고 대통령도 이를 수리하는 것이 타당하다는 여론을 잘 알고 있습니다. 그러나 그것은 장관과 대통령의 자발적인 판단으로 해야 하는 것이지 국회의 해임건의가 남발되고 그에 떠밀려서 하는 문책이어서는 곤란합니다. 그렇게 되면 국민의 뜻을 존중한다는 문책의 취지도 살지 못하고 오히려 정치공세의 소재로 악용되고 말 것입니다.

다른 나라의 사례를 보아도 민주주의를 제대로 하는 나라치고 우리처럼 문

책임인사가 잦은 나라가 없습니다. 또한 대통령제 국가에서는 해임건의 제도 자체가 있지도 않습니다. 내각제 하에서는 여소야대라는 상황이 발생할 수도 없고 해임건의라는 것이 내각불신임과 같은 것이어서 국회해산이라는 중대한 사태를 각오하지 않고는 국회도 함부로 꺼내기가 어렵습니다.

그런데 우리나라 국회에서 야당은 아무런 부담도 지지 않고 해임건의를 꺼낼 수 있게 되어 있고, 더욱이 여소야대의 정국 하에서 해임건의가 정치적으로 남용될 경우 대통령도 각료도 소신 있고 안정된 국정운영을 할 수가 없습니다.

대통령의 고민과 망설임을 오기정치로 몰아붙이기 전에 우리 야당이 너무 자주 해임건의를 꺼내는 것은 아닌지 다 함께 생각해 보아야 할 것입니다.

ⓒ 이치의 문제를 떠나서 실제로 대통령으로서는 이번 국방부장관의 교체문제가 참으로 난감합니다. 군 구조 개편, 획득 개선, 장병 복무환경 개선, 군사법제도 개선 등 국방개혁 과제는 이미 80년대 말부터 필요성이 논의되고 오래전에 그 방향이 공론화되어 있음에도 지금껏 지지부진했습니다.

역대 정권에서 방향만 잡아놓고 제대로 추진하지 못하고 참여정부까지 넘어온 것입니다. 참여정부에서도 진도가 나가지 않아서 장관을 교체하기도 하고, 그래도 진도가 걱정되어 국방개혁의 목표와 방향, 진행일정까지 법으로 정해놓기 위하여 입법을 추진하고 있습니다. 저는 지금 국방부장관에게 이 임무를 맡겨놓고 박차를 가하고 있습니다. 그런데 이런 불행한 사태에 부닥쳐 버린 것입니다.

사람이 많은 것 같지만 실제로 인사를 해 보면 사람이 그리 많지 않습니다. 다시 누구에게 이 일을 맡겨야 할지 참으로 막막합니다. 사람이 있어 새로 장관을 임명한다 해도 그 장관이 국정감사, 정기국회를 감당하면서 업무를 파악하고 손발을 맞출 진용을 짜서 본격적으로 일을 시작하려면 반년이 넘게 걸린다고 합니다. 국방부의 경우는 반년으로는 훨씬 부족합니다.

또 그렇게 해서 다시 시작한다고 해도 국방개혁의 방향이 어디로 갈지 장담하기는 어렵습니다. 국방개혁은 그 내용에 있어서 여야 간 정치적 이해관계가 대립하는 것은 아닙니다. 그럼에도 역대 정부가 다 성공하지 못한 것은 그 나름의 장벽이 있기 때문이고 이 장벽을 넘어야 하는 일이기 때문입니다. 국방개혁에 있어서 앞으로 반년은 참으로 중요한 시기입니다.

그리고 이번과 같은 사건을 예방하기 위하여 복무 환경과 병영문화를 개선하는 일은 국방부장관이 추진해 온 사업이고 이미 병사들로부터 좋은 평가를 받고 있습니다. 더욱 박차를 가하도록 하겠습니다.

ⓔ 존경하는 국민 여러분.

여소야대 정국에서 야당의 힘은 참으로 무서운 것입니다. 야당이 반대하면 정부 여당은 아무 것도 할 수가 없습니다. 아까운 시간만 낭비하게 됩니다. 한 때 대통령의 권력이 막강하여 함부로 휘둘러서는 안 되었듯이, 야당의 권력도 그것이 너무 클 때에는 절제하지 않으면 안 됩니다.

정부가 소신을 가지고 일할 수 있도록 힘을 모아 주시기 바랍니다. 대통령을 믿고 정부의 사정을 헤아려 주신다면 큰 힘이 될 것입니다. 큰 마음으로 도와주시기 바랍니다.

2005. 6. 28.

대통령 노 무 현

위 글은 국민을 몹시 가슴 아프고 우울하게 만들었던 비무장 지대 안에서의 군인 총격 사건과 관련하여 사태의 책임을 지고 국방부 장관이 사퇴해야 한다는 여론과 야당의 주장에 대해서 대통령이 자신의 생각을 제시한 것으로서, 위에 적힌 날짜에 청와대 누리집에 올려놓은 것을 그대로 옮긴 것이다. 대통령은 이 사건의 책임을 물어 장관을 사퇴시킬 수 없는 이유로 이 사건과 장관 사퇴 사이에 인과관계가 없을 뿐 아니라 장관을 바꾸는 것이 지금으로서는 국가적으로 이익이 되지 않는다는 점을 들었다. 그리고 국회 특히 야당의 해임 건의 움직임에 대해서도 대통령제 아래에서 국회의 각료 해임 건의 제도가 역기능을 하는 면이 있음을 지적함으로써 여론으로 야당의 움직임을 막아 보려는 듯한 인상을 풍겼다. 언론은 이로 인해서 정국이 경색될 것이라고 예상하였고, 여당은 대통령과 여론 사이에서 곤혹스러워하

537

며, 야당은 대통령의 고집과 오기라고 성토하였다.

　여기서는 대통령의 주장의 옳고 그름보다는 글의 교열과 윤문에 관해서만 검토해 보려 한다. 이렇게 긴 글을 교열, 윤문하려면 글을 전체적으로 잘 분석하여야 한다. 본문에 있는 번호는 원문에 없으나 분석과 설명의 편의상 붙인 것이다.

(1) 글의 개관

　이 글은 크게 4부분으로 구성되어 있다. ㉠부분은 인사를 포함한 들머리이고, ㉡부분은 여론과 야당의 장관 사퇴 요구가 이치에 맞지 않음을 주장한 것이고, ㉢부분은 실제로 지금 장관을 사퇴시키는 것이 국익에 도움이 되지 않음을 주장한 것이고, ㉣부분은 다짐과 당부이다. 이렇게 보면 대통령은 사퇴 요구가 이치에도 맞지 않고 현실적으로 이익도 되지 않으므로 사퇴시키지 않을 것이니 양해해 달라는 글을 쓴 것이다. 따라서 우리는 ㉡부분과 ㉢부분의 논리 전개에 유의하면서 문제점을 파악하는 노력을 해야 할 것이다. 그러면 어떤 문제를 지적할 수 있는지 검토해 보겠다. 검토할 때에 교열자가 조심할 것은 글쓴이의 생각이 정확하고 명쾌하게 드러나도록 하는 데 집중해야지 주장의 잘잘못을 따지려 하면 안 된다는 점이다.

(2) 전체적인 문제점

　글의 핵심은 장관을 교체하지 않겠으니 양해해 달라는 것이다. 그렇다면 교체하지 않는 이유를 성실하고 자세하게 그리고 합리적으로 설명하여 이해를 구하는 것이 옳다. 대통령이 제시하려 한 이유는 이 사건이 장관이 책임질 일이 아니라는 점과 윤 장관이 대통령과 손발을 맞추어 국방 개혁을 실행하고 있는 마당에서 물러나게 하면 다시 새로운 장관과 손발을 맞추는 데 시간이 걸려 국익에 도움이 되지 않는다는 점이었다.

　위 글을 보면 이런 순서대로 잘 진행되었고 국민이 쉽게 생각했던 부분을 대통령이 일깨워 준 부분도 없지 않아서 상당히 유익한 글이 되었다. 다만, 글의 핵심이 조금 분산된 느낌을 주는 아쉬움이 있다. 그 이유는 핵심 주장에 많은 문장을 할애하기보다 주장을 반대하는 사람들을 향하여 하고 싶은 말을 너무 많이 했기 때문일 것이다. 특히 ⓒ부분은 주장을 뒷받침하는 이야기보다는 반대 의견을 비난하는 데 압도적으로 많은 양을 할애하였다. 그리고 마무리인 ⓔ부분에서는 여소야대 상황에서 야당이 권력을 자제하지 않으면 안 된다는 이야기를 꺼냄으로써 이 글이 마치 국민에게 야당을 견제해 달라는 글처럼 오해될 소지를 만들어 주었다. 그럼 각 부분의 문제점을 좀 세밀하게 논해 보겠다.

(3) ⓒ부분의 문제점

장관 사퇴 주장이 옳지 않은 이유를 제시한 부분이다. 여기서 대통령은 이치에 맞지 않은 이유로 인과관계론과 여론의 잘못된 경향, 각료 해임 건의제의 역기능을 들었다. 이 주장 속에서 문제점을 제시하면 아래와 같다.

문제점 ① - 논점의 확장

논술문에서 가장 중요한 점은 자신의 논점이 확장되지 않도록 하는 것이다. 즉 주장하고자 하는 것과 그 논거를 명확하게 제시하여 그 범위 안에서 논쟁이 되도록 세심한 노력을 기울여야 한다. 그렇지 않으면 논점 외의 것으로 엉뚱한 논쟁을 하는 일이 일어날 수 있다. 이 글에서도 그런 잘못이 눈에 띈다. ⓒ부분은 장관 사퇴가 책임 원리에 맞는지 안 맞는지에 관한 것이 논점의 핵심이다. 이에 대해서 대통령은 장관이 사건에 어떤 연관성이 있는 것도 아니고, 장관이 사퇴한다고 해서 그런 사건이 재발하지 않는 것도 아니므로 장관에게 책임을 물어 사퇴하게 하는 것이 인과관계에 맞지 않다고 주장하였다. 이 주장을 좀 더 치밀하게 구성하여 반대자를 설득할 수 있게 하는 것이 ⓒ부분의 요체라고 할 수 있다. 그런데 이 주장에 대한 뒷받침은 소홀히 한 채 너무 쉽게 여론에 대한 비판과 야당에 대한 비난으로 전선을 확대하고 말았다. 대통령이 여론이나 야당의 주장에 반대 목소리를 내는 것은 얼마든지 이해할 수 있고 어느 의미에서는 이해하도록 국민과 야당이 노력해야 할 것이다. 그러나 그렇게 되게 하려면 먼저 대통령이 자신의 주장에 대한 체계적이고 합리적인 설명을 해야 한다. 장관에게 책임을 물을 수 없다는 논리를 반박하는 한 마디를 한다면 장관이 취임 후 한 번도 사건이 난 초소(이 초소가 국군 사병이 가장 고생을 많이 하는 곳으로 알려져 있다) 등 이와 유사한 초소를 방문하지 않았다는 점이다.

미국 대통령이 한국에 오면 먼저 최전방에 있는 미군 부대에 가서 최전방에서 근무하는 사병을 만나 함께 식사를 한다. 윤 장관은 사건 후 처음으로 그 초소에 들렀다가 복무 환경의 열악함에 놀랐다고 한다. 그 정도로 그는 국방부 장관으로서 사병의 상황에 무지했다는 점을 알 수 있다. 그런데도 대통령은 장관에게 책임을 물을 만한 인과관계가 없다고 했다. 과연 그런가? 대통령의 주장이 설득력이 있으려면 타당한 이유가 제시되어야 한다. 이 글에는 그런 이유가 될 만한 뒷받침 문장이 없다. 그러니 국민이나 야당은 대통령이 여론을 거부하는 데 다른 이유가 있을 것으로 추측하게 된다. ⓒ부분의 세 번째 문단 '그럼에도' 이하 ⓒ부분 바로 앞까지의 긴 주장은 하지 않아도 괜찮고 하더라도 '인과관계 없음'을 뒷받침한 뒤에 아주 간단히 핵심만 적는 것이 좋다. 지금의 ⓒ부분은 대통령의 감정이 묻어 있음을 느끼게 하여 여론과 야당에게서 '대통령의 오기 또는 고집'이라는 말을 듣기 쉽게 되어 있다.

문제점 ② - '우리나라 여론'과 '우리나라'를 혼동함

대통령은 '우리나라 여론'의 경향의 유래를 나름대로 분석하고, 그 경향이 '책임의 의미를 왜곡하고 정치적으로 남용하게 하는 결과를 초래하고 있다'고 분석한 다음에 이를 극복할 방법으로 '우리나라도 정치적 책임에 관한 타성적 인식이나 형식논리를 극복하고 보다 실질적인 인식과 논리를 정비할 필요가 있다'고 했다. 여기서 주의할 것은 '우리나라 여론'에서 문제점을 찾았는데 왜 '우리나라'에서 해결 방안을 찾았느냐 하는 것이다. '우리나라 여론'이 곧 '우리나라'가 아님은 대통령 자신이 잘 알고 있을 것이다. '우리나라 여론'이란 우리나라 국민 다수의 뜻일 뿐 모든 국민의 뜻은 아니다. 대통령 자신도 이미 소수 의견을 가지고 있지 않은가? 소수 의견을 가진 사람이 다수 의견을 가진 사람에게 그 잘못을 지적하는 형식이 되어 있는데, 어떻게 '여론'의 잘못을 '우리나라'의 잘못으로 생각할 수 있겠는가? '정치적 책임에 관한 타성적 인식이나 형식논리를 극복하고 보다 실질적인 인식과 논리를 정비해야 할' 사람은 여론, 곧 여론에 참여한 사람들이므로 이들에게 호소해야지 막연히 싸잡아서 '우리나라'라고 한 것은 대통령이 '우리나라'를 폄하한 것으로 보일 수도 있다.

(4) ⓒ부분의 문제점

대통령은 장관 교체가 실질적으로 국가 이익에 도움이 되지 않는다고 주장하였다. 대통령의 주장을 가장 설득력 있게 해 주는 중요한 부분이라고 할 수 있다. 여기에는 윤 장관이 사실은 이런 사건을 예방하기 위해서 여러 정책을 추진하고 있는 사람이라는 점과 새로운 장관이 들어와서 지금처럼 국방 정책 개선 사업을 추진하려면 시간이 걸리고 자칫 잘못될 수도 있다는 점을 들었다.

문제점 ① – 자살골을 넣었다

논술문에서 주장의 근거를 내세우면서 무의식적으로 자기의 잘못이나 무능을 드러내는 경우가 있는데 이는 주장의 논거에 힘을 빼는 자살골 또는 이적 행위라고 할 수 있다. 이 글에도 이런 자살골이 들어 있다. "사람이 많은 것 같지만 실제로 인사를 해 보면 사람이 그리 많지 않습니다. 다시 누구에게 이 일을 맡겨야 할지 참으로 막막합니다." 이 말은 장관 교체의 현실적 어려움을 말한 대목으로 이해하지만 뒤집어 보면 대통령의 인사 관리가 상당히 허술하고 불안한 면이 있음을 느끼게 한다. 대통령의 주장이 사실이라고 하더라도 그것은 '가슴에 품고 있을 일'이지 이렇게 공개할 일은 결코 아니다. 장관 교체를 '안' 하는 것이 아니라 '못' 하는 것일 수도 있다는 의심을 받을 수 있기 때문이다. 이런 경우에는 '더 유능한 분이 맡는 것도 좋겠지만, 책임을 물을 수 있는 근거가 약하고, 이미 국방 개혁을 위해 손발을 맞춰 잘 진행하고 있을 뿐 아니라, 새로 장관이 바뀌었을 때에 생길 정책의 일관성 훼손 등을 생각하면 바꾸지 않는 것이 최선이다.'라는 식으로 논리가 전개되어야 논점이 모아질 것이다. 이 경우 대통령의 주장에 설득력이 있으려면 윤 장관이 국방 정책에 가장 적임자라는 공감을 얻을 수 있는 성과를 제시해야 한다. 국민이나 야당은 윤 장관에 대해서 그리 후한 평가를 하지 않고 있다. 그렇다면 대통령은 더욱 윤 장관의 필요성을 부각하는 노력을 했어야 한다.

문제점 ② – 윤 장관의 능력이 부각되지 않았다.

이 글에서 가장 중요한 점은 지금의 장관이 병영 문화 개선을 포함한 국방 정책 개선에 대통령과 뜻을 맞추어 충실하게 노력하고 있고 이 노력이 상당한 기

간이 걸려서 점진적으로 이루어진 것이므로 사퇴시켜야 할 명확한 이유가 없는 마당에 사퇴시키는 것은 국방 개선 사업을 진행하는 데 매우 소중한 시간을 허비하는 일이 되어 국익에 도움이 되지 않는다는 점일 것이다. 이는 윤 장관이 총기 사건의 책임자가 아니라 역으로 그런 사건을 막는 정책을 추진하는 데 적임자라는 것이기 때문에 이 글이 가장 강조해야 할 부분이라고 생각한다. 그런데 대통령은 이 부분을 강조하는 데 소홀히 했다. 어쩌면 야당 공격에 많은 부분을 할애하다 보니 결과적으로 중요한 부분을 소홀히 한 것 같다. 이를 강조하기 위해서는 앞에서 말한 바와 같이 ○부분의 인과관계에서 지금의 장관이 병영 문화 개선에 노력해 온 사람임을 주장하여 이 사건의 책임을 지고 장관이 물러나는 것이 옳지 않음을 주장한 뒤에 ㉢에서는 국가적인 관점에서 대통령의 의지를 실현하여 국방 정책을 개선할 사람을 지금 다시 바꾸는 것이 현명하지 않음을 주장하였더라면 설득력이 더 높아졌을 것이다.

(5) ㉣부분의 문제점

글을 마무리하면서 국민에게 이해를 구하는 곳인데 장관 유임 결정에 대한 이해보다는 야당의 권력을 견제해 줄 것을 당부하는 글처럼 구성하였다. 즉, 총기 난사 사건의 책임을 장관에게 묻지 않는 대통령의 생각을 이해해 달라고 하는 것으로 마치지 않고 논점을 정치 일반으로 확대하여 야당의 무모한 주장을 견제해 달라는 글로 변한 것이다. 대통령이 이 부분을 적을 때에 좀 자제하지 않은 점이 아쉽다.

(6) 어법상의 문제점

교열하면서 항상 느끼는 것은 사람들이 띄어쓰기를 너무 무시하거나 안이하게 한다는 점이다. 모르면 국어사전을 찾아서 조금이라도 정확하게 쓰려고 노력한다면 지금보다는 훨씬 더 규모 있는 글을 쓸 수 있을 것인데 말이다. 위 글에도 띄어쓰기를 잘못한 곳이 많이 눈에 띈다. 물론 상당히 노력한 흔적을 볼 수 있지만 청와대 누리집에 띄우는 글이라면 이보다 훨씬 더 정제된 글이 되어야 할 것이다. 띄어쓰기 외에도 몇 가지 어법상의 문제점을 지적할 수 있다.

① **어휘 오용** : "사죄와 위로를 드린다": '사죄'와 '위로'는 성격상 함께 묶어서 드릴 수 있는 것이 아니다. '사죄'란 '용서를 비는 행위'이므로 사죄하는 사람이 위로까지 하려 하는 것은 염치없는 짓이라고 할 만하다. '사죄'하려면 그냥 사죄만 하는 것이 옳다. 사죄가 피해자에게는 위로가 될 수도 있겠지만 사죄자와 위로자가 동일인이 되는 상황은 아무래도 부자연스럽다.

② **이중 표현** : "다시는 재발하지 않도록 개선 조치를 해나갈"에서 '다시 재발하지 않도록'은 이중 표현으로서 부절절하다. '다시 일어나지 않도록'으로 쓰는 것이 좋다. '개선 조치를 해나갈'도 '개선해 나갈'로 하면 깔끔해진다.

③ **장소 부사어와 서술어** : "거기에는 인과관계가 전제되어야 합니다"에서 '거기에는'과 '전제되어야 한다'는 호응하지 못한다. '전제되어야 한다'는 무엇을 '하는'데 필요한 것이지 '거기에' 필요한 것이 아니다. 장소와 관련해서는 '거기에는 인과관계가 있어야 합니다.'로 '어디에 무엇이 있다'의 구문을 사용해야 한다.

④ **어미 어용** : "물론 국민들의 정서를 존중하여 국방부장관이 사의를 표명하였고 대통령도 이를 수리하는 것이 타당하다는 여론을 잘 알고 있습니다"라는 문장에서 '여론'을 꾸미는 수식어가 무엇인지 헷갈린다. '표명하였고'의 어미 사용이 서툴러서 일어난 혼선이다. 이를 '표명하였으니'로 고치면 좀 이해하기 쉬울 것이다.

⑤ **띄어쓰기 잘못** : 앞에서 말한 바와 같이 띄어쓰기 잘못이 여러 곳인데 몇 가지를 지적하면 다음과 같다. 괄호 안의 표기가 제대로 된 띄어쓰기이다.

> **해임건의**(해임 건의), **전방부대**(전방 부대), **총기사건**(총기 사건), **책임원리**(책임 원리), **정권하**(정권 하), **문책인사**(문책 인사), **국회해산**(국회 해산), **국정운영**(국정 운영), **교체문제**(교체 문제), **복무환경**(복무 환경), **오래전**(오래 전), **국방개혁**(국방 개혁), **진행일정**(진행 일정), **정해놓기 위하여**(정해 놓기 위하여), **병영문화**(병영 문화), **한 때**(한때), **큰 마음**(큰마음)

8. 맺음말

　남의 글을 다듬어 주는 것은 참 어렵고 고달픈 일이다. 더구나 이 일은 그 어떤 일보다 빛이 나지 않는 일이다. 기껏 잘 해 주더라도 공은 글쓴이에게 돌아갈 뿐이다. 부가가치를 높여 주기는 하되 그 열매는 작기만 한 일이 남의 글을 다듬어 주는 일이라고 할 수 있다. 그런데 이 일은 받는 것보다 더 많은 것을 사회에 주는 작업이다. 우리 사회에서 자기가 받는 가치보다 주는 가치가 더 많은 일을 찾기 쉽지 않다. 정치는 받는 가치가 주는 가치보다 10배는 더 많은 직업이다. 그래서 너도나도 정치인이 되어 많은 것을 사회로부터 얻어내려 한다. 교수는 받는 것이 주는 것보다 5배는 더 많은 직업이다. 공무원은 받는 것이 주는 것보다 3배는 더 많은 직업이다. 그래서 너도나도 교수와 공무원이 되려고 안달이다. 아마 문인, 교육자, 종교인 등도 그들이 사회에 주는 가치보다 받는 가치가 더 많은 축에 끼일 것이다. 이와는 반대로 사병은 사회에 주는 것이 받는 것보다 10배는 더 많은 사람들이다. 그래서 사병으로 군에 가기를 꺼려한다. 농사꾼과 고기잡이는 주는 것이 받는 것보다 5배 더 많은 사람들이다. 장사꾼은 주는 것이 받는 것보다 3배쯤 많은 사람들이다. 교열, 윤문을 직업으로 하는 사람들은 주는 것이 받는 것의 2배쯤 되는 사람들이다.

　성경에 주는 자가 복이 있다고 했다. 사랑도 주는 자가 받는 자보다 복이 있고, 물질도 주는 자가 받는 자보다 더 복이 있다. 그래서 우리 사회에 주는 가치가 사회에서 받는 가치보다 더 많은 사람들이 복이 있다. 사병, 농사꾼, 고기잡이, 장사꾼 그리고 남의 글을 더 빛나게 다듬어 주는 교열자들이 복이 있다.

　교열, 윤문이 가장 가치 있는 대목은 다른 사람의 모자란 점을 보완해서 그로 하여금 완전해지도록 돕는다는 점이다. 그리고 그 일이 우리의 말과 글을 보전하고 발전시키는 일과 직결된다는 점이다. 교열자가 열심히 하면 할수록 우리의 말과 글은 다듬어지고 발전해 간다. 이 얼마나 가치 있는 일인가? 정치는 오래 하면 할수록 사회를 어지럽히고, 공무는 오래 하면 할수록 국가를 부패시키고, 교육은 오래 하면 할수록 교육을 타락시키고, 종교는 오래 하면 할수록 사회를 위선으로 물들이는데, 놀랍게도 교열은 하면 할수록 국어를 바로 세우게 된다. 이런 점에서 교열자야말로 우리 사회를 바로 세우는 데 큰 기둥이 될 사람들이다.

지금 이 시간에 출판사나 신문사, 잡지사, 방송사 등에서 교정, 교열에 전념하는 사람들이여, 그대들이 우리 문화 정신의 진정한 버팀목이다. 그대들과 각 가정에 복이 내리기를!

연습 문제

정답은 www.barunmal.com 의 "글세상"에 있습니다.

01 아래 문장에서 밑줄 친 부분의 잘못을 바로잡으라.

(1) 이 자리를 <u>빌어서</u> 사과드립니다.

(2) 비가 <u>온 관계로</u> 모임에 나가지 못했다.

(3) 붉은 빛이 눈에 <u>띠게</u> 짙어졌다.

(4) <u>왠</u> 일로 나를 찾아왔나?

(5) 시험을 잘 <u>치루고</u> 오너라.

(6) 내게 그 비밀을 <u>가리켜주면</u> 사례하겠소.

(7) 지금 말은 어제 한 말과 <u>틀리잖아요.</u>

(8) 이게 내 <u>꺼야.</u>

(9) 시어머님께서 집에 잠깐 <u>들리셨더라고요.</u>

(10) 지금 김치를 <u>담아야</u> 겨울에 먹을 수 있죠.

(11) 새가 참 빠르게 <u>날라가는군요.</u>

(12) 그런 말씀은 <u>삼가하세요.</u>

(13) 거기는 이제 <u>갈래야</u> 갈 수 없어.

(14) 가방을 어깨에 <u>매고</u> 간다.

(15) 형님 집에 몸을 <u>붙이고</u> 있다.

(16) 이제 가게를 <u>들일</u> 때가 되었다.

(17) 우리 지금 <u>해어지면</u> 언제 만나지?

(18) 도저히 분을 <u>삭힐</u> 수 없었다.

(19) 글씨가 참 잘 <u>쓰여졌군요.</u>

(20) 우리가 성공하리라고 <u>생각되어집니다.</u>

(21) 좋은 하루 <u>되십시오.</u>

(22) 회장님의 말씀이 계시겠습니다.

(23) 제가 설명드리도록 하겠습니다.

(24) 이 영화 참 재미있는 것 같애.

(25) 저는 지금 너무 행복해요.

(26) 제게 좋은 친구 한 사람 소개시켜주세요.

(27) 광화문 네거리에서 우연찮게 그를 만났어.

(28) 그 사람 주책이야. 그런 사람은 밥맛이라고.

(29) 비가 쏟아지니 패인 땅에 물이 고였다.

(30) 제 남편께서는 점잖으셔서 말씀을 안 하세요.

(31) 모임에 내노라하는 유지들이 다 모였더라.

(32) 저 같은 경우는 그런 걸 별로 좋아하지 않습니다.

(33) 앞서 가는 사람을 다 제끼고 일등을 했다.

(34) 아직도 실내에서 담배 피는 사람이 있다니.

(35) 그의 말은 웃기지 않아요. 얼굴이 웃기게 생겼죠.

(36) 아이가 우는 바람에 얼마나 놀랬는지.

(37) 기어이 일을 벌리고 말았군.

(38) 이 문제를 정확하게 맞추면 한턱내겠다.

(39) 이것이 우리의 가장 큰 바램입니다.

(40) 바다 위를 날으는 물새가 한가롭게 보인다.

(41) 누구나 마음이 설레이기는 마찬가지야.

(42) 저희 나라에서는 한가위에 달집을 태우지요.

(43) 그는 첫 데뷔할 때부터 각광을 받았지요.

(44) 맨날 잠만 자면 돈은 언제 버나.

(45) 이 사건이 총선에 미칠 파장을 주시하고 있다.

(46) 상황을 악화시켜 유감스럽다는 입장을 밝혔다.

(47) 그들은 언제나 현찰로 거래한다.

(48) 은행 예금 구좌 번호를 적으세요.

(49) 이번 시합에서는 꼭 우리가 이길 거야.

(50) 사랑이 뭐길래 저 야단인지.

(51) 이번엔 반드시 시시비비를 가려야 한다.

(52) 전문가에 자문을 구하여 작성한 보고서입니다.

(53) 이번 시험은 난이도를 높이기로 했다.

(54) 시청 공무원이 뇌물을 수수한 죄로 구속되었다.

(55) 그는 동편제의 대가인 장판개에게 사사하였다.

(56) 곧 뵐 수 있기를 바라겠습니다.

(57) 국민의 위기의식이 반영된 측면을 무시할 수 없습니다.

(58) 저기가 바로 백제의 한이 서린 낙화암이 되겠습니다.

(59) 그를 설득시키지 않고는 이 문제를 해결할 수 없다.

(60) 오늘 아침 아버님으로부터 생일 선물을 받았다.

02 아래 글을 읽고 지시에 따라서 글을 적으라.

> 풍수를 공부한 사람으로서 왜 이런 일이 생기게 되었는지를 고민해 보니 이런 그림이 떠오른다. 어떻게 괜찮았던 사람도 청와대만 들어가면 이해하기 힘들게 바뀌어 버리는 것일까?

청와대 터는 일제 총독이 조선의 자존심을 근본적으로 밟아 버리기 위해 선정한 터이다. 그곳은 조선 정궁인 경복궁 위쪽에 해당된다. 영국이 중국 일부 식민지 경략에서 쓰던 수법을 더욱 발전시킨 전형적인 식민통치 수법으로 세워진 곳이 바로 그곳이다.

청와대 바로 뒤에 있는 북악산은 청와대 경내에서 보면 매우 아름답고 권위도 있는 서울의 주산이다. 하지만 광화문 네거리만 나와서 봐도 그것이 얼마나 왜소하고 인왕산 같은 주변 산세에 미치지 못하는지를 금방 알 수 있다.

대통령은 외로운 자리일 것이다. 그 자리는 특히 환경심리학적 요인에 영향을 받을 소지가 크다. 청와대 안에서는 내가 가장 아름답고 권위도 있으며 항상 옳다고 믿게 되겠지만 멀리서 보는 사람에게는 그렇지 못한 것이 탈이다.

더욱이 경내에서 남쪽을 향해 보면 시내가 훤히 보이고 남산이 가까이 다가서 있기에 이 세상 형편을 다 아는 것 같고, 물론 최고급의 정보를 가지고 있을 것은 분명하지만, 남산이란 걸림돌이 있다손 치더라도 그리 어렵지 않게 넘을 수 있는 장애물로 보일 것이다. 멀리 관악산이란 큰 산이 있기는 하지만 너무나 멀리 떨어져 있다. 그러니 모든 문제들이 조금의 어려움은 있지만 쉽게 넘을 수 있는 문제라는 오산에 빠질 공산이 커지게 되는 것이다. 역대 대통령들이 독선에 빠져 수많은 실수를 저지른 것이 이와 무관치 않을 것이란 게 풍수를, 요즘 말로 환경심리학을 공부하는 필자 같은 사람의 유추이다. (최창조, 풍수잡설)

(1) 밑줄 친 '이런 일'은 구체적으로 어떤 일이라고 생각하는지 위 글에서 해당 문장을 따서 적되 각자 알고 있는 바를 뒷받침 문장으로 제시하라.

(2) 필자는 청와대 자리에 대한 역사적 맥락과 지리적 맥락을 설명했다. 이 두 맥락 사이에 어떤 연관이 있는지(또는 없는지) 글의 통일성의 관점에서 말하라.

(3) 필자는 청와대 자리가 대통령에게 미칠 수 있는 환경심리학적 요인을 어떻게 보고 있는지 이 글이 지적하는 바에 따라서 적으라.

(4) 이 글을 100 단어 이내로 줄이라.

연습 문제

03 아래 글을 읽고 물음에 답하라.

현재 정부 관료의 특징은 "유능하고 전문성을 갖춘 사람이 입문하면 이들은 곧 cipher가 된다"는 것이다. 사이퍼란 그저 그런 사람, 영(零)이라는 뜻을 갖고 있는 단어이다. 공무원을 좀 비하하는 미국식 표현이다. 이들은 늘 외부로부터 강요받고(externally imposed), 연역적으로 패턴화(deductively patterned)되어 있다. 국민의 요구나 기대는 크고, 현장을 경험하지 않은 상태에서 현장에 기초한 것이 아닌 책상에서 만들어지는 정책들이 양산되고 있는 형국이다. 유능한 사람들은 곧 딱딱하고 비창조적인 조직문화에 물들고 만다.

노틀담 대학의 바라바쉬 교수는 "세상은 네트워크다. 이 네트워크에서 중심적 역할을 하는 것이 hub와 nod이고, 작은 단위의 연결고리 역할을 하는 것이 connector이다"라고 말한 바 있다. 이제 조직은 사람이 단위가 아니고 "보이지 않는 선으로 연결되어 있는 거미줄 같은 연합체"라는 것을 알아야 한다. 그리고 조직은 피라미드 조직에서 수평?평등조직(flat organization, collegial organization)으로 변하고 있다. 따라서 계급제는 탈피될 수밖에 없다. 위계적 조직형태에서 원자상태로 해체되어야 한다.

따라서 현대사회에서는 얼마나 networking을 잘 하는가가 중요하다. 현재까지의 관료 조직은 피라미드 조직이었으나, 21세기 조직은 수평적, matrix, network조직화되어야 한다. 이러한 새로운 조직을 바탕으로 개개인이 단위가 아닌 팀으로 움직이는 것을 상정하고 여기에 지식과 정보와 기술과 실천적 지혜(phronesis)를 함양하는 쪽으로 전략을 세워야 한다.

그러려면 달라진 조직관에 적응해야 한다. 히터랄키(heterarchy)말이다. 하이랄키(hierarchy)가 아니라 히터랄키라는 표현이 있는데 이는 순환을 뜻한다. 서로 연결되어 영향을 주는 것이지 위에서 아래로 일방적으로 권한이나 정보 등이 흐른 것이 아니라는 뜻이다. 조직은 전통적으로 피라미드 계층적 관료조직이라는 것은 다 아는 사실이다.

운동경기에 비유하면 미식축구가 여기에 해당된다. 공은 쿼터백으로부터 반드시 와이드 리시버에게 던져주거나 러닝 백에게 패스되어 이들이 끼고 달리는 것이 공격의 공식이다. 때로 수비수인 타이트 앤드가 공을 받아 역 공격을 성공시키는 예가 있는가 하면 또 상대방의 공격 중에 험블을 해서 공을 가로챈 수비수가 전진을 하거나 터치다운을 시키는 경우는 있다. 그러나 단계적으로 공격하는 원형은 마치 관료조직의 계급구조를 방불케 한다. 그러나 요즘 말하는 수평조직이나 매트릭스 조직, 아니면 네트워크 조직과는 거리가 멀어 보인다.

미식축구말고 유럽식 축구(soccer)를 보라. 이 축구경기야말로 수평조직 이고 매트릭스 조직이며 네트워크 조직이다. 네트워크 조직은 원래 안에 핵심 조직이 있고 이것이 외부와 관계를 맺는 형태를 말하는 것이지만, 안 에서도 네트워크는 얼마든지 형성될 수 있는 것이므로 굳이 구별할 필요는 없다. 중심이 되어 공을 공급하는 선수가 있기 때문이다. 아무튼 축구 경기 를 관전한 사람은 누구나 선수의 움직임이 관료조직과는 다르다는 것을 알 게 된다. 공은 반드시 공격수에게 패스되어 이들이 최전방에서 공격하는 것은 사실이다. 4-2-4나 3-5-2전법 같은 것이 있어 공격의 공식이 있 게 마련이다. 공은 골키퍼로부터 스위퍼에게, 스위퍼로부터 미드필더에게, 그리고 양쪽 윙이나 포워드에게 전달되는 방식은 일종의 관료조직의 움직 임과 다를 바 없어 보이나 때로 스위퍼가 치고 달려 상대방 골 문전까지 쇄 도해 골을 넣는 경우를 볼 수 있다. 만일 골키퍼가 공을 적진 깊숙이 있는 센터포드에게 공을 차는 것처럼 계장이 과장과 국장을 제치고 실장에게 가 서 결제를 맡으면 그 사무관은 그 조직에서 살아남지 못하겠지만 이젠 그 런 조직은 생동감이 없고 실적도 잘 올리지 못할 것이다. 여기서 또한 중요 한 것은 한 선수가 2 이상의 역할을 한다는 점이다.

축구경기는 분명히 역동적 조직이며 선수가 자기의 포지션(역할)을 임기 응변으로 바꾸어 수행할 수 있는 유연한 조직이다. 이들 간의 관계는 한없 이 바뀌는 형태로 공을 이각, 삼각, 사각으로 주고받아 공격이나 수비에서 보듯이 수 없는 매트릭스를 형성한다. 그러나 히딩크가 걱정한 것이 하나 있었다. 이것만 극복하면 2006년 월드컵에서도 상위팀으로 진출할 것이라 고 예언했는데 그것이 바로 한국 팀에는 보이지 않는 상하관계(선후배)가 있고 이들끼리 잘 되지 않는 커뮤니케이션을 원활하게 만드는 것이라고 했 다. 원활한 커뮤니케이션이란 상대방 선수의 위치와 역할을 존중하는 것이 라고 했다. 조직이 경직되고 관료화되면 경기는 지게 마련이라는 점을 강 조한 것이다. 그러면서 선수들에게 형이라고 부르는 호칭을 쓰지 말라고 했다. 위계를 없앤 것이다.

연습 문제

　　이처럼 변화는 이질적이면서도 서로 연관되는 매우 복잡한 조직에서 조직의 변화 내지는 패러다임의 변화를 충분히 인식하고 인사의 패턴을 달리 생각할 때가 되었다. 한마디로 네트워크나 히터랄키라는 개념을 갖고 정부 내의 인적 자원을 활용할 때가 되었다. 과거의 정부가 하지 못했던 것을 해야 할 때가 된 것이다. (김광웅, 공직 사회에 부는 새로운 변화)

(1) 글쓴이는 "(관료 사회에) 유능하고 전문성을 갖춘 사람이 입문하면 이들은 곧 사이퍼(cipher)가 된다."라고 했는데, 왜 그렇게 된다고 보았는지 설명하라.

(2) 글쓴이는 공무원 조직이 지향해야 할 새로운 형태로서 어떤 조직을 제시했으며 왜 그것이 옳다고 보았는지 설명하라.

(3) 글쓴이는 미식축구를 계층적(피라미드식) 관료조직의 전형이라고 했고, 유럽식 축구를 수평조직이고 매트릭스 조직이며 네트워크 조직이라고 했다. 미식축구와 유럽 축구의 어떤 점 때문에 이런 상반된 평가를 내렸는지 설명하라.

(4) 히딩크가 걱정했다는 한국축구의 문제점은 무엇이었고, 이것이 왜 문제가 된다고 보았는지 조직의 문제와 관련하여 설명하라.

(5) 이 글이 주장하는 바를 이 글이 제시한 용어를 활용하여 50 단어 이내로 요약하여 적으라.(위 글의 각 어절을 한 단어로 봄)

(6) 이 글이 주장한 바나 해결 방안 가운데에서 미진하다고 생각하는 점이 있으면 말하라.

(7) 띄어쓰기가 잘못된 것, 표현이 서투른 부분 등을 찾아 교열하라.

04　다음 글을 읽고 물음에 답하라.

　　최근 인터넷의 급격한 보급에 따라 정보통신 강국이라는 입지를 굳힌 반면, 우리말 오용이 심각하다. 또 과거에 비해 개선되기는 하였으나 정부 문서에서도 여전히 한글 오용 사례가 많은 것으로 나타났다. 국립국어원 보고서에 따르면 한글 오용률은 정부 홈페이지 10%, 방송 7%, 신문 4.2%, 잡지 4.5% 등이었다.

실제로 정부기관 홈페이지에 있는 문서를 검토해 본 결과 '여러분들' 이나 '우리들'과 같이 복수 명사에 복수 접미사 '들'을 붙이는 오류가 가장 많았고, 띄어쓰기 오류(듣기위한 → 듣기 위한, 함께 하는 → 함께하는)와 겹말 오류(각 부처별 → 부처별)도 많았다. 그리고 '을사보호조약 → 을사조약' '민비 → 명성황후' 등 일제치하의 잔재가 여전히 없어지지 않고 있는 실정이다. 일본어 번역 과정에서 생긴 '보다 철저한 → 더욱 철저한' 이나 우리말 조사에 잘 사용되지 않으나 일본어 영향을 받은 '서로의 → 서로' '스스로의 → 스스로' 등도 많이 발견되었다.

우리나라가 인터넷 강국에 진입한 지 10년째를 맞는 시점에서 정부에서는 IT 분야를 중심으로 그동안의 실적을 결산하는 움직임을 보이고 있는데, 이에 상응하여 우리말 파괴 역사 10년을 짚고 넘어가야 한다는 목소리가 높다. 특히 젊은 층을 중심으로 한 인터넷 세대의 우리말 오용 실태는 가히 심각한 수준에 이르러 범정부적으로 우리말 바로 쓰기 운동을 추진하는 것이 시급하다는 의견이 지배적이다.

최근 정부 차원에서 우리말 바로 쓰기 노력이 진행중이기는 하나 그 효과가 사회 전반으로 확산되기에는 아직 미흡하다. 한글 관련 주무부처인 문화관광부에서는 '모두 다 함께 하는 우리말 다듬기 운동'을 펼치고 있으며, 국어기본법을 제정해 7월 28일 시행을 앞두고 있다.

그러나 급변하는 글로벌 시대에 한글 신조어가 지속적으로 생성되고 또한 표준어도 주기적으로 바뀌는 상황에서 단순히 과거와 같은 문법, 어법 교육만으로는 충분하지 않다.

일선 초·중·고등학교 교사들은 "기존 교과과정에서 한글 바로 쓰기 교육을 하려고 해도 정확한 표준어 지침이 없어 교육이 실질적으로 이뤄지기 어렵다. 이제는 자동화된 툴이 필요하다"고 주장하고 있다.

현재 활용할 수 있는 툴인 한글 맞춤법 검사기는 기존의 워드프로세서나 내부 전자결재시스템과 연동하여 사용자가 문서를 입력하는 즉시 맞춤법·문법·어법 등과 관련된 오류를 곧바로 찾아 주며, 도움말 기능을 이용하면 오류를 자세히 분석할 수 있다. 물론 신조어, 신기술 용어, 개정 표준어법 등을 적기에 반영하는 것이 필수적이다.

정부 부처 중 특허청에서는 이미 민원인용 SW에 한글 맞춤법 검사기를 장착하여 배포하였으며, 법원도서관에서도 법률용어 DB를 구축하여 법률 관련 문서 작성에 활용하고 있다. 그리고 문화부, 산림청, 국무조정실 등에서는 올바른 공문서 작성으로 품격 높은 행정 서비스를 제공하고자 한글 맞춤법 검사기 도입을 추진하고 있다. 일부 초등학교에서도 한글 맞춤법 검사기의 시험 버전을 도입하여 한글 교육에 활용할 수 있을지 평가중이다.

인터넷 시대에 걸맞게 우리말 바로 쓰기와 관련된 이러한 자동 툴을 학교·가정·정부기관 등에서 도입하여 활용할 경우 최근 문제되고 있는 인터넷 세대의 우리말 바로 쓰기 교육에 상당히 기여할 것으로 보인다. 행정 문서 한글 오용 사례의 70%가 감소할 것으로 예상되며, 행정 문서를 접하는 국민에 대해 간접적인 교육 효과도 기대된다.

또한 수치적인 인터넷 시설강국이 아니라 우리말 사랑을 바탕으로 진정 내실있는 인터넷 문화강국으로 발돋움할 수 있도록 앞으로 정부 차원에서 더욱 강력하게 지원해야 한다.

(이재황, 인터넷 강국 10년, 한글 바로 쓰기 추락 10년)

⑴ 위 글은 '우리말'과 '한글'을 같은 개념으로 사용하였다. 그래서 '우리말 바로 쓰기'와 '한글 바로 쓰기'를 같은 의미로 번갈아서 주장하고 있는데 이 두 개념의 혼란이 이 글의 주장에 어떤 영향을 미칠 것인지 말하라.

⑵ 정부 기관 홈페이지에 있는 오류를 제시한 것 가운데에서 오류라고 할 수 없는 것도 제시되어 있다. 무엇인지 말하라.

⑶ 글쓴이의 주장을 30단어 이내로 줄여서 적으라.(위 글의 각 어절을 한 단어로 봄)

⑷ 띄어쓰기, 어휘, 표현 등에 잘못이 있는지 검토하여 교열하라.

01 급격히 발전하는 각 분야의 새로운 정보를 빨리 얻고, 세계인들과 정치, 경제, 사회, 문화, 교육 등 모든 영역에서 활발하게 교류하는 데 중요한 언어로서 영어의 비중이 날로 커지고 있다. 그래서 우리가 하루라도 빨리 영어를 잘하는 민족이 되는 것이 민족과 국가 발전에 결정적으로 중요한 요소가 될 것이라고 생각하여 영어를 모국어로 삼자는 주장이 나오고 있다. 이 주장의 옳고 그름에 대해서 토론해 보자.

02 이제까지 국어 공부를 하면서 국어에 대해서 느낀 점, 어문 규정의 문제점, 어법상 개선해야 할 점, 국어 정책에 대한 의견 등을 서로 내놓고 토론해 보자.

뒷글

나는 '국어기본법'이 국회를 통과한 것을 기념하여 이 책을 썼다. 내가 이 책을 써서 국어기본법 제정을 기념하려는 것은 이 법이 나와 각별한 인연이 있기 때문이다.

나는 2000년부터 국어 관련 기본법이 필요하다는 인식으로 어떤 내용을 담은 법이 필요한지 검토하기 시작하였고, 국어를 총체적으로 관리하고 국민이 국어를 제대로 사용할 수 있도록 국가가 적극적으로 돕는 방법을 제시할 수 있으면 좋겠다는 결론을 얻었다. 국가가 벤처 기업도 육성하고, 국민에게 컴퓨터를 가르치도록 컴퓨터 학원에 막대한 예산을 지원하고, 농어촌 발전을 위해서도 엄청난 예산을 들이는 것과 같은 맥락에서 국민이 국어를 잘 사용할 수 있도록 하는 데에도 국가가 예산을 지원해야 한다는 것이 나의 생각이었다.

내가 처음 내 복안을 문화관광부 국어정책과장(지금은 이 과가 없어졌다.)에게 설명하고 함께 노력해 보자고 권한 것이 2000년 가을이었다. 그러나 그의 반응이 신통치 않아 내가 직접 나서겠다고 생각하고, 2001년 초부터 뛰기 시작했다. 먼저 국어학계의 단일안을 만드는 것이 중요하다고 판단해서 국립국어원(당시는 국어연구원)과 한글학회를 방문하여 취지를 설명했더니 남기심 원장과 허웅 회장(작고하심)이 흔쾌히 동의해 주셨다.

그래서 연구원 추천 학자와 한글학회 추천 학자 그리고 국어문화운동본부 추천 학자와 일반인 15명으로 준비 위원회를 구성하여 법안을 만드는 작업을 시작한 것이 2001년 12월 17일이었다. 이 모임에서는 2002년 4월 22일에 법안을 최종적으로 완성했는데, 당시 법안 명칭은 '국어 진흥법'이었다.

이 안을 관련자들과 상의하여 다듬는 한편, 국회에 입법 청원을 하기 위하여 서명을 받던 중 문화관광부 김수연 과장에게서 연락이 왔다. 내가 추진하는 법을 정부 입법으로 추진하고 싶다는 것이다.

　나는 처음부터 의원 입법보다는 정부 입법이 좋다고 생각했기 때문에 즉시 이에 동의했고, 우리가 만든 법안을 문화관광부에 건네 주었다.

　김수연 과장은 한 달 정도 검토한 뒤 자신의 안을 나에게 보내 주었고, 나는 이 안을 남기심 원장과 함께 축조심의하듯이 검토한 뒤 그 결과물을 다시 김수연 과장에게 보내 주었다. 이 안이 이번에 국회를 통과한 국어기본법의 기본 골격이 된 것은 두말할 나위가 없다.

　그 뒤 정부는 공청회 등 의견 수렴 절차를 거치면서 우리가 제시한 안에서 강제적 조항을 완화하고 모자란 부분을 보완하여 2004년에 법안을 국회에 제출하였는데, 그것이 2004년의 끝자락인 12월 29일에 정쟁의 소용돌이 속에서 가까스로 국회를 통과하게 된 것이다.

　내가 이 법의 제정을 기쁘게 생각하는 것은 두 가지 이유에서이다. 하나는 국가가 국어를 위하여 무엇인가 할 수 있는 길이 마련되었다는 점이고, 다른 하나는 국어만 잘해도 밥 먹고 살 길이 열리게 되었다는 점이다. 이제는 '국어 사랑, 나라 사랑'이라는 구호를 외치지 않아도 국민 스스로 국어를 사랑하고 발전시킬 수 있는 바탕이 마련된 셈이다.

　이제 나는 학생들이 마음 놓고 국어 공부를 하기 바란다. 그리고 젊은이들이 국어 공부에 미래를 걸어도 될 정도로 국가가 국어 공부를 지원할 수 있도록 이 법을 잘 운용하기를 기대한다.

　내가 이 책을 만든 것은 국어를 제대로 공부해 보려 하는 학생들에게 국어에 관한 시야를 넓혀 주고, 국어에 관한 전반적이고 구체적인 지식을 전해 주기 위해서이다.

　이 책을 가지고 착실히 공부하면 국어에 관한 지식은 거의 습득할 수 있도록 구성했다. 이 책으로 많은 젊은이가 국어 전문가가 되어 국어 환경을 개선하는 일에 동참하기를 바란다.

국어한무릎공부

2005년 7월 16일 초판 1쇄 인쇄
2005년 7월 21일 초판 1쇄 발행

검인
생략

지은이 남 영 신
교 열 바른말 문장상담소 (02 – 922 – 0434)
펴낸이 이 종 춘
펴낸곳 ⚙성안당 [com]
주 소 경기도 고양시 일산구 장항동 596-15
전 화 02) 844-0511
팩 스 02) 844-8177
독자 상담 서비스 080-544-0511
홈페이지 www.cyber.co.kr
출판등록 1973. 2. 1. 제13-12호

ISBN 89-315-7159-3
정가 20,000원